Jerzy Konikowski
Uwe Bekemann

Eröffnungen

Damengambit

lesen – verstehen – spielen

Joachim Beyer Verlag

ISBN 978-3-95920-214-5

2. Auflage 2024

© by Joachim Beyer Verlag
Ein Imprint des Schachverlag Ullrich, Zur Wallfahrtskirche 5, 97483 Eltmann

Herausgeber: Robert Ullrich

Zeichenerklärung ... 7

Vorwort ... 8

Bauernstrukturen im Damengambit ... 10

Einführung ... 14

Kapitel 1: Slawische Verteidigung ... 42

Abspiel 1: Winawer–Gambit ... 61

Abspiel 2: Slawisches Gambit ... 66

Abspiel 3: Abtauschvariante ... 76

Abspiel 4: Die Fortsetzung 4...dxc4 ... 87

Abspiel 5: Botwinnik–System ... 97

Kapitel 2: Angenommenes Damengambit ... 103

Abspiel 1: Die Fortsetzung 3.e4 ... 108

Abspiel 2: Die Fortsetzung 3.♘c3 ... 115

Kapitel 3: Albins Gegengambit ... 120

Kapitel 4: Tschigorin–Verteidigung ... 125

Kapitel 5: Wiener Variante ... 137

Kapitel 6: Moskauer Variante ... 148

Kapitel 7: Tarrasch–Verteidigung ... 155

Kapitel 8: Abtauschvariante ... 181

Abspiel 1: Die Fortsetzung 5.♗f4 ... 187

Abspiel 2: Fortsetzung 9.♘ge2 ... 193

Kapitel 9: Variante mit 5.♗f4 ... 198

Kapitel 10: Verbesserte Tarrasch-Verteidigung 210

Kapitel 11: Ragosin-Verteidigung 223

Kapitel 12: Cambridge-Springs-Variante 236

Kapitel 13: Westphalia-Variante 247

Kapitel 14: Lasker-Verteidigung (klassische Form) 257

Kapitel 15: Lasker-Verteidigung (moderne Form) 264

Kapitel 16: Tartakower-Verteidigung 273

Kapitel 17: Anti-Tartakower-Variante 291

Kapitel 18: Capablanca-System 302

Quellenverzeichnis 314

Zeichenerklärung

!	ein sehr guter Zug
!!	ein ausgezeichneter Zug
?	ein schwacher Zug
??	ein grober Fehler
!?	ein beachtenswerter Zug
?!	ein Zug von zweifelhaftem Wert
+−	Weiß hat entscheidenden Vorteil
−+	Schwarz hat entscheidenden Vorteil
±	Weiß steht besser
∓	Schwarz steht besser
⩲	Weiß steht etwas besser
⩱	Schwarz steht etwas besser
=	ausgeglichen
∞	unklar, mit beiderseitigen Chancen
=∞	mit Kompensation für den materiellen Nachteil
↑	mit Initiative
→	mit Angriff
⇄	mit Gegenspiel
Δ	mit der Idee
⌓	besser ist
x	schlägt
+	Schach
#	matt

Vorwort

In unserem Buch Damengambit „lesen – verstehen – spielen“ befassen wir uns mit Spielweisen, die über die Züge 1.d4 d5 2.c4 eingeleitet werden. Sie ergeben ein facettenreiches System sehr unterschiedlicher Eröffnungen, die teilweise zu den beliebtesten im Turniergeschehen zählen.

Die Eröffnungstheorie zum Thema des Buches ist umfangreich, die Literatur dazu kann ganze Regale füllen. Die meisten Werke wenden sich an den fortgeschrittenen Spieler und sind teilweise sogar so zugeschnitten, dass sie von Spitzenspielern genutzt werden können. Der Spieler im Leistungsbereich des Einsteigers stößt bei der Lektüre schnell an seine Grenzen.

Mit unserer Arbeit möchten wir so wie mit den Vorbänden zu anderen Systemen gerade den unerfahrenen und noch weniger spielstarken Schachfreund erreichen. Wir haben deshalb allerhöchsten Wert auf die Darstellung der Ideen und Pläne, die sich mit der jeweiligen Eröffnung verbinden, gelegt. In den Hauptlinien soll grundsätzlich jeder Zug erläutert werden, der für das Verständnis der Eröffnungswege von Belang ist. Unsere Leser sollen wissen, warum sie einen Zug spielen und warum gerade dieser in der aktuellen Stellung angebracht ist.

In erster Linie haben wir unser Buch für die folgenden Zielgruppen geschrieben:

1. Anfänger im Schach, die schon die Regeln sicher beherrschen und die Grundzüge einer geordneten Spielführung kennen;
2. Spieler mit etwas Erfahrung, die mit einem begrenzten Aufwand ihr Eröffnungsrepertoire verbessern wollen;
3. Freizeitspieler, die über eine ordentlich gespielte Eröffnung einfach nur Stellungen erreichen wollen, aus denen heraus sie interessante und unterhaltsame Partien spielen können.

Sie werden zukünftig die vorgestellten Systeme in der eigenen Partie mit dem Verständnis einsetzen können und gut zu spielen wissen, das sie über unser Buch aufgebaut oder weiter entwickelt haben.

An geeigneten Stellen haben wir für beide Seiten alternative Wege dargestellt, um Wahlmöglichkeiten zur konkreten Spielführung zu eröffnen.

Wie in den Vorbänden haben wir uns bemüht, dem Leser Standardideen anzubieten, auf die er in geeigneten Situationen immer wieder zurückgreifen kann. Dies gilt insbesondere für die Formen des abgelehnten Damengambits. Auf diese Weise wollen wir den Leser dabei unterstützen, seinen Studienaufwand zu begrenzen.

Zu Beginn stellen wir wichtige Bauernformationen vor, die uns bei der Arbeit mit dem Stoff immer wieder begegnen werden.

In einer Einführung, die auch einen Überblick über die inhaltliche Ordnung im Buch gibt, sowie in 18 auf bestimmte Systeme ausgerichteten Kapiteln, stellen wir die Theorie zum Damengambit vor. Dabei haben wir uns bemüht, die Lage für beide Parteien so objektiv wie möglich zu bewerten.

Soweit es eine Möglichkeit für den Übergang einer Spielweise in eine andere gibt, machen wir darauf aufmerksam.

Für geeignete Situationen haben wir nach vielversprechenden Ideen gesucht, die noch nicht allzu oft in einer praktischen Partie ausgespielt worden sind. Damit haben wir wie gewohnt die Absicht verbunden, unsere Leser mit Kenntnissen auszustatten, die den Gegner dazu zwingen, Probleme am Brett zu lösen. Gut vorbereitete Überraschungen erhöhen die Chancen und steigern den Spielspaß!

Wir sind sehr zuversichtlich, dass unsere Leser dank dem Wissen, das sie bei der Beschäftigung mit unserem Buch entwickeln, die dort behandelten Eröffnungen in ihren Grundzügen beherrschen werden. Sie werden damit alle Trümpfe in der Hand halten, um gut in eigene Partien zu kommen.

Wir wünschen Ihnen viel Freude an unserem Buch und viel Spaß und Erfolg in Ihren Partien! Wenn wir ein wenig beim Erreichen Ihrer Ziele helfen können, hat sich unsere Arbeit gelohnt.

Bauernstrukturen im Damengambit

Die Bauernformationen gehören zu den wichtigen Elementen in jeder Schachpartie. Bauern spielen eine zentrale Rolle, da es maßgeblich von ihnen abhängt, welche strategisch-taktischen Pläne im Spiel umgesetzt werden können.

Wir gehen an dieser Stelle in allgemeiner Form auf verschiedene Konstellationen ein, die der Spieler beim Umgang mit dem Damengambit kennen sollte. In den weiteren Teilen des Buches setzen wir die Kenntnis dieser Informationen zum Verständnis voraus. Soweit sich dort aber Besonderheiten ergeben, gehen wir ergänzend darauf ein.

Isolierte Bauern

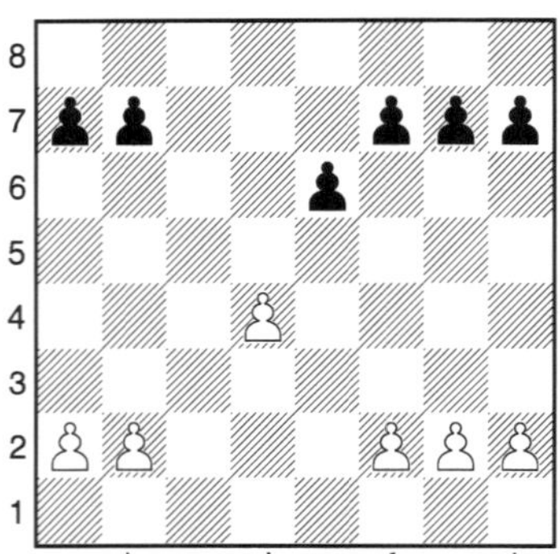

Einen isolierten Bauern, der kurz auch als „Isolani" bezeichnet wird, erkennt man daran, dass es auf den Linien links und rechts von ihm keinen Bauern gibt, der ihn decken könnte. Im Damengambit kommt es oft zu einem weißen Isolani auf d4 oder einem schwarzen auf d5.

Es hängt von den Umständen ab, ob ein Isolani eher als Vorteil oder als Schwäche für seinen Besitzer einzuschätzen ist.

Nachteilig ist, dass ein solcher Bauer nur von Figuren gedeckt werden kann. Dies macht ihn aus statischer Sicht grundsätzlich schwach, und besonders im Endspiel kann sich seine Schutzbedürftigkeit gravierend auswirken. Auf der anderen Seite bietet er gewissen Raumvorteil und „markiert" zwei mögliche Vorposten für eigene Figuren (siehe weiter unten). Und im Idealfall kann er in einem passenden Moment vorrücken und möglicherweise große dynamische Kraft entfalten.

Daraus leiten sich die unterschiedlichen Strategien beider Seiten ab. Der Spieler mit dem Isolani ist grundsätzlich bestrebt, viel Material auf dem Brett zu behalten und den feindlichen König anzugreifen, während der Gegner versucht, die Position zu vereinfachen und ein Endspiel zu erreichen. Auf diese Weise entsteht ein kompliziertes Spiel mit beiderseitigen Möglichkeiten.

Für einen isolierten d-Bauern lassen sich die Rahmenbedingungen bezüglich seiner potenziellen Schwäche bzw. dynamischen Stärke wie folgt definieren:

- Die c-Linie und die e-Linie sind offen (nicht von Bauern besetzt) oder halboffen (nur von gegnerischen Bauern besetzt).

- Ein weißer Isolani beherrscht die wichtigen zentralen Stützpunkte c5 und e5, ein schwarzer diejenigen auf c4 und e4. Damit ist nicht nur ein Raumvorteil verbunden, sondern es erleichtert auch eine schnelle Entwicklung und fördert die Beweglichkeit der Figuren.
- Das Feld e5 (bzw. e4) kann mit einer Figur (im Idealfall mit einem Springer) besetzt werden, um am Königsangriff teilzunehmen.
- Der scheinbar passive Isolani kann zu einem günstigen Zeitpunkt mittels d4–d5 (oder d5–d4) durchbrechen, was günstige taktische Komplikationen im Zentrum auslösen kann. Ähnliches gilt auch für die bloße Drohung eines Durchbruchs, die den Gegner zu defensiven Gegenmaßnahmen veranlasst.

Hängende Bauern

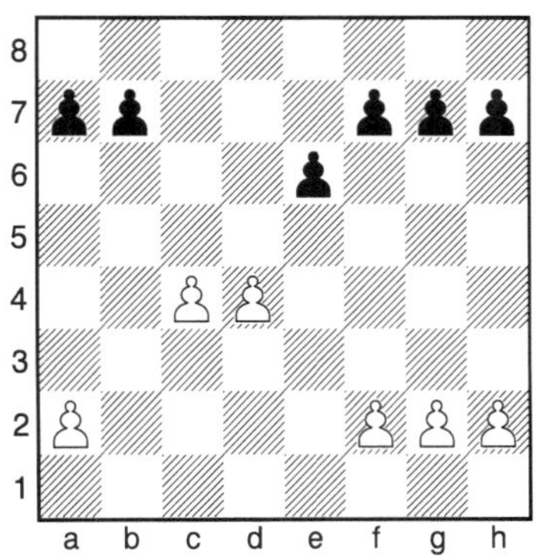

Zwei miteinander verbundene Bauern auf halboffenen Linien, die von den anderen eigenen Bauern getrennt sind, nennt man „hängende Bauern“ (oder auch kurz *Hängebauern*). Je nach Position und taktischen Möglichkeiten beider Seiten können sie stark oder schwach sein.

Solche Strukturen sind häufig anzutreffen und im Damengambit treten sie zumeist auf der c– und der d–Linie auf.

Hängende Bauern sind nur dann stark, wenn sie nebeneinander, also auf gleicher Höhe stehen, denn auf diese Weise können sie viele wichtige Felder im Zentrum kontrollieren. Wenn einer von ihnen zum Vorrücken gezwungen wird, kommt es zu einem sogenannten „Loch“, das von den gegnerischen Figuren besetzt werden kann. Wenn ein Vorrücken mit keinem bestimmten Nutzen verbunden ist, sollte also tunlichst darauf verzichtet werden.

Der Besitzer von Hängebauern sollte aktiv spielen und versuchen, deren Dynamik zu nutzen, insbesondere auch für einen Königsangriff. Auch sollte er Vereinfachungen vermeiden.

Für das Spiel gegen hängende Bauern bietet sich die Strategie der Vereinfachung an. Damit sinken die gegnerischen Chancen auf einen Angriff, die hängenden Bauern können schwach und im schlimmsten Fall erobert werden.

Zum Zweck ihrer Schwächung können sie von der Seite angegriffen werden, um möglicherweise einen isolierten oder rückständigen Bauern hervorzurufen.

Die Formation c3–d4 (bzw. c6–d5)

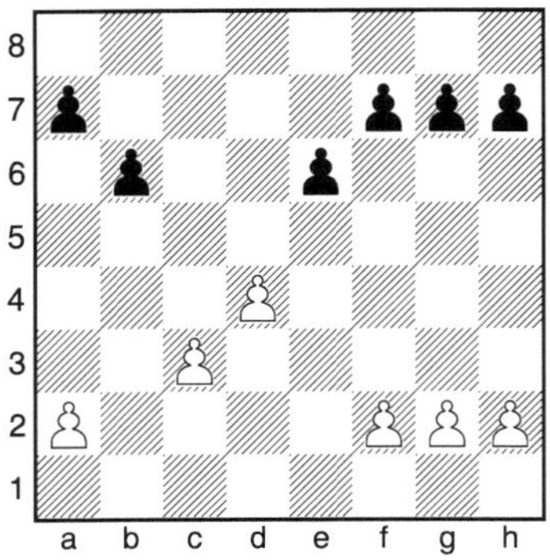

Diese Bauernstruktur ist eng verbunden mit der Problematik des isolierten Bauern in der Mitte und der Formation der hängenden Bauern. Wenn das Feld vor dem rückständigen Bauern c4 (c5) vom Gegner blockiert wird, verliert das Bauernpaar seine Beweglichkeit und wird normalerweise schwach. Die Partei mit einer solchen Struktur sollte sich daher um ein aktives Spiel bemühen, insbesondere auf dem Weg einer Überführung dieser Position in eine Stellung mit hängenden Bauern.

Freibauern

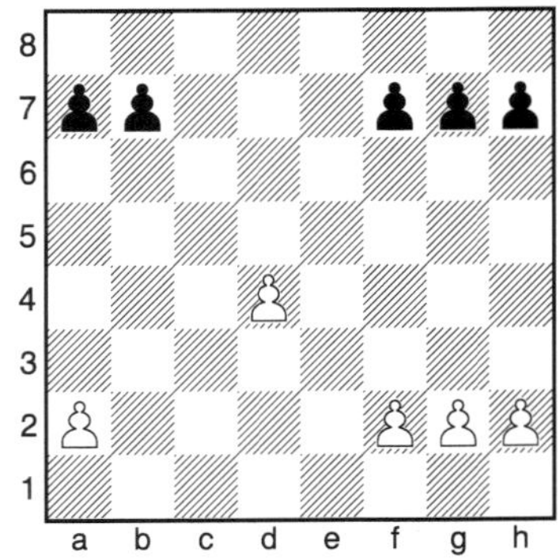

Ein Freibauer ist ein Bauer, dessen Weg zum Umwandlungsfeld frei ist. Dies ist der Fall, wenn auf seiner Linie und den beiden benachbarten Linien keine gegnerischen Bauern stehen.

Ein Freibauer ist in der Regel gefährlich, weil er direkt zur Umwandlung in eine Dame laufen kann. Je weiter er fortgeschritten ist, desto mehr wird er eine Gefahr für den Gegner.

Der Gegner muss Figuren einsetzen, um den Freibauern zu stoppen. Diese werden dadurch gebunden und können für andere Aufgaben fehlen. Wenn der Freibauer das Umwandlungsfeld erreicht oder dies droht, kann er zum entscheidenden Element werden.

Allerdings kann er auch von feindlichen Figuren gefangen und dann liquidiert werden.

Stellungen mit Freibauern enthalten in der Regel viel Dynamik und versteckte Möglichkeiten. Sie verlangen von beiden Seiten ein präzises Spiel, denn ein – auch kleines – Stolpern kann das Ergebnis des Kampfes radikal verändern.

Doppelbauern

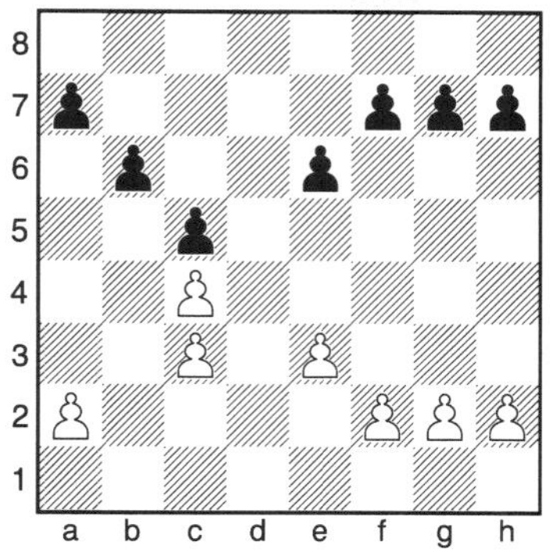

Zwei gleichfarbige Bauern, die auf einer Linie stehen, werden als Doppelbauern bezeichnet. Ihre Vor- und Nachteile werden von mehreren Faktoren beeinflusst. Abhängig von der Art der Stellung und ihrer Dynamik können solche Bauern stark oder auch schwach sein. Im Endspiel stellt diese Formation allerdings regelmäßig eine ernsthafte Schwächung der Position dar. In der Eröffnungsphase und im Mittelspiel kann ein Doppelbauer mit mehreren positiven Aspekten verbunden sein. Hierzu zählt insbesondere, dass er die Kontrolle über wichtige strategische Punkte in der Mitte ausüben kann.

Karlsbader Struktur

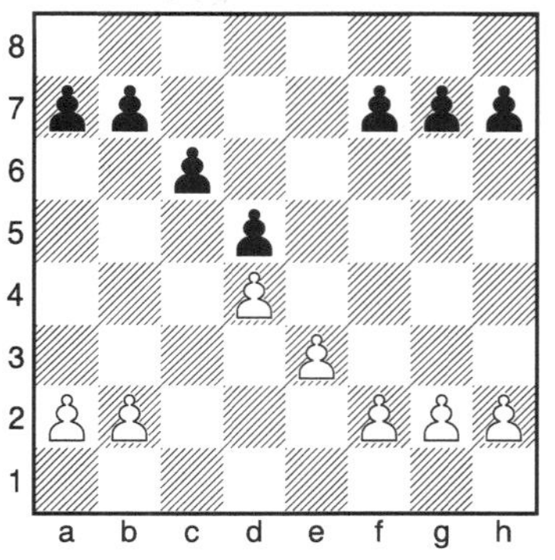

Zum ersten Mal wurde man auf diese Bauernstruktur während eines Turniers in Karlsbad im Jahre 1923 aufmerksam, was zu ihrer Namensgebung führte. Schwarz hat einen Bauernvorteil auf dem Damenflügel (a7, b7, c6), während Weiß zwei Bauern auf a2 und b2 hat. Trotzdem kann Weiß mit seinen geringeren Mitteln (Ziehen der Bauern nach a2–a4, b2–b4–b5) die gegnerische Struktur auf dem Damenflügel angreifen. Weil die angreifende Partei mit einer kleineren Anzahl an Bauern angreift, spricht man von einem Minoritätsangriff.

Nachdem Schwarz mit c6xb5 geantwortet hat, wird ein Isolani auf d5 gebildet. Um das zu vermeiden, kann Schwarz im rechten Moment b7–b6 spielen – mit der Idee, nach c6–c5, d4xc5 b6xc5 zu hängenden Bauern zu kommen.

Schwarz kann beispielsweise mit b7–b5 den gegnerischen b-Bauern stoppen und danach seinen Springer auf b6 postieren. Er kann auch versuchen, mittels f7–f5–f4 am Königsflügel aktiv zu werden.

Einführung

Das Damengambit zählt zu den beliebtesten Eröffnungen im Schach. Eingeleitet wird es über die Züge 1.d2-d4 d7-d5 2.c2-c4. Sein Variantenreichtum macht es zu einem der vielseitigsten und anspruchsvollsten Spielsysteme überhaupt.

Die Grundidee des Damengambits liegt darin, den weißen c-Bauern gegen den schwarzen d-Bauern zu tauschen, um im Anschluss mit e2-e4 ein starkes Bauernzentrum zu schaffen. Auch wenn der c-Bauer ungedeckt ist und geschlagen werden kann, handelt es sich beim Damengambit nicht um ein echtes Gambit in der Form, dass mindestens ein Bauer in der Eröffnung geopfert wird. Nur wenn Weiß von der Möglichkeit, den Bauern zurückzugewinnen, keinen Gebrauch macht, ergeben sich typische Gambitstrukturen.

Die Slawische Verteidigung, in die Schwarz das Spiel mit 2...c7-c6 dirigieren kann, wird teilweise als gänzlich eigenes System angesehen. Im Unterschied zu den anderen Spielweisen dieses Komplexes wird der auf c8 stehende Läufer von vornherein nicht blockiert.

Mit dieser Einführung verfolgen wir zwei Ziele. Sie soll einen Überblick darüber erlauben, was alles zum Damengambit gehört und welchen Zusammenhang die unterschiedlichen Spielweisen zueinander aufweisen. Sie soll weiterhin aufzeigen, wie wir unser Buch strukturiert haben. Wie eine Variantenübersicht lässt sie erkennen, welche Fortsetzungen wir als Schwerpunkt aufgegriffen haben und in welchen Kapiteln sie zu finden sind.

1.d4 d5

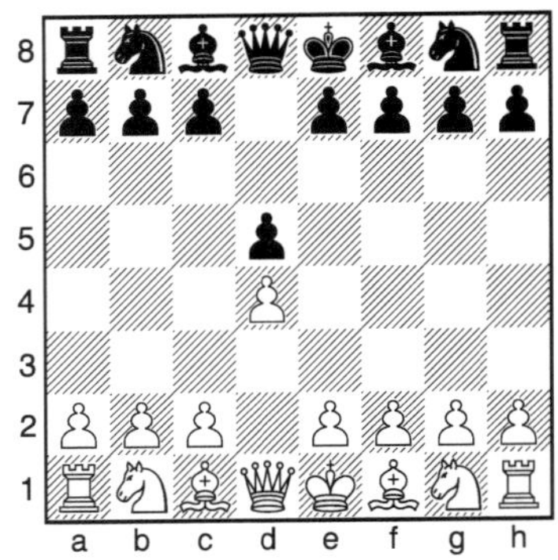

2.c4

Die Ausgangsstellung des Damengambits ist erreicht. Weiß greift mit seinem c-Bauern den schwarzen d-Bauern an. Dieser gilt aufgrund seiner zentraleren Position als etwas wertvoller als der weiße c-Bauer. Weiß will im Anschluss mit ♘b1-c3 seinen Figurendruck auf d5 verstärken.

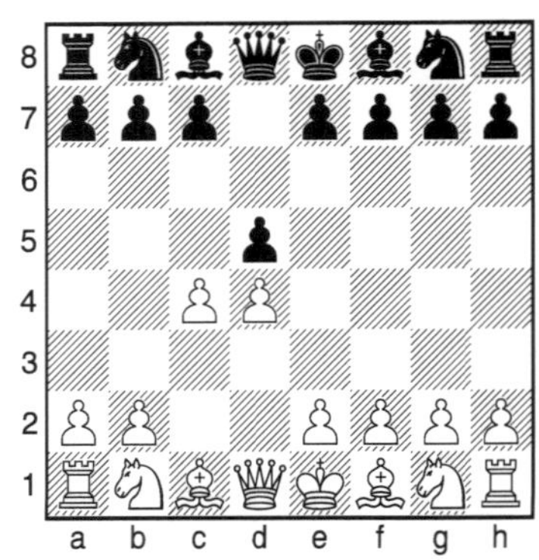

2...e6

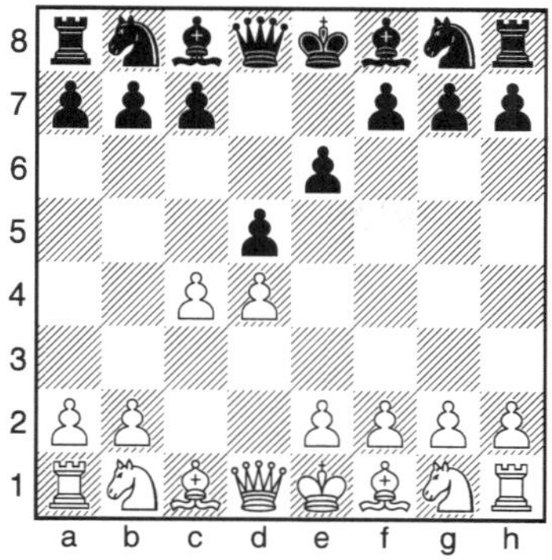

Neben 2...c7-c6 ist dies die am häufigsten gespielte Fortsetzung. Der angegriffene Zentrumsbauer wird verteidigt. Schwarz möchte nun schnell seinen Königsflügel entwickeln und seinen König durch die Rochade in Sicherheit bringen. Die Alternativen behandeln wir wie folgt:

I. 2...c6 – Slawische Verteidigung **(Kapitel 1)**;

II. 2...dxc4 – Angenommenes Damengambit **(Kapitel 2)**;

III. 2...e5 – Albins Gegengambit **(Kapitel 3)**;

IV. 2...♘c6 – Tschigorin-Verteidigung **(Kapitel 4)**.

Selten gespielt wird sowohl die Keres-Variante als auch die Symmetrie-Variante. Wegen ihrer nur geringen Bedeutung behandeln wir sie nachfolgend im Rahmen dieser Einführung und nicht in einem separaten Kapitel.

V. Die Keres-Variante 2...♗f5 ist nach Großmeister Paul Keres (1916-1975) benannt. Sie gilt als spielbar und eignet sich für einen Einsatz als Überraschungswaffe.

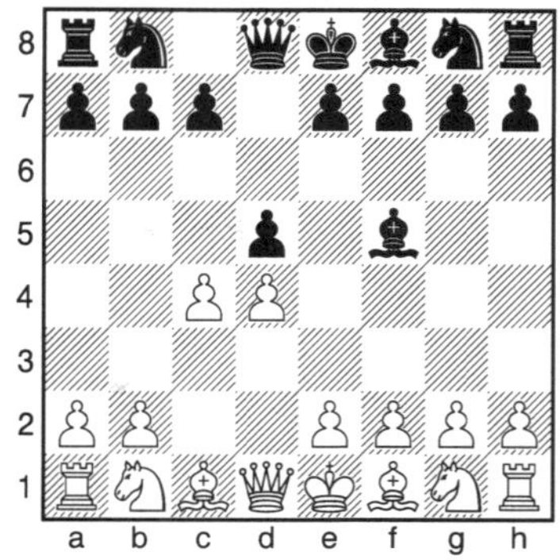

A) 3.♘f3

Nach 3.♘c3 entscheidet es sich erst später, welche konkrete Richtung die Partie nimmt. So ist es gleichermaßen möglich, dass sie unter Zugumstellung im hier behandelten Bereich bleibt oder auch in andere Spielweisen übergeht. Beispielsweise werden häufiger Stellungsbilder aus der Slawischen Verteidigung **(Kapitel 1)** und der Abtauschvariante **(Kapitel 8)** erreicht.

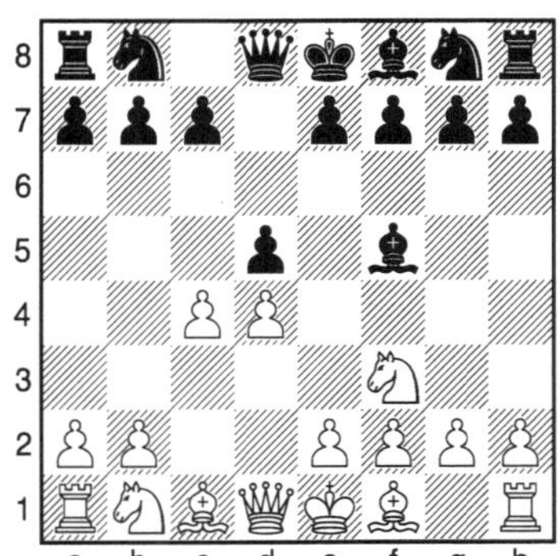

3...e6 4.♕b3 ♘c6 5.♗d2

(– Nach 5.c5 kann Schwarz mit 5...♖b8 seine Stellung am Damenflügel absichern und im Anschluss einfach seine Entwicklung fortsetzen. Nach beispielsweise 6.♗f4 ♘f6 7.♘c3 a6 8.e3 ♗e7 9.♗e2 0-0 hat er sich eine solide Stellung erarbeitet.

– Und nach 5.♕xb7 ♘b4 6.♘a3 ♖b8 7.♕xa7 ♖a8 8.♕b7 ♖b8 usw. müsste sich Weiß mit einem Remis zufrieden geben. Allerdings läge es in der Hand von Schwarz, hier vielleicht sogar auf mehr als nur eine Teilung des Punktes zu spielen.)

5...♖b8 6.cxd5

(Nach den Alternativen 6.♘c3 oder 6.e3 kann Schwarz einfach die Entwicklung seines Königsflügels fortsetzen.)

6...exd5

(6...♕xd5 geht auch. Allerdings geht diese Vereinfachung zu Lasten der Fantasie in der Stellung, was beide Seiten betrifft.)

Weiß kann nun gegen den ♙d5 spielen und dabei seine Entwicklung vorantreiben. Er diktiert damit gewissermaßen für eine kurze Zeit das Geschehen, aber Schwarz kann bei der Verteidigung des Bauern ähnliche Fortschritte erzielen.

7.♘c3 ♘f6

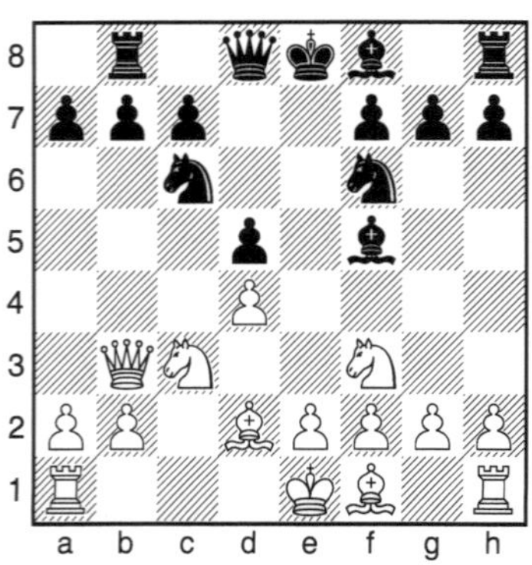

8.♗g5

Die Fesselung des ♘f6 löst eine erneute akute Bedrohung des schwarzen d–Bauern aus.

8...♗e6

Damit ist der Bauer ausreichend gesichert.

9.e3 a6

So verhindert Schwarz den Ausfall ♗f1-b5.

(Zu diesem könnte es nach 9...♗e7 kommen. Nach 10.♗b5 wäre 10...0-0 11.♗xc6 bxc6 etwas unangenehm für Schwarz. Aber nach 12.♕c2 ♕d6 mit der Absicht, c6-c5 durchzusetzen, behält er die Aussicht auf gleiches Spiel.)

10.♗d3 ♗e7 11.0-0 0-0

Schwarz hat seine Kräfte mobilisiert und sich gute Perspektiven verschafft.

B) 3.cxd5

Bei der Wahl der Keres–Variante muss Schwarz auch mit diesem Tausch rechnen und entsprechend sollte er das folgende Manöver kennen.

B1) Die richtige Antwort ist nämlich 3...♗xb1. Diese scheint der Grundregel zu widersprechen, nach der man in der Eröffnung möglichst eine Figur nicht zweimal ziehen oder gar eine entwickelte Figur unbedacht abtauschen sollte. Der unerfahrene Spieler läuft deshalb Gefahr, einen Fehler gerade deshalb zu machen, weil er sich an diese Regel halten will.

Nun geht auch sogleich 4.♖xb1, verbreiteter ist aber 4.♕a4+, um erst nach dem Intermezzo 4...c6 5.dxc6 ♘xc6 mit 6.♖xb1 fortzusetzen.

B1a) Der einfachste Weg zu weitgehend ausgeglichenen Chancen führt über 6...♕xd4.

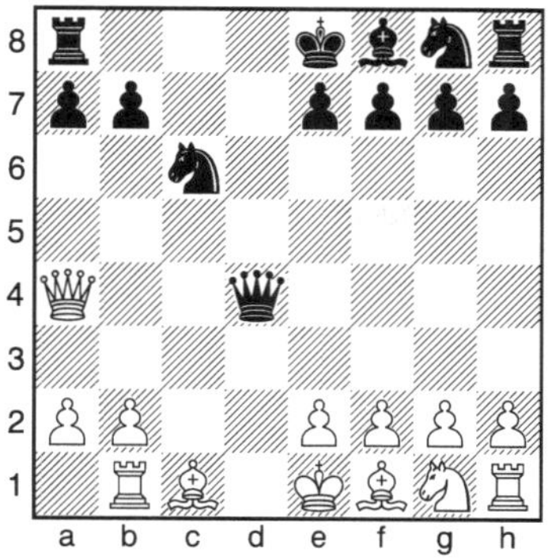

In der Materialbilanz liegt der einzige kleine Unterschied und damit ein kleiner Nachteil für Schwarz nun darin, dass er für seinen Läufer einen Springer erhalten hat.

Nach 7.♕xd4 ♘xd4 ist die Stellung komplett ausgeglichen. Beide Seiten müssen nun sehen, dass sie möglichst zügig zu einem erfolgreichen Abschluss ihrer Entwicklung kommen, was angesichts der aus der Stellung gewichenen Spannung aber ohne Komplikationen gelingen sollte. Es gibt dabei eine Palette von Möglichkeiten, so dass die folgende Variante nur ein einziges Beispiel für einen natürlichen Ablauf ist: 8.e3 ♘c6 9.♘f3 e6 10.a3 ♗d6 11.b4 ♔e7 12.♗b2 ♘f6 13.♗d3 ♖hd8=.

B1b) Daneben ist 6...e5 möglich, womit Schwarz die Stellung komplizierter hält, aber grundsätzlich auch ein Spiel mit einem eigenen isolierten d-Bauern akzeptiert.

7.♗d2

(7.dxe5?? würde Weiß nach 7...♗b4+ zu 8.♕xb4 zwingen, so dass er sofort aufgeben könnte.)

Nach 7...exd4 ergibt sich nun eine natürliche Entwicklung der Partie gemäß dem Muster aus der Beispielvariante 8.g3 ♕d5 9.♘f3 ♘f6 10.♗g2 ♗e7 11.0-0 0-0. Weiß kann etwas freier spielen und auf längere Sicht darauf hoffen, dass sich sein Läuferpaar auszahlen wird. Schwarz muss sich um seinen Isolani kümmern. Er wird genau spielen müssen, hat dann aber auch ordentliche Chancen. Die Ergebnisse aus der Praxis bestätigen diese Einschätzung.

B2) Keine gute Idee wäre 3...♕xd5, denn dann könnte Weiß die angreifbaren Positionen der schwarzen Figuren ausnutzen und sich einen klaren Eröffnungsvorteil sichern. Nach 4.♘c3 ♕d8 (oder 4...♕a5 5.♗d2!) 5.e4 ♗g6 6.♕b3 wäre der weiße Vorteil offensichtlich.

VI. Auch mit der Wahl der Symmetrie-Variante 2...c5 kann Schwarz seinen Gegner zu überraschen versuchen und sich grundsätzlich gute Ausgleichschancen verschaffen.

3.cxd5

(Über 3.e3 e6 4.♘f3 ♘f6 5.♘c3 ♘c6 kommt es zu einer Stellung, die wir im **Kapitel 7** zur Tarrasch-Verteidigung behandelt haben.)

A) 3.cxd5 wird heutzutage am häufigsten mit 3...♕xd5 beantwortet.

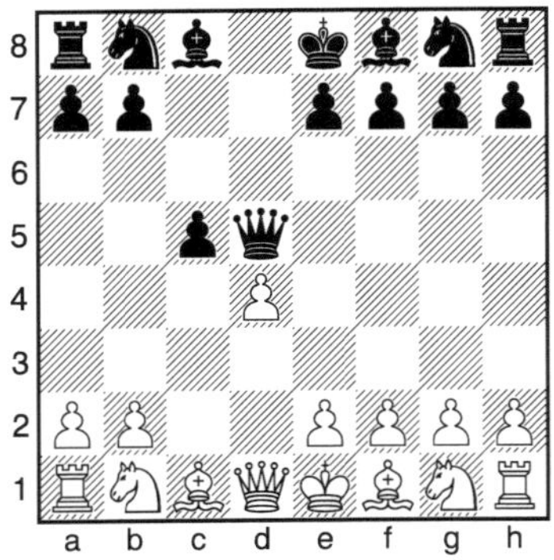

Die Resultate aus der Partienstatistik bestätigen diese Entscheidung dann als richtig, wenn Schwarz später in der Variante noch eine weitere für ihn günstige Weichenstellung trifft.

4.♘f3 cxd4 5.♘c3

Bevor er sich den Bauern zurückholt, macht sich Weiß die Fesselung des ♙d4 zunutze und entwickelt seinen Springer mit Tempogewinn. Hier wird der Nachteil deutlich, der oft mit frühen Aktionen der Dame verbunden ist. Sie kann zum Angriffsobjekt werden und dem Gegner hierdurch unfreiwillig bei der Aktivierung seiner Kräfte helfen.

5...♕a5 6.♘xd4 ♘f6 7.♘b3

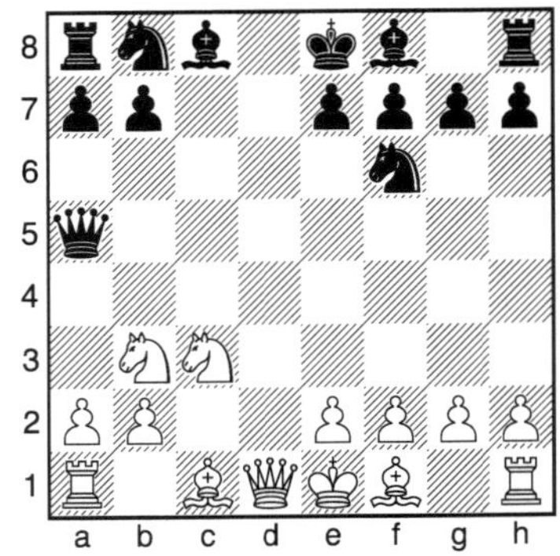

Nun ist die Situation erreicht, in der Schwarz vor der eingangs erwähnten Weichenstellung steht. Er sollte nun mit 7...♕h5 fortsetzen.

(Die Alternative 7...♕c7 führt zu einem bequemeren Spiel für Weiß, was sich auch in den Ergebnissen aus der Praxis abzeichnet. Weitergehen kann es beispielsweise mit 8.e4 ♘c6 9.♗e2 e6 10.0-0 a6 11.♗e3 und Weiß hat in nur wenigen Zügen ungestört große Fortschritte in seiner Entwicklung erzielen können. Er steht für ein aktives Vorgehen bereit, etwa nach 11...♗d6 mit 12.f4 und der möglichen Folge 12...e5 13.f5 0-0 14.♖c1. Seine Figuren sind einflussreicher postiert. Der einfache Plan, mittels g2-g4 einen Königsangriff zu starten, vermittelt ihm gute Chancen.)

Um seine Kräfte weiter aktivieren zu können, wird Weiß Zugeständnisse machen müssen, die Schwarz in der Bewältigung seiner Entwicklungsaufgabe begünstigen. Die Partie kann nun einen Verlauf nehmen, der dem aus der folgenden Variante erkennbar werdenden Muster entspricht.

8.♗f4 e5 9.♗g3 ♗e6 10.e4 Der Abtausch 10...♕xd1+ 11.♖xd1 macht den

♙e5 unterstützungsbedürftig. Hier verdient 11...♘bd7 den Vorzug vor 11...♘b8-c6, weil Schwarz so besser auf 12.♗b5 reagieren kann.

12...a6 13.♗xd7+ ♘xd7

Die Stellung ist weitgehend ausgeglichen. Weiter folgen kann beispielsweise 14.♘d5 ♗xd5 15.♖xd5 f6 16.♔e2 ♖c8 mit gleichen Chancen.

B) Als Alternative bietet sich 3...♘f6 an. Nach unserer Einschätzung ist die Partie nach dieser Wahl für den unerfahrenen Spieler etwas schwieriger als nach dem Textzug zu führen. Insbesondere muss sich Schwarz auf verschiedene gegnerische Möglichkeiten einstellen, dem Duell eine bestimmte Richtung zu geben, was auch seinen Vorbereitungsaufwand erhöht. Über die Abbildung einer kurz gehaltenen und wenig kommentierten Variante hinaus gehen wir deshalb nicht weiter darauf ein.

4.dxc5

(4.♘f3 geht auch, verspricht Weiß aber keinen Vorteil. Ein möglicher Fortgang ist 4...cxd4 5.♕xd4 ♕xd5 6.♘c3 ♕xd4 7.♘xd4 a6=.)

4...♕xd5 5.♕xd5

(5.♗d2!? hält die Damen auf dem Brett. Folgen kann 5...♕xc5 6.♘c3 ♘c6 7.e3 usw.)

5...♘xd5 6.♗d2 e5 7.♘c3 (7.b4 a5!?) 7...♗e6 8.♖c1 ♘d7 9.e4 ♘xc3 10.♗xc3 ♗xc5=

3.♘c3

Weiß erhöht die Spannung im Zentrum, indem er mit dem Springer gegen den ♙d5 drückt. Wenn sich die Möglichkeit eröffnen sollte, will er seinen e-Bauern nach e4 vorstoßen lassen.

Es wird auch 3.♘f3 gespielt. Dahinter steckt die Idee, sich noch nicht festzulegen, ob der ♘b1 nach c3 oder nach d2 entwickelt werden soll. Je nach Fortgang kann das Spiel unter Zugumstellung zu den Hauptvarianten zurückkehren oder auch einen eigenständigen Verlauf nehmen.

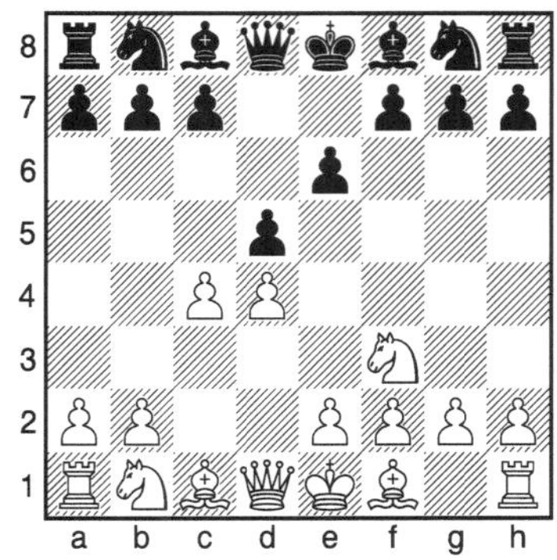

A) Der neutrale Entwicklungszug 3...♘f6 ist nun mit Abstand die beliebteste Antwortalternative.

4.♗g5 h6

(Die Erwiderung 4...♗b4+ führt zur Wiener Variante, die wir im **Kapitel 5** behandeln.)

5.♗h4

(Wenn Weiß sofort mit 5.♗xf6 tauscht, entsteht die Moskauer Variante. Diese erörtern wir im **Kapitel 6.**)

5...♗b4+

A1) 6.♘c3

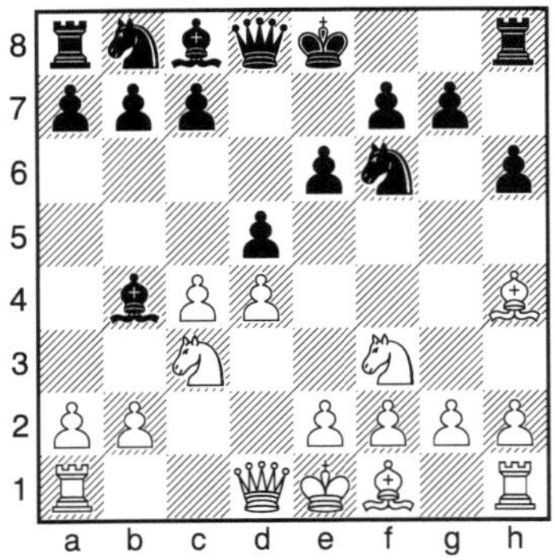

Nach 6...dxc4 setzt Weiß nun zumeist mit 7.e3 fort, so dass der Königsläufer einen freien Blick nach c4 bekommt. Schwarz kommt zu einem guten Spiel, wenn er sich dem einfachen Rückgewinn des Bauern durch Weiß widersetzt.

7...b5 8.a4 c6

Bevor er weiter aktiv wird, schließt Weiß regelmäßig zunächst die Entwicklung seines Königsflügels ab. Diese Zeit kann Schwarz nutzen, um am Damenflügel ähnliche Fortschritte zu erzielen und seine Position dabei zu stabilisieren. So kann es mit 9.♗e2 ♗b7 10.0-0 a6 weitergehen. Schwarz steht solide und hinreichend aktiv. Entsprechend verfügt er über gute Perspektiven, was auch die Resultate aus der Praxis bestätigen. Die Beispielvariante 11.♘e5 ♘bd7 12.f4 ♗e7 13.♗f3 ♘d5 veranschaulicht, welche Richtung das Duell einschlagen kann und die Dynamik des Spiels.

A2) Im Falle von 6.♘bd2 kann Schwarz ebenfalls 6...dxc4 spielen. Auf der Turnierbühne nutzt Weiß dann zumeist die Gelegenheit, den Läufer mit 7.a3 zur Entscheidung über seine Zukunft zu zwingen. Am einfachsten ist es dann, mit 7...♗xd2+ den Läufer abzutauschen und nach 8.♕xd2 mit 8...b5 auf die Behauptung des Mehrbauern zu spielen. Es kann sich dann die folgende Entwicklung ergeben: 9.e3 a6 10.a4 c6 11.axb5 cxb5 12.b3 cxb3 13.♗xf6 gxf6.

(13...♕xf6 geht auch, gibt Weiß aber mehr Möglichkeiten auf dem Damenflügel.)

14.♗xb5+

Wegen der Fesselung des ♙a6 kann sich Weiß einen der beiden Minderbauern wiederholen.

14...♘d7 15.0-0 ♗b7

Das Spiel und die Chancen sind verteilt. Die Schwächung des schwarzen Königsflügels kann Weiß kaum ausnutzen.

B) Auf das energische Vorgehen mit 3...c5 kann Weiß ebenso energisch mit 4.cxd5 reagieren.

(Er kann aber auch mit 4.e3 eine ruhigere Gangart einschlagen. Das Spiel kann dann zu verschiedenen und an anderen Stellen unseres Buches behandelten Positionen führen. So etwa kommt es nach 4...♘f6 zu einer Stellung, die wir oben bereits zur Symmetrie-Variante kennen gelernt haben. Dort haben wir bereits darauf hingewiesen, dass nach 5.♘c3 ♘c6 eine Stellung aus der Tarrasch-Verteidigung **(Kapitel 7)** entsteht.)

Nach 4...exd5 sieht der Hauptplan für Weiß (für den Fall, dass er das Duell abseits des Theoriebereichs nach ♘b1-c3 halten will) das Fianchetto des Königsläufers vor. Nach 5.g3 ♘c6

6.♗g2 ♘f6 7.0-0 ist dieses erreicht. Nach 7...♗e7 kann er Schwarz mittels 8.dxc5 zwingen, ein weiteres Mal mit dem Läufer zu ziehen und mit einem isolierten d-Bauern zu spielen. Anschließen kann sich beispielsweise 8...♗xc5 9.♘bd2 0-0 10.♘b3 ♗b6 11.♘bd4 ♖e8 mit etwa gleichen Perspektiven. Weiß kontrolliert zwar das wichtige Feld d4 und verfügt mit dem gegnerischen Isolani über eine gute Angriffsmarke, Schwarz aber hat seine Figuren wirksam und elastisch aufgestellt.

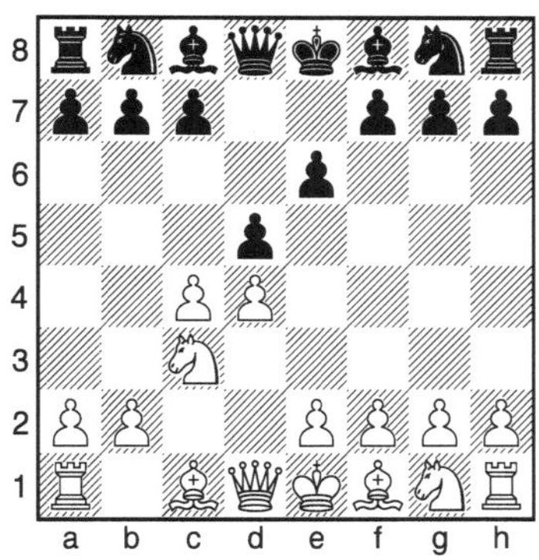

3...♘f6

Der Springer kommt ins Spiel und trägt seinen Teil dazu bei, dass Schwarz bald zur Rochade kommen kann. Er kontrolliert die Felder d5 und e4 und neutralisiert damit den Einfluss des gegnerischen ♘c3 auf das Zentrum.

– Die Fortsetzung 3...c5 führt zur Tarrasch-Verteidigung, **Kapitel 7**.

– Die Alternative 3...♗e7 verbindet sich mit der Idee, den Ausfall ♗c1-g5 zu verhindern. In der Folge kann es dennoch unter einer Zugumstellung zum Übergang in die Hauptvariante kommen.

4.cxd5

(4.♗f4 führt mit Zugumstellung normalerweise zu den Varianten, die wir nach den Zügen 4.♘f3 ♗e7 5.♗f4 im **Kapitel 9** behandeln.)

4...exd5 5.♗f4

Bevor Weiß seinen e-Bauern entwickelt, führt er seinen Läufer ins Freie, um ihn nicht einzusperren.

5...c6

A) 6.e3

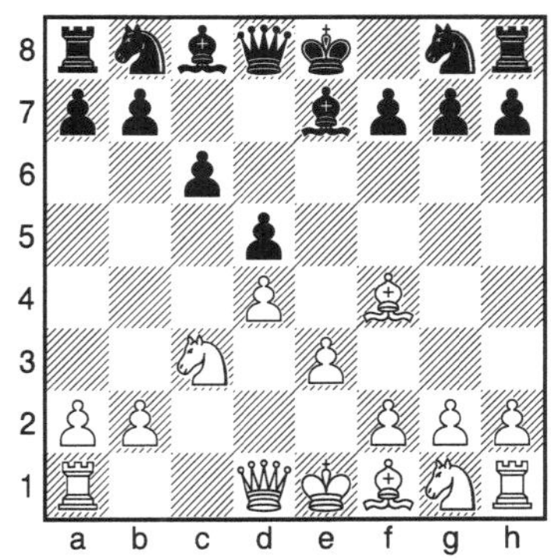

6...♗f5

(Eine gute Wahl ist auch 6...♗d6!?, wonach es beispielsweise mit 7.♗g3 ♘e7 8.♘ge2 ♘f5 9.♗xd6 ♘xd6 10.♘f4 ♗f5= weitergehen kann.)

Der energische Zug 7.g4 hat zwei Seiten. Einerseits drängt er Schwarz zurück und sorgt für einen Raumgewinn. Andererseits aber verändert er die Bauernformation in einer Weise, dass sie kaum noch für eine sichere Rochadestellung des Königs in Betracht kommt. Unter diesem Aspekt ist er also eine Schwächung und zeigt an, dass Weiß die Rochade auf den anderen Flügel anstreben wird.

(Im Anschluss an 7.♘ge2 kann Schwarz seine Kräfte nach dem in der Variante 7...♘d7 8.h3 ♗g6 9.♘g3 ♘f8 erkennbaren Muster entwickeln. Anschließen kann sich nun ♘f8-e6 usw.)

7...♗e6

(Auf 7...♗g6 folgt 8.h4!. Damit hat Weiß eine starke Position am Königsflügel aufgebaut. Schwarz sollte nun auf h7 ein Schlupfloch für seinen Läufer schaffen.

Keine gute Idee wäre 8...♗xh4 in der Hoffnung, einen von Weiß leichtfertig eingestellten Bauern erobern zu können. Die folgende Wendung sollte man kennen, denn sie begründet, warum Schwarz den Finger von dem Bauern lassen sollte.

9.♕b3 b6 10.♖xh4!

Die schwarze Dame wird durch ein Qualitätsopfer abgelenkt.

10...♕xh4 11.♘xd5 cxd5 12.♕xd5 und Weiß erlangt eine Gewinnstellung.)

8.h3

(Im Falle von 8.h4 empfiehlt sich 8...♘d7 mit beispielsweise einem Fortgang über 9.h5 ♘h6 10.♗e2 ♘b6 und einem zweischneidigen Spiel.)

Eine natürliche weitere Aktivierung wird beiden Seiten nun über die Züge 8...♘f6 9.♘f3 0-0 10.♕c2 c5 11.0-0-0 ♘c6 möglich. Damit hat das Duell einen dynamischen Charakter entwickelt, denn die Parteien können auf unterschiedlichen Flügeln die Rochadestellungen attackieren. Dabei ergeben sich Chancen für beide Seiten.

B) Die häufig gewählte Möglichkeit 6.♕c2 kann Schwarz mit einer Postierung seines weißfeldrigen Läufers auf f5 beantworten. Er kann die Umsetzung dieser Idee sofort mit 6...g6 vorbereiten.

(Ein interessantes alternatives Manöver beginnt mit 6...d6 Der Läufer räumt seinen Standplatz zugunsten des ♘g8. Sobald dieser auf e7 steht, sorgt er für die notwendige Kontrolle über das Feld f5. Nach beispielsweise 7.♗g3 ♘e7 8.e3 ist der Weg für 8...♗f5 frei. Eine plausible Fortsetzung ist dann 9.♕b3 ♗xg3 10.hxg3 ♕b6=. Die beiderseitigen Chancen halten sich die Waage.)

7.e3 ♗f5 8.♕d2

(Nach 8.♗d3 ♗xd3 kommt Schwarz durch eine schlichte weitere Entwicklung seiner Kräfte völlig problemlos zum Ausgleich.)

8...♘f6 9.f3

Dieser einfache Zug hat drei wichtige Effekte. Zunächst lässt er Weiß das wichtige Feld e4 unter Kontrolle halten. Dann verwehrt er dem schwarzen Springer den Zutritt zu g4, was im Zusammenhang mit seinem geplanten Folgeschritt von Bedeutung ist. Und letztlich erlaubt er den Vorstoß des g-Bauern, sofern Schwarz nichts dagegen unternimmt.

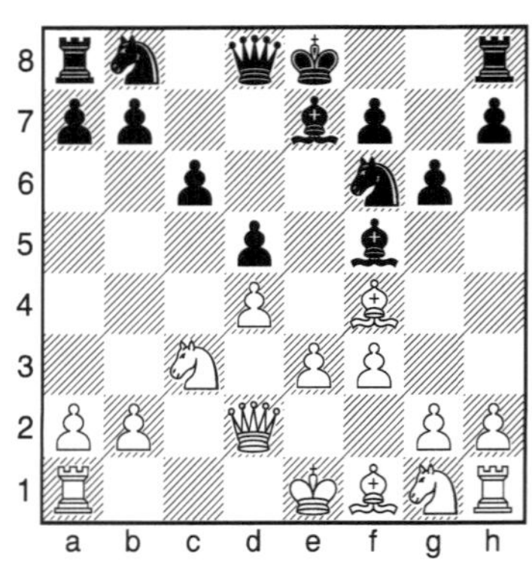

Mit 9...c5 wird das weiße Zentrum angegriffen und gleichzeitig erhalten die schwarzen Figuren neue Möglichkeiten für einen wirksamen Einsatz.

(Zu überlegen ist 9...h5!?, auch wenn die Resultate aus der Turnierpraxis statistisch als Beleg für ein deutliches Chancenplus auf weißer Seite interpretiert werden könnten. Der Blick in die wichtigen Partien macht aber erkennbar, dass Schwarz die Eröffnung jeweils mit einem guten Ergebnis gespielt hatte. Nach beispielsweise 10.♗d3 ♗xd3 11.♕xd3 ♘bd7 kann Schwarz mit dem Plan ♘d7-f8-e6 usw. fortsetzen.)

Nach 10.♗h6 steht dieser Läufer nun sehr lästig, denn er verhindert die Rochade.

9...cxd4 11.exd4 a6

Der Bauer sichert das Feld b5 ab.

10.g4 ♗e6 13.♘ge2

Nun sollte Schwarz versuchen, die offene Lage um seinen König zu überwinden. Dies erreicht er mittels 13...♗f8 und nach ggf. 14.♗xf8 mit 14...♔xf8 und einer anschließenden künstlichen Rochadestellung über ♔f8-g7 usw. Nach 15.♗g2 ♔g7 16.0-0 ♘c6 beispielsweise hat er sich gute Perspektiven verschafft. Er kann nun über den baldigen Vorstoß h7-h5 nachdenken.

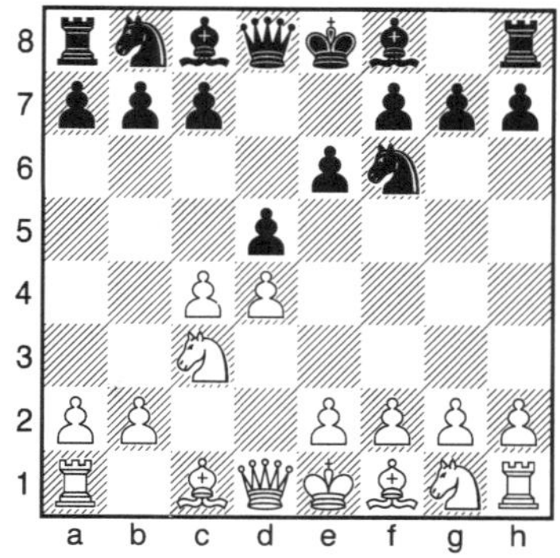

4.♗g5

Der ♘f6 wird gefesselt und zugleich droht Weiß damit, ihn umgehend zu schlagen. Wenn Schwarz keine Vorkehrungen dagegen trifft, wird er über 5.♗xf6 ♕xf6 6.cxd5 exd5 7.♘xd5 Material verlieren. Oder er muss mit dem g-Bauern auf f6 zurückschlagen und damit die Zerstörung seiner Bauernstellung am Königsflügel hinnehmen.

– 4.cxd5 führt zur im **Kapitel 8** besprochenen Abtauschvariante.

– Gespielt wird auch 4.♘f3.

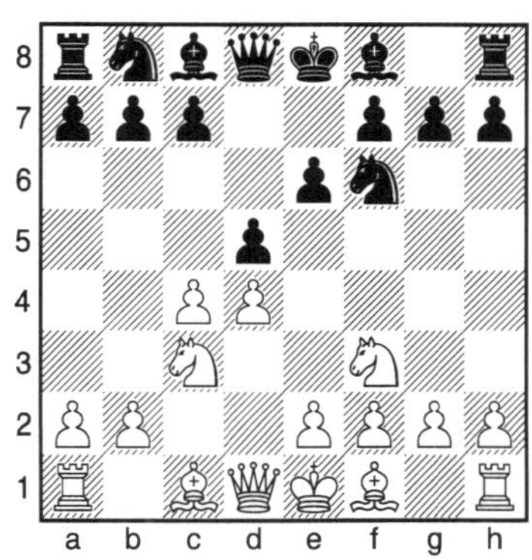

Schwarz kann nun insbesondere mit 4...c5, 4...♗e7 und 4...♗b4 antworten.

A) 4...c5 5.cxd5

(Möglich ist natürlich auch 5.e3, wozu wir uns im **Kapitel 7** geäußert haben.)

Mit 5...♘xd5 wird ein isolierter d-Bauer vermieden, was zur „Verbesserten Tarrasch-Verteidigung“ führt **(Kapitel 10)**.

5...exd5 lässt wiederum ein Stellungsbild aus der („klassischen“) Tarrasch-Verteidigung **(Kapitel 7)** entstehen.

B) 4...♗e7 5.♕c2

Dieser Zug führt das Spiel an vielen bekannten Varianten vorbei, die nach 5.♗g5 entstehen können. Wenn Weiß sich doch für den Läuferzug entscheiden sollte, kann Schwarz mit 5...0-0 reagieren. Die Partie geht dann regelmäßig, zumeist sofort mit 6.e3, in die Hauptvariante zurück.

(Gegenwärtig populär ist 5.♗f4. Dieser Fortsetzung widmen wir uns im **Kapitel 9**.)

Nach 5...dxc4 gelangt das Duell auf ein bisher selten erreichtes Terrain. Damit kann Schwarz einem Gegner mit guten Theoriekenntnissen viel Wind aus den Segeln nehmen und ihn zu selbstständigen Entscheidungen zwingen.

(Nach 5...0-0 ist Weiß die Auswahl aus verschiedenen Plänen eröffnet. Hierzu gehört auch das Vorgehen mit 6.cxd5 exd5 7.♗g5 und der möglichen Folge 7...c6 8.e3. Damit ist ein Stellungsbild entstanden, wie es auch über die Abtauschvariante **(Kapitel 8)** erreicht werden kann.)

Nach 5...dxc4 kann das Drehbuch für die beiderseitigen Strategien für Weiß nun das Bilden eines starken Zentrums und das Spiel in der Mitte vorsehen, während Schwarz sich dem Damenflügel für sein Gegenspiel zuwendet. Die folgende Variante stammt aus der Praxis und zeigt ein Beispiel auf, wie sich das Spiel im Rahmen der vielfältigen Möglichkeiten entwickeln kann: 6.e4 a6 (Schwarz bereitet b7-b5 vor.) 7.e5 (7.♗xc4 ♘c6 usw.) 7...♘d5 8.♗xc4 ♘c6 9.♕e4 ♘cb4 10.0-0 b5 11.♗b3 ♗b7 12.♕g4 ♔f8 mit beiderseitigen Chancen.

C) 4...♗b4 führt zur Ragosin-Verteidigung **(Kapitel 11)**.

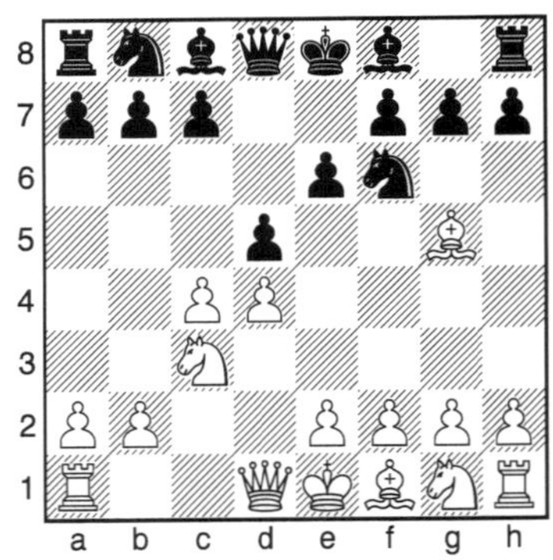

4...♗e7

So wird im Turnierschach am häufigsten gespielt. Schwarz setzt seine Entwicklung fort und hebt die Fesselung des ♘f6 auf.

4...♘bd7 und 4...c5 sind interessante Alternativen, die das Repertoire flexibler machen und eine Auswahl der Fortsetzung nach Gegner und Anlass für die jeweilige Partie ermöglichen.

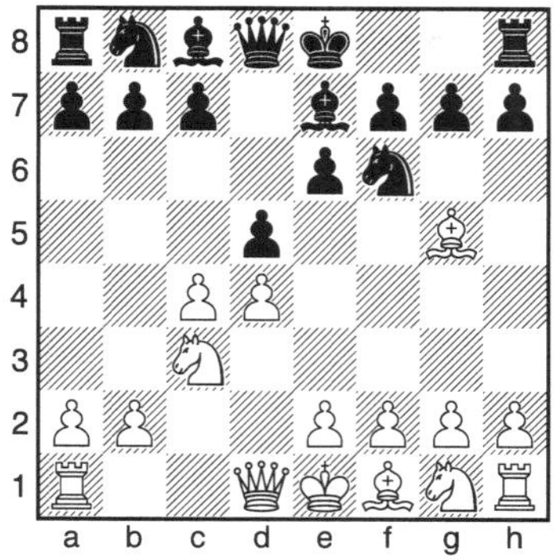

I. Mit 4...♘bd7 hält Schwarz den Läufer f8 für eine andere Verwendung frei. Es sieht nun so aus, als ob Weiß auf d5 einen Bauern gewinnen könnte, was aber nicht der Fall ist, wie wir gleich sehen werden. Rechnen muss Schwarz nun vor allem mit den Antworten 5.e3, 5.cxd5 und 5.♘f3.

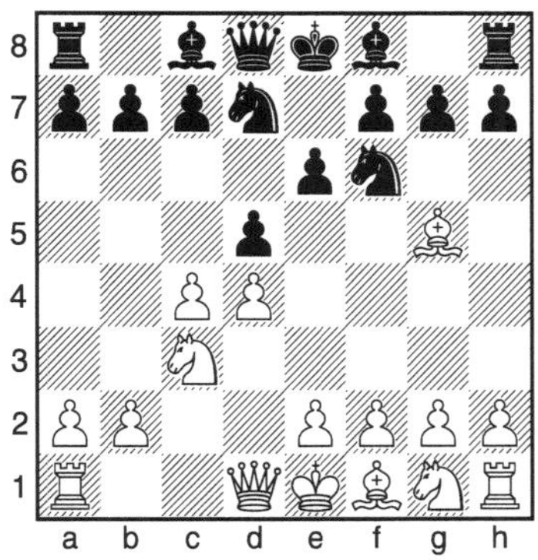

A) 5.e3 ♗b4

Mit der Wahl dieser Fortsetzung räumt Schwarz seinem Gegner die grundsätzliche Möglichkeit ein, für sich einen positionellen Vorteil herauszuarbeiten.

(5...c6 6.♘f3 ♕a5 leitet in die Cambridge-Springs-Variante **(Kapitel 12)** über.)

Über den Abtausch 6.cxd5 exd5 entfernt Weiß einen schwarzen Zentrumsbauern, um sogleich mittels 7.♗d3 seine Entwicklung mit einem Kampf um das Feld e4 zu verbinden. Nach dem typischen schwarzen Vorstoß 7...c5 setzt 8.♘ge2 unter Vorbereitung der Rochade die Entwicklung fort. Wie auch die Praxis bestätigt, sollte Schwarz nun mit 8...c4 die Stellung geschlossen halten. Entsprechend wird mit Abstand am häufigsten so gespielt.

Nach den natürlichen weiteren Entwicklungszügen 9.♗c2 h6 10.♗h4 0-0 11.0-0 kann der Läufer, der auf b4 seine Bedeutung verloren hat, prophylaktisch mit 11...♗e7 zurückgeführt werden, wodurch die Fesselung des ♘f6 aufgelöst wird.

Die Strategien der Kontrahenten sehen nun wie folgt aus: Weiß will mit e3-e4 im Zentrum durchbrechen, Schwarz mit a7-a6 usw. am Damenflügel vorgehen. Genau dies wird Weiß zu verhindern bzw. zu erschweren versuchen. Dieser „Vorlage" entsprechend kann sich nun eine Entwicklung nach dem folgenden Beispiel ergeben: 12.f3 a6 13.a4 b6 14.♗f2 ♖b8 15.♘f4 ♗b7 16.e4. Damit hat Weiß sein strategisches Zwischenziel erreicht und sich einen positionellen Vorteil erarbeitet.

B) Nach 5.cxd5 exd5 kann Weiß auf d5 keinen Bauern gewinnen, denn 6.♘xd5?? löst die forcierte Folge 6...♘xd5! 7.♗xd8 ♗b4+ 8.♕d2 ♗xd2+ 9.♔xd2 ♔xd8 aus. Schwarz hat eine Figur gewonnen.

Richtig ist deshalb 6.e3 mit Übergang zur Abtauschvariante **(Kapitel 8)**.

Mit 4...♘bd7 kann Schwarz seinem Gegner also eine nicht leicht zu erkennende Falle stellen, die eine verheerende Wirkung hat, wenn dieser hineintappt.

C) Nach 5.♘f3 leitet 5...♗b4 in die Westphalia-Variante **(Kapitel 13)** über.

II. 4...c5

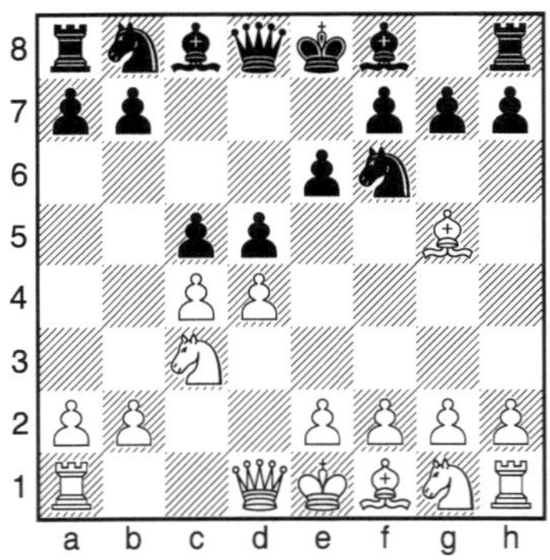

Dieser Vorstoß gehört zum Bild zahlreicher Varianten im Damengambit und ist nicht selten der Schlüssel für ein gutes schwarzes Gegenspiel. Hier eingesetzt aber ist er riskant. Er leitet eine Spielweise ein, die als Holländisches Gambit bekannt ist und zu Recht als nicht vollwertig gilt. Gleichwohl wird sie immer wieder mal auch von Spitzenspielern eingesetzt. Es will also gut überlegt sein, ob die anstehende Partie ihrer Natur nach die gute Gelegenheit für einen Einsatz ist oder ein Grund in der Person des Gegners liegen kann, vielleicht in der Form seiner Unerfahrenheit. Weiß muss genau spielen, wenn er nachweisen will, dass das Gambit nicht ganz vollwertig ist.

5.cxd5 cxd4 6.♕xd4

(Das Zwischenschach 6.♕a4+ beantwortet Schwarz am besten mit 6...♕d7, was auch zur Auflösung der Fesselung des ♘f6 führt. 7.♕xd4 Nach der Entwicklung des Damenspringers unter Ausnutzung der Fesselung des ♙d5 mit 7...♘c6 und 8.♕d2 kann er im Zentrum mit 8...♘xd5 die Abwicklung einleiten. Nach 9.♘xd5 exd5 hat er eine komfortable Stellung erreicht.)

6...♗e7 7.e4

Weiß spielt auf die Behauptung des Mehrbauern, so dass Schwarz kein einfacher Ausgleich möglich wird.

(7.e3 ist zu wenig energisch für den erfolgreichen Kampf um einen Vorteil. Nach 7...exd5 8.♗b5+ ♘c6 9.♘f3 0-0 ist der materielle Gleichstand wiederhergestellt und die Lage auch insgesamt ausgeglichen.)

7...♘c6 8.♕d2

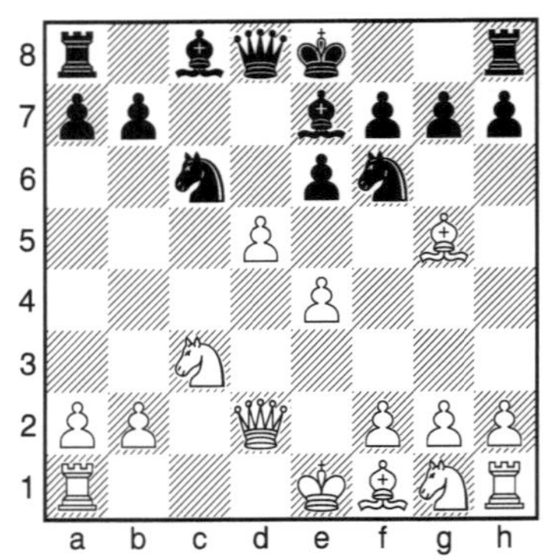

Richtig ist nun die Fortsetzung 8...♘xe4.

(Hier muss Schwarz eine Gefahrenstelle kennen, um nicht der Versuchung zu erliegen, auf d5 zu schlagen, denn 8...♘xd5? kostet eine Figur. Aus der folgenden taktisch geprägten Variante gibt es für Schwarz kaum eine akzeptable Möglichkeit für ein Abweichen. Nach 9.exd5 ♗xg5 10.f4 ♗h4+ 11.g3 exd5 12.gxh4 ♕xh4+ 13.♕f2 ♕e7+ 14.♕e2 ♗e6 15.♘f3 endet sie mit einem klaren weißen Vorteil.)

Auch in der Folge kann Schwarz nur reagieren, wobei ihm jeweils nur eine einzige Möglichkeit zur Verfügung steht, wenn er im Spiel bleiben will.

9.♘xe4 exd5 10.♗xe7 ♕xe7

(10...♘xe7 11.♗b5+ ♘c6 12.♘c3+-)

11.♕xd5 0-0

(Unzureichend ist 11...f5 wegen 12.♗d3 fxe4 13.♕xe4 und Weiß behauptet einen Mehrbauern.)

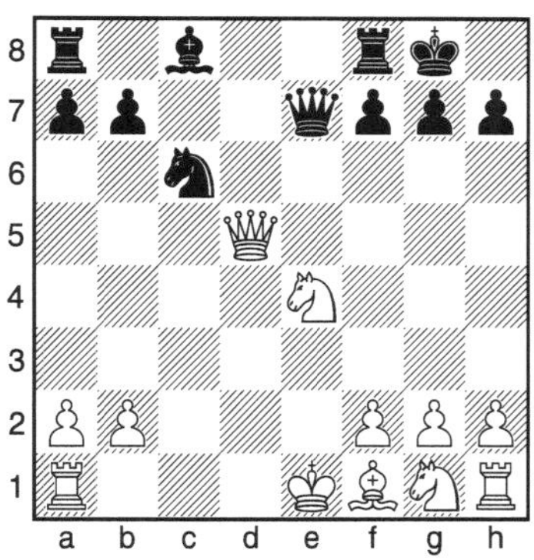

Auch Weiß muss weiterhin sehr genau spielen. So ist 12.f3 für ihn der einzige in Betracht kommende Zug, denn er muss die schwarzen Möglichkeiten ♗c8-f5, ♖f8-e8 und auch ♘c6-b4 im Auge behalten.

12...♘b4 13.♕c4 b5

(Nach 13...♗e6 rettet Weiß die Situation mit 14.♕c5 ♕xc5 15.♘xc5. Folgen kann 15...♘c2+ 16.♔d2 ♘xa1 17.♘xe6 fxe6 18.♗d3 nebst ♘g1-e2, wonach er den Springer erobert. Weiß ist deutlich im Vorteil.)

Das Duell befindet sich weiter auf des Messers Schneide. Für beide Seiten gibt es in der nachfolgenden Variante keine Möglichkeit der Abweichung, ohne einen spürbaren Nachteil in Kauf nehmen zu müssen. Wir bilden sie ausnahmsweise in dieser Länge ab, weil erst spät das endgültige Urteil gesprochen werden kann. Unsere Empfehlung ist es, sich beim Studium für jeden einzelnen Zug zu überzeugen, dass eine Abweichung zu negativen Konsequenzen führen würde.

14.♕c5 ♕xc5 15.♘xc5 ♘c2+ 16.♔d2 ♘xa1 17.♗d3 ♖d8 18.♘e2 ♗f5 19.♖xa1 ♖d5 20.b4 ♗xd3 21.♘xd3 ♖ad8 22.♘ec1 und jetzt steht Weiß das Manöver ♖a1-b1-b3-c3 zur Verfügung, mit dem er seinen klaren Vorteil geltend machen kann.

5.e3

Der Bauer macht den Weg für den Läufer frei, der so den ♙c4 verteidigen kann.

Genauso gut ist es Weiß möglich, mit 5.♘f3 zunächst seinen Königsspringer zu aktivieren. Das Spiel kann dann später in die Hauptvariante zurückkehren, aber auch einen selbstständigen Charakter entwickeln.

Nach 5...0-0 gibt es mit 6.♕c2 und 6.♖c1 zwei besonders in Betracht kommende Fortsetzungen.

A) 6.♕c2

A1) Jetzt kann Schwarz sofort mit 6...c5 aktiv werden und damit erkennbar Einfluss auf den weiteren Ablauf nehmen.

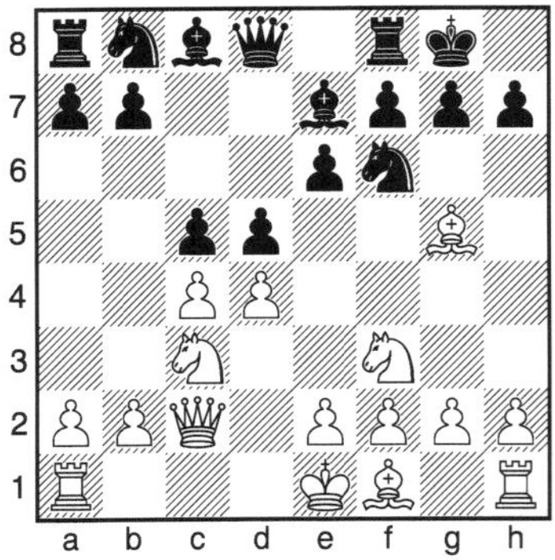

7.dxc5

(7.cxd5 cxd4 8.♘xd4 ♘xd5 9.♗xe7 ♘xe7 ist für Schwarz bequem zu spielen.)

Mit 7...♕a5 kann Schwarz nun energisch seine Dame ins Spiel bringen und Weiß die Aufgabe überlassen, auf d5 zu schlagen. Wie auch die Praxis bestätigt, vermittelt ihm dieses Vorgehen ein besseres Spiel als die Alternative 7...dxc4 8.e4 usw. Die Fesselung des ♘c3 hat hier keine bemerkenswerte Bedeutung, kann Weiß aber durchaus zu einer nicht optimalen Reaktion verleiten.

8.cxd5 exd5 9.e3 h6 10.♗h4

(Hier muss Schwarz immer mit dem scharfen Bauernvorstoß 10.h4!? rechnen. Reagieren sollte er dann am besten mit 10...♖fd8!. Die Annahme des Opfers ist nicht zu empfehlen, denn dann kommt Weiß zu einem starken Angriff. Die Variante 10...hxg5? 11.hxg5 ♘e4 12.0-0-0! veranschaulicht, wie Weiß blitzartig alle Reserven für den Angriff bereitstellen kann. Die enge schwarze Lage wird auch darin deutlich, dass ohne den ♘e4 nun bereits direkt ein Matt auf h7 drohen würde.)

10...♕xc5

Es ist für beide Parteien an der Zeit, zum Abschluss der Entwicklung zu kommen. Dies kann beispielsweise über die Zugfolge 11.♗e2 ♘c6 12.♖d1 ♗e6 13.0-0 ♖ac8 14.♕b1 ♖fd8 geschehen. Die Stellung ist zweischneidig und eröffnet den Kontrahenten vergleichbar gute Chancen.

A2) Sehr beliebt und ebenfalls mit einer unmittelbar nachhaltigen Wirkung verbunden ist die Alternative 6...h6, worauf Weiß zumeist mit 7.♗xf6 antwortet.

(Im Falle von 7.♗h4 dxc4 8.e4 c5 9.dxc5 ♕a5 10.♗xc4 ♕xc5 stellt Schwarz seinen Springer auf c6 und den Turm von f8 auf d8 mit guten Perspektiven auf gleiches Spiel.)

Nach 7...♗xf6 setzt Weiß zumeist mit 8.0-0-0 fort, wodurch die Dynamik des Spiels aufgrund der entgegengesetzten Rochaden angeheizt wird.

(– Auf 8.♖d1 kann Schwarz gut mit 8...c5 reagieren, womit auf den zentralen Linien eine Bauernstruktur entsteht, die uns noch häufig im Buch begegnen wird.

– Nach 8.e4 dxe4 9.♕xe4 ist ebenfalls der Vorstoß 9...c5 möglich, worüber Schwarz schnell zum Ausgleich kommen kann. Nun wäre 10.dxc5 wenig ratsam, weil Schwarz mit 10...♕a5 druckvoll kontern kann.)

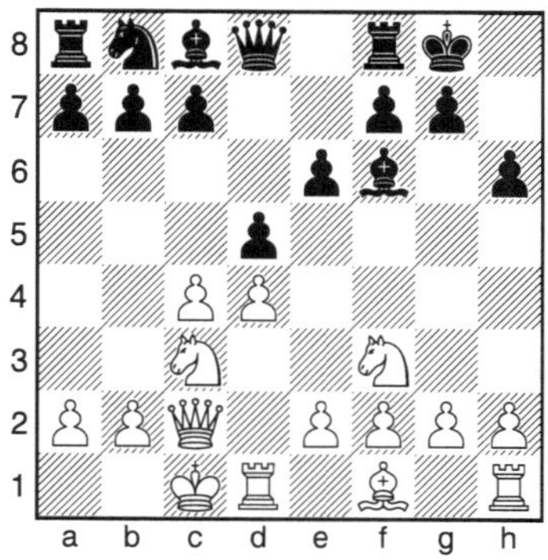

8...c6

(In der Praxis wurde mehrfach getestet, wie tauglich die energische Fortsetzung 8...c5 an dieser Stelle ist. Sie verbindet sich mit der Idee, nach 9.dxc5 den d-Bauern laufen zu lassen. Die nach 9...d4 10.♘xd4 ♗xd4 eingegangene Fesselung des ♗d4 wirkt nicht absolut, so dass der Läufer nach 11.e3 nicht verloren geht. Nach 11...♗xe3+ muss Weiß zunächst das Schachgebot entschärfen – mit der Folge, dass die Dame nach 12.fxe3 die Gelegenheit zum Wegzug hat. Nach 12...♕a5 ist ein kompliziertes Spiel mit beiderseitigen Möglichkeiten entstanden.)

9.e4

In Stellungen mit Königen auf verschiedenen Flügeln ist grundsätzlich Eile geboten. Die Partei, die schneller zu einem Erfolg versprechenden Königsangriff kommt, besitzt gewöhnlich die besseren Chancen.

(Zu zögerlich wäre 9.e3 wegen 9...♕a5 10.♔b1 b5.)

Mit 9...dxc4 kann Schwarz nun den Grundstein für sein Angriffsspiel am Damenflügel setzen und dieses nach 10.♗xc4 mit 10...b5 11.♗e2 b4 ausbauen.

12.♘a4 ♗a6

Der auf den Damenflügel ausgerichtete weiße Läufer soll abgetauscht werden.

13.♘c5 ♗xe2 14.♕xe2 ♘d7 15.♘xd7 ♕xd7

Der Ausgang der Partie ist völlig offen und die Chancen sind verteilt. Weiß attackiert am Königsflügel mit g2-g4 und h2-h4, Schwarz hingegen baut sein Gegenspiel auf der anderen Seite mit a7-a5 aus. Er kann darauf hoffen, dass sein Läufer den gegnerischen Springer an Wirkung zumindest etwas übertreffen kann.

B) 6.♖c1

B1) Nun ist es vor allem auch eine Frage der persönlichen Einstellung, ob Schwarz mit 6...h6 die Möglichkeit nutzt, seinen h-Bauern mit Tempogewinn zu entwickeln und das Feld g5 zu sperren, oder die damit verbundene kleine Schwächung der Königsstellung vermeidet. Es geht auf jeden Fall auch ohne h7-h6, manchmal wird der Zug auch nachgeholt.

Nach 7.♗h4 b6 8.cxd5 gelten hier analog unsere Ausführungen zur obigen Variante ohne das Zugpaar 6...h6 7.♗h4.

B2) Eine gute Alternative ist 6...b6. Der Zug eröffnet die Option für ein Fianchetto des Läufers und beteiligt sich an der Vorbereitung der Möglichkeit c7-c5. Wenn Weiß darum spielt, einen Vormarsch seines e-Bauern nach e4 durchzusetzen, kann der Läufer von b7 aus die schwarzen Bemühungen dagegen unterstützen, ohne dass sich Schwarz hier schon darauf festlegt.

7.cxd5

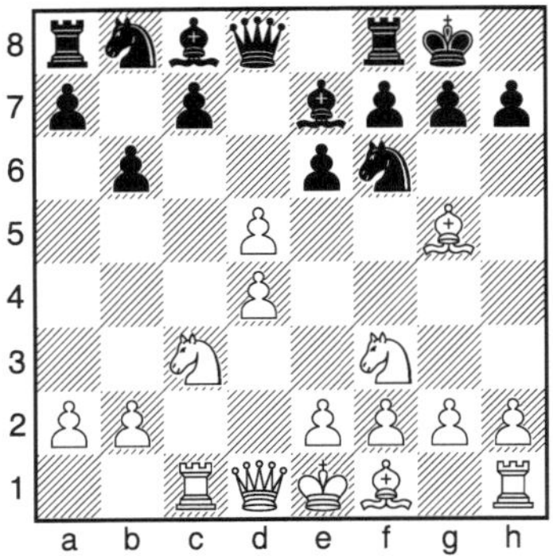

Hier hat sich Schwarz zu entscheiden, ob er mit dem Springer oder dem Bauern zurückschlagen soll. Beide Alternativen sind gebräuchlich.

B2a) Im Anschluss an 7...♘xd5 könnte Weiß nach 8.♘xd5 exd5 9.♗xe7 ♕xe7 mit 10.e3 und der Idee, nachfolgend den Läufer nach d3 zu führen, den Durchbruch e3-e4 versuchen. Wegen des angegriffenen ♙c7 kann der ♘b8 nicht schnell genug nach f6 geführt werden, um in den Kampf einzugreifen. Mit 10...♗b7 aber behält Schwarz die Lage unter Kontrolle.

(Nach 10...♗e6 11.♗d3 ♖c8 12.0-0 c5 käme Weiß über 13.e4! zu besseren Aussichten.)

B2b) 7...exd5

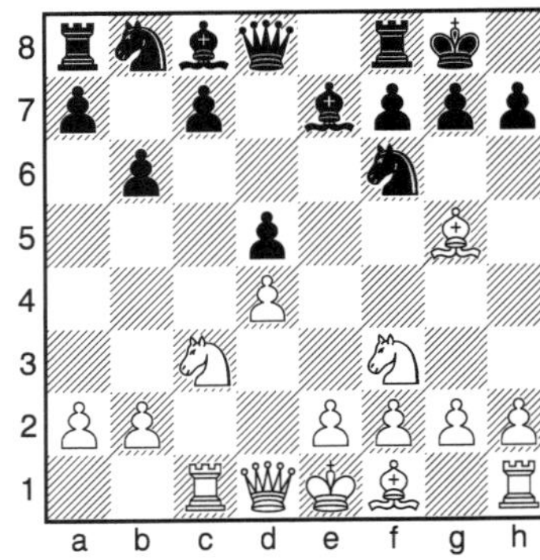

Nach den möglichen beiderseitigen Entwicklungszügen 8.e3 ♗b7 9.♗d3 ♘bd7 10.0-0 hat Schwarz die Gelegenheit zu seinem befreienden Gegenstoß 10...c5, mit dem er sich gleiche Chancen sichert. Von hier aus kann das Spiel verschiedene Richtungen nehmen, die in einem Buch wie diesem nicht allesamt dargestellt werden können. Um aber einen beispielhaften Eindruck von den weiteren Möglichkeiten zu vermitteln, schauen wir uns die Entwicklung in Folge der zumeist gewählten Fortsetzung 11.♗b1 an.

11...♘e4

Der Springer besetzt das wichtige Feld e4 und bereitet dem Abtausch der schwarzfeldrigen Läufer den Weg.

(Schwarz kann auch 11...h6 nachholen und erst im Anschluss an 12.♗h4 das beabsichtigte Manöver einleiten. Nach 12...♘e4 usw. kann es dann zu einem identischen Ablauf kommen.)

Nun führt die Abtauschkette 12.♗xe7 ♕xe7 13.dxc5 ♘xc3 14.♖xc3 bxc5 zu einer Stellung mit einem alleinstehenden Bauernpaar auf c5 und d5 – und somit auf den beiden halboffenen Zentrallinien.

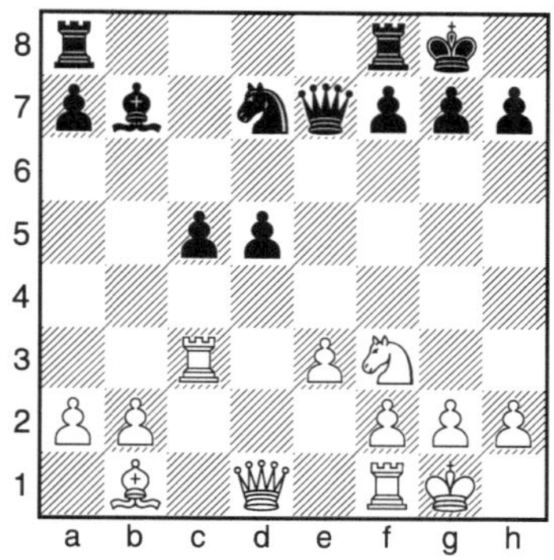

Diese als „hängende Bauern“ bezeichnete Formation haben wir bereits allgemein im einführenden Teil zu den Bauernstrukturen im Damengambit besprochen. Sie kontrolliert das Zentrum und trägt deshalb maßgeblich zum schwarzen Raumvorteil bei. Im geeigneten Moment drohen die Bauern vorzurücken. In der Folge ist es möglich, dass sich aus dieser Struktur ein isolierter Bauer (insbesondere auf der d-Linie) oder auch ein Freibauer ergibt. Möglichst vermeiden sollte Schwarz das Entstehen eines rückständigen Bauern.

15.♕c2 g6=

5...0-0

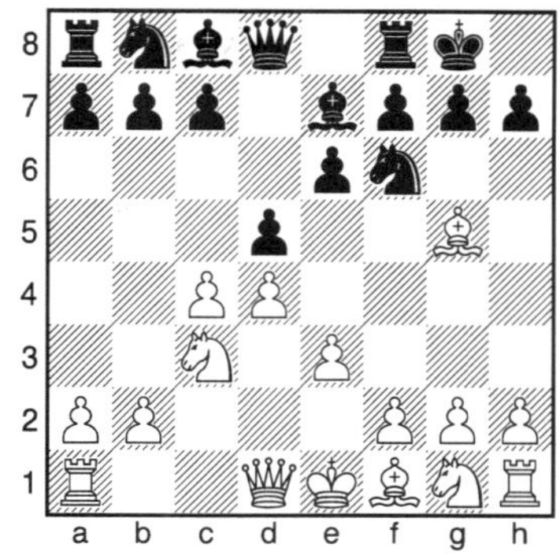

6.♘f3

Weiß kann auch noch offen lassen, wann und wie er seinen Springer ins Spiel bringen wird. So ist auch dessen Entwicklung nach e2 möglich, um ihn in der Zukunft flexibel einsetzen zu können, insbesondere auf g3 oder f4.

Ein guter Weg, die Entwicklung ohne eine Entscheidung zur Aktivierung fortzusetzen, führt über 6.♖c1. Es geht dann üblicherweise mit 6...h6 7.♗h4 weiter, worauf Schwarz mit 7...b6 den universellen Vorbereitungszug folgen lassen kann.

Mit 8.cxd5 und 8.♗xf6 bieten sich Weiß nun zwei Möglichkeiten an, die als vergleichbar gut einzuschätzen sind. In der Praxis liefern sie statistisch ähnliche Erfolgswerte.

A) 8.cxd5

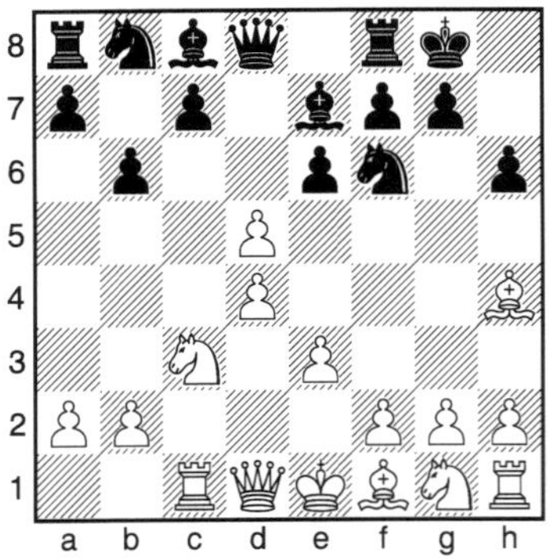

8...exd5

(Es geht auch 8...♘xd5 9.♘xd5 exd5 10.♗xe7 ♕xe7 und auf 11.♗d3 ist bereits die Antwort 11...c5 möglich. Die Stellung nach 12.♘e2 ist schon häufig in der Praxis ausgespielt worden. Schwarz sollte sie geschlossen halten und sich für 12...c4 entscheiden. Nach 13.♗b1 ♘d7 14.0-0 ♘f6 bietet sich ihm ein Plan mit a7-a6 und b7-b5 an. Hierüber kann er zu einem aktiven Spiel am Damenflügel kommen.)

9.♗d3 ♗b7

(Die Variante nach 9...♗e6 10.♘ge2 ♘bd7 11.♘f4! wäre unangenehm für Schwarz.)

10.♘ge2 ♘bd7 11.0-0 Jetzt ist die Zeit bereits reif für den Gegenschlag 11...c5. In der Praxis reagiert Weiß zumeist mit 12.♗b1 und der Idee, mit Dame und Läufer auf der Diagonale b1-h7 gegen den schwarzen Königsflügel zu drücken.

Nach 12...♖e8 13.♕c2 g6 kann es nun beispielsweise mit 14.dxc5 bxc5 15.♖fd1 ♕a5 16.a3 ♖ad8 weitergehen. Diese Stellung mit hängenden Bauern auf c5 und d5 ist mit guten Chancen für Schwarz verbunden. Seine Figuren sind wirksam und elastisch zugleich aufgestellt.

B) Mit 8.♗xf6 schließt Weiß aus, dass Schwarz cxd5 mit ♘xd5 beantwortet.

8...♗xf6 9.cxd5 exd5 10.g3

Damit leitet Weiß die Umsetzung des überzeugenden Plans ein, den Königsflügel in die Fianchettostellung zu überführen, so dass der Läufer ein Gegengewicht zum schwarzen Kollegen aufbauen kann, dessen Entwicklung auf die lange Diagonale a8-h1 zu erwarten ist.

(Am häufigsten vertraut wurde in der Praxis bisher allerdings 10.♕f3. Nach 10...♗b7 11.♗c4 c6 natürlicherweise gefolgt von 12.♗b3 ♘a6 mit anschließendem ♘a6-c7 steht Schwarz sehr solide.)

Nach 10...♗e7 will Schwarz will eine Umgruppierung seiner Kräfte folgen lassen, in deren Zuge der Springer nach f6 geführt wird.

(Eine einfache und zugleich gute Antwort ist auch 10...c6. Es kann sich dann ein plausibler Fortgang mit 11.♗g2 ♗b7 12.♘ge2 ♖e8 13.0-0 ♘d7 usw. anschließen, der beide Seiten Fortschritte in ihrer Entwicklung erzielen lässt.)

Nach 11.♗g2 c6 veranschaulicht die beispielhafte Variante 12.♘ge2 ♘d7 13.0-0 ♘f6 14.♘f4 ♗d6 15.♘ce2 ♗b7, wie beide Parteien weiter auf den erfolgreichen Abschluss ihrer Eröffnungsaufgabe hinarbeiten können. Schwarz kann jetzt auf die Durchsetzung von c6-c5 spielen. Die Stellung ist ausgeglichen.

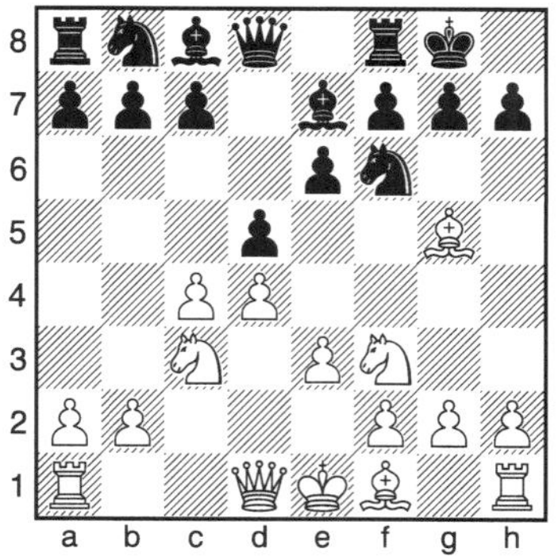

6...♘bd7

Damit ist die Grundstellung der orthodoxen Verteidigung entstanden. Schwarz steht solide, hat aber ein Problem mit der Aktivierung seines ♗c8. Wir behandeln nun die gebräuchlichen Alternativen 6...♘e4 und 6...h6.

I. 6...♘e4 Lasker-Verteidigung (klassische Form) siehe **(Kapitel 14)**.

II. 6...h6

A) 7.♗h4 ♘e4 Lasker-Verteidigung (moderne Form) siehe **(Kapitel 15)**

- oder 7...b6 Tartakower-System siehe **(Kapitel 16)**.

B) 7.♗xf6 Anti-Tartakower-System siehe **(Kapitel 17)**.

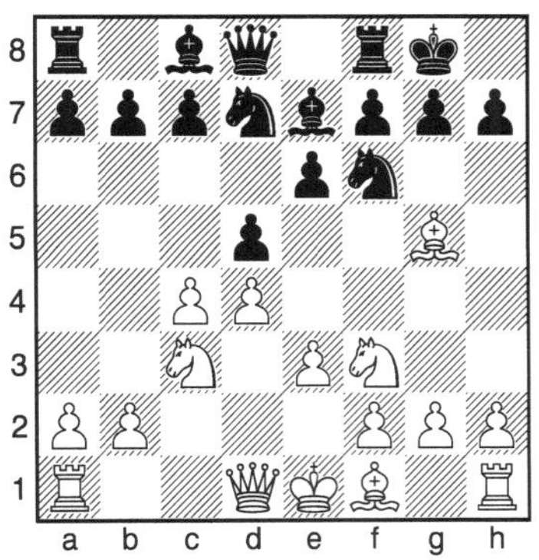

7.♖c1

Dies ist das ideale Feld für den Turm, wenn Weiß den Sprengungszug c7-c5 erschweren will. Wichtige Alternativen, die dem Duell eine andere Richtung geben können, sind 7.♕c2 und 7.♗d3. Entsprechend sollte sich Schwarz auch auf diese beiden Möglichkeiten vorbereiten.

I. Die Spielweise mit 7.♕c2 wird nach dem polnischen Schachmeister Akiba Rubinstein (1880-1961) als Rubinstein-Variante bezeichnet. Schwarz begegnet ihr am besten mit dem sofortigen Gegenstoß 7...c5. Entsprechend nimmt diese Antwort bei den sehr starken Spielern auf der Turnierbühne mit Abstand den ersten Platz in der Beliebtheit ein. Über alle Leistungsklassen hinweg wird häufiger 7...c6 gespielt.

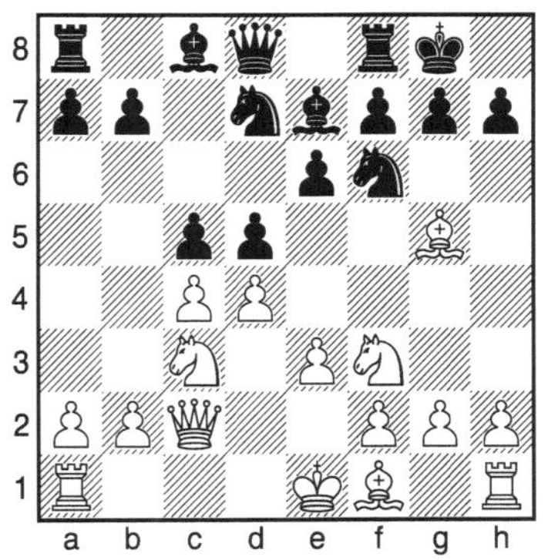

Nach 7...c5 kommen für Weiß insbesondere die Antworten 8.cxd5 und 8.0-0-0 in Betracht.

A) 8.cxd5

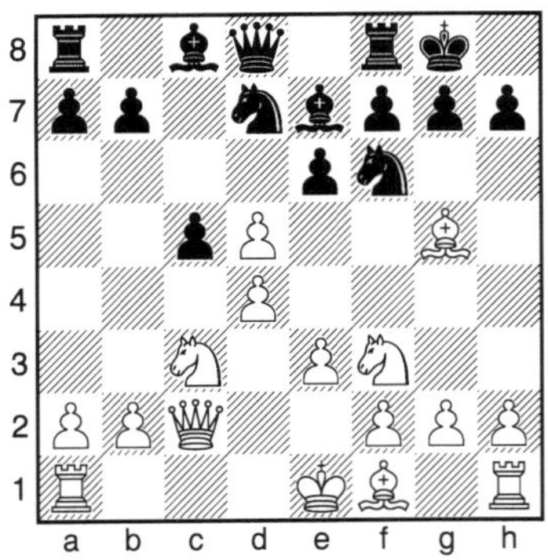

A1) Ob nun 8...♘xd5 der Alternative eines Schlagens mit dem Bauern (8...exd5) in der eigenen Partie der Vorzug zu geben ist, hängt von den persönlichen Vorlieben und Fähigkeiten ab. Das Schlagen mit dem Springer führt tendenziell zu einem schwarzen isolierten Bauern auf der d-Linie, aber in einer vereinfachten Stellung.

Nach 9.♗xe7 ♕xe7 10.♘xd5 exd5 kann Weiß seinen Läufer mit 11.♗d3 unter einer gleichzeitigen Bedrohung des ♙h7 entwickeln und nach 11...g6 mit 12.dxc5 den isolierten schwarzen d-Bauern entstehen lassen.

12...♘xc5 13.0-0

Mit 13...♗g4 und 13...♗d7 stehen Schwarz nun zwei vorrangig zu beachtende Möglichkeiten zur Verfügung, während 13...♘xd3 in der gegebenen Stellungsstruktur eher Weiß begünstigen würde.

A1a) 13...♗g4 14.♘d4

Durch seinen Wegzug verhindert der Springer eine Beschädigung der Bauernstellung nach einem eventuellen ♗g4xf3. Vor dem Isolani nimmt er eine grundsätzlich starke Stellung ein.

14...♖ac8 15.♖ac1 ♕g5

Schwarz hat genügend Gegenspiel und ungefähr gleichwertige Chancen.

A1b) 13...♗d7 14.♖ac1 ♖ac8 gibt nur wenige Anhaltspunkte für die Einschätzung, welche Richtung das Duell nun einschlagen wird. So stehen Weiß an dieser Stelle mehrere Fortsetzungen zur Auswahl, die vergleichbar gut geeignet sein dürften. Aus der Praxis ist die Variante 15.♗e2 ♖fd8 16.♕d2 ♗e6 17.♕d4 b6 18.b4 ♘e4 bekannt. An der Bewertung „unklar“ hat sich nichts geändert.

A2) Nach 8...exd5 ergibt sich – auch wieder tendenziell – ein Spiel mit hängenden Bauern auf c5 und d5, aber in einem komplizierteren Umfeld. Zumeist antwortet Weiß mit dem neutralen Entwicklungszug 9.♗e2.

(Eine Überlegung wert ist 9.dxc5!?, worüber auch hier ein isolierter schwarzer d-Bauer entsteht. Nach 9...♘xc5 10.♖d1 kann Weiß sein Spiel an diesem ausrichten.)

Mit 9...b6 stützt Schwarz c5 und ermöglicht dem Läufer die Aktivierung nach b7. Die Keimzelle für das Entstehen der hängenden Bauern auf der c- und der d-Linie ist der Stellung nunmehr eingepflanzt.

10.0-0 ♗b7 11.♖fd1 Mit dem typischen Manöver 11...♘e4 und dann 12.♗xe7 ♕xe7 kann Schwarz auf den Abtausch der schwarzfeldrigen Läufer hinwirken.

Üblich ist nun 13.dxc5 ♘xc3 14.♕xc3 bxc5= und die erwartete Position mit hängenden schwarzen Bauern ist erreicht.

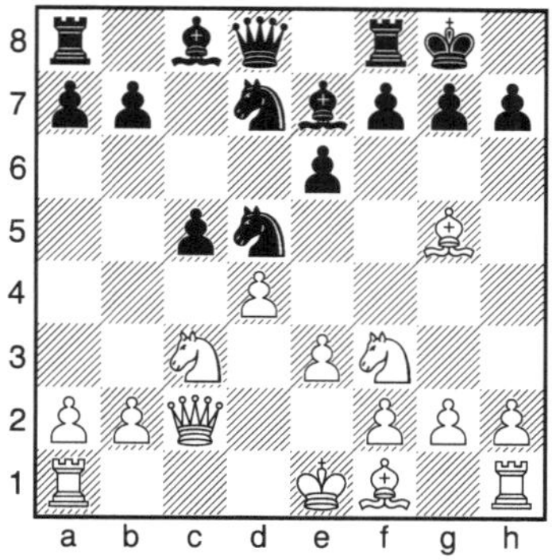

B) Im Falle von 8.0-0-0 nimmt das Spiel wegen der auf verschiedenen Flügeln gesicherten Könige regelmäßig einen schärferen Verlauf. Die energischste Antwort darauf ist 8...♕a5 9.♔b1 cxd4.

(9...dxc4 10.♗xc4 cxd4 11.exd4 hat nur als Zugumstellung Bedeutung.)

10.exd4 dxc4 11.♗xc4

Auf schnellem Wege ist Schwarz nun ein guter weiterer Aufbau über das Manöver ♘d7-b6, ♗c8-d7 und ♖a8-c8 möglich. Die Variante 11...♘b6 12.♗b3 ♗d7 13.♘e5 ♖ac8 14.♕e2 ♗c6 15.♘xc6 ♖xc6 usw. veranschaulicht die mögliche konkrete Umsetzung und daraus resultierende Konsequenzen. Die Kontrahenten haben sich ungefähr gleiche Chancen gesichert. Die angekündigte Schärfe kann das Duell nun beispielsweise über den Fortgang mit 16.h4 ♖e8 17.g4 ♘bd5 entwickeln.

II. Über 7.♗d3 entsteht die Botwinnik-Variante. Michail Botwinnik (1911-1995) war ein russischer Großmeister, der dreimal den Weltmeistertitel erringen konnte.

A) Der einfachste Weg für Schwarz führt nun über 7...dxc4 8.♗xc4 c5 9.0-0.

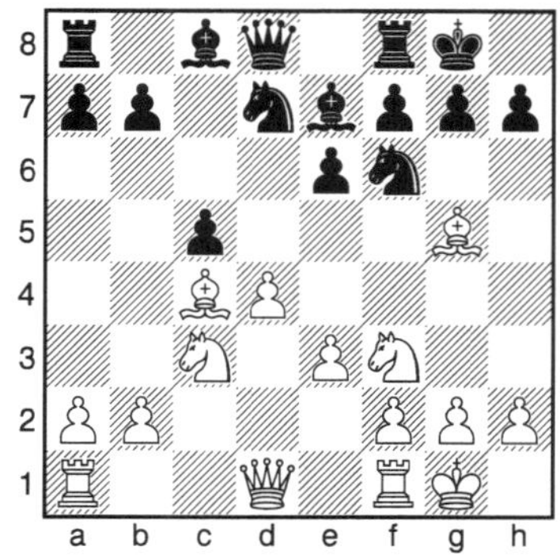

Es bietet sich nun 9...a6 mit dem Ziel an, b7-b5 folgen zu lassen. Dies darf Weiß jedoch nicht zulassen. Mit 10.a4 verhindert er den Vorstoß, der zu einer schwarzen Dominanz auf dem Damenflügel geführt hätte. Mit 10...cxd4 11.exd4 (11.♘xd4 ♘e5!?) 11...♘b6 12.♗b3 ♗d7 erzielt Schwarz einen schnellen Fortschritt in seiner Entwicklung. Diese komplizierte Stellung ist schon häufig in den Turniersälen ausgespielt worden. Die Ergebnisse aus der Praxis bestätigen, dass die beiderseitigen Perspektiven gleich gut sind.

Mit 13.a5 und 13.♘e5 bieten sich Weiß hier zwei Hauptfortsetzungen an.

- Nach 13.a5 kann Schwarz mit 13...♘bd5 relativ ungefährdet den Ausgleich halten. Es wird dann zu mehreren Abtauschhandlungen und damit einer erheblichen Vereinfachung der Stellung kommen.

- Nach 13.♘e5 aber bleibt die Lage

zunächst kompliziert. Nach 13...♗c6 ist 14.♖e1 üblich und am besten.

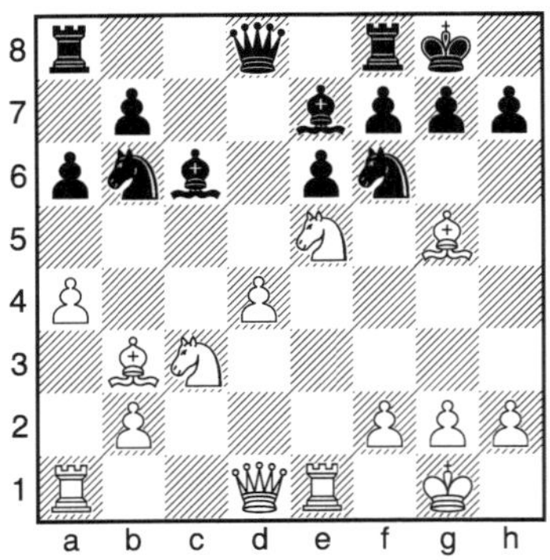

14...♘bd5

(Seltener wird 14...♘fd5 gespielt, worauf es zu 15.♘xc6 bxc6 16.♗xe7 kommen kann. Nach 16...♘xe7 kann Weiß die komplizierte Lage mit 17.a5 ♘bd5 18.♘e4 erhalten – und mit 18...♘f5 behauptet Schwarz sein ebenbürtiges Spiel. Die Bauernschwächen auf c6 und d4 heben sich in ihrer Bedeutung für die Stellungsbewertung auf.)

15.♖c1 (15.♘xc6 bxc6) 15...♖c8

Die beiderseitigen Chancen halten sich die Waage. Um Anhaltspunkte zu geben, wie die Kontrahenten weiter vorgehen können, schauen wir noch etwas weiter in den möglichen Verlauf einer Partie hinein, wobei wir uns an einem Beispiel aus der Meisterpraxis orientieren: 16.♕d3 ♕d6 17.♕h3 ♖fd8 (17...g6!?) 18.♗xf6 ♗xf6 19.♘e4 ♕e7=.

B) Möglich ist auch 7...h6. Nach 8.♗h4 kann Schwarz bereits den typischen Gegenstoß 8...c5 ansetzen.

9.cxd5

(Auf der Turnierbühne hat Weiß häufig 9.0-0 versucht. Ohne besondere Probleme kommt Schwarz dann aber über 9...cxd4 und beispielsweise 10.exd4 dxc4 11.♗xc4 ♘b6 12.♗b3 ♗d7 usw. zum Ausgleich.)

9...cxd4 10.♘xd4 ♘xd5 11.♗xe7 ♘xe7 12.0-0 ♘f6=

In Abhängigkeit davon, für welches weitere Vorgehen sich Weiß entscheidet, bieten sich Schwarz verschiedene Möglichkeiten für einen guten Ausbau seiner Stellung. Nach beispielsweise 13.♕e2 kann er mit ♗c8-d7 und ggf. ♕d8-b6 usw. reagieren, während auf 13.♖c1 die Antwort 13...e5 möglich wird.

7...c6

So verteidigt Schwarz sein Zentrum und bereitet zugleich das Schlagen auf c4 nebst b7-b5 vor. Dieser Plan ist solide und kommt in der Praxis am häufigsten zur Ausführung.

Eine interessante Alternative, die zur sogenannten Schweizer Verteidigung führt, ist 7...a6. Ihr liegt die Idee zugrunde, dass Schwarz nach 8.♗d3 dxc4 9.♗xc4 b5 10.♗d3 c5 Raum am Damenflügel gewinnt und zu guten Möglichkeiten kommt. Das System ist so komplex, dass wir es nicht als zweites Standbein für ein eigenes Repertoire im Rahmen dieses Buches erörtern können, ohne den gesetzten Rahmen zu sprengen. Die kurze Variante 11.0-0 ♗b7 12.♕e2 ♖c8 13.♖fd1 c4 14.♗b1 ♘d5 usw. soll aber zumindest einen Eindruck von den mit dieser Spielweise verbundenen Möglichkeiten vermitteln.

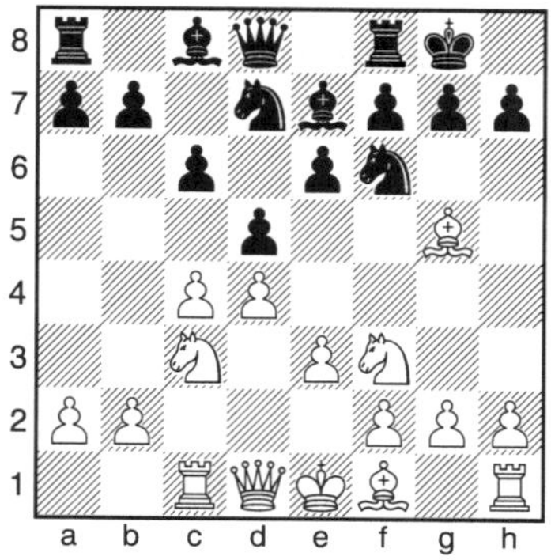

8.♗d3

Das Feld d3 ist ideal für die Postierung des Läufers. Weiß möchte seine Entwicklung abschließen und nach ♖f1-e1 den Vorstoß e3-e4 durchsetzen. Indirekt wird auch der Bauer h7 attackiert, was in vielen Fällen ausgenutzt werden kann.

Rechnen muss Schwarz auch mit 8.♕c2, womit die sogenannte Tempokampfvariante eingeleitet wird. 8...a6

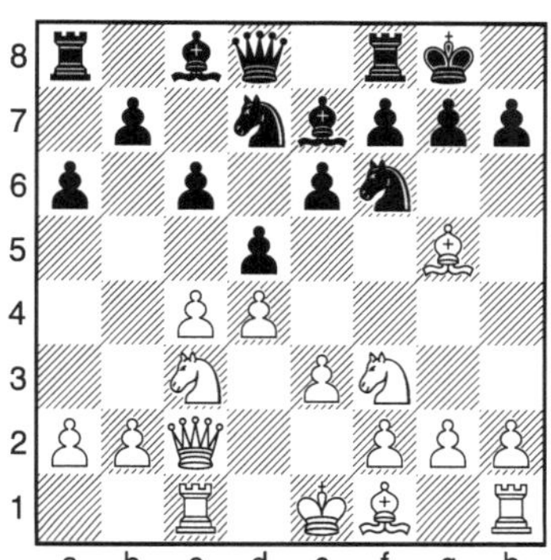

Neben den Fortsetzungen 9.c5 und 9.cxd5, die sich besonders an der Idee des Systems orientieren, haben an dieser Stelle auch die Alternativen 9.a3 und 9.♗d3 Anhänger.

A) Nach 9.c5 und dem befreienden Zug 9...e5 kann für Weiß nur 10.dxe5 in Betracht kommen.

10...♘e8

(Mit dem Ausweichen nach vorne täte sich der Springer keinen Gefallen, wie die Variante 10...♘g4 11.♗f4 ♘xc5 12.h3 usw. bestätigt.)

11.♗xe7 ♕xe7

Die Zeit, die Weiß nun investiert, um die fällige Entwicklung seines Königsflügels abzuschließen, kann Schwarz nutzen, um seinen Ausgleich sicherzustellen. Dieser ist nach beispielsweise 12.♗d3 h6 13.0-0 ♘xe5 14.♘xe5 ♕xe5 erreicht.

B) 9.cxd5 beantwortet Schwarz am besten mit 9...♘xd5, um nach 10.♗xe7 ♕xe7 (analog zu 9.c5) auf die Durchsetzung von e6-e5 zu spielen. Auch in dieser Variante ist es hilfreich für ihn, dass Weiß erst noch seinen Läufer aktivieren und den König sichern muss.

11.♗e2 ♖e8 12.0-0 ♘xc3

(So schließt Schwarz die Zugfolge 12...e5 13.♘xd5 cxd5 14.dxe5 usw. aus.)

Nach 13.♕xc3 e5 ist der Durchbruch geschafft und Schwarz kommt zu einem guten Spiel; z.B.14.♖fd1 exd4 15.♘xd4 ♘f6 usw.

C) Auf 9.a3 ist 9...b6 empfehlenswert; aber auch 9...♖e8 mit der Idee, frühzeitig etwas für e6-e5 zu tun, ist logisch.

D) Nach 9.♗d3 dxc4 10.♗xc4 b5 steht Schwarz bereits ausgezeichnet.

8...dxc4

Nur selten weicht Schwarz von diesem typischen Vorgehen ab. Wenn er sich doch mal für eine Alternative entscheidet, ist dies zumeist 8...h6, um dann aber nach 9.♗h4 in der Regel sogleich d5xc4 nachzuholen.

9.♗xc4 b5

Die Fortsetzung 9...♘d5 leitet das Capablanca-System ein. Diese wichtige Idee erörtern wir separat in **Kapitel 18**).

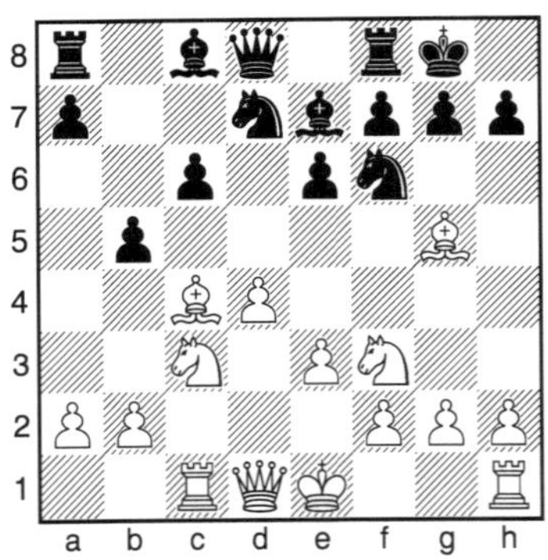

10.♗d3

Auf 10.♗b3 empfiehlt die Theorie 10...a6, womit der b-Bauer abgesichert und c6-c5 zur Option wird.

A) Die Stellung nach 11.0-0 ist schon recht häufig und mit aus schwarzer Sicht guten statistischen Ergebnissen in Turnierpartien ausgespielt worden.

Nach 11...♗b7 12.♕e2 kann Schwarz sein Spiel mit 12...c5 befreien und nach 13.dxc5 ♘xc5 14.♖fd1 kann er mit 14...♕b6 zugleich seine Dame aus der Schusslinie bringen und das Feld d8 für den Kampf der Türme um die d-Linie freiziehen. Er steht gut.

B) Die Konsequenzen der Fortsetzung 11.e4 sind bisher wenig erforscht worden. Sie kann einen dynamischen Verlauf auslösen, der von taktischen Verwicklungen begleitet wird. Schwarz zu empfehlen ist hier die energische Antwort 11...b4, mit der Weiß vor die Entscheidung gestellt wird, ob er die Einladung zum heißen taktischen Tanz annehmen oder den Springer retten soll. Richtig ist 12.e5 und damit deren Annahme.

(Das Ausweichen mit 12.♘a4 nimmt Schwarz natürlich zum Anlass, den deckungslos gewordenen ♙e4 zu schlagen, womit er den weißen Plan widerlegt. Nach 12...♘xe4 13.♗xe7 ♕xe7 ist der schwarze Vorteil offensichtlich. Folgen kann 14.0-0 ♗b7 mit der Vorbereitung von c6-c5.)

12...bxc3 13.exf6 gxf6 14.♗h6 cxb2

Nun muss Weiß aufpassen, dass er nicht strauchelt. Mit 15.♖b1 wählt er die richtige Antwortalternative aus.

(15.♖xc6 hingegen wäre schlecht wegen 15...♗b4+ 16.♘d2 ♔h8 mit klarem Vorteil für Schwarz. Ein furchtbarer Fehler wäre alles, was 17.♕g4+ mit einem unmittelbar folgenden Matt auf g7 nicht verhindert wie z.B. 16...♖e8?? oder 16...♗b7??.)

15...♖e8 mit beiderseitigen Chancen. Schwarz strebt c6-c5 an. Über ♔g8-h8 sowie ♖e8-g8 kann er eine Initiative am Königsflügel entwickeln.

10...a6

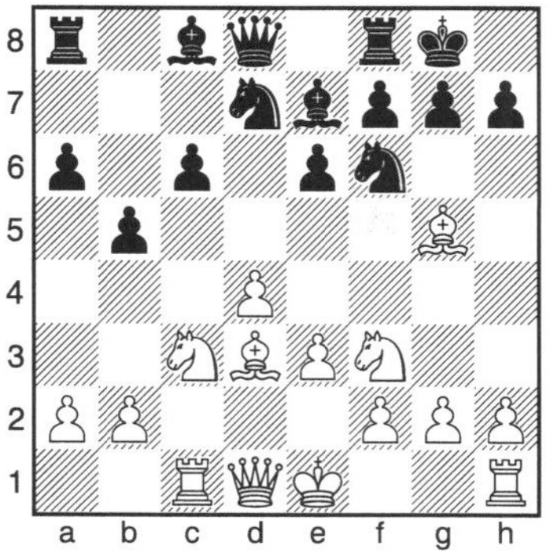

11.e4

Auf 11.0-0 ist 11...c5! die wohl stärkste Reaktion. Sie zwingt Weiß zu der Entscheidung, ob er auf c5 tauschen oder es zulassen soll, dass der Bauer womöglich weiter vorrückt. Die folgenden Möglichkeiten sind in die Erwägungen einzubeziehen.

A) Nach 12.dxc5 ♘xc5 kann Weiß die Rettung seines Läufers mittels 13.♗b1 mit einer Angriffsidee verbinden. Nach der typischen schwarzen Antwort 13...♗b7 kann sich die Dame durch 14.♕c2 dem Abtausch entziehen und zugleich eine Drohung gegen h7 aufstellen. 14...♘ce4 entschärft die Möglichkeit ♗g5xf6, die es Weiß erlauben würde, das Matt auf h7 einzukalkulieren, und initiiert eine Reduzierung des Materials. Nach der natürlichen Zugfolge 15.♖fd1 ♕b6 16.♘xe4 ♗xe4 17.♕c7 ♕xc7 18.♖xc7 kann Schwarz den Angriff gegen seinen ♗e7 mit 18...♖fd8 und somit einem Gegenangriff auf den ♖d1 beantworten. Diese Drohung ist absolut, da sie mit einer Möglichkeit zum Matt auf der Grundreihe verbunden ist. Ein weiterer Verlauf mit beispielsweise 19.♖dc1 ♗xb1 20.♖xb1 ♗d6 erlaubt den Kontrahenten die Fortführung des Duells auf Augenhöhe.

B) 12.♕e2 ♗b7

(12...c4 13.♗b1 usw. führt regelmäßig nur zu einer Zugumstellung.)

13.♖fd1 c4

(Schwarz kann sich durchaus auch noch zum Schlagen auf d4 entscheiden. Wir beschränken uns aber darauf, diese Möglichkeit zur flexiblen Gestaltung des eigenen Repertoires anhand der Beispielvariante 13...cxd4 14.exd4 ♘b6 15.♘e5 ♖c8 aufzuzeigen.)

Nach 14.♗b1 ♖c8 hat Schwarz sich gute Perspektiven verschafft, was sich auch in den Resultaten aus der Praxis widerspiegelt.

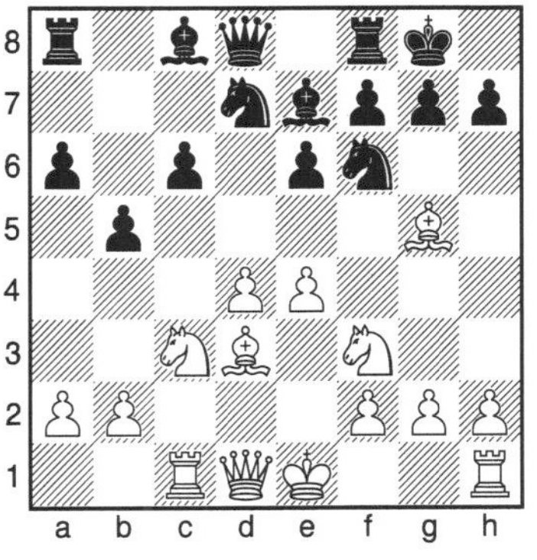

11...c5

Damit hat Schwarz wichtige Fortschritte in seiner Entwicklung erzielt, aber noch ist das angestrebte gute Eröffnungsergebnis nicht in trockenen Tüchern.

12.e5 ♘d5 13.♗xe7 ♕xe7 14.dxc5

Die vorangegangene Zugfolge hat sich als der für beide Seiten beste Weg herausgestellt.

14.♘xd5 ist für Weiß nicht mit der Aussicht auf einen Vorteil verbunden. Nach z.B. 14...exd5 15.0-0 (15.dxc5 ♘xc5=) 15...c4 16.♗b1 ♖e8 17.♕c2 g6= (17...♘f8!?=) hat Weiß hat sein Pulver zunächst einmal verschossen.

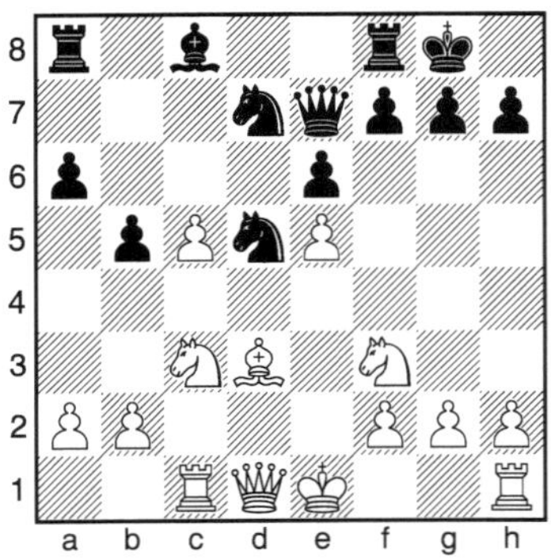

Natürlich muss Schwarz, um das Spiel in der Waage zu halten, das materielle Gleichgewicht wieder herstellen. Den Verlust durch den gerade eingebüßten Bauern muss er also ausgleichen. Dafür kommt aktuell nur der ♙c5 in Betracht. Aber dies erfordert genaues Spiel.

14...♘xc3!

14...♘xc5? wäre ein Fehler, weil Weiß eine Ressource taktischer Natur zur Verfügung stünde. Er könnte mit 15.♗xh7+! eine Kombination einleiten, gegen die Schwarz keine ausreichenden Mittel hat.

15...♔xh7

(Nach 15...♔h8 kann Weiß den Übergang in eine Gewinnstellung forcieren: 16.♘xd5 exd5 17.♕xd5 ♗b7 18.♕xc5 ♕xc5 19.♖xc5 eventuell gefolgt von 19...♖fc8 20.♖xc8+ ♖xc8 21.♔d2 ♔xh7 22.♖e1+− und das weiße Übergewicht reicht zum Sieg aus.) 16.♕c2+ ♔g8 17.♘xd5 exd5 18.♕xc5±

15.♖xc3

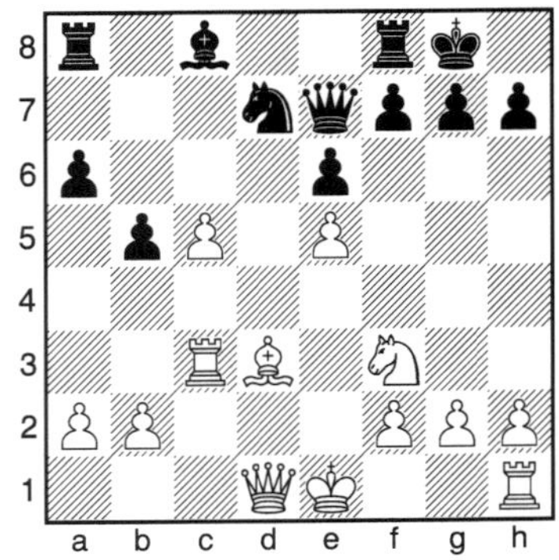

15...♘xc5

Auch hier steht Weiß das kombinatorische Motiv des Läufereinschlags auf h7 offen, um dann mit einem Schachgebot zugleich den nur einfach gedeckten ♘c5 mit zwei Figuren anzugreifen und zu erobern. Allerdings sind die damit für Schwarz verbundenen Folgen nicht gleichermaßen nachteilig.

16.♗xh7+ ♔xh7!

Aber nicht 16...♔h8? wegen 17.♗b1 und Weiß behauptet einen Mehrbauern.

17.♕c2+ ♔g8 18.♖xc5 ♗b7

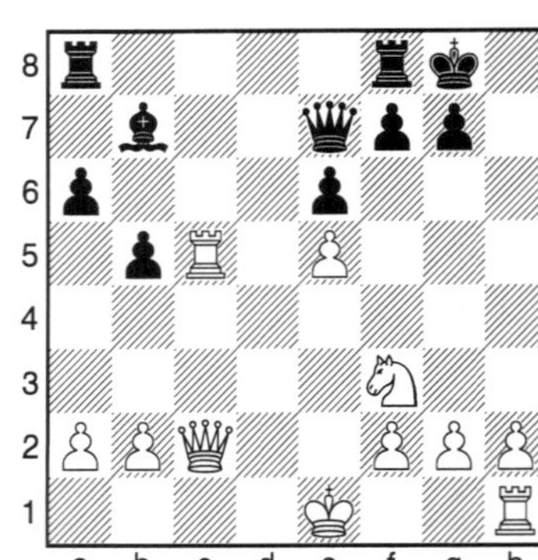

19.0-0

– Auf 19.♔e2 ist sowohl 19...♗d5 als auch 19...♗e4 eine gute Antwort. Im zweiten Fall könnte der Läufer zwar von der Dame geschlagen werden, aber damit würde Weiß ein schlechtes Geschäft machen, weil er im Gegenzug seinen Turm hergeben müsste.

– Im Falle von 19.♖c7 ist 19...♖ac8! die starke Riposte.

19...♗xf3

Der Abtausch führt zu gleichem Spiel. Schwarz kann allerdings mit 19...♖ac8 mehr Dynamik einbringen; z.B. 20.♖c1 ♖fd8 mit beiderseitigen Möglichkeiten.

20.gxf3 ♖fd8=

In den nachfolgenden Kapiteln, die wir im Rahmen dieser Einführung allesamt verortet und bezeichnet haben, gehen wir detailliert auf einzelne Spielweisen unter dem Dach des Damengambits ein.

Kapitel 1

Slawische Verteidigung

1.d4 d5 2.c4 c6

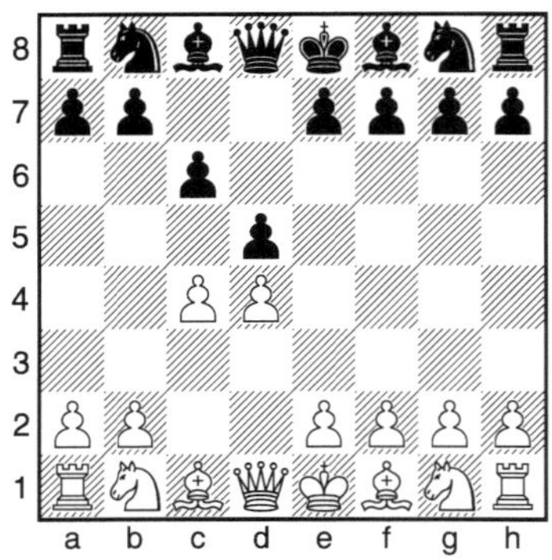

Diese Fortsetzung führt zur Slawischen Verteidigung, die ein relativ eigenständiger Teil des abgelehnten Damengambits ist. Dies und ihre große Beliebtheit machen dieses System zu einer der bedeutendsten Eröffnungen im Schach.

Mit 2...c6 befestigt Schwarz den strategisch wichtigen Punkt d5. Im Gegensatz zur Orthodoxen Verteidigung des abgelehnten Damengambits mit 2...e6, in der Schwarz seinen Damenläufer lange Zeit nicht ins Spiel bringen kann, verfügt dieser in der Slawischen Verteidigung über die freie Diagonale c8-h3. In einigen Varianten droht Schwarz nach d5xc4 und b7-b5 den Bauern festzuhalten.

Wie ist die Slawische Verteidigung zu ihrem Namen gekommen? Den größten Beitrag zur Entstehung und Entwicklung der Verteidigung haben polnische, russische, tschechische und jugoslawische Theoretiker geleistet. Seine besondere Popularität bei Spielern aller Klassen verdankt „Slawisch“ seinen vielen tiefgründigen Ideen – sowohl im strategischen wie auch im taktischen Bereich.

3.♘f3

Mit diesem Zug lenkt Weiß das Spiel nicht nur in die Hauptvariante, sondern vermeidet auch das scharfe Winawer-Gambit, das bei der Entwicklung des anderen Springers möglich wird.

Die Hauptalternativen sind nun 3.♘c3, 3.e3 und 3.cxd5.

I. 3.♘c3

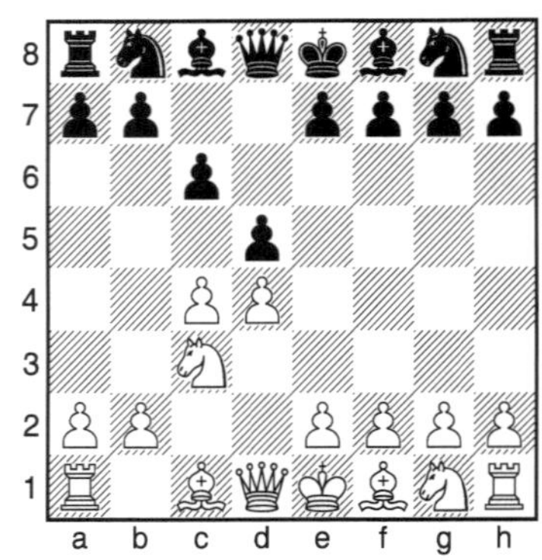

A) Eine Möglichkeit für Schwarz, die weitere Entwicklung der Partie schon früh nachhaltig zu prägen, besteht nun in 3...dxc4. Wenn Schwarz so spielt, will er den Bauern regelmäßig auch behaupten, zumindest bis auf weiteres. Dieser Idee liegt die Absicht zugrunde, auf diese Weise ein Gegenspiel aufzubauen.

A1) 4.e4

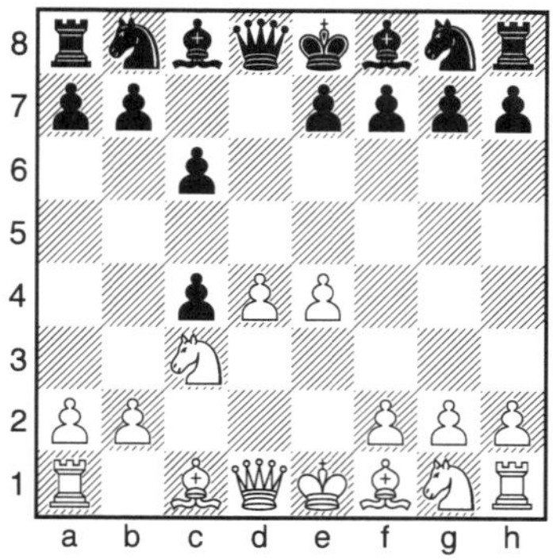

Mit diesem dynamischen Vorgehen im Zentrum lässt Weiß den Vorstoß b7-b5 zu, über den Schwarz zumindest zunächst einmal auf ein Halten des Mehrbauern spielen kann. Der weiße Gegenwert liegt im starken Bauernzentrum, verbunden mit einem entsprechenden Raumvorteil, wie auch in einem aktiven Spiel.

4...b5

(Eine Vereinfachung der Verhältnisse kann Schwarz über 4...e5!? anstreben. Nach 5.♘f3 exd4 6.♕xd4 ♕xd4 7.♘xd4 b5 ist die Musik in einem erheblichen Umfang aus der Stellung entwichen. Das Manöver 8.a4 b4 führt zu einem weiteren Spannungsverlust. Nach 9.♘d1 und nun beispielsweise 9...♗a6 10.♗f4 ♘f6 11.f3 ♗c5 12.♘f5 0-0 sind die Chancen der Kontrahenten als gleichwertig einzuschätzen.)

5.a4 b4 6.♘a2 ♘f6 7.e5 ♘d5 8.♗xc4

Auch hier ist das Materialverhältnis nun wieder ausgeglichen; Schwarz ist auf dem besten Wege, zu einer harmonischen und aktiven Aufstellung seiner Figuren zu kommen.

Nach 8...e6 9.♘f3 ist das aggressive Vorgehen mit 9...♗a6 möglich und nach beispielsweise 10.♗xa6 ♘xa6 11.0-0 ♕b6 12.♗d2 ♗e7 13.♘c1 c5 14.♕e2 ♖c8 steht Schwarz gut. Es fehlt nun nur noch die Rochade, um die Entwicklung abzuschließen.

A2) 4.♘f3 ist auch möglich, aber vergleichsweise weniger ambitioniert. Schwarz hat keine große Mühe zu befürchten, befriedigende Aussichten zu erreichen.

4...b5 5.a4

So sorgt Weiß für eine sofortige Klärung der Situation am Damenflügel.

5...b4

Die Situation mag für einen weniger erfahrenen Spieler mit den weißen Steinen bedrohlich aussehen, sie ist aber gut zu parieren. Indem der b-Bauer vorrückt, verliert der ♙c4 seine Stütze.

Nach 6.♘a2 muss Schwarz sich sofort um seinen ♙b4 kümmern.

(Im Falle von 6.♘e4 kann Schwarz über 6...♘f6 und dann 7.♘g3 ♕d5! erfolgreich um den Ausgleich kämpfen.)

6...e6 7.e3 ♘f6 8.♗xc4

Der materielle Gleichstand ist wieder hergestellt.

8...♗e7 9.0-0 0-0

Schwarz verfügt über ein vollwertiges Spiel. Weitergehen kann es nun beispielsweise mit 10.♕e2 ♗b7 11.♖d1 a5 12.♗d2 ♘bd7 13.♘c1 ♕b6 14.♘b3 c5. Am eben schon erreichten Gleichstand der Chancen hat sich nichts geändert.

B) Das bereits erwähnte nach 3...e5!? entstehende Winawer-Gambit besprechen wir im **Abspiel 1**.

Über die Alternativen 3...e6 und 3...♘f6 können sich weitere recht eigenständige Varianten ergeben, wie einige beispielhafte Ausführungen veranschaulichen mögen.

C) Nach 3...e6 geht es auf die schwarze Bauernformation zurück, dass die mit ihr verbundenen Spielweisen auch als Triangel-Systeme bezeichnet werden.

4.e3

(Zu einem scharfen Spiel führt das Slawische Gambit nach 4.e4!?. Im **Abspiel 2** gehen wir auf die sich daraus ergebenden Möglichkeiten ein.)

4...♘f6

(Nach 4...f5 geht das Spiel in die Holländische Verteidigung über, die wir in einem späteren Band behandeln werden.)

5.♗d3

(Mit 5.♘f3 kann Weiß in die Hauptvariante überleiten.)

5...♘bd7 6.♘ge2

(Zu 6.♘f3 geben unsere Ausführungen in der Hauptvariante weitere Auskunft.)

Mit dem Abtausch 6...dxc4 leitet Schwarz die Entwicklung seines Königsflügels unter Tempogewinn ein.

7.♗xc4 b5 8.♗d3 a6 9.0-0 Mit 9...c5 kann Schwarz nun zugleich seine Entwicklung fortsetzen und aktiv gegen das weiße Zentrum vorgehen. Folgen kann nun beispielsweise 10.b3 ♗b7 11.♗b2 ♗e7 12.♖c1 0-0 und Schwarz hat seine Kräfte harmonisch und elastisch ins Spiel gebracht.

D) Ein Vorteil des Zuges 3...♘f6 liegt darin, dass Schwarz bei seiner Wahl das mit 4.e4!? verbundene Slawische Gambit verhindern kann.

D1) Nach 4.e3 a6 will Schwarz b7-b5 folgen lassen.

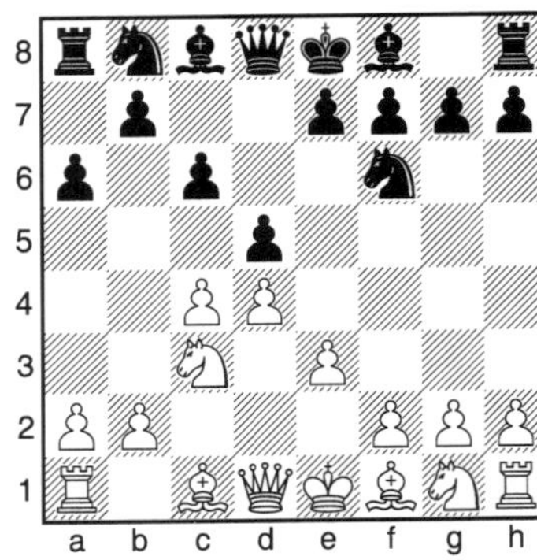

5.♕c2 ist ein flexibler Entwicklungszug. Die Dame nimmt Einfluss auf die Diagonale b1/h7 und lässt es von vornherein nicht zu, dass der Königsspringer auf der Diagonale d1/h5 gefesselt wird.

(5.♘f3 lässt auch hier wieder Muster aus der Hauptvariante entstehen.)

Der Vorstoß 5...b5 ist die konsequente Umsetzung der Idee, die 4...a6 zugrunde lag.

(Zur Verfügung steht auch ein Plan mit dem Fianchetto des Königsläufers. Nach 5...g6 6.♗d3 ♗g7 kann Weiß seinen Springer sowohl nach f3 als auch nach e2 entwickeln.)

6.b3 ♗g4 7.♘ge2

Der Springer strebt im passenden Moment nach f4. Dabei schwingt die Idee mit, ihn gegen den weißfeldrigen gegnerischen Läufer abzutauschen.

7...♘bd7 8.h3

(An dieser Stelle ausgeführt, ermöglicht 8.♘f4 die starke Antwort 8...e5, woraufhin es beispielsweise mit 9.dxe5 ♘xe5 10.h3 ♗e6 11.♗e2 ♗d6 12.0-0 ♘g6= weitergehen kann.)

8...♗h5 9.♘f4 ♗g6 10.♘xg6 hxg6

Diese Stellung ist schon häufig auf der Turnierbühne und auch im Fernschach ausgespielt worden. Eine natürliche Fortsetzung führt über 11.♗e2 e6 12.0-0 ♗d6 usw. Die Ergebnisse aus der Praxis bestätigen, dass die erreichte feste Stellung Schwarz gute Perspektiven eröffnet.

D2) 4.♘f3 führt das Spiel in die Richtung der Hauptvariante.

D3) Auf 4.♗g5 kann Schwarz gut 4...dxc4 spielen, woraufhin Weiß zumeist mit 5.a4 den Deckungszug b7-b5 unterbindet. Der frühe Damenausfall 5...♕a5 gibt Schwarz Zugriff auf das Feld e5, so dass nach 6.♗d2 die Antwort 6...e5 möglich wird.

(Zu einem komplizierten Spiel führt 6...♕b6!?. Der Bauernvorstoß im Zentrum sieht allerdings logischer aus, denn mit ihm setzt Schwarz seine Entwicklung fort.)

7.♘f3

(Die Variante 7.dxe5 ♕xe5 8.♘f3 ♕c5 9.e4 ♘g4 10.♕e2 ♘d7 mit der Idee ♘d7-e5 ist günstig für Schwarz.)

7...exd4 8.♘xd4 ♕c5 9.e3 ♗e7

Nun lässt Schwarz alsbald noch die Rochade folgen und geht dann mit guten Perspektiven ins Mittelspiel.

II. Nach 3.e3 beugt die frühe Entwicklung des Läufers 3...♗f5 dem in manchen Varianten aufkommenden Problem vor, den Läufer gut ins Spiel zu bekommen.

(3...♘f6 sorgt für einen Übergang in die Hauptvariante.)

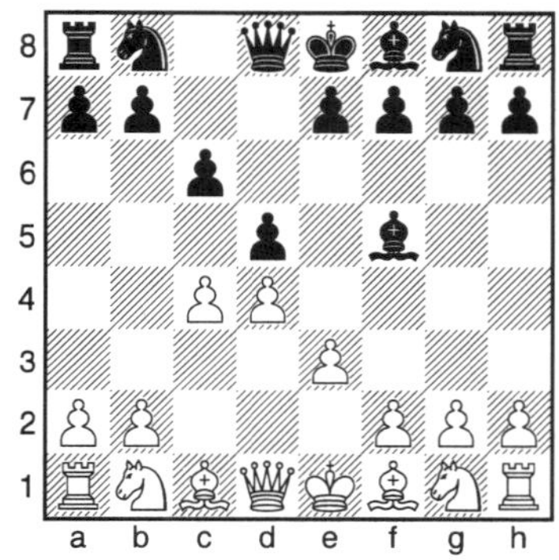

A) 4.cxd5 cxd5 5.♕b3

(Nach 5.♘c3 e6 6.♘f3 ♘c6 sollte Schwarz keine bemerkenswerten Eröffnungsprobleme mehr haben.)

5...♕c7 6.♗b5+ ♘d7 Über nun beispielsweise 7.♘c3 e6 8.♘f3 ♗d6 9.♗d2 a6 10.♗e2 h6 11.♖c1 ♕b6 erreicht Schwarz ein vollwertiges Spiel.

B) Eine eigenständige Rolle spielt die auch recht gern gespielte Alternative 4.♕b3, die Schwarz am besten mit 4...♕c7 beantwortet.

(Zu einem für ihn schlechteren Endspiel würde der Abtausch der Damen führen. Schauen wir uns zur Bestätigung dieser Feststellung ein entsprechendes Beispiel an.

Nach 4...♕b6 5.♕xb6 axb6 6.cxd5 cxd5 springt der Doppelbauer auf der b-Linie als Schwäche ins Auge. Mit 7.♘c3 e6 8.♗b5+ ♘c6 9.♗d2 ♗d6 10.♘a4 ♗c7 11.♘e2 kommt Weiß ungehindert zu einem guten Ausbau seiner Stellung.

Nach 11...♘ge7 kann Schwarz nach dem weiteren Plan mit ♘e7-c8-d6 usw.

verfahren. Dies ändert aber nichts daran, dass er die schlechtere Stellung verwaltet.)

5.♘c3 e6

Da sich der Damenläufer bereits im Freien befindet, kann der e-Bauer ohne Bedenken die Unterstützung des Zentrums übernehmen und dem ♗f8 einen freien Blick vermitteln. Es kann sich nun eine recht schlichte Entwicklungsphase etwa nach dem Muster 6.♘f3 ♘f6 7.♗d2 ♘bd7 8.♖c1 ♖c8 9.♗e2 anschließen. Schwarz kann sich mittels 9...♕b8 nebst ♗f8-e7 und 0-0 etwa gleichwertige Chancen sichern.

III. 3.cxd5 behandeln wir separat im **Abspiel 3**.

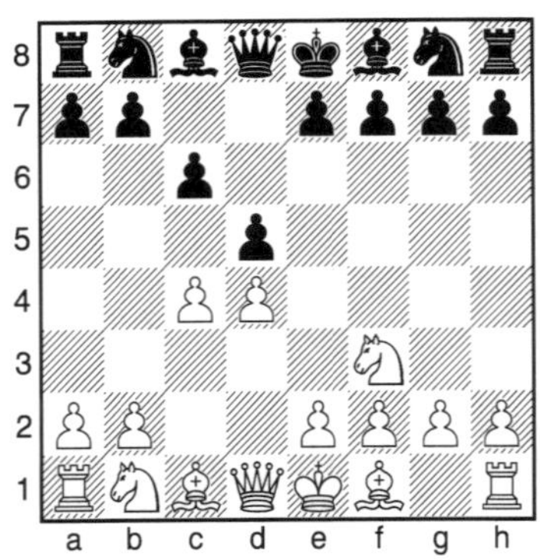

3...♘f6

Sehr oft wird Weiß hier mit 3...e6 konfrontiert. Für diesen Aufbau, der die Züge c7-c6 und e7-e6 miteinander verbindet, ist die Bezeichnung Halbslawische Verteidigung gebräuchlich. Die Partie kann in der Folge unter Zugumstellung in die Hauptvariante zurückkehren, aber auch einen ganz eigenen Charakter entwickeln. Dies ist insbesondere dann der Fall, wenn Weiß mit 4.e3 fortsetzt und Schwarz mit 4...f5 antwortet. Dieser Vorstoß f7-f5 verknüpft die Ideen der Slawischen Verteidigung mit jenen zum Stonewall in der Holländischen Verteidigung.

5.♗d3 ♘f6

Beide Seiten versuchen zugleich ihre Entwicklung fortzusetzen und um den Einfluss im Zentrum zu kämpfen. Im Vordergrund stehen dabei die wichtigen Felder e4 und e5.

6.0-0 ♗d6 7.b3

Dieser Bauernzug hat eine universelle Bedeutung. Er stützt den c-Bauern und erlaubt das Fianchettieren des Damenläufers. Vor allem aber schafft er die Möglichkeit, bei Bedarf einen Abtausch der schwarzfeldrigen Läufer herbeizuführen.

7...♕e7 8.♗b2 0-0 9.♕c1

Mit der Dame im Rücken kann der Läufer a3 betreten.

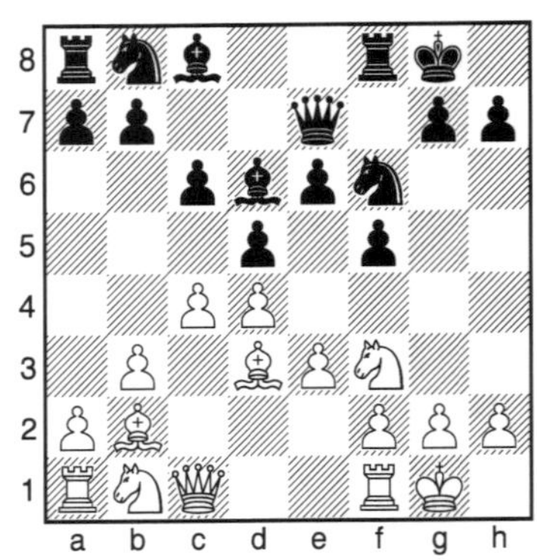

A) Im höheren Leistungsbereich wird sowohl im Turnierschach als auch im Fernschach nun zumeist 9...b6 gespielt. Damit verfolgt Schwarz die schnelle Entwicklung des Damenflügels.

10.♗a3 ♗b7 11.♗xd6

Konsequent entledigt Weiß sich seines schwachen Läufers.

(Er kann auch zunächst mit 11.cxd5 etwas Spannung aus der Stellung nehmen und nach 11...cxd5 seine Idee wieder aufgreifen. Nach 12.♗xd6 ♕xd6 und den weiteren Entwicklungszügen 13.♘c3 ♖c8 14.♕b2 ♘bd7 15.♖fc1 a6 bietet sich ♘f6-e4 als gute Waffe für den erfolgreichen Kampf um Ausgleich an.)

11...♕xd6 12.♘c3 ♘e4 13.♘e5 ♘d7

Diese Stellung ist im Fernschach mehrfach mit respektablen Ergebnissen für Schwarz ausgespielt worden. Nach 14.♘xd7 ♕xd7 15.f3 ♘f6 steht er gut. Die folgende Beispielvariante dient der Veranschaulichung, welchen Fortgang die Partie nehmen kann: 16.b4 ♗a6 17.♘e2 ♖fc8 18.♖d1 dxc4 19.♗xc4 ♗xc4 20.♕xc4 ♘d5=.

B) Die Hauptalternative 9...♘e4 folgt der Devise, das wichtige Zentrumsfeld e4 sofort mit dem Springer zu besetzen, sobald dies möglich wird.

10.♗a3

Der Abtausch der schwarzfeldrigen Läufer ist günstig für Weiß, weil das schwarze Exemplar deutlich wirkungsvoller als das eigene aufgestellt ist.

10...♘d7 11.♗xd6 ♕xd6 12.♘c3

(Wenn Weiß mittels 12.♕a3 den Abtausch der Damen anbietet, kann Schwarz über die Variante 12...♕xa3 13.♘xa3 b6 14.cxd5 exd5 15.♖fc1 ♗b7 mit Vorbereitung von c6-c5 auf die Fortsetzung des Mittelspiels mit ausgeglichenen Chancen bauen.)

Nach 12...b6 will Schwarz seinen Läufer nach b7 bringen und in der Folge c6-c5 durchsetzen, worüber er seinen Einfluss auf das Zentrum ausbaut und stabilisiert. Beispielsweise kann sich das Spiel wie folgt entwickeln: 13.♕b2 ♗b7 14.♘e2 c5 15.♖fd1 ♕e7 16.♖ac1 ♖fd8 und in dieser kompakten Stellung sind die beiderseitigen Aussichten ausgeglichen.

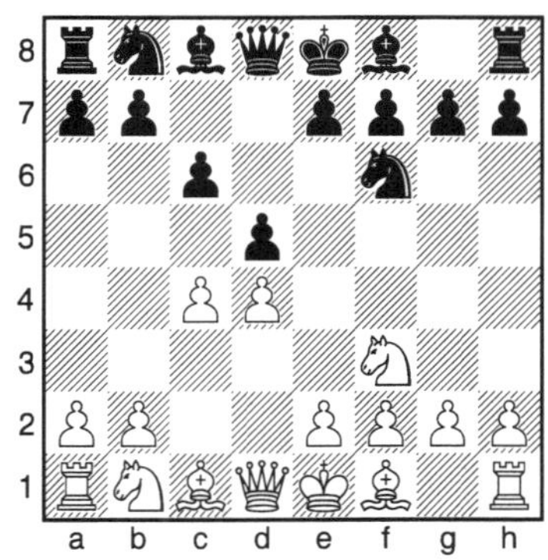

4.♘c3

Dies ist die mit Abstand am häufigsten gewählte Alternative. Der Grund hierfür liegt einfach darin, über die Aktivierung des Damenspringers an der Entwicklung zu arbeiten.

Ein solider und deshalb ebenfalls häufig gewählter Zug ist 4.e3, der dem ♙c4 die Deckung durch den ♗f1 einbringt. Unsere Empfehlung für Schwarz ist nun 4...♗f5. Der Läufer kommt ins Spiel und Schwarz wird nach Bedarf ohne Reue zu e7-e6 greifen können.

(Eine spielbare Alternative ist 4...♗g4 – zumeist mit der Folge 5.h3 ♗h5 6.♘c3 e6 usw.)

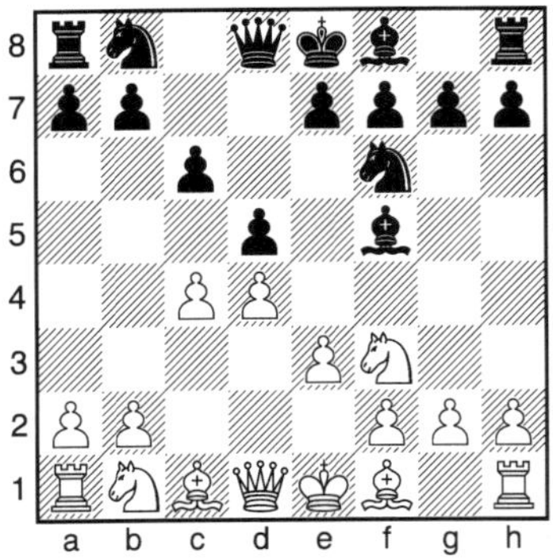

A) Mit 5.♗d3 stellt Weiß sich dem Einfluss des gegnerischen Läufers sofort resolut entgegen und macht zugleich den Weg für die kurze Rochade frei. Positionell gezwungen ist er zu diesem Vorgehen jedoch nicht.

5...♗xd3 6.♕xd3 e6

Da Schwarz auf die Belange seines weißfeldrigen Läufers nicht mehr achten muss, kann er bedenkenlos seinen e-Bauern vorrücken. Nach beispielsweise den weiteren Entwicklungszügen 7.0-0 ♘bd7 8.♘c3 ♗b4 9.♗d2 a5 10.a3 ♗e7 kann Weiß energisch 11.e4 spielen und Schwarz mit 11...♘c5! kontern. Neben der Dame ist nun der ♙e4 dreifach angegriffen.

Nach 12.dxc5 dxe4 13.♕xd8+ ♖xd8 14.♘xe4 ♘xe4 15.♗xa5 ♖a8 16.♗b4 ♗xc5 17.♗xc5 ♘xc5 ist die Spannung zwischen den gegnerischen Kräften abgebaut. Die beiderseitigen Aussichten sind etwa gleichwertig. Weitergehen kann es beispielsweise mit 18.b4 ♘a4 19.c5 ♔e7 usw.

B) Eine gute Wahl für Weiß ist es auch, zunächst mittels 5.cxd5 die Spannung zwischen den Bauern aufzuheben. Nach 5...cxd5 kann er mit 6.♕b3 seine Dame aktivieren und Schwarz sogleich zu einer sofortigen Reaktion zwingen.

(Entscheidet er sich stattdessen zugunsten von 6.♘c3, ist 6...e6 die angeratene Antwort. Schwarz kann dann auf eine natürliche weitere Entwicklung seines Königsflügels über ♗f8-e7 usw. spielen.)

6...♕c7 7.♘c3 e6

Damit ist ein kurzes Zwischengeplänkel vorüber und beide Seiten suchen nach Möglichkeiten für einen Entwicklungsvorteil.

8.♗d2 macht das Feld c1 für den Turm frei, der auf der c-Linie einen wirkungsvollen Einsatzbereich findet und zugleich zu einer gewissen Bedrohung für die gegnerische Dame wird.

8...♘c6 9.♖c1 ♗e7 10.♘e5

Der Springer ist aktuell unantastbar, denn wenn sich der ♘c6 an ihm vergreifen würde, käme Schwarz über 11.♘b5 oder 11.♘xd5 unter die Räder.

10...0-0 11.♗e2 ♖fc8 12.0-0

Die Stellung ist ausgeglichen. In der Praxis hat Schwarz nun gute Erfahrung mit 12...♕b6 13.♕xb6 axb6 gemacht. Das Material hierzu ist aber spärlich. Der Doppelbauer ist keine positionelle Schwäche, denn Schwarz kann mittels ♘c6-a5-c4 ein aktives Gegenspiel am Damenflügel erreichen. a2-a3 würde zu einer weißen Schwächung führen.

Wir müssen uns diese Stellung aber auch aus der besonderen Warte des noch unerfahrenen Spielers anschauen. Wenn er sich das Spiel mit den Doppelbauern nicht zutrauen möchte, ist 12...h6 eine gute Alternative, über die sein Läufer ein Fluchtfeld erhält.

Auch 12...♘fd7 ist eine geeignete Möglichkeit.

C) Am häufigsten greift Weiß nicht zu den bereits betrachteten Alternativen 5.♗d3 und 5.cxd5, sondern zu 5.♘c3. Er erhält sich damit die Wahlfreiheit, ob er unter Zugumstellung in gleiche Strukturen überleitet oder ggf. auf einen Abtausch seines Königsspringers gegen den schwarzen weißfeldrigen Läufer spielt.

5...e6

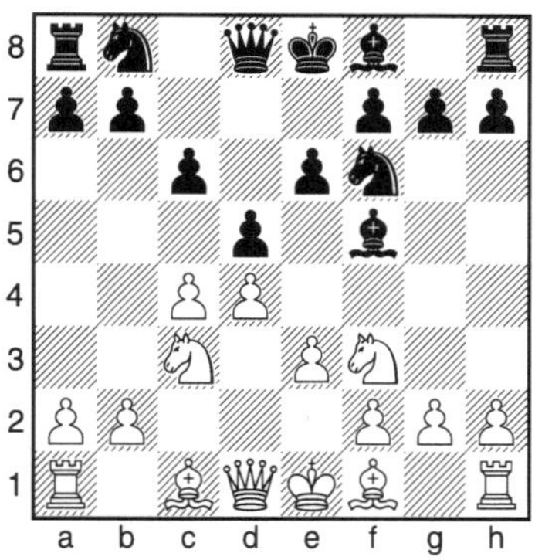

Mit 6.♘h4 strebt Weiß den Abtausch an. In der Folge wird er sich darum kümmern müssen, seinem eigenen Läufer in einem schwierigen Umfeld genügend Aktivität zu verschaffen. Auf schwarzer Seite wird ein Doppelbauer entstehen.

(6.♗d3 setzt auch hier auf die Idee des Läuferabtausches. Nach 6...♗xd3 7.♕xd3 ♘bd7 kann Schwarz seinen ♗f8 auf e7 bzw. d6 postieren.)

6...♗g6 7.♘xg6 hxg6

Weiß hat seinen Plan realisiert. Nun besteht für beide Seiten die Aufgabe darin, zu einer schnellen weiteren Entwicklung der Kräfte zu kommen.

8.♕b3 ♕c7 9.g3

Der Läufer soll fianchettiert werden. Weiß wird allerdings Energie dafür einsetzen müssen, dass er mehr als nur einen sehr begrenzten Einfluss bekommt. Noch kann von einem Vorteil des weißen Läuferpaars nicht gesprochen werden.

9...♘bd7 10.♗g2 ♗e7 11.0-0 0-0

Kurz vor dem Ende der Eröffnungsphase befinden sich die beiden Parteien in etwa auf Augenhöhe. Nach nun beispielsweise 12.cxd5 cxd5 kann Weiß mit 13.e4 auf eine Räumung des Zentrums spielen, woraufhin sein Läufer frei wird. Nach 13...dxe4 14.♘xe4 ♘xe4 15.♗xe4 und dann beispielsweise 15...♘b6 16.♖d1 ♖fd8 17.♗f4 kommt das weiße Läuferpaar zum Zuge. Weitergehen kann es etwa mit 17...♕d7 18.♖ac1 ♖ac8 und die beiderseitigen Perspektiven sind ausgeglichen.

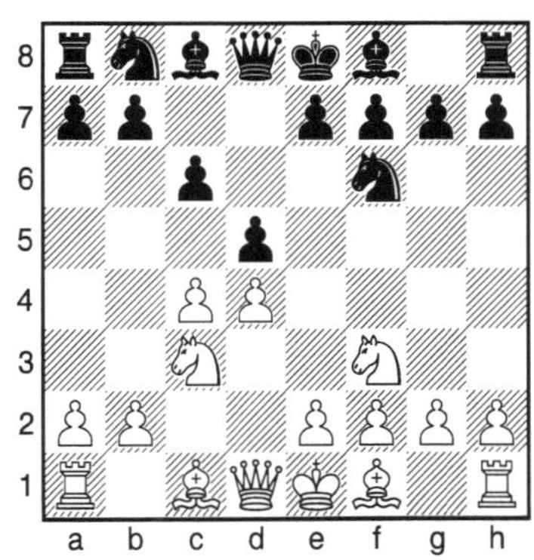

4...e6

Dies ist der Hauptzug. Schwarz befestigt seinen ♙d5 und nimmt dafür die Einsperrung seines ♗c8 in Kauf. Diesem bleibt der Weg einer Entwicklung in Richtung Damenflügel. Aus der Reihe der Schwarz zur Verfügung stehenden Alternativen beleuchten wir zwei etwas eingehender.

– 4...dxc4 führt zu scharfem Spiel. Die Folgen dieser Wahl betrachten wir eingehend im **Abspiel 4**.

– Und 4...g6!? führt zu deutlich abweichenden Stellungsstrukturen.

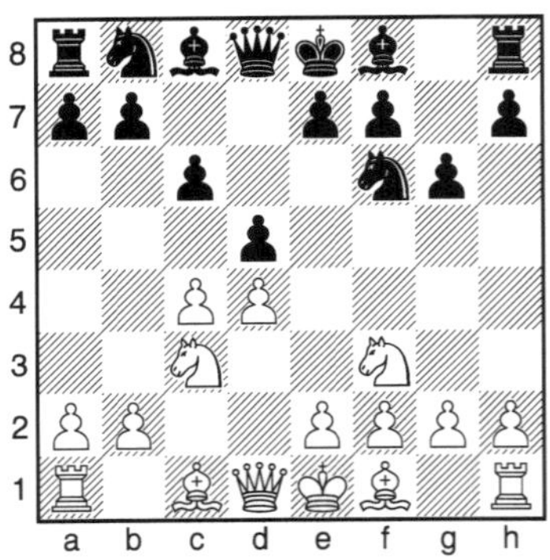

Die hiermit eingeleitete Spielweise wird als Schlechter-Variante bezeichnet. Konzeptionell baut sie auf eine Synthese aus der Slawischen und der Grünfeld-Indischen Verteidigung. Diese Position kann auch über die Zugfolge 1.d4 ♘f6 2.c4 g6 3.♘c3 d5 4.♘f3 c6 usw. entstehen.

5.e3 ♗g7 6.♗e2

(Beliebt ist auch 6.♗d3, aber mit einem deutlichen Abstand zur Entwicklung nur bis e2. Mit seiner Antwort kann Schwarz den ♗c8 nach g4 oder sogar f5 entwickeln. Beide Alternativen lassen ein zweischneidiges Spiel erwarten.)

6...0-0 7.0-0

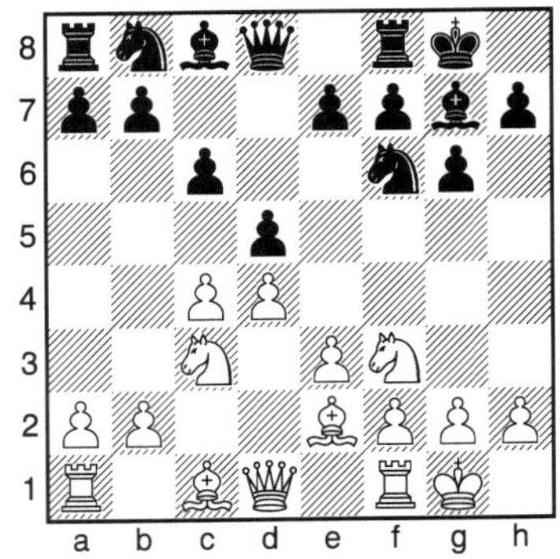

An dieser Stelle ist der Fächer der möglichen Fortsetzungen sehr breit. Wir konzentrieren unsere Darstellung auf 7...♘e4 und auf 7...dxc4. Mit der erstgenannten Möglichkeit verbindet sich neben der Chance auf ein gutes Spiel auch ein gewisses Überraschungspotenzial, weil der Springerzug in der Turnierpraxis seltener als andere Züge zur Ausführung gelangt. Das Schlagen mit dem d-Bauern ist hingegen die Nummer 1 in der Gunst der Spieler.

A) 7...♘e4

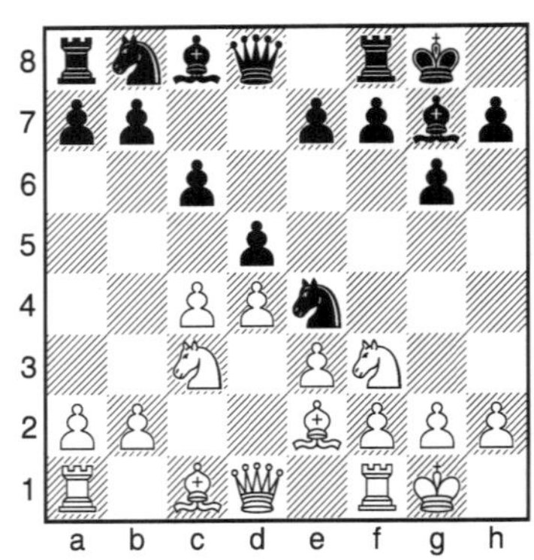

Weiß hat hier die Wahl zwischen mehreren Fortsetzungen. Aktuell besonders zu rechnen ist mit 8.♕b3, 8.♕c2

und 8.♘xe4. Es ist also angebracht, sich zumindest kurz damit zu befassen.

8.♕b3

(– Auf 8.♕c2 folgt 8...♗f5 mit der Drohung, den ♘e4 abzuziehen, so dass der Läufer die Dame bedroht. Nach 9.♗d3 ♘xc3 10.♗xf5 ♘e2+ 11.♕xe2 gxf5 ergibt sich ein Spiel mit gleichen Chancen.

– 8.♘xe4 erlaubt Schwarz nach 8...dxe4 9.♘d2 den Vorstoß 9...f5. Nach 10.f3 exf3 11.♘xf3 ♘d7 kann er auf e7-e5 abzielen und sich so befriedigende Gegenchancen sichern.)

8...dxc4 9.♗xc4 ♘d6 10.♗e2

(10.♗d3 ♘d7 11.e4 c5= führt zum Stellungsausgleich.)

Nach 10...♗f5 hat Schwarz eine gut spielbare Position, in der es z.B. mit 11.♗d2 ♘d7 usw. weitergehen kann.

B) Nach 7...dxc4 8.♗xc4 ♗g4 löst Schwarz das Problem um die Entwicklung seines weißfeldrigen Läufers mit einer Fesselung des ♘f3. Er ist damit grundsätzlich zum Abtausch auf f3 bereit. Weiß lässt sich von der Fesselung nicht behindern und klärt die Situation umgehend.

9.h3 ♗xf3

(Der Rückzug mit 9...♗f5 ist ungebräuchlich, geht aber auch. Allerdings gestaltet sich die Aufgabe für Schwarz, zu einem befriedigenden Spiel zu kommen, etwas schwieriger als nach 9...♗xf3. Deshalb beschränken wir uns auf die Abbildung einer schlüssigen Beispielvariante.

Mit 10.♕e2 räumt Weiß das Feld d1 für den Turm. Und nach 10...♘e4 11.♖d1 ♕c7 12.g4 ♘xc3 13.bxc3 ♗e4 kann Schwarz mittels ♘b8-d7 den Vorstoß e7-e5 vorbereiten.)

Nach 10.♕xf3 ♘bd7 steht Schwarz zum wichtigen Gegenschlag mit e7-e5 im Zentrum bereit.

5.e3

Weiß handelt nach der Devise, zu einer schnellen Entwicklung zu kommen.

Zu Verwicklungen führt 5.♗g5, womit Weiß in das Botwinnik-System überleitet. Wegen dessen Bedeutung haben wir zur separaten Erörterung das **Abspiel 5** eingefügt.

5...♘bd7

Schwarz bereitet die Umsetzung eines Plans vor, der sich auf die Schritte d5xc4 und b7-b5 stützt.

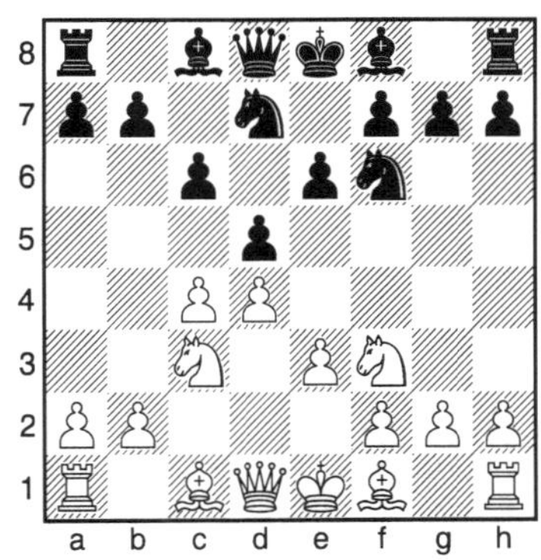

6.♗d3

Gegenwärtig auch oft anzutreffen ist 6.♕c2, womit Weiß die Hauptvarianten nach dem Textzug zu vermeiden beabsichtigt. Schwarz kann nun gut mit 6...♗d6 reagieren, womit er den Vorstoß e6-e5 vorbereitet.

Einen eigenständigen Charakter hat dann 7.g4!?, worüber das Sakajew-Gambit entsteht.

(Die Alternativen 7.♗d3, 7.♗e2 und 7.b3 führen in die allgemein besprochenen Stellungsbilder.)

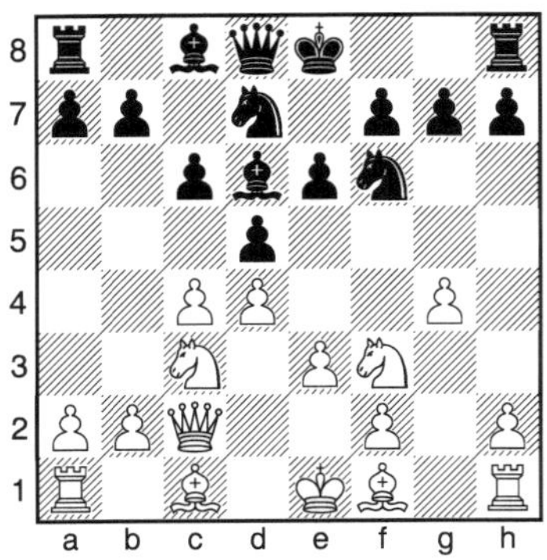

A) Mit 7...♘xg4 nimmt Schwarz den offerierten Bauern an. Es heißt zwar allgemein, dass man ein Gambit widerlegt, indem man es annimmt, hier aber ist dies nicht unsere Empfehlung.

8.♖g1

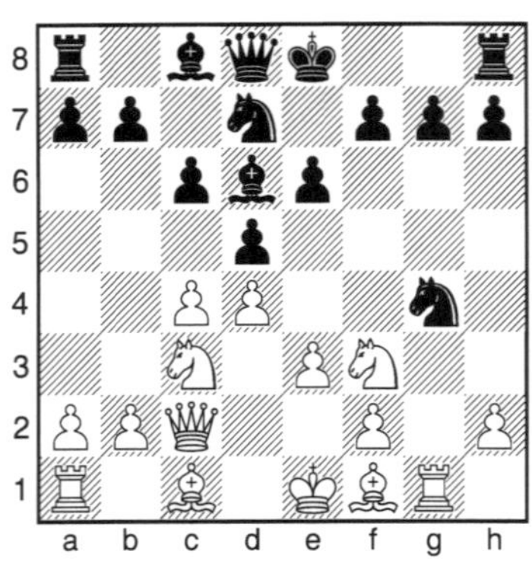

Nicht zuletzt das Fernschachspiel hat den Beweis geführt, dass die Antwort 8...♕f6 dem Deckungszug mit dem f-Bauern vorzuziehen ist.

(Nach 8...f5 9.h3 ♘gf6 10.♖xg7 ♘e4 bleibt das Spiel kompliziert, die besseren Aussichten liegen jedoch auf der Seite von Weiß. Die Stellung ist schon häufig ausgespielt worden, und zwar mit einem klaren weißen Erfolgsvorteil. Eine bekannte Variante führt über die Züge 11.♗d2 ♕f6 12.♖g2 ♘f8 13.0-0-0 ♘g6 usw. Mit 14.♕b3 oder auch 14.♗e1 hält Weiß den Vorteil fest. Mit Erfolg gespielt wurde auch schon 14.♗e2. Die Engine Stockfish sieht Weiß in allen Fällen deutlich im Vorteil.)

Nach 9.♖xg4 ♕xf3 10.♖xg7 ist das materielle Gleichgewicht wiederhergestellt, aber auch durch den Springertausch ein wichtiger Verteidiger auf dem weißen Königsflügel ausgefallen. Weitergehen kann es beispielsweise mit 10...♘f6 11.♖g5 ♕h1 12.♗d2 ♗d7 13.0-0-0 ♕xh2 14.♖g2 ♕h4. Stockfish sieht die Stellung als ausgeglichen an. Allerdings kennen Engines auch keine Bewertung als „unklar“, die wir hier als angebracht ansehen. Auf jeden Fall ist die Spielführung kompliziert und deshalb nicht zuletzt für den unerfahrenen Spieler schwierig. Dies ist zumindest ein zusätzlicher Grund für unsere Empfehlung, die Annahme des Gambits zu verweigern.

B) Wir sprechen uns stattdessen für 7...h6 aus, womit Schwarz den Bauern am weiteren Vormarsch hindert. Es kann dann mit 8.♖g1 weitergehen.

(Die Alternative 8.♗d2 macht den Weg für eine scharfe Variante frei.

8...dxc4 9.♗xc4 b5 10.♗e2 ♗b7

Bei einem oberflächlichen Blick sieht es so aus, als sei jetzt die Zeit für eine ruhigere Phase der Entwicklung gekommen. Dieser Eindruck täuscht jedoch.

11.e4 ♗e7

Natürlich muss der Bauerngabel nach e4-e5 vorgebeugt werden.

Nach 12.e5 kann Schwarz den Angriff auf den eigenen Springer mit 12...b4 beantworten und nach einem hitzigen Abtausch über 13.exf6 bxc3 14.fxe7 cxd2+ 15.♕xd2 ♕xe7 schließen beide Seiten über 16.0-0 0-0 17.♖ac1 c5 die Aktivierung ihrer Kräfte weitgehend ab. Entstanden ist ein Spiel mit etwa gleichen Chancen.)

8...e5 9.cxd5 cxd5

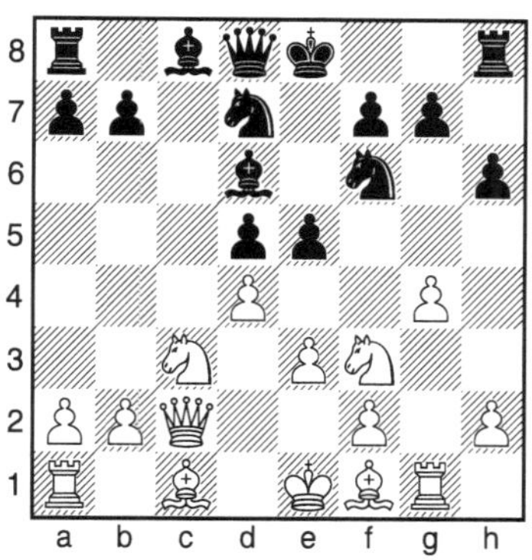

10.♘b5

(Auf 10.h4 kann sich Schwarz mit 10...e4 11.♘d2 g5 12.hxg5 hxg5 verteidigen. Sein Streben, zu einer weiteren schnellen und harmonischen Entwicklung zu kommen, kann Weiß zu stören versuchen, aber er verfügt über genügende entsprechende Möglichkeiten. Weitergehen kann es beispielsweise mit 13.♗e2 ♘b6 14.a4 a5.

Der weiße Bauer soll nicht weiter vorrücken können.

15.♘b5 ♗b8 16.b3 Anstelle der Rochade ist nun 16...♔f8 die bessere Idee, da der Turm auf der offenen h-Linie bleibt. Nach 17.♗a3+ ♔g7 sind Schwarz – auch gestützt auf die Ergebnisse aus der Praxis – gute Perspektiven zu bestätigen.)

10...♗b8 11.g5 hxg5 12.♘xg5 e4

Schwarz hält das Zentrum geschlossen und schafft damit das Fundament für eine feste eigene Stellung.

Nach 13.♗d2 ist es nicht ganz einfach für Schwarz, seine Entwicklung fortzusetzen und sein Spiel zu befreien. Am besten ist nun 13...♘b6 und dementsprechend geht er beinahe ausschließlich so vor.

14.♖c1 ♗d7

Der Läufer soll die Stellung auf c6 plombieren und den weißen Druck in der c-Linie sowie gegen d5 abfangen.

15.♕c5

Die Dame hindert den schwarzen König an der Rochade.

15...♗c6 16.♗b4

Es sieht schon beängstigend aus, wie Weiß beinahe Zug um Zug den Druck erhöht. Aber Schwarz kann ganz ruhig bleiben. Er kann auf genügend Ressourcen zu seiner Verteidigung vertrauen.

16...♘c8 17.♗h3 ♘e7

Und nun ist es schwer für Weiß, weitere Fortschritte zu erzielen. Das Spiel ist weitgehend ausgeglichen. Wenn er mit 18.♘d6+ loszuschlagen versucht, wird die Variante 18...♗xd6 19.♕xd6 ♕xd6 20.♗xd6 ♘fg8 möglich. Schwarz hat eine feste Stellung.

6...dxc4 7.♗xc4 b5

Diese Fortsetzung feierte ihre Premiere in der Partie Grünfeld-Rubinstein, Meran 1924. Deshalb wird die mit ihr eingeleitete Spielweise als Meraner System bezeichnet.

8.♗d3

Der Rückzug 8.♗e2 wird deutlich seltener gespielt. Eine gute Antwort ist beispielsweise 8...♗b7, mit der Schwarz seine Entwicklung fortsetzt. Die Partie kann dann beispielsweise die folgende Richtung einschlagen.

9.a3 b4

Schwarz kümmert sich nicht um die gegnerischen Absichten um das Feld b4 und lässt seinen Bauern einfach weiter vorlaufen.

(Er kann aber auch ruhiger mit 9...a6 vorgehen. Nach beispielsweise 10.b4 a5 11.♖b1 axb4 12.axb4 ♘d5 13.♘xd5 exd5 14.♘e5 ♗d6 usw. hat er sich ausgeglichene Chancen gesichert.)

10.axb4 ♗xb4 11.0-0 0-0

Nun lässt Schwarz bald c6-c5 folgen und kommt so in den Bereich des Stellungsausgleichs.

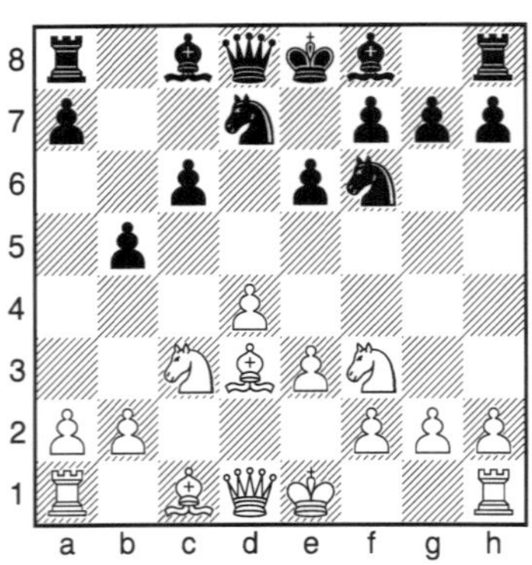

8...a6

Schwarz bereitet die Standardattacke mittels c6-c5 gegen das Zentrum vor. Neben dieser gut verständlichen Idee für ein weiteres planvolles Vorgehen gibt es mehrere Alternativen, die ebenfalls gut spielbar sind. Hier bietet sich Schwarz also die Gelegenheit, seinem Spiel Flexibilität zu verleihen und dadurch auch für den Gegner schwerer berechenbar zu werden. Die Möglichkeiten 8...b4, 8...♗b7 und 8...♗d6 wollen wir etwas genauer unter die Lupe nehmen.

I. Mit 8...b4 leitet Schwarz den sogenannten Lundin-Gegenangriff ein. Der ♘c3 soll vertrieben werden, um den weißen Vorstoß e3-e4 zu erschweren. Allerdings schwächt der Zug die Bauernstruktur am Damenflügel. Bei genauem Spiel erreicht Weiß die besseren Aussichten. So will es gut überlegt sein, so zu spielen. Gegen einen unerfahrenen Gegner, der möglicherweise aus den strukturellen Nachteilen keinen Profit ziehen kann, bietet der Angriff auf jeden Fall Chancen.

9.♘e4 ist die beste Antwort.

(Auf 9.♘a4 lässt Schwarz 9...c5 folgen und kommt zu einem guten Spiel. Weitergehen kann es beispielsweise mit 10.♘xc5 ♘xc5 11.dxc5 ♗xc5 12.0-0 0-0= usw.)

9...♘xe4 10.♗xe4 ♗b7 11.0-0

Die ruhige Fortsetzung der Entwicklung ist die richtige Entscheidung.

(Wenn Weiß mit einem Schielen gegen c6 11.♕a4 folgen lässt, reagiert Schwarz am besten mit 11...♕b6. Nach beispielsweise 12.♘d2 ♖c8 13.♘c4 ♕a6 steht Schwarz gut.)

Nach 11...♗d6 12.a3 ist die weiße Stellung vorzuziehen. Zur Bestätigung dieser Einschätzung werfen wir noch einen kurzen Blick auf zwei alternative Fortsetzungen.

– 12...bxa3 13.b3! ♘f6 14.♗d3 und

nach ♗c1xa3 entwickelt Weiß einen starken Druck auf der a-Linie.

– 12...a5 macht es Weiß möglich, sich ein aktiveres Spiel zu verschaffen, beispielsweise über 13.♕c2 h6 14.♘d2 0-0 15.♘c4 ♗e7 16.b3 usw.

II. Auch für die mit 8...♗b7 eingeleitete Spielweise gibt es einen besonderen Namen. Man nennt sie Wade-Larsen-Variante. Schwarz entwickelt zunächst seine Figuren und hält sein Befreiungsmanöver c6-c5 noch etwas zurück.

Mit nun 9.a3 soll b5-b4 verhindert werden.

(Auf 9.e4 könnte Schwarz mit 9...b4 reagieren und nach 10.♘a4 c5 hätte er zum Stellungsausgleich bereits den Fuß in der Tür. Nach nun beispielsweise 11.e5 ♘d5 12.♘xc5 ♘xc5 13.dxc5 ♗xc5 14.0-0 h6 15.♘d2 ♕c7 ließe er noch die Rochade folgen und hätte das Ziel seiner Eröffnungsanstrengungen erreicht – ein vollwertiges Spiel.)

Mit 9...♗d6 10.0-0 0-0 11.♕c2 ♕e7 können beide Seiten Fortschritte in der Entwicklung erzielen. Weiß hat seinen Vorstoß 12.e4 gut vorbereitet, Schwarz kann diesen ebenso gut mit 12...e5 kontern.

13.♘e2

Der Springer soll auf den Königsflügel überführt werden.

13...a6

(Der natürliche Befreiungszug 13...c5 käme jetzt noch zu früh, weil Weiß die starke Antwort 14.♘g3! zur Verfügung stünde. Ein schwerer Fehler wäre jetzt 14...cxd4?? wegen 15.♘f5 ♕e6 16.♘g5+- und Schwarz verliert Material.)

Nach 14.♘g3 unterbindet Schwarz mit 14...g6 den Springerzug nach f5 und nimmt dafür eine Schwächung seiner Bauernstruktur am Königsflügel in Kauf.

15.♗g5 exd4 16.♘xd4 c5

Im richtigen Moment spielt er seine Trumpfkarte aus und verschafft sich damit gute Perspektiven.

III. 8...♗d6 verfolgt das Ziel, schnell zu e6-e5 zu kommen.

9.0-0

(Beliebt ist auch der Vorstoß 9.a4, auf den Schwarz am besten mit 9...b4 reagiert. Typisch ist dann die weitere Entwicklung mit 10.♘e4 ♘xe4 11.♗xe4 ♗b7 12.♕c2 ♖c8. Auch hier ist nun c6-c5 vorbereitet, Schwarz hat den Schlüssel zu einem guten Spiel in der Hand.)

9...0-0 10.e4

(Wenn Weiß 10.♕c2 spielt, kann Schwarz 10...♗b7 erwidern, verbunden mit der Idee ♖a8-c8, c6-c5 usw.)

10...e5

Wie schon zuvor ist dies der thematische Gegenzug zu e3-e4, der dafür sorgt, dass Schwarz alles unter Kontrolle behält. Um einen Eindruck davon zu vermitteln, wie es weitergehen kann, werfen wir noch einen ergänzenden Blick auf einen natürlichen Fortgang der Auseinandersetzung.

11.♗g5 exd4 12.♘xd4 ♘e5 13.♗c2

(Auf 13.♗e2 folgt ebenfalls 13...♗c5!)

13...♗c5 14.♘f5 (14.♘b3 ♗b6!) 14...♕xd1 15.♖axd1 ♗e6

Schwarz plant ♖f8-d8, wonach die Stellung dann etwa ausgeglichen ist.

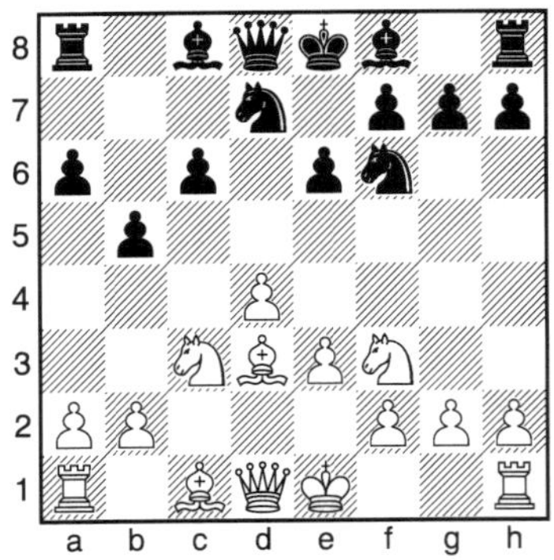

9.e4

Dies ist die aktivste Fortsetzung im Arsenal des Anziehenden. Er besetzt das Zentrum mit dem Ziel, einen Königsangriff zu organisieren.

Auf 9.0-0 spielt Schwarz sofort 9...c5 mit der Folge, dass Weiß nicht zum Blumenfeld- oder zum Reynold-Angriff kommt, die wir nachstehend in der Hauptvariante bzw. in einer folgenden Abweichung erörtern.

9...c5

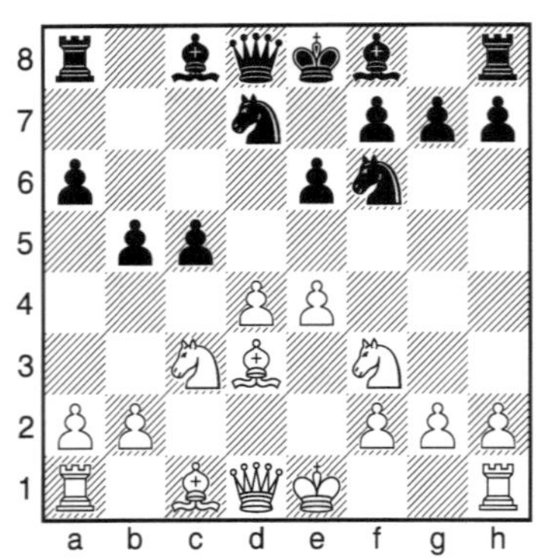

10.e5

Dieser energische Vorstoß leitet den Blumenfeld-Angriff ein, der Weiß die besten Angriffsmöglichkeiten bietet. Der Reynold-Angriff ergibt sich über 10.d5. Beide Spielweisen sind beliebt, entsprechend muss sich Schwarz auf beide vorbereiten. Eine gute Antwort ist nun 10...c4

(Spielbar ist aber auch 10...♕c7!?, woraufhin die Partie beispielsweise die folgende Richtung nehmen kann: 11.0-0 ♗b7 12.dxe6 fxe6 13.♗c2 ♗d6 14.♘g5 ♘f8 15.f4 0-0-0. Schwarz beabsichtigt nun h7-h6 und ♗xf4, verbunden mit beiderseitigen Chancen.)

11.dxe6 fxe6 12.♗c2 ♕c7 13.0-0

(Das Manöver 13.♘g5 ♘c5 14.f4 führt in unklare Verhältnisse. Nach 14...h6 15.♘f3 ♗b7 16.e5 ♘fe4 wird das Spiel kompliziert. Es gibt nur wenige Beispiele aus der Praxis dazu. Diese aber bestätigen, dass Schwarz diese Verwicklungen nicht fürchten muss.)

13...♗b7 14.♘g5

Wieder das schon bekannte Motiv – und wieder die gleiche schwarze Riposte.

14...♘c5 15.e5

(Im Falle von 15.♗e3 kann Schwarz die gegnerischen Kräfte über das taktische Intermezzo 15...h6 16.♘f3 ♖d8 17.♕e2 ♘d3 zurückdrängen bzw. ihnen einen Teil ihrer aktiven Kraft nehmen. Anschließen kann sich dann beispielsweise die natürliche und in sich gut nachvollziehbare Variante 18.♖ad1 ♗b4 19.♘d4 ♔f7 20.♗xd3 cxd3 21.♖xd3 e5 22.♘f5 ♖xd3 23.♕xd3 ♖d8 24.♘d5 ♗xd5 25.exd5 ♖xd5=.)

15...♕xe5 16.♖e1 ♕d6 17.♕xd6 ♗xd6

Die Stellung befindet sich im Gleichgewicht. Es fehlt Schwarz nur noch die kurze Rochade, um seine Entwicklung zu vollenden. Die Beispielvariante 18.♗e3 0-0 19.♖ad1 ♗e7 20.♗xc5 ♗xc5 21.♘xe6 ♖fc8= vermittelt einen Eindruck davon, wie es weitergehen kann.

10...cxd4

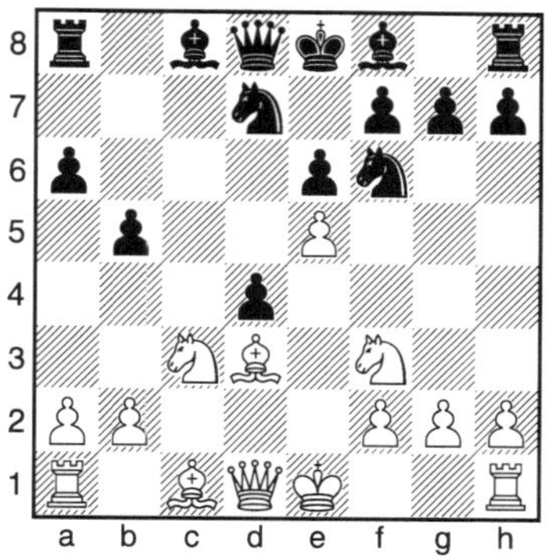

11.♘xb5

Dieser überraschende Zug ist die Pointe des Blumenfeld-Angriffs. Er verspricht Weiß die größten Chancen auf einen Vorteil. Der unerfahrene Spieler mit den schwarzen Steinen kann leicht unter die Räder kommen. Mit seinem nächsten Zug hat er es in der Hand, auf die Einladung zum Schlagen des Springers sofort einzugehen oder sie zu ignorieren. Es ist empfehlenswert, sich die folgende taktisch geprägte Phase sehr genau anzuschauen.

Aber was passiert, wenn Weiß nicht auf b5 schlägt, sondern mit 11.♘e4 ausweicht? Die Partie bleibt dann in ruhigeren Bahnen und Schwarz kommt relativ leicht zum Ausgleich: 11...♘d5 12.0-0 h6 13.a4 b4=.

11...♘xe5

Dies ist unsere Empfehlung an den unerfahrenen Spieler. Schwarz vermeidet die Schwächung seines Königsflügels.

Schwer zu kalkulieren sind die Folgen von 11...axb5 12.exf6 gxf6 usw.

(Dies gilt gleichermaßen für die Variante 12...♕b6 13.fxg7 ♗xg7 14.0-0 ♗b7.)

13.0-0 ♕b6 14.♕e2 b4 15.♖d1 ♗c5 16.♗f4 ♗b7

Die Lage ist kompliziert, der Ausgang noch völlig ungewiss. Im Fernschach sieht die Statistik Schwarz im Vorteil, im Spiel von Angesicht zu Angesicht hingegen Weiß.

12.♘xe5 axb5

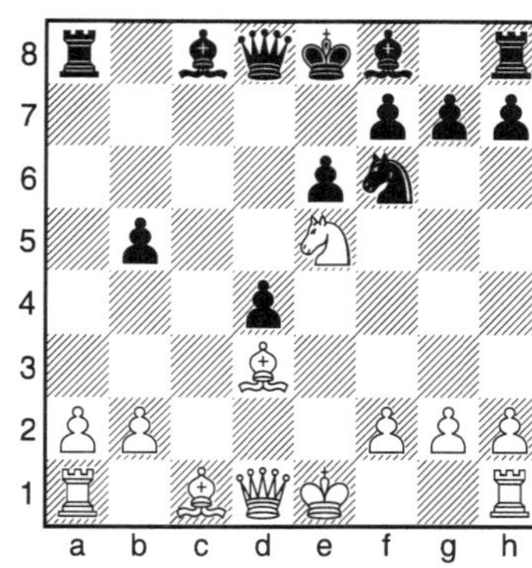

13.0-0

Bevor er sich anderen Aufgaben widmet, will Weiß zunächst seinen König in Sicherheit bringen.

13.♗xb5+ und 13.♕f3 sind wichtige Alternativen.

I. Nach 13.♗xb5+ ♗d7 14.♘xd7 nutzt Schwarz die ungedeckte Lage des ♗b5 aus, indem er mit der Dame auf a5 Schach bietet und dann auf dem Nachbarfeld zuschlägt.

(Aber natürlich kann Weiß grundsätzlich auch mit dem Läufer auf d7 schlagen. Fürchten muss Schwarz diese Alternative allerdings nicht, was sich bei einer genauen Betrachtung schnell zeigt. Die gut nachvollziehbare Variante 14.♗xd7+ ♘xd7 15.♘xd7 ♗b4+ 16.♗d2 ♕a5 17.a3 ♗xd2+ 18.♕xd2 ♔xd7 bestätigt, dass Schwarz keine Schwierigkeiten hat.)

Nun aber wie angekündigt weiter mit dem Schachgebot auf a5: 14...♕a5+ 15.♗d2 ♕xb5. In der aktuellen Stellung schlummern Möglichkeiten für sehr scharfe Abläufe. Sowohl nach 16.♘xf8 als auch nach 16.♘xf6 können sie zutage treten.

A) Nach 16.♘xf8 ♔xf8 kann es beispielsweise mit 17.a4 ♕xb2 18.0-0 ♘e4 19.♕f3 f5 weitergehen, worüber eine komplizierte Lage entsteht. Schwarz hat zwar einen Mehrbauern auf der hohen Kante, dafür aber das Problem eines noch nicht rochierten Königs.

B) Verlockend mag 16.♘xf6+ aussehen, weil Weiß seinem Gegner zunächst einen Doppelbauern beschert und dann auch noch auf einen Bauerngewinn spielen kann. Mit dem unrochierten König ist dieses Vorhaben aber sehr gefährlich.

16...gxf6 17.♕f3 ♖c8

Der weiße König kann sich nicht in Sicherheit bringen, während sich ein heftiger Angriff gegen ihn zusammenbraut.

18.♕xf6 ♖c5!

Nun ist es unübersehbar – der Turm will nach e5.

19.♕xd4

(19.♕xh8 ist nicht besser. Es folgt forciert 19...♖e5+ 20.♔d1 ♕e2+ 21.♔c1 ♖c5+ 22.♗c3 d3-+ und der Kampf ist vorüber.)

Nach 19...♖e5+ 20.♔d1 ♗g7 droht ein Schachgebot mit dem Turm, woraufhin die Dame vom ♗g7 geschlagen würde. Sie muss die Diagonale a1-h8 also verlassen.

21.♕b4 ♕e2+ 22.♔c2 ♖b5 23.♖ae1 ♕h5 24.♕d6 ♕f5+ 25.♔d1 ♖d5 26.♕b8+ ♖d8 27.♕c7 0-0–+

II. Nach 13.♕f3 ist 13...♗b4+ eine solide Antwort.

(Noch wenig erforscht ist die Alternative 13...♕a5+!?. Allerdings setzt sich die Dame gegnerischen Anrempelungen aus, so dass sie Zeit für ein Ausweichen verbraucht.

Nach 14.♔e2 ♗d6 kann Weiß die Bedrohung des ♘e5 zunächst mal ignorieren und die schwarze Dame aufs Korn nehmen.

15.♗d2 ♕a6 16.a4 0-0

Natürlich hätte ein gieriges Schlagen auf e5 die Antwort ♗xb5+ zur Folge, woraufhin Schwarz aufgeben könnte.

Nach 17.♗xb5 ♕b7 endet das Gerangel in einer ausgeglichenen Stellung.)

Nach 14.♔e2 ♖b8 steht das Spiel etwa gleich. Die beispielhafte Zugfolge 15.♕g3 ♕d6 16.♘f3 ♕xg3 17.hxg3 ♗d6 veranschaulicht, in welche Richtung sich die Partie weiter entwickeln kann.

13...♕d5

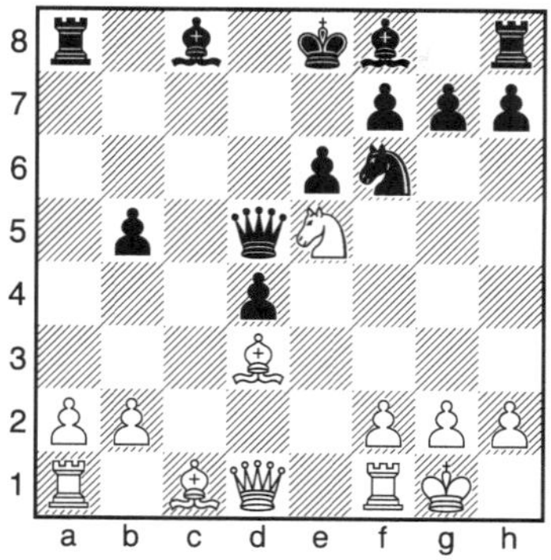

14.♕e2

Mit 14.♕f3 deckt Weiß seinen Bauern indirekt, weil im Anschluss von ♕xe5 der ♖a8 fallen würde. Wie in der Hauptvariante folgt auch hier 14...♗a6 und dann zum Beispiel 15.♗g5 ♗e7 16.♖fc1 0-0. Schwarz steht gut.

14...♗a6 15.♗g5 ♗e7 16.f4

Diese Fortsetzung gilt als die beste und wird deshalb beinahe ausschließlich gespielt. Schwarz hat jetzt die Zeit, seinen König ins sichere Rochadeasyl zu führen.

16...0-0 17.♖f3

Weiß plant ein weiteres aktives Vorgehen am Königsflügel. Das Feld f3 nutzt er nur für den Transfer des Turms in eine Angriffsposition.

Stellungsgemäß ist auch ein Vorgehen am Damenflügel mit 17.a4. Die Untersuchung der konkreten Folgen zeigt aber, dass Weiß sich keinen Vorteil davon versprechen kann. Schwarz reagiert mit 17...♗b7 und nach 18.axb5 h6 19.♗h4 ♖xa1 20.♖xa1 ♖a8 sind die beiderseitigen Chancen weitgehend ausgeglichen.

17...♗b7 18.♖g3 ♖xa2!

Dies gilt als die beste Verteidigung. Schwarz hat seine Stellung am Königsflügel ausreichend abgesichert und verfolgt sein Gegenspiel auf der anderen Seite.

19.♖xa2 ♕xa2

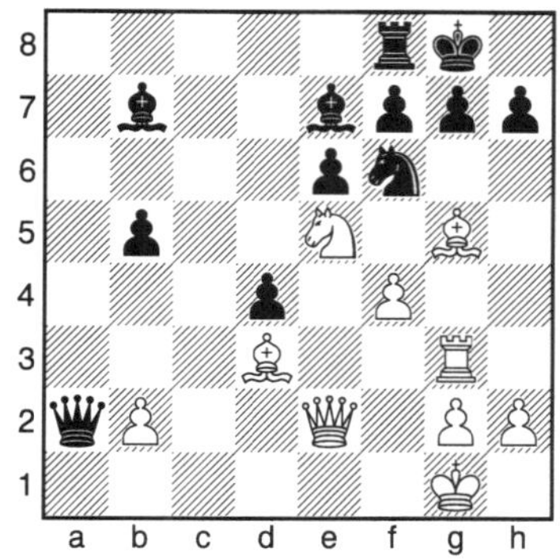

20.♗xf6

20.♗h6 sieht gut aus, schlägt aber nicht durch. Am sichersten ist nun 20...♕a1+.

(Wenn Schwarz mehr als ein Remis will, ist aber auch 20...g6!? zu beachten. Nach 21.♗xf8 kann er wahlweise mit dem König oder dem Läufer zurücknehmen, jeweils verbunden mit einem zweischneidigen Spiel.)

A) Nach 21.♕f1 erreicht Schwarz auf taktischem Weg ein ausgezeichnetes Konterspiel: 21...♕xf1+ 22.♔xf1 ♘h5 23.♖h3 gxh6 24.♖xh5 ♖a8 25.♖xh6 ♖a1+ 26.♔f2 ♖a2∓.

B) Und 21.♔f2 kann Schwarz sowohl mit 21...g6 als auch mit 21...♘e8 beantworten.

Danach ist 21...♘e8 ein Versuch, das Spiel zu komplizieren.

(Nach 21...g6!? 22.♗xf8 ♔xf8 verfügt Schwarz über genügend Kompensation für die Qualität.)

Weiß kann dann allerdings ein Remis über ein Dauerschach realisieren: 22.♗xg7 ♘xg7 23.♗xh7+ ♔xh7 24.♖xg7+ ♔xg7 25.♕g4+ und der König kann sich weiteren Schachgeboten nicht entziehen.

20...♗xf6 21.♘d7 ♗e7

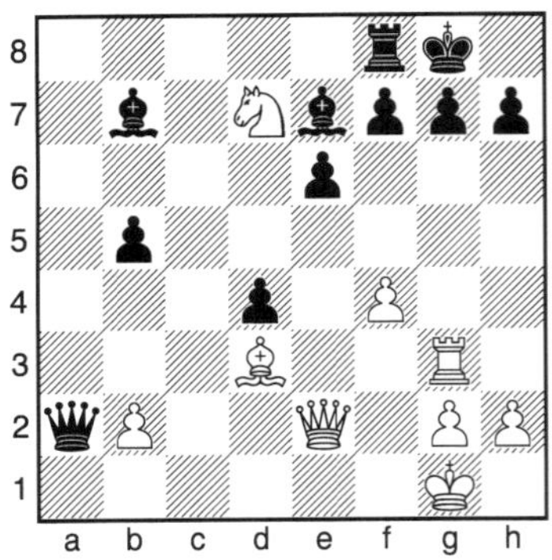

22.♗xh7+

Dies führt forciert zum Remis, aber Weiß hat nichts Besseres.

Die Alternative 22.♘xf8 ♗xf8 macht die folgenden Abspiele möglich.

A) Nach 23.h4 ♕a1+ 24.♔h2 ♕c1 hat Schwarz alles unter Kontrolle und die Lage ist weitgehend ausgeglichen.

B) 23.♗xb5 ♕b1+ 24.♕f1

(Aber nicht 24.♔f2?, denn dadurch käme Schwarz zu der Chance, auf Gewinn zu spielen. Es folgt 24...♕c1 25.♖g4 h5 26.♖h4 g6 und nach etwa 27.f5 ♕g5 28.g3 ♕xf5+ 29.♖f4 ♕c5 kann Weiß die Partie nicht mehr halten.)

Nach 24...♕xb2 hat Schwarz angesichts des Läuferpaars und des starken Bauern d4 ausgezeichnetes Spiel.

22...♔xh7 23.♖xg7+ ♔xg7 24.♕g4+

Mit dem gleichen Motiv wie in einer vorhergehenden Nebenvariante erreicht Weiß das Remis durch Dauerschach.

Zusammenfassung: Das Meraner System verspricht Schwarz bei genauem Spiel gute Aussichten. Die fünf folgenden Abspiele komplettieren das Bild über die Slawische Verteidigung.

Abspiel 1

Winawer–Gambit

1.d4 d5 2.c4 c6 3.♘c3 e5!?

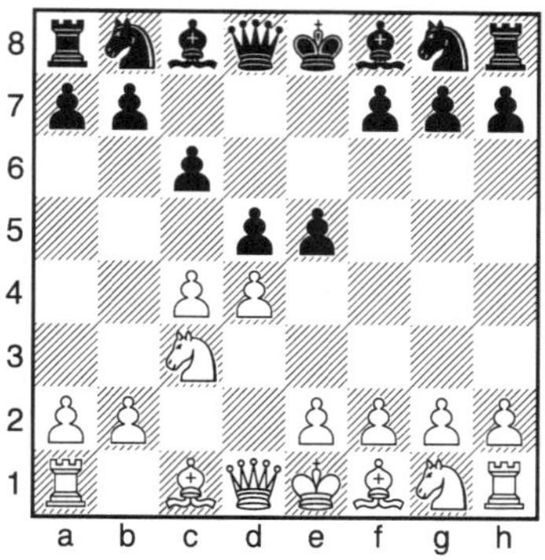

Dies ist die Idee des polnischen Meisters Szymon Winawer (1838-1919). Schwarz startet sofort einen Gegenangriff im Zentrum. Zugunsten eines aktiven Spiels ist er einen Bauern zu investieren bereit.

4.cxd5

Etwa gleich häufig wird im Turnierschach 4.dxe5 gespielt. Im Fernschach kommt diese Alternative sogar häufiger auf das Brett.

Die Theorie empfiehlt Schwarz nun die Antwort 4...d4!. So schränkt er die Aktivität des weißen Springers ein. Dieser kann nun entweder auf sein Ausgangsfeld b1 zurückkehren oder nach e4 ausweichen.

A) 5.♘e4

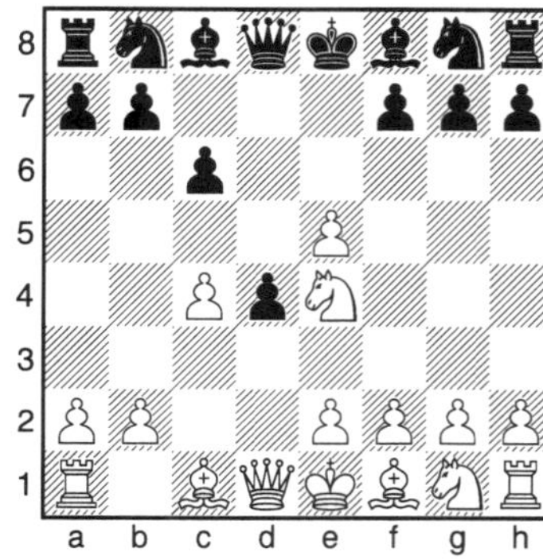

5...♕a5+

Auch in diesem Abspiel ist dieser Ausflug der Dame der Hauptzug.

6.♗d2

(Die Neutralisierung des Schachgebotes mit 6.♘d2 führt zumeist in eine Variante, in der das Material erheblich reduziert wird und am Ende ein Ausgleich der Chancen steht. Das Spiel entwickelt sich dann wie folgt: 6...♘d7 7.♘gf3 ♘xe5 8.♘xd4 ♘xc4 9.e3 ♘xd2 10.♗xd2 ♗b4 11.a3 ♗xd2+ 12.♕xd2 ♕xd2+ 13.♔xd2 und nach 13...♘f6 ist bereits das Endspiel nah, das die schon angekündigten ausgeglichenen Erfolgschancen verspricht.)

6...♕xe5 7.♘g3

(In der Variante 7.♕c2 ♗f5 8.f3 ♘d7 nebst langer Rochade kommt Schwarz zu einem Entwicklungsvorsprung, der ihn in Vorteil bringt.)

7...♘f6 8.♘f3 ♕d6 9.♕c2

Die Dame macht den Weg zur langen Rochade frei. Damit deuten sich entgegengesetzte Rochaden an, in deren Folge es zumeist zu einer Dynamisierung des Spiels kommt.

9...♗e7 10.0-0-0 0-0 11.e3 dxe3 12.fxe3

(Im Falle von 12.♗c3 empfehlen wir das einfache Vorgehen mit 12...♕c7!?, denn nach 13.fxe3 ♘a6 bleibt Weiß auf seiner Bauernschwäche auf e3 sitzen.)

12...♕c7 13.♗c3 c5

(Eine Entwicklung mit 13...♘a6!? ist ebenfalls möglich; z.B. 14.a3 ♘g4 15.♖e1 ♗f6=.)

Nach 14.♘f5 ♘c6 kann Schwarz mit seiner Stellung zufrieden sein. Ein Fortgang der Partie mit 15.a3 ♗xf5 16.♕xf5 g6 17.♕f4 ♕xf4 18.exf4 ♖ad8 würde mit dem völligen Stellungsausgleich enden.

B) 5.♘b1 wird generell selten gespielt und von Fernschachspielern sogar gemieden. Die schwarze Standardantwort ist nun 5...♕a5+.

6.♗d2

(Nach 6.♘d2 hat Schwarz keine Mühe, auf bequeme Weise auszugleichen: 6...♘d7 7.♘gf3 ♘xe5 8.♘xd4 ♘xc4 9.e3 ♘xd2 10.♗xd2 ♗b4=.)

6...♕xe5 7.♘f3 ♕d6

Der materielle Gleichstand ist wiederhergestellt und die Dame hat eine aktive und zunächst vor Anrempelungen geschützte Position eingenommen.

Mit 8.g3 sorgt Weiß dafür, dass sein Läufer das Feld f4 betreten kann. Zugleich verschafft er sich die Option, seinen Königsläufer zu fianchettieren.

8...c5

Diese Stärkung des zentralen Bauern ist unseres Erachtens logischer als alle Alternativen, selbst wenn diese Idee in der Praxis eine bisher bescheidene Rolle gespielt hat.

9.♗f4

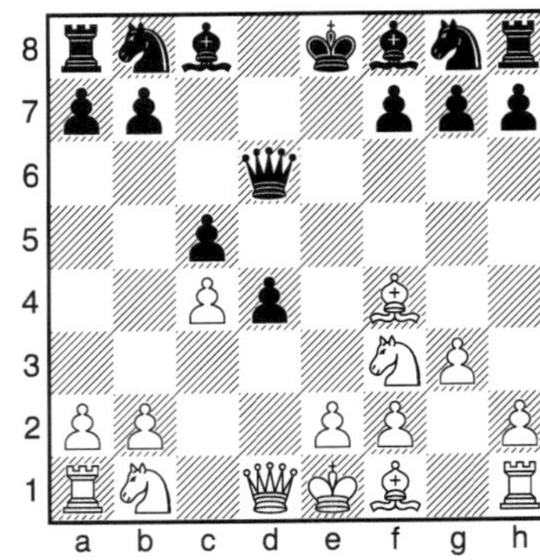

9...♕b6!?

Das Feld b6 ist nicht ideal für die Dame, aber sie soll auch nicht lange dort verweilen. Zum schwarzen Plan gehört ♗f8-d6, was ihr zur Rückkehr auf ihr vorheriges Standfeld verhelfen kann. Vielleicht lässt sich der weniger spielstarke Gegner auch zum Schutz des ♙b2 verleiten, was ihn allerdings nur Zeit kosten würde.

(Es geht auch 9...♕d8, worauf sich das Spiel ähnlich wie nach 9...♕b6 entwickeln kann, aber natürlich nicht muss. Eine abweichende und in sich gut nachvollziehbare Entwicklung führt über die Züge 10.e3 ♘c6 11.♗g2 ♗d6 12.♗xd6 ♕xd6 13.0-0 ♘ge7 usw.)

10.♘a3 ♗d6

(Glatter Selbstmord wäre 10...♕xb2?? wegen 11.♘b5+–.)

11.♗xd6 ♕xd6 12.♘b5

Weiß macht es sich zunutze, dass eine verletzlich aufgestellte Dame angegriffen werden kann und sich dabei die Aufstellung der eigenen Figuren mit Tempogewinn verbessert.

12...♕b6 13.b4 a6 14.♕a4 ♗d7 15.bxc5 ♕xc5 16.♕a3 ♕xa3 17.♘xa3 ♘c6

Die Stellung befindet sich am Rande des Ausgleichs, auch wenn Weiß aktuell noch die etwas besseren Perspektiven haben dürfte. Der schwarze Plan könnte auf ♖a8-c8, ♘g8-e7 und ♘c6-a5 setzen, um am Damenflügel und mit Schwerpunkt auf der c-Linie eigene Aktivitäten zu entfalten.

4...cxd5

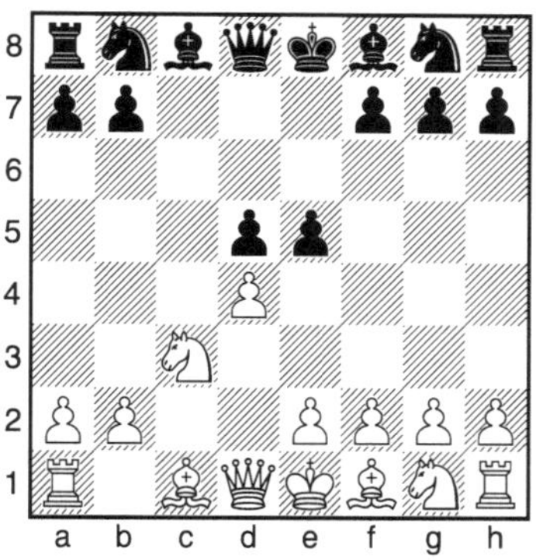

5.♘f3

Weiß ist gut beraten, wenn er die möglichst schnelle Entwicklung seines Königsflügels anstrebt. In anderen Varianten sollte Schwarz problemlos den Ausgleich halten. Um diese Einschätzung zu bestätigen, werfen wir einen kurzen, aber ausreichenden Blick in die weiteren Möglichkeiten von Bedeutung.

I. 5.dxe5 d4 6.♘e4 ♕a5+

Die Ähnlichkeit mit der Variante, die wir in der Abweichung 4.dxe5 zur Hauptvariante vorstehend betrachtet haben, liegt auf der Hand.

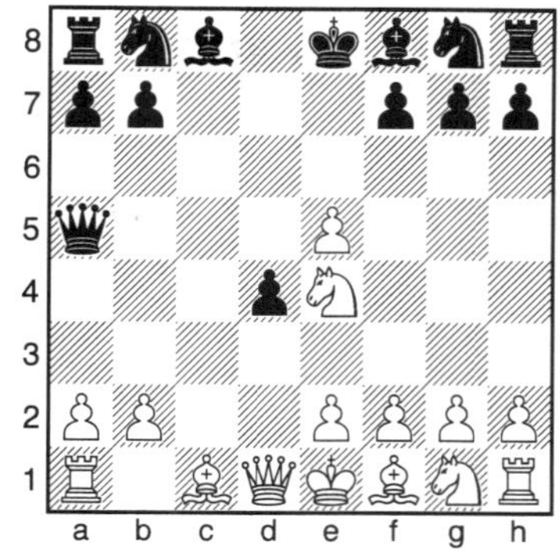

A) 7.♗d2 macht die schlüssige Zugfolge 7...♕xe5 8.♘g3 ♘f6 9.♘f3 ♕d6 10.e3 (10.♕c2 ♘c6=) 10...dxe3 11.♗xe3 ♕xd1+ 12.♖xd1 ♗b4+ 13.♗d2 ♗xd2+ 14.♖xd2 0-0 möglich, an deren Ende eine ausgeglichene Position steht.

B) 7.♘d2 ♘c6 8.♘gf3 ♗g4

Es gelingt Schwarz fortlaufend, seinen Gegner zu beschäftigen und dabei Stück für Stück seine eigene Stellung zu verbessern.

(8...♘xe5? wäre schlecht wegen 9.♘xd4±.)

9.g3 ♗xf3 10.exf3 ♕xe5+ 11.♕e2 ♕xe2+ 12.♔xe2 ♘f6

Tatsächlich hat es Schwarz kaum Mühe bereitet, sich ausgeglichene Chancen zu erarbeiten. Für die Stellung nach 13.♗g2 ♗c5 stellt der Großmeister Aleksei Suetin fest, dass der starke schwarze Freibauer das weiße Läuferpaar aufwiegt.

II. Nach 5.e3 e4 haben Theorie und Praxis 6.♕b3 und 6.♗b5+ als praktikable Fortsetzungen ausgearbeitet. Daneben wird auch noch 6.♘ge2 gespielt, dem aber keine eigenständige Bedeutung zukommt.

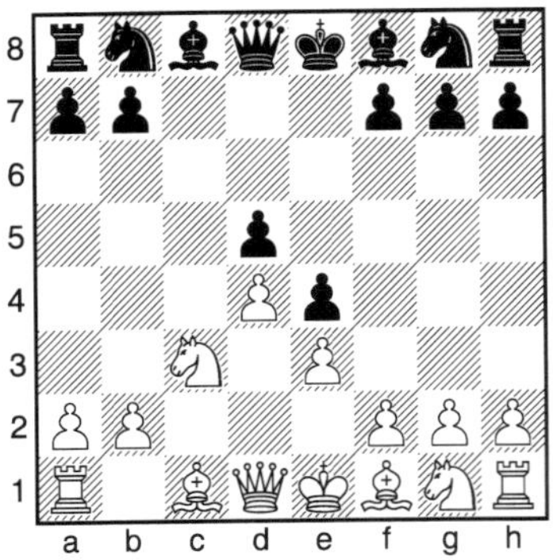

A) Nach 6.♕b3 ♘f6 7.♘ge2 strebt der Springer nach f4, von wo aus er den Druck gegen den gegnerischen ♙d5 verstärkt.

(Auf 7.♗b5+ ist 7...♘c6! stark; z.B. 8.♘ge2 a6 9.♗xc6+ bxc6 10.♗d2 ♗d6 mit der Idee ♖a8-b8 und einem aktiven Spiel.)

7...♘c6 8.♘f4 ♗b4

Die Fesselung des Springers unterstützt die Verteidigung des ♙d5.

9.♗d2 ♗xc3 10.♗xc3 0-0

Anschließen kann sich 11.♗e2 und dann 11...♖b8 mit der Absicht, den ♗c8 auf e6 oder f5 zu stellen. Die schwarzen Aussichten sind als gut zu bewerten.

B) 6.♗b5+ ♘c6 7.♘ge2 ♘f6 8.♘f4 ♗d6 9.a3

(9.♘fxd5? wäre ein Fehler, denn auf 9...♘xd5 10.♘xd5 folgt 10...♕g5! mit Vorteil für Schwarz.)

Nach 9...0-0 hat Schwarz die Eröffnungsprobleme erfolgreich gelöst.

5...e4 6.♘e5

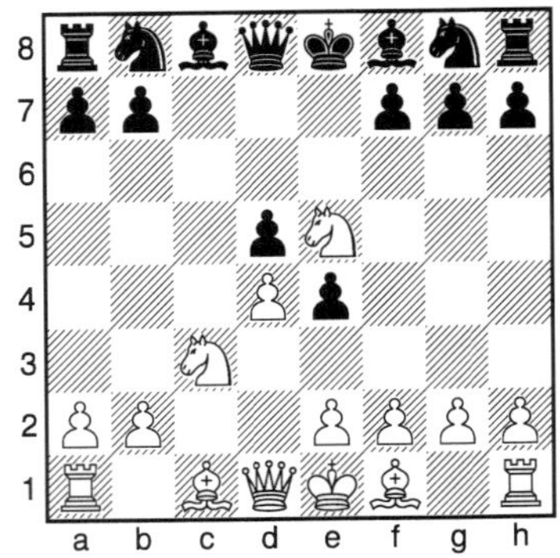

6...f6!

Theorie und Praxis sind sich einig, dass dieser forsche Bauernzug die beste Möglichkeit für Schwarz ist, sich zu behaupten. Der Springer wird aus seiner zentralen Position vertrieben und der König erhält mit f7 ein sehr nützliches Ausweichfeld.

Für experimentierfreudige Spieler und die gezielte Suche nach Verbesserungsmöglichkeiten bietet sich 6...♘c6!? an. Bevor ein belastbares Urteil gesprochen werden kann, sind tiefere Analysen erforderlich. Die bisherige praktische Erprobung verlief allerdings sehr zugunsten von Weiß. Wir beschränken uns auf die Darstellung beispielhafter Varianten, denn unsere Empfehlung bleibt 6...f6.

A) 7.♕a4 ♘ge7 8.♗f4 f6 9.♘xc6 bxc6 10.e3 ♗d7 mit kompliziertem Spiel.

B) 7.♗f4 ♗b4

(Nach 7...f6 8.♘xc6 bxc6 9.e3 ♗d6 10.♗xd6 ♕xd6 11.♗e2 ♘e7 12.0-0 0-0 verfügt Weiß über die aktivere Figurenstellung. Der schwarze ♗c8 ist passiv und das Feld c5 ist schwach.)

8.♘xc6 bxc6 9.♕a4 ♕b6 10.♖c1 ♘e7 11.e3 0-0=

7.♕a4+ ♘d7 8.♘g4

8.♘xd7 würde nur Schwarz in die Hände spielen.

8...♗xd7 9.♕b3 ♗c6

Es ist alles gesichert und nach 10.♗f4 ♗d6 11.♗xd6 ♕xd6 12.e3 f5 ist der einfache Plan mit ♘g8-f6 und 0-0 ausreichend, um ein gleiches Spiel zu erreichen.

8...♔f7!

Nun zieht der König bereits Profit aus der Entscheidung im 6. Zug, das Feld f7 für ihn zu räumen.

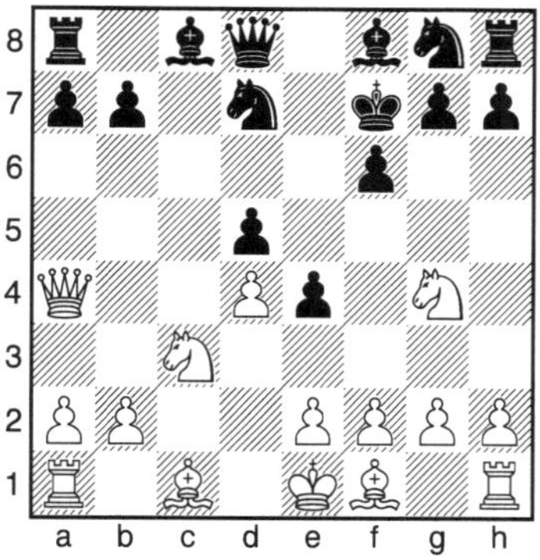

9.♘e3

Der inzwischen deplatziert und fragil stehende Springer verstärkt nun den Druck gegen den schwarzen d-Bauern.

In ein sehr taktisches Fahrwasser gerät das Duell über 9.♘xd5, worauf Schwarz am besten mit 9...♘b6! antwortet. Die Zugfolge 10.♘xb6 ♕xb6 11.♘e3 ♗b4+ 12.♗d2 ♗xd2+ 13.♔xd2 ♕xb2+ 14.♘c2 ♗e6 zeigt einen beinahe forcierten Charakter. Deren Fortsetzung mit 15.♕b4 ♕xb4+ 16.♘xb4 ♘e7 17.e3 ♖ac8= hält die Stellung in der Waage.

9...♘b6 10.♕b3 ♗e6

Die sichere Position seines Königs gibt Schwarz die Freiheit für einen harmonischen Ausbau seiner Figurenstellung.

11.g3

Ein vorheriger Aufzug seines a-Bauern bringt Weiß nichts ein. Auf 11.a4 reagiert Schwarz einfach mit 11...a5! und behält alles unter Kontrolle. Ein weiterer Verlauf mit 12.g3 ♘e7 13.h4 (Auf 13.♗g2 folgt ebenfalls 13...♘c6!.) 13...♘c6 verschafft Weiß keinen Vorteil.

11...♘e7 12.♗g2 ♘c6

Schwarz hat sich ein gutes Spiel erkämpft.

Zusammenfassung:

Das Winawer-Gambit führt zu einem lebhaften Spiel und grundsätzlich guten Gegenchancen für Schwarz. Um es zu verhindern, spielt Weiß statt 3.♘c3 zunächst 3.♘f3. Damit wirkt er dem Zug 3...e5!? entgegen.

6...♘c6!? ist eine Idee, die als Alternative zu 6...f6! Potenzial haben könnte. Eine tiefere Analyse und die praktische Erprobung könnten lohnenswert sein.

Abspiel 2

Slawisches Gambit

1.d4 d5 2.c4 c6 3.♘c3 e6 4.e4!?

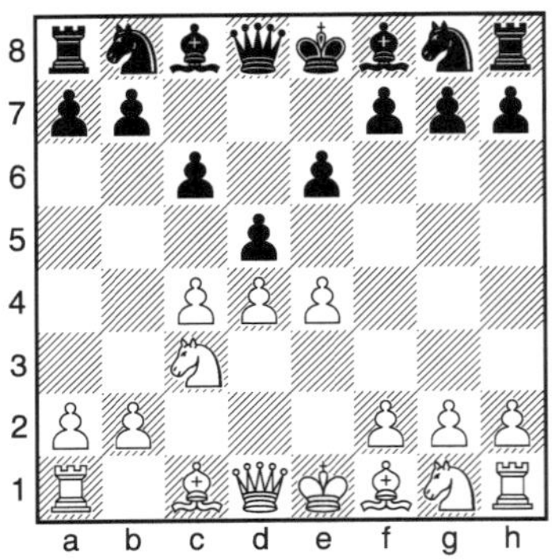

Weiß folgt der Idee, der grundsoliden Slawischen Verteidigung mit einem Gambit zu begegnen. Mit dem Ziel, zu einer schnellen Entwicklung seiner Kräfte zu kommen, ist er bereit, einen Bauern zu opfern. Um welchen es sich dabei handelt, mag auf den ersten Blick noch nicht auf der Hand liegen. Es wird den d-Bauern treffen, wenn Schwarz auf das Angebot des Gegners eingeht.

Das Slawische Gambit ist eine alte Waffe im Arsenal der Weißspieler; an ihr haben sich schon zahlreiche Meister der Schachgeschichte abgearbeitet und nach den besten Ideen für das schwarze Vorgehen gesucht. Das Gambit verlangt Schwarz auch heute noch ein genaues Spiel ab, wenn er keine allzu passive Rolle als Preis für einen kleinen materiellen Vorteil riskieren will.

4...dxe4

„Wer ein Gambit widerlegen will, der muss es annehmen." Diesen Spruch hört jeder Schachfreund irgendwann, wenn er sich vertiefend mit dem Spiel befasst. Mit 4...dxe4 lenkt Schwarz in das Vorhaben seines Gegners ein, so dass diese Fortsetzung als prinzipiell bezeichnet werden kann.

Wenn Schwarz dem gegnerischen Gambitspiel vorbeugen möchte, kann er zu 4...♗b4!? greifen. Damit hält er den Eröffnungsverlauf in ruhigen Bahnen. Er verzichtet auf die Chancen, die ihm über die Komplikationen nach der Annahme des Gambits erwachsen würden, und verstärkt den Druck auf den ♙e4. Es kann dann beispielsweise wie folgt weitergehen: 5.e5.

(Wenn Weiß seinen Bauern auf e4 hält und mit 5.♗d3 deckt, kommt Schwarz über 5...dxe4 6.♗xe4 ♘f6 und auf 7.♗c2 mit 7...c5 zu ausgeglichenen Chancen.)

5...c5

Der c-Bauer lässt eine weiße Vorherrschaft im Zentrum von vornherein nicht aufkommen.

6.a3

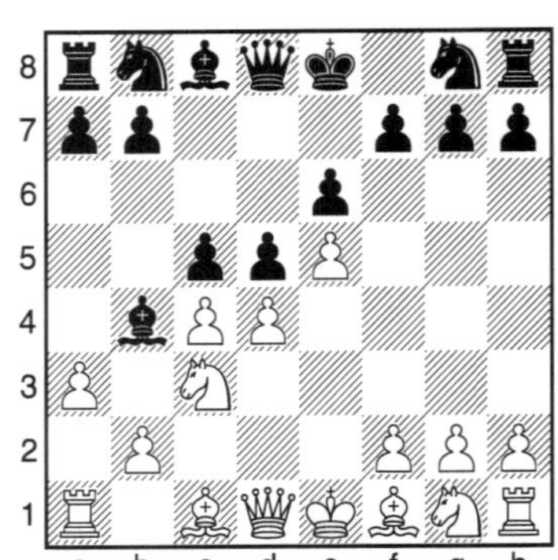

Weiß sieht sich nun zur Entscheidung gezwungen, ob er mit seinem Läufer auf die Anrempelung durch den a-Bauern reagieren soll oder aber im Zentrum schlagen, verbunden mit einem konternden Angriff auf den weißen Springer.

A) Schauen wir uns zunächst 6...cxd4? an, und damit die Alternative, die nicht zu empfehlen ist. Aber warum ist dies so? Dazu müssen wir einen Blick auf die Möglichkeiten werfen, die sich für Weiß aus dieser Entscheidung ergeben.

7.axb4 dxc3 8.bxc3

Bis hier ist nichts Spektakuläres passiert, was das Pendel der Stellungseinschätzung zugunsten von Weiß ausschlagen lassen könnte. Dabei wird es in dieser Linie auch bleiben; der Vorbehalt gegen 6...cxd4 basiert auf positionellen Erwägungen, die sich in der Folge ergeben.

(Etwas anders sieht es da schon bei 8.♕g4!? aus, was auch schon mit Erfolg in der Praxis ausprobiert worden ist. Nach beispielsweise 8...cxb2 9.♗xb2 g6 10.cxd5 ♕xd5 11.♖d1 hat sich Weiß einen Entwicklungsvorsprung gesichert.)

8...♕c7 9.♘f3

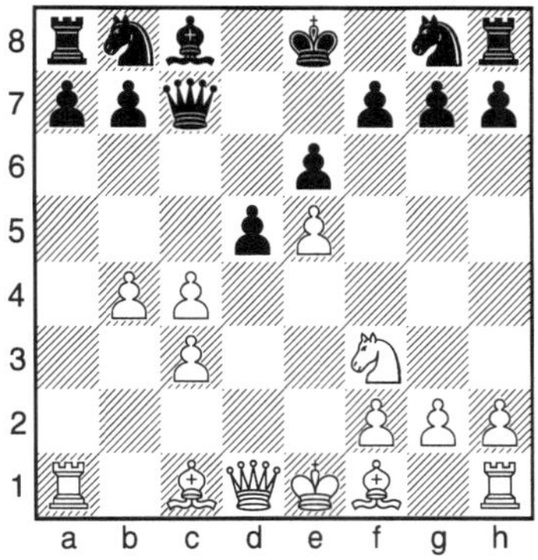

Mit 9...♘e7 strebt der Springer nach g6. Von dort aus kann er den Druck gegen den gegnerischen e-Bauern verstärken.

(Auf 9...dxc4 ist 10.b5! stark. Mit diesem Vorrücken verbinden sich die Ideen, mit ♕d1-d4 den ♙c4 zu erobern oder nach ♗c1-a3 die Diagonale a3-f8 unter Kontrolle zu bekommen.)

10.c5 ♘g6 11.♕d4

Weiß behält alles unter Kontrolle, woran sich auch nichts ändert, wenn Schwarz nun mit 11...♘c6 die Dame angreift und deren Deckungsfunktion in Frage stellt. Mit 12.♗b5 und der damit verbundenen Fesselung des Springers neutralisiert er dessen Angriff. Nach 12...0-0 beseitigt er ihn mittels 13.♗xc6, um auf 13...bxc6 mit 14.♖a5! zu antworten. Damit ist die schwarze Drohung a7-a5 entschärft.

14...f6 15.♗f4 ♘xf4 16.♕xf4

Weiß hat einen positionellen Vorteil errungen. Nach der Rochade stellt er den Turm von f1 auf e1, so dass dieser Druck gegen den schwarzen Zentrumsbauern ausübt. Sein Springer ist aktiver als der gegnerische Läufer.

B) Nachdem wir uns zunächst angeschaut haben, wie Schwarz es nicht machen sollte, kommen wir nun zum Gegenteil. Der Abtausch 6...♗xc3+! ist die richtige Entscheidung.

7.bxc3 ♘e7

Das Feld f6 wird bis auf weiteres unter der Kontrolle des weißen e-Bauern bleiben. Also sucht der Springer über e7 seinen Weg ins Freie; er deckt den ♙d5 und macht auch den Weg für eine gelegentliche Rochade frei.

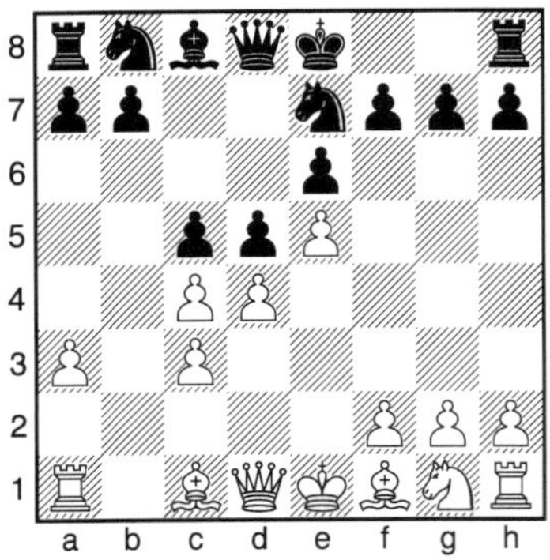

8.♘f3

(Keine Chance auf einen Vorteil verspricht Weiß die Variante 8.♕g4 cxd4 9.cxd4 ♘f5 10.♘f3 ♘c6 11.♗e3 0-0=.)

8...cxd4 9.cxd4 ♘bc6 10.♗d3

(10.c5 beantwortet Schwarz am besten mit dem sofortigen 10...b6!.)

10...b6 11.cxd5

(Wenn Weiß die Bauernspannung aufrecht erhält und zunächst 11.0-0 spielt, ist 11...♗a6! stark. Wenn Weiß dann den unangenehmen Druck gegen seinen c-Bauern mit 12.♕a4 aufzulösen versucht, kann sich Schwarz über die Variante 12...♗xc4 13.♗xc4 dxc4 14.♕xc4 ♖c8 ein gutes Spiel sichern.)

11...♕xd5 12.0-0 ♗b7

Das schwarze Gegenspiel nimmt Form an. Es sollte nun h7-h6 folgen, um den Springerausfall ♘f3-g5 zu verhindern und die 0-0 anzuschließen. Mit dem Resultat seiner Eröffnungsarbeit kann Schwarz vollauf zufrieden sein.

5.♘xe4

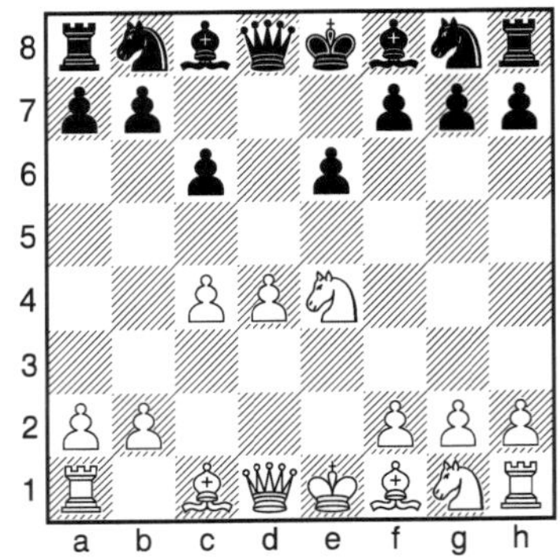

5...♗b4+

Die Theorie favorisiert diese Fortsetzung, sie hält die Partie auf dem Gambitpfad.

Mit 5...♘f6 möchte Schwarz die Lage durch Abtausch vereinfachen. Auch dieser Plan ist logisch und aussichtsreich.

6.♘xf6+

(Wenn Weiß dem Figurentausch aus dem Weg geht und seinen Springer mit 6.♘g3 abzieht, können sich beide Parteien zunächst auf die ruhige weitere Entwicklung ihrer Kräfte konzentrieren. Nach beispielsweise 6...♘bd7 7.♘f3 ♗d6 8.♗d3 0-0 9.0-0 ist der Zeitpunkt für 9...c5 gekommen, womit Schwarz die weiße Zentralstellung angreift. Seine letzten Eröffnungsprobleme kann er im Anschluss mit b7-b6 und ♗c8-b7 lösen. Die Stellung ist dann weitgehend ausgeglichen.)

6...♕xf6

Auch in dieser Variante kommt es nun darauf an, auf welchem Weg die Kontrahenten ihre größten Fortschritte in der Entwicklung erzielen können. Ein natürlicher Verlauf ist nun beispielsweise 7.♘f3 ♗b4+ 8.♗d2 ♗xd2+ 9.♕xd2 0-0 10.♗d3 ♘d7 11.0-0.

Die weißen Kräfte sind aktiviert, Schwarz muss sein Spiel noch befreien. Den Schlüssel hierfür hält er mit dem Vorstoß 11...e5 in der Hand. Nach 12.dxe5 ♘xe5 13.♘xe5 ♕xe5 hat er ein wichtiges Etappenziel erreicht. Anschließen kann sich beispielsweise 14.♖fe1 ♕f6 15.♕b4 g6 16.c5 ♖b8 mit der Absicht b7-b6 bzw. ♗c8-e6, jeweils verbunden mit guten Ausgleichschancen.

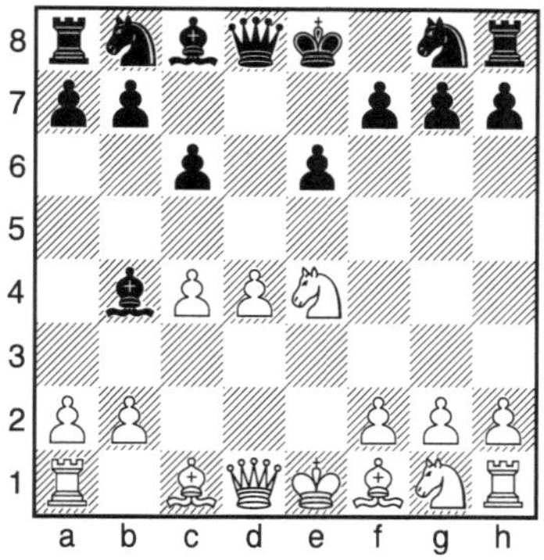

6.♗d2

Nun ist die Gambitstellung erreicht. Konsequent bietet Weiß seinen d-Bauern an, der mit dem Läuferzug seine einzige Deckung durch die Dame eingebüßt hat. Diese Idee wurde erstmals in der Partie Marshall-Schlechter (Monte Carlo 1902) ausprobiert.

Eine plausible Alternative ist 6.♘c3, die aber Weiß nach Meinung der Theorie keinen Eröffnungsvorteil verspricht. Mit 6...c5 kann Schwarz sofort gegen das weiße Zentrum vorgehen. Weiß zwingt daraufhin am besten den gegnerischen Läufer mit 7.a3 zur Erklärung.

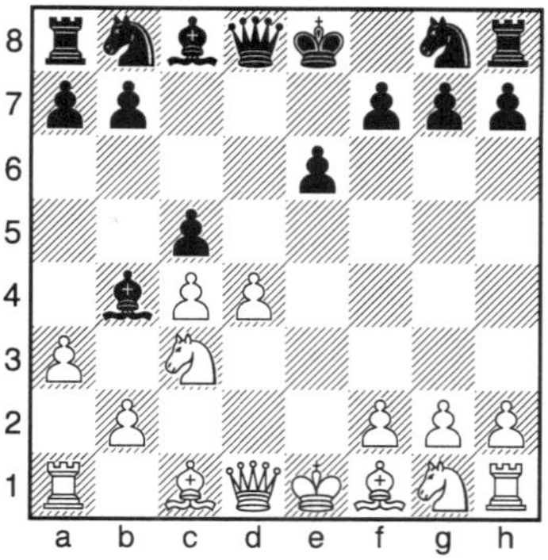

A) Nicht zuletzt die Ergebnisse des Fernschachspiels lassen 7...♗a5 als die bessere Alternative erscheinen. Mit der Unterstützung starker Engines ist es Schwarz in den vergangenen Jahren im gehobenen Leistungsbereich gelungen, ein gänzlich ausgeglichenes Ergebnis in der Erfolgsstatistik zu erreichen.

8.♘f3 ♘f6 9.♗e2

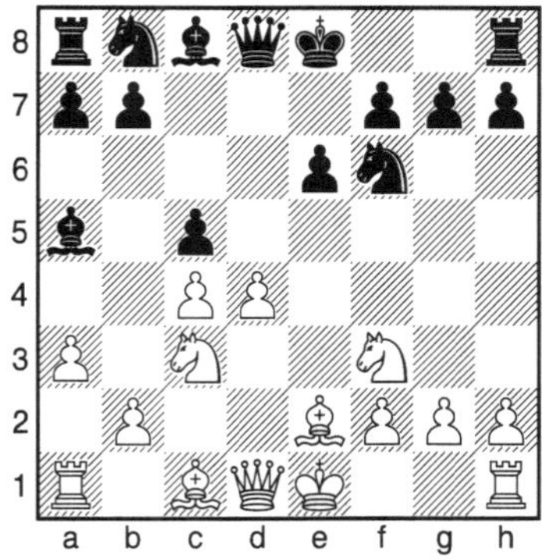

Schwarz verfügt nun über zwei Optionen – 9...cxd4 und 9...♘e4.

(Zunächst aber schauen wir uns kurz an, was passiert, wenn Weiß mit 9.♗e3 erst den anderen Läufer ins Spiel bringt. Diese Möglichkeit steht ihm gleichermaßen offen. Zum Gleich-

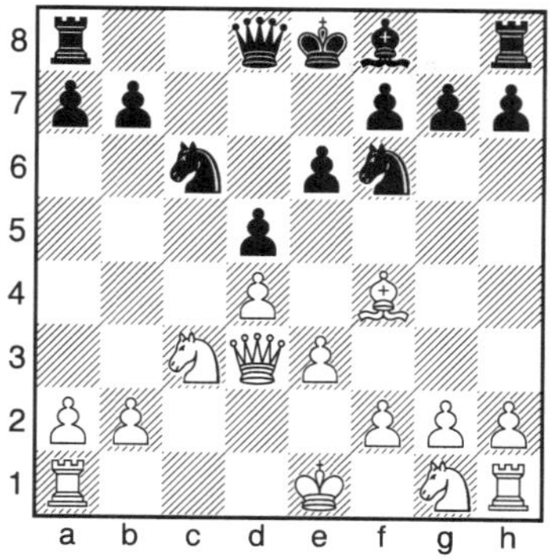

Mit 9.♘ge2 deckt Weiß den auf f4 stehenden Läufer.

(Es geht auch 9.♘f3, aber auf die gegnerische Antwort 9...♗d6 fehlt dem Läufer die Springerdeckung, so dass an 10.♗xd6 kein guter Weg vorbei führt. Nach 10...♕xd6 11.0-0 0-0 12.♖fc1 ♖fc8 ist ein völliger Gleichstand erreicht.)

9...♗d6

Anmerkung: Für Stellungen, in denen der weiße Springer auf e2 statt auf f3 steht, die ansonsten aber mit dieser völlig identisch sind, gehen Sie bitte in die mit 8.♗d3 eingeleitete Abweichung zu 8.♗b5 in der Hauptvariante.

(9...♗e7 10.0-0 0-0 usw. ist eine vollwertige Alternative.)

Auch nach 10.0-0 0-0 11.♖fc1 ♖c8= hat Schwarz relativ bequem den Ausgleich sichergestellt.

III. Nach 7.♖c1 ♖c8 kommt es zu Stellungsbildern, die nur unwesentlich von der Hauptvariante bzw. den vorstehenden Nebenvarianten abweichen. Entsprechend lassen sich ähnliche Abläufe bzw. Manöver erkennen, die keiner besonderen Kommentierung bedürfen.

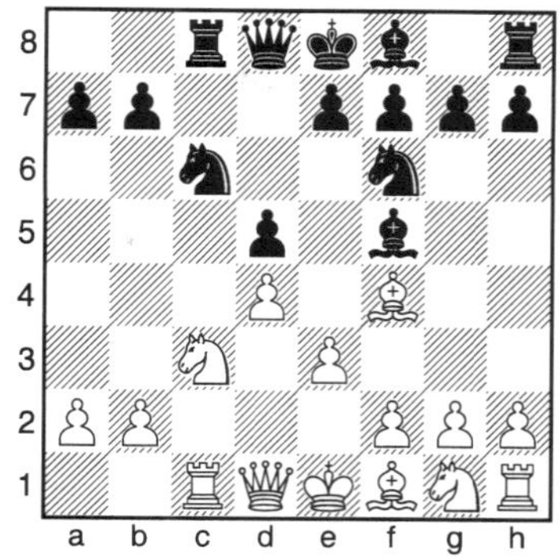

8.♘f3

(– 8.♕b3 ♘a5 9.♕a4+ ♗d7 10.♕d1 e6 11.♗d3 ♗b4 12.♘ge2 0-0=

– 8.♗d3 ♗xd3 9.♕xd3 e6 10.♘ge2 ♗e7 11.0-0 0-0=)

8...e6 9.♗d3 ♗xd3 10.♕xd3 ♗d6 11.♗xd6 ♕xd6 12.0-0 0-0=

Die Perspektiven sind ausgeglichen. Die Stellung weicht nur wenig von jenen ab, die vorstehend unter II. die behandelten Varianten abschließen.

7...e6

Ein natürlicher Entwicklungszug, der dem ♗f8 den Weg nach draußen eröffnet.

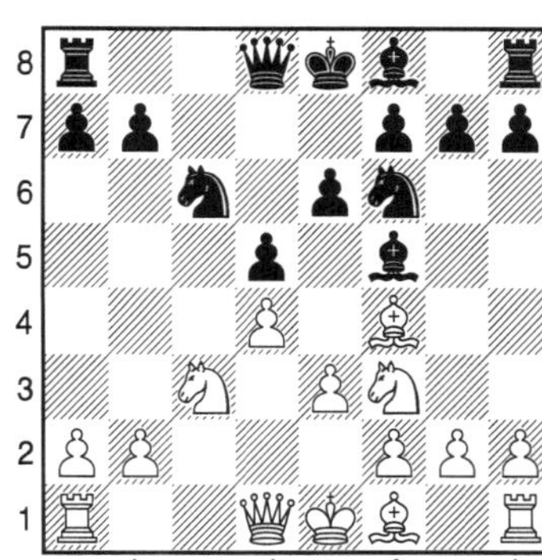

stand führt daraufhin beispielsweise 9...♘e4 10.♕c2 ♘xc3 11.bxc3 cxd4 12.♗xd4 0-0 13.♗d3 h6 14.0-0 ♘c6=.)

A1) Mit 9...cxd4 klärt Schwarz die Lage im Zentrum.

10.♘xd4

(– Am sofortigen Zurückschlagen führt für Weiß kein Weg vorbei. Insbesondere scheitert 10.b4 an 10...dxc3 11.bxa5 ♕xd1+ mit einem anschließenden ♘b8-c6.

– 10.♕xd4 führt zum Damentausch in der Brettmitte und nicht auf der weißen Grundlinie. Für die beiderseitigen Aussichten ist dies nicht von Bedeutung. Eine Beispielvariante dazu: 10...♕xd4 11.♘xd4 ♘e4 12.♘db5 ♘xc3 13.♘xc3 ♗xc3+ 14.bxc3 ♗d7=.)

10...♘e4 11.♘db5 ♕xd1+ 12.♗xd1 ♘xc3 13.♘xc3 ♗xc3+ 14.bxc3 ♗d7

Die schwarze Stellung ist verteidigungsfähig.

A2) 9...♘e4 beantwortet Weiß mit 10.♗d2. Nach dem Abtausch mit 10...♘xd2 11.♕xd2 cxd4 12.♘xd4 sichert sich Schwarz mit 12...e5 genügend Potenzial für sein eigenes freies Spiel. Eine im Fernschach mehrfach geprüfte Variante führt nun über 13.♘db5 ♕xd2+ 14.♔xd2 0-0. Die Zeit, die Weiß braucht, um seine Stellung zu konsolidieren, nutzt Schwarz zur Entwicklung seines Damenflügels. Die beiderseitigen Aussichten sind völlig ausgeglichen.

B) 7...♗xc3+ ist zweifellos spielbar, aber nicht unsere Empfehlung. Nach 8.bxc3 konserviert Schwarz mit 8.♘f6 die Bauernsituation im Zentrum.

9.♘f3 ♕a5 10.♕c2

(Wenn Weiß den Bauern mit 10.♗d2 deckt, wird die Variante 10...♘e4 11.♗d3 ♘xd2 12.♕xd2 0-0= möglich.)

10...cxd4 11.♗d2 d3!

(Es ist besser, den Bauern herzugeben, als nach 11...dxc3 12.♗xc3 Weiß die Initiative zu überlassen.)

Nach 12.♗xd3 ♘bd7 13.0-0 0-0 kann Schwarz mit b7-b6 und ♗c8-b7 seine Entwicklung weitgehend abschließen.

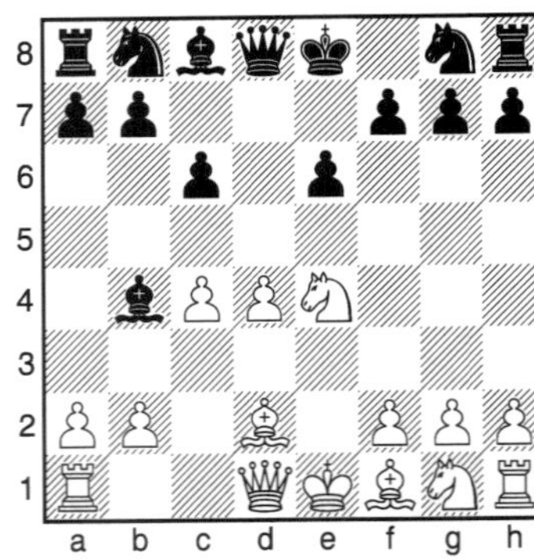

6...♕xd4

Diese konsequente Antwort ist zugleich die kräftigste.

Weniger scharf und doch eine echte Alternative zum Textzug ist 6...♗xd2+. Nach 7.♕xd2 setzt Schwarz mit 7...♘f6 nach und verbindet seine Entwicklung damit, Weiß zu einer sofortigen Reaktion zu zwingen.

8.♘xf6+

(Auf 8.♘c3 liegt eine gute Idee darin, auf den Vorstoß c6-c5 zu spielen. Die Einleitung hierfür kann 8...♘bd7 sein, gefolgt von beispielsweise 9.♘f3 b6 10.♗d3 ♕c7 usw.)

Nach 8...♕xf6 sollten beide Seiten an ihrer Entwicklung arbeiten, beispielsweise mit 9.♘f3 0-0 10.♗d3 ♘d7 11.0-0. Schwarz kann jetzt mit c6-c5 oder e6-e5 zwei alternative Bauernhebel im Zentrum ansetzen, jeweils verbunden mit etwa gleichen Chancen.

7.♗xb4 ♕xe4+

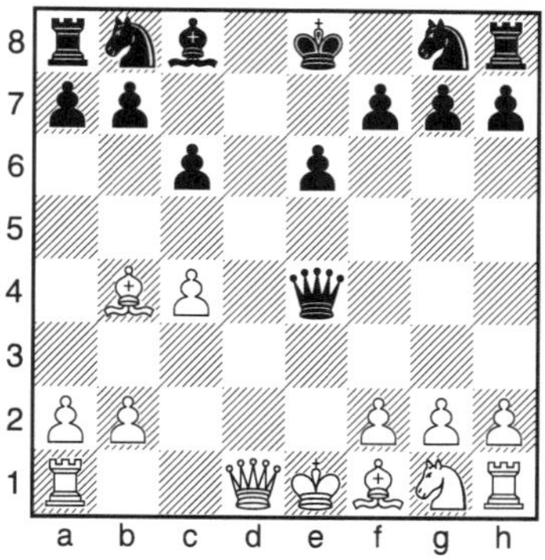

8.♗e2

Weiß ist zum Opfer weiteren Materials bereit.

Heutzutage selten gespielt wird 8.♘e2. Der Zug ist aber mit einem taktischen Kniff verbunden, den man kennen sollte. Wenn Schwarz mit 8...♘a6 fortsetzt, um den Läufer zu vertreiben, kann dieser mit 9.♗f8 für eine Überraschung sorgen. Die richtige Antwort ist dann 9...♘e7!.

(Wer vorschnell an einen groben Fehler des Gegners glaubt und diesen unvorsichtigerweise mit 9...♔xf8?? ausnutzen will, wird mit 10.♕d8# aus allen Träumen gerissen und matt gesetzt.)

10.♗xg7 ♖g8 11.♕d4 ♕xd4 12.♗xd4 c5

Die Stellung ist gänzlich ausgeglichen. Beide Seiten müssen nun für einen baldigen Abschluss ihrer Entwicklung sorgen. Nach den Maßgaben, die wir uns für unser Buch gesetzt haben, können wir die Erörterung an dieser Stelle abschließen. Zur Veranschaulichung, wie die Stellung behandelt werden kann, möchten wir aber die nicht weiter kommentierte Auswertung der Praxis ergänzen.

13.♗c3 ♘b4 14.♗xb4 cxb4 15.♘d4 ♘c6 16.♘xc6 bxc6 17.g3 ♗b7 18.♗g2 0-0-0 19.♔e2 (19.♖d1 ♖xd1+ 20.♔xd1 c5=) 19...♖d4 20.b3 c5 21.♗xb7+ ♔xb7 22.♖ad1 ♖gd8 23.♖xd4 ♖xd4 24.♖d1 ♖xd1 25.♔xd1 ♔c6

Das Bauernendspiel ist früh erreicht und ausgeglichen.

8...♘a6

Die Entwicklung des Damenspringers mit einem Tempogewinn ist die beste Möglichkeit für Schwarz.

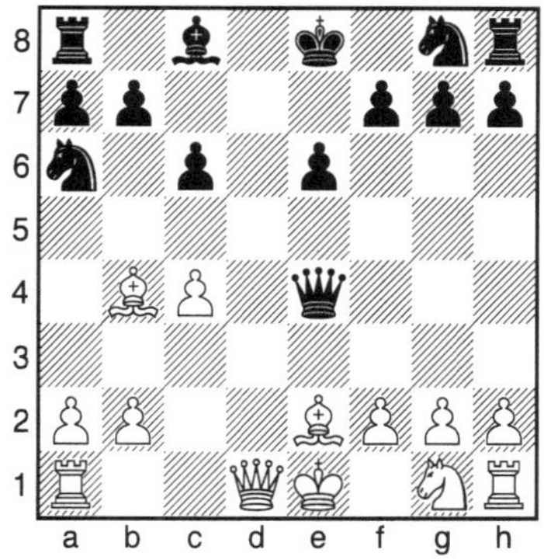

9.♗a5!?

Logisch und gut. Weiß will eine Schwächung des Damenflügels provozieren, indem Schwarz die Mattdrohung auf d8 mit b7-b6 pariert.

9.♗d6 und 9.♗c3 sind die Alternativen.

I. Mit 9.♗d6 bleibt der Läufer auf der Diagonale a3-f8, um die Entwicklung des Königsflügels zu erschweren.

9...♕xg2

(Spielbar ist auch 9...b6 Δ ♗c8-b7 und einem etwas weniger „wilden“ Verlauf.)

10.♕d2 ♘f6 11.♗f3 ♕g6 12.♘e2 e5!

Schwarz opfert den Bauern in der Absicht, im Anschluss den Damenflügel schnell zu entwickeln.

13.♗xe5 ♗e6 14.0-0-0 ♕f5 15.♗f4 ♗xc4

Die Stellung ist dynamisch ausgeglichen.

II. Die einfache Reaktion 9.♗c3 ist natürlich, so dass immer mit ihr zu rechnen ist. Schwarz hat es in der Hand, sofort für etwas mehr Schärfe im Spiel zu sorgen.

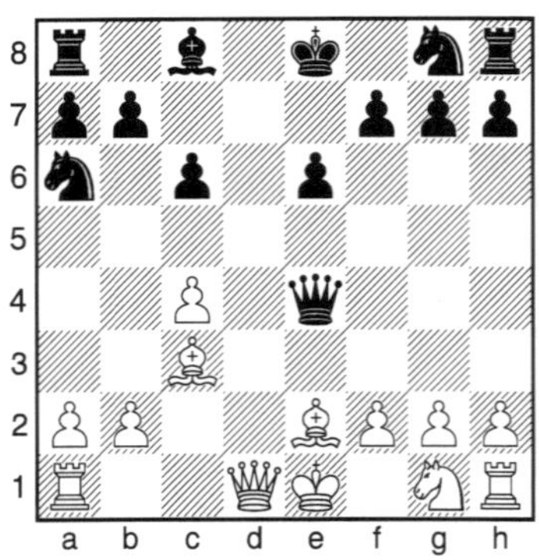

9...♘e7 ist die beste Antwort. Schwarz ist bereit, den Bauern zurückzugeben, um auf der g-Linie zu einem Gegenspiel zu kommen.

10.♗xg7 ♖g8!

(Es wäre ein verhängnisvoller Fehler, wenn Schwarz mit 10...♕xg2?? auf Diebestour ginge. Nach 11.♗f6! ♕xh1 12.♕d6 0-0 13.♕g3+ ♘g6 14.♗f3+- und nur 14 gespielten Zügen wäre seine Stellung aufgabereif.)

11.♗f6 ♖g6 12.♗xe7 (12.♗c3 e5!) 12...♔xe7 13.♕d2 e5!

Schwarz beabsichtigt ♗c8-e6 und hat alles unter Kontrolle. Die Aussichten für das erhoffte Gegenspiel auf der g-Linie bzw. auch am Königsflügel generell stehen gut.

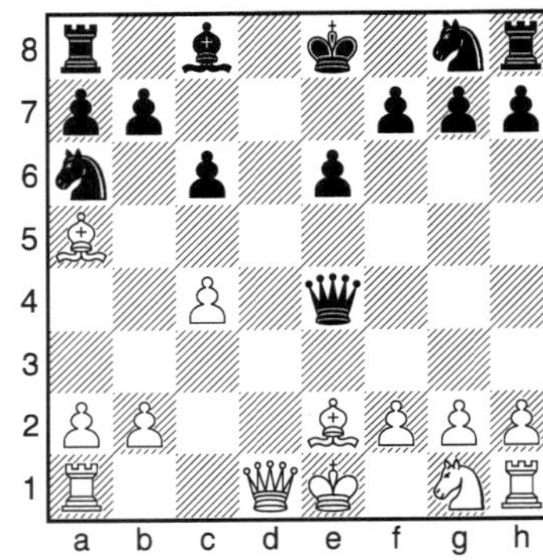

9...b6

Dies ist die Nummer 1 in der Praxis und auch unsere Empfehlung. Interessant ist auch, dass sie im Fernschach und dort im gehobenen Leistungsbereich in rund drei Viertel aller Fälle die Gunst der Spieler mit Schwarz genießt. Die von Weiß angestrebte Schwächung im schwarzen Lager ist damit eingetreten, aber dies fällt nach der Einschätzung der Mehrheit der Schwarzspieler nicht ins Gewicht. Schwarz versperrt dem gegnerischen Läufer den Blick nach d8 und wehrt damit die offene Mattdrohung ab.

Es wird auch 9...f6 gespielt, um einen Fluchtweg für den König zu schaffen. Wir gehen auf diese Alternative etwas genauer ein, um unseren Lesern die Möglichkeit zur Auswahl zu bieten. Wir beschränken uns dabei allerdings auf die Abbildung ausgewählter Varianten. Weiß kann sein Vertrauen nun insbesondere den Fortsetzungen 10.♕d8+ und 10.♘f3 schenken.

A) 10.♕d8+

In Situationen wie dieser rutscht einem Neuling im Schach schnell mal das Herz in die Hose. Wenn Schwarz 9...b6 aus der Hauptvariante wählt, wird diese Entwicklung vermieden. Die besondere Warte des noch wenig erfahrenen Spielers hat zu unserer Priorisierung des Zuges mit dem b-Bauern beigetragen.

10...♔f7

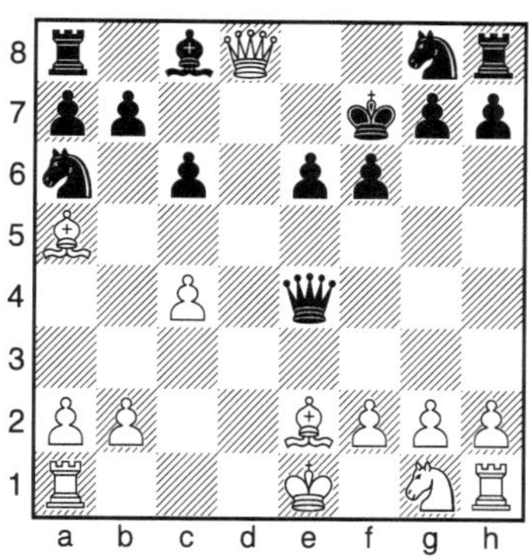

A1) 11.0-0-0 b6

(Zu großen Komplikationen führt 11...e5!?. Wie diese aussehen, mag die folgende Beispielvariante veranschaulichen: 12.♗d3 ♕xg2 13.♘e2 ♘c5 14.♖hg1 ♘xd3+ 15.♖xd3 ♕e4 16.♕c7+ ♘e7 17.♖xg7+ ♔xg7 18.♕xe7+ ♔g6 19.♖g3+ ♗g4 20.f3 ♕xc4+ 21.♗c3 h5 22.fxg4 hxg4 23.♕d7 ♖h4 und die Lage ist sehr unklar. Es dürfte deutlich geworden sein, dass 11...e5 nur in einer Trainingspartie eine Alternative für den Anfänger sein kann. Im freundschaftlichen Duell unter Freizeitspielern zu Hause garantiert sie eine spannende Unterhaltung.)

Nach 12.♗c3 e5 hat Schwarz sich gute Verteidigungsmöglichkeiten gesichert.

A2) Nach 11.♘f3 b6 wird eine komplizierte Variante möglich, die den Neuling im Schach auf beiden Seiten des Brettes zu Fehlern einlädt. Korrekt ausgespielt bringt sie Schwarz die besseren Perspektiven ein.

12.♗c3 ♗b7 13.♕d7+ ♘e7 14.♕xb7 ♘c5

Dies ist der Auftakt zu einer Reihe von schwarzen Zügen, die Weiß kaum Raum für ein Ausbrechen aus der folgenden Linie einräumen.

15.♕c7 ♖hc8 16.♕g3 ♘f5 17.♘g5+ (17.♕h3 ♘d3+ 18.♔f1 ♘f4±) 17...fxg5 18.♕xg5 ♘d3+ 19.♔f1 ♔g8

In der Praxis hat Schwarz die Überlegenheit der eigenen Stellung mehrfach unter Beweis gestellt.

B) 10.♘f3

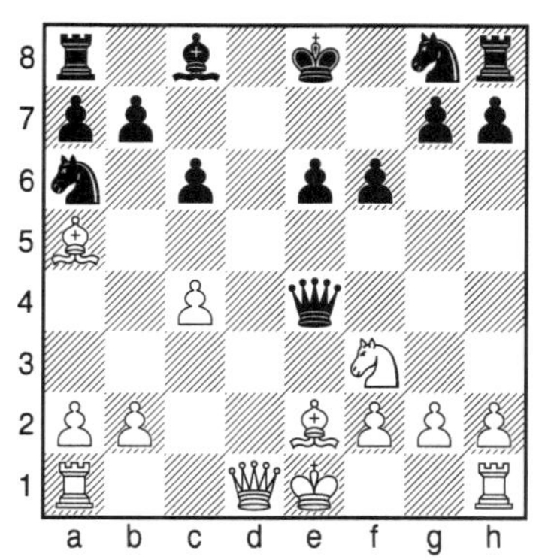

Der Zug 10...b6 wird auf Dauer zur Vertreibung des Läufers führen. Zunächst aber kann Weiß dessen Bedrohung ignorieren, weil er schärfere Gegendrohungen aufstellen kann.

11.♘d2 ♕f4

(Alternativ geht auch 11...♕f5!?. Nach 12.♗h5+ g6 13.♗f3 ♘e7 verfügt Weiß über eine gewisse Initiative als Kompensation für den Minderbauern. Die Lage ist kompliziert. Schwarz sollte die Partie aber halten können.)

12.♗h5+ g6 13.♗f3

Noch immer ist der ♗a5 unantastbar, da andernfalls der ♖a8 fallen würde.

13...♕e5+ 14.♔f1 ♕c7 15.♗c3

Nun wurde es Zeit für den Läufer, sich aus dem Staub zu machen.

Nach 15...e5 16.♘e4 ♔f7 kann Schwarz mit ♗c8-e6 und ♘g8-e7 fortsetzen, verbunden mit guten Ausgleichschancen.

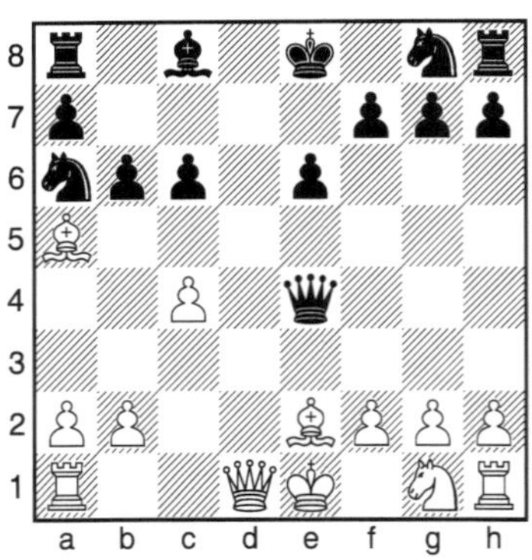

10.♕d6!

Weiß richtet sein Angriffsinteresse unmittelbar gegen den unrochierten schwarzen König. Es droht 11.f3.

Zu wenig energisch hingegen ist 10.♗c3. Schwarz nutzt die Gelegenheit zu 10...♗b7! und macht damit auch den Weg ins Zentrum für seinen ♖a8 frei.

11.♕d2

(11.♗xg7 wäre eine schlechte Idee wegen 11...♕xg2!∓.)

11...♖d8 12.♕g5 ♘e7

Mit nur drei Zügen ist es Schwarz gelungen, seinen Figuren deutlich mehr Aktivität zu verleihen.

13.♘f3 c5

Schwarz hat keine Probleme. Nach beispielsweise 14.♕xg7 ♖g8 15.♕f6 ♖xg2 befindet er sich deutlich im Vorteil.

10...♗d7

Dies ist die angezeigte Verteidigung. Schwarz will seinen König in Sicherheit bringen.

– 10...♗b7? wäre hier eine schlechte Entscheidung, denn mit 11.0-0-0 ♘f6 12.♗c3 käme Schwarz in Schwierigkeiten.

– Sogar ein Schritt in Richtung Niederlage wäre 10...bxa5? wegen 11.♖d1 f6 (Der König braucht ein Fluchtfeld.) 12.f3 ♕e5 13.♕xc6+ ♔f7 14.♕xa8 mit einem entscheidenden weißen Vorteil.

11.♗c3

Nicht in Gefahr bringen könnte Schwarz 11.0-0-0, worauf er seinerseits 11...0-0-0 spielen würde. Auf 12.♗c3 kann er mit 12...f6 oder auch 12...♘f6 antworten.

11...f6 12.♘f3

Weiß hat einen Bauern weniger. Deshalb muss er seine Kräfte schnell für den Kampf mobilisieren.

Auf 12.0-0-0 sollte er ebenfalls mit 12...0-0-0 reagieren; z.B. 13.♕a3 ♔b7 14.♗f3 ♕f4+ 15.♖d2 ♕c7 und Schwarz verteidigt seine Position.

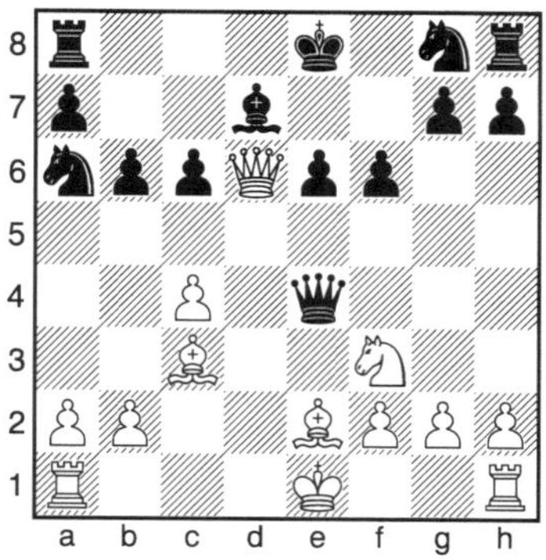

12...♘e7!?

Vor dem Hintergrund der neuesten Erkenntnisse der Eröffnungstheorie und der Ergebnisse aus der Turnierpraxis ist dies vermutlich die beste Fortsetzung. Ihre Logik ist klar – schnelle Entwicklung des Königsflügels und Absicherung des Königs selbst.

Noch nicht abschließend geklärt sind die Folgen einer schwarzen langen Rochade. Die sich anschließende Variante soll einen Eindruck davon vermitteln, in welche Richtung sich das Spiel entwickeln kann.

12...0-0-0 13.♘d2 ♕xg2 14.♗f3 ♕h3 15.♖g1 ♘c7 16.♕a3!

(Ein Schuss ins Leere wäre 16.♗xc6? wegen 16...♗xc6 17.♕xc6 ♘e7 und Schwarz verteidigt sich erfolgreich.)

16...♔b8 17.♖xg7 ♕h6 18.♖g3 ♕f4 19.0-0-0

(Zu prüfen ist 19.♘e4!?.)

19...♘h6 mit verteilten Chancen. Weiß behält trotz eines Minusbauern aufgrund seines Läuferpaars gute Aussichten.

13.0-0-0

Nach 13.♖d1 ♖d8 oder auch nach 13.♘d2 ♕xg2 14.0-0-0 ♘f5 15.♕a3 ♘c5 16.b4 ♘b7 sollte Schwarz seine Position halten können.

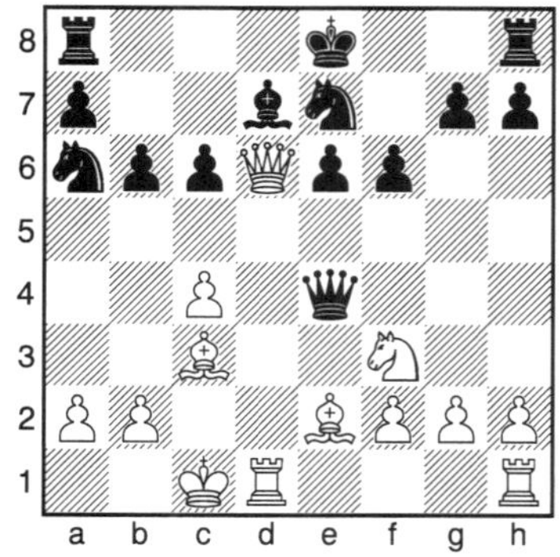

13...♕xe2

In Frage kommt auch 13...♖d8!?. Weiß kann dann mittels 14.♖he1 seinen zweiten Turm in Position bringen.

(Fehlerhaft wäre 14.♘d4? wegen 14...e5. Nun würde nach 15.♘e6 ♕xe2 16.♘xd8 ♗f5! möglich und Schwarz stünde auf Gewinn.)

14...♕g6 15.g4 ♘c5

Das Spiel ist unklar. Dies gilt allerdings nicht für die Engine Stockfish, die einen weißen Vorteil erkennt.

14.♕xd7+

14.♖he1 ♕xc4 15.♕xd7+ ♔f7=

14...♔f7

Damit hat Schwarz die größten Schwierigkeiten überstanden. Nach beispielsweise ...

15.♖he1 ♕xc4 16.♖e3 ♖he8 17.b3 ♕g4 18.h3 ♕f4 19.♖d4 ♕h6 20.♕xe6+ ♔f8

... sind die weißen Perspektiven besser, aber die schwarze Stellung ist verteidigungsfähig.

Zusammenfassung: In der modernen Schachpraxis begegnet man dem Slawischen Gambit sehr häufig, denn es verspricht dem Anziehenden gute Chancen auf Initiative. Ohne Zweifel ist das Gambit eine starke Alternative und in Händen von guten Taktikern eine sehr gefährliche Waffe.

Unser Rat ist: Wenn Sie das Bauernopfer 4.e4!? vermeiden wollen, dann spielen Sie 3...♘f6 statt 3...e6. Ansonsten ist 13...♖d8 statt 13...♕xe2 zu überlegen.

Abspiel 3

Abtauschvariante

1.d4 d5 2.c4 c6 3.cxd5

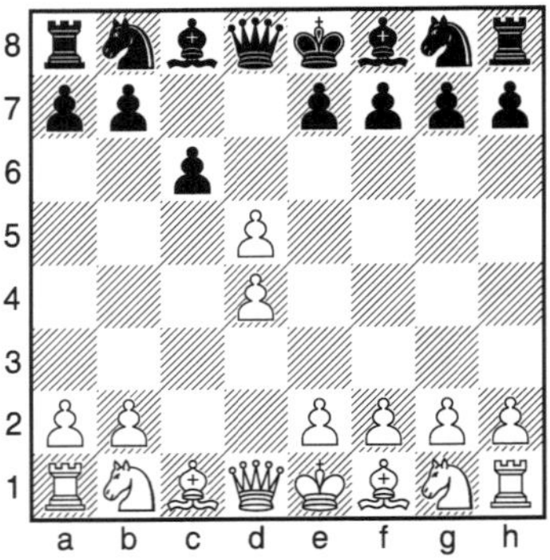

Der Abtausch der Bauern sorgt für die Bezeichnung des gesamten Systems als Abtauschvariante. Mit der Wahl dieser Fortsetzung geht Weiß sämtlichen Spielweisen, bei denen es zu einem Schlagen auf c4 kommt, auf einfache Weise aus dem Weg. Allgemein gilt die Abtauschvariante aus weißer Sicht als wenig ambitioniert und entsprechend für Schwarz als nicht sonderlich gefährlich. Regelmäßig erlaubt sie beiden Seiten zunächst eine gute Entwicklung der Kräfte, bevor es erst relativ spät in der Partie zu ernsthaften Verwicklungen kommt.

3...cxd5

Dies ist die einzig logische Erwiderung. Nach 3...♕xd5 4.♘c3 erhält Weiß unabhängig davon, wohin die Dame zieht, über 5.e4 ein starkes Bauernzentrum und damit einen entsprechenden Raumvorteil.

4.♘c3

4.♗f4 bedeutet regelmäßig nicht mehr als eine Zugumstellung. Diese läuft nicht selten über 4...♘c6, nach 4...♘f6 5.♘c3 ist die Hauptvariante umgehend wieder erreicht.

4...♘f6

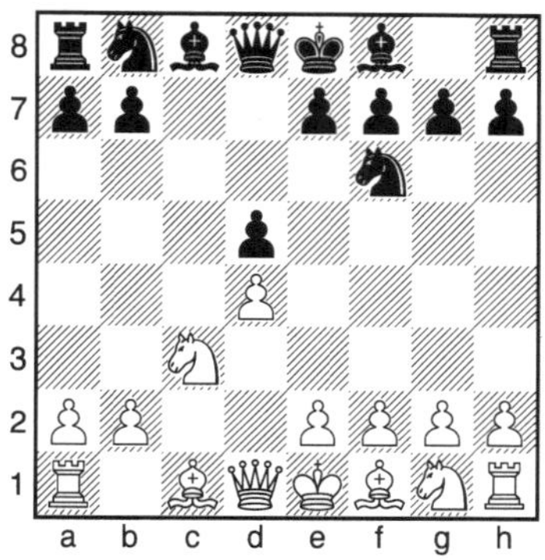

5.♗f4

Der Läufer betritt ein für ihn ideales Feld. Er wird entwickelt, bevor Weiß e2-e3 spielt.

Natürlich geht auch 5.♘f3, wonach das Spiel unter Zugumstellung zur Hauptvariante zurückgelangen kann. Allerdings verliert Weiß damit die Möglichkeit, seinen Königsspringer auf e2 zu postieren, was in manchen Varianten eine Option ist.

5...♘c6 6.e3

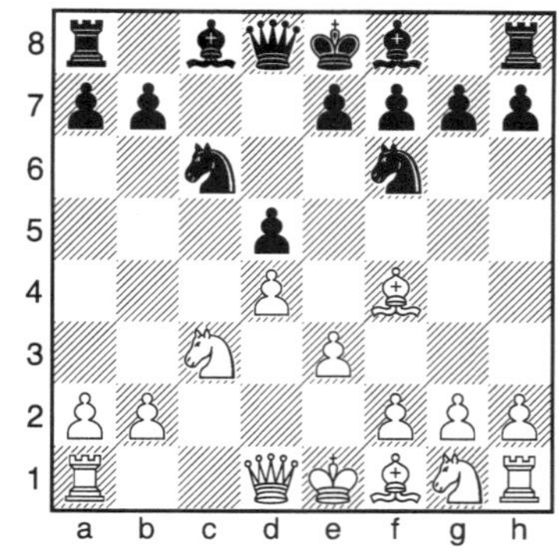

6...♗f5

Der Läufer wird ins Geschehen geführt, bevor Schwarz zu e7-e6 greift, so dass ihm die Einsperrung erspart bleibt.

Ein alternativer Plan stützt sich auf 6...a6.

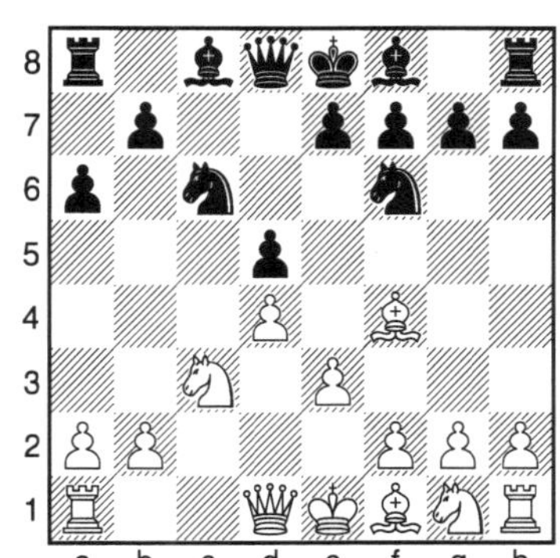

Schwarz verfolgt die Absicht, die weißen Leichtfiguren nicht nach b5 zu lassen und in einem günstigen Augenblick selbst b7-b5 zu ziehen.

7.♗d3 ♗g4

Bevor Schwarz e7-e6 spielt, wird der Läufer ins Spiel gebracht.

(Die Entwicklung des Läufers auf die Diagonale a1-h8 ist ebenfalls möglich. Ein Beispiel dazu: 7...g6 8.h3 ♗g7

9.♘f3 0-0 10.0-0 b5 usw.)

8.♘ge2 (8.f3 ♗h5 9.♘ge2 ♗g6=) 8...e6 9.0-0 ♗e7 10.♖c1 0-0 11.♘a4 ♘d7 mit dem Plan ♖a8-c8, b7-b5 und aktivem Spiel am Damenflügel.

7.♘f3

Der Springerzug soll in erster Linie dem baldigen Abschluss der Entwicklung des Königsflügels dienen. Weiß kann sich allerdings stattdessen für alternative Vorgehensweisen entscheiden, besonders auch zugunsten von 7.♕b3, 7.♗d3 und 7.♖c1. Werfen wir also einen zumindest kurzen Blick auf die daraus jeweils resultierenden Möglichkeiten!

I. Die frühe Aktivierung der Dame 7.♕b3 zwingt Schwarz zum Schutz seines ♙b7.

7...♘a5

(Mit 7...♕b6 hätte Schwarz seinen Bauern zwar auch vor Schaden bewahrt, aber Weiß kann dann einfach mit 8.♕xb6 reagieren. Nach den weiteren Zügen 8...axb6 9.a3 e6 10.♖c1 befände er sich wegen der schwarzen Bauernschwächen klar im Vorteil.)

8.♕a4+ ♗d7

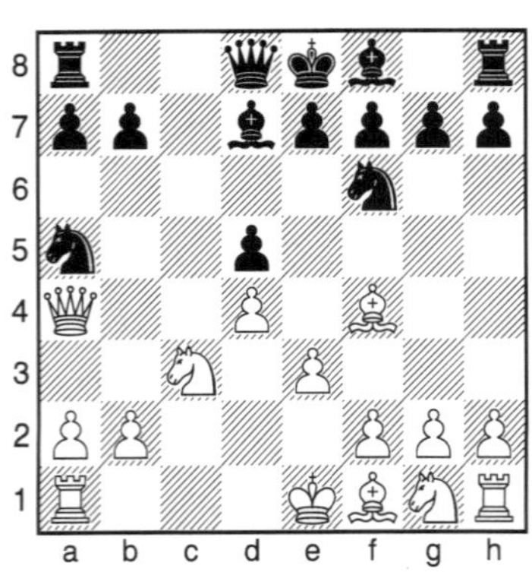

Nach 9.♕c2 wird der mit 8.♕a4+ verfolgte Zweck sichtbar. Die Dame kann c2 nur betreten, weil der schwarze Läufer zuvor zum Verlassen der Diagonale b1-h7 genötigt worden ist. Nun können sich beide Seiten auf die weitere Aktivierung ihrer Kräfte konzentrieren. Häufig geschieht dies in der Praxis über 9...e6 10.♗d3 ♖c8 11.♘f3 ♗b4 12.0-0 0-0

(Es ist nun an der Zeit, den König in Sicherheit zu bringen. Die Erkenntnisse aus dem Turnierspiel zeigen, dass Weiß im Falle von 12...♘c4 und dann 13.♗xc4 ♖xc4 14.♘e5 ♖c8 15.♕b3 die besseren Aussichten erhält.)

Nach 13.♘e5 a6 hält die Stellung Chancen für beide Parteien bereit. Schwarz kann mit Gegenspiel am Damenflügel rechnen, das er über b7-b5 und ♘a5-c4 einleiten kann.

II. 7.♗d3

Der Läufer gönnt seinem schwarzen Gegenspieler die aktive Aufstellung nicht und provoziert deshalb den Abtausch.

7...♗xd3 8.♕xd3

Damit sind zunächst alle Ansätze von Verwicklungen vom Brett. Die Fortsetzung der Entwicklung ist nun für beide Seiten das Gebot der Stunde.

8...e6

8.♗b5

Weiß fesselt den Springer mit der Idee, den Druck gegen ♘c6 in der Folge entweder mit ♕d1-a4 oder mit ♘f3-e5 zu verstärken. Es gibt mehrere Alternativen, mit denen Schwarz rechnen muss, zu denen vor allem 8.♗d3, 8.♕b3, 8.♗e2 und 8.♘e5 zählen.

I. Das Motiv 8.♗d3 haben wir bereits kennen gelernt. Zur Verringerung des schwarzen aktiven Potenzials zettelt Weiß den Läuferabtausch an.

8...♗xd3 9.♕xd3 ♗e7

(9...♗d6 führt in die Abweichung II. 7.♗d3 zu 7.♘f3 in der Hauptvariante.)

10.0-0

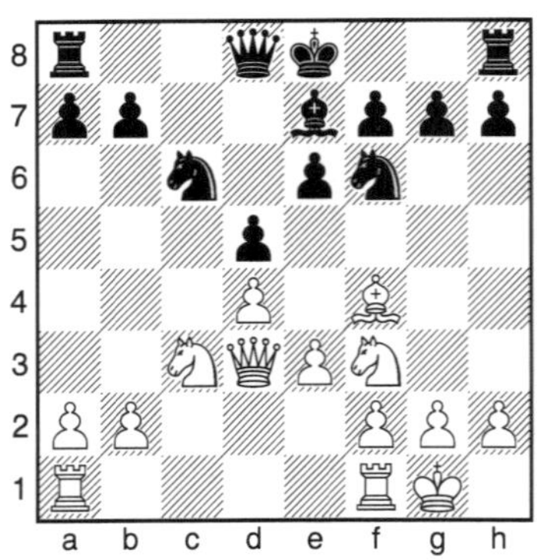

Nach 10...0-0 ist die Stellung ausgeglichen. Um einen Eindruck davon zu vermitteln, wie es weitergehen kann, schauen wir noch etwas weiter in die Partie hinein. Da es sich in der Folge um typische Abläufe handelt, können sie auch für die Fortsetzung des Spiels für ähnliche Stellungsbilder genutzt werden, die wir an anderen Stellen dieses Abspiels behandelt haben.

11.♖fc1

(11.♗g5 ♘d7 12.♗xe7 ♕xe7 13.♖ac1 ♘b6=)

11...a6 12.♘e5 ♘xe5 13.♗xe5 ♘d7 14.♗g3 ♖c8 15.♖c2 ♕a5 16.♖ac1 ♖c6 17.h3 ♖fc8

Schwarz kann sich eines aktiven Spiels erfreuen.

II. 8.♕b3

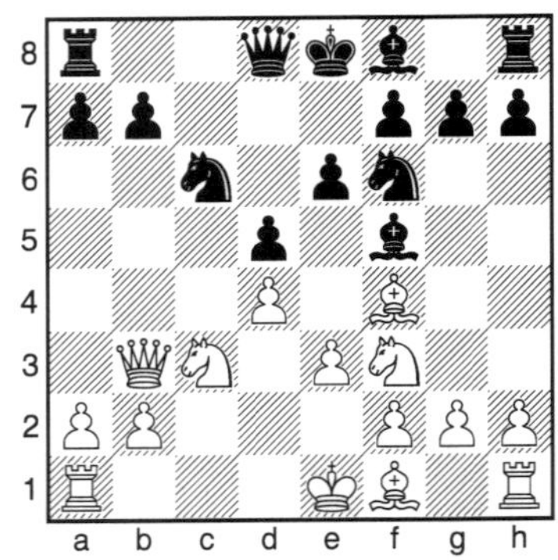

Dieser Ausfall mit der Dame lässt sich gut mit 8...♗b4 beantworten. Weiß setzt dann am besten und tatsächlich auch so gut wie immer mit 9.♗b5 fort.

(Nach 9.♘e5 ♗xc3+ 10.bxc3 ♘xe5 11.♗xe5 0-0 ist Weiß gut beraten, mit 12.♗e2 die Entwicklung fortzusetzen. Wenn er meint, mit 12.♕xb7 auf Materialgewinn spielen zu können, verhilft er Schwarz nach den Erkenntnissen aus der Turnierpraxis zu einer starken Initiative. So kann beispielsweise 12...♖c8 13.♕xa7 ♘e4 folgen und wegen des unrochierten Königs und des unentwickelten Königsflügels ist Weiß in Gefahr.)

Nach 9...0-0 10.0-0 ♗xc3 11.♕xc3 ♖c8 sind die beiderseitigen Chancen annähernd gleich.

III. 8.♗e2

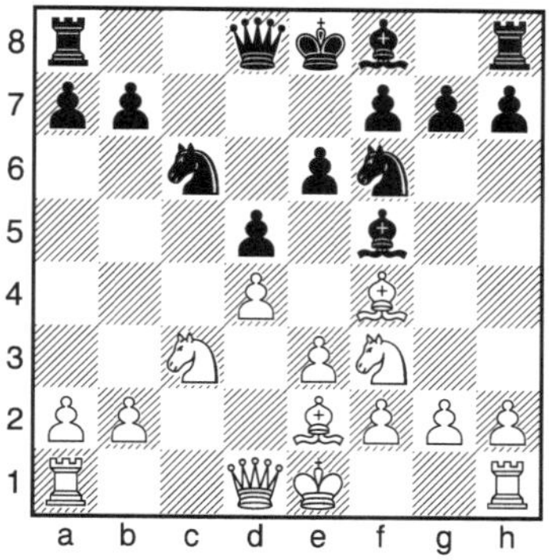

Dies ist die ruhigste unter den betrachteten Alternativen. Weiß möchte zunächst nur seine Entwicklung abschließen können, was Schwarz als Einladung betrachten darf, es genauso zu machen.

8...♗e7

(Das Manöver 8...♗d6 9.♗xd6 ♕xd6 ist uns bereits bekannt, es ist auch hier eine gute Wahl. Nach 10.0-0 0-0 11.♖c1 ♖fc8= hat die Partie die Schwelle zum Mittelspiel erreicht, das die Kontrahenten mit ausgeglichenen Chancen führen können.)

9.0-0 0-0 10.♖c1 ♖c8=

Quasi wie im Schlafwagen haben beide Seiten ihre Kräfte elastisch mobilisieren können.

IV. 8.♘e5

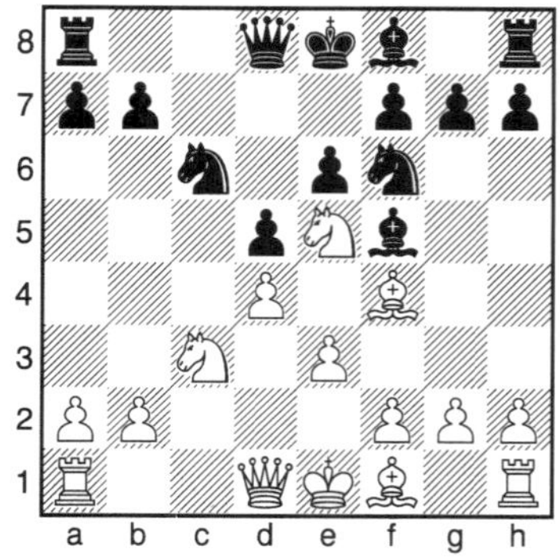

Der Springerzug ist der energische Versuch, Schwarz zu einem frühen Zeitpunkt Probleme lösen zu lassen. Nach 8...♘xe5 stellt 9.♗xe5 die größere Herausforderung dar.

(Die Variante 9.dxe5 ♘d7 10.♗d3 ♗xd3 11.♕xd3 ♗b4 12.0-0 ♗xc3 13.♕xc3 0-0= führt zu einem kaum gefährdeten Stellungsausgleich.)

9...♘d7 10.♕b3

Die Bedrohung des ♙b7 stellt in dieser Linie keine echte Bedrohung dar, wie sich gleich zeigen wird.

10...♘xe5 11.dxe5 ♗e7

Der Läufer räumt das Feld f8 für seinen König.

12.♗b5+

(Zu riskant wäre 12.♕xb7? wegen 12...0-0 und Schwarz hätte für den geopferten Bauern eine gefährliche Initiative.)

Nach 12...♔f8 hat Schwarz das Rochaderecht verloren, aber das Läuferpaar kompensiert diesen Nachteil.

8...♘d7

Dies ist die Empfehlung der Theorie. Der Rückzug des Springers richtet sich gegen die Drohung ♘f3-e5.

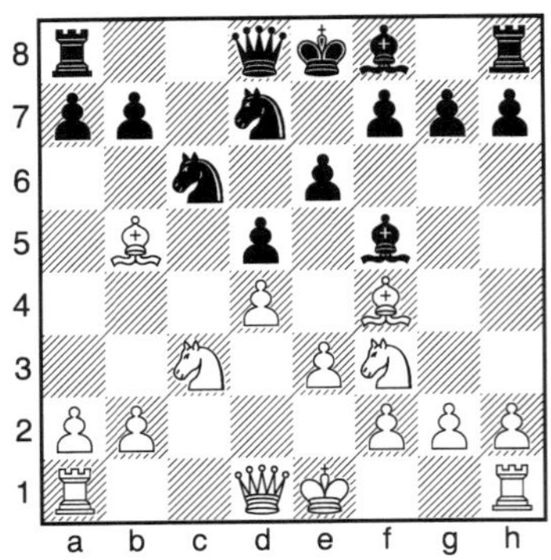

9.♕a4

Weiß will die Koordination der gegnerischen Kräfte stören und baut zu diesem Zweck Druck gegen den ♘c6 auf.

Nach 9.0-0 kann sich Schwarz grundsätzlich auf die Fortsetzung seiner Entwicklung konzentrieren. Vorgehen kann er dabei beispielsweise nach dem folgenden Muster.

9...♗e7 10.♖c1

(Wenn Weiß zu 10.♕b3 greift, hat Schwarz es in der Hand, das Spiel plötzlich zu forcieren. Mit dem aggressiven Vorgehen 10...g5!? 11.♗g3 h5 kann er ein aktives Spiel am Königsflügel einleiten.)

Nach 10...0-0 haben die Kontrahenten ihre Hausaufgaben in Sachen Entwicklung weitgehend gemacht. Weitergehen kann es beispielsweise wie folgt: 11.♗xc6 bxc6 12.♘a4 ♖c8 13.♘e5 ♘xe5 14.♗xe5 ♕a5.

(Es geht auch sofort 14...f6 15.♗g3 ♕a5 usw.)

15.a3 ♕b5 16.♖c3 f6

Dies ist der Auftakt des schwarzen Kampfes um Gegenspiel.

17.♗g3 ♖fe8 18.♖e1 ♗f8 19.f3 e5

Das angestrebte Gegenspiel ist erreicht. Die Stellung befindet sich weitgehend in einem dynamischen Gleichgewicht.

9...♖c8

Einer gewissen Popularität erfreut sich auch die Fortsetzung 9...♕b6, die allerdings weniger flexibel ist. Den lernenden Spieler stellt sie unseres Erachtens vor eine größere Herausforderung als 9...♖c8 in der Hauptvariante. Dafür lockt sie mit ganz eigenen Chancen.

10.♘h4

Weiß will den Läufer nach e4 treiben, wo er mit f2-f3 angegriffen werden kann.

10...♗e4

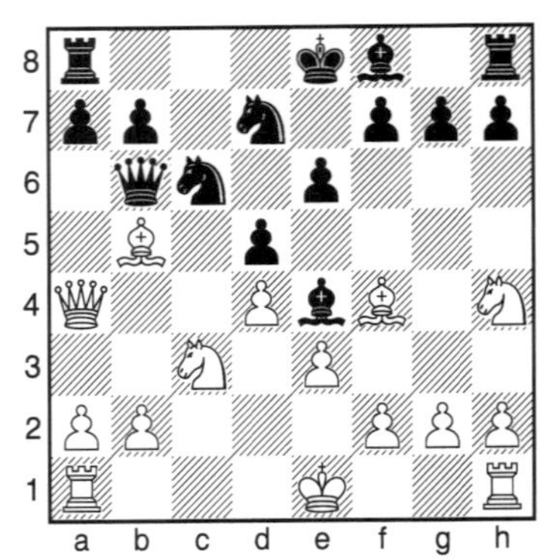

Nun kann Weiß zur Fortsetzung seines Plans sofort f2-f3 spielen oder auch noch etwas damit warten.

A) Nach 11.f3 sieht es – allerdings nur vordergründig – nach einem Tausch Springer gegen Läufer auf dem Feld g6 aus.

11...♗d3!

Eine auf den ersten Blick überraschende Wendung! Sie ist gesund, weil sie von einer taktischen Ressource profitiert. Nach 12.♘xd5 wird es unübersichtlich, was die Grenzen der Spielstärke eines lernenden Spielers leicht überschreiten kann.

(12.♗xd3 wäre wegen 12...♕xb2 13.0-0 ♕xc3 ein Fehler, Schwarz stünde besser.)

Jetzt ist der Springer, der 12.♗xd3? noch zu einem Fehler machte, zu einer Bedrohung der schwarzen Dame geworden. Er bietet sich zum Tausch des geschlagenen Bauern an, zugleich aber ist der ♗b5 von den weißen Kräften bedroht.

12...♗xb5 13.♘xb6 ♗xa4 14.♘xa8 ♘b4

Es droht die Springergabel auf c2.

15.♔d2 ♗e7 16.♘c7+ ♔d8

Der unmittelbare Schlagabtausch ist beendet. Die Turnierpraxis bestätigt, dass Schwarz über die besseren Aussichten verfügt.

B) Indem Weiß 11.0-0-0 vor dem beabsichtigten f2-f3 spielt, verhindert er das Ausweichen des Läufers nach d3.

11...♖c8

(Nach 11...h6 kommt Weiß über 12.♘xe4 dxe4 13.d5 usw. zu einem starken Angriff.)

12.f3 ♗g6 13.♘xg6 hxg6 14.♔b1 a6 15.♗d3

(Auf 15.♗e2 folgt ebenfalls 15...♗b4 16.♖c1 0-0=.)

15...♗b4 16.♖c1 0-0=

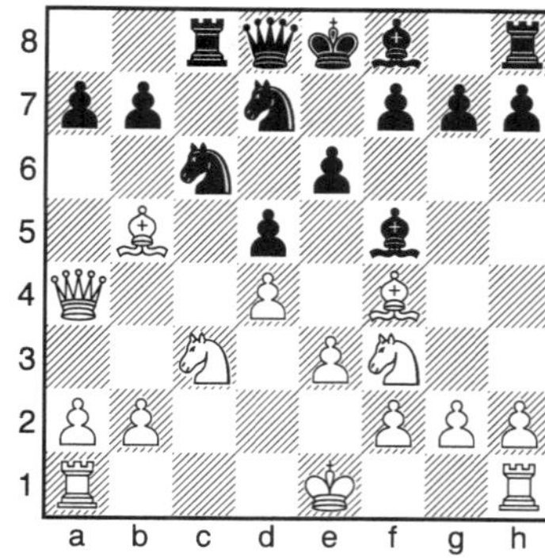

10.0-0

Es ist der richtige Zeitpunkt gekommen, um den König in Sicherheit zu bringen.

Am Bauerngewinn über 10.♗xc6 ♖xc6 11.♕xa7 wird Weiß keine rechte Freude haben. Schwarz erhält die Gelegenheit, eine nachhaltige Initiative zu entwickeln. Mit 11...♕c8 leitet er seine entsprechenden Bestrebungen ein.

(Die Praxis hat aufgezeigt, dass ihm mit 11...♗d3!? eine starke Alternative zur Verfügung steht.)

Jetzt muss Weiß sehen, dass er seine Dame in Sicherheit bringt. Es ergeben sich nun taktische Verwicklungen, die uns ausnahmsweise zur Aufnahme einer langen Variante veranlassen.

12.♕a5 ♖a6

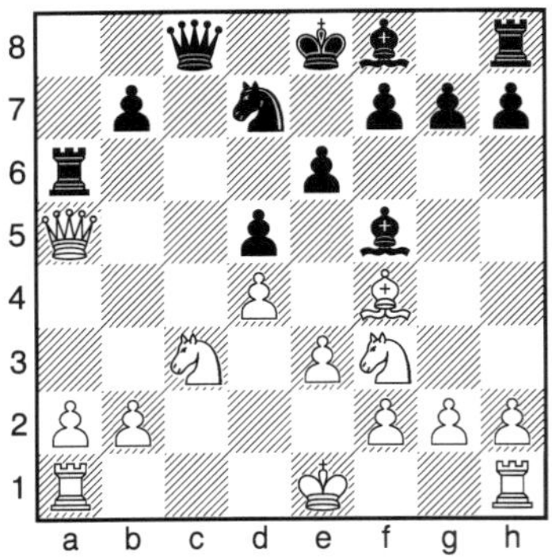

13.♕c7

(Oder 13.♕b5 ♖b6 14.♕e2 ♗a3! 15.♘b5 ♗b4+ 16.♔f1 0-0 mit vollem Ersatz für den geopferten Bauern.)

13...♕xc7

(Wenn Schwarz die Spannung aufrechterhalten möchte, dann sollte er 13...♕a8!? spielen, worauf es zu schweren Komplikationen kommen wird.)

14.♗xc7 ♖c6 15.♗f4 ♗a3 16.bxa3 ♖xc3 17.0-0

(Auf 17.♗d6 kann Schwarz 17...f6 spielen, z.B. mit der Folge 18.0-0 ♔f7 19.♖fc1 ♖hc8 20.♖xc3 ♖xc3 21.♗b4 ♖c2 und einem aktiven Spiel für den geopferten Bauern.)

17...0-0 18.♖fc1 ♖fc8 19.♖xc3 ♖xc3 20.♗d6 ♖c2

Schwarz verfügt über ausreichend dynamische Gegenwerte für den leichten materiellen Nachteil, der ohnehin nur in einem Doppelbauern besteht.

10...a6

Der Läufer wird zu einer sofortigen Entscheidung gezwungen.

11.♗xc6

11.♗e2 verspricht Weiß keinen Vorteil. Die Variante 11...♗e7 12.♖fc1 0-0 führt zu einer etwa ausgeglichenen Stellung.

11...♖xc6 12.♖fc1 ♗e7

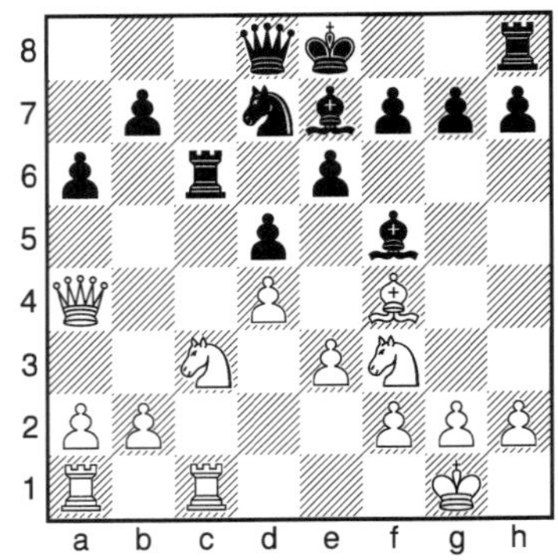

13.♘d1

Weiß will die Oberhand auf der c-Linie gewinnen.

Mit diesem Ziel kann er auch 13.♘e2 versuchen. Schwarz behält aber alles im Griff. Er antwortet mit 13...♕b6 und nach 14.♖xc6 bxc6 15.♖c1 erinnert er sich an die Möglichkeit 15...♗d3, die wir unter anderen Verhältnissen bereits behandelt haben.

16.♕d1

(In ein taktisch geprägtes Fahrwasser gelangt die Partie nach 16.♖xc6. Folgen kann 16...♕xb2 17.♖c8+ ♗d8 18.♘c1 ♗b5 19.♕b3 ♕xb3 20.♘xb3 0-0 21.♗d6 ♗e7 22.♖xf8+ ♔xf8 mit einer ausgeglichenen Stellung zum Abschluss.)

16...♗xe2 17.♕xe2 0-0=

Auch hier ist Weiß nicht über den Stellungsausgleich hinausgekommen. Schwarz plant nun c6-c5.

13...b5 14.♕b3

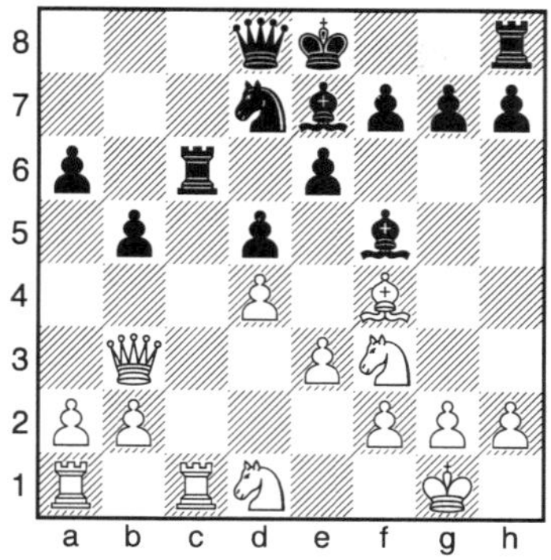

14...♖c4

Damit plombiert Schwarz die Stellung am Damenflügel.

Noch nicht vollständig erforscht worden ist die Idee 14...♕c8!?, mit der Schwarz ebenfalls eine weiße Vorherrschaft auf der c-Linie verhindern will.

15.e4

(Die mit einer erheblichen Räumung des Brettes verbundene Variante 15.♖xc6 ♕xc6 16.♕c3 ♕xc3 17.♘xc3 0-0 18.♖c1 ♖c8= konserviert den Gleichstand.)

15...dxe4

(Als prüfenswert sehen wir die Möglichkeiten an, die sich aus der Zugfolge 15...♗xe4 16.♖xc6 ♕xc6 17.♖c1 ♕a8 usw. ergeben.)

16.d5 ♖c4 17.♘d4 0-0

Stockfish schätzt diese Stellung als leicht vorteilhaft für Schwarz ein und flankiert damit die Erkenntnisse aus der Turnierpraxis.

15.♘d2 ♕a5

Die weiße Dame ist in ihrer Bewegungsfreiheit stark eingeschränkt. Dies lässt ein Motiv entstehen, über das Schwarz ein schnelles Remis anstreben kann.

Spielbar ist auch 15...♖xc1. In der Folge kann sich Weiß zwar auf der gegnerischen 7. Reihe aufstellen, was aber nicht von Dauer ist. Gleichwohl ist es nicht jedermanns Sache, sich auf einen solchen Fortgang einzulassen.

16.♖xc1 0-0 17.♕c3 b4 18.♕c6 ♗d3 19.♕b7 ♗b5 20.♖c7 ♕e8

Nun kann ♗e7-d8 folgen. Die Stellung ist zwar als ausgeglichen einzuschätzen, Schwarz steht aber weniger frei als sein Gegenüber, was nicht zuletzt einem noch unerfahrenen Spieler Probleme machen kann.

16.♘c3

16.♘xc4?? ♕e1#

16...♖b4

Das Tor zur „Zwickmühle" ist geöffnet.

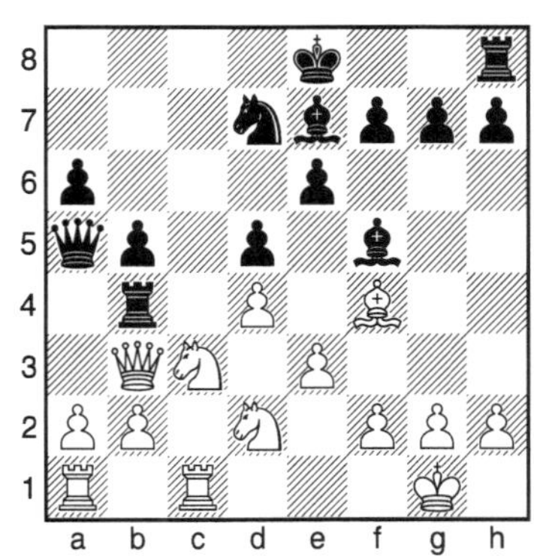

17.♕a3

17.♕d1 bringt Weiß nichts ein. Schwarz antwortet mit 17...♖xb2, worauf es mit beispielsweise 18.e4 weitergehen kann.

(Auf 18.♘b3 empfiehlt sich 18...♕d8, z. B. mit 19.♘e2 0-0 20.♗c7 ♕a8 im Anschluss. Wie die Praxis zeigt, erhält Schwarz in dieser Variante die besseren Chancen.)

Nach 18...dxe4 gefolgt von 19.a4 ♕d8 20.axb5 axb5 21.♘cxe4 ♘f6 22.♗c7 ♕d5 23.♘xf6+ gxf6 24.♘f1 0-0 kommt Schwarz zu guten Möglichkeiten. Er hat die Mobilisierung seiner Kräfte abgeschlossen und verfügt über einen Mehrbauern.

17...♖a4

Schwarz muss aufpassen und ein Auge darauf richten, dass er nicht unverhofft in taktische Fallstricke läuft.

Ein Fehler wäre hier nun 17...♕xa3?. Aus den nachstehenden Abläufen gibt es für Schwarz kein Entrinnen.

18.bxa3 ♖b2 19.e4! ♗xe4

(– 19...dxe4 20.♘d1 ♖xd2 21.♗xd2+–

– 19...e5 20.dxe5 ♗xe4 21.♘dxe4 dxe4 22.♘d1+–)

20.♘dxe4 dxe4 21.♘d1 ♖e2 22.♔f1

Weiß gewinnt Material. In allen Fällen findet sich Schwarz unverhofft in einer Verluststellung wieder.

18.♕b3 ♖b4

Wir beenden unsere Besprechung mit einer Stellung, die ein Remis durch Zugwiederholung erzwingbar macht.

Zusammenfassung: Die Abtauschvariante führt mit ihrem Entstehen zu einer symmetrischen Stellung. Sie ist allgemein dafür bekannt, dass sie Weiß wenig Raum bietet, um einen Eröffnungsvorteil zu entwickeln. Bei einem präzisen Spiel gelingt Schwarz weitgehend ungefährdet der Stellungsausgleich.

!

Abspiel 4

Die Fortsetzung 4...dxc4

1.d4 d5 2.c4 c6 3.♘f3 ♘f6 4.♘c3 dxc4

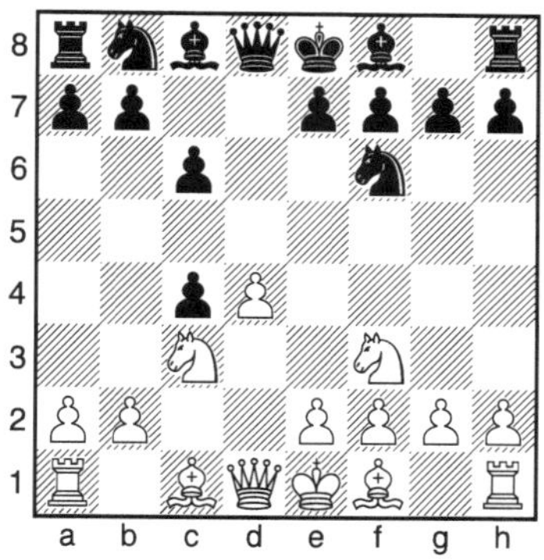

Mit der Wahl dieser Fortsetzung gibt Schwarz das Zentrum zeitweilig auf. Dabei gehört es zu seinen Überlegungen, dass Weiß bei seinen Anstrengungen zum Rückgewinn des c–Bauern Zeit einbüßen wird. Diesen Vorteil möchte er nutzen, indem er seinen weißfeldrigen Läufer nach f5 bzw. g4 entwickelt. In der Folge kann die Partie in verschiedene Spielweisen münden, die eigene Namen tragen. Weil der weitere Weg noch offen ist, sprechen wir aktuell noch neutral von der „Fortsetzung 4...dxc4“

5.a4

Damit verhindert Weiß, dass Schwarz den ♙c4 mit b7-b5 behauptet.

Natürlich ist dies nicht die einzige gute Möglichkeit für den Anziehenden. Zu den beachtenswerten Alternativen zählen insbesondere 5.e3 und 5.e4. Da sie in der Praxis aber vergleichsweise selten vorkommen, sollte es ausreichen, sich auf grundlegende Aspekte begrenzt auf sie vorzubereiten.

I. Mit 5.e3 wird die Aljechin–Variante eingeleitet.

5...b5

Da Weiß auf 5.a4 verzichtet hat, nutzt Schwarz die Gelegenheit, um seinen vorderen c–Bauern zu stützen.

6.a4

Weiß versucht die schwarze Bauernstellung sofort zu zerrütten und provoziert das Vorrücken des b–Bauern. Dies soll zu einer Schwächung beider ins eigene Lager vorgedrungenen gegnerischen Bauern führen.

6...b4 7.♘a2

(Seltener kommt 7.♘b1 vor, was auch damit zusammenhängen dürfte, dass viele Spieler die Rückkehr einer bereits entwickelten Figur auf ihr Ausgangsfeld als fehlerhaft empfinden. Die Erfolgsstatistik erklärt beide Alternativen als etwa gleichwertig. Wenn man allein auf die Ergebnisse im Fernschach abstellt, kann der Gesamterfolg beider Alternativen nicht überzeugen.

Nach der weiteren Folge 7...♗a6 8.♕c2 e6 9.♗xc4 ♗xc4 10.♕xc4 sollte 10...♕d5 Δ ♘b8-d7 und c6-c5 Schwarz erfolgreich um den Ausgleich kämpfen lassen.)

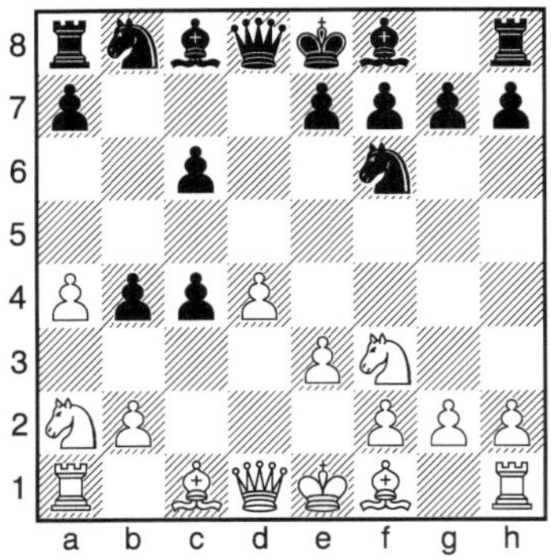

Mit 7...e6 deckt Schwarz den b-Bauern und gibt dessen Kollegen auf c4 auf, was den materiellen Gleichstand wiederherstellt.

Nach 8.♗xc4 ♗b7 kann die Aktivierung der Kräfte fortgesetzt werden.

9.0-0 ♗e7

(Möglich ist auch 9...♘bd7, um nach beispielsweise 10.♕e2 entsprechend vorbereitet mit 10...c5 fortzusetzen.)

10.♕e2 0-0 11.♖d1 a5

Damit ist die schwarze Stellung am Damenflügel stabilisiert. Wenn nun noch der c-Bauer vorgerückt werden kann, erhält auch der weißfeldrige Läufer mehr Wirkung.

12.♗d2 (12.e4 c5!) 12...♘bd7 13.♘c1 ♕b6 14.♘b3 c5

Über das mit 12...♘bd7 beginnende typische Manöver löst Schwarz auch noch seine letzten Eröffnungsprobleme. Seine Aussichten sind gut.

II. Die Spielweise 5.e4 wird als Tolusch-Geller-Gambit bezeichnet. Weiß opfert einen Bauern und versucht damit einen Raumvorteil im Zentrum zu erreichen.

5...b5

In der bekannten Weise nutzt Schwarz die Gelegenheit zur Deckung des ♙c4.

6.e5 ♘d5 7.a4

Auch in dieser Variante soll die schwarze Bauernstellung strukturell geschwächt werden.

7...e6 8.axb5 ♘xc3 9.bxc3 cxb5

Der Pulverdampf beginnt sich zu verziehen, die meisten Spannungen sind abgebaut. Weiß hat den angestrebten leichten Raumvorteil errungen, aber Schwarz hat sich dieses Zugeständnis mit einem gesunden Mehrbauern teuer abkaufen lassen. Er muss nun sehen, dass er schnelle Fortschritte in seiner Entwicklung erzielt.

10.♘g5 ♗b7 11.♕h5 g6 12.♕g4 ♗e7 13.♗e2 ♗d5

So befestigt der Läufer das Zentrum, verbunden mit dem Plan ♘b8-c6. Schwarz kann zufrieden sein. Weitergehen kann es beispielsweise wie folgt: 14.♗f3 ♘c6 15.♘e4 h5 16.♕g3.

(Nach 16.♕f4 kann Schwarz das Spiel nach dem Schema 16...a5 17.0-0 ♔f8 usw. fortsetzen.)

Nach 16...b4 17.0-0 a5 kann Schwarz mit ♔e8-f8-g7 auf die künstliche Rochade spielen und sich damit gute Aussichten sichern.

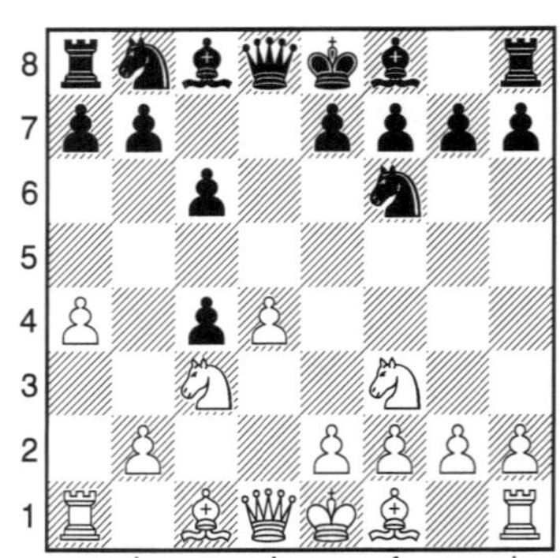

5...♗f5

Der Läufer kommt ins Spiel und übernimmt die Kontrolle über den Punkt e4.

6.♘e5

Mit diesem Zug verbindet Weiß zwei Ziele.

1. Er will mit f2-f3 und e2-e4 mit Tempo Raum in der Mitte erobern und die Aktivität des schwarzen Läufers auf der Diagonale b1-h7 beschränken. So entsteht ein scharfes Spiel mit beiderseitigen Chancen.

2. Er will den ♙c4 zurückgewinnen, ohne mit e2-e3 den ♗c1 einsperren zu müssen.

Ihm steht allerdings die Möglichkeit offen, sich für mindestens zwei andere gute Pläne zu entscheiden – nämlich entweder 6.e3 zwecks Rückgewinn des Bauern c4 unter Entwicklung des Königsflügels – oder 6.♘h4 zwecks Beseitigung des schwarzen Läufers.

I. Mit 6.e3 wird die Holländische Variante eingeleitet.

6...e6

Schlicht der Standardzug zur weiteren Entwicklung.

7.♗xc4

(Auf 7.a5, womit Weiß seinen Gegner am Damenflügel einzuengen versucht, kann Schwarz 7...♗b4 spielen. Hier steht der Läufer aktiv und beschränkt die weißen Handlungsmöglichkeiten. Weniger erfahrene Spieler empfinden eine Situation wie diese als unangenehm. Um sie zu überwinden, lassen sie sich zu weniger angeratenen Aktionen verleiten, was dem Gegner zu zusätzlichen Chancen verhelfen kann. Weitergehen kann es nun beispielsweise wie folgt: 8.♕a4 ♕e7 9.♗xc4 0-0 10.0-0 ♘bd7.

In nur wenigen Zügen hat Schwarz seine Entwicklung spürbar vorangebracht. Er kann nun auf c6-c5 spielen; seine Perspektiven sind jenen von Weiß ebenbürtig.)

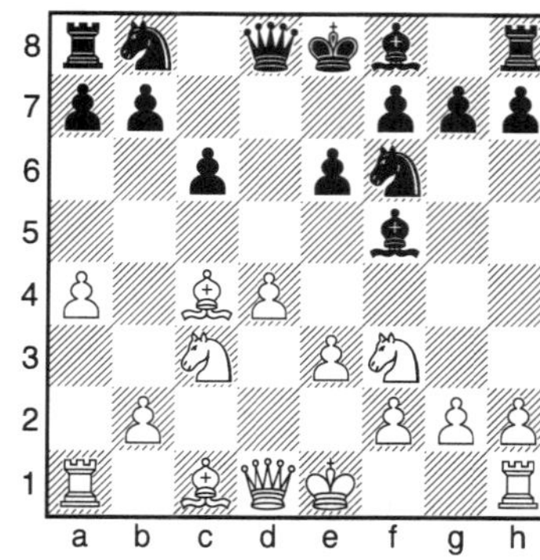

7...♗b4

(Die Alternative 7...♗e7 ist auch möglich. Es kommt dann regelmäßig zu einem zunächst ruhigen weiteren Verlauf etwa nach dem Muster 8.0-0 0-0 9.♕e2 ♘bd7 10.e4 ♗g4 11.♖d1 ♕c7 12.h3 ♗h5 usw.)

Nach 8.0-0 0-0 kann Weiß die angreifbare Position des weißfeldrigen Läufers als Kristallisationskern für aktive Versuche nutzen.

9.♘h4 ♗g4 10.f3 ♗h5 11.g4 ♗g6 12.♘xg6 hxg6 13.e4 ♘bd7

Damit ist es Weiß gelungen, sich am Königsflügel einen Raumvorteil zu erstreiten, den er nun auszunutzen versuchen kann. Schwarz dagegen kann im Zentrum mittels c6-c5 und e6-e5 kontern. Es ist ein zweischneidiges Spiel entstanden.

II. Der Springerausfall 6.♘h4 verfolgt den Zweck, den schwarzen Läufer zurückzudrängen bzw. zu beseitigen.

6...e6

Schwarz ignoriert die Bedrohung und will sich zeigen lassen, dass die Aktion Weiß überhaupt zu einem Vorteil verhelfen kann.

(Eine Rettung des Läufers ist unter dem Zugeständnis eines Rückzuges zu erreichen. Nach 6...♗c8 kann es beispielsweise mit 7.e3 weitergehen.

Dies ist in der Praxis die mit Abstand häufigste Wahl.

7...e5!

Der Zug 4...dxc4 hat die d-Linie halb geöffnet und mit dem Textzug strebt Schwarz ihre völlige Öffnung an, so dass es zu einem unverdeckten Kontakt der beiden Damen kommt.

8.dxe5 ♕xd1+

Mit diesem Abtausch beginnend nutzt Schwarz die in der Stellung liegenden taktischen Möglichkeiten, um sich Zug um Zug besser ins Spiel zu bringen.

9.♘xd1 ♗b4+ 10.♗d2 ♗xd2+ 11.♔xd2 ♘e4+ 12.♔e1 ♗e6

Über dieses mehrzügige Manöver hat er sich gute Perspektiven verschafft. Im Anschluss an beispielsweise 13.f4 kann er nach dem Plan 13...♘a6 nebst 0-0-0 verfahren.)

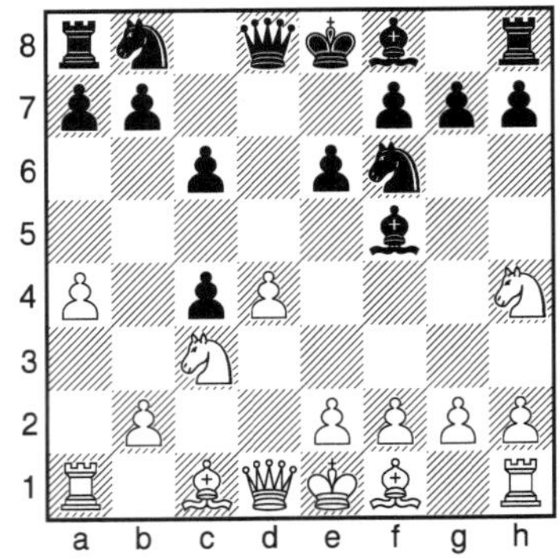

Nach 7.♘xf5 exf5 ist der auf der f-Linie entstandene Doppelbauer nicht wirklich eine Schwächung. Der ♙f5 kontrolliert das Feld e4. Im weiteren Verlauf der Partie wird es vermutlich zu seiner Auflösung durch Abtausch kommen.

8.e3 ♗d6 9.♗xc4 0-0

Kurz vor dem Abschluss der Aktivierung seiner Kräfte hat Schwarz zu einer sehr soliden Aufstellung gefunden. Wenn Weiß nun zu 10.♕f3 greift, muss er sich um seinen ♙f5 kümmern.

(10.h3 kann er sofort mit dem Entwicklungszug 10...♘bd7 beantworten. Nach beispielsweise 11.g4 ♘e4 12.gxf5 ♕a5 13.♗d2 ♕xf5= ist der Stellungsausgleich gesichert, der Doppelbauer ist aufgelöst.)

10...g6 11.h3 h5 12.0-0 ♘bd7

In der Folge kann Schwarz nach dem Plan ♖f8-e8, ♗d6-f8 usw. verfahren.

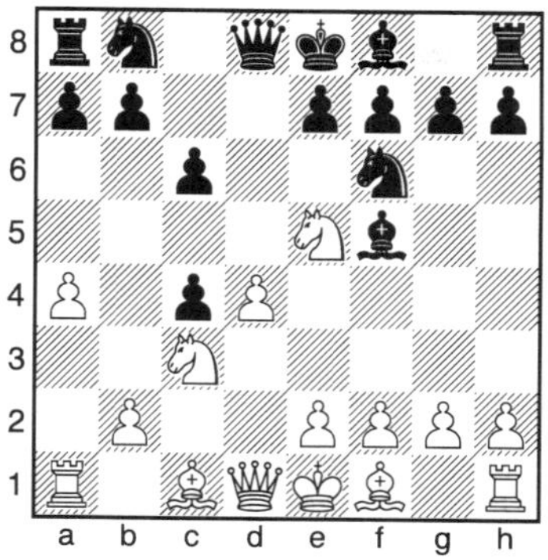

6...e6

Mit 6...♘bd7!? kann Schwarz die Lage des Zentrumsspringers auf e5 sofort klären. Es kann dann beispielsweise zu der folgenden Fortsetzung kommen: 7.♘xc4 ♕c7 8.g3 (mit der Drohung ♗c1-f4) 8...e5 9.dxe5 ♘xe5 10.♗f4 ♘fd7 11.♗g2 ♗e6 mit guten praktischen Chancen für Schwarz.

Gleiches gilt für 11...g5, allerdings zum Preis einer beeinträchtigten Bauernstruktur, was einem unerfahrenen Spieler schnell zum Verhängnis werden kann. Hier kann es beispielsweise mit 12.♘e3 gxf4 13.♘xf5 0-0-0 usw. weitergehen.

7.f3

Weiß plant e2-e4 mit Raumvorteil im Zentrum.

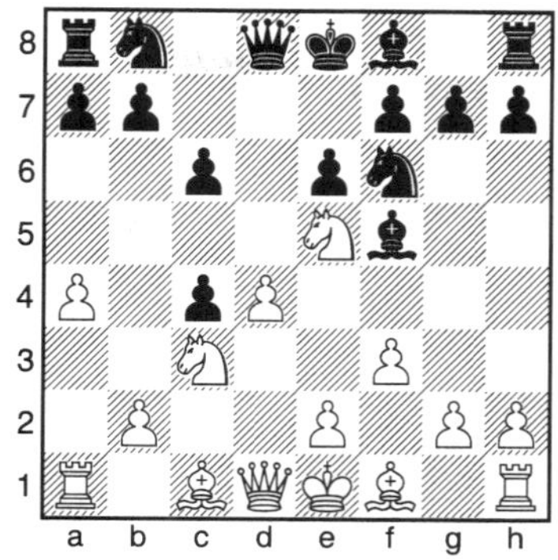

7...♗b4

Diese Fortsetzung verursacht komplizierte Verwicklungen. Wenn Schwarz das Spiel etwas übersichtlicher halten will, kann er 7...c5!? wählen. Weiß wird dann mit 8.e4 fortsetzen, worauf Schwarz mit 8...♗g6 und 8...cxd4 zwei gebräuchliche Möglichkeiten zur Verfügung stehen. Allerdings sind die Wege auch in diesen Ablegern zur Hauptvariante dornenreich bis kritisch.

8...♗g6

(Die unseres Erachtens nicht zu empfehlende Alternative 8...cxd4 setzt einen Ablauf in Gang, aus dem Schwarz kaum ohne Nachteil ausscheren kann. Wer ihre Wahl in Erwägung zieht, sollte die folgenden Züge deshalb genauer betrachten.

9.exf5 ♗b4 10.♗xc4 dxc3 11.♕xd8+ ♔xd8 12.♘xf7+ ♔e7 13.bxc3 ♗xc3+ 14.♔e2 ♔xf7 15.fxe6+ ♔e8 16.♖b1 ♘c6 17.♖xb7 a6

Hier sollte sich Schwarz nicht von der materiellen Situation blenden lassen. Seine Lage ist sehr kritisch.)

Nach 9.♗e3 cxd4 kommt die logische Fortsetzung von 7...c5 verzögert zur Anwendung, was mit aus schwarzer

Sicht günstigen Konsequenzen verbunden ist.

10.♕xd4 ♕xd4 11.♗xd4 ♘fd7 12.♘xd7 ♘xd7 13.♗xc4 a6

Die Ergebnisse aus der Praxis zeigen, dass die Aufgabe von Schwarz nicht einfach ist, er die Stellung aber halten kann. Stockfish stuft den weißen Vorteil bei einer langschrittigen Analyse gerade noch so eben als „leicht" an.

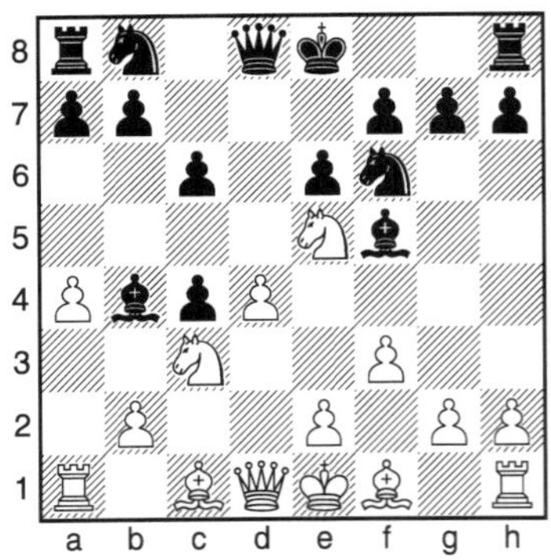

8.e4

Wenn Weiß einen Eröffnungsvorteil erreichen will, muss er energisch vorgehen. Wie wir gleich sehen werden, zwingt er Schwarz hiermit zu einem Opfer.

Nach 8.♘xc4 fällt es Schwarz leichter, dem weißen Druck zu trotzen.

8...0-0

Die Rochade konsolidiert die schwarze Stellung nachhaltig.

9.♗g5

Dies ist hier die wohl beste Möglichkeit, um die Initiative nicht aus der Hand zu geben.

(Wenn Weiß nun um nur einen Zug verzögert 9.e4? spielen würde, wäre dies ein Fehler. Schwarz antwortet energisch mit 9...♘xe4! und es käme zu der gut berechenbaren Folge 10.fxe4 ♕h4+ 11.♔d2 ♕xe4 12.♕f3 ♕xd4+ 13.♔e1 ♘d7 mit unangenehmer Stellung für Weiß.)

Nach 9...h6 10.♗h4 c5 ist gut zu erkennen, dass Schwarz plötzlich eine aktive Rolle übernommen hat und damit einen erheblichen Einfluss auf den Ablauf der Partie nimmt.

11.dxc5 ♕xd1+ 12.♖xd1 ♗c2 13.♖c1 ♗xa4=

Weitergehen kann es beispielsweise mit den Zügen 14.♗xf6 gxf6 15.♖a1 ♗b3 16.♘b6 ♘c6 17.♘xa8 ♖xa8 18.e3 ♗xc5 und Schwarz hat ausreichend Kompensation für die geopferte Qualität.

Die Stellung ist sowohl im Nah- wie auch im Fernschach bereits häufig ausgespielt worden. Es ist interessant, dass die Ergebnisse für Weiß im Fernschach bei rund 50% liegen, während er im Nahschach deutlich darunter bleibt. Dies kann als Indiz dafür gewertet werden, dass die Partie für ihn nicht leicht zu führen ist.

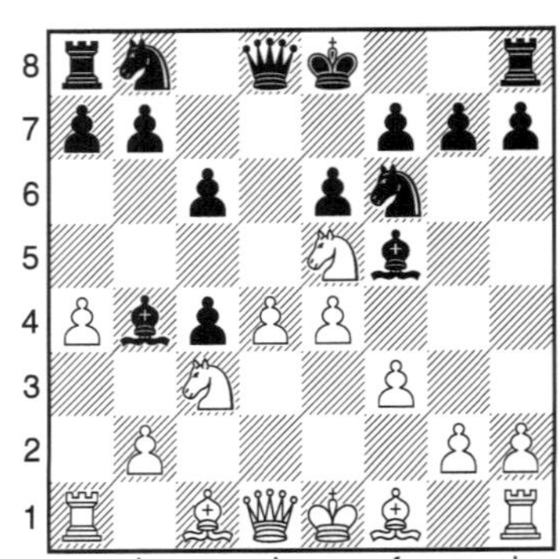

8...♗xe4!

Es gibt keinen anderen Ausweg, der Läufer muss geopfert werden. Als Gegenwerte bekommt Schwarz drei Bauern und gute Angriffsmöglichkeiten gegen den in der Mitte gebliebenen weißen König.

Demgegenüber ist 8...♘xe4? aufgrund der taktischen Folgen nicht zu empfehlen. Wenn beide Seiten am jeweiligen eigenen Optimum ausgerichtet fortsetzen, wird sich das Spiel nun über 9.fxe4 ♕h4+ 10.♔e2 ♗xe4 11.g3 ♕h5+ weiterentwickeln.

(11...♗d3+ würde nicht helfen; nach 12.♘xd3 cxd3+ 13.♕xd3 ♕e7 14.♔f2 befände sich Schwarz auch hier in einer Verluststellung.)

12.g4 ♗d3+ 13.♔f3 ♕h4 14.♗xd3 cxd3 15.♔g2+-

9.fxe4 ♘xe4 10.♗d2

Unter Aufhebung der Fesselung deckt der Läufer seinen ♘c3, beraubt aber gleichzeitig den ♙d4 seiner Deckung durch die Dame. 10.♕f3 lenkt die Partie in den Schleudergang, spielt dabei aber nur Schwarz in die Hände. Nach 10...♕xd4 11.♕xf7+ ♔d8 12.♗g5+ ♘xg5 13.♕xg7= sind die Kräfteverhältnisse völlig gleich. Mit 13...♗xc3+ kann Schwarz nun ein Dauerschach anstreben.

(Spannend und ergebnisoffen könnte es nach 13...♕e3+ 14.♔d1 weitergehen. Die beispielhafte Fortsetzung 14...♖f8 15.♘xc4 ♕c5 16.h4 ♘f7 17.♔c2 ♘d7 18.♗e2 ♔c7= lässt eine Stellung entstehen, die beiden Seiten praktische Chancen bietet.)

14.bxc3 ♕xc3+ 15.♔e2 ♕c2+ 16.♔e1 ♕c3+ und das Remis durch Dauerschach ist erreicht.

10...♕xd4 11.♘xe4 ♕xe4+ 12.♕e2 ♗xd2+ 13.♔xd2

Der Verlust des Rochaderechts ist hier nicht mehr von Bedeutung.

13...♕d5+

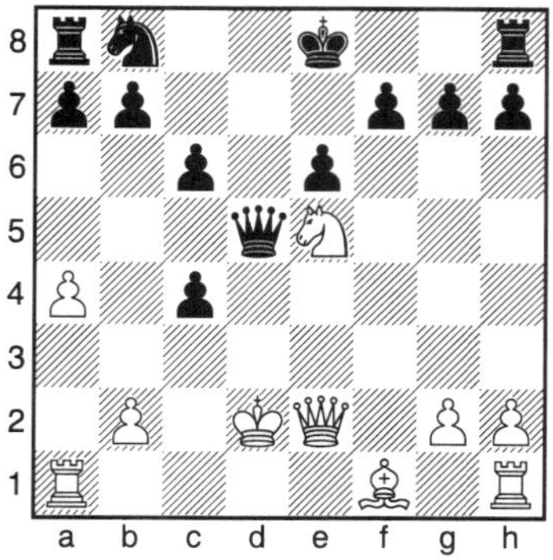

14.♔c2

Anhänger hat auch 14.♔c3, kommt aber deutlich seltener auf das Brett.

Nach 14...0-0 15.♕e3 bekommt der Läufer einen freien Blick nach draußen.

(Auf 15.♘xc4 folgt wie auf den Zug mit der Dame 15...b5!.)

15...b5 16.♗e2 ♘d7 17.♘xd7 ♕xd7

Nun ist die d-Linie sehr verlockend für insbesondere den weißen h-Turm. Und tatsächlich wird dieser regelmäßig dorthin geführt. Selten passiert dies sofort, zumeist jedoch erst nach 18.♕c5 ♕d8, worauf wir uns konzentrieren. Die schwarze Dame bereitet sich auf den gegnerischen Turmangriff vor. Sie soll nicht in eine passive Rolle im eigenen Lager gezwungen werden, sondern nach draußen geführt werden können.

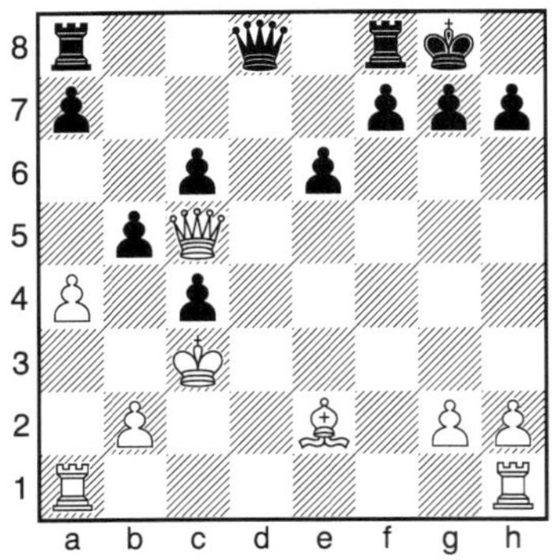

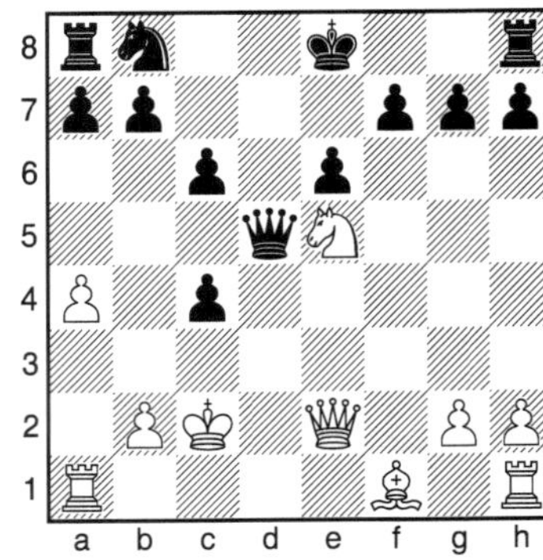

A) Nach 19.♖hd1 ♕f6+ wird der Grund für 18...♕d8 besser erkennbar.

20.♕d4 e5 21.♕e4 ♖fd8

Die Stellung ist kompliziert, wir halten sie für weitgehend ausgeglichen. Stockfish sieht Weiß leicht im Vorteil. Hier ist aber zu bedenken, dass eine Engine eine Bewertung mit „unklar“ nicht kennt.

B) Keine gute Wahl wäre das „gefräßige“ 19.♕xc6? wegen 19...b4+ 20.♔c2 ♖c8 21.♕e4 b3+ 22.♔b1 c3–+ und Weiß schwimmen alle Felle davon.

C) Durchaus erwägenswert ist aber 19.♔c2, allerdings muss Weiß aufpassen, dass er die Gefährdung seines Königs im Griff behält. Anschließen kann sich dann beispielsweise 19...♖b8 20.♖ad1 ♕a5.

(Einer eindeutigen Einschätzung entzieht sich die über die Variante 20...♕f6 21.a5 ♕g6+ 22.♔c1 ♕xg2 entstehende Stellung. Ausgespielt worden ist sie nach unserer Kenntnis noch nicht.)

21.♗xc4 ♕xa4+ 22.♗b3 ♕e4+ 23.♔c1 ♖bd8

An der Schwelle zum Endspiel sind die Chancen beider Seiten gleichwertig.

14...♘a6

Springer und Turm kommen ins Spiel, ohne dass ein Abtausch auf d7 möglich ist. Dieser würde dazu führen, dass der Turm von a1 mit Tempo auf die d–Linie käme und die schwarze Dame in eine passive Position geriete.

15.♘xc4 0-0 16.♕e5 ♖ab8

Schwarz schwebt das Manöver ♘a6-b4+ und b7-b5 vor.

17.a5

Dies ist die moderne Theorieempfehlung. Es geht darum, den Zug b7-b5 zu parieren.

– 17.♖d1 könnte Schwarz nutzen, um auf dem Weg der Zugwiederholung mit 17...♘b4+ 18.♔c1 ♘a2+ 19.♔c2 ♘b4+ usw. ein Remis zu erzwingen.

– Die Variante 17.♗e2 ♘b4+ 18.♔b3 b5 lässt ein zweischneidiges Spiel entstehen.

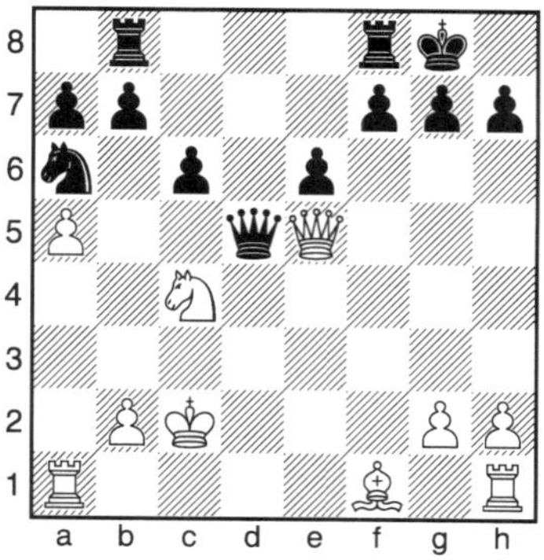

17...♖fd8

In den letzten Jahren ist der Idee, den Zug 17...f6 vorzuziehen, viel Aufmerksamkeit gewidmet worden. Sie hat das Potenzial, zur Nummer 1 der Theorie zu werden.

Nach 18.♕xd5 cxd5 hat Schwarz für die Minderfigur drei – gut in der Mitte stehende – Bauern und die Chance, seine Figuren in aktive Positionen zu bringen.

A) 19.♘d2 ♖fc8+ 20.♔b1 e5

(In der Praxis wurde auch 20...♘b4!? mit Erfolg ausprobiert; z.B. 21.♖a4 ♘c6 22.♘b3 ♔f7 23.♗e2 e5 mit etwa gleichen Perspektiven.)

21.♖a3 ♔f7 22.♗xa6 bxa6 23.♖c1 ♖xc1+ 24.♔xc1 ♔e6

Auch hier verfügt Schwarz über gute Gegenchancen.

B) Auf 19.♘e3 folgt ebenfalls 19...♖bc8+. Weitergehen kann es dann beispielsweise mit 20.♔b3.

(Oder 20.♔b1 ♘c5 und nun beispielsweise 21.♖a3 f5 22.♗e2 ♘e4 23.♖d1 ♖c7 24.♘c2 ♔f7 25.♘d4 a6.)

Nach 20...♘c5+ 21.♔a3 f5 22.♗e2 ♔f7 besteht ein guter Plan für Schwarz in ♔f7-e7-d6 und einem anschließenden Vorrücken der Bauern. Damit verschafft er sich gute Gegenchancen.

18.♗e2

An diesem einfachen Zug zur schnellen Entwicklung der noch nicht am Spiel beteiligten Kräfte geht kein Weg vorbei. Der Läufer behält die Deckung des ♘c4 und die 1. Reihe wird für die Türme freigezogen.

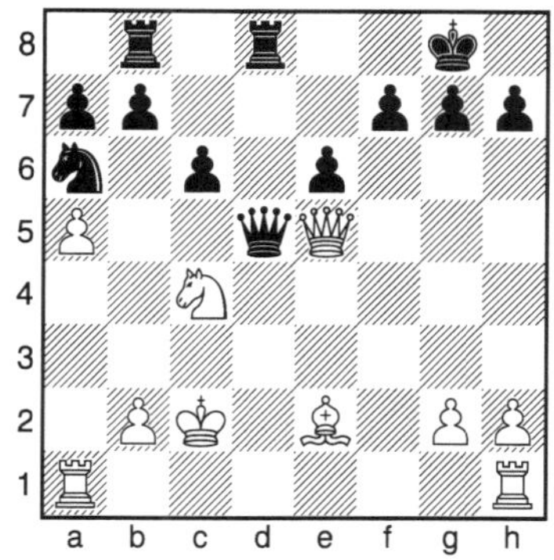

18...f6

– Soweit uns bekannt, ist 18...♘b4+!? bisher noch nicht in der Praxis getestet worden. Nach 19.♔b3 c5 usw. darf Schwarz sich Gegenchancen ausrechnen. Ob sie ausreichen, um 18...♘b4+ zu einer in etwa gleichwertigen Alternative zu machen, müsste sich erweisen.

– Natürlich wäre 18...♕xg2?? wegen der Antwort 19.♖ag1 ein furchtbarer Fehler.

19.♕xd5 cxd5 20.♘d2

Nach 20.♘a3 ♖bc8+ 21.♔d2 und nun 21...♘c5 22.♗d1 ♘e4+ 23.♔e2 e5 24.♗c2 ♘c5 25.♖ac1 ♘e6 ist die schwarze Stellung wohl verteidigungsfähig.

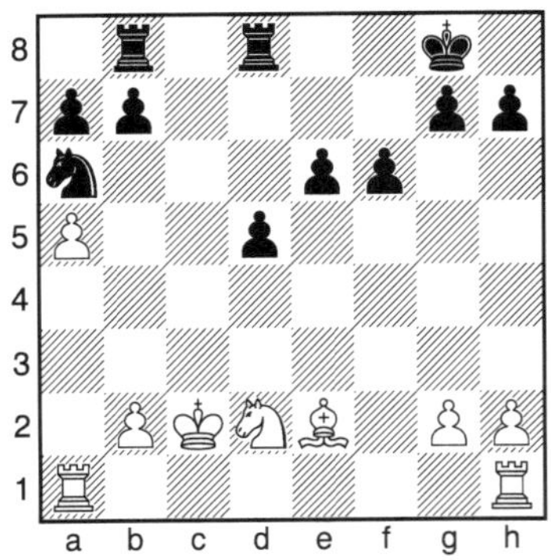

20...♔f7

Der König hat inzwischen viel von seiner Schutzbedürftigkeit verloren und übernimmt eine aktive Rolle. Er soll an der Aufgabe mitwirken, die zentralen Bauern zu verteidigen und sie nach den sich ergebenden Möglichkeiten vorrücken zu lassen.

21.♖hc1 ♖dc8+ 22.♔d1

Auf 22.♔b3 wird 22...♘c5+ möglich. Es kann sich dann eine Fortsetzung mit 23.♔b4 b6 24.axb6 ♖xb6+ 25.♔a3 a5 nebst ♔f7-e7-d6 usw. anschließen.

22...♔e7 23.♖xc8

Im Falle von 23.♘b3 e5 24.♖c3 f5 können die starken schwarzen Bauern im Zentrum sehr gefährlich werden. Die Lage ist zweischneidig und verspricht einen spannenden weiteren Kampf.

23...♖xc8

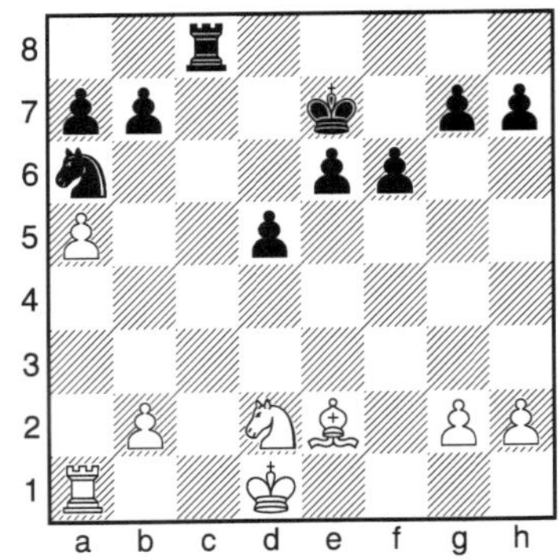

Den Kontrahenten steht ein kompliziertes Endspiel bevor, in dem die Chancen verteilt sind. Die schwarzen Freibauern in der Mitte stellen auch hier eine nicht zu unterschätzende Gefahr für Weiß dar. Weitergehen kann es beispielsweise mit 24.♗xa6 bxa6 25.♖c1 ♖xc1+ 26.♔xc1 ♔d6 27.b4 e5.

Zusammenfassung: Die vorgestellte Variante ist kompliziert. Sie verspricht eine spannende Partie, birgt aber ein erhebliches Risiko. Schwarz muss sehr genau spielen, um seine Chancen auf Ausgleich zu bewahren. In der Hauptvariante stützt sich seine Hoffnung auf seine Zentralbauern. Zu beachten sind die Alternativen 6...♘bd7!? (statt 6...e6), 7...c5!? (statt 7...♗b4) und 17...f6 (statt 17...♖fd8). Während Schwarz mit den beiden Abweichungen im 6. und im 7. Zug den heftigsten Komplikationen aus dem Weg gehen und auch das in der Hauptvariante einzugehende Figurenopfer vermeiden kann, geht es ihm bei der Wahl von 17...f6 um aktive Gegenchancen.

Abspiel 5

Botwinnik–System

1.d4 d5 2.c4 c6 3.♘f3 e6 4.♘c3 ♘f6 5.♗g5 dxc4

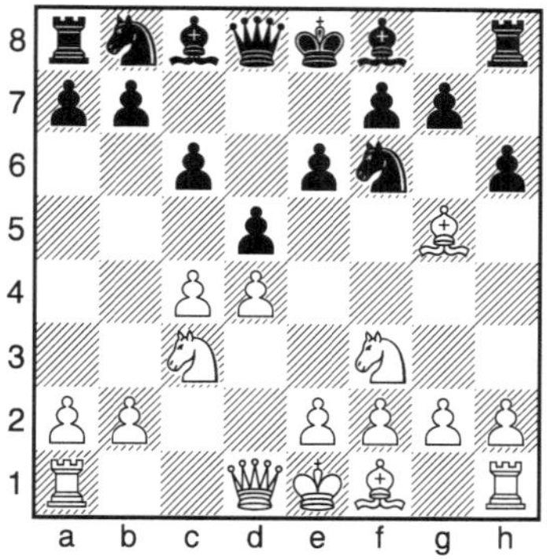

Diese Zugfolge lässt das Botwinnik-System entstehen, das als eine sehr komplizierte Spielweise bekannt ist. Schwarz schlägt den Bauern auf c4 und ist bereit, eine Demolierung seines Königsflügels hinzunehmen, um seinen Bauern dort zu halten. Dafür bekommt er ein aktives Spiel. Er rochiert lang und behauptet am Damenflügel eine mächtige Bauernmehrheit. Der Plan von Weiß beinhaltet die Zerrüttung dieser gegnerischen Bauernphalanx, die Öffnung von Linien für den Königsangriff und die Verwertung der Bauernmehrheit am Königsflügel.

Das scharfe Spiel mit vielen Komplikationen kann Schwarz mittels 5...h6!? vermeiden.

Die Hauptfortsetzungen sind dann 6.♗xf6 und 6.♗h4.

A) Nach dem Abtausch 6.♗xf6 ♕xf6 steht für beide Seiten nun bis auf weiteres die Entwicklung im Vordergrund.

7.e3 ♘d7 8.♕c2

(Der Königsläufer kann die erlangte Freiheit mit 8.♗d3 auch sofort nutzen. Üblich ist dann 8...dxc4 9.♗xc4, sodass er gleich noch einmal das Zugrecht von Weiß für sich beansprucht.

Nach 9...♗d6 10.0-0 ♕e7 11.♘e4 ♗c7 12.♖c1 0-0 liegt Weiß hinsichtlich der Aktivierung der Kräfte um eine Nasenlänge vorne. Schwarz hat e6-e5 vorbereitet und Perspektiven auf ein gleiches Spiel.)

8...g6 9.cxd5 exd5 10.♗d3 ♗g7 11.0-0 0-0 12.b4 ♕d6 13.♖ab1 a5 14.bxa5 ♖xa5 15.a4 c5

Wie die Praxis zeigte, kann Schwarz auf gleiches Spiel hoffen.

B) Nach 6.♗h4 ♗e7 will Schwarz sich zunächst ruhig entwickeln, bevor er andere Aktivitäten entfaltet.

(6...dxc4 7.e4 g5 8.♗g3 b5 führt nun zur sogenannten Moskauer Variante.)

7.e3 0-0 8.♗d3 dxc4

Der gegnerische Läufer ist draußen. Nun kann Schwarz seine Bauern am Damenflügel mit Tempo einsetzen.

9.♗xc4 b5 10.♗d3 ♗b7

(Alternativ kann Schwarz auch mit 10...a6 fortsetzen, verbunden mit der Idee c6-c5.)

Nach 11.0-0 ♘bd7 12.♖c1 a6 ist Schwarz gut im Spiel und beabsichtigt nunmehr c6-c5.

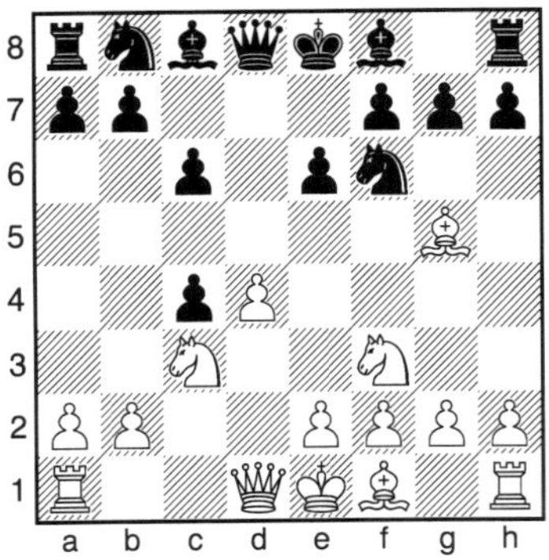

6.e4

Es wird auch 6.a4 gespielt, um b7-b5 zu erschweren. Dies kann Schwarz als Einladung zu 6...♗b4 verstehen, denn der Läufer kann nicht mehr so ohne weiteres vertrieben werden. Den verzögert gespielten Vorstoß 7.e4 kann Schwarz nun gut mit 7...c5 beantworten, woraufhin es mit 8.♗xc4 cxd4 9.♗b5+ ♘c6 10.♘xd4 ♗d7 weitergehen kann.

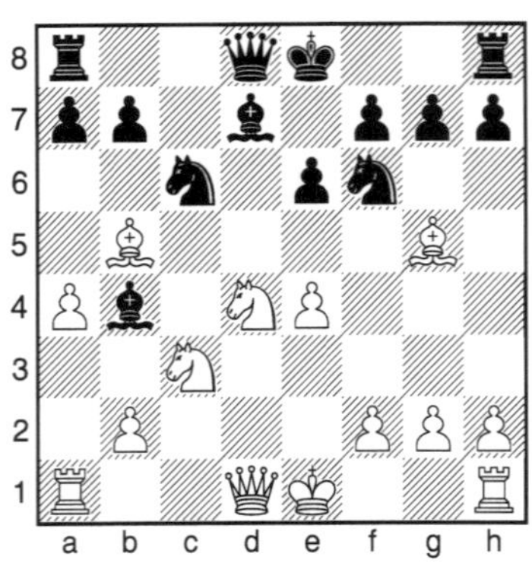

Hier nun stehen Weiß mit 11.0-0 und 11.♘xc6 zwei gebräuchliche Fortsetzungen zur Verfügung.

A) Wenn Weiß mit 11.0-0 seine Entwicklung fortsetzt, sollte Schwarz nach 11...h6 12.♗e3 mit 12...0-0 seinem Beispiel folgen.

(Es wäre sehr gefährlich, an dieser Stelle einen Materialvorteil erreichen zu wollen. Es geht zwar die Eroberung eines Bauern durch 12...♗xc3 13.bxc3 ♘xe4, aber mit 14.♕g4! würde Weiß dieses Vorhaben bestrafen können.)

Mit 13.f3 sichert Weiß seine Stellung im Zentrum ab. Anschließen kann sich dann beispielsweise die natürliche Zugfolge 13...♘e5 14.♘c2 ♗xc3 15.bxc3 ♕c7 16.♗d4 ♖fd8 17.♘e3 ♘g6 und Schwarz hat sich ein vollwertiges Spiel erarbeitet.

B) Nach 11.♘xc6 führt das Zurückschlagen mit 11...♗xc6 zu einer erheblichen Vereinfachung der Stellung.

(Die Antwort 11...bxc6 vermeidet die Ausdünnung des Materials. Auch die sich damit verknüpfende Strategie verspricht Schwarz ein gutes Auskommen in der Partie. Nach beispielsweise 12.♗d3 und der energischen Fortsetzung 12...e5 kann er sich gute Chancen auf dem Königsflügel versprechen. Nach 13.0-0 wird es ihm möglich, sein Gegenspiel nach dem Muster in der Variante 13...h6 14.♗h4 ♕e7 15.♕e2 g5 16.♗g3 h5 17.f3 h4 18.♗f2 ♘h5 19.♕e3 ♘f4 aufzuziehen.)

12.♕xd8+ ♖xd8 13.♗xc6+ bxc6 14.f3 ♖b8

Das Brett hat sich geleert und die Stellung ist ausgeglichen.

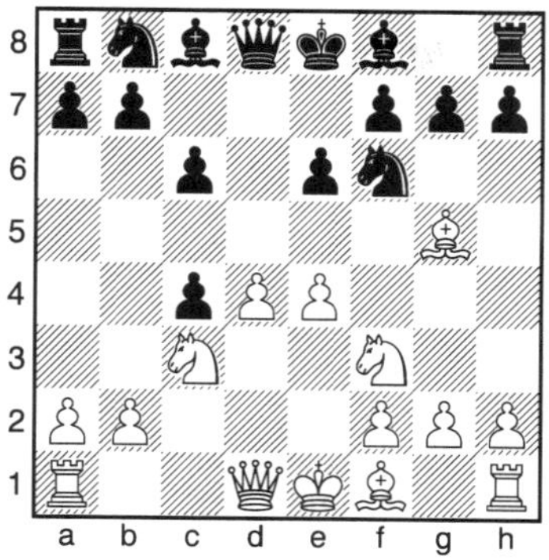

6...b5

Es ist klar, dass der ♙c4 konsequent verteidigt werden muss, denn sonst hätte Weiß seinen Raumvorteil in der Mitte quasi gratis erhalten.

7.e5

Dem unerfahrenen Spieler kann nun leicht der Schock in die Glieder fahren. Der nun vom Bauern angegriffene ♘f6 kann zwar wegen seiner Fesselung nicht flüchten, Schwarz steht aber die Ressource eines Gegenangriffs auf den Läufer zur Seite.

7...h6 8.♗h4

Eine Lösung über 8.♗xf6 gxf6 und dann eventuell 9.a4 bringt Weiß nichts ein. Schwarz spielt 9...♗b4 und kann nach der überwundenen Spannung der Kräfte freier als zuvor agieren.

8...g5

Dieses konsequente Vorgehen zwingt Weiß zu einer ebenso energischen Reaktion. Sonst ist es Schwarz damit gelungen, den Druck auf seine Stellung nachhaltig abzuwerfen.

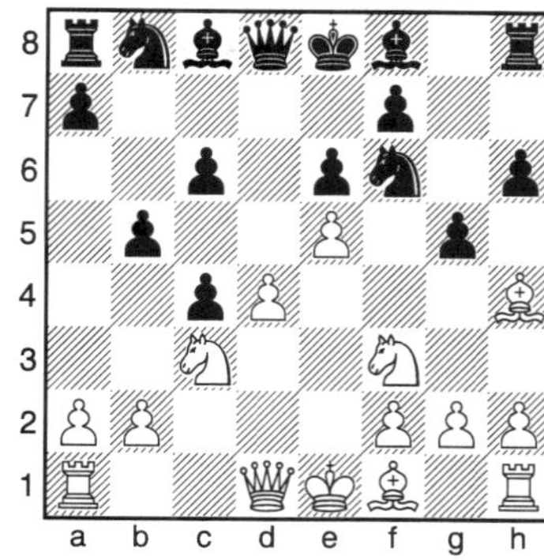

9.♘xg5

Nur so bleibt ausreichend Fantasie im weißen Spiel.

– Die Stellung nach einer Abwicklung mit 9.exf6 gxh4 10.♘e5 ♕xf6 stellt Schwarz vor keine besonderen Probleme.

– Nach dem Zurückweichen des Läufers mit 9.♗g3 kann sich beispielsweise die Zugfolge 9...♘d5 10.h4 g4 11.♘d2 h5 anschließen und es wird deutlich, dass Weiß keine echte Kompensation für den geopferten Bauern hat.

9...hxg5

Keine gute Idee wäre 9...♘d5 wegen 10.♘xf7 ♕xh4 11.♘xh8 ♗b4 12.♖c1 mit weißem Vorteil.

10.♗xg5 ♘bd7

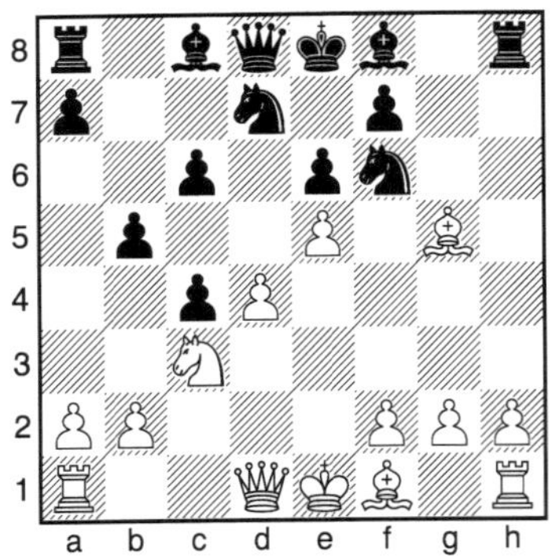

11.exf6

Die Fortsetzung 11.g3 führt normalerweise unter Zugumstellung zur Hauptvariante.

11...♗b7

Schwarz ist gut beraten, wenn er die Mobilisierung seiner Kräfte schnell abzuschließen versucht und seinen König in Sicherheit bringt. Nur die lange Rochade kann zum notwendigen Schutz führen. Diese gilt es entsprechend weiter vorzubereiten.

12.g3

Diese Fortsetzung verspricht Weiß die größten Chancen. Der weißfeldrige Läufer soll fianchettiert werden. Auf der Diagonale a8-h1 erhält er einen freien Blick. Zugleich befestigt Weiß mit dieser Idee seine Königsbastion.

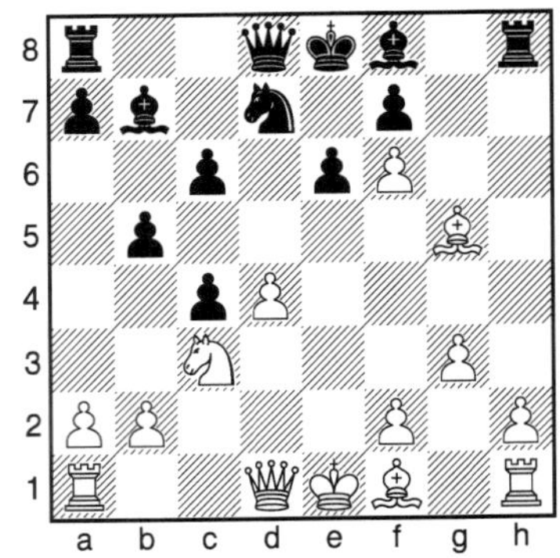

12...♕b6

Eine zu beachtende Alternative ist 12...c5!?. Im Anschluss kann das Spiel unter Zugumstellung zur Hauptvariante zurückgelangen, daneben aber auch einen selbstständigen Charakter entwickeln. Zurecht wird nun so gut wie ausschließlich 13.d5 gespielt.

13...♗h6

(13...♕b6 führt in die Gefilde der Hauptvariante.)

14.♗xh6

(Keine gute Wahl ist 14.♘xb5 wegen des sich anschließenden Manövers 14...♕a5+ 15.♕d2 ♕xb5 und nach 16.♗xh6 ♗xd5 ist Schwarz im Vorteil.)

Nach 14...♖xh6 setzt Weiß zumeist mit 15.♕d2 fort, um die lange Rochade vorzubereiten. Nach 15...♕xf6 16.0-0-0 ♔f8! haben beide Seiten eine komplizierte Situation zu meistern. Schwarz verfügt über gute Gegenchancen.

13.♗g2

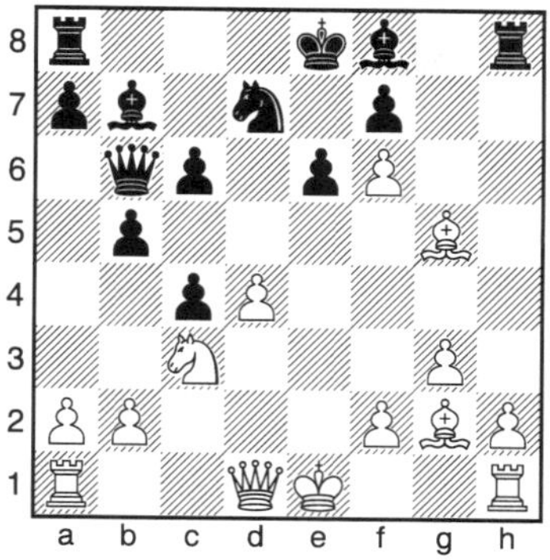

13...c5

Sehr oft entscheidet sich Schwarz sofort für 13...0-0-0, um den König aus der gefährlichen Zone zu führen. Weiß antwortet dann zumeist mit 14.0-0, aber auch 14.♕g4 ist eine Beachtung verdienende Alternative.

A) Die mit 14.0-0 eingeleitete Zugfolge 14...c5 15.d5 b4 16.♘a4 ♕b5 führt die Partie in die Hauptvariante zurück.

B) Nach 14.♕g4 provoziert 14...c5 den Läuferabtausch 15.♗xb7+ ♕xb7. Anschließen kann sich beispielsweise 16.0-0-0 cxd4 (16...b4!?) 17.♕xd4 ♗b4 und Schwarz kann zufrieden sein.

14.d5 0-0-0 15.0-0 b4

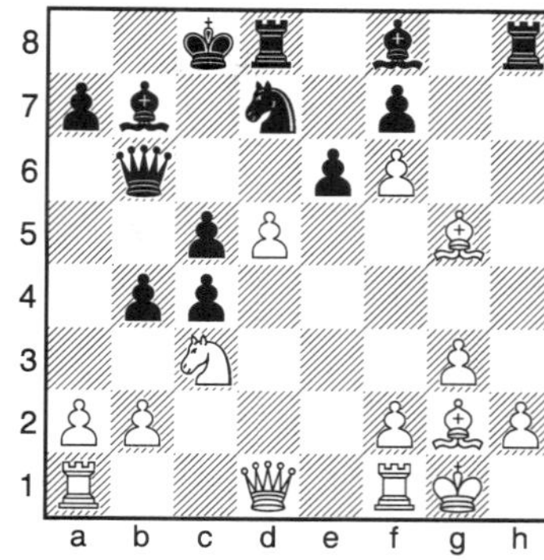

Dies ist die kritische Stellung in dieser Variante. Die Lage ist sehr kompliziert. Teilweise sind es Nuancen, die über den Erfolg und den Misserfolg der Kontrahenten entscheiden. Besonders auch vom unerfahrenen Spieler sind die sich ergebenden weiteren Herausforderungen nicht leicht zu meistern. Wir können unter den für unser Buch geltenden Maßgaben über zwei sich anschließende Variantenstränge nur einen eingeschränkten Ausblick auf das geben, was die beiden Spieler im weiteren Verlauf erwartet. Für ein tieferes Studium hält die Schachliteratur Spezialwerke bereit.

I. 16.♖b1 ♕a6 17.dxe6 ♗xg2 18.e7 ♗xf1

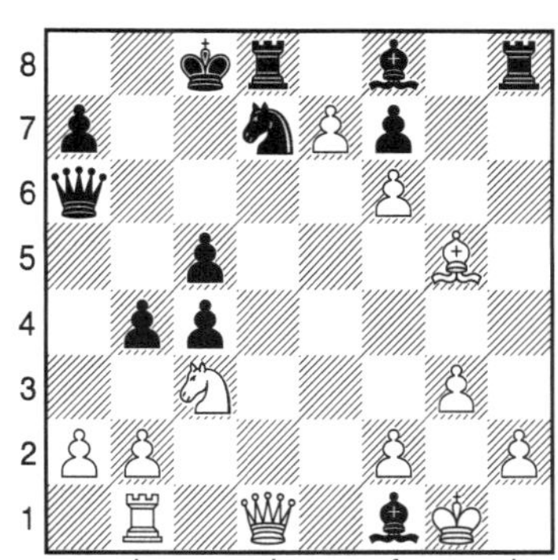

19.♕d5

(Im Falle von 19.♔xf1 ♗xe7 20.fxe7 ♖dg8 21.♘e4 c3+ 22.♔g1 ♖xg5 23.♘xg5 ♕g6 entsteht eine sehr komplizierte Situation mit beiderseitigen Möglichkeiten.)

19...♗xe7 20.fxe7 ♗d3 21.exd8♕+ ♖xd8 22.♘e4

(Nicht zu empfehlen ist 22.♗xd8? bxc3 mit schwarzem Vorteil.)

Nach 22...♗xb1 23.♘d6+ ♔c7 24.♗f4 hat Schwarz das Gröbste überstanden. Anschließen kann sich beispielsweise 24...♔b6 25.♘xc4+ ♔b5 26.♘d6+ ♔b6 mit Dauerschach.

II. 16.♘a4 ♕b5 17.a3 exd5 18.axb4

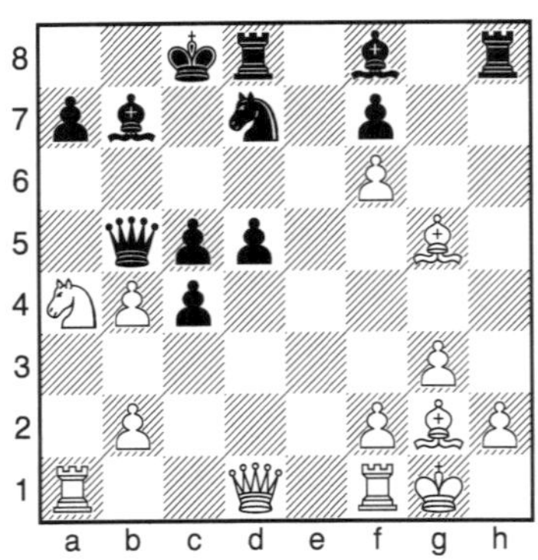

Die Fortsetzung 18...cxb4 gilt als die beste schwarze Wahl.

(Noch nicht vollständig erforscht sind die Konsequenzen von 18...d4 19.♗xb7+ ♔xb7 und nun beispielsweise 20.♘c3 dxc3 21.♕d5+. Allerdings muss Schwarz sich für eine gewisse Zeit gegen – zum Teil heftige – Attacken seines Gegners wehren, wobei es leicht zu Fehlgriffen kommen kann. Zudem hat Weiß oft die Wahl zwischen mehreren Offensivzügen, was die Aufgabe für den Nachziehenden erschwert. Wir können diese Variante deshalb für den Einsatz in einer Wertungspartie nur um einen Warnhinweis ergänzt empfehlen. Bei anderen Gelegenheiten eingesetzt, verspricht sie aber einen temperamentvollen und spannenden Kampf. Soweit Schwarz in der Praxis bisher auf diese Fortsetzung gesetzt hat und dabei erfolgreich war, hat er dies zumeist starken Freibauern am Damenflügel verdankt.)

19.♗e3 ♗d6 20.♗xa7

(Die Variante 20.♕d4 a6 21.♖fd1 ♗e5 22.♘b6+ ♕xb6 23.♕xe5 ♘xe5 24.♗xb6 ♖de8 führt zu einem dynamischen Gleichgewicht.)

20...d4 21.♕xd4 ♗xg2 22.♔xg2 ♕c6+ 23.f3 ♔b7

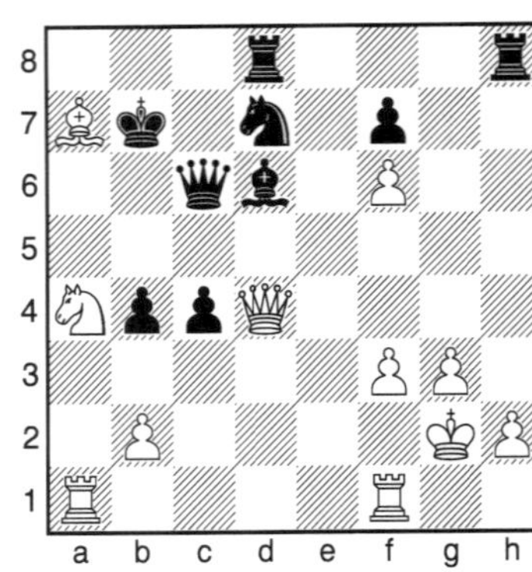

Die weiteren Chancen der Parteien halten sich in etwa die Waage. Dies bestätigen auch Stockfish und Ergebnisse aus dem Fernschachspiel, in dem kritischen Stellungssituationen besonders intensiv auf den Zahn gefühlt wird.

Zusammenfassung:

Das Botwinnik–System führt zu einem dynamischen Spiel und großen Komplikationen mit nicht leicht vorhersehbaren Folgen. Vor diesem Hintergrund ist nicht jeder Spieler bereit, sich über seine Wahl in ein Abenteuer mit ungewissem Ausgang zu stürzen. Schwarz kann es vermeiden, wenn er statt 5...dxc4 zu 5...h6!? greift. Im fortgeschrittenen Stadium kommt die Idee 12...c5!? (statt 12...♕b6) ernsthaft in Frage.

Kapitel 2

Angenommenes Damengambit

1.d4 d5 2.c4 dxc4

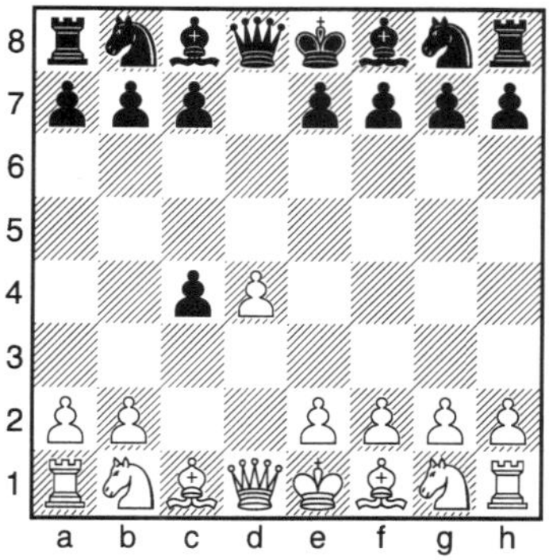

Schwarz schlägt den Bauern nicht mit der Absicht, ihn zu behaupten, sondern um Zeit für ein aktives Gegenspiel im Zentrum zu gewinnen. Als Gegenstöße stehen ihm grundsätzlich ...e7-e5 bzw. ...c7-c5 zur Verfügung.

3.♘f3

Ein natürlicher Entwicklungszug, der gleichzeitig den sofortigen Vorstoß e7-e5 verhindert.

– Die Alternative 3.e3 führt üblicherweise unter Zugumstellung in die Hauptvariante zurück. Hier lauert aber eine Falle, die man mit Schwarz unbedingt kennen sollte. 3...b5? ist der Fehltritt, den Weiß mit 4.a4! sofort ausnutzen kann. Nach 4...c6 5.axb5 cxb5 6.♕f3 verliert Schwarz Material.

– Weiß kann auf zwei weitere gute Möglichkeiten zurückgreifen, und zwar auf 3.e4 und 3.♘c3. Um diese ausgiebig darstellen und dabei die Übersichtlichkeit bewahren zu können, haben wir ihnen jeweils ein eigenes Abspiel gewidmet.

I. 3.e4 **(Abspiel 1)**

II. 3.♘c3 **(Abspiel 2)**

3...♘f6

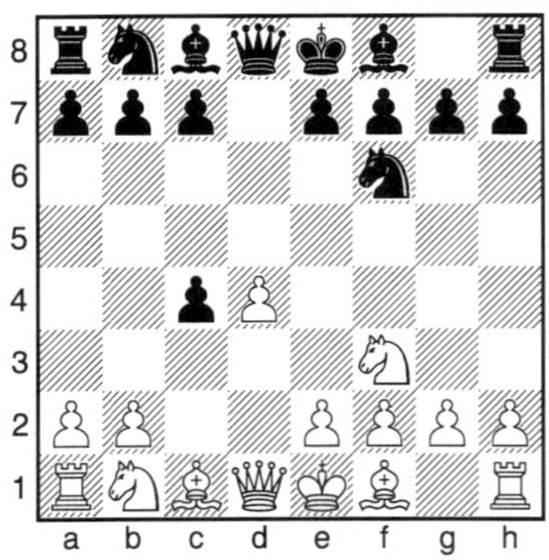

4.e3

Weiß setzt die Aktivierung seiner Kräfte fort.

Immer rechnen muss Schwarz auch mit 4.♘c3 und 4.♕a4+. Beiden Fortsetzungen lässt es sich etwa wie folgt begegnen.

I. Mit 4.♘c3 will Weiß e2-e4 durchsetzen und damit einen Raumvorteil im Zentrum erreichen.

Nach 4...a6 soll b7-b5 folgen.

(4...♗f5 führt über die Variante 5.♘e5 e6 6.f3 und e2-e4 auf der Agenda zu einem weißen positionellen Vorteil.)

Nach 5.e4 b5 erreicht Weiß die besten Chancen mit 6.e5. Deshalb wird auch beinahe ausschließlich so gespielt.

6...♘d5 7.a4

Weiß unterminiert die gegnerische Stellung am Damenflügel.

7...♘xc3

(Im Falle von 7...c6 8.axb5 ♘xc3 9.bxc3 cxb5 steht Weiß die Fortsetzung 10.♘g5 zur Verfügung, verbunden mit den Drohungen ♘g5xf7! bzw. ♕d1-f3!)

8.bxc3 ♕d5

Die Dame deckt den ♖a8. Damit entschärft Schwarz die Drohung a4xb5.

9.g3 ♗b7 10.♗g2 ♕d7

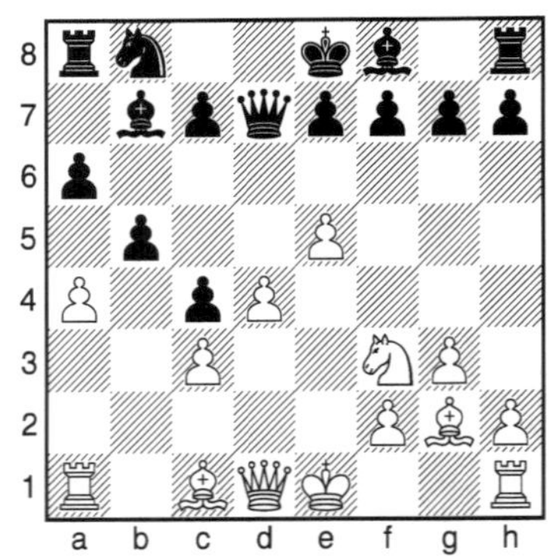

11.♗a3 ist gegen e7-e6 gerichtet.

(11.0-0 e6 führt zu unklaren Verhältnissen.)

Schwarz kann nun gut mit einem Fianchetto seines Königsläufers darauf reagieren, dass Weiß ihm die Fortsetzung seiner Entwicklung über den Aufzug des e-Bauern nicht erlauben will. Nach beispielsweise 11...g6 12.0-0 ♗g7 13.♖e1 0-0 ist eine komplizierte Stellung erreicht, die beiden Parteien Chancen bietet.

II. Hinter dem Vorstoß 4.♕a4+ steckt die einfache Idee, sich sofort den Bauern zurückzuholen. Schwarz bekommt dabei die Zeit, seine Entwicklung spürbar voranzubringen.

4...c6

Unseres Erachtens ist dies der beste, weil am einfachsten zu spielende Weg für den unerfahrenen Spieler, um mit gleichen Chancen ins Mittelspiel zu kommen.

(Es geht aber auch 4...♘bd7. Das Spiel kann sich dann beispielsweise wie folgt weiterentwickeln: 5.♘c3 e6 6.e4 a6 7.♗xc4 ♖b8 8.♗d3 b5 9.♕c2 ♗b7 10.♗f4 ♖c8 Δ c7-c5. Diese Variante ist schon häufiger auf die Bretter gekommen. Schwarz hat sich eine gut spielbare Stellung erarbeitet.)

Nach 5.♕xc4 können nun beide Seiten über die Zugfolge 5...♗f5 6.g3 ♘bd7 7.♗g2 e6 8.0-0 ♗e7 9.♘c3 0-0 mit großen Schritten dem Übergang ins Mittelspiel zustreben. Nach 10.♖e1 ♘e4 11.♕b3 ♕b6 sind die Chancen ausgeglichen.

4...e6

Schwarz strebt die kurze Rochade an. Er baut sein Gegenspiel auf dem Vorstoß c7-c5 auf.

5.♗xc4 c5 6.0-0 a6

Der Bauer bereitet den Vorstoß b7-b5 vor. Schwarz kann im Anschluss seinen Springer auf c6 oder d7 postieren.

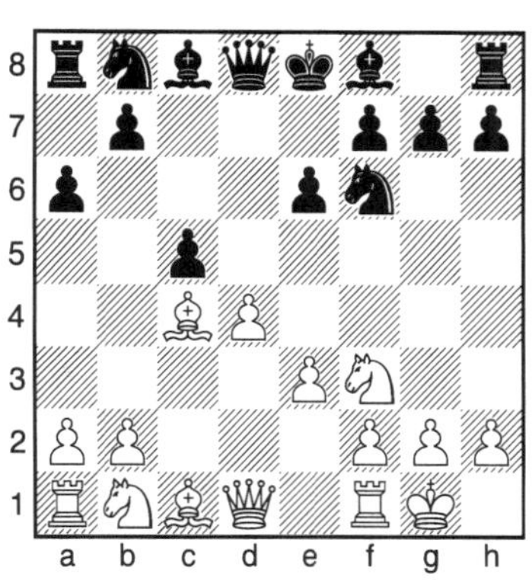

7.♕e2

Die Dame besetzt ein für sie ideales Feld. Vor allem unterstützt sie von e2 aus den e-Bauern in seinem Drang nach vorne und sie hält die Deckung des ♘f3 aufrecht.

– Auf guten Ideen basieren auch die beiden Alternativen 7.a4 und 7.dxc5. Entsprechend haben auch diese beiden Vorgehensweisen zahlreiche Anhänger.

– Oft stößt Schwarz an dieser Stelle auf 7.♗b3, worüber es aber regelmäßig nur zu einer Zugumstellung zur Hauptvariante kommt, sogleich sogar bei der Antwort 7...b6-b5.

Nun aber zu den beiden genannten wesentlichen Alternativen:

I. Mit 7.a4 will Weiß b7-b5 verhindern, bezahlt dafür aber den Preis einer Schwächung des Feldes b4.

7...♘c6

(Wer seine Stärken im Spiel gegen einen isolierten weißen Bauern auf d4 sieht und sichergehen möchte, dass er dazu die Gelegenheit erhält, kann zu 7...cxd4!? greifen. Nach 8.exd4 ♘c6 hat er das angestrebte Stellungsmerkmal erreicht.)

Mit 8.♕e2 vertraut Weiß darauf, dass er den auch hier entstehenden Isolani auf der d-Linie gut managen kann.

8...cxd4 9.♖d1 ♗e7 10.exd4 0-0 11.♘c3

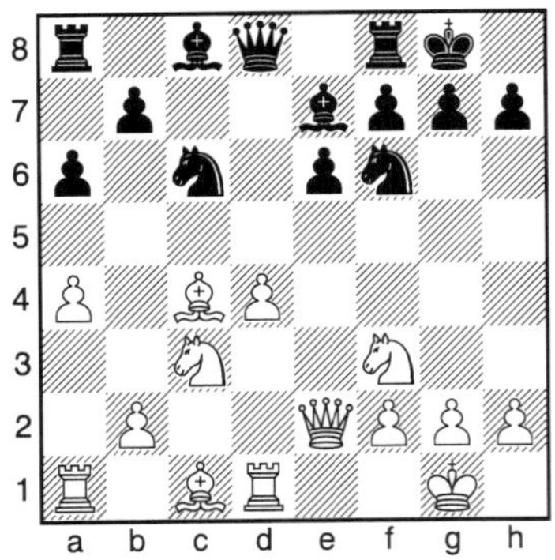

11...♘b4

Infolge der Schwächung 7.a4 findet der Springer hier nun eine starke Position.

Nach 12.♘e5 b6 will Schwarz mit ♗c8-b7 seine Entwicklung weitgehend abschließen.

13.♗g5

(13.♕f3 kann Schwarz pfiffig mit 13...♖a7! nebst ♖a7-c7 usw. beantworten.)

Nach 13...♗b7 14.♖ac1 ♘fd5 hat Schwarz den isolierten ♙d4 blockiert und sich gleich gute Perspektiven gesichert.

II. Die Entscheidung für 7.dxc5 ermöglicht den Abtausch der Damen und damit die Vereinfachung der Stellung. Nach 7...♕xd1 8.♖xd1 ♗xc5 ist die Spannung beinahe völlig aus der Stellung gewichen. Die Kontrahenten können sich nun darauf konzentrieren, ihre Entwicklung zum Abschluss zu bringen. Dies kann auf ruhigen Bahnen passieren, z.B. über 9.♘bd2.

(9.a3 b5 10.♗e2 ♗b7 11.♘c3 ♘bd7 12.b4 ♗e7 13.♗b2 0-0 14.♖ac1 ♖ac8=)

9...0-0 10.♗e2 ♖d8 11.♘e5 b5 12.♗f3 ♖a7 13.a4 ♗b7

Auch hier tritt das Duell mit weitgehend ausgeglichenen Chancen in die nächste Partiephase ein.

7...b5 8.♗b3

Auf 8.♗d3 reagiert Schwarz ebenfalls am besten mit 8...♗b7.

8...♗b7

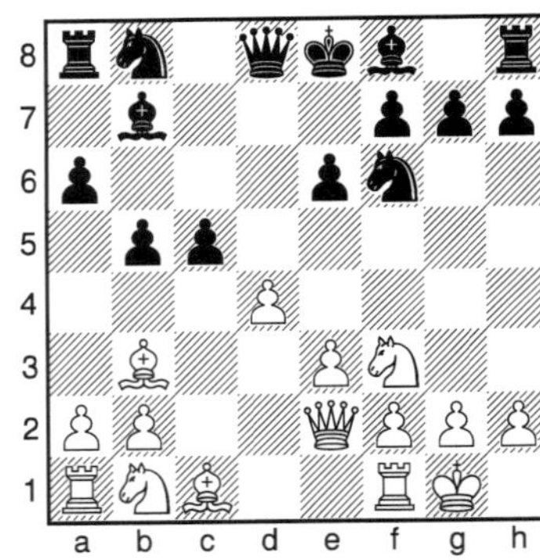

9.♖d1

Der ♙d4 wird verteidigt und bei Gelegenheit droht ein Vorstoß mit d4-d5.

Als Antwort auf 9.a4 sind 9...b4 und 9...♘bd7 gebräuchlich, wobei allerdings grundsätzlich ähnliche Stellungsmuster entstehen können, wie in den folgenden Beispielen gezeigt.

A) Mit 9...b4 geht der Bauer einem Abtausch aus dem Weg und behindert die Entwicklung des ♘b1.

10.♘bd2 ♘bd7

(10...♗e7!? ist ebenfalls möglich.)

Mit 11.a5 übernimmt der Bauer die Kontrolle über das Feld b6. Nach 11...♗e7 12.♘c4 0-0 stehen beide Seiten kurz vor dem Abschluss ihrer Entwicklung. Die Stellung ist ziemlich kompliziert. Möglich ist nun beispielsweise 13.♗d2 ♕b8 14.♖fc1 ♗d5 Δ ♕b8-

b7 und verbunden mit der Kontrolle über die Diagonale a8-h1.

B) 9...♘bd7 10.♖d1

(Der Generalabtausch über 10.axb5 axb5 11.♖xa8 ♕xa8 12.♕xb5 ♗xf3 13.gxf3 ♕xf3 bringt Weiß nichts ein.)

10...b4 11.♘bd2 ♗e7 12.♘c4 ♕c7 und die beiderseitigen Chancen halten sich in etwa die Waage.

9...♘bd7

Der Springer kommt aus dem Depot und unterbricht die Fernwirkung des ♖d1 gegen die eigene Dame.

10.♘c3 ♕c7

Der Zug mit der Dame schlägt zwei Fliegen mit einer Klappe. Schwarz setzt einerseits die Entwicklung fort und verschafft seiner Dame damit zugleich einen Zuwachs an Wirkung, andererseits entzieht sie sich dem Röntgenblick des gegnerischen Turms.

11.e4 cxd4

11...b4 würde Weiß das typische Manöver 12.♘d5! exd5 13.exd5+ ♗e7 14.dxc5 erlauben. Es droht d5-d6.

12.♘xd4

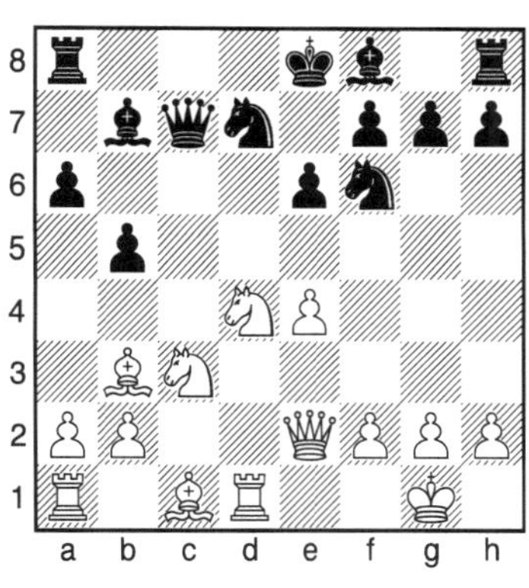

12...♗c5

Schwarz muss sorgfältig spielen und darf seine Entwicklung nicht vernachlässigen. Mit 12...♗c5 trifft er die richtige Entscheidung.

Schlecht wäre es, wenn der ♘d7 seine Position in Richtung c5 aufgeben würde und Weiß deshalb seinen e-Bauern weiter vorrücken lassen könnte, was die folgende Variante gut veranschaulicht: 12...♘c5 13.e5! ♘fd7 14.♗f4 b4 15.♘a4 ♘xb3 16.axb3 ♗d5 17.♘f5! und Weiß steht besser.

13.♗e3 0-0

Im passenden Moment bringt Schwarz seinen König in Sicherheit, verbunden mit einem weitgehenden Abschluss seiner Entwicklung.

Der Bauernraub mit 13...♘xe4? wäre sehr gefährlich. Nach 14.♘xe4 ♗xe4 15.♖ac1 kommt Schwarz unter Druck.

14.f3 ♖fd8 15.♖ac1 ♖ac8

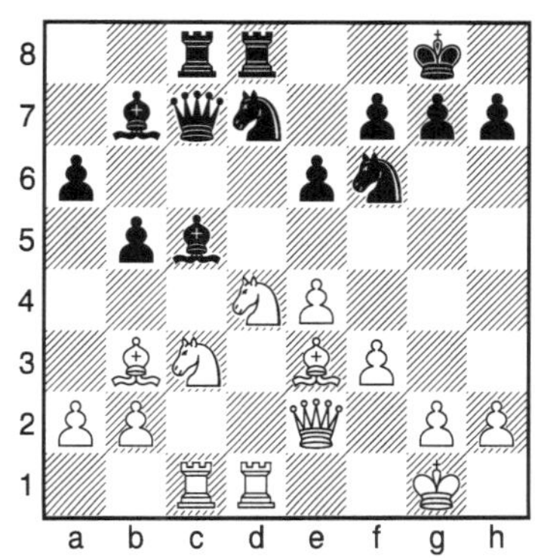

An dieser Stelle schließen wir die Betrachtung ab. Die Stellung zeigt einen komplizierten Charakter mit beiderseitigen Perspektiven. Beide Parteien sind ohne positionelle Schwächen.

Zusammenfassung: Schwarz verfügt in dieser Eröffnung über viele gute Möglichkeiten zu einem aktiven Gegenspiel. Nicht selten erlaubt er Weiß die Bildung eines starken Bauernzentrums, um dieses dann mit den Gegenstößen c7-c5 oder e7-e5 unter Druck zu setzen.

Abspiel 1

Die Fortsetzung 3.e4

1.d4 d5 2.c4 dxc4 3.e4

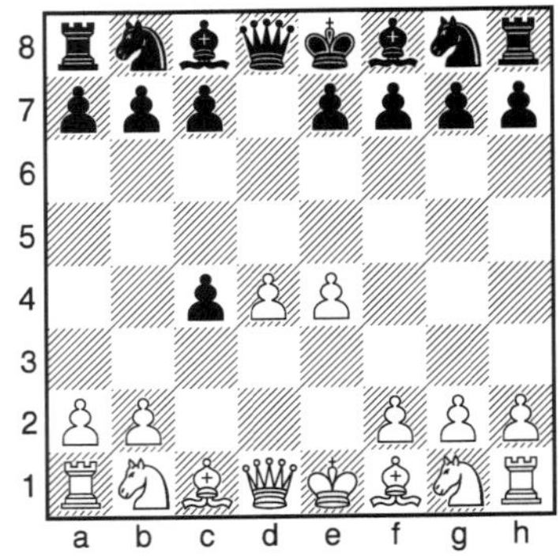

Weiß baut ein starkes Bauernzentrum auf und hofft, dass er damit den Fuß für einen Eröffnungsvorteil in der Tür hat. Schwarz ist nun gehalten, selbst ebenfalls aktiv vorzugehen, um zu Konterchancen zu kommen.

3...e5

In der Praxis ist dies die häufigste Antwort. Es gibt aber Alternativen für Schwarz, insbesondere die Entwicklung eines der beiden Springer, also 3...♘f6 oder 3...♘c6. Er kann entsprechend flexibel reagieren und ist damit weniger berechenbar.

I. Mit 3...♘f6 will Schwarz das Vorrücken des weißen e-Bauern provozieren, und mit 4.e5 nimmt Weiß die Einladung an.

(Auf 4.♘c3 ist 4...e5! stark.)

4...♘d5 5.♗xc4 ♘b6

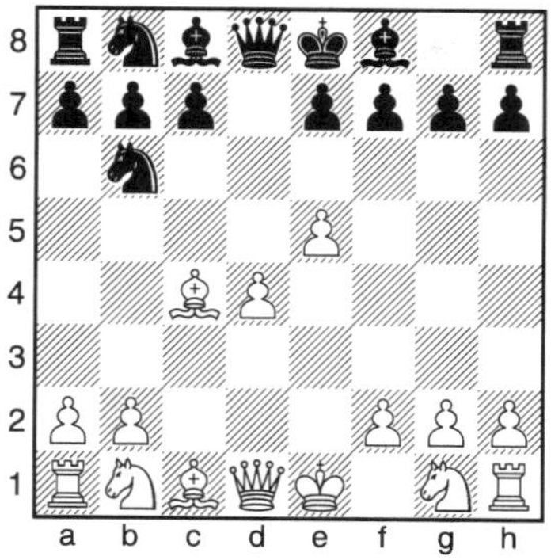

Der Läufer entzieht sich dem Angriff des Springers und kann sich sowohl nach b3 als auch nach d3 retten. Beide Alternativen sind etwa gleich gut.

A) 6.♗b3 führt regelmäßig in eine ruhige Phase, in der beide Spieler an ihrer Entwicklung arbeiten.

6...♘c6 7.♘e2

Der Springer soll bei Bedarf nach g3 geführt werden, von wo aus er das Feld f5 ins Visier nehmen kann, wohin Schwarz seinen Läufer gut entwickeln kann.

7...♗f5 8.♘bc3 e6 9.0-0 ♕d7

Schwarz will Druck gegen den ♙d4 entwickeln und die Dame macht das Feld für den Turm frei.

(Interessant ist für Schwarz auch die Idee, Weiß auf d5 zu blockieren. Mit 9...♘b4!? bereitet er die Umsetzung vor, vollenden kann er sie beispielsweise in der Zugfolge 10.♗e3 c6 nebst ♘b4-d5.)

10.♗e3

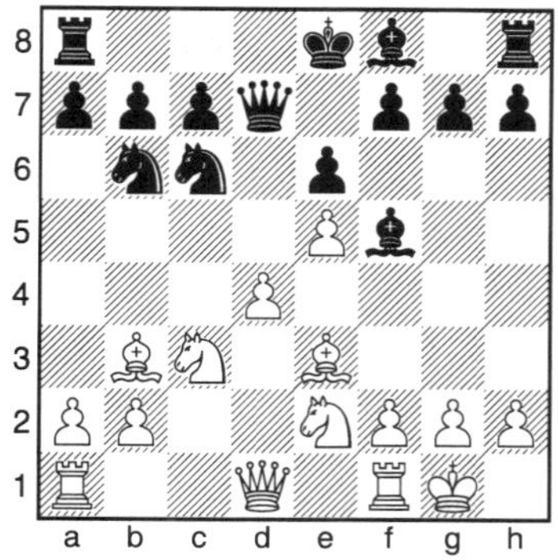

10...♖d8

(10...0-0-0!? führt ebenfalls dazu, dass der Turm das Feld d8 einnimmt. Die lange Rochade ist tatsächlich auch spielbar. Weil es darüber zu entgegengesetzten Rochaden kommt, kann die Dynamik des Spiels zunehmen. Weitergehen kann es beispielsweise mit 11.♕c1 ♔b8 12.♖d1 ♘b4 13.♘g3 ♗g6 14.a3 ♘4d5 mit beiderseitigen Möglichkeiten.)

11.♘g3

(Auch hier ist das Manöver 11.♕c1!? mit ♖f1-d1 im Anschluss eine beachtenswerte Alternative.)

11...♗g6

(Mit 11...♘xd4 kann Schwarz auf Bauerngewinn spielen. Nach 12.♗xd4 ♕xd4 13.♕f3 allerdings hätte Weiß ausreichend Kompensation, denn der schwarze König steht noch in der Mitte.)

Nach 12.h4 kann Schwarz die Drohung h4-h5 ignorieren und in der Mitte mit 12...♘xd4 losschlagen. Nach 13.♗xd4 ♕xd4 14.♕f3 ♕xh4 15.♕xb7 ♗c5 befindet sich die Stellung weiterhin in der Waage; z.B. 16.♕c6+ ♘d7 17.♖ad1 ♗b6.

Der Läufer hält die Fesselung des ♙f2 aufrecht, was bald von Bedeutung sein wird.

Nach 18.♖xd7 ♖xd7 19.♖d1 scheint Schwarz unter Druck zu geraten, doch es ist weiterhin alles in Ordnung. Er hält die Partie mit 19...0-0 mit dem folgenden taktischen Gewitter 20.♖xd7 ♕xg3 21.♕xb6 ♕xc3 22.bxc3 cxb6 23.♖xa7 ♖c8 im Gleichgewicht.

Es fördert das Verständnis dieses Abspiels, wenn Sie sich die umfassende Wirkung jedes Zuges dieser langen Variante klar machen. Es gibt viele Duelle, in denen das entstandene Endspiel mit einem Remis beendet worden ist.

B) 6.♗d3 ♘c6

(6...♕xd4?? wäre natürlich ein furchtbarer Fehler, denn nach 7.♗b5+ ginge die Dame verloren und Schwarz könnte aufgeben.)

7.♗e3 ♘b4

Grundsätzlich soll der Springer nach d5 geführt werden. Allerdings ist Schwarz nicht darauf festgelegt.

(Eine andere Möglichkeit ist 7...♗e6!? Δ 8.♘c3 ♕d7 9.♘f3 0-0-0 mit scharfem Spiel.)

8.♗e4

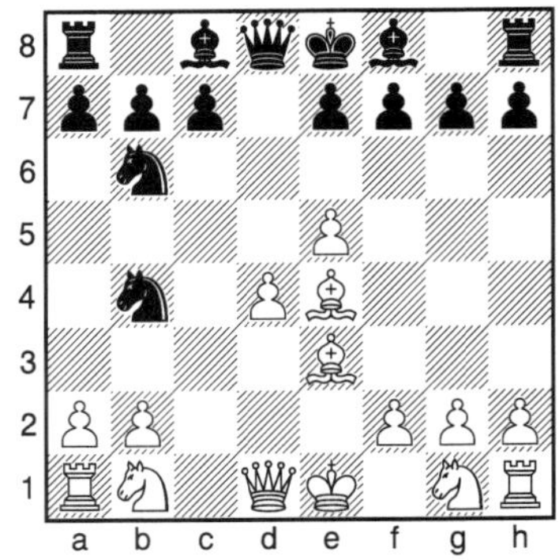

B1) Am häufigsten wird hier 8...f5!? gespielt. Die Abläufe nehmen Fahrt auf, allerdings spricht die Statistik für Weiß. Ein Fortgang etwa nach 9.exf6 exf6 10.♘c3

(10.a3 f5 11.axb4 fxe4 12.♘c3 ♗e6 13.b5 ♗b4 14.♘ge2 0-0=)

10...f5 11.♗b1 ♘4d5 12.♘f3 ♘xe3 13.fxe3 ♗d6 14.0-0 0-0= führt aber zu ausgeglichenen Perspektiven.

B2) 8...♘4d5 ist unsere Empfehlung insbesondere auch an den lernenden Spieler, wenngleich sie nicht die Nummer 1 in der Gunst der Turnierspieler ist. Sie setzt den ruhigen und planvollen Aufbau fort und hält das Spiel mehr in positionellen Bahnen.

9.♘c3 c6 10.♘f3 g6 11.♗d2

Weiß vermeidet den Tausch Springer gegen Läufer.

(Nach 11.0-0 ♘xe3 12.fxe3 ♗h6 13.♕e2 0-0 kann Schwarz noch ♗c8-e6 folgen lassen und sich ein gutes Spiel sichern.)

Nach 11...♗g7 12.0-0 0-0 kann Schwarz f7-f6 folgen und ein zweischneidiges Spiel entstehen lassen.

II. Mit 3...♘c6 setzt Schwarz darauf, die elastische weiße Entwicklung stö–

ren zu können, indem er Druck gegen den ♙d4 aufbaut.

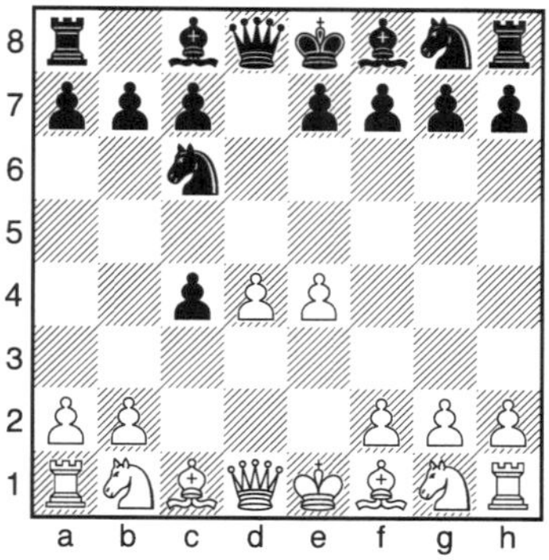

Weiß kann seinen Bauern sowohl mit 4.♘f3 als auch mit 4.♗e3 verteidigen. Am häufigsten entscheidet er sich für den Springer.

A) 4.♘f3

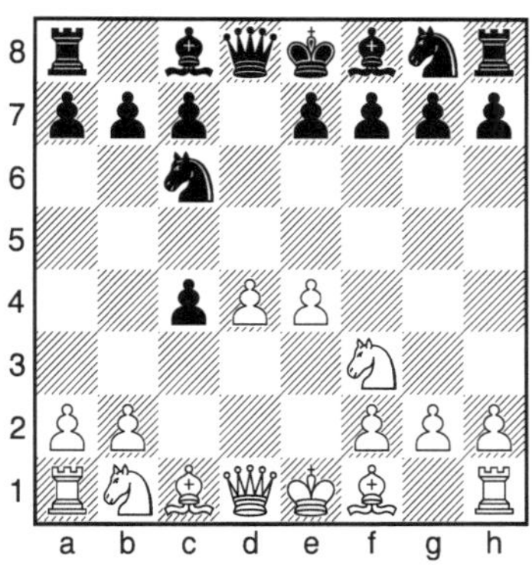

4...♘f6

(Spielbar ist auch 4...♗g4!?, wodurch aufgrund der Fesselung der ♙d4 seine Deckung verliert. Weitergehen kann es beispielsweise mit 5.d5 ♘e5 6.♗f4 ♘g6 7.♗e3 ♘f6 8.♘c3 und nun auch hier wieder mit dem wichtigen Vorstoß 8...e5. Nach 9.♗xc4 a6 10.♗e2 ♗d6 und der anstehenden Rochade steht Weiß zwar etwas aktiver, insgesamt aber bewegt sich das Spiel am Rande des Ausgleichs.)

5.♘c3

(Kaum Hoffnung auf einen Eröffnungsvorteil kann der Vorstoß 5.e5 wecken. Anschließen kann sich die natürliche Zugfolge 5...♘d5 6.♗xc4 ♘b6 7.♗b3 ♗f5 8.♘c3 e6 9.0-0 ♗e7 10.♗e3, über die beide Spieler in erster Linie die Aktivierung ihrer Kräfte realisieren wollen. Ein ideales Springerfeld ist nun d5, das über das Manöver 10...♘b4 11.a3 ♘4d5 vereinnahmt werden kann. Nach 12.♕e2 0-0= ist die Schwelle zum Mittelspiel erreicht, mit ausgeglichenen Perspektiven.)

5...♗g4 beraubt auch in dieser Variante den ♙d4 seiner Deckung.

6.♗e3 e6

Der Damenläufer ist entwickelt, der e-Bauer kann ohne Reue das Feld e6 blockieren.

7.♗xc4 a6 8.0-0 ♗e7 9.♗e2 0-0

Schwarz steht etwas beengt, insgesamt aber solide und ohne bemerkenswerte Schwächen.

B) Nach 4.♗e3 kann Schwarz mittels 4...♘f6 die Entwicklung mit einem Angriff gegen den ♙e4 verbinden, um dessen Verteidigung mit 5.♘c3 sofort mit dem Zentrumsvorstoß 5...e5 zu beantworten.

(Logisch sieht auch 5...♘g4 aus, um den ♗e3 abzutauschen. Daraus kann sich die Variante 6.♗xc4 ♘xe3 7.fxe3 e6 8.♘f3 ♗e7 9.0-0 0-0 ergeben, die aber als vorteilhaft für Weiß gilt.)

6.d5 ♘e7 7.♗xc4 ♘g6 8.f3

Weiß hat eine feste Position im Zentrum aufgebaut, Schwarz steht solide ohne Schwächen.

8...a6

Der Bauer sichert nicht nur das Feld b5, sondern kann auch ein Konterspiel am Damenflügel vorbereiten.

9.♘ge2 ♗d6 10.0-0 0-0 11.♘g3 ♗d7

Beide Seiten stehen nun unmittelbar vor dem Abschluss ihrer Entwicklung. Schwarz kann seine Gegenchancen nun auch ganz konkret auf den Damenflügel richten, beispielsweise über die Zugfolge 12.♕d2 b5 13.♗b3 ♕b8. Sein Plan kann sich auf ein weiteres Vorgehen mit a6-a5-a4 stützen. Das Spiel ist zweischneidig. Weiß wird versuchen, am Königsflügel zu einem Angriff zu kommen.

4.♘f3

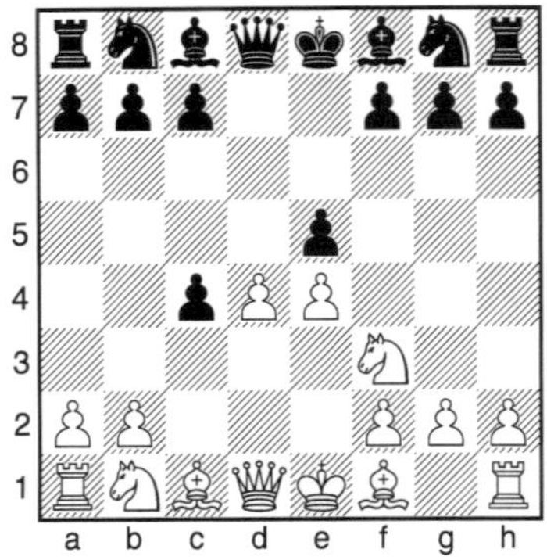

4...exd4

Dies ist die Empfehlung der Theorie.

Die Turnierpraxis legt nahe, dass 4...♗b4+ eine erwägenswerte Alternative ist. Kritiker halten dem entgegen, dass der Läuferausfall Weiß nur in die Karten spielt, da er seinen Springer entwickeln kann.

5.♘c3 exd4 6.♕xd4

(6.♘xd4!? ist ebenfalls gut.)

6...♕xd4 7.♘xd4 ♘f6 8.f3

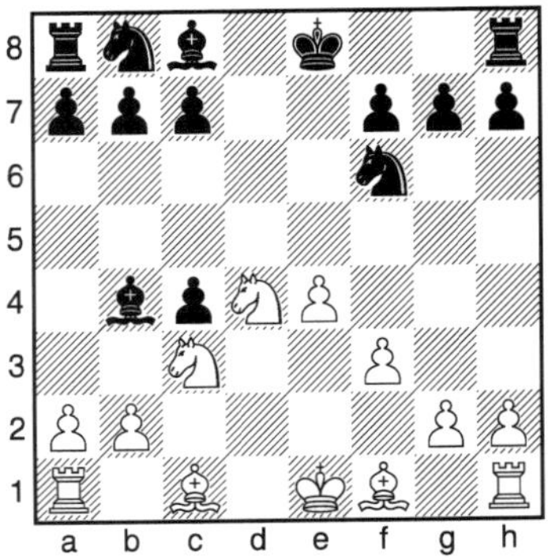

A) Nun sorgt 8...♗c5 dafür, dass 4...♗b4+ mehr als nur ein verschwendetes Zugrecht gewesen ist, denn Weiß muss etwas zum Schutz seines angegriffenen Springers unternehmen.

9.♗e3 ♘c6 10.♘c2 ♗xe3 11.♘xe3 ♗e6 12.♗xc4 ♗xc4 13.♘xc4 0-0-0

Weiß hat etwas mehr vom Spiel, Schwarz aber auch noch alle Chancen.

B) 8...♗d7 mit Verzicht auf ♗b4-c5 kann die Kritiker am Läuferausfall bestärken. Schauen wir uns kurz an, in welche Richtung sich das Duell dann entwickeln kann.

9.♗xc4 ♘c6 10.♘xc6 ♗xc6 11.♗f4 ♘d7 12.0-0-0

(12.♗xc7 würde Schwarz gleiche Aussichten verschaffen. Dabei macht er sich zunutze, dass beide weiße Läufer ungedeckt auf einer Linie stehen: 12...♖c8 13.♗g3 ♗xe4 14.♗xf7+ ♔xf7 15.fxe4 ♗xc3+ 16.bxc3 ♖xc3 17.0-0+ ♔e6 18.♖ad1 ♖c6=.)

Nach 12...♗xc3 13.bxc3 0-0-0 14.♗g3 verfügt Weiß dank seines Läuferpaars über die besseren Perspektiven.

5.♗xc4

Keine Probleme hat Schwarz nach 5.♕xd4. Die ohne eine besondere Kommentierung in sich gut nachvollziehbare Zugfolge 5...♕xd4 6.♘xd4 ♗c5 7.♘b5 ♘a6 8.♗xc4 c6 9.♘5c3 ♘b4 10.♘a3 b5 11.♗e2 ♘f6= veranschaulicht den Weg zu einem völligen Ausgleich der Chancen auf den Partieerfolg.

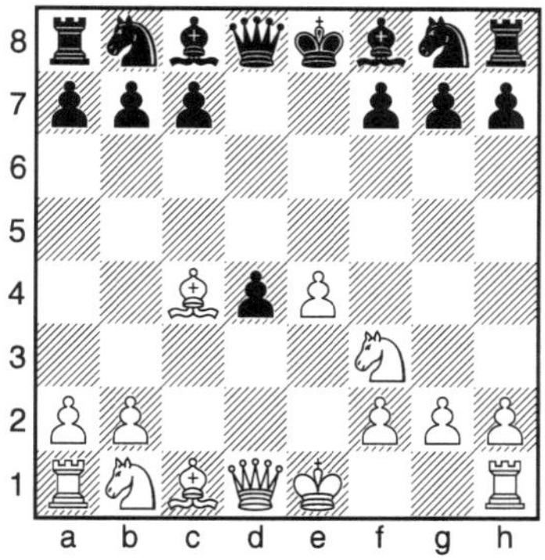

5...♘c6

– Ein Fehler wäre 5...♗g4?, weil Weiß mit dem taktischen Einschlag 6.♗xf7+! antworten könnte. Nach 6...♔xf7 7.♘e5+ ♔e8 8.♕xg4 ist seine Bestrafung erfolgt. Schwarz hat kaum eine Möglichkeit, wieder gut in die Spur zu finden. Folgen kann beispielsweise 8...♘f6 9.♕e6+ ♕e7 10.♕c8+ ♕d8 11.♕xd8+ ♔xd8 12.♘f7+ ♔e8 13.♘xh8+–.

– Mit 5...♗b4+!? hingegen könnte Schwarz seine Entwicklung beschleunigen.

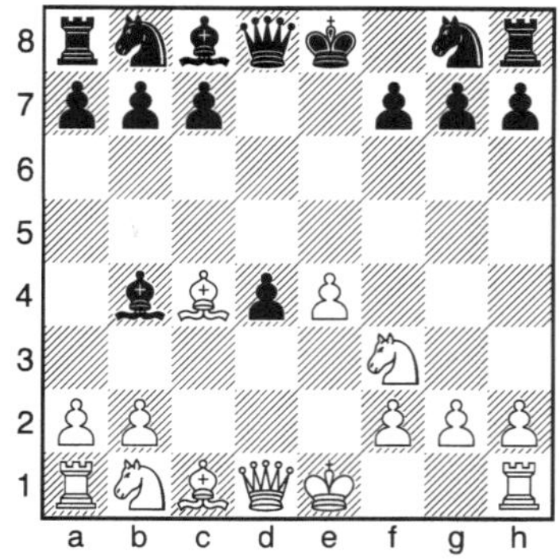

6.♗d2 ♗xd2+ 7.♘bxd2 ♘c6 8.0-0 ♘f6!?

Schwarz muss e4-e5 nicht fürchten; mit dem Springerzug provoziert er diesen Vorstoß.

(Gut ist auch 8...♕f6, zum Beispiel mit der Folge 9.b4 a6 10.e5 ♕g6 11.♘b3 ♘ge7 12.♘bxd4 0-0 und gleichen Chancen.)

9.e5 ♘d5 10.♘b3 0-0

Schwarz nutzt die Zeit, die Weiß für die Rückeroberung des Bauern einsetzt, um seinen König aus der Mitte zu bringen und damit einen wichtigen Fortschritt in seiner Entwicklung zu erzielen.

11.♘bxd4 ♘xd4 12.♕xd4 ♘b6 13.♗b3 ♗e6!

Damit hält Schwarz den Stellungsausgleich fest.

6.0-0 ♗e6

Der Läufer kommt ins Spiel und nimmt seinem weißen Widersacher einen großen Teil seiner Wirkung auf der Diagonale a2-g8, insbesondere gegen das Feld f7.

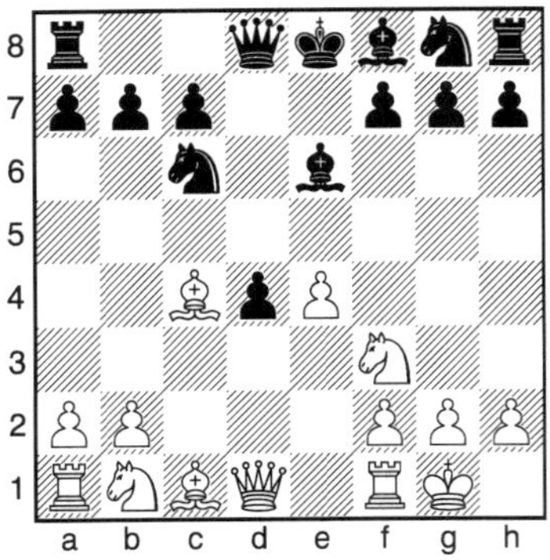

7.♗b5

7.♗xe6 fxe6 bringt Weiß keinen Vorteil. Nach 8.♕b3 ♕d7 9.♕xb7 ist das materielle Gleichgewicht wiederhergestellt. Folgen kann beispielsweise 9...♖b8 10.♕a6 ♘f6 11.♘bd2 ♗d6 und Schwarz steht vor dem Stellungsausgleich. Er plant 0-0, e6-e5 und, falls noch erforderlich, ♖b8-b6.

7...♗c5

Weiß muss weiter kämpfen, denn ohne weiteres gibt Schwarz seinen Mehrbauern nicht her.

8.b4

Daneben muss Schwarz mit 8.♕c2 rechnen. Nach 8...♗b6 9.♗xc6+ bxc6 10.♕xc6+ ♗d7 11.♕c4 ist nicht nur materiell, sondern auch stellungsmäßig alles wieder ausgeglichen. In ein Remis durch Stellungswiederholung würde nun 11...♗e6 12.♕c6+ ♗d7 13.♕c4 ♗e6 14.♕c6+ ♗d7 führen.

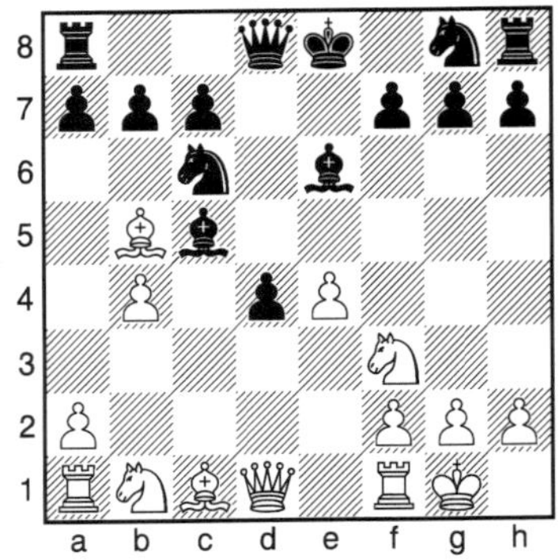

8...♗b6

Schlecht wäre nun 8...♗xb4? wegen 9.♕a4 usw. Weitergehen könnte es nun beispielsweise mit 9...♗e7 10.♘xd4 ♗d7 11.♘xc6 bxc6 12.♗xc6 ♗xc6 13.♕xc6+ ♔f8 14.♘c3 mit weißem Vorteil.

9.a4 a6 10.♗xc6+ bxc6 11.a5 ♗a7 12.♗b2 ♘f6 13.♗xd4

Dies ist der Auftakt zu mehreren Vereinfachungen.

13...♘xe4 14.♗xa7 ♕xd1 15.♖xd1 ♖xa7

Die Stellung ist ausgeglichen. Sie ist auf der Turnierbühne wie auch im Fernschach schon sehr oft ausgespielt worden. Dabei hat insbesondere die Fernschachpraxis die folgende Variante als sicheren Weg für Schwarz herausgearbeitet.

16.♘d4 c5

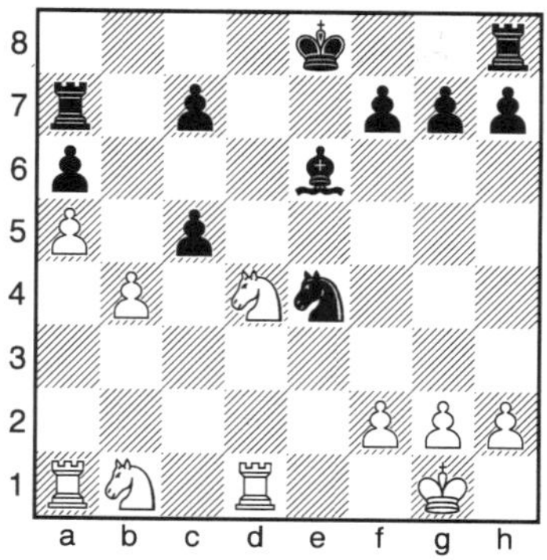

17.♘c6

Ebenfalls in der Waage bleibt die Partie über die Variante 17.♘xe6 fxe6 18.♖e1 ♘f6 19.bxc5 ♔e7=.

17...♖a8 18.f3 ♘f6 19.bxc5 ♘d7 20.♘c3 ♘xc5

Schwarz hat den Ausgleich gehalten, zumeist endet die Partie mit einem Remis.

> **Zusammenfassung:** Die Fortsetzung 3.e4 ist eine populäre Waffe gegen das angenommene Damengambit. Schwarz verfügt jedoch über ausreichend Gegenspiel und gleichwertige Perspektiven.

Abspiel 2

Die Fortsetzung 3.♘c3

1.d4 d5 2.c4 dxc4 3.♘c3

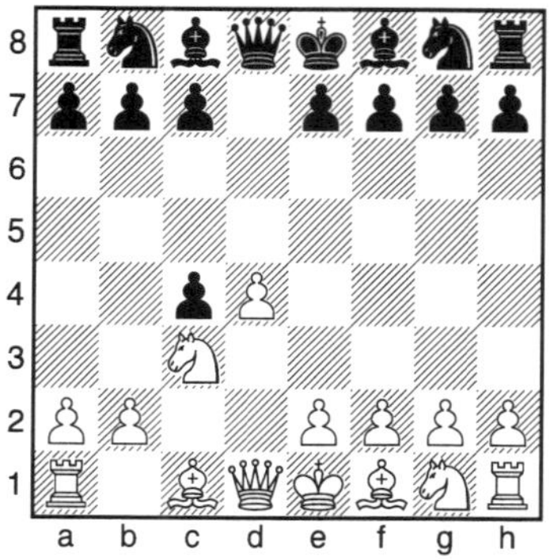

Wenn Weiß auf diese Weise seinen Springer entwickelt, kann Schwarz sofort und energisch ein Gegenspiel einleiten.

3...e5!?

Dies ist die kompromissloseste Erwiderung.

– Mit 3...c6 kann Schwarz in die Slawische Verteidigung überleiten.

– 3...♘f6 lenkt das Spiel in Stellungsmuster, die wir an anderen Stellen näher betrachten. Wenn Weiß mit 4.e3 fortsetzt, geht das Spiel in die Hauptvariante unseres Kapitels 2 über, während 4.e4 in die Gefilde des Abspiels 1 führt.

4.e3

Mit der Wahl dieser Fortsetzung erklärt sich Weiß zum Spiel mit einem isolierten Bauern im Zentrum bereit.

4.d5 und 4.dxe5 sind die besonders zu beachtenden Alternativen. Beide verändern den Charakter des Eröffnungsspiels in dieser frühen Phase in eine taktische Richtung. Die Arbeit zur systematischen Mobilisierung aller Kräfte verzögert sich entsprechend.

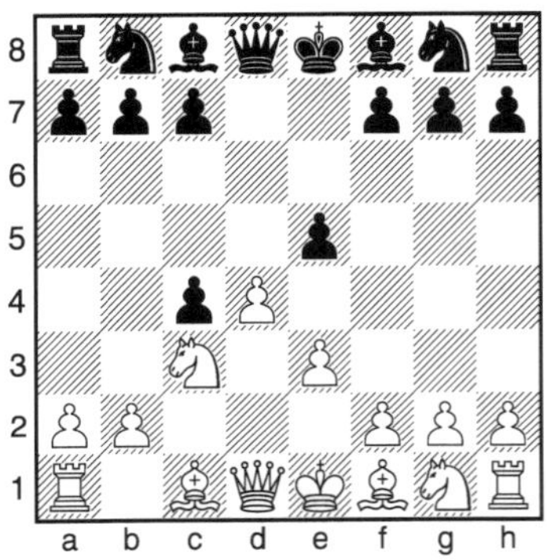

I. Nach 4.d5 soll der vorgerückte Bauer Schwarz in seinen Bemühungen stören und mit e2-e4 gestützt werden.

4...c6

Der Bauer wird sofort unter Druck gesetzt.

5.e4

(Wenn Weiß den vorhergehenden gegnerischen Zug als Einladung versteht, mit 5.dxc6 zu schlagen, kann Schwarz sich freuen. Nach 5...♕xd1+ 6.♔xd1 ♘xc6 steht er ausgezeichnet. Auf 7.e3 reagiert er mit 7...♗e6.)

Der Entwicklungszug 5...♘f6 erhält den Druck auf die weißen Steine im Zentrum aufrecht.

6.♗xc4

Der Läufer stellt den materiellen Ausgleich wieder her, macht sich aber dem schwarzen b-Bauern gegenüber angreifbar.

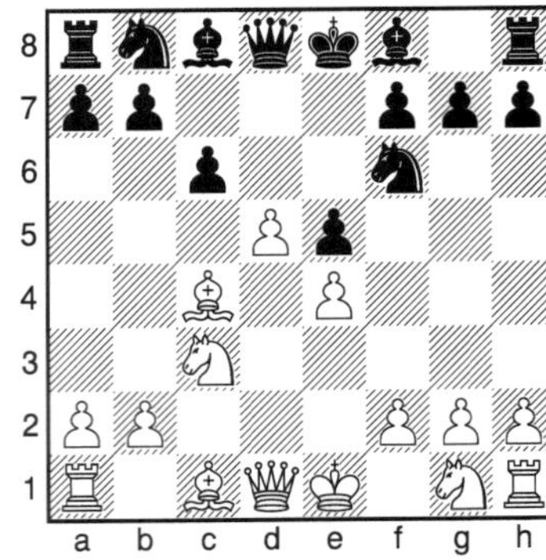

A) Mit 6...b5 versucht Schwarz Profit aus der ungesicherten Stellung des Läufers zu ziehen. Er entwickelt seinen Damenflügel mit Tempogewinn.

7.♗b3

Ein Rückzug auf der Diagonale f1-a6 wird kaum gespielt, da der Läufer dann seinen Einfluss auf d5 verliert und zudem in eine passivere Lage gedrängt wird.

Mit dem weiteren Vorrücken 7...b4 vertreibt der Bauer den ♘c3, der damit die Deckung des ♙e4 aufgeben muss.

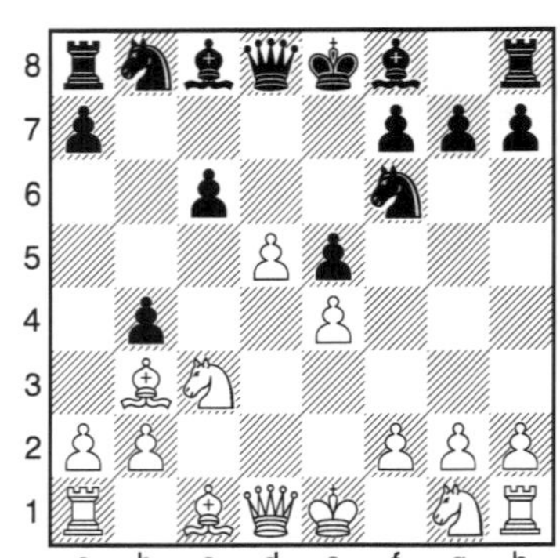

A1) Nach 8.♘a4 ♘xe4 9.♕e2 führt das Manöver 9...cxd5 10.♕b5+ ♕d7 11.♕xd5 ♗b7 12.♕xe5+ ♕e7 zum materiellen Gleichstand und zu einer ausgeglichenen Stellung. Mit den weiteren Zügen 13.♘f3 ♘d7 14.♕xe7+ ♗xe7 15.0-0 0-0 können die Kontrahenten ihre Entwicklung so gut wie abschließen und sich in einer Stellung mit deutlich reduziertem Material auf Augenhöhe weiter beharken.

A2) Auch auf die vergleichsweise häufig gewählte Fortsetzung 8.♘ce2 ist 8...♘xe4 die richtige Antwort. Weitergehen kann es dann beispielsweise mit 9.♘f3 ♘c5. Die besten Aussichten für Weiß dürften nun 10.♘xe5 und 10.♗e3 bieten. Schauen wir uns kurz an, was daraufhin jeweils passieren kann.

– 10.♘xe5 ♘xb3 11.axb3 ♕xd5 12.♕xd5 cxd5 13.♘d4=

– 10.♗e3 ♘xb3 11.♕xb3 ♕xd5 12.♕xd5 cxd5 13.♘xe5 lässt das Spiel ebenfalls ausgleichen. Nach 13...♗d6 14.♘f3 ♘c6 15.0-0 0-0 stehen beide Seiten vor dem Abschluss ihrer Entwicklung. Schwarz verfügt über einen Mehrbauern. Bei objektiver Betrachtung wird er diesen nicht vorteilhaft verwerten können. Im Spiel gegen einen unerfahrenen Gegner könnte dies aber anders und dann leichter als nach 10.♘xe5 der Fall sein, weshalb diese Variante für uns hinter der Alternative zurückstehen muss.

B) 6...♗b4 geht auch, ist aber weniger konsequent und gibt Weiß einen etwas größeren Gestaltungsspielraum für eine aktive Aufstellung. Wer sich mit Schwarz einen Vorteil davon verspricht, gegen einen isolierten weißen c-Bauern spielen zu können, kann auch aus diesem Grund diese Variante wählen.

7.♕b3

Die Entscheidung zum Abtausch auf c3 hat Schwarz bereits mit seiner Läuferentwicklung getroffen. Er wird nun gezwungen, sie sofort umzusetzen. Zu beachten ist, dass der ♗c4 und die ♕b3 ein mächtiges Duo bilden und f7 im Blick haben.

7...♗xc3+ 8.bxc3 (8.♕xc3 0-0!) 8...0-0 9.♗a3 b5

Zunächst wird der Läufer vertrieben, bevor der ♖f8 aus dem Schussfeld des ♗a3 geführt wird. Damit ist dann auch die aus Dame und Läufer auf der Diagonale a2-g8 gebildete Batterie aufgelöst.

Nach 10.♗d3 ♖e8 11.♖d1 ♕b6 kann Schwarz mit seiner Stellung zufrieden sein.

II. 4.dxe5 gibt Schwarz die Möglichkeit zum Abtausch der Damen. In der Folge hat er keine besonderen Probleme im Kampf um den Stellungsausgleich.

4...♕xd1+ wird zu Recht beinahe ausnahmslos gespielt.

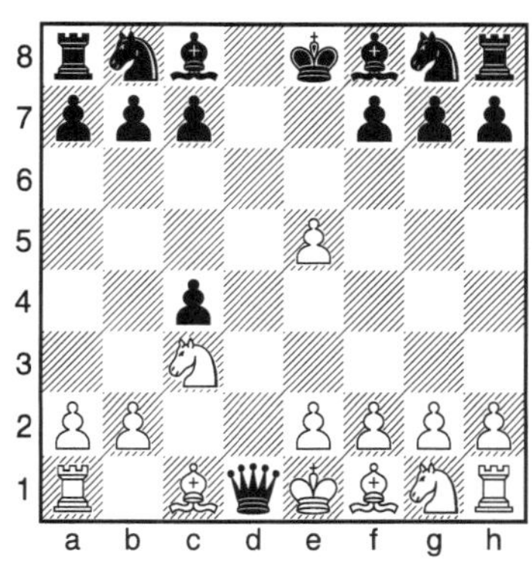

5.♘xd1

(5.♔xd1 ist schwächer, was auch die Praxis bestätigt. Schwarz kommt weitgehend unangetastet zu einem guten Spiel. Eine bekannte Variante hierfür ist 5...♗e6. Der Läufer sichert in Erwartung des gegnerischen Vorstoßes e2-e4 nicht nur seinen c-Bauern, sondern bereitet auch die beabsichtigte lange Rochade vor. Nach 6.e4 ♘c6 7.f4 0-0-0+ 8.♗d2 g6 9.♘f3 ♗h6 steht Schwarz gut.)

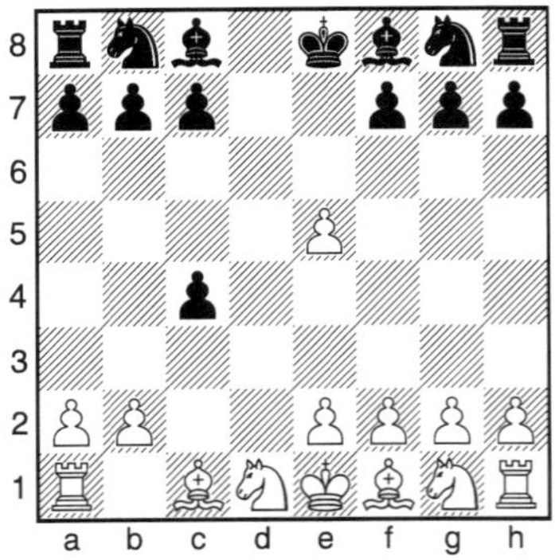

A) 5...♘c6 6.e4

Weiß gibt den ♙e5 auf, wird dafür aber den ♙c4 gewinnen und so das materielle Gleichgewicht halten.

(Wenn er mit 6.♘f3 einleitend auf ein Halten des Bauern spielt, führt dies nicht zu besseren Chancen für ihn: 6...♗g4 7.♗f4 ♘ge7 8.e3 0-0-0=.)

Die Zugfolge nach 6...♘xe5 ist ohne eine weitere Kommentierung in sich gut verständlich: 7.♗f4 ♗d6 8.♗xe5 ♗xe5 9.♘f3 ♗d6 10.♗xc4 ♗d7 mit ausgeglichener Stellung – ein Urteil, das auch Stockfish bestätigt.

B) Wie oben nach 5.♔xd1, ist auch hier 5...♗e6 eine gute Alternative.

6.e4

(Wenig ratsam ist die Idee, den e-Bauern frühzeitig durch 6.f4 zu decken, um nach 6...♘c6 mit 7.♘f3 antworten zu können, ohne den f-Bauern zu verstellen. Schwarz spielt 7...♘b4 und es droht eine Springergabel auf c2. Eine befriedigende Antwort bietet sich Weiß hier nicht an. In der Praxis wurde 8.♔f2 versucht, was aber eine gewisse Leidensbereitschaft auf der Seite von Weiß voraussetzt. Nach 8...0-0-0 9.♘c3 ♗c5+ 10.♔g3 ♘e7 liegt der Vorteil auf der Seite von Schwarz.)

Nach 6...♘c6 7.♘f3 ♗c5 lässt Schwarz noch 0-0-0 folgen und kann zufrieden sein. Die beiderseitigen Chancen sind ausgeglichen.

4...exd4 5.exd4

Mit 5.♕xd4 bietet Weiß den Abtausch der Damen an, der ihm aber nichts einbringt. Deshalb nimmt Schwarz diese Einladung gerne an. Nach 5...♕xd4 6.exd4 ♘c6 steht er gut.

5...♘f6 6.♗xc4 ♗e7 7.♘f3 0-0 8.0-0

Beide Parteien treiben die Aktivierung ihrer Kräfte voran.

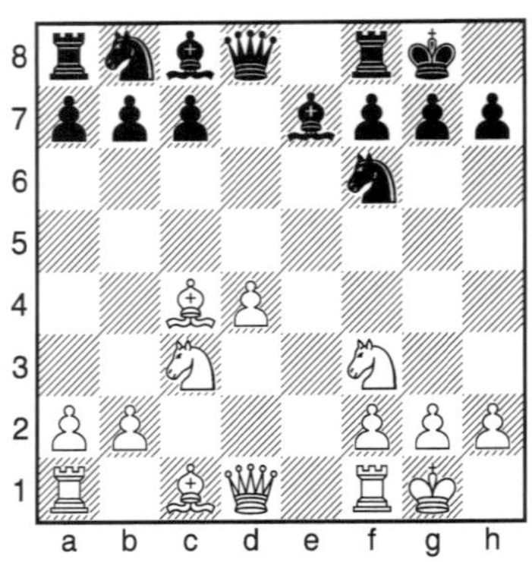

8...♘c6

Hier könnte Schwarz auch an 8...♘bd7 mit der Absicht denken, den Springer weiter nach b6 zu führen. Nach der beispielhaften Fortsetzung 9.♖e1 ♘b6 10.♗b3 c6 11.♗g5 steht Weiß allerdings etwas aktiver. Zwar muss er einen isolierten Bauern auf d4 verwalten, dafür aber hat er eine elastische Figurenentwicklung realisiert und auf e5 einen Stützpunkt für den Springer. Seine Stellung ist zumindest leicht vorzuziehen. Dies bestätigt auch die mehrfach in der Praxis ausgespielte Fortsetzung 11...♘bd5 12.♘xd5 cxd5 13.♘e5⩱.

9.h3

Der Bauer soll ♗c8-g4 verhindern. 9.♖e1 ♗g4 usw. wäre etwas unangenehm für Weiß.

9...♘a5

Der Springer vertreibt den ♗c4, so dass im Anschluss der eigene Läufer nach e6 entwickelt werden kann.

10.♗d3 ♗e6 11.♖e1 ♘c6 12.a3

Der Bauer soll Schwarz das Betreten des Feldes b4 verwehren.

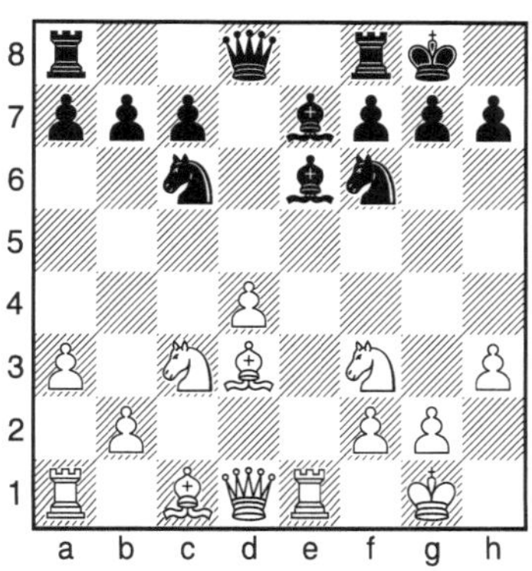

12...a6

Auf der Gegenseite ist es nun Schwarz, der aus dem gleichen Grund seinen a-Bauern um ein Feld nach vorne beordert. Er soll das Eindringen der weißen Leichtfiguren auf b5 verhindern.

Wenn Schwarz auf diesen vorbeugenden Zug verzichtet und 12...♖e8 spielt, wäre 13.♗b5! unangenehm.

13.♗c2

Weiß schwebt eine Aufstellung mit ♗c2 und ♕d3 vor, die gemeinsam auf der Diagonale b1-a7 Druck auf die schwarze Stellung ausüben sollen.

13...♕d6

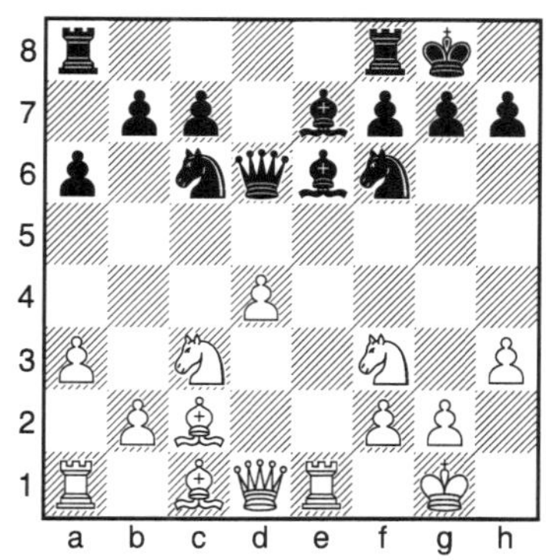

14.♗e3

Schwarz wird einen Turm auf d8 platzieren, so dass der ♙d4 bedroht sein wird. Der Entwicklungszug des Läufers fängt diese Bedrohung frühzeitig ab. Man sieht, wie sich 9.h3 bezahlt macht, denn sonst könnte nun der ♘f6 nach g4 ziehen und Weiß einen Strich durch die Rechnung machen.

14...♖ad8 15.♕d3 ♖fe8 16.♖ad1 g6

Schwarz hat seine Kräfte elastisch entwickelt und steht gut. Weiß ist der Isolani auf d4 verblieben, der immer einer Deckung bedarf.

> **Zusammenfassung:** Der Zug 3.♘c3 erlaubt Schwarz ein energisches Vorgehen in der Mitte mit e7-e5!?. Daraufhin wird es schwierig für Weiß, einen Eröffnungsvorteil zu erzielen. Schwarz hat es in der Hand, mit 3...c6 einen Übergang in die solide Slawische Verteidigung durchzusetzen.

Kapitel 3

Albins Gegengambit

1.d4 d5 2.c4 e5

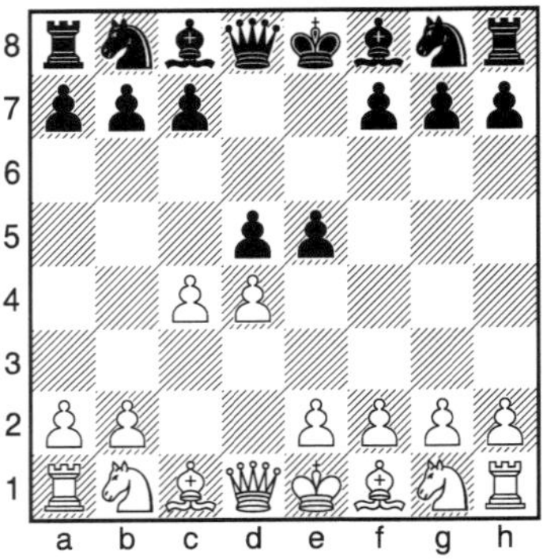

Diese Gambitfortsetzung hat der rumänische Meister Adolf Albin (1848-1920) Ende des 19. Jahrhunderts entwickelt. Sie trägt deshalb seinen Namen.

Schwarz opfert einen Bauern, spielt also ein Gambit. Damit verfolgt er das Ziel, seinem Gegner die elastische Entwicklung zu erschweren. Wenn Weiß das Gambit annimmt, will er den ♙e5 als Zielscheibe verwenden. Der schwarze Bauer auf d4 behindert Weiß tatsächlich bei der Aktivierung seiner Kräfte, selbst aber ist er schwach. Und dies kann Weiß ausnutzen.

3.dxe5

Die Annahme des Gambits ist die richtige Entscheidung. Entsprechend wird in den seltenen Fällen, in denen Schwarz das Gambit einsetzt, beinahe ausschließlich so gespielt.

Wenn Schwarz mal das Glück hat, dass sein Gegner das Gambit ablehnt, kommt er recht mühelos zu guten Perspektiven. Zur Bestätigung dieser Aussage reicht die folgende Variante aus, die zugleich als typisches Beispiel den möglichen Fortgang veranschaulicht: 3.e3 exd4 4.exd4 ♘c6 5.♘f3 ♘f6 6.♘c3 ♗e7 7.♗e2 0-0 8.0-0 ♗g4=.

3...d4

Schwarz hat die Idee des Gambits verwirklicht und die weiße Stellung in der Mitte eingeengt. Die harmonische Entwicklung seiner Kräfte ist Weiß nun erschwert.

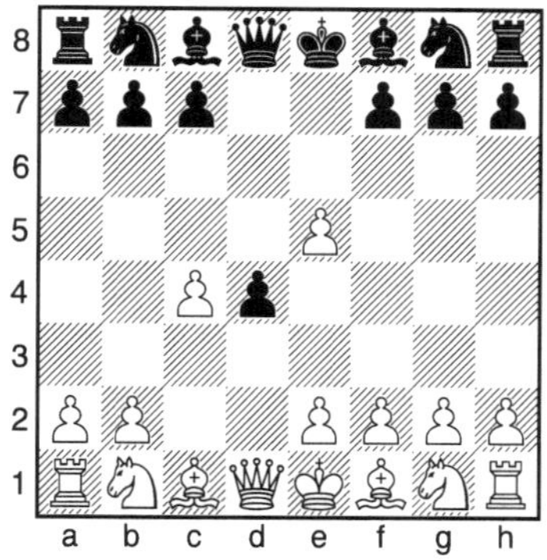

4.♘f3

Die Aktivierung des Königsspringers ist folgerichtig und veranlasst Schwarz zum Schutz seines Bauern, so dass er keine Zeit für andere Aufgaben hat. Dabei ist er zudem vor die Aufgabe gestellt, den richtigen Zug für die Verteidigung zu wählen.

4.e3 ist als unzureichend bekannt und in der Praxis deshalb zu Recht ohne eine echte Bedeutung. Für den Fall, dass ein vielleicht unerfahrener Spieler sich doch an dieser Fortsetzung versucht, gehen wir anhand einer Variante kurz auf die sich daraus ergebenden Möglichkeiten ein. Hierbei beschränken wir uns aber auf das Nötigste.

4...♗b4+ 5.♗d2 dxe3!

Diese Reaktion ist richtig und zugleich mit einer, allerdings einfachen, Falle verbunden.

6.fxe3

(Auf den schweren Fehler 6.♗xb4?? schnappt die Falle mit 6...exf2+ 7.♔e2 fxg1♘+! zu und Schwarz gewinnt.)

6...♕h4+ 7.g3 ♕e4

Weiß kommt nicht zur Ruhe.

8.♕f3 ♗xd2+ 9.♘xd2 ♕xe5 10.♕e4 ♘c6

Mindestens den Stellungsausgleich hat Schwarz in der Tasche. Weitergehen kann es beispielsweise mit 11.♘gf3 ♕xe4 12.♘xe4 ♗f5 13.♘c5 (13.♗d3 ♘ge7=) 13...b6 14.♘h4 ♗c8 15.♗g2 ♘ge7 16.♘d3 ♗e6 und die schwarze Stellung ist sogar leicht vorzuziehen, gemessen an den Chancen im bevorstehenden Endspiel.

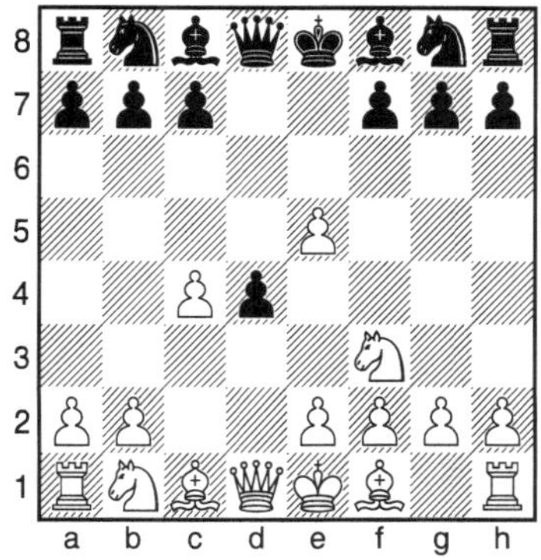

4...♘c6

Dies ist der oben genannte *richtige* Zug zur Verteidigung des Bauern.

Nach 4...c5 überrascht Weiß seinen Gegner am besten mit seiner Antwort 5.e3!, die hier im Gegensatz zum 4. Zug gut ist. Weiß überwindet die Einschränkung seiner Entwicklungsmöglichkeiten und gibt im passenden Moment seinen Mehrbauern zurück. Dabei kommt er zu einem aktiven Spiel, wie die folgende Beispielvariante veranschaulicht.

5...♘c6 6.exd4 cxd4 7.♗d3 ♗g4 8.0-0 ♕c7 9.h3

(9.♗f4 0-0-0 10.♗g3 ist eine gute Alternative für Weiß.)

9...♗xf3 10.♕xf3 ♘xe5 11.♕g3

(Auch 11.♖e1!? kommt in Frage.)

11...0-0-0 12.♗f4 ♗d6 13.c5 ♘f3+ 14.♕xf3 ♗xf4 15.♘a3 mit Vorteil für Weiß.

5.g3

Die Postierung des Läufers auf der Diagonale a8-h1 gilt als die beste Idee für den weißen Aufbau und ist entsprechend als die Empfehlung der Theorie zu bezeichnen.

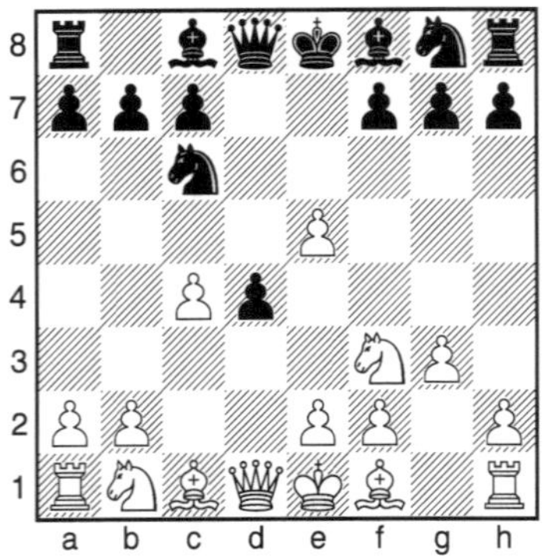

5...♗g4

Diese Läuferentwicklung folgt dem einfachen Plan, den ♘f3 zu beseitigen und dann den ♙e5 zu erobern.

Schwarz hat hier schon einige Alternativen ausprobiert, allerdings ohne rechten Erfolg. Eine kurze Betrachtung verdienen insbesondere 5...f6, 5...♗e6 und 5...♗f5.

I. Mit 5...f6 verzichtet Schwarz auf die Eroberung des ♙e5 und strebt stattdessen den Bauerntausch an, über den er seine Entwicklung anzutreiben versucht.

6.exf6 ♘xf6

(Nach 6...♕xf6 7.♗g2 ♗b4+ kann Weiß sich zwischen sowohl 8.♗d2 als auch 8.♘bd2 entscheiden.)

7.♗g2 ♗f5 8.0-0 ♕d7 9.♕b3 und Weiß verfügt über einen gesunden Mehrbauern.

II. Mit 5...♗e6 greift Schwarz den ♙c4 in der Hoffnung an, hierdurch Zeit für die Entwicklung zu gewinnen. Es zeigt sich aber schnell, dass dieser Plan nicht zur Zufriedenheit aufgeht.

6.♘bd2 ♕d7 7.♗g2

Weiß lässt sich nicht von seiner Linie abbringen. Er setzt kontinuierlich seine Entwicklung fort und hält dabei seinen Mehrbauern nach Möglichkeit fest.

7...♘ge7

(Im Falle 7...0-0-0 kann Weiß stark mit 8.a3 nebst b2-b4 am Damenflügel aktiv werden.)

8.0-0 ♘g6 9.♕a4 ♗e7 10.a3 0-0 11.b4

Die besseren Aussichten liegen auf der Seite von Weiß.

III. Den Entwicklungszug 5...♗f5 kann Weiß ruhig mit 6.♗g2 und nach 6...♕d7 mit 7.0-0 beantworten. Weitergehen kann es dann beispielsweise wie folgt: 7...0-0-0 8.♕b3.

(Aussichtsreich ist auch 8.a3 nebst

b2-b4 mit der Einleitung eines energischen Vorgehens am Damenflügel.)

8...♘ge7

(Auf 8...♗h3 kann 9.e6! folgen.)

Nach 9.♖d1 droht ♘f3xd4! und Weiß steht besser, nach Stockfish sogar klar.

6.♗g2

Bevor Weiß sich anderen Tauben auf dem Dach widmet, schließt er nun am besten die Entwicklung seines Königsflügels ab, wobei er zugleich seinen König sichert.

6...♕d7 7.0-0 0-0-0

Die Parteien haben auf verschiedene Flügel rochiert, was oft die Dynamik des Spiels befördert.

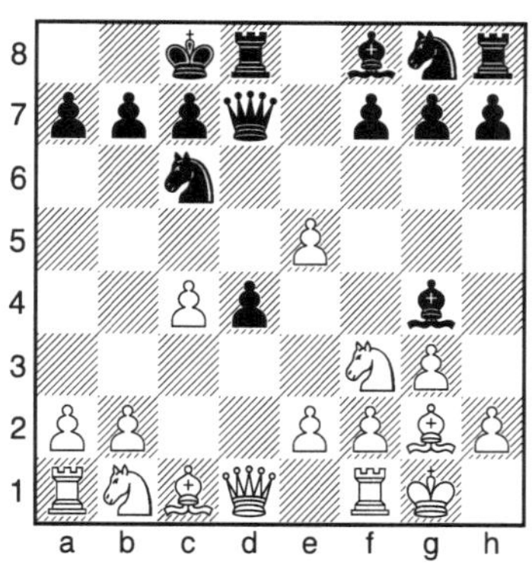

8.♕b3

Mit diesem charakteristischen Manöver erhöht Weiß den Druck gegen die gegnerische Stellung am Damenflügel.

Alternativ bietet sich 8.♘bd2 mit der Überlegung an, im Falle von ♗g4xf3 mit dem Springer zurückschlagen zu können, wodurch der ♙e5 verteidigt würde.

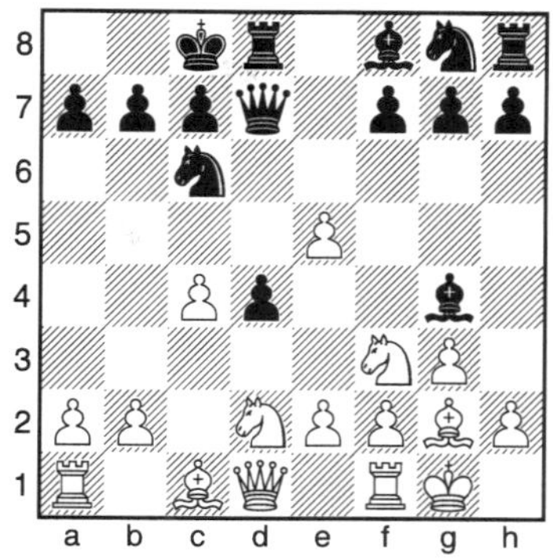

Als Antwort stehen Schwarz insbesondere 8...h5 und 8...♘ge7 zur Verfügung.

A) Mit 8...h5 strebt Schwarz die Öffnung der h–Linie für seinen Turm an.

9.h4

Der Bauer stellt sich seinem schwarzen Kollegen entgegen, um dessen weiteren Vormarsch zu verhindern.

(Der energische Vorstoß des b–Bauern, der uns gleich noch begegnen wird, ist auch jetzt schon möglich und eine Empfehlung für den guten Taktiker. Nach 9.b4!? und nun beispielsweise 9...♘xb4 10.a3 ♘a6 11.♘b3 d3 12.♗e3 hat Weiß die Wirkung seiner Figuren bereits erheblich gesteigert, während Schwarz eher einen Rückschritt hinnehmen musste. Anschließen kann sich nun 12...h4 13.exd3 hxg3 14.hxg3 ♕xd3 15.♕b1! mit guten Perspektiven für Weiß.)

9...♘ge7 10.b4 ♘g6 11.b5

(Eine Alternative ist 11.♕a4!?, woraufhin 11...♗xb4 12.♖b1 zu einer weißen Initiative am Damenflügel führen würde.)

11...♘cxe5 12.♕a4 ♔b8 13.♘b3 Weiß kann nun nach dem Plan ♖f1-d1 usw. vorgehen.

B) Mit 8...♘ge7 spielt Schwarz auf Entwicklung; der Springer strebt nach g6. Nach 9.♕a4 ♘g6 10.b4 ♗xb4 11.♖b1 setzt Weiß die schwarze Königsstellung unter Druck.

8...♘ge7

8...♗h3? mag verlockend aussehen, entpuppt sich aber schnell als schlechte Idee. Nach 9.e6! ♗xe6 (9...♕xe6?? 10.♘g5+−) 10.♘e5 ♕d6 11.♘xc6 bxc6 12.♕a4 hat Schwarz große Probleme.

9.♖d1

Weiß spielt gegen den ♙d4, Schwarz gegen den ♙e5.

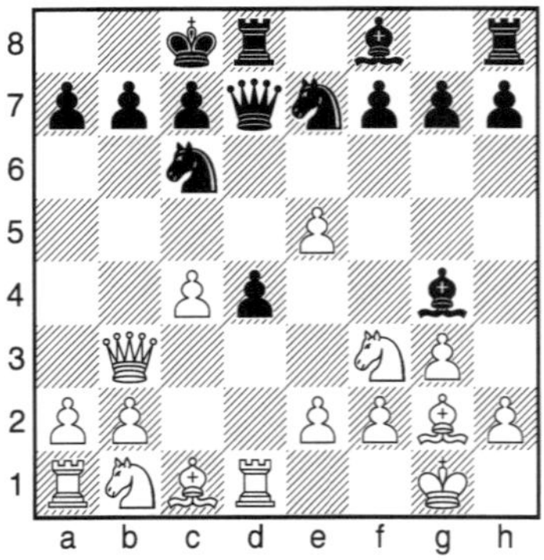

9...♕f5

Die Dame nähert sich dem Königsflügel und verstärkt zugleich den Druck gegen den ♙e5.

Die Abwicklung 9...♗xf3 10.♕xf3 mit der Folge 10...♘g6 11.♕h5 ♔b8 12.f4 oder 12.♗f4 führt zu einem klaren Vorteil für Weiß.

10.♘a3

Der Springer nutzt a3 nur als Transitfeld. Er soll auf c2 postiert werden, um von dort aus den Druck gegen den d-Bauern zu erhöhen.

10...♘g6 11.♘c2 ♗c5

Auf 11...♗xf3, womit Schwarz den Verteidiger des ♙e5 eliminiert, reagiert Weiß mit 12.exf3. Nun kann Schwarz mit 12...♘gxe5 endlich den Bauernnachteil ausgleichen, muss aber nach 13.f4 ♘a5 14.♕a4 ♘exc4 15.♘xd4 die Partie aus der deutlich schlechteren Stellung heraus fortsetzen.

Die Zahl der Verteidiger des ♙d4 ist genauso hoch wie die Zahl der Angreifer. Dessen ungeachtet kann Weiß losschlagen und seinen Vorteil in eine Gewinnstellung ausbauen.

12.♘fxd4 ♗xd4 13.♘xd4 ♖xd4 14.♖xd4 ♘xd4 15.♕xb7+ ♔d8

Mit 15...♔d7 erleichtert Schwarz seinem Gegner die Aufgabe. Es folgt 16.♕d5+ ♔c8 17.♕xd4+−.

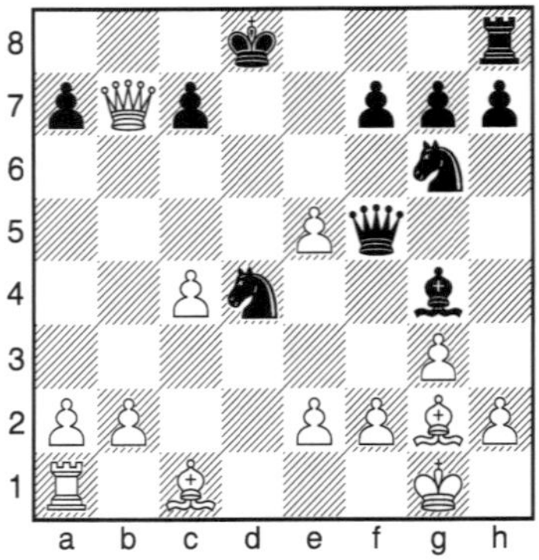

16.♕d5+!

So ist es am einfachsten.

Weiß lebt in dem Luxus, mit 16.♗e3!? eine weitere gute Möglichkeit in die Richtung einer Gewinnstellung zur Verfügung zu haben. Wir stellen sie ohne eine ausführliche Kommentierung vor.

– 16...♕d7 17.♗g5+ ♔e8 18.e3 ♘e2+

19.♔f1 ♘xe5 20.♕b8+ ♕c8 21.♕xc8+ ♗xc8 22.♔xe2 ♘xc4 23.♖c1+–

– 16...♘xe2+ 17.♔f1 ♕d3 18.♗g5+ f6 19.exf6 gxf6 20.♗xf6+ ♔e8 21.♖e1+–

16...♕d7 17.♗g5+

Weiß diktiert das Geschehen und gibt seinem Gegner keine Gelegenheit mehr, daran etwas zu ändern.

17...♔e8

17...♘e7 18.♕a8+ ♕c8 19.♖d1+–

18.♕a8+ ♕c8 19.♕xa7 ♘xe2+

19...♕d7 20.e3 ♘e2+ 21.♔f1+–

20.♔f1+–

Zusammenfassung: Wenn Weiß genau spielt, kommt Schwarz zu keiner ausreichenden Kompensation in Form eines Gegenspiels für den Gambitbauern. Entsprechend ist Albins Gegengambit eher für den Einsatz gegen unerfahrene Spieler mit Weiß geeignet, oder aber für die freie Partie, in der die Freude an rasanten und taktisch geprägten Abläufen im Vordergrund steht. Daneben kann es im Blitzspiel den schlechter vorbereiteten Gegner an dessen Grenzen führen.

Für Gambitfreunde bleibt der Zug 2...e7-e5!? aufgrund ihrer Leidenschaft eine Alternative und für Forscher in Sachen Schach ein interessantes Objekt für weitere analytische Arbeiten.

Kapitel 4

Tschigorin – Verteidigung

1.d4 d5 2.c4 ♘c6

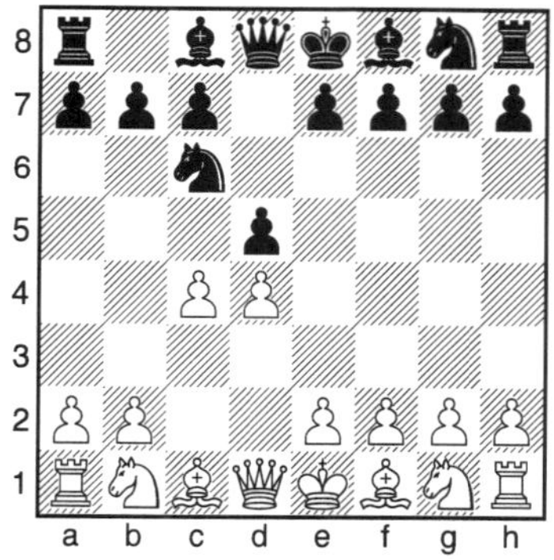

Diese interessante Idee wurde von dem russischen Meister Michail Tschigorin (1850-1908) in die Praxis eingeführt. Schwarz greift den ♙d4 an und plant den Vorstoß e7-e5.

3.♘f3

Dieser Zug bringt die weiße Entwicklung voran, stützt den ♙d4 und nimmt den Punkt e5 unter Kontrolle. Weiß kann sein Spiel aber auch nach anderen Plänen entwickeln. Gebräuchliche Alternativen sind vor allem 3.♘c3, 3.cxd5 und 3.e3.

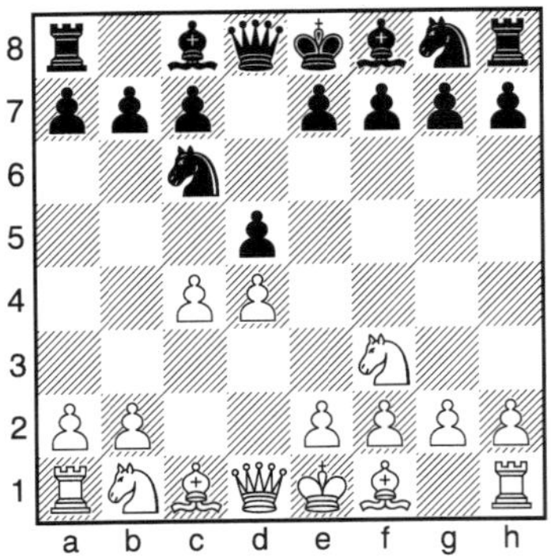

I. Mit 3.♘c3 erhöht Weiß den Druck auf den ♙d5.

3...dxc4

(3...♘f6 kann Weiß gut mit 4.cxd5 beantworten. Nach 4...♘xd5 5.♘f3 käme er über 5...♗g4 6.e4 ♘xc3 7.bxc3 zu einem Raumvorteil im Zentrum.)

4.♘f3 ♘f6

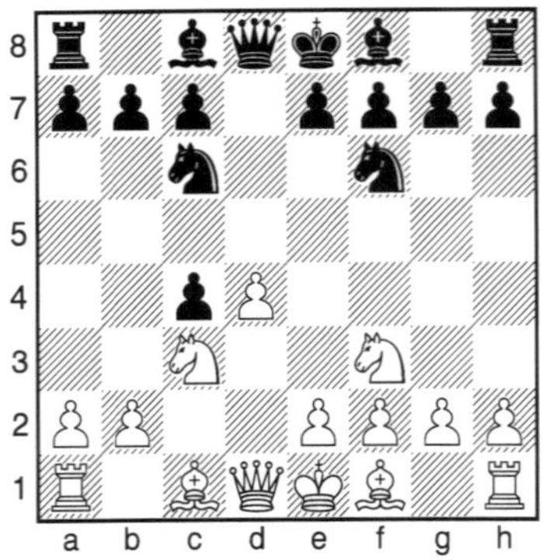

Hier gabelt sich das Spiel in drei besonders relevante Richtungen.

A) 5.e4

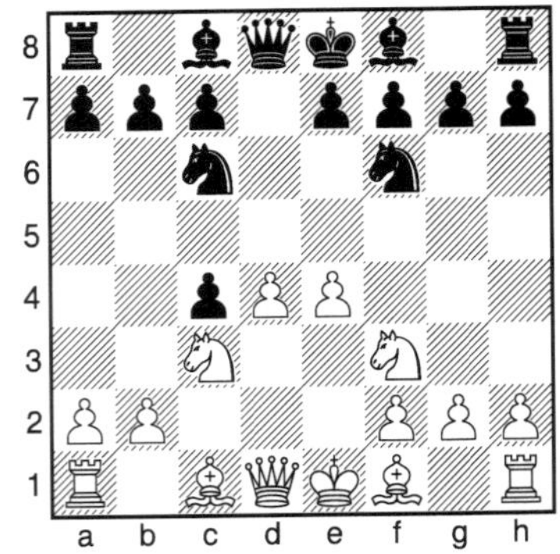

Nach 5.e4 sollte Schwarz mit 5...♗g4 beginnend Druck auf die Zentralbauern ausüben. Im Anschluss an die Fesselung des ♘f3 bedarf der d-Bauer nun eines neuen Schutzes.

6.♗e3 e6 7.♗xc4 ♗b4

Jetzt geht es dem e-Bauern so wie eben noch seinem Kollegen auf der Nachbarlinie. Er braucht Unterstützung.

8.♕c2 0-0

Seine Strategie hat Schwarz zu einem erheblichen Fortschritt in seiner Entwicklung verholfen. Nun ist auch sein König aus der Mitte in die sichere Rochadestellung gelangt.

9.♖d1 ♘e7

(Es wird auch 9...♕e7 gespielt, worüber sich sehr unklare Verhältnisse ergeben können. Nun führt die Variante 10.♗e2 e5 11.d5 ♘d4 12.♘xd4 exd4 13.♖xd4 ♗xe2 14.♔xe2 zur Auslichtung des Materials. Der weiße König kommt jetzt nicht mehr schnell aus der Mitte heraus und steht nach beispielsweise 14...♗c5 15.♖d2 ♗xe3 16.♔xe3 ♘g4+ 17.♔e2 ♕g5 gefährdet.)

10.♗e2 ♗xc3+ 11.bxc3 c5

Ein aktiver Entwicklungszug, der auch das Problem löst, die Dame besser ins Spiel einzubinden. Dieser steht nun das Feld c7 zur Verfügung.

12.0-0

(Nach 12.dxc5 ♕c7 13.0-0 ♖fd8 ist der weiße c–Doppelbauer schwach, was den materiellen Nachteil kompensiert.)

Nach 12...♕c7 kann Schwarz zufrieden sein. Er hat sich eine solide Aufstellung gesichert und wird die Aktivierung seiner Kräfte in Kürze abschließen können. Weitergehen kann es beispielsweise mit 13.♕b1 b6 14.h3 ♗h5 15.g4 ♗g6 nebst ♖f8-d8.

B) Das etwas vorsichtige Vorgehen mit 5.e3 kann Schwarz als Einladung zu dem energischen Vorstoß 5...e5! verstehen. Der gegnerische Bauer wird unter Beschuss genommen.

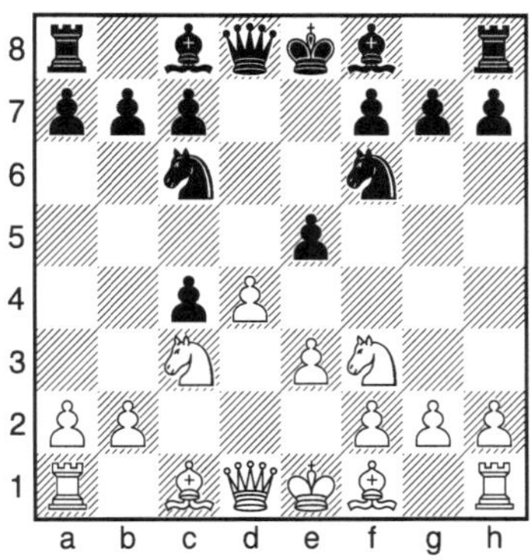

B1) Relativ oft wird nun 6.d5 gespielt, insbesondere auch im Fernschach. Nach dem kleinen Geplänkel 6...♘e7 7.♗xc4 ♘g6 können beide Seiten mittels 8.0-0 ♗d6 9.e4 0-0 an ihrer Entwicklung arbeiten. Inzwischen konnten die Könige in die sichere Rochadestellung gebracht werden.

10.♘e1 ist der Auftakt zu einem interessanten Manöver, das den Springer auf das für ihn gute Feld e3 bringen wird.

10...a6 11.a4

Gegen b7-b5 gerichtet.

11...♘e8

(Ein alternativer Plan basiert auf 11...♗d7!? mit Vorbereitung des Vorstoßes b7-b5.)

12.♘c2 f5

Der weiße Einfluss auf das Zentrum wird unterminiert und das eigene Gegenspiel energisch verfolgt.

13.exf5 ♗xf5 14.♘e3

Der Springer erreicht sein angestrebtes Feld und vertreibt den Läufer sofort in eine für ihn weniger aktive Position.

14...♗d7

Die Stellung ist sehr kompliziert. Schwarz ist anzuraten, nun mit ♖a8-b8 weiter vorzugehen und auf den Vorstoß b7-b5 zu spielen.

B2) Am häufigsten hat Weiß in der Praxis bisher allerdings 6.♗xc4 vertraut. Regelmäßig kommt es dann zu einem isolierten d–Bauern, was nicht jedermanns Sache ist. Außerdem hat es sich gezeigt, dass Schwarz recht ungefährdet zu einem ordentlichen Spiel kommt. Die folgenden Ausführungen zeigen beispielhaft auf, welche Richtung das Spiel nehmen kann.

6...exd4 7.exd4 ♗d6 8.0-0

(8.♕e2+ verspricht Weiß keinen Vorteil, was beispielhaft die Variante 8...♕e7 9.♕xe7+ ♘xe7 10.♗g5 ♗e6= bestätigen mag.)

8...0-0 9.h3 h6 10.♗e3 (10.♕c2 ♘b4 11.♕b1 ♗e6=) 10...♗f5 11.♖e1 ♖e8=

Unabhängig davon, nach welchem Plan Weiß nun weiter vorgeht, hat Schwarz genügend angemessenes Reaktionspotenzial. Die Parteien werden jetzt kurzfristig die letzten Entwicklungshandlungen vornehmen und können dann auf Augenhöhe ins Mittelspiel einbiegen.

C) Eine starke Möglichkeit ist 5.♗g5!?.

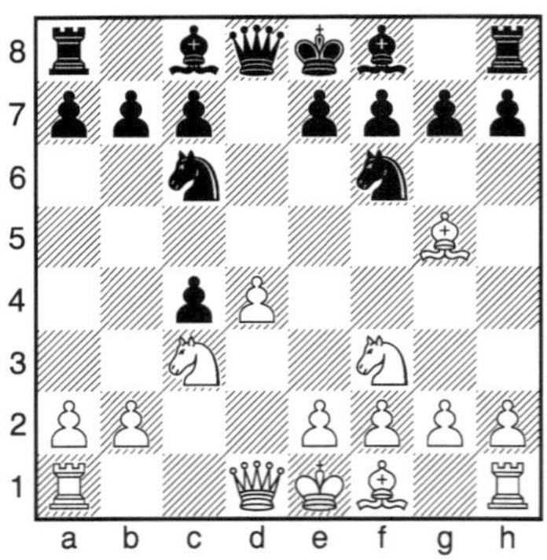

Schwarz muss daraufhin genau spielen, um nicht in Bedrängnis zu geraten. Die Praxis hat die folgende Zugfolge als für beide Seiten beste herausgearbeitet. Sie ist schon oft auf dem Brett ausgeführt worden.

5...h6 6.♗h4 a6

Der Bauer übernimmt die Kontrolle über b5. Mit dem raumgreifenden Schritt 7.e4 baut Weiß seine starke Zentrumsstellung aus. In der aktuellen Lage ist die Springerfesselung mit 7...♗g4 die aktivste schwarze Möglichkeit.

8.d5 ♘e5 9.♗g3 ♘fd7 10.♗e2 ♗xf3

Die Fesselung war aufgehoben und Schwarz tauscht den starken weißen Springer ab. Nach 11.gxf3 g5 kann der Springer nach g6 ausweichen und dann gemeinsam mit dem g-Bauern das Feld f4 ins Visier nehmen.

12.f4 ♘g6 13.fxg5 hxg5 14.♕d4 b5

Schwarz braucht Gegenspiel und richtet sein Bemühen auch auf den Damenflügel.

15.a4 e5

Der Gegenschlag im Zentrum.

16.dxe6 fxe6 17.axb5 axb5 18.0-0 ♖xa1 19.♖xa1 c6

Die Situation ist kompliziert. Schwarz hat einen Bauern mehr, Weiß Kompensation über seine aktive Aufstellung und das Läuferpaar.

II. 3.cxd5 ♕xd5

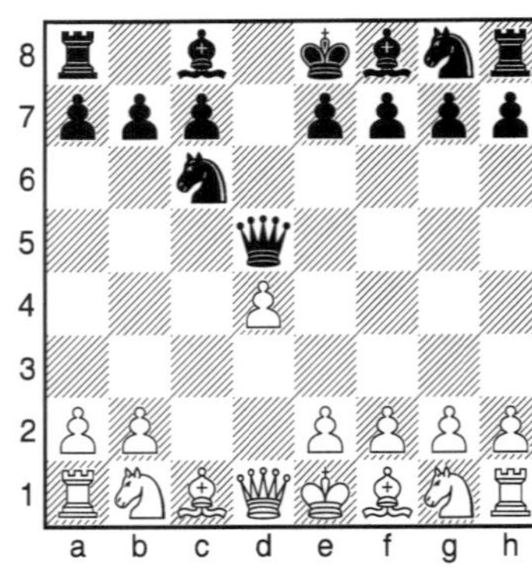

Hier muss Schwarz besonders mit 4.♘f3 und 4.e3 rechnen. In beiden Fällen hat er mit 4...e5 einen spitzen Pfeil im Köcher.

A) Nach 4.♘f3 spielt Schwarz also mutig 4...e5! und sagt seinem Gegner damit, wo es langgeht. Die Partie kann dann beispielsweise die Richtung 5.dxe5 ♕xd1+ 6.♔xd1 ♗g4 nehmen.

(Möglich ist aber auch 6...♗f5, zum Beispiel mit der Folge 7.♘c3 0-0-0+ 8.♗d2 ♘ge7 9.e4 ♗g4 und Schwarz erobert den e–Bauern zur Wiederherstellung des materiellen Gleichgewichts zurück.)

Nach 7.♗f4 ♘ge7 8.♘bd2 ♘g6 9.♗g3 0-0-0 10.♖c1 ♗b4 hat Schwarz sich gute Perspektiven erarbeitet.

B) Auch nach 4.e3 ist 4...e5!, wie bereits angekündigt, eine sehr gute Antwort. Mit 5.♘c3 entwickelt Weiß seinen Springer unter gleichzeitigem Angriff auf die gegnerische Dame, was häufig mit einem Tempogewinn verbunden ist. Hier aber kann Schwarz den Springer mit 5...♗b4 fesseln und nach 6.♗d2 mit 6...♗xc3 schlagen, so dass die Bedrohung der Dame auf diese Weise aufgelöst wird.

Wir erlauben uns an dieser Stelle einen allgemeinen kleinen Hinweis. Wenn eine Figur von einer weniger wertvollen angegriffen und diese durch eine Fesselung am Schlagen gehindert wird, ist dies ein sehr gutes taktisches Mittel. Es gilt aber aufmerksam zu bleiben und Vorsicht walten zu lassen. Sobald die Fesselung aufgehoben ist, wird die Bedrohung plötzlich akut und muss regelmäßig sofort pariert werden.

7.♗xc3 exd4 8.♘e2 ♘f6 9.♘xd4

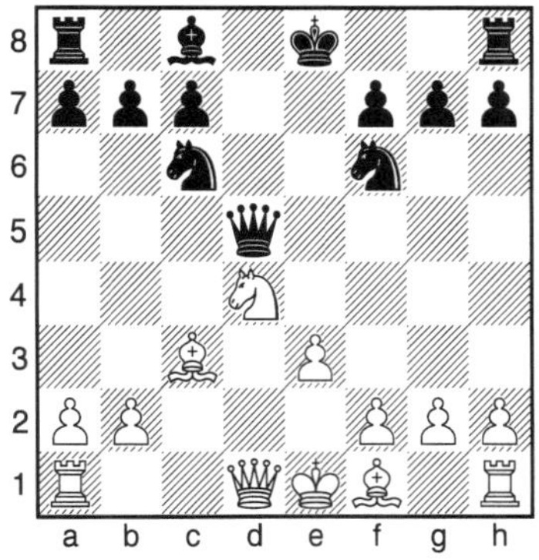

Hier ist die sichere Vorgehensweise mit 9...0-0 unsere Empfehlung an den lernenden Schachfreund. Der König wird gesichert, bevor andere Teilziele verfolgt werden.

(Eine ganz andere Strategie verfolgt Schwarz, wenn er 9...♗d7 spielt. Hier beabsichtigt er grundsätzlich die lange Rochade. Nach 10.♘b5 droht der Springer mit dem Einschlag auf c7 und gibt den Weg zwischen den Damen frei. Nach 10...♕xd1+ 11.♖xd1 0-0-0 12.♗xf6 gxf6 kann es beispielsweise mit 13.♗e2 a6 14.♘c3 ♗f5 weitergehen. Auch wenn sich die Stellung im Bereich des Ausgleichs befindet, ist sie für Schwarz nicht leicht zu spielen. Der noch wenig erfahrene Spieler kann leicht in Nachteil geraten, auch vor dem Hintergrund seines Doppelbauern auf der f–Linie.)

Nach 10.♘b5 führt 10...♕g5!? zu einem komplizierten Spiel.

(Es geht aber auch 10...♕xd1+ 11.♖xd1 ♘e8 mit Deckung des ♙c7 und nun beispielsweise 12.♗c4 a6 13.♘d4 ♘xd4 14.♗xd4 ♘d6. Die Ergebnisse aus der Praxis bestätigen, dass Schwarz sich aus dieser Position heraus ordentlich verteidigen kann.)

Nach 11.♘xc7 ♗g4 12.♕b3 ♖ab8 hat Schwarz genügend Kompensation für den Minderbauern. Von Bedeutung ist dabei auch, dass der weiße König noch nicht rochiert hat.

III. 3.e3

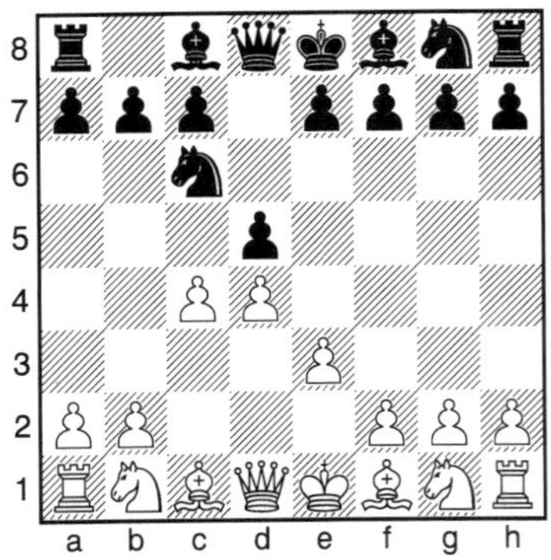

Erneut ist der „alte Bekannte“ 3...e5 eine gute Wahl.

(Schwarz kann aber auch eine ruhige Entwicklung mit 3...e6 4.♘f3 ♘f6 5.♘c3 ♗b4 anstreben.)

4.dxe5 d4!

A) Nicht selten entscheidet sich Weiß zugunsten von 5.a3. Schwarz kann sich dann nach dem Muster der nachfolgenden Variante aufbauen.

5...♘ge7

Der Springer wird bei Gelegenheit nach g6 gebracht.

6.♘f3 ♗g4 7.♗e2

(Zum Ausgleich führt 7.exd4 ♗xf3 8.♕xf3 ♕xd4=.)

7...dxe3 8.♕xd8+ ♖xd8 9.♗xe3 ♘g6

Es sind die Vorbereitungen getroffen, das Spiel auszugleichen. Nach den weiteren Zügen 10.♘c3 ♘gxe5 11.♘xe5 ♘xe5 12.♗xg4 ♘xg4 13.♗f4 ♗d6 ist eine Stellung mit einander entsprechenden Chancen erreicht.

B) Nach 5.exd4 ♕xd4 6.♕xd4 ♘xd4 hat Weiß scheinbar einen Vorteil in der Form eines Mehrbauern erreicht. Es ist aber noch zu früh für eine Bewertung dieser Variante.

7.♗d3

Auf Entwicklung gespielt.

7...♘e7

(Nicht schlecht für Schwarz ist 7...♗g4 mit beispielsweise der Folge 8.f3 ♗e6 9.♘e2 0-0-0 usw.)

8.♘e2 ♗f5 9.♘xd4 ♗xd3 10.♘a3 ♘g6

Schwarz bekommt seinen Bauern zurück, verbunden mit einem guten Spiel.

3...♗g4

So verstärkt Schwarz den Druck gegen die Felder d4 und e5.

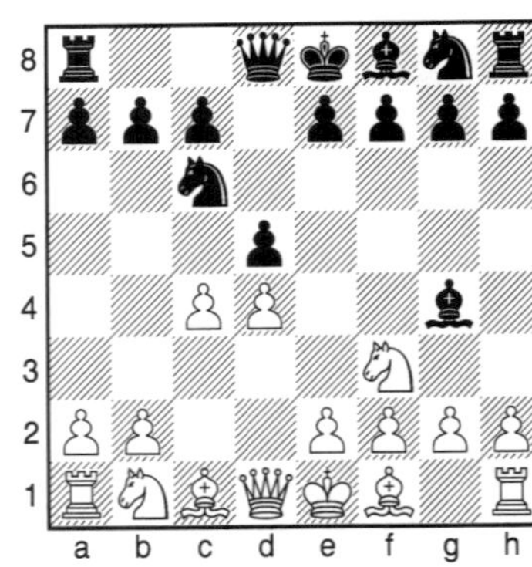

Wie schon in vorhergehenden Nebenvarianten und damit einmal mehr auch hier ist 3...e5!? eine aggressive und mit Chancen verbundene Alternative.

4.dxe5

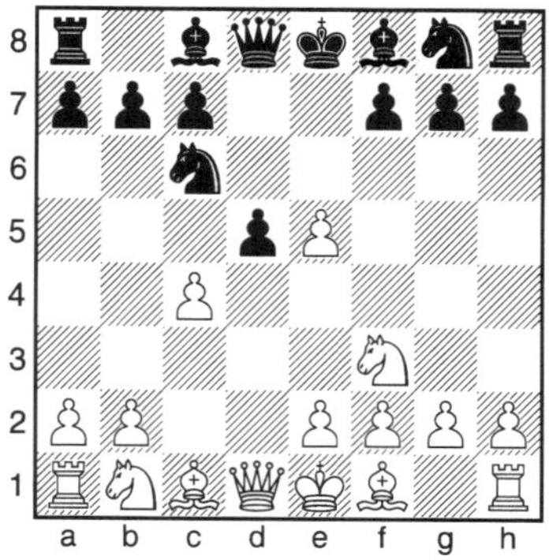

Mit 4...♗b4+ und 4...d4 stehen hier zwei Fortsetzungen zur Verfügung, die Schwarz gute Gegenchancen einbringen und auch vom noch wenig erfahrenen Spieler beherrscht werden.

(Werfen wir zuvor aber noch einen kurzen Blick zurück auf die Möglichkeit, dass Weiß mit dem Springer auf e5 schlägt. Nach 4.♘xe5 ♘xe5 5.dxe5 kann Schwarz das Duell mit 5...d4! in zweischneidige Bahnen lenken, die ihm ein gutes Gegenspiel versprechen.)

A) Nach 4...d4 ist das Fianchetto mit 5.g3 die mit Abstand beliebteste weiße Antwort.

(Rechnen muss Schwarz aber auch mit 5.a3, woraufhin er seine Kräfte nach dem folgenden Muster entwickeln kann: 5...♗g4 6.♘bd2 a5.

Dieser raumgreifende Schritt unterbindet ein sofortiges b2-b4.

7.h3 ♗h5 8.g3

Der auf d4 platzierte schwarze Bauer veranlasst Weiß auch hier, seinen Läufer nach g2 zu entwickeln.

8...♗c5 9.♗g2 ♘ge7 10.0-0 0-0

Das Siel ist sehr kompliziert. Schwarz steht aktiv, hat aber einen Bauern weniger.)

Nach 5...♘ge7 6.♗g2 ♘g6 kann Weiß seinen Mehrbauern nicht halten. Mit 6...♘g6 nimmt Schwarz den Rückgewinn in Angriff und gibt zugleich dem ♗f8 wieder den Ausblick frei.

7.0-0 ♘gxe5 8.♘xe5 ♘xe5 9.b3

In der Folge kann der schwarzfeldrige Läufer je nach Bedarf nach b2, aber auch (weiter) nach a3 geführt werden.

9...♗c5 10.♗b2 0-0 11.♘d2 a5

Der Bauer räumt das Feld a7, das für den Läufer gebraucht wird. Nach 12.♘e4 ♗a7 13.♕d2 ♘c6 14.♗a3 ♖e8 15.♖fd1 ♗g4 kommt Schwarz mit dem Manöver ♕d8-d7 und ♖a8-d8 zu einem aktiven Spiel.

B) Mit 4...♗b4+ zwingt Schwarz seinen Gegner zur sofortigen Parade des Schachgebotes. Nach 5.♗d2 dxc4 6.e3 sollte er 6...♗e6 spielen.

(Hier mag sich die Frage stellen, warum Schwarz auf den logisch erscheinenden Vorstoß seines b-Bauern verzichten soll. Dieser aber ist tatsächlich nicht zu empfehlen, denn 6...b5 beantwortet Weiß stark mit 7.a4!)

7.♕c2 ♕d5

(Erneut wäre 7...b5 nicht gut. Hier aber lässt Weiß nicht seinen a-Bauern marschieren, sondern spielt 8.b3!. Dem Abtausch 8...♗xd2+ 9.♘bxd2 kann die Variante 9...♘b4 10.♕c3 ♘d3+ 11.♗xd3 ♕xd3 12.♕xd3 cxd3 13.♘d4 folgen, die zu einem weißen Vorteil führt.)

Weiß kann nun mit 8.♗xb4 ♘xb4 9.♕a4+ ♘c6 die Lage am Damenflügel klären und mit 10.♘c3 mit Tempogewinn weiter an der Aktivierung seiner Kräfte arbeiten. Anschließen kann sich beispielsweise 10...♕c5 11.♘d4

♗d7 12.♕b5 ♕xb5 13.♘cxb5 ♘xd4 14.♘xd4, woraufhin Schwarz mit 14...c5 und nach 15.♘f3 mit 15...b5 seine Position am Damenflügel verstärken kann. Nach möglicherweise 16.a4 bxa4 17.♗xc4 ist 17...♔e7 ein interessanter und guter Weg, die aktiven Möglichkeiten zu verbessern. Angesichts der reduzierten gegnerischen Kräfte bedarf der König der Sicherheit einer Rochadestellung nicht mehr. In der Folge kann Schwarz seinen Springer via h6 ins Spiel bringen und ♖a8-b8 folgen lassen. Auf diese Weise verschafft er sich ein ausreichendes Gegenspiel.

4.♘c3

Der Springer kommt mit Tempo ins Spiel. Es droht das Schlagen auf d5. Als Alternativen kommen vor allem 4.cxd5 und 4.e3 in Betracht.

I. Nach 4.cxd5 nimmt Schwarz mit 4...♗xf3 einen Verteidiger des ♙d4 vom Brett und gibt dafür das Läuferpaar auf.

A) 5.gxf3 ist die in der Praxis am häufigsten vorkommende weiße Antwort.

5...♕xd5

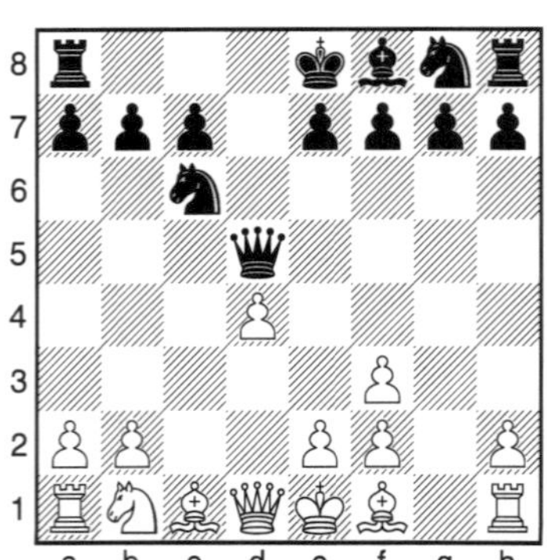

Mit 6.e3 sorgt der Bauer für die Deckung seines auf d4 stehenden Kollegen und macht den Weg für den Königsläufer frei.

6...e5

Dies ist das Standardvorgehen gegen das weiße Zentrum.

(Spielbar ist auch 6...e6!?, woraufhin die beispielhafte Zugfolge 7.♘c3 ♕h5 8.♗d2 0-0-0 zu einer Stellung mit beiderseitigen Chancen führt.)

Mit 7.♘c3 attackiert der Springer die Dame, wird aber sogleich mit der Fesselung nach 7...♗b4 wieder ausgebremst. Mit 8.♗d2 lässt Weiß die Bedrohung wieder aufleben, so dass Schwarz mit dem drastischen Schritt 8...♗xc3 dem Hin und Her ein dauerhaftes Ende setzt.

9.bxc3 exd4

(Nicht schlecht ist auch 9...♕d6, womit Schwarz ein zweites Standbein für diese Stellung hat. Nach beispielsweise 10.♖b1 b6 11.f4 exf4 12.e4 ♘ge7 13.♕f3 0-0 14.♗xf4 ♕a3 verfügt er über gute Gegenchancen am Damenflügel.)

Nach 10.cxd4 ♘ge7 geht es um den baldigen Abschluss der Entwicklung.

11.♗e2 0-0 12.♕b3 ♕xb3 13.axb3 ♖fd8

Die Ergebnisse aus der Turnierpraxis bestätigen, dass die schwarzen Verteidigungsressourcen für ein erfolgreiches Bestehen ausreichen.

B) Nach 5.exf3 ♕xd5 ist der ♙d4 doppelt angegriffen, was Weiß zu 6.♗e3 veranlasst.

6...e6 7.♘c3 ♗b4

Schwarz fängt die Bedrohung seiner Dame ab, indem er den Angreifer fesselt. Damit legt er sich zugleich auf den

Abtausch Läufer gegen Springer für den Fall fest, dass Weiß a2-a3 spielt. Die Stellung nach 8.a3 ♗xc3+ 9.bxc3 ist unter anderem davon geprägt, dass Weiß das Läufer- und Schwarz das Springerpaar hat. Ob dies für eine Seite einen Vorteil bedeutet, hängt davon ab, wie wirksam die Figuren ins Geschehen eingreifen können.

9...♘ge7

(Es geht auch 9...♘f6 mit beispielsweise der Folge 10.c4 ♕d7 11.♕d2 0-0 und dem völligen Ausgleich der Stellung.)

Nach 10.♖b1 ♖b8 11.♗d3 0-0 sollten sich die schwarzen Springer gegen das weiße Läuferpaar behaupten können.

C) Der Versuch 5.dxc6 ♗xc6 kann Schwarz kaum vor Probleme stellen. Mit 6.♘c3 und der beispielhaften Folge 6...e6 7.e4 ♗b4 8.f3 kann Weiß ein festes Bauernzentrum aufbauen. Das Manöver 8...♕h4+ 9.g3 ♕f6 10.♗e3 0-0-0 veranschaulicht, wie es schnell von Schwarz unter Druck gesetzt werden kann. Schwarz steht ausgezeichnet.

II. 4.e3 kontert Schwarz am besten mit dem sofortigen Zentrumsvorstoß 4...e5.

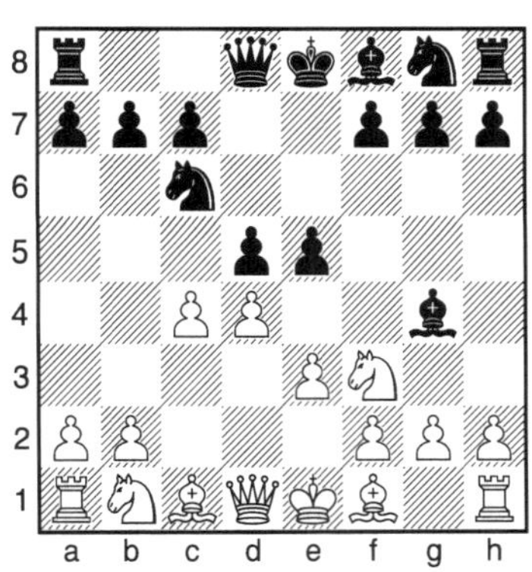

Er muss dann mit mehreren weißen Antworten rechnen, von denen 5.♕b3 und 5.dxe5 in erster Linie einen eigenständigen Charakter haben.

A) 5.♕b3 Die Dame löst die Fesselung auf, womit die Drohung e5-e4 pariert ist. 5...♗xf3

(Die Variante 5...♗b4+ 6.♗d2 ♗xf3 7.♗xb4 führt in eine für Weiß bequem zu spielende Lage.)

Nach 6.gxf3 ♘ge7 deckt der Springer den ♙d5, der nach 7.♘c3 dann aber doch im Abtausch gegen den weißen c-Bauern das Brett verlassen wird.

7...exd4 8.♘xd5 ♖b8 9.e4

Weiß hält seinen Zentrumseinfluss fest und hofft darauf, den ♙d4 erfolgreich attackieren zu können.

9...♘e5

Mit c5 wartet ein sehr gutes Feld auf den Springer. Er macht zudem das Feld c6 frei, von dem aus der ♘d5 vertrieben werden kann. Schwarz nimmt in Kauf, dass sein Gegner in der Zwischenzeit seine Entwicklung voranbringen und sein Bauernzentrum verstärken kann.

Nach 10.f4 ♘d7 11.♗d3 ♘c5 12.♕d1 c6 13.♘xe7 ♗xe7 kann Weiß stark mit 14.♖g1 fortsetzen, Schwarz ebenfalls stark mit 14...0-0 reagieren. Die Chancen beider Seiten sind in etwa ausgeglichen.

B) 5.dxe5 dxc4 6.♕a4

(Die Vereinfachung 6.♕xd8+ ♖xd8 7.♗xc4 ♘xe5! wäre günstig für Schwarz.)

6...♗xf3

(Spielbar ist auch 6...♕d7!? 7.♗xc4 0-0-0 usw.)

7.gxf3 ♕d5 8.♘c3

(Nach 8.♗e2 kann Schwarz entweder lang rochieren oder auch einfach mit der Dame auf e5 schlagen.)

Nach 8...♕xf3 9.♖g1 ♕h5 10.♗g2 ♘ge7 kann Schwarz 0-0-0 folgen lassen. Seine Perspektiven sind jenen von Weiß mindestens ebenbürtig.

4...e6 5.cxd5 exd5

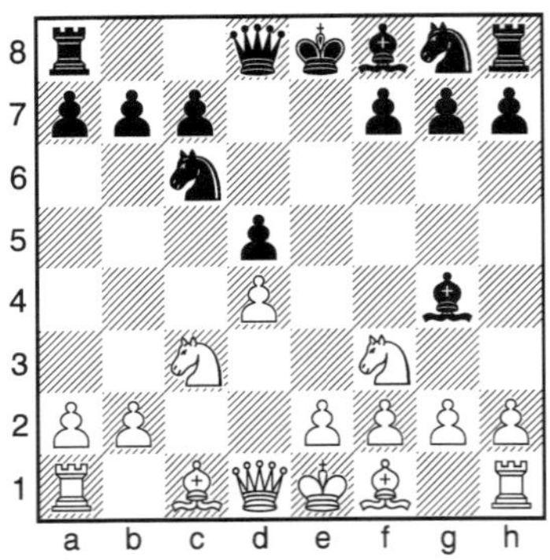

6.♗f4

6.♗g5 muss Schwarz ebenfalls nicht fürchten. Mit 6...♗e7 zwingt er Weiß zur sofortigen Entscheidung, wie es weitergehen soll. Diese ist in beide Richtungen möglich – Rückzug und Abtausch.

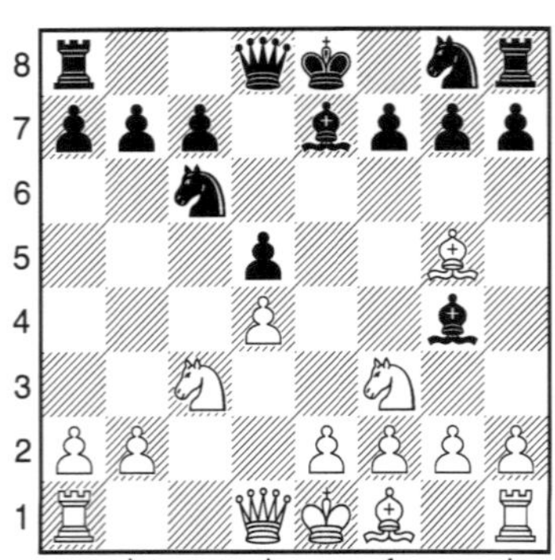

A) 7.♗f4

In der Konsequenz hat 6.♗g5 nur dazu geführt, dass Schwarz seinen Läufer unter Einsparung eines Zugrechts nach e7 entwickeln konnte. Je nach Fortgang kann sich diese aber auch als Luftnummer erweisen. Dies ist beispielsweise dann der Fall, wenn Schwarz den Läufer auf e7 doch nicht so gut platziert sieht und ihn auf der Diagonale a3-f8 weiter nach vorne beordert.

7...♘f6

(Möglich ist auch 7...♗f6 8.e3 ♘ge7 nebst 0-0 usw.)

8.e3 0-0 9.♗e2 h6

Der Bauer übernimmt die Kontrolle über das Feld g5. (9...♗d6 10.♗g5!)

10.0-0 ♗d6 11.♗xd6 ♕xd6 12.♕b3 ♘d8

Die schwarze Stellung ist solide. Kurzfristig weiter verbessern kann er sie nach dem Plan c7-c6, b7-b6, ♘d8-e6 usw.

B) Nach 7.♗xe7 ♘gxe7 schließt sich regelmäßig eine Phase einer relativ ruhigen Entwicklung an. Weitergehen kann es beispielsweise mit 8.e3 0-0 9.♗e2.

(Nach 9.h3 ♗h5 10.♗e2 ♕d6 11.0-0 a6 12.♖c1 kann Schwarz seinen Springer von c6 via d8 nach e6 bringen und mit seiner Stellung sehr zufrieden sein.)

Nach 9...♕d6 strebt Schwarz auch das Manöver ♘c6-d8-e6 an, das die Dame mit der Freigabe ihres Ausgangsfeldes ermöglicht.

10.0-0 ♘d8 11.♘e5

(Reizen kann Weiß auch 11.♘b5, womit er die Dame anrempelt. Auf einen

Vorteil kann er in dieser Variante jedoch nicht hoffen. Folgen kann beispielsweise 11...♕b6 12.♘e5 ♗xe2 13.♕xe2 a6 14.♘c3 ♕d6= und Weiß hat nichts Zählbares erreicht.)

Nach 11...♗xe2 12.♕xe2 c6 hat Schwarz sich alle Chancen bewahrt. Mit ♘d8-e6 kann er die Umsetzung seines Plans mit dem Springer abschließen und aus einer soliden Stellung heraus das Mittelspiel angehen.

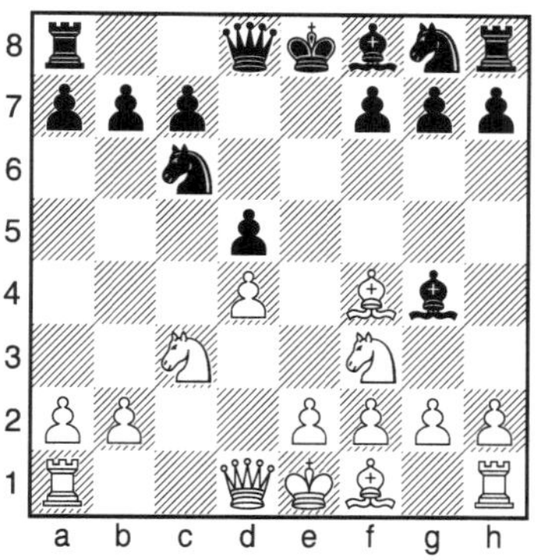

6...♗xf3

Dies ist der einfachste Weg zum Ausgleich.

Spielbar ist auch der Entwicklungszug 6...♗d6, der die Wirkung des weißen ♗f4 neutralisiert. Da wir uns für 6...♗xf3 aussprechen, beschränken wir uns – den Charakter dieses Buches bewahrend – auf eine etwas reduzierte Darstellung dieser Möglichkeit, die Schwarz die Gelegenheit für eine flexiblere Behandlung des Systems einräumt.

Nach 7.♗g3 ♘ge7 8.e3 muss Schwarz sich entscheiden.

A) 8...♕d7 9.♗e2 0-0 10.♗xd6 ♕xd6 11.0-0 ♘d8 12.♘b5 ♕b6 13.♘e5 ♗xe2 14.♕xe2 c6 15.♘c3 ♖e8 mit gleichem Spiel.

B) 8...0-0 9.♗e2 ♘f5 10.♕b3 ♘xg3 11.hxg3 ♗e6 12.0-0-0

(12.♕xb7 ♘b4 13.0-0 ♖b8 14.♕xa7 ♖a8=)

12...♖b8 13.♖h5 h6 14.♖dh1 ♗e7

(Auch in Erwägung zu ziehen ist 14...♘e7!? mit der Idee, nach c7-c5 ein Gegenspiel am Damenflügel aufzuziehen.)

15.♔b1 ♕d6 mit beiderseitigen Chancen.

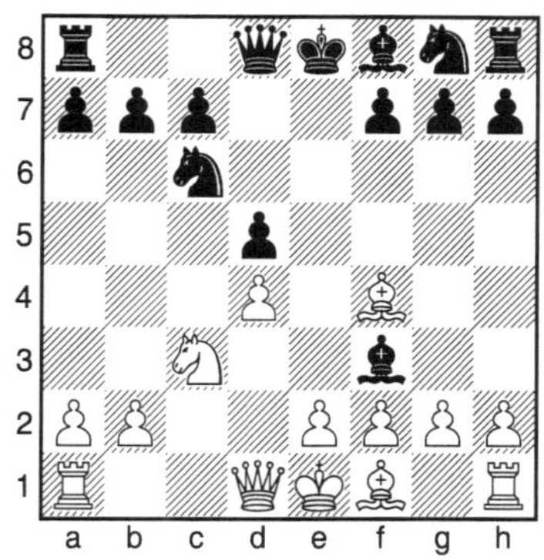

7.exf3

Dieser Zug hat in jüngerer Zeit an Aufmerksamkeit gewonnen. Mit ihm verbindet sich auch ein gewisses Überraschungspotenzial, weil der „allgemeinen Lehre entsprechend" zumeist das Schlagen in Richtung Zentrum besser ist.

7.gxf3 ist bisher klar am häufigsten in der Praxis ausgeführt worden. Auch damit aber kommt Schwarz gut zurecht.

7...♗d6

Wieder neutralisiert der schwarze Läufer die Wirkung seines weißen Gegenübers.

8.♗g3 ♘ge7

(Schwarz darf nicht übersehen, dass 7...♗d6 dem ♙d5 die Deckung durch die Dame entzogen hat, was der Springer nun ausgleicht.)

9.e3 a6

Der Bauer hält die schwarze Flanke frei.

10.a3

Das Gleiche gilt nun für den ♙a3, nur für die andere Seite.

10...h5

Der Bauer soll den Läuferabtausch oder aber eine Schwächung der weißen Bauernstellung provozieren.

Nach 11.♕c2 h4 12.♗xd6 ♕xd6 kann Schwarz 0-0-0 folgen lassen. Die Kontrahenten gehen mit verteilten Chancen in die nächste Phase der Partie.

7...♗d6

7...♗b4 8.♗b5 ♘ge7 9.0-0 0-0=

8.♘xd5

Nach 8.♗e3 kann Schwarz seinen ♘g8 sowohl nach e7 als auch nach f6 entwickeln.

8...♗xf4 9.♘xf4

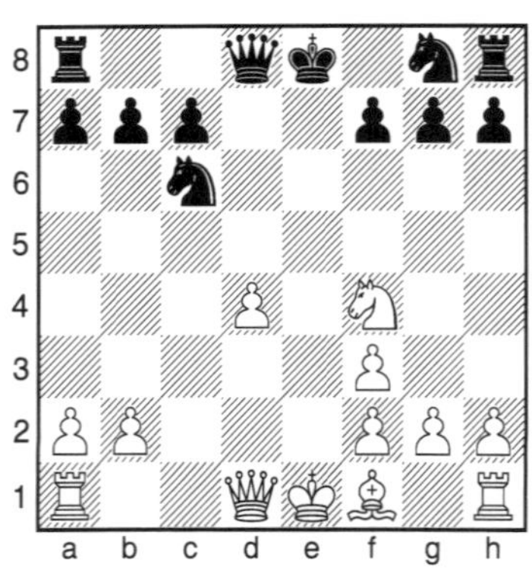

9...♕d6

Schwarz kann auch auf Vereinfachung mit 9...♕xd4 10.♕xd4 ♘xd4 spielen. Nach beispielsweise 11.0-0-0 0-0-0 12.♗c4 ♘h6 13.♖he1 ♖d6 ist seine Stellung voll verteidigungsfähig.

10.g3

Weiß verbindet die Deckung seines Springers mit der Option, seinen Läufer nach h3 zu führen.

10...0-0-0

Wenn Schwarz jetzt nicht lang rochiert, kann Weiß ihn mit ♗f1-h3 daran hindern oder ihm die Umsetzung seines Plans zumindest erschweren.

11.♗h3+ ♔b8 12.0-0 ♘xd4

Schwarz steht gut.

Zusammenfassung: Die Idee der Tschigorin-Verteidigung liegt darin, über eine frühzeitige Entwicklung des Damenspringers den auf d4 stehenden weißen Bauern anzugreifen und mit e7-e5 aktiv im Zentrum vorzugehen. Der Hauptplan von Schwarz sieht vor, auf ♘g1-f3 mit ♗c8-g4 fortzusetzen und so weiteren Druck gegen d4 auszuüben.

Die Tschigorin-Verteidigung ist eine starke Waffe gegen das weiße Spiel und reich an interessanten Ideen.

Kapitel 5

Wiener Variante

1.d4 d5 2.c4 e6 3.♘f3 ♘f6 4.♗g5 ♗b4+

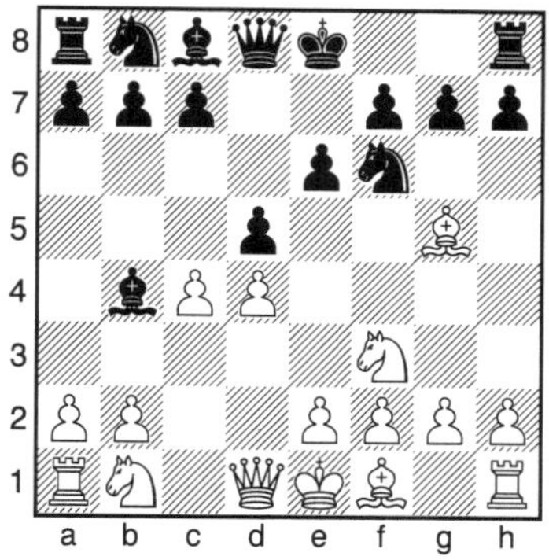

Die hiermit eingeleitete Verteidigung trägt den Namen Wiener Variante. Sie wurde von Wiener Spielern ausgearbeitet, was zu dieser Namensgebung führte. Zum schwarzen Plan gehören die Züge d5xc4 und c7-c5.

Wer diese Spielweise wählt, muss sich darauf einrichten, dass die Partie teilweise sehr taktisch geprägte Wege nehmen kann. Nicht zuletzt mit den schwarzen Steinen sollte man bereit sein, sich im Rahmen der Vorbereitung zumindest bestimmte Manöver genau anzuschauen und einzuprägen, um in hitzigen Situationen bekannte Ressourcen nicht am Brett finden zu müssen.

5.♘c3

Weiß wehrt das Schachgebot mit einem logischen Entwicklungszug ab.

Auf 5.♗d2 spielt Schwarz 5...♗e7 woraufhin der Läufer auf d2 wenig aktiv steht.

5...dxc4

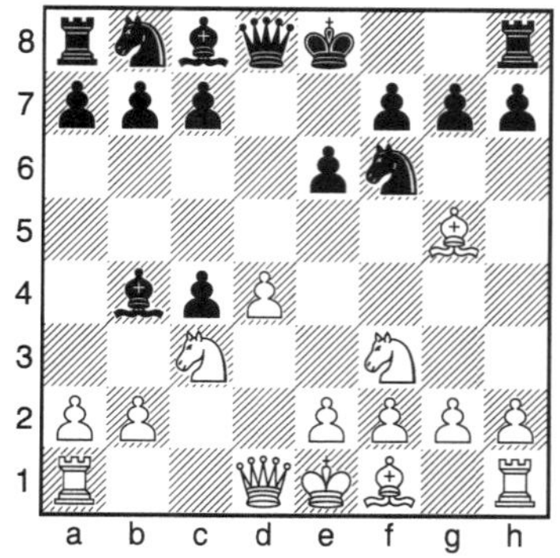

6.e4

Ohne ein energisches Vorgehen erreicht Weiß nichts. Eine gewisse Bedeutung haben in der Praxis die Alternativen 6.e3 und 6.♕a4+. Die damit erzielten Ergebnisse sind als allenfalls mäßig zu bezeichnen. Die nachstehenden kurz gefassten Erläuterungen veranschaulichen, wie Schwarz auf beide Versuche reagieren kann.

I. 6.e3

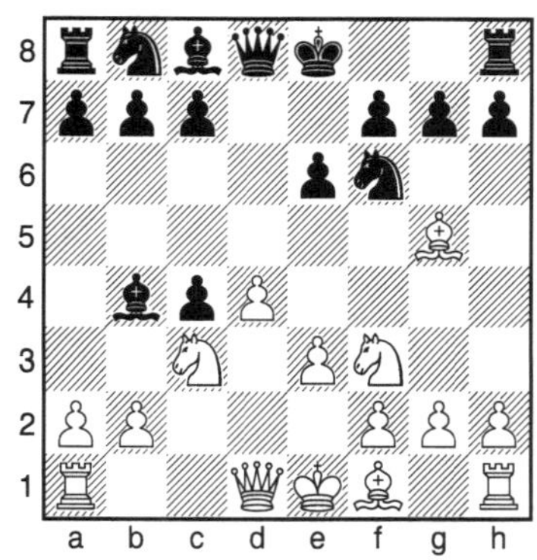

6...b5

Das ruhige gegnerische Handeln erlaubt es Schwarz, Weiß den schnellen Rückgewinn des Bauern zu verwehren. Dabei gewinnt er Zeit, um seine eigene Entwicklung voranzutreiben.

7.a4

Der Bauer soll die schwarze Formation destabilisieren, doch Schwarz antwortet mit 7...c6 und behält die Kontrolle.

8.♗e2

Der Läufer wird zwar aktiviert, doch bleibt seine Wirkung zumindest zunächst bescheiden.

(Auch nach 8.♘d2 mit der Idee, den Königsläufer via e2 nach f3 zu führen, erreicht Weiß nichts. Mit 8...♗b7 aktiviert Schwarz seinen Läufer, dessen Ausblick auf der Diagonale c8-h3 durch den ♙e6 begrenzt ist, auf natürliche Weise.

9.♗e2 a6 10.♗f3

Weiß hat sein kleines Manöver abgeschlossen, beißt aber nach 10...♕b6 auf Granit.)

8...♘bd7 9.0-0 ♕b6

Mit seinem 9. Zug hat Weiß seinen ♘c3 entfesselt, so dass der ♙b5 akut bedroht war. Die schwarzen Ambitionen auf ein aktives Spiel konzentrieren sich aktuell auf den Damenflügel. Auf diesen begibt sich die Dame folgerichtig, indem sie sofort die konkrete Aufgabe zum Schutz des ♙b5 übernimmt.

10.♕c2

(Auf die Vertreibung des Läufers mit 10.♘a2 ist der Rückzug 10...♗d6! stark.)

Schwarz kann nun die Entwicklung mit 10...0-0 und auf beispielsweise 11.♘d2 mit 11...♗b7 fortsetzen. Es steht ihm dann ein weiteres Vorgehen nach dem Plan a7-a6 und c6-c5 offen, das ihm ein gutes Spiel sichert.

II. Da Schwarz nach 6.♕a4+ zugleich das Schachgebot abwehren und seinen ♗b4 retten muss, ist 6...♘c6 die einzige mögliche Reaktion. Damit ist der c-Bauer verstellt, so dass Weiß auf den hier verzögerten Vorstoß 7.e4 nicht mit c7-c5 rechnen muss. Auf 7...♗d7 muss er sich aber um seine Dame kümmern.

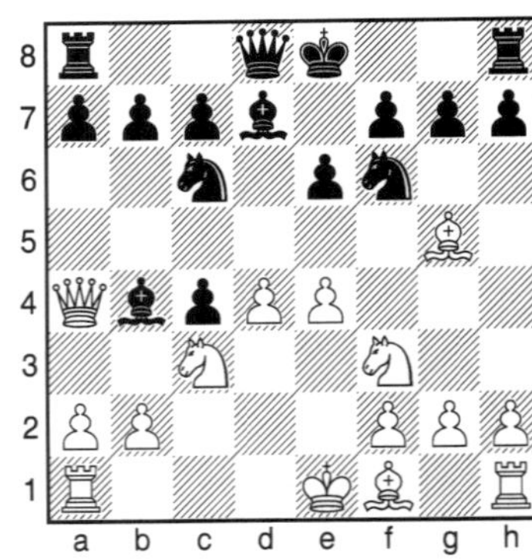

Am besten beordert Weiß seine Dame mit 8.♕c2 zurück.

(Nach 8.♕d1 steht die Dame deplatziert. Allerdings zeigt sich dies erst über eine lange Variante, die sehr taktisch geprägt und zugleich scharf wie ein Rasiermesser ist. Sie ist nicht nur theoretischer Natur, sondern mehrfach auf der Turnierbühne ausgeführt worden.

Mit 8...b5 deckt Schwarz den ♙c4 und ignoriert dabei, dass sein ♘f6 gefesselt ist und mit e4-e5 angegriffen werden kann, was sonst in vielen Fällen einen Figurenverlust bedeutet.

9.e5 h6

Er kontert den Angriff auf seinen Springer mit einem Gegenangriff.

10.♗h4 g5 11.♘xg5 hxg5 12.♗xg5

Nun sieht es so aus, als könne sich Weiß die Figur mit Vorteil zurückholen. Wegen der Stellung der Dame auf d1 wird nun aber überraschend 12...♘e4! möglich. Nach 13.♗xd8 ♘xc3 14.bxc3 ♗xc3+ 15.♔e2 ♘xd4+ 16.♔e3 ♖xd8 steht Schwarz auf Gewinn.

Wir bilden die Variante in dieser Länge ab, weil die Entscheidung über ihre Qualität entsprechend vertagt werden musste. Zudem haben die in ihr erkennbaren Motive insbesondere für Schwarz einen Beispielcharakter für ähnliche Abläufe.)

8...h6

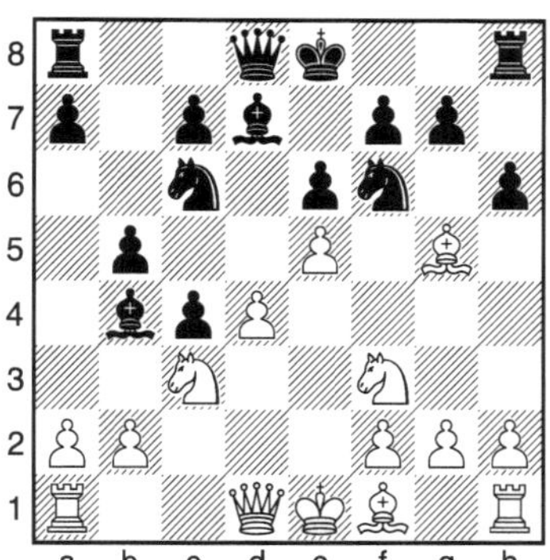

9.♗d2

(9.♗h4 g5 10.♘xg5 funktioniert hier nicht. Nach 10...hxg5 11.♗xg5 ♘xd4 kann Weiß fast schon aufgeben. Nach beispielsweise 12.♕d1 ♗c6 13.e5 ♘d5 14.♗xd8 ♘xc3 usw. geht er unter.)

Nach 9...b5 hat Schwarz für mindestens den Stellungsausgleich seinen Fuß in der Tür. Auf beispielsweise 10.♘xb5 wird die folgende in weitem Rahmen forcierte Abwicklung mit 10...♗xd2+ 11.♘xd2 usw. möglich.

(11.♕xd2 bringt Schwarz die Chance ein, einen Vorteil herauszuspielen, so etwa in der Variante 11...♘xe4 12.♕f4 ♘d6 13.♘xd6+ cxd6 14.♕xd6 ♕a5+ 15.♘d2 c3 usw.)

Nach 11...a6 12.♘a3 ♘xd4 13.♕xc4 ♗b5 kann sich die plausible Fortsetzung 14.♘xb5 axb5 15.♕c5 ♕d6 16.♗xb5+ ♔e7 17.♕xd6+ cxd6 anschließen und nach 18.♗d3 ♖hb8 erobert Schwarz seinen Bauern zurück, verbunden mit besseren Aussichten. Auf beispielsweise 19.♘c4 lässt er 19...d5! folgen.

6...c5

Dieses konsequente Vorgehen gehört zum zentralen schwarzen Plan in dieser Variante. Schwarz greift das weiße Bauernzentrum an.

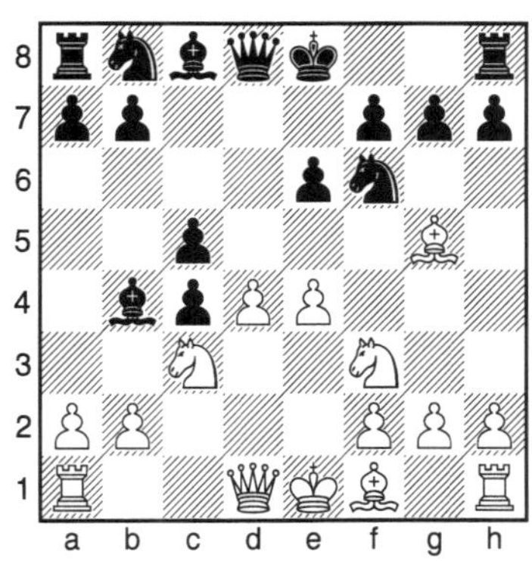

7.♗xc4

Hier kann Weiß die Partie mit 7.e5!? in taktischer Hinsicht dynamisieren. Wie an anderer Stelle oben, kann sich Schwarz mit einem Gegenangriff auf den Läufer verteidigen, also mit 7...h6.

Nach 8.exf6 hxg5 9.fxg7 ♖g8 sieht der schwarze Königsflügel sehr ramponiert aus. Der Rückschluss, dass Schwarz deshalb im Nachteil ist, lässt sich daraus aber nicht ziehen. Die auch nach der Praxis aussichtsreichste Fortsetzung für Weiß ist nun 10.♕c2 ♕f6. Die Dame wird unter einer Verstärkung der Bedrohung des ♙d4 aktiviert. Hier kann Weiß der Partie sehr unterschiedliche Richtungen geben. Insbesondere stehen ihm hierfür die Alternativen 11.dxc5, 11.0-0-0 und 11.a3 zur Verfügung.

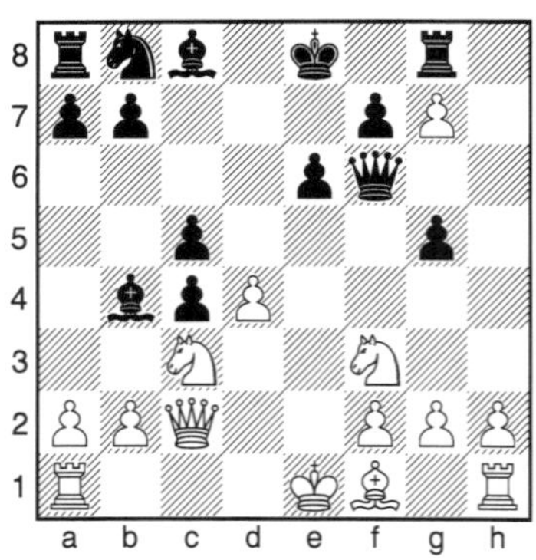

A) Zu 11.dxc5 gibt es nur ganz wenig Material aus der Praxis. In den wenigen vorhandenen Partien nahm das Duell einen Verlauf über die plausible Zugfolge 11...♘d7 12.♗xc4 ♗xc3+ 13.bxc3 usw.

(Der Abtausch der Damen über 13.♕xc3 ♕xc3+ 14.bxc3 erleichtert Schwarz die Verteidigung. Nach 14...g4 führt die Beispielvariante 15.♘d4 ♘xc5 16.h4 ♖xg7 17.0-0 ♗d7 in ein ausgeglichenes Endspiel und veranschaulicht das schwarze Vorgehen.)

13...♘xc5 14.0-0

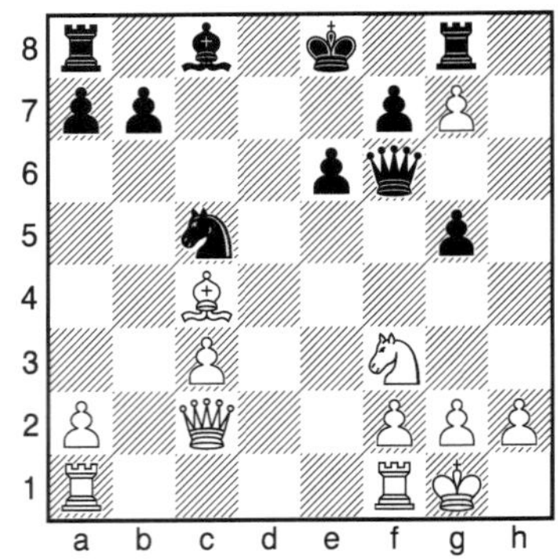

A1) Nach 14...♖xg7 steht die Partie materiell wieder gleich.

15.♖fe1 ♗d7 16.♖ab1

(Nach 16.♘e5 kann Schwarz zwischen 16...0-0-0 oder 16...♕e7 wählen.)

Nach 16...♔f8 steht Weiß im anstehenden komplizierten Endspiel etwas aktiver. Die schwarze Position ist aber verteidigungsfähig, so dass der Ausgang der Partie offen bleibt. Wenn es mit 17.♘e5 ♗e8 18.♗b5 b6 weitergeht, sind die aktuellen weißen Versuche abgefangen. Auf dem Flügel steht der schwarze König sicher.

A2) Wenn Schwarz sich mit der Rückeroberung seines Minderbauern mit der Überlegung Zeit lässt, dass der ♙g7 nicht wegläuft, und in ähnlicher Form wie in der Variante mit einem Damentausch 14...g4 spielt, wird seine Verteidigung schwieriger. Dies gilt insbesondere bei einer Betrachtung aus der Warte des unerfahrenen Spielers. Dabei sieht der Zug mit dem g-Bauern als aktiver Gegenzug durchaus attraktiv aus. Der angegriffene Springer muss nun weichen, entweder nach einem Zwischenzug mit dem Läufer oder sofort.

A2a) Nach 15.♗b5+ ♔e7 16.♘d4 ♖xg7 ist die Stellung schwierig für Schwarz, aber noch verteidigungsfähig.

A2b) Nach 15.♘d2 bewahrt sich Schwarz mit 15...♕f5 (15...♗d7!?) Chancen. Nach beispielsweise 16.♕xf5 exf5 17.♖fe1+ ♗e6 18.♖e5 b6 ist seine Stellung solide. In der Praxis hat Schwarz bewiesen, dass er sich behaupten kann, auch wenn Stockfish auf einen deutlichen weißen Vorteil erkennt.

B) Nach 11.0-0-0 ♗xc3 kann Weiß grundsätzlich sowohl mit der Dame als auch mit dem Bauern zurückschlagen. Je nach Wahl stellen sich allerdings unterschiedliche Folgen für die Königssicherheit ein.

12.♕xc3 ist als die solidere Methode anzusehen.

(Nach 12.bxc3 ist die Stellung des Königs erkennbar zugiger, was Schwarz etwa wie folgt auszunutzen versuchen kann: 12...♘c6 13.♗xc4 cxd4 14.cxd4 ♖xg7.

Wenn es auch aktuell keine konkreten Drohungen abzuwehren gilt, steht der weiße König doch ziemlich nackt im Wind. Anders geht es seinem schwarzen Kollegen gegenüber, der nach beispielsweise 15.d5 exd5 16.♗xd5 ♘e7 auf dem Königsflügel versteckt werden kann.)

12...cxd4 13.♘xd4 ♗d7 14.♗xc4 ♘c6 15.♘b5 ♕xc3+ 16.bxc3 ♔e7 17.♖he1 ♘a5 18.♘d6 ♘xc4 19.♘xc4 ♗c6 20.♘e5 ♖ac8 nebst ♖g8xg7 mit etwa gleichem Endspiel.

C) Mit 11.a3 kann Weiß den Läufer zum Abtausch drängen.

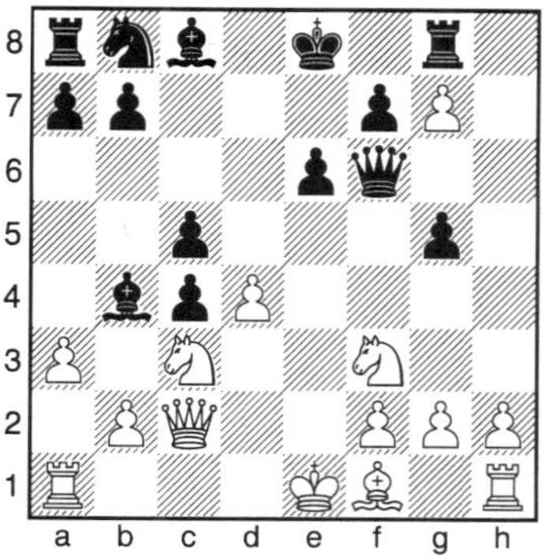

Nach 11...♗xc3+ 12.bxc3 bietet sich 12...♘c6 an, um die Entwicklung fortzusetzen und zugleich den ♙d4 unter Druck zu setzen. Ein natürlicher Fortgang ist nun 13.dxc5 ♗d7 14.♗xc4.

Der lernende Spieler sollte sich nicht davon erschrecken lassen, dass Weiß hier über zwei Mehrbauern verfügt. Dieser Materialvorteil ist nur von vorübergehender Natur und nicht etwa in der Stellung abgesichert.

Nach 14...♘e5 und der möglichen Folge 15.♗e2 ♗c6 16.♘xe5 ♕xe5 17.0-0 ♖xg7 wird deutlich, dass Schwarz auf Augenhöhe mit seinem Gegner agiert. Nach dem bevorstehenden ♕e5xc5 ist auch das materielle Gleichgewicht wiederhergestellt, verbunden mit einem guten Spiel für Schwarz.

7...cxd4 8.♘xd4

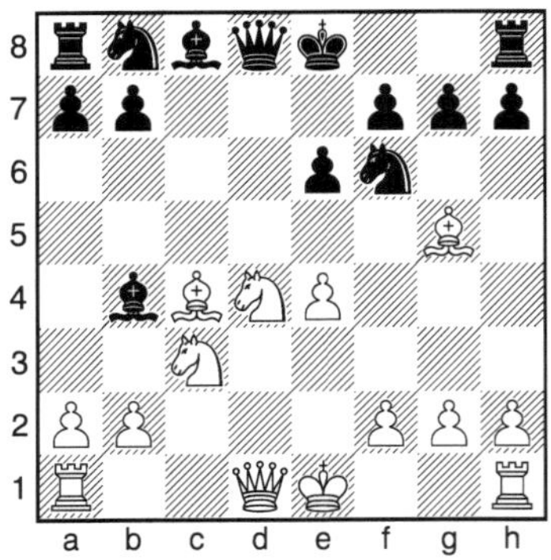

8...♕a5

Schwarz kann auch zunächst den Abtausch 8...♗xc3+ 9.bxc3 herbeiführen und erst dann 9...♕a5 spielen.

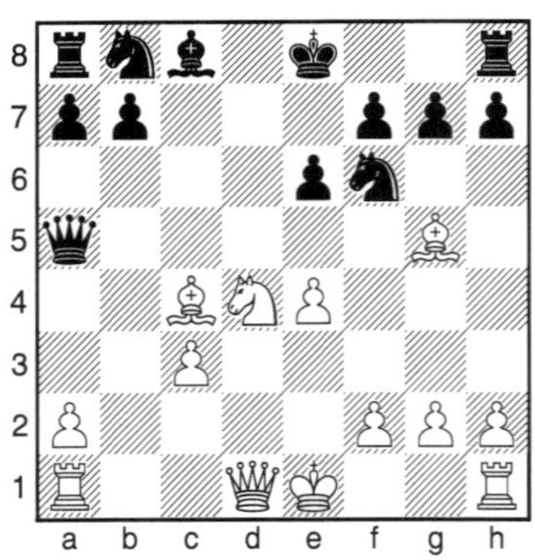

Er muss dann vor allem mit den Erwiderungen 10.♘b5, 10.♗b5+ und 10.♗xf6 rechnen. Diese drei Alternativen schauen wir uns in der Folge etwas genauer an.

A) Mit 10.♘b5 deckt Weiß den bedrohten c-Bauern und verschafft sich die grundsätzliche Möglichkeit, auf d6 oder c7 einzufallen. Mit dem effektvollen Zug 10...♘xe4 deckt Schwarz das Feld d6 ab, greift den ♗g5 an und zugleich auch den ♙c3.

11.♗f4 0-0

Rechtzeitig sucht der König den Schutz der Rochadestellung auf. Damit sind Motive, die sich mit einem Springerschach auf c7 bzw. d6 verbanden, aus der Welt.

Mit 12.0-0 bringt auch Weiß seinen König in einem gut geeigneten Moment aus dem unmittelbaren Kampfbereich hinaus.

12...♗d7 13.a4

(Der verlockende Gedanke, mit 13.♘c7? die Qualität zu erobern, erledigt sich von selbst wegen der Möglichkeit 13...e5∓.)

13...♗c6 14.♕g4 (mit der Drohung ♗f4-h6) 14...♘f6 15.♕e2

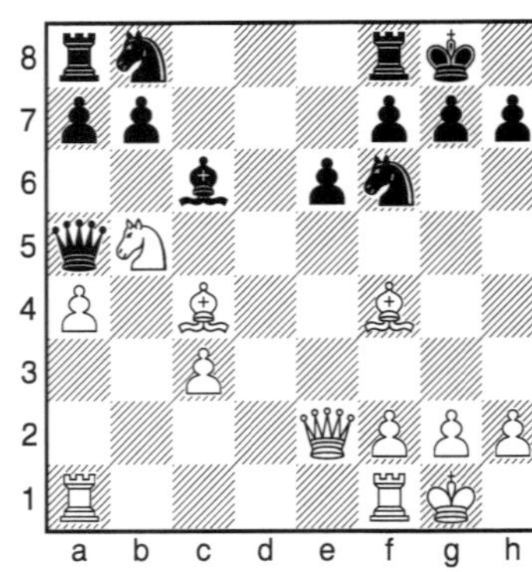

A1) Mit 15...♘a6! verschafft sich Schwarz gute Aussichten.

A2) Fehlerhaft wäre 15...a6?, denn der Zug erlaubt Weiß die Reaktion 16.♘c7 ♖a7 17.♕e3 und Schwarz steht unter Druck. Nach 17...b6 ist die Zeit bereits reif für den Einschlag 18.♘xe6! mit Vorteil für Weiß. Aber werfen wir kurz noch einen Blick auf die schwarzen Möglichkeiten zu einer Reaktion.

– Nach 18...fxe6 kann es forciert mit 19.♗xb8 ♖xb8 20.♕xe6+ ♔h8

21.♕xc6 weitergehen und nach 21...♕xc3 22.♕d6 steht Weiß aktiver. Nach dem Manöver ♗c4-e2-f3 wird der Läufer dem schwarzen Springer überlegen sein.

– Der Zwischenzug 18...♘d5 vereinfacht die Sache für Schwarz nicht. Die Dame weicht mit 19.♕g3 aus und im Anschluss an die natürliche Zugfolge 19...fxe6 20.♗xb8 ♖af7 21.♗d6 ♖e8 22.♖fe1 verfügt Weiß über einen klaren Vorteil.

B) 10.♗b5+ ♘bd7

(10...♗d7 geht auch, ist aber nach 11.♗xf6 gxf6 12.♕b3 für Weiß bequemer zu spielen.)

11.♗xf6 ♕xc3+ 12.♔f1

(12.♔e2 kann gut mit 12...♕b2+ beantwortet werden. Nach nun beispielsweise 13.♔f1 gxf6 14.♖b1 kann sich die Dame nach 14...♕a3 zurückziehen und im Anschluss daran eine bessere Aufstellung suchen. Die folgende Beispielvariante veranschaulicht, wie sich das Spiel weiter entwickeln kann.

15.h4

Weiß hat das Problem zu lösen, dass der ♖h1 auf der Grundlinie nicht so einfach aktiviert werden kann. Er soll deshalb den Weg über h3 nehmen.

Nach 15...♕d6 16.♖h3 a6 17.♗xd7+ ♗xd7 kann Weiß stark mit 18.♖d3 oder 18.♖xb7 fortsetzen. In beiden Fällen kontert Schwarz mit 18...♖d8! und erreicht ein gutes Spiel.)

12...gxf6

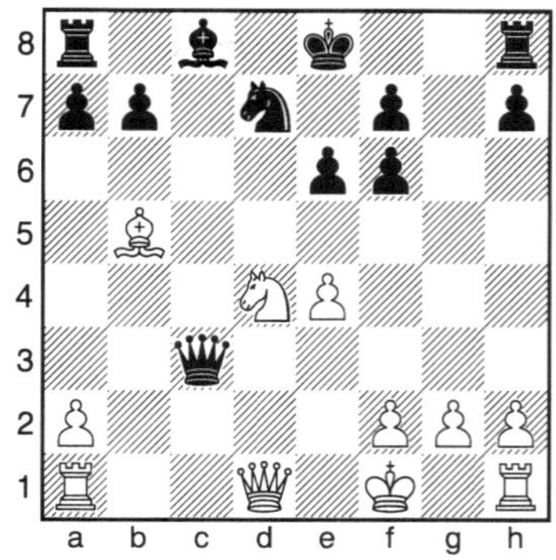

13.h4

Motivation für diesen Bauernvorstoß ist auch hier die Absicht ♖h1-h3.

(Anzutreffen ist auch der Angriff auf die Dame mit 13.♖c1 mit einem verzögerten h2-h4. Nach 13...♕b4 und nun 14.h4 führt 14...a6 15.♗e2 0-0 16.♖h3 ♔h8 in eine komplizierte Lage. Schwarz hat zwar einen Mehrbauern auf der hohen Kante, hängt aber in seiner Entwicklung zurück. Die Ergebnisse aus der Praxis bestätigen, dass er gute Gegenchancen besitzt.)

13...a6 14.♖h3 ♕a5

(Alternativ verweisen wir auf die Möglichkeit 14...♕b4!?, ohne sie aber intensiv vorzustellen. Anschließen kann sich beispielsweise die Zugfolge 15.♗e2 ♘e5 16.♖b1 ♕d6 17.♖c3 b5 18.♘b3 ♕xd1+ 19.♖xd1 0-0 20.♖c7 f5. Diese Stellung ist im Fernschach einige Male ausgespielt worden, ohne dass sich eine Seite einen für den Sieg ausreichenden Vorteil erarbeiten konnte. Weiß hat als Kompensation für den geopferten Bauern ein aktives Spiel. Es ist ein dynamisches Gleichgewicht entstanden.)

Im Anschluss an die natürliche Zugfolge 15.♗e2 ♘c5 16.♘b3 ♘xb3

17.♕xb3 sollte Schwarz 17...♖b8 spielen. Er lässt dann ♗c8-d7 folgen und erreicht damit etwa ausgeglichene Chancen.

C) 10.♗xf6 erlaubt Weiß das Schlagen des ♙c3 mit einem gleichzeitigen Schachgebot, so dass er zunächst den Bauern einheimsen kann und erst dann auf f6 zurückschlägt.

10...♕xc3+ 11.♔f1

C1) 11...gxf6! ist genau die richtige Reaktion.

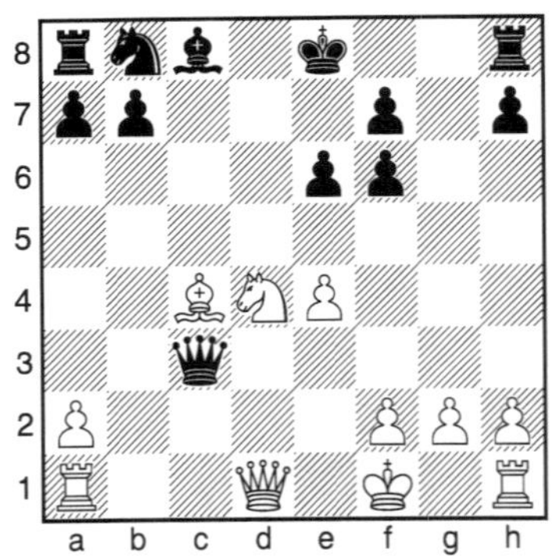

Mit 12.♖c1 nutzt Weiß die verletzliche Stellung der gegnerischen Dame, um seine Kräfte weiter zu aktivieren.

12...♕a5 13.♗b5+

(Auch in dieser Variante muss Schwarz mit dem uns schon von anderer Stelle bekannten Manöver 13.h4 und nachfolgend ♖h1-h3 rechnen. Nach 13...♔e7 14.♖h3 muss er sehen, dass er schnell Fortschritte in seiner Entwicklung erzielt und den gegnerischen Kräften nicht zu viel Freiraum lässt.

Mit 14...♘c6 dient er beiden Punkten und 15.♘xc6+ bxc6 16.♖d3 kann er nun mit 16...♖d8 beantworten. Nach 17.♖xd8 ♕xd8 und nun beispielsweise 18.♕h5 ♕d4 hat er sich das notwendige Gegenspiel gesichert.)

Nach 13...♔e7 kann Weiß mit 14.e5!? versuchen, den Schutz des gegnerischen Königs noch mehr zu zerrütten und die Stellung zu seinen Gunsten weiter zu öffnen.

14...fxe5 15.♕h5

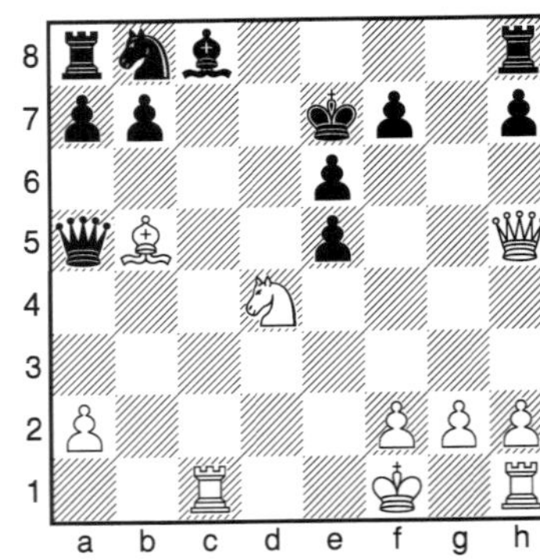

15...♘d7!

(Hier darf Schwarz nicht in eine Falle tappen, die nach einem unvorsichtigen Vorgehen mit 15...exd4? zuschnappt. Die luftige Stellung seines Königs und die ungedeckt stehende Dame erlauben das weiße Manöver 16.♕g5+ f6 17.♕c5+ ♔f7 18.♗e8+ und nach dem Verlust seiner Dame befindet sich Schwarz auf der Verliererstraße.)

Nach 16.♕g5+ ♔f8 hat Schwarz es geschafft, die Stellung zu halten. Es gibt hier eine gut bekannte Remisvariante, die wir unseren Lesern – allerdings unkommentiert – nicht vorenthalten wollen, auch wenn wir damit etwas tiefer als gewöhnlich in die Partie eindringen müssen. Sie führt über 17.♖xc8+ ♖xc8 18.♗xd7 ♕d8

19.♘xe6+ fxe6 20.♕h6+ ♔f7 21.♕xe6+ ♔g7 22.♕g4+ usw.

(Ein Abweichen mit 22.♕xe5+ ist Weiß nicht anzuraten. Das über die Zugfolge 22...♕f6 23.♕xf6+ ♔xf6 24.♗xc8 ♖xc8 25.♔e2 ♖c2+ 26.♔e3 ♖xa2 entstehende Endspiel ist zweischneidig. Die schwarzen Bauern am Damenflügel sind sehr gefährlich. Sie können die Umwandlungsfelder schneller als die weißen erreichen.)

22...♔f6 mit Remis.

C2) Wenn Schwarz auf die Idee kommt, dass 11...♕xc4+? eine bessere Möglichkeit ist, erwacht er bald aus allen Träumen.

12.♔g1 0-0 (12...gxf6?? 13.♖c1+-) 13.♕g4

Jetzt wird es eng für den König, der gerade noch ins vermeintlich sichere Rochadeasyl geführt worden ist. Nach 13...g6 stellt Weiß mit 14.e5 die entscheidende Drohung ♕g4-h4 auf. Eine Beispielvariante dazu sieht wie folgt aus: 14...h6 15.♕h4 ♔h7.

Damit sieht es so aus, als sei es Schwarz gelungen, gerade noch rechtzeitig die größten Löcher zu stopfen. Dies entpuppt sich aber als Wunschtraum für ihn.

16.♗g7!

Wenn am Ende der entscheidende Vorteil winkt, ist jede materielle Investition gerechtfertigt. Um nicht schon jetzt diesen entscheidenden Vorteil für Weiß entstehen zu lassen, bleibt dem König nur das Schlagen auf g7. Dieses Läuferopfer ist ein sogenanntes Hinlenkungsopfer, weil es dem Zweck dient, den König auf g7 zu bringen.

16...♔xg7 17.♘f5+!

Dies ist die Pointe. Der Springer opfert sich mit einem Schachgebot und gibt dabei den Weg für die Dame nach c4 frei.

17...exf5 18.♕xc4+-

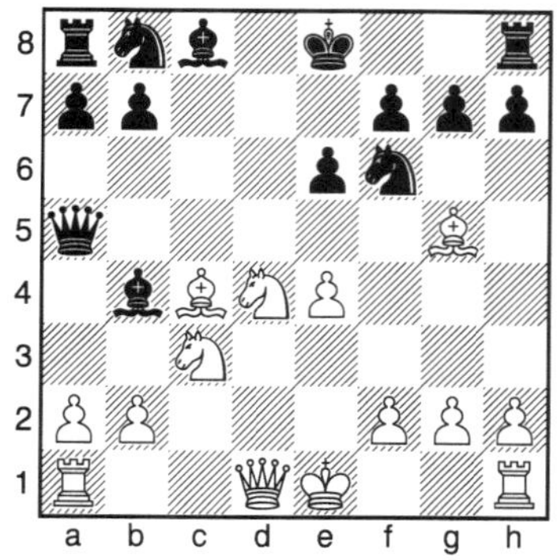

9.♗d2

So entscheidet sich Weiß am häufigsten. Es geht darum, die Schwächung der Bauernstruktur am Damenflügel zu vermeiden.

Daneben ist die Alternative 9.♗xf6 von Bedeutung. Nach 9...♗xc3+ entstehen unter Zugumstellung Positionen, die wir nach dem Hauptzug 8...♕a5 behandeln.

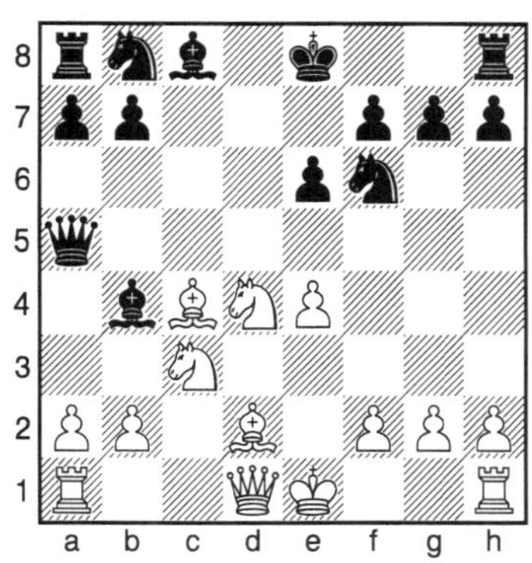

9...♕c5

Die Dame attackiert mit dem ♗c4 und dem ♘d4 gleich zwei ungedeckte Figuren und lässt Weiß damit für seine Reaktion kaum Spielraum.

Wem es nicht behagt, mit einem noch in der Mitte befindlichen König zu hantieren, kann grundsätzlich auch zunächst mit 9...0-0!? fortsetzen. Unsere erste Empfehlung an insbesondere den unerfahrenen Spieler ist dies nicht. Bei der Wahl dieser Fortsetzung sollte er wissen, dass er einen ggf. steinigeren Weg zu guten Chancen beschreitet. Weiß kann sich dann vor allem zwischen 10.♕e2 und 10.♘c2 entscheiden.

Mit 10.♕e2 deckt Weiß den Läufer und macht das Feld d1 für den Turm frei. Zudem rechnet er mit ♖f8-d8 und kann für sich einen Vorteil auch darin sehen, dass sich die Dame der Fernwirkung des schwarzen Turms bereits entzieht, bevor sie überhaupt eingetreten ist.

(10.♘c2 beantwortet Schwarz mit 10...♗xc3 und führt nach 11.♗xc3 den Schwenk der Dame mittels 11...♕g5 auf den Königsflügel durch. Die Ergebnisse aus der Praxis bestätigen ihm gute Chancen.)

Nach 10...♖d8 11.♘b3 ♕c7 12.0-0 muss Schwarz aufpassen, dass er seinem Gegner in Sachen Aktivität nicht mehr oder weniger das Feld überlässt. Es geht darum, zugleich seine eigenen Kräfte besser ins Spiel zu bringen, insbesondere den Damenflügel zu entwickeln und zugleich die Wirksamkeit der weißen Figuren zu beschränken.

12...♘c6

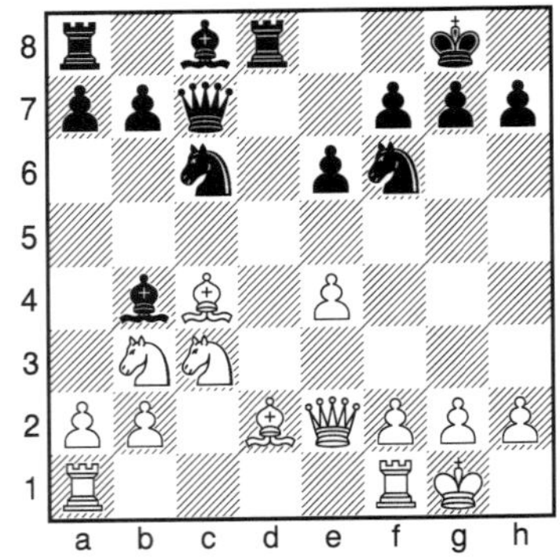

A) 13.♖ad1 ♘e5

Der Springer macht sich die angreifbare Stellung des Läufers zunutze.

14.♗b5 a6 15.f4

Weiß rettet seinen Läufer, indem er den ♘e5 verjagt und ihm damit das Feld d3 wieder zugänglich macht.

15...♘g6 16.♗d3 e5 17.f5 ♘f4

(Im Falle von 17...♗xc3 18.bxc3 ♘e7 kann Weiß mittels 19.g4! einen Königsangriff starten.)

Nach 18.♗xf4 exf4 hat Schwarz hat es geschafft, sich auch in dieser Variante gute Chancen zu sichern. Auf 19.e5 beispielsweise antwortet er mit 19...♖e8! mit dynamischem Spiel.

B) 13.♖ac1 macht die zum Ausgleich führende Variante 13...♗d7 14.♘b5 (14.f4!?; 14.♗d3!?) 14...♕e5 15.♗xb4 ♘xb4 16.♘c3 ♖ac8= möglich.

10.♗b5+

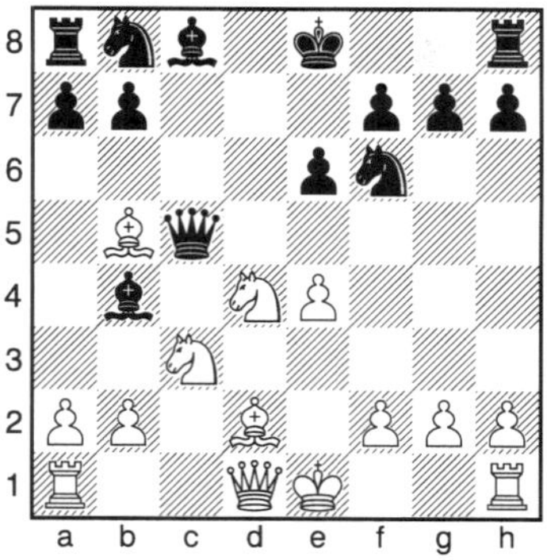

10...♗d7

Dies ist der sicherste Weg zum Ausgleich.

10...♘bd7 macht die Entwicklung 11.♘b3 ♕b6 12.♕e2 möglich. Nach 12...a6 13.♗d3 ♘e5 14.0-0 sind die Aussichten von Weiß besser, was auch die Turnierpraxis beweist.

11.♘b3 ♕e7 12.♗d3

12.♗xd7+ ♘bxd7 ist harmlos für Schwarz.

12...♘c6 13.a3

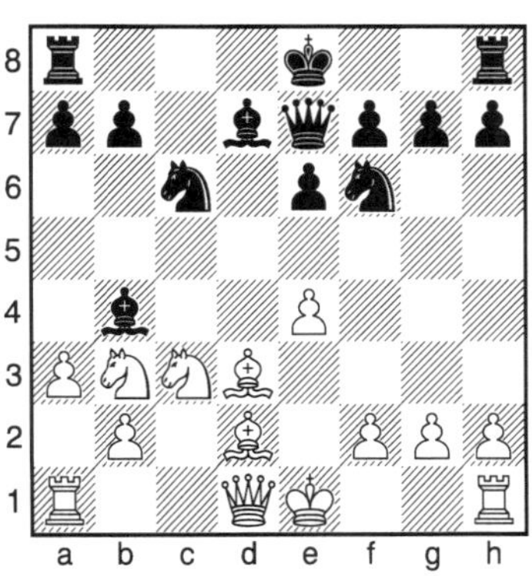

13...♗d6

Eine interessante Idee ist 13...♗xc3!?. Schwarz will e6-e5 spielen. Es ist also sinnvoll, zunächst den Springer zu beseitigen, um ♘c3-d5 nicht zuzulassen.

14.♗xc3 e5

(Auch 14...0-0!? ist weiter zu prüfen.)

15.0-0 0-0 16.f4

(Auf 16.♕e2 empfiehlt sich 16...b6 und nach 17.♖ac1 ♖fd8 nimmt Schwarz Kurs auf ein gutes Spiel.)

16...♗e6 17.f5 ♗xb3 18.♕xb3 ♖fd8 mit guten Aussichten für Schwarz.

14.0-0

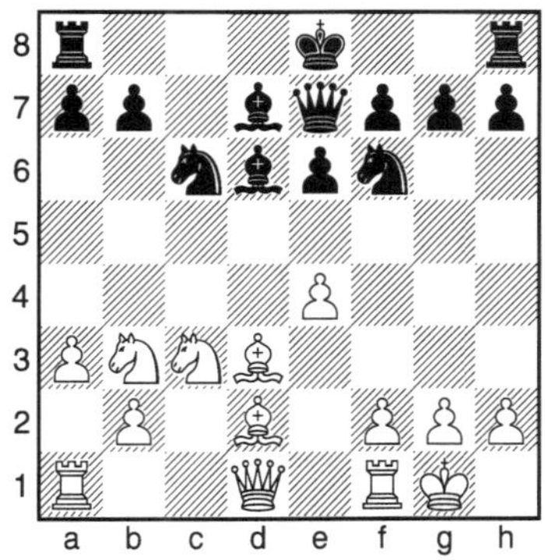

14...0-0

Schwarz sichert zunächst seinen König, bevor er die Verfolgung seiner aktiven Ziele einleitet.

15.f4 e5 16.f5 ♘d4=

Diese Stellung ist schon häufig ausgespielt worden. Dies gilt insbesondere für das Fernschachspiel, mit sehr guten Ergebnissen für Schwarz. Er hat eine solide Position und hält das weiße Spiel bei ausreichenden Gegenchancen unter Kontrolle.

Nur zur Veranschaulichung, wie beide Seiten weiter vorgehen können, werfen wir noch einen kurzen Blick in die mögliche Zukunft des Duells.

17.♗g5 ♗c6 18.♘d2 ♕d8

Um das Feld e7 für den Läufer frei zu machen.

19.♖c1 ♗e7

Der Springer wird entfesselt und damit wieder frei.

20.♘c4 ♘d7 21.♗e3 ♗g5=

Zusammenfassung: Die Wiener Variante findet in der modernen Turnierpraxis große Aufmerksamkeit, auch bei starken Spielern. Die Idee der alten Meister aus Wien ist spielbar. Mit 9...0-0!? steht Schwarz eine Alternative zu 9...♕c5 zur Verfügung. Zu überlegen ist auch 13...♗xc3!? als Alternative zu 13...♗d6.

Kapitel 6

Moskauer Variante

1.d4 d5 2.c4 e6 3.♘f3 ♘f6 4.♗g5 h6

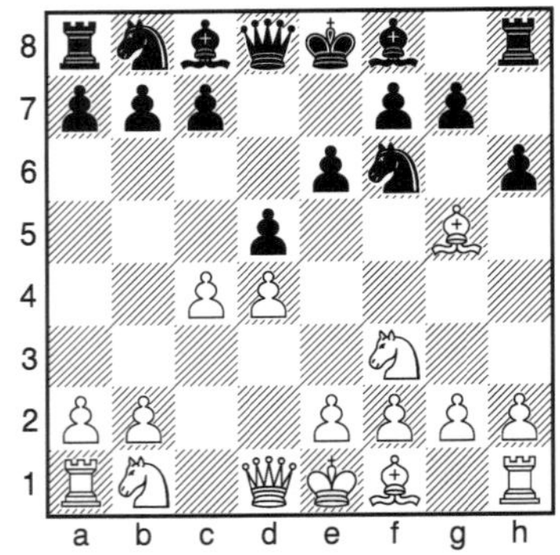

Diese Fortsetzung wurde in einigen Partien des berühmten Turniers „Moskau 1925" gespielt. So kam es zur Namensgebung „Moskauer Variante". Während früher alles, was mit diesen ersten vier Zügen eingeleitet wurde, unter diese Bezeichnung fiel, versteht man unter Moskauer Variante heute allgemein die Stellung nach den weiteren Zügen 5.♗xf6 ♕xf6 6.♘c3 c6. Wenn Weiß das Schlagen auf f6 mit ♗h4 verweigert, spricht man allgemein von der Anti-Moskau-Variante. Genau genommen erreichen wir damit die Ausgangsstellung der Moskauer Variante nach dem 6. Zug von Schwarz in der Hauptvariante.

Nach diesem kleinen Ausflug in die Entstehungsgeschichte und die Entwicklung ihres Namens wollen wir in die Erörterung dieser Spielweise überleiten. Heutzutage sieht man sie nicht allzu oft auf der Turnierbühne. Der

Grund hierfür liegt darin, dass die Dame sehr früh ins Spiel kommt, was zu mehr Nachteilen als Vorteilen führt.

5.♗xf6

Weiß will kein Tempo verlieren und gibt hierfür das Läuferpaar auf. Als Kompensation kommt er in seiner Entwicklung schnell voran und sichert sich eine gewisse Überlegenheit im Zentrum.

Die Erwiderung 5.♗h4 behandeln wir kurz im Rahmen der Einführung nach dem Hauptzug 3.♘c3 (Punkt B.).

5...♕xf6

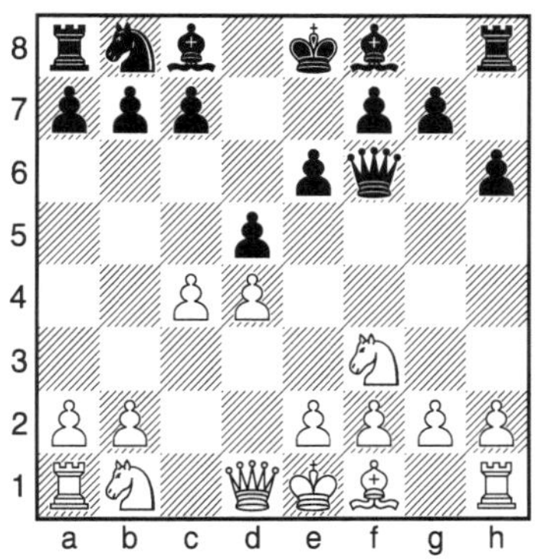

6.♘c3

Dies ist die beste Möglichkeit. Weiß baut Druck gegen den zentralen Bauern auf. In einem günstigen Augenblick kann er mit e2-e4 weiter aktiv vorgehen.

Auch die Fortsetzung 6.e3 hat Anhänger. Als Erwiderung ist 6...c6 zu empfehlen, um den Punkt d5 zu verstärken. Rechnen muss Schwarz daraufhin vor allem mit 7.♘c3 und 7.♘bd2, auf die es beispielsweise in den nachfolgend skizzierten Bahnen weitergehen kann.

A) Nach 7.♘c3 ist die Entwicklung des Springers mit 7...♘d7 flexibel. Wohin er sich später orientiert, hängt natürlich auch von den gegnerischen Entscheidungen ab. Zumeist wird er nach b6 beordert.

8.♗d3

(– Die Variante 8.♕c2 g6 9.cxd5 exd5 10.♗d3 ♗g7 11.0-0 0-0 hat man auf der Turnierbühne schon häufig gesehen. In der Fortsetzung 12.b4 ♕d6 13.♖ab1 a5 lässt sie ein dynamisches Spiel mit ausgeglichenen Chancen entstehen. Weitergehen kann es mit 14.bxa5 ♖xa5 15.a4 c5 16.♖b5 ♖xb5 17.♘xb5 ♕e7=.

– Auch auf 8.♗e2 folgt 8...dxc4.)

Mit 8...dxc4 nimmt Schwarz seinem Gegner ein Tempo ab, weil der gerade erst aktivierte Läufer ein zweites Mal bewegt werden muss. Die Stellung nach 9.♗xc4 ist bereits unzählige Male ausgespielt worden. Regelmäßig bringen beide Seiten nun mit den Zügen 9...g6 10.0-0 ♗g7 11.♖c1 0-0 ihre Entwicklung voran.

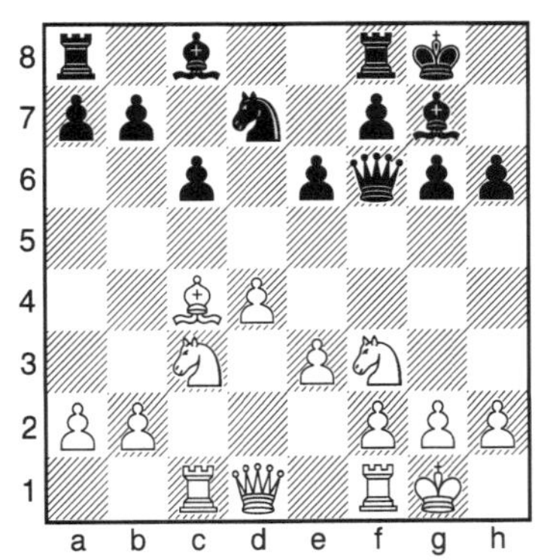

A1) Nun hat Weiß die Möglichkeit, mit 12.b4 am Damenflügel aktiv zu werden und dabei Raum einzunehmen.

Konkret soll der ♙b4 Schwarz c6-c5 erschweren.

12...♕e7

Die Dame nutzt die Gelegenheit, um ihre eigene Position in Verbindung mit einem Angriff auf den ♙b4 zu verbessern.

13.♕b3 b6

Sein Problem einer möglichst guten Entwicklung des weißfeldrigen Läufers will Schwarz über die Flanke lösen, was er mit dem Bauernzug vorbereitet.

14.e4

Wie die Praxis zeigt, kommt Weiß ohne dieses Vorgehen nicht weiter, wenn er noch auf einen Vorteil spielen will.

14...♗b7 15.♖fe1 ♖ac8 16.a3 ♖fd8

Die Chancen beider Seiten sind gleich. Schwarz kann auf die Durchsetzung des Vorstoßes c6-c5 hinarbeiten.

A2) Wenn Weiß standardmäßig mit 12.e4 vorgeht, verbinden sich die besten schwarzen Chancen mit der Erwiderung 12...e5. Nach 13.d5 sucht der Springer wie schon angekündigt das Feld b6 auf und vertreibt den Läufer. Unmittelbar auf 13...♘b6 zieht Weiß allerdings 14.dxc6 ein, verbunden mit einer kleinen Falle für den unerfahrenen Spieler. Richtig ist nun die Antwort 14...bxc6.

(Nach 14...♘xc4? schnappt die Falle mit 15.♘d5 zu. Schwarz muss seine Dame in Sicherheit bringen, woraufhin Weiß mit ♖c1xc4 fortsetzt und sich einen klaren Vorteil verschafft.)

Nach 15.♗e2 ♖d8 16.♕c2 ♗g4 hat Schwarz ein volles Spiel. Seiner geschwächten Bauernstellung am Damenflügel stehen die Chancen seines Läuferpaars gegenüber.

B) Für die Wahl von 7.♘bd2 spricht die Elastizität des Zuges. Es steht noch nicht fest, welche weitere Verwendung der Springer finden wird. Wie nach 7.♘c3 ist auch hier 7...♘d7 die beliebteste Antwort. Nach der üblichen Fortsetzung mit 8.♗d3 kann Schwarz mit 8...g5 am Königsflügel vorgehen.

(Schlägt er aber mit 8...dxc4 wie in der Variante nach 7.♘c3, hat Weiß die Freiheit, mit 9.♘xc4 zurückzunehmen und damit einen Tempoverlust mit dem Läufer zu vermeiden. Auf 9...♗b4+ kann er mit 10.♔e2 reagieren und die Aktivierung seiner Kräfte beschleunigen. Der Sinn dieses Manövers wird nach beispielsweise 10...♕e7 11.♕c2 ♗d6 12.♖hd1 deutlich. Nun führt die mögliche Fortsetzung 12...0-0 13.♘xd6 ♕xd6 zu etwa gleichen Chancen. Schwarz plant e6-e5.)

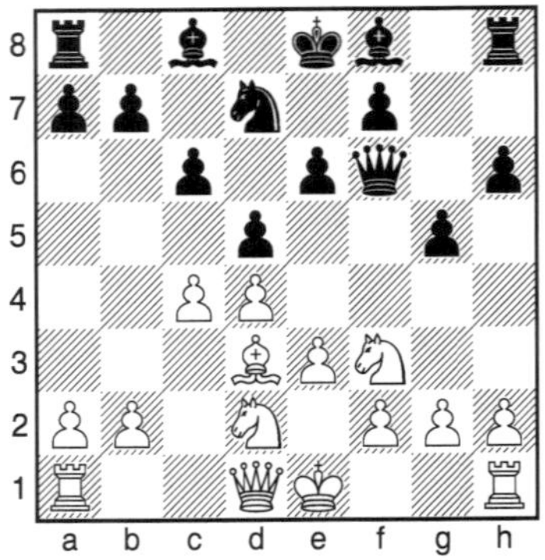

9.0-0

(Wem es nicht behagt, dass Schwarz mit g5-g4 fortsetzen könnte, kann dies mit 9.h3 verhindern. Nach 9...♗g7 10.e4 kann Schwarz mit 10...e5 im Zentrum blockieren, verbunden mit guten Chancen. Eine natürliche weitere Entwicklung wäre mit 11.0-0 0-0= möglich.)

Nach 9...♗g7 10.cxd5 exd5 befindet sich die Stellung im Bereich des Ausgleichs. Ihre Verteidigungsfähigkeit zeigen auch die – allerdings spärlichen – Erfahrungen aus der Praxis. Stockfish bestätigt diese Einschätzung. Zur Überprüfung eingesetzt wurde ein für das Fernschachspiel optimiertes Derivat. Weitergehen kann es beispielsweise mit 11.e4 0-0 12.h3 ♕d8 13.♖e1 c5 14.exd5 cxd4 15.♘e4 ♘f6=.

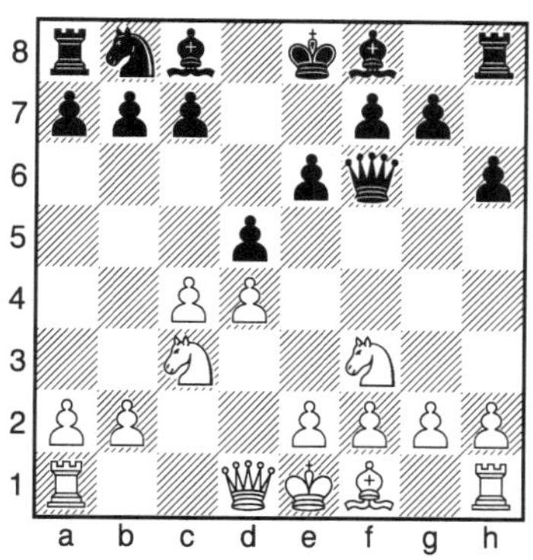

6...c6

Nun also haben wir nach der modernen Auffassung die eigentliche Moskauer Variante erreicht. Schwarz hält seinen Bauern richtigerweise auf d5 und stützt ihn entsprechend.

Die mit 6...dxc4 verbundene Aufgabe des Zentrums ist schwach. Mit 7.e4 kann Weiß das entstandene Vakuum sofort ausnutzen und selbst eine starke Mitte etablieren. Sein ♗f1 bekommt einen freien Blick zum ♙c4, den er sich gleich im Anschluss holen und damit den materiellen Gleichstand wiederherstellen wird.

Nach 7...♗b4 8.♗xc4 sowie den natürlichen Entwicklungszügen 8...0-0 9.0-0 ♘c6 kann er mit 10.e5 die schwarze Dame verdrängen und den eigenen Raumvorteil ausbauen. Nach den weiteren Zügen 10...♕e7 11.♕e2 ♖d8 12.♖ad1 ist er für die Einleitung aktiver Manöver gut präpariert.

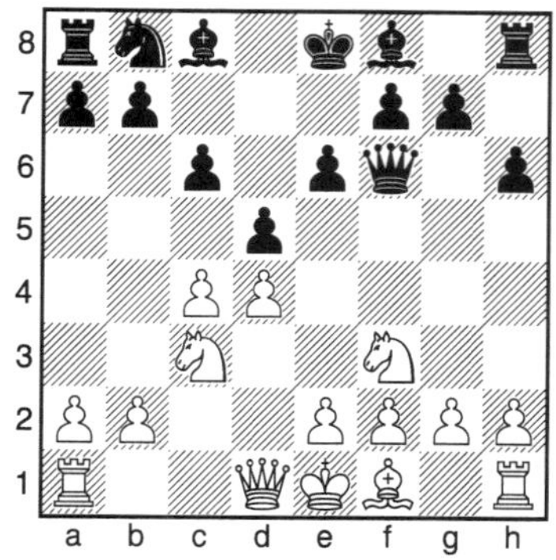

7.♕b3

So verhindert Weiß den gegnerischen Läuferzug nach b4. Er plant e2-e4.

Bei einem sofortigen 7.e4 kann Schwarz die weißen Pläne mit ♗f8-b4+ stören, und zwar über 7...dxe4 8.♘xe4 und nun 8...♗b4+.

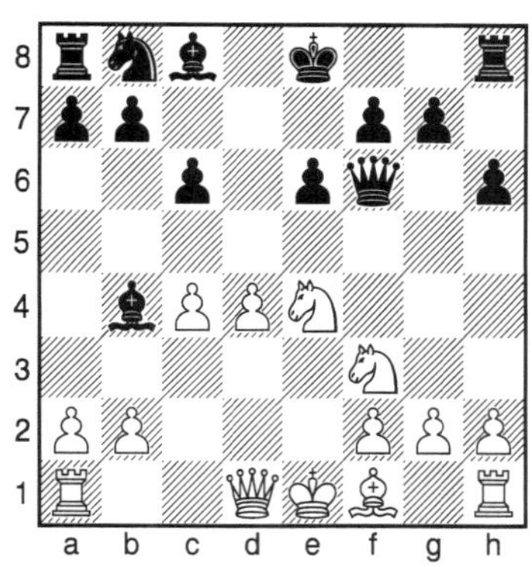

A) Nach 9.♘c3 c5 kann Weiß sich aus dieser Druckstellung nicht mehr ohne Schaden befreien. Auf beispielsweise 10.♖c1 folgt sofort 10...cxd4 und nach 11.♕xd4 ♕xd4 12.♘xd4 lässt Schwarz den gegnerischen Springer unter Ausnutzung dessen ungedeckter Stellung mit 12...♘c6 nicht zur Ruhe kommen. Nach 13.♘xc6 (13.♘db5 ♔e7!) 13...bxc6 verfügt Schwarz über die besseren Aussichten. Die Beispielvariante 14.a3 ♗e7 15.f4 ♖b8 16.b4 a5 veranschaulicht, wie er schnell seine aktiven Möglichkeiten aufgrund seines guten Figurenspiels nutzen kann.

B) Auf 9.♘ed2 folgt ebenfalls 9...c5. Über 10.a3 kann Weiß nach Entlastung streben.

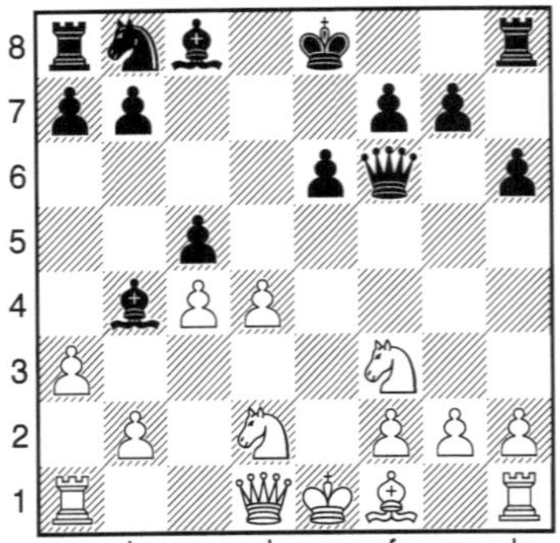

Am besten kann Schwarz dem Spiel dann mit 10...♗xd2+ seinen Stempel aufdrücken und seinen Vorteil halten.

(Spielbar ist allerdings auch 10...♗a5!?, worauf Weiß im Anschluss an 11.b4 cxb4 12.♘b3 ♕d8 und nun 13.♘xa5 ♕xa5 14.♕d2 0-0 15.♕xb4 ♘c6 deutlich in Nachteil gerät. Er sollte aber statt 13.♘xa5 besser 13.♕d2 versuchen. Über die Variante 13...♘c6 14.♘xa5 ♕xa5 15.d5 ♘e7 kann er seinen Nachteil begrenzen bzw. Schwarz vor Probleme stellen. Möglich ist ihm nun eine Fortsetzung sowohl mit 16.♕xb4 als auch mit 16.♗e2.)

11.♕xd2 0-0

Während der schwarze König nun in Sicherheit gebracht ist, steht der weiße noch in der Mitte und kann hieran auch nicht sofort etwas ändern. Es droht ♖f8-d8.

12.dxc5 ♖d8 13.♕c2

Die Dame muss den Kontakt zum ♙b2 halten. Nach 13...♘a6 14.♗e2 ♘xc5 plant Schwarz b7-b6 und ♗c8-b7; er verfügt über ein ausgezeichnetes Spiel.

C) Eine Entscheidung wie 9.♔e2 trifft man ungern. Das aktuelle Problem wird gelöst, aber zu einem hohen Preis. Der König wird noch eine Weile in der Mitte bleiben müssen; mit dem Verlust des Rochaderechts und dem verstellten ♗f1 wird die Fortsetzung der Entwicklung schwierig sein. Die Antwort 9.♔e2 ist aber besser als die beiden Alternativen 9.♘c3 und 9.♘ed2, was auch die Ergebnisse aus der Praxis bestätigen.

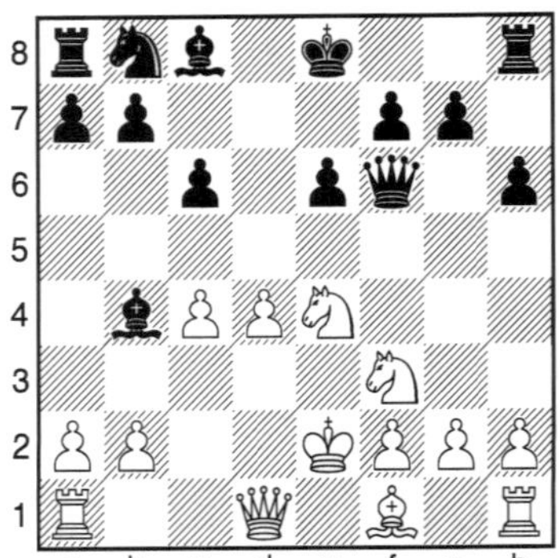

Die Stellung nach 9...♕f4 10.♕d3 ist in der Praxis einige Male ausgespielt worden. Weiß versucht nun die Zeit für die Konsolidierung und die Entwicklung seiner Stellung zu nutzen, die Schwarz braucht, um seine Kräfte neu zu ordnen und weiter zu aktivieren.

10...♗e7 11.g3

Weiß beginnt mit der Umsetzung seines Plans, der das Fianchetto des Königsläufers, die Überführung des ♖h1 in die Mitte und eine künstliche Rochade im Anschluss vorsieht.

11...♕c7 12.♗g2 ♘d7 13.♖he1 0-0 14.♔f1 b6

(In der Praxis wurde auch mit 14...e5!? experimentiert. Weitere Untersuchungen könnten lohnenswert sein.)

15.♔g1 ♗b7

Beide Parteien haben ihre Pläne erfolgreich umgesetzt und können mit 16.♖ad1 und 16...♖ad8 ihre Entwicklung abschließen. Schwarz plant c6-c5. Die Perspektiven sind gleichwertig.

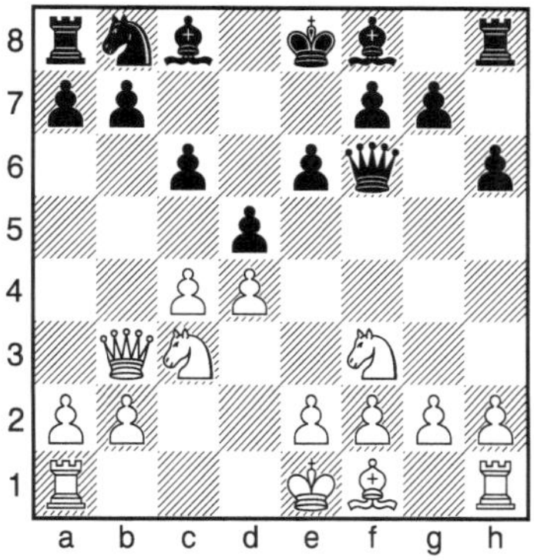

In der Diagrammstellung steht Schwarz vor der Entscheidung, wie er seine Figuren weiter aktivieren soll.

7...♘d7

Dies wird am meisten gespielt und ist auch unser Hauptzug. Wenn Weiß in diesem System die Chance auf einen Eröffnungsvorteil haben will, ist er auf den Zug e2-e4 angewiesen. Diesen will Schwarz dann mit d5xe4 beantworten. Deshalb verzichtet er auf ein Schlagen auf c4. Mit seinem Springerzug bereitet er das Manöver e6-e5 vor.

Ein alternativer Plan verknüpft sich mit 7...dxc4!? 8.♕xc4 und erst jetzt 8...♘d7 zur Vorbereitung von e6-e5.

Auch diese Spielweise ist in der Praxis schon häufig mit Erfolg auf ihre Tauglichkeit überprüft worden. Weiß versucht die veränderte Situation im Zentrum zur Durchsetzung von d4-d5 zu nutzen.

Nach 9.♖d1 kommt am häufigsten der Zug 9...g6 zur Ausführung, der Schwarz ein Abwarten zum weiteren gegnerischen Vorgehen erlaubt und das Feld g7 für eine neue Verwendung frei macht, ohne dass damit bereits eine Festlegung erfolgt wäre. Gute Erfahrungen wurden aber auch schon mit beispielsweise ♗f8-e7 oder mit ♕f6-e7, ggf. gefolgt von ♕e7-b4, gemacht.

Nach 10.e4 e5 11.d5 ♘b6 12.♕b3 ♗c5 ist die Stellung weitgehend ausgeglichen.

8.e4

Zur Bestätigung der oben getroffenen Aussage, dass Weiß ohne e2-e4 keine Aussicht auf einen Eröffnungsvorteil hat, werfen wir einen Blick auf die Folgen der weniger aktiven Alternative 8.e3. Zunächst entwickelt Schwarz auf natürliche Weise seinen Königsflügel, etwa über die Variante 8...♗d6

9.♗d3 0-0. Nach 10.0-0 kann er mit 10...♕e7 den Weg für seinen f-Bauern frei machen, so dass er nach beispielsweise 11.♖ad1 und nun 11...f5 zu guten Angriffsaussichten am Königsflügel kommt.

8...dxe4 9.♘xe4 ♕f4

Das Manöver 9...♕d8 10.♗d3 ♕a5+ begünstigt Weiß. Er spielt 11.♘c3 und erreicht einen klaren Entwicklungsvorsprung.

10.♗d3

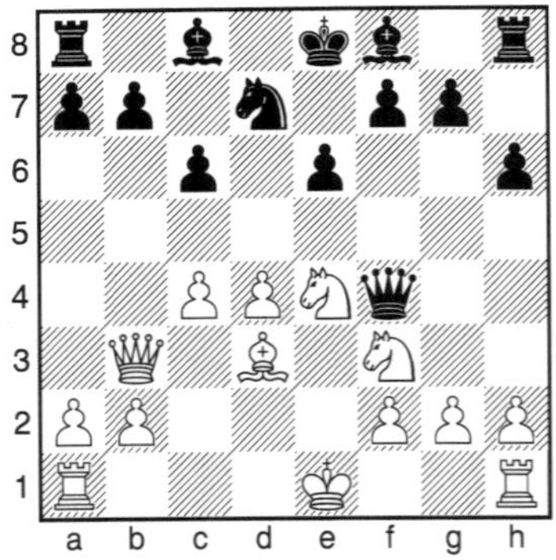

10...e5

– In der Praxis wird oft 10...♗e7 gespielt, was aber in der Fortsetzung 11.0-0 e5 nur eine Zugumstellung zu unserer Hauptvariante ist.

– Weniger ratsam ist 10...♘f6, weil Schwarz nach 11.♘xf6+ mit 11...gxf6 antworten sollte, was zu einer klaren Schwächung führt.

(Nach 11...♕xf6 12.0-0 ♗d6 13.♖fe1 erlangt Weiß die Herrschaft über das Feld e5.)

Weitergehen kann es nun beispielsweise mit 12.0-0 ♖g8 13.♗e2 b6 14.♖fe1 ♗b7, worauf Weiß mit 15.c5 einen Korken in die gegnerische Stellung treibt und seinen Vorteil sichert.

11.0-0 ♗e7

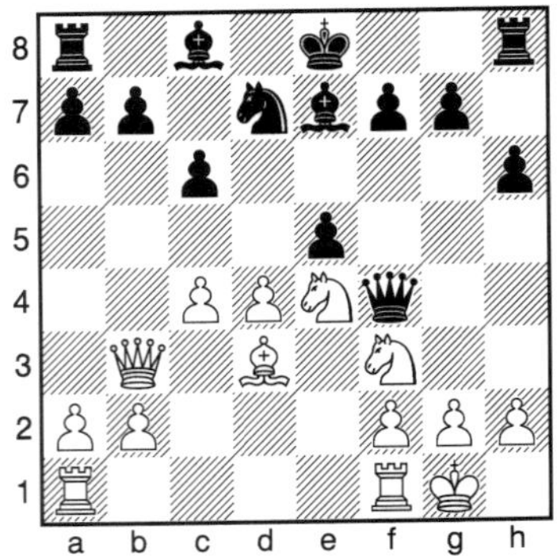

12.♖fe1

Auch nach 12.♖ad1 kann Schwarz mit 12...exd4 in der Mitte schlagen. Anschließen kann sich die plausible Variante 13.♘xd4 ♘c5 14.♘xc5 ♕xd4 15.♘e4 0-0 mit einem annähernd gleichen Spiel.

12...exd4 13.♘xd4 0-0

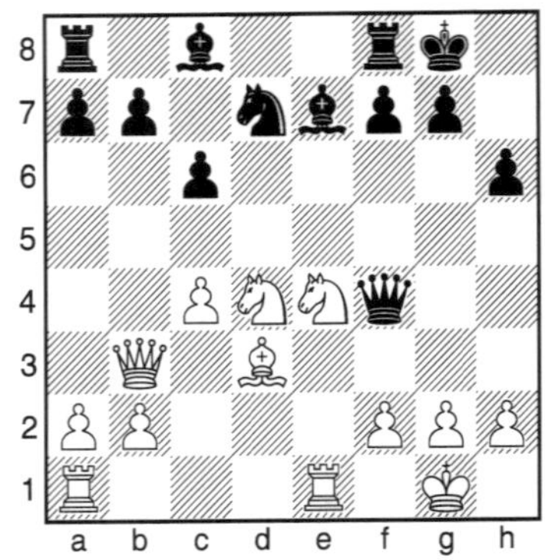

Wir können unsere detaillierte Betrachtung an dieser Stelle abschließen. Weiß stehen mehrere Alternativen für seine Fortsetzung offen, die aber nichts daran ändern können, dass Schwarz den Ausgleich in der Eröffnung erreicht hat. In Abhängigkeit von den gegnerischen Entscheidungen muss er noch die Erledigung von Restaufgaben organisieren, insbesondere die Aktivierung seines weißfeldrigen Läufers sowie die wirksame Postierung seiner Türme.

Die Beispielvariante 14.♗c2 ♘c5 15.♕c3 ♖d8 16.♖ad1 ♗g4 17.f3 ♗h5 veranschaulicht, wie es in der Partie weitergehen kann. Schwarz steht gut, er hat alles unter Kontrolle.

Zusammenfassung: Schwarz bekommt in dieser Variante das Läuferpaar, das ihm gute Gegenchancen vermittelt. Allerdings können sich ihm gelegentlich Entwicklungsprobleme stellen. Statt 7...♘d7 kommt 7...dxc4!? in Betracht. Allgemein gilt die Variante als vorteilhaft für Weiß. Wir meinen, dass Schwarz auf dem von uns ausgewählten Weg erfolgreich um ausgeglichene Chancen kämpfen kann.

Kapitel 7

Tarrasch – Verteidigung

1.d4 d5 2.c4 e6 3.♘c3 c5

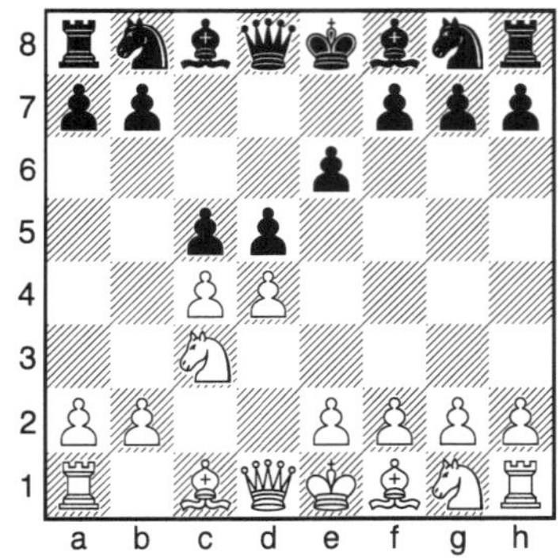

Dieser sofortige Angriff auf das weiße Zentrum ist eine schon sehr alte Spielweise, die nach dem deutschen Schachmeister und Theoretiker Siegbert Tarrasch (1862-1934) benannt ist. Er hat die Idee, ggf. mit einem isolierten Bauern auf d5 zu spielen und dafür zu einer schnellen Entwicklung mit einem aktiven Gegenspiel zu kommen, in die Turnierpraxis eingeführt.

4.cxd5

Dies ist die konsequenteste und auch zumeist gespielte Fortsetzung.

Ebenfalls logisch, aber deutlich weniger beliebt ist 4.e3. Zumeist kommt es daraufhin über 4...♘f6 5.♘f3 ♘c6 zu einer völlig symmetrischen Stellung.

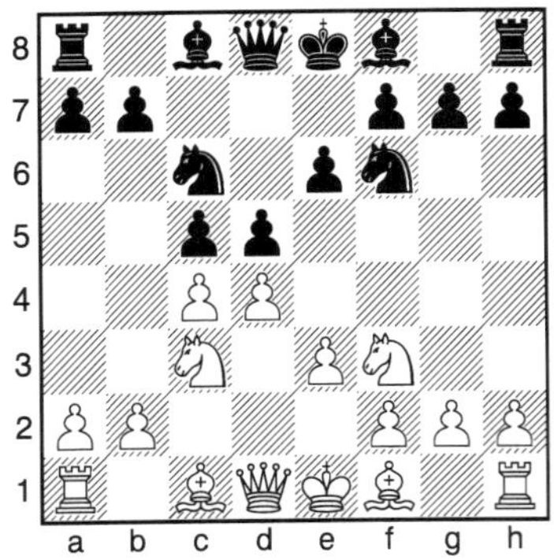

Hier eröffnen sich Weiß mit 6.cxd5 und 6.a3 zwei etwa gleich gute Möglichkeiten.

A) Wenn Schwarz nach 6.cxd5 mit 6...exd5 zurückschlägt, hält er die Partie im System, das wir in diesem Kapitel besprechen.

(6...♘xd5 hingegen führt zur „Verbesserten Tarrasch-Verteidigung", der wir uns im Kapitel 10 zuwenden.)

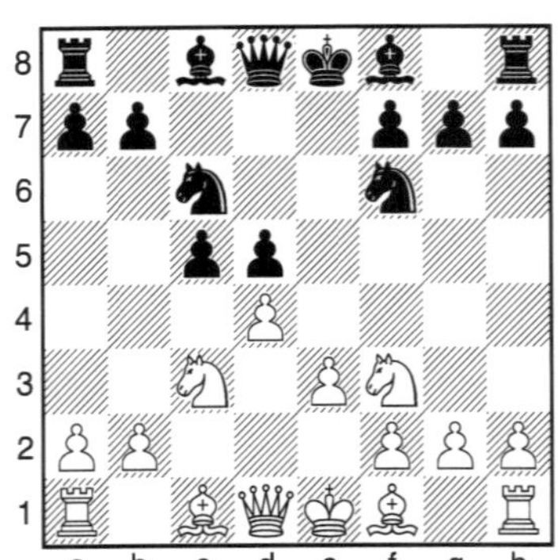

Die solide Läuferentwicklung 7.♗e2 ist die in den Jahren und Jahrzehnten meistgespielte Fortsetzung.

(In den vergangenen Jahren hat 7.♗b5 zunehmend an Beliebtheit gewonnen und sich im Fernschach sogar zur Nummer 1 entwickelt. Schwarz kann sich nun prinzipiell nach dem Muster der folgenden Variante aufbauen.

7...♗d6

Vorbereitung der Rochade

8.0-0 0-0 9.dxc5

Weiß erhofft sich Chancen im Spiel gegen den gegnerischen Isolani und führt diesen aktiv herbei. Nur am Rande sei erwähnt, dass er Schwarz in diesem Manöver zugleich ein Tempo abluchst, indem er dessen eben noch bewegten Läufer erneut zum Ziehen veranlasst.

9...♗xc5 10.b3

Der ♗c1 soll auf die lange Diagonale geführt werden, zumal er auf der Diagonale c1-h6 zurzeit keine Aussicht auf eine gute Entwicklung hat.

10...♗g4

Der Läufer bringt sich in eine gute Position, aus der er Weiß aufgrund der Fesselung des Springers zudem ein wenig stören kann. Zugleich zieht er das Feld c8 für den Turm frei.

11.♗b2 ♖c8 12.♖c1 ♗d6

Dieser Zug mag auf den ersten Blick etwas rätselhaft erscheinen, er basiert aber auf einer interessanten Idee. Der Läufer soll weiter nach b8 wandern, im Anschluss soll die Dame auf d6 postiert werden. Auf diesem Fundament kann Schwarz Drohungen gegen die weiße Königsstellung aufbauen. Weiß wird den isolierten ♙d5 mit dem Springer blockieren und ihn dann unter Druck zu setzen versuchen.)

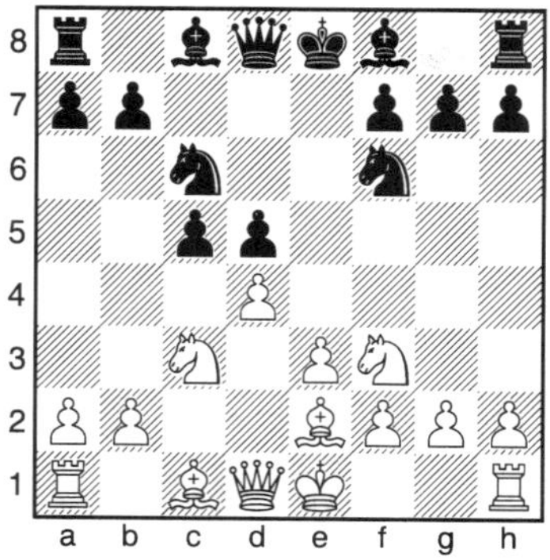

7...cxd4

(7...c4 ist ebenfalls eine ratsame Wahl, wenn auch nicht als Mittel zur Verhinderung des isolierten d–Bauern. Die bekannte Variante 8.0-0 ♗b4 9.♗d2 0-0 10.b3 cxb3 führt zu einem ausgeglichenen Spiel.)

8.♘xd4 ♗d6

Nach den Ergebnissen aus der Praxis sowohl auf der Turnierbühne als auch im Fernschach ist dies die beste Möglichkeit für Schwarz. Der Läufer bringt die Entwicklung voran und verschafft sich die Option, das Feld e5 zu betreten, von wo aus er Druck bis a1 entwickeln kann.

9.0-0 0-0 10.b3 ♗e5

(Ein anderer Plan verbindet sich mit 10...♕e7!?, womit Schwarz seine Dame ins Spiel bringt und für seinen ♖f8 den Weg nach d8 freimacht. Weitergehen kann es beispielsweise mit 11.♘cb5 ♘xd4 12.♘xd4 ♕e5, wonach Weiß das auf h2 drohende Matt abwehren muss. Nach 13.g3 ♗h3 14.♖e1 ♘e4 steht Schwarz aktiv.)

Ein Springertausch auf d4 wäre nun vorteilhaft für Schwarz. Mit 11.♘xc6 kann Weiß dieser Entwicklung vorbeugen, aber auch dann kommt Schwarz zu einem guten Spiel.

11...bxc6 12.♗b2 ♕d6 13.h3 ♗f5

Die beiderseitigen Chancen sind als völlig ausgeglichen zu betrachten. Die beispielhafte Zugfolge 14.♖c1 ♖fe8 15.♗d3 ♗xd3 16.♕xd3 ♖ad8 veranschaulicht, wie die Kontrahenten ihre Entwicklung abschließen können. Schwarz beabsichtigt nun d5-d4 und hat sich ein ausreichendes Gegenspiel verschafft.

B) Nach 6.a3 soll der gegnerische c–Bauer abgetauscht werden, um dann b2-b4 durchsetzen zu können. Nach beispielsweise 6...a6 7.dxc5 ♗xc5 8.b4 hat Weiß sein Zwischenziel erreicht.

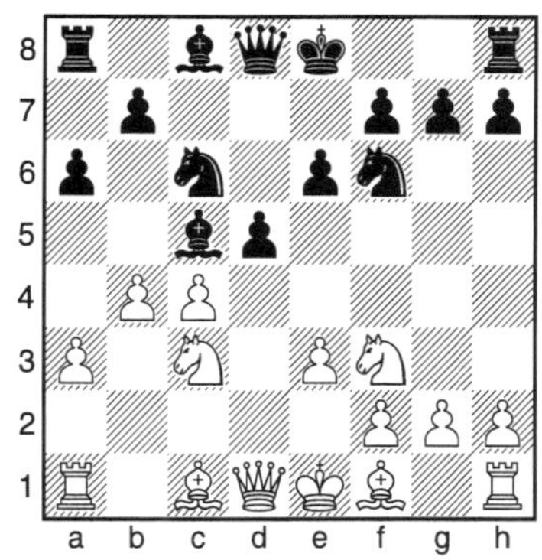

8...♗d6

Der Läufer kann sich auch bis e7 zurückziehen, was ihm die Option gibt, bei Bedarf und Gelegenheit außerhalb der Reichweite des ♘f3 die lange Diagonale a1-h8 zu betreten. Nach 8...♗e7 werden sich beide Seiten um die weitere Entwicklung ihrer Kräfte bemühen, bevor es zu wesentlichen weiteren Zusammenstößen kommt. Die Partie kann beispielsweise die folgende Richtung einschlagen.

9.♗b2 0-0 10.cxd5 exd5

Damit ist der isolierte Damenbauer, den Schwarz bewusst in diesem System investiert, entstanden.

11.♗e2 ♗e6 12.0-0 ♘e4

Der Springer denkt nicht nur an sich selbst, sondern zieht sein bisheriges Standfeld für den Läufer frei. Natürlich wird Weiß ihn nicht schlagen, denn der Abtausch auf e4 wäre günstig für Schwarz. Auf 13.♖c1 lässt Schwarz 13...♗f6 folgen, um im Anschluss mit dem Manöver ♕d8-e7, ♖f8-d8 und ♖a8-c8 das aktive Gegenspiel, dem sein Bemühen galt, zu vollenden. Seine Perspektiven sind gut.

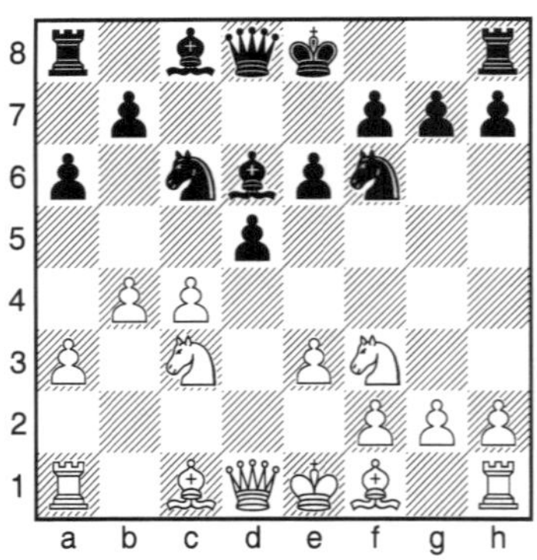

Die natürliche Variante 9.♗b2 0-0 10.cxd5 exd5 11.♗e2 ♗e6 12.0-0 ♕e7 13.♖c1 ♖fd8 veranschaulicht, wie beide Seiten Fortschritte bei der Aktivierung ihrer Kräfte erzielen können. Schwarz hat nun zwar den typischen Isolani auf d5, dafür aber wirksam aufgestellte Figuren. Die Chancen sind verteilt.

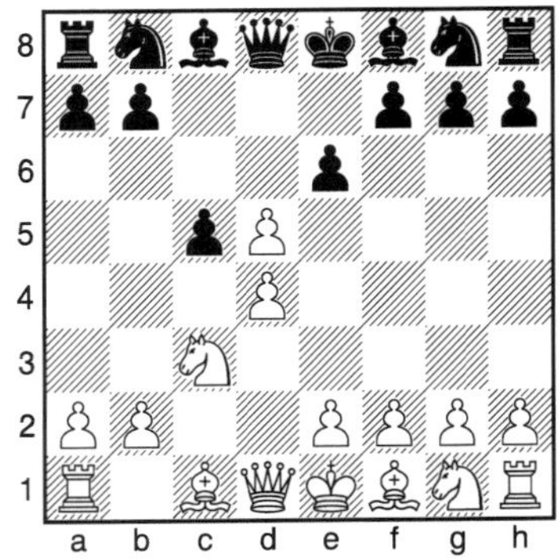

4...exd5

Eine scharfe Alternative stellt das Schara-Hennig-Gambit dar. Eingeleitet wird es mit 4...cxd4.

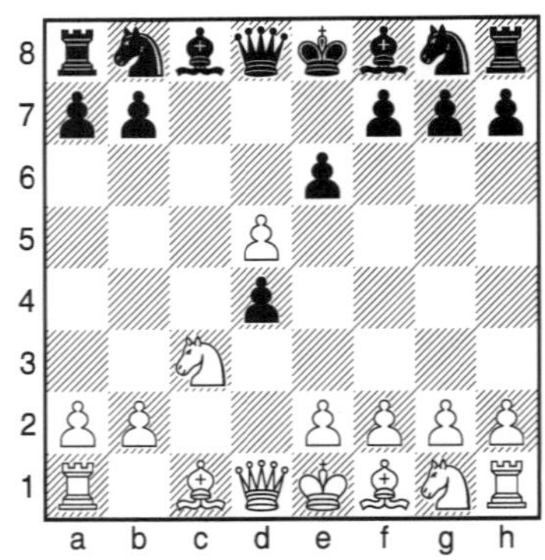

Mit 5.♕xd4 und 5.♕a4+ hat Weiß nun zwei Alternativen als gute Reaktion in der Hand.

A) Mit 5.♕xd4 willigt Weiß in einen baldigen Abtausch der Damen ein.

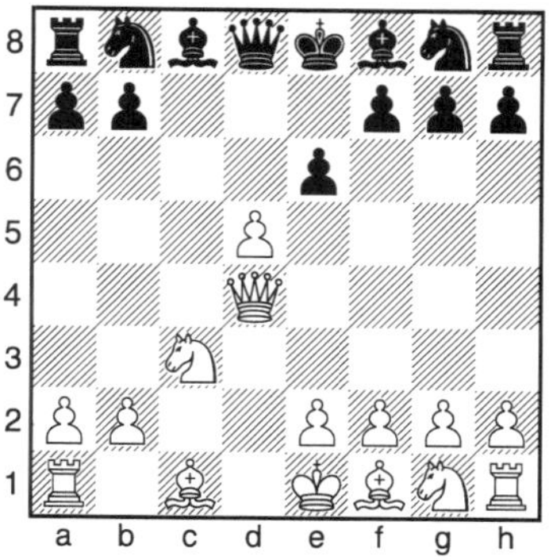

Mit 5...♘c6 nutzt Schwarz die Fesselung des ♙d5 zur Entwicklung seines Springers mit Angriff auf die Dame, so dass er ein Tempo gewinnt.

6.♕d1

Es gibt keinen besseren Zufluchtsort für die Dame als ihr Ausgangsfeld.

(Insbesondere verspricht die Alternative 6.♕a4 keinen Vorteil. Schwarz setzt einfach seine natürliche Entwicklung fort, entfesselt dabei seinen Springer und kommt ungestört zum Stellungsausgleich. Auf a4 steht die weiße Dame dann wenig ambitioniert. Die Variante 6...exd5 7.e3 ♘f6 8.♘f3 ♗d6 9.♗e2 0-0 10.0-0 a6 11.♖d1 ♗e6= dient der Veranschaulichung des beschriebenen Prozederes.)

6...exd5 7.♕xd5

Wenn Weiß mit einem Vorteil aus der Eröffnung kommen will, dann ist dies der einzige Weg. Er verschafft sich den angebotenen Materialvorteil, wobei er den Preis zu zahlen bereit ist, der in den besseren schwarzen dynamischen Werten besteht.

7...♗e6 8.♕xd8+ ♖xd8 9.e3 ♘b4

Es droht die Springergabel auf c2.

10.♗b5+

Weiß nutzt die Chance zu einem Zwischenschach, um seinen Läufer zu aktivieren und zugleich die harmonische gegnerische Entwicklung zu stören.

10...♔e7 11.♔f1 g5 12.♘f3 ♗g7

Es ist ein sehr kompliziertes Spiel entstanden. Als Kompensation für den kleinen materiellen Nachteil verfügt Schwarz über die bessere Entwicklung und damit das aktivere Figurenspiel.

B) 5.♕a4+ provoziert 5...♗d7, so dass der Läufer ein Visavis der Damen auf der d-Linie verhindert. Somit steht Schwarz nach 6.♕xd4 hier auch nicht der Zug ♘b8-c6 zur Verfügung.

6...exd5 7.♕xd5

Der Gambitbauer steht bei Weiß auf der hohen Kante, als Gegenwert will Schwarz nun zu einem Entwicklungsvorsprung mit einem aussichtsreichen Figurenspiel kommen.

7...♘c6 8.♘f3 ♘f6

Der Springer nutzt die angreifbare Position der Dame und greift mit Tempogewinn ins Spiel ein.

9.♕d1

(Auf 9.♕b3 ist 9...♗c5! sowohl stark als auch eine Einladung an Weiß, einen verhängnisvollen Fehler zu begehen. Der Bauernraub mit 10.♕xb7?? kommt einer Schussfahrt in die Niederlage gleich. Nach 10...♖b8 11.♕a6 ♘b4–+ kann Weiß aufgeben.)

9...♗c5

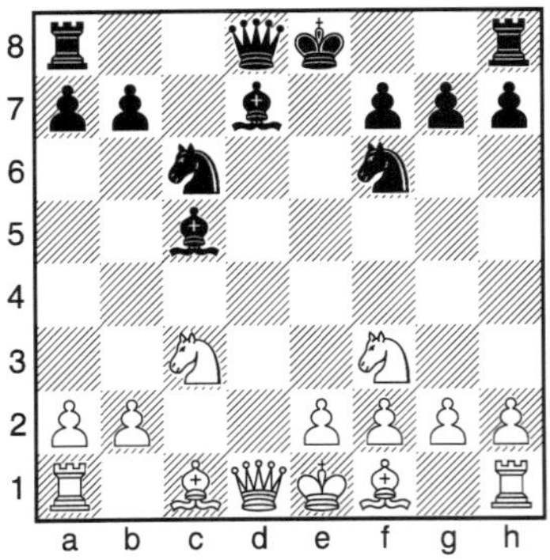

Üblicherweise antwortet Weiß nun mit 10.e3, womit die Wirkung des ♗c5 begrenzt wird und dem ♗f1 der Weg nach draußen frei gemacht wird.

10...♕e7

Schwarz will lang rochieren und trifft mit der Dame die letzten Vorbereitungen dazu.

11.♗e2 0-0-0 12.0-0

Durch die entgegengesetzten Rochaden wird die Dynamik des Spiels weiter befeuert. Die Parteien können nun jeweils den gegnerischen König angreifen, ohne dabei den Schutz des eigenen mittels einer intakten Bauernstellung zu gefährden.

12...g5

Der Bauer soll als Rammbock den ♘f3 vertreiben und die weiße Königsstellung schwächen.

13.b4!

Weiß muss energisch spielen, den Gambitbauern gibt er zurück. Andernfalls wird er auf der anderen Seite überrollt.

13...♗xb4 14.♕b3

(Es ist auch 14.♗b2!? möglich, weitergehen wird es dann mit 14...g4 15.♘d4 usw.)

Nach 14...g4 15.♘d4 ♘xd4 16.exd4 ♗e6 17.♕b2 befindet sich noch immer viel Pfeffer in der Stellung. Weiß ist es aber gelungen, die schwarze Attacke abzufangen. Er geht mit besseren Aussichten in die nächste Phase der Partie.

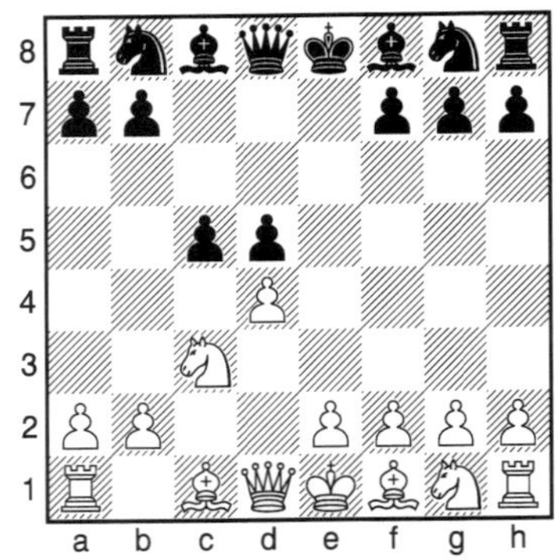

5.♘f3

In aller Regel greift Weiß auf diesen soliden Entwicklungszug zurück. Gambitspezialisten bietet sich die Möglichkeit, hier zwei scharfe Fortsetzungen auf das Brett zu bringen. Insgesamt aber wählt Weiß eher selten einen dieser beiden Wege.

I. Mit 5.e4 kommt das Marshall-Gambit auf das Brett. Es gibt verschiedene Gambitspiele, die nach dem US-Amerikaner Frank James Marshall (1877-1944) benannt sind. Hier handelt es sich also um das Marshall-Gambit in der Tarrasch-Verteidigung des Damengambits.

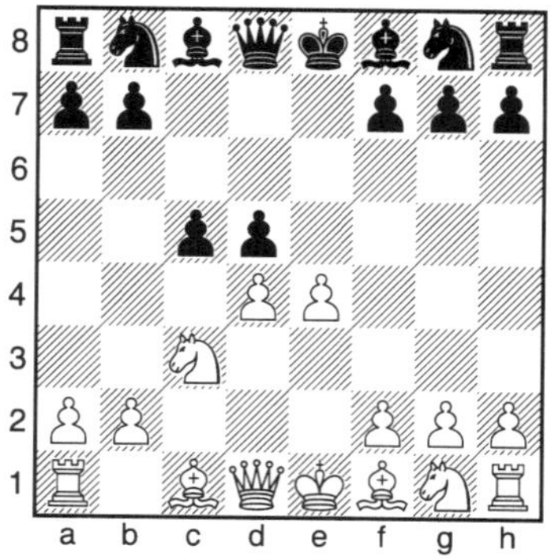

5...dxe4 6.d5

(Nach 6.♗c4 cxd4 7.♕b3 mit Angriff auf f7 behält Schwarz mit 7...♕d7 alles unter Kontrolle.)

Mit 6...f5 verteidigt Schwarz seinen Gambitbauern und kämpft in der Folge darum, dass Weiß keine ausreichende Kompensation für den Materialnachteil erlangt. Wenn ihm dies gelingt, sichert er sich natürlich die besseren Chancen.

7.♗f4 ♗d6

Der Bauer wird blockiert und der ♗f4 in seiner Wirkung beschnitten.

8.♗b5+ ♔f7

Der König muss ausweichen, da der ♗c8 nicht nach d7 ziehen und damit das Schachgebot auflösen kann, weil in diesem Fall der ♗d6 seine Deckung verlieren würde. Das Feld f7 ist die beste Wahl. Hier steht der König sicher und wird Teil der harmonischen schwarzen Entwicklung.

9.♘h3 ♘f6 10.♗c4 a6 11.a4 h6

Schwarz behauptet seinen Mehrbauern und Weiß hat zum Ausgleich nicht wirklich etwas in der Hand.

II. 5.dxc5 leitet in das Tarrasch-Gambit über.

5...d4

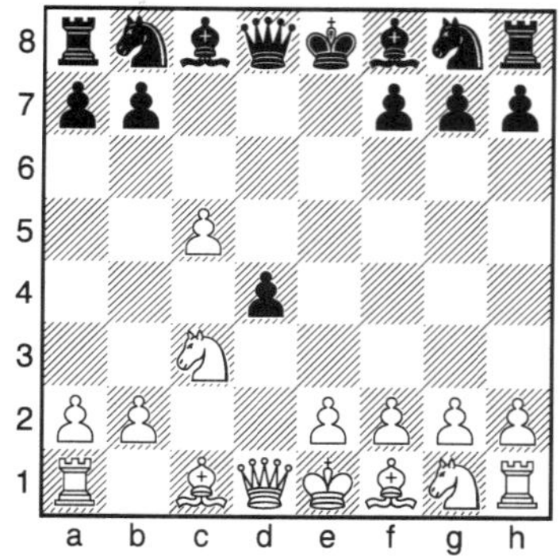

6.♘e4

(Die Alternative 6.♘a4 gibt Schwarz die Möglichkeit zu einer weiteren Verschärfung des Spiels mit 6...b5. Der Springer hat kein Fluchtfeld, so dass am Schlagen en passant mit 7.cxb6 kein Weg vorbeiführt. Nach 7...axb6 8.b3 ist das Feld b2 frei und b6-b5 entschärft.

8...♘f6 9.e3

Weiß hat Schwierigkeiten, seinen Königsflügel zu entwickeln.

9...♗d7 10.♕xd4 ♘c6

Dem schwarzen Figurenspiel hat Weiß nichts Ebenbürtiges entgegenzusetzen. Die Dame wird vertrieben und der ♘a4 steht deplatziert.

11.♕b2 ♘e4 12.a3

Verwehrt Schwarz den Zugang zu b4.

12...b5 13.♗d3 f5 14.♗xe4 fxe4 15.♘c3 ♘e5

Schwarz steht klar besser. Weiß hat seine Schwierigkeiten hinsichtlich der Entwicklung seines Königsflügels nicht überwinden können. Es droht das tödliche Springerschach auf d3.)

Weitergehen kann es nun über die taktisch geprägte und ohne eine besondere Kommentierung verständliche Zugfolge 6...♗f5 7.♘g3 ♗g6 8.♘f3 ♗xc5 9.♘e5 ♘c6, die den schwarzen Vorteil festhält.

(Anstelle des Damenspringers kann auch der Kollege vom Königsflügel ins Spiel eingreifen. Nach 9...♘f6 10.♘xg6 hxg6 11.♕b3 ♕e7 steht Schwarz ebenfalls deutlich besser.)

Um nach 10.♘xg6 einen Eindruck davon zu vermitteln, in welche Richtung sich das Duell entwickeln kann, schauen wir noch ein kleines Stückchen weiter in einen aus der Praxis bekannten Verlauf.

10...hxg6 11.♘e4 ♗b4+ 12.♗d2 ♕d5 13.♗xb4 ♘xb4 14.♕a4+ ♘c6 15.♘d2 ♘ge7

Schwarz lässt nun noch die kurze Rochade folgen, der Vorteil liegt auf seiner Seite.

5...♘c6

Der Springer verstärkt den Druck gegen den ♙d4.

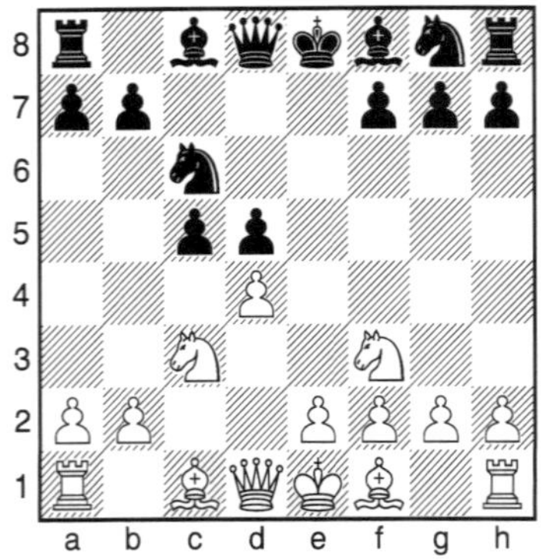

6.g3

Weiß bereitet ♗f1-g2 vor, um auf diese Weise den ♙d5 unter Beschuss zu nehmen. Dieser Plan wurde 1908 in Prag von dem Schachmeister Karl Schlechter (1874-1918) eingeführt. Die Popularität von 6.g3 beruht jedoch hauptsächlich auf den Erfolgen des polnischen Großmeisters Akiba Rubinstein (1882-1961).

Es gibt mehrere Alternativen, die ebenfalls gut zur Anwendung gelangen können. Zu diesen zählen insbesondere 6.dxc5, 6.♗f4 und 6.♗g5. Diese werden wir im Folgenden etwas genauer unter die Lupe nehmen.

I. 6.dxc5

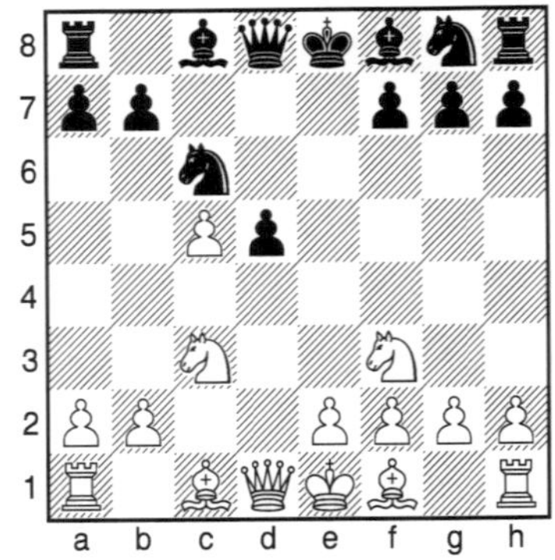

Den Vorstoß 6...d4 kennen wir bereits aus dem oben behandelten Tarrasch-Gambit, allerdings mit dem bedeutenden Unterschied, dass dort der weiße Königs- und der schwarze Damenspringer noch auf ihren Ausgangsfeldern standen. Es lohnt sich aber, zum Verständnis einen gelegentlichen Blick zurück zu werfen.

(Nicht ratsam wäre 6...♗xc5 Δ 7.♕xd5 ♕b6, denn mit 8.e3 behält Weiß alles unter Kontrolle. Die Drohung gegen f2 ist abgewehrt und das schwarze Duo aus Dame und Läufer beißt beim ♙e3 auf Granit. Auf 8...♘f6 geht 9.♕b3∓ und Weiß bleibt im Vorteil.)

7.♘a4

(7.♘e4 ermöglicht 7...♗f5 und nach 8.♘g3 weicht der Läufer nicht zurück, sondern antwortet mit 8...♗g4, um sich nach 9.h3 mit 9...♗xf3 gegen den Springer abzutauschen. Es folgen die Züge 10.exf3 ♗xc5 und Schwarz erfreut sich eines guten Spiels.)

7...♗xc5 8.♘xc5 ♕a5+

Über dieses Zwischenschach holt sich Schwarz das hingegebene Material zurück.

9.♗d2

(Unter den Fernschachspielern ist 9.♕d2 die Nummer 1. Dabei spielt es eine Rolle, dass Schwarz nach 9...♕xc5 10.e3 nicht gut auf 10...dxe3 verzichten kann und es mit 11.♕xe3+ ♕xe3+ 12.♗xe3 zum Damentausch kommt. In der Folge versuchen beide Seiten schnell Entwicklungsfortschritte zu erzielen, so etwa über 12...♘ge7 13.♗c4 0-0 14.0-0 ♗g4. Die beispielhafte Zugfolge 15.♘g5 h6 16.f3 ♗f5 17.♘e4 ♖fd8= hält die Stellung in der Waage.)

Nach 9...♕xc5 10.♖c1 ♕b6 11.e3 kann Schwarz 11...♘f6 oder auch 11...♘ge7 spielen und alsbald 0-0 folgen lassen. Der Läufer kann grundsätzlich nach g4 entwickelt werden, die Türme finden einen guten Einsatzbereich in der Mitte. Dieser Aufbau eröffnet Schwarz ordentliche Perspektiven.

II. 6.♗f4 ♘f6 7.e3

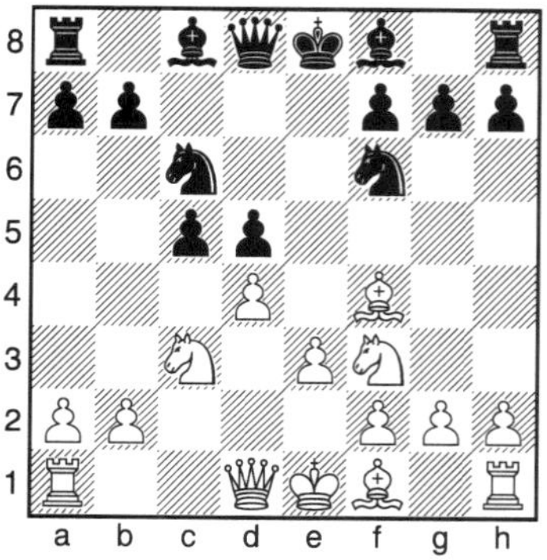

In der Praxis haben sich hier verschiedene Fortsetzungen etabliert, von denen wir 7...cxd4 und 7...c4 für den lernenden Spieler als am besten geeignet ansehen.

Mit 7...cxd4 löst Schwarz die Spannung im Zentrum auf und verzichtet dabei auf den Versuch, einen isolierten d-Bauern zu vermeiden.

(Die Alternative 7...c4 hält die Verbindung zwischen dem c- und dem d-Bauern aufrecht. Schwarz will den Gegner in seiner Entwicklungsfreiheit beschränken, insbesondere hinsichtlich des weißfeldrigen Läufers. Zudem hält er sich die Option eines Bauernvorstoßes am Damenflügel offen. Die Idee ähnelt jener, die weiter vorne hinter 6...c4 als Abweichung zu 6...♘f6 in der Hauptvariante steht. Seinen ♗f8 ist Schwarz gegen den ♘c3 abzutauschen bereit, der durch den Aufzug des c-Bauern nun bis b4 gelangen kann.

8.♗e2 ♗b4 9.0-0 0-0

Nun ist es nicht einfach für Weiß, Fortschritte zu erzielen. Zumeist versucht er es über 10.♘e5, worauf die Abwicklung 10...♗xc3 11.bxc3 ♘xe5 12.♗xe5 zu einer beinahe vollständigen Entspannung führt. Mit 12...♘e4 oder auch mit 12...♗f5 sichert sich Schwarz in etwa gleichwertige Chancen.)

Nach 8.♘xd4 ist die Situation im Zentrum geklärt. Die Parteien können sich auf die weitere Aktivierung ihrer Kräfte konzentrieren, beispielsweise über 8...♗b4 9.♗b5 ♗d7 (9...♗xc3+ 10.bxc3 ♗d7 geht auch.) 10.0-0 0-0 11.♖c1 ♖c8.

Die Eröffnungsphase ist abgeschlossen, die Stellung ist weitgehend ausgeglichen.

III. 6.♗g5

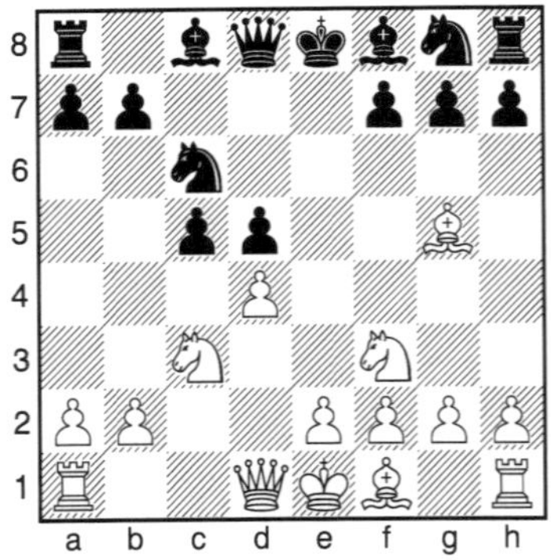

A) Aus der Warte des lernenden Spielers empfehlen wir nun die Fortsetzung mit 6...♗e7, auch wenn die Alternative 6...f6 bessere Ergebnisse aus der jüngeren Praxis aufzuweisen hat und sich einer zunehmenden Beliebtheit erfreut. Unser Favorit ist solider und lässt sich unseres Erachtens vom unerfahrenen Spieler leichter beherrschen, weil er mehr auf sein Grund-Knowhow bauen kann und weniger taktische Fallstricke auf ihn lauern. Im Fernschach, das für seine gründliche Untersuchung und Bewertung der Stellungen und Züge bekannt ist, vertraut man allgemein auf 6...♗e7, was uns in unserer Auffassung bestärkt.

Nach 7.♗xe7 ♘gxe7 gefolgt von beispielsweise 8.e3 cxd4 9.♘xd4 0-0 verfügt Schwarz über gute Ausgleichschancen.

B) Nach 6...f6 kann die Partie einen wilden Charakter annehmen. 7.♗f4 beantwortet Schwarz mit 7...g5, worauf sich der Läufer mit 8.♗g3 zurückziehen wird, sofern er seinen Ausflug nach g5 nicht selbst in Zweifel ziehen will.

(So etwa macht 8.♗e3 wenig Sinn, denn es folgt 8...g4 und auf 9.♘h4 setzt Schwarz mit 9...f5 fort. Nach beispielsweise 10.g3 ♗g7 steht er ausgezeichnet.)

Nun kann nur das kompromisslose weitere Vorgehen mit 8...g4 die Korrektheit des schwarzen Plans bestätigen, wobei aber die eigene Königsstellung noch weiter zerrissen wird. Der ♘f3 wird vertrieben, wodurch der ♙d4 seine ausreichende Deckung verliert.

9.♘d2 cxd4 10.♘b5 ♔f7

Der König muss die auf c7 drohende Springergabel verhindern.

11.♘c7 ♖b8

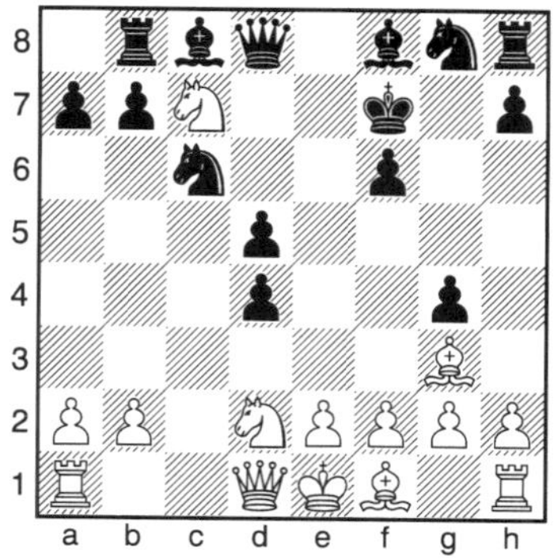

Mit 12.♕b3 will Weiß sich seinen Bauern zurückholen; zugleich kann er seinem Gegner auf den Zahn fühlen, ob er auf ein Remisergebnis spielt oder das Duell auf jeden Fall fortsetzen will. Nach 12...♘e5 kommt es zum materiellen Ausgleich, verbunden mit einem offenen Ausgang der Partie.

(Mit 12...♘ge7 hält Schwarz den Bauern fest, allerdings mit der Konsequenz, dass Weiß über 13.♘b5 ♖a8 14.♘c7 auf Zugwiederholung spielen kann.)

13.♕xd5+ ♕xd5 14.♘xd5 ♗e6=

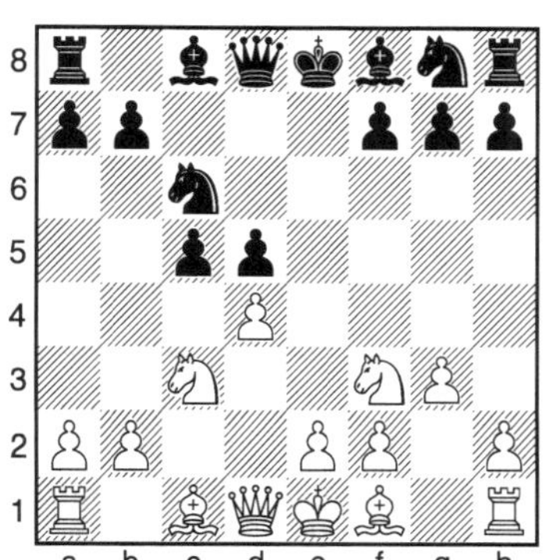

6...♘f6

Dies ist eindeutig der Hauptzug. Schwarz will schnelle Fortschritte bei der Entwicklung seiner Kräfte erzielen.

Die sogenannte Schwedische Variante, die Schwarz mit 6...c4 ansteuern kann, verspricht eher Weiß einen Vorteil und ist deshalb weniger ratsam. Ihr liegt die Idee zugrunde, auf b7-b5-b4 basierend zu einem aktiven Spiel am Damenflügel zu kommen. Weiß kann die Abläufe aber zu seinen Gunsten gestalten.

7.♗g2 ♗b4 8.0-0 ♘ge7

(8...♘f6 wäre für Weiß eine Einladung zu 9.♗g5.)

Nun kommt Weiß ohne den Sprengungszug 9.e4 nicht weiter.

(Die oft gespielte Variante 9.♘e5 0-0 10.♘xc6 bxc6 11.e4 ♗e6 weist eine für Weiß schlechte Bilanz aus und bestätigt damit, dass er sich in der Praxis an der soliden schwarzen Stellung die Zähne ausgebissen hat. Die erreichte Stellung ist völlig ausgeglichen.)

9...0-0

(9...dxe4 10.♘xe4 0-0 11.a3 ♗a5 12.♗e3∓)

Nach der Abwicklung mit 10.exd5 ♘xd5 11.♘xd5 ♕xd5∓ kann Weiß 12.♗e3 spielen und steht besser. Schwarz darf nicht übersehen, dass seine Dame gefährdet steht. Nach einem Wegziehen des ♘f3 wird sie vom ♗g2 bedroht.

7.♗g2 ♗e7 8.0-0 0-0

Dies ist die Ausgangsstellung der Hauptvariante.

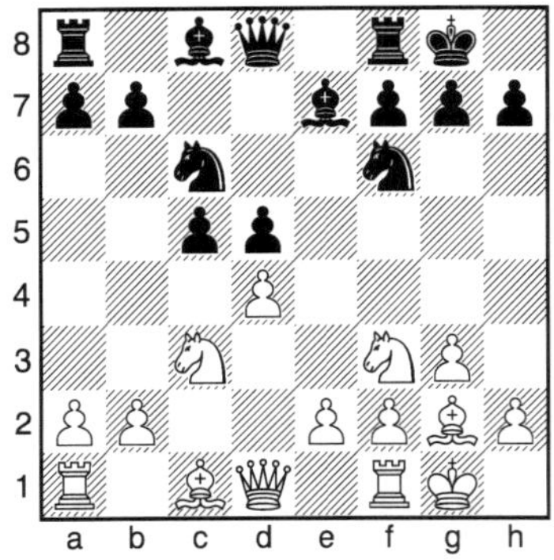

9.♗g5

Herkömmlich auf der Turnierbühne wie auch im Fernschach ist diese Fortsetzung der unangefochtene Favorit unter den Spielern. Weiß drückt gegen den ♙d5. Er hat 10.dxc5 im Köcher, was Schwarz zu einer sofortigen Reaktion im Zentrum zwingt.

Es gibt mehrere Alternativen, mit denen Schwarz immer rechnen muss. Dies sind insbesondere 9.dxc5, 9.b3, 9.♗e3 und 9.♗f4. Es ist deshalb unerlässlich, sich auch mit diesen Fortsetzungen hinreichend intensiv zu befassen.

I. Mit 9.dxc5 zwingt Weiß seinen Gegenüber sofort zum Spielen mit einem isolierten d-Bauern.

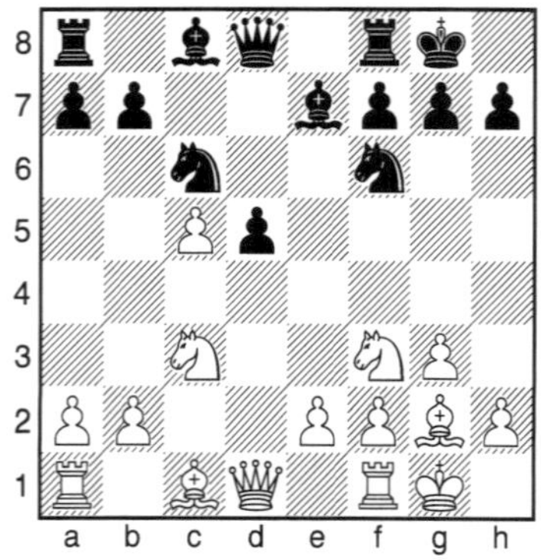

A) Nach 9...♗xc5 10.♗g5 zwingt die Fesselung des Springers Schwarz zu einer sofortigen Reaktion zum Schutz des ♙d5.

(Auf 10.♘a4 sollte Schwarz 10...♗e7 spielen. Er kann sich im Anschluss in Ruhe weiter aufbauen und sich relativ ungestört gute Aussichten verschaffen. Bei 11.♗e3 geht es um das Feld c5, das Weiß besetzen möchte. Die beispielhafte Zugfolge 11...♖e8 12.♖c1 ♗g4 13.♘c5 ♗xc5 14.♗xc5 ♕d7 15.♖e1 ♖ac8 16.♗d4 ♘e4 veranschaulicht, wie beide Seiten grundsätzlich weiter vorgehen können. Die Kontrahenten haben sich vergleichbar gute Perspektiven verschafft. Erneut ist Stockfish skeptisch und sieht Weiß leicht im Vorteil.

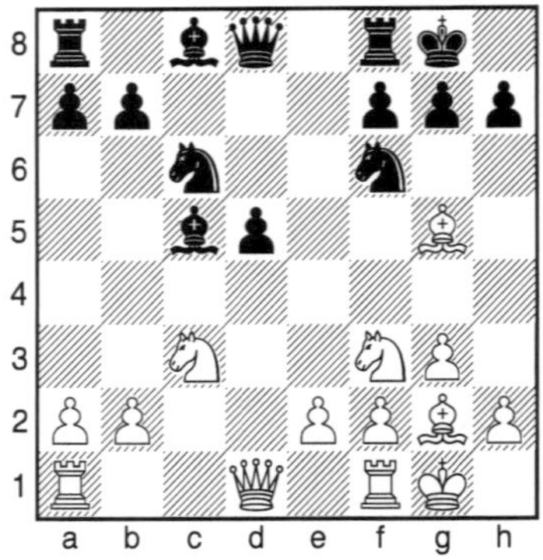

Mit 10...d4 rettet der Bauer sich selbst, indem er forsch voranschreitet.

(Die passive Verteidigungsvariante 10...♗e6 wird auch gespielt, allerdings vergleichsweise eher selten. Schwarz hat es nach diesem Vorgehen schwerer, aktiv zu bleiben, was sich auch in einem deutlich schlechteren Wert in der Erfolgsstatistik niederschlägt.

Allgemein sei angemerkt, dass ein Zug wie 10...d4 immer auch zu Schwächen führt, hier insbesondere auf e4. Stand dieses Feld gerade noch unter Kontrolle des d-Bauern, ist es nun für Weiß betretbar. Es ist wichtig, jederzeit die Folgen einer solchen Entwicklung im Auge zu behalten. Wenn Weiß gleich den ♘c3 nach e4 führt, greift er sowohl den ungedeckten ♗c5 als auch den gefesselten ♘f6 an. Schon bei der Ausführung des Zuges 10...d4 musste es sicher sein, dass Schwarz qualifiziert auf 11.♘e4 antworten kann.)

11.♘e4

(Die Wendung 11.♗xf6 ♕xf6 12.♘d5 kann Schwarz nicht in Bedrängnis bringen. Die Dame kann gut sowohl nach d8 als auch nach f5 ausweichen.)

Nun ist 11...♗e7 die eben angemahnte qualifizierte Reaktionsmöglichkeit. Der Läufer weicht dem Angriff aus, deckt den ♘f6 und löst dabei zugleich die Fesselung auf.

12.♗xf6

(Die Variante 12.♘xf6+ ♗xf6 13.♕d2 ♗g4 bereitet Schwarz keine Probleme.)

12...♗xf6 13.♖c1

(Mit 13.♕d2 zeigt Weiß an, dass er seinen ♖f1 nach d1 führen will, um so den Druck auf den ♙d4 zu erhöhen. Schwarz hat Zeit, zunächst mit 13...♗e7 die Lage seines Läufers zu verbessern. 14.♖fd1 kann er mit 14...♗g4 beantworten und nach 15.♕f4 behält er mit 15...♗h5! alles unter Kontrolle.)

Nach 13...♕e7 ist die schwarze Stellung ordentlich spielbar. f5 ist ein gutes Feld für den Damenläufer und die Türme warten darauf, in die Mitte beordert zu werden.

B) Wer seinen Spaß und Erfolg gerne im Gambitspiel sucht, kann mit 9...d4!? seinen Gegner in diese Richtung zwingen. Schwarz bekommt für den geopferten Bauern eine gewisse Kompensation, indem seine Figuren in aktive Positionen gelangen und der starke ♙d4 das weiße Spiel einengt. Es schließt sich zunächst eine ruhige Phase an, in der beide Seiten an ihrer Entwicklung arbeiten. Weiß kommt mit recht natürlichen Zügen zu einem gesunden Fortschritt. So läuft auch der Spieler, der noch keine Erfahrung zu diesem Gambit aufgebaut hat, kaum Gefahr, überrumpelt zu werden.

10.♘a4 ♗f5

Der Läufer soll nach e4 geführt werden, wo er sich, gedeckt durch seinen Springer, eine starke Stellung verschafft.

11.♗f4

Der Läufer wird entwickelt und räumt dabei das Feld c1 für den Turm, der von dort aus den ♙c5 unterstützen kann.

11...♗e4 12.♖c1

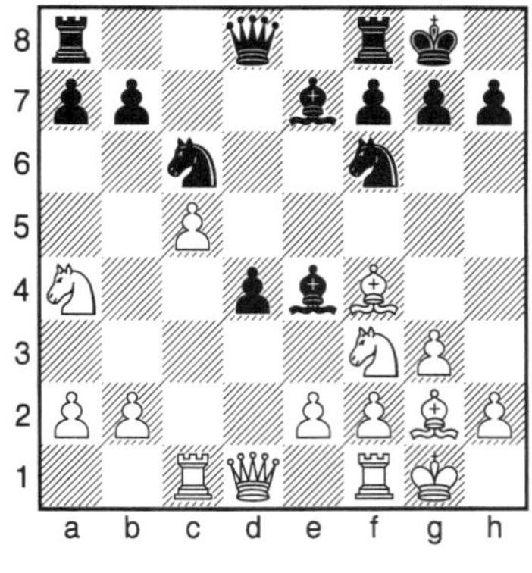

12...♕d7

(Hier wurde in der Praxis oft 12...♕d5 versucht. Auf d5 steht die Dame aktiver als auf d7 und übt zusammen mit dem ♗e4 einen erheblichen Druck auf die weiße Stellung aus. Dieser Zustand ist aber nicht von Dauer, denn mit 13.♕b3 kann Weiß den Aufbau sofort sprengen.

13...♕xb3 14.axb3 ♖ad8 15.♖fd1 ♖fe8 führt nun zu einem unklaren Spiel. Stockfish bewertet die Stellung als klar vorteilhaft für Weiß, was aus schwarzer Sicht zu pessimistisch und vom Minderbauern geprägt sein dürfte.)

Mit 13.a3 bereitet Weiß b2-b4 vor, womit er seinen Vorteil am Damenflügel absichert. Nebenbei wird dann b2 für ein eventuelles Springermanöver frei.

13...♖ad8

Die beiden Türme werden auf die zentralen Linien gebracht, wo sie aktuell die größte Wirkung erreichen können.

14.b4 ♖fe8

Schwarz hat seine Kräfte elastisch postiert. Die Praxis zeigt, dass er auf dieser Basis über ordentliche aktive Möglichkeiten verfügt. Stockfish sieht Weiß allerdings auch hier deutlich im Vorteil.

II. Nach 9.b3 verfolgt Weiß mit dem Fianchetto des Damenläufers das Ziel, das Feld d4 unter Kontrolle zu nehmen. Weiterhin plant er ♖a1-c1 und ♘c3-a4, um den ♙c5 unter Druck zu setzen.

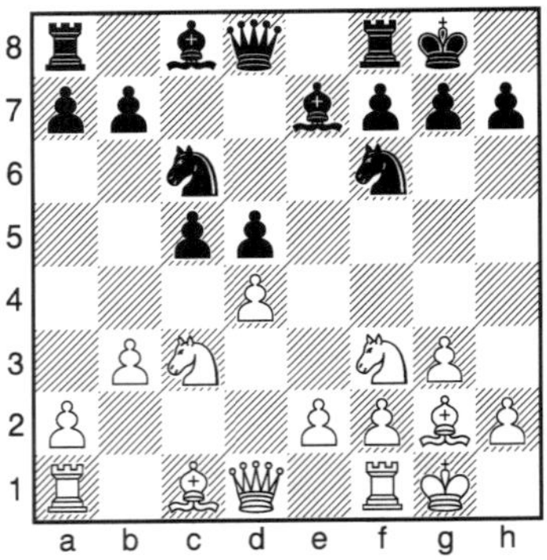

Der Plan von 9...♘e4 offenbart sich nicht schon auf den ersten Blick. Er sieht wie folgt aus: Der Springer hat mit seinem Wegzug das Feld f6 geräumt, damit ♗e7-f6 erfolgen kann. So soll der zentrale Punkt d4 unter Beschuss genommen werden. Späterhin soll der auf b2 erwartete weiße Läufer abgetauscht werden.

10.♗b2 ♗f6 11.♘a4

Dies ist das Vorgehen nach dem eingangs beschriebenen Plan.

(Aber was ist, wenn man auf einen Gegner trifft, der nicht nach diesem Plan verfährt und zum durchaus naheliegenden Zug 11.♘xe4 greift? Er löst damit die weitgehend forcierte Zugfolge 11...dxe4 12.♘d2 ♗xd4 13.♗xd4 cxd4 14.♘xe4 aus. Weitergehen kann es nun beispielsweise mit 14...♗f5 15.♕d2 ♖e8 16.♘c5 ♕e7 17.♖ac1 ♖ac8 und Schwarz kann mit seiner Stellung zufrieden sein.)

11...b6

(Ein Fehler wäre hier 11...b5? wegen 12.♘xc5! ♘xc5 13.♖c1 und Weiß bekommt seine Figur mit Vorteil zurück.)

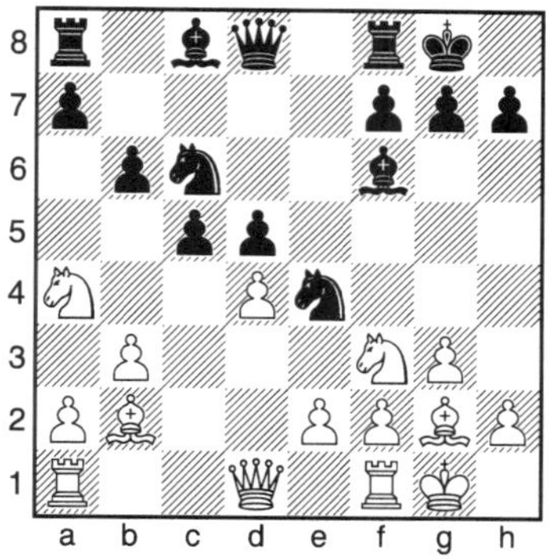

Mit 12.♖c1 erhöht Weiß den Druck gegen den ♙c5.

12...♗a6

Der Läufer wird den beabsichtigten Vorstoß c5-c4 unterstützen.

13.dxc5

Ohne dieses Schlagen – entweder sofort oder nach einem vorherigen ♖f1-e1 – kann Weiß keine Fortschritte erzielen.

Nach 13...♗xb2 hat der schwarze Läufer seine Bestimmung gefunden.

14.♘xb2 bxc5 15.♘a4

(Nach 15.♘d2 ♕e7 16.♘d3 kann Schwarz seine Türme wie folgt postieren: ♖a8-c8 und ♖f8-d8 oder ♖a8-d8 und ♖f8-e8, jeweils mit guten Gegenchancen.)

Nach 15...♖e8 16.♖e1 c4 ist das Spiel weitgehend ausgeglichen. Mit Ausnahme des ♖a8, der noch aktiviert werden muss, hat Schwarz alle Kräfte im Feld.

III. Nach 9.♗e3 droht Weiß d4xc5 und zwingt Schwarz damit zu einer sofortigen Erklärung im Zentrum.

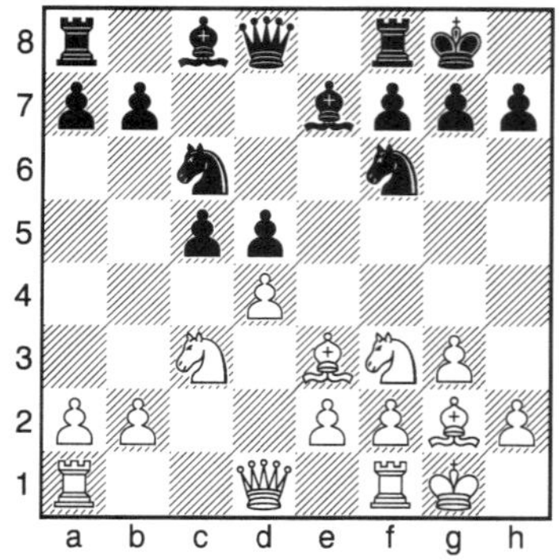

9...c4 ist die beste Antwort. Nun zeigt es sich, dass der Läufer auf e3 nicht allzu gut postiert ist.

(Auch die Ergebnisse aus der Praxis bestätigen, dass Weiß nach 9...cxd4 die besseren Karten in der Hand hält. Wenngleich Schwarz sich deutlich seltener für diesen Weg als für 9...c4 entscheidet, gibt es viele Beispiele von der Turnierbühne. Wir belassen es bei einer einfachen Variante, um das Wesen des Nachteils zu erläutern, der Schwarz bei dieser Wahl erwartet.

10.♘xd4 ♖e8 11.♖c1 h6 12.♘xc6

Weiß gibt das Motiv, gegen einen isolierten d-Bauern spielen zu können, auf, um einen anderen Vorteil zu erreichen.

12...bxc6 13.♘a4

Weiß kommt zur Blockade auf dem Feld c5 und sichert sich die besseren Perspektiven.)

10.♘e5

A) 10...♗e6 ist die solideste Möglichkeit, der Schwarz in der Praxis entsprechend mit Abstand am häufigsten vertraut.

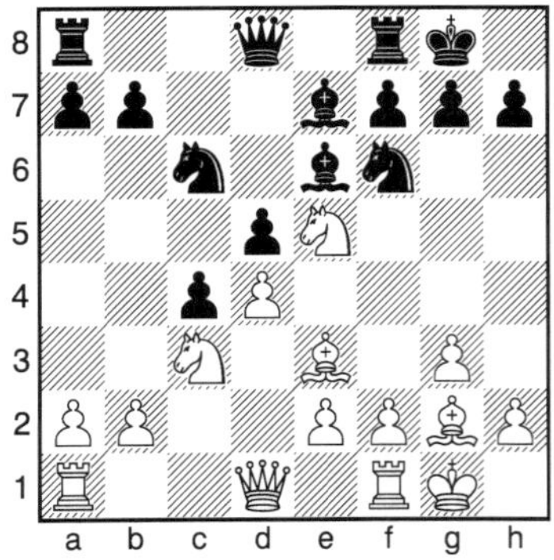

Mit dem Scheinopfer 11.♘xc4 versucht Weiß um die Initiative zu kämpfen.

11...dxc4 12.d5 ♘xd5 13.♘xd5

Hier kann sich Schwarz zwischen 13...♗f6 und 13...♖c8 entscheiden. Beide Fortsetzungen haben in der Praxis ihre Tauglichkeit unter Beweis gestellt.

13...♗f6

(Nach 13...♖c8 14.♘xe7+ ♕xe7 hat Schwarz alles unter Kontrolle.)

14.♘xf6+

(Der Versuch 14.♖c1 ♗xb2 15.♖xc4 bringt Weiß nicht wirklich etwas ein. Nach 15...♖c8 führt die taktisch geprägte Variante 16.♖c2 ♗e5 17.♗c5 ♖e8 18.e4 ♕a5 zu einer Stellung, die Schwarz sicher halten kann.)

14...♕xf6

Hier an der Stelle des Übergangs von der Eröffnung ins Mittelspiel steht den Kontrahenten die Fortsetzung ihres Kampfes mit vergleichbaren Aussichten bevor. In Abhängigkeit auch von den Entscheidungen seines Gegners wird Schwarz seinen ♖a8 nach c8 oder d8 bringen und seinen ♖f8 nach e8 oder auch nach d8.

B) 10...h6 hat ebenfalls Anhänger, worauf Weiß die gegnerische Mini-Bauernkette mit 11.b3 von vorne angreifen kann.

11...cxb3

(Interessant ist auch die Idee 11...♕a5!?, bei der Schwarz sich durch die Bedrohung des ♘c3 die Zeit verschafft, ♗c8-e6 nachzuholen. Nach 12.♘a4 ♗e6 führt dann die beispielhafte Zugfolge 13.♘xc6 bxc6 14.♘c5 ♗xc5 15.dxc5 ♕b5 zu einer für ihn spielbaren Stellung bei einem leichten weißen Vorteil. Weiß besitzt das Läuferpaar und hat weniger Schwächen.)

Nach 12.♕xb3 ♘a5 13.♕c2 kann Schwarz mit dem bisher Erreichten vollauf zufrieden sein, die Stellung ist ausgeglichen. Seine Aufgabe besteht nun im Wesentlichen darin, die Entwicklung abzuschließen. Weiß ist in dieser Hinsicht schon etwas weiter und wird sich darauf konzentrieren, eine Initiative zu entwickeln und dabei seinen Einfluss zu steigern sowie die Stellung seiner Figuren zu verbessern. Die folgende Zugfolge soll einen Eindruck davon vermitteln, wie beide Parteien weiter vorgehen können.

13...♗e6

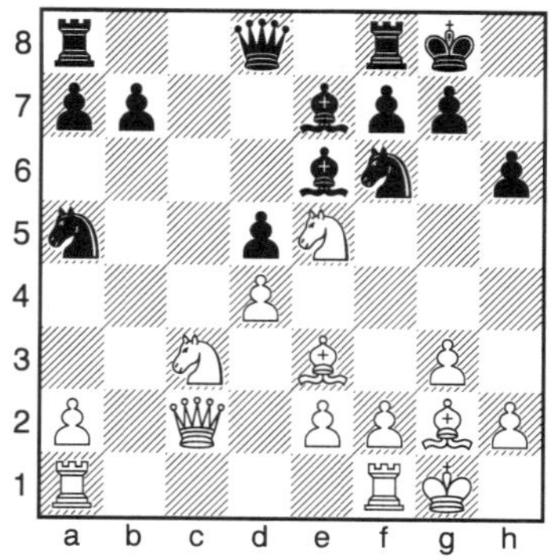

Mit 14.f4 nutzt Weiß konsequent seine Chance, aktiv zu werden und Schwarz in seinen Möglichkeiten zu beschränken. Der Bauer soll grundsätzlich bis f5 vorrücken, womit der ♗e6 zurückgedrängt würde. 14...♖c8 15.f5 ♗d7 16.♕d3

Diese universelle Reaktion ist die beste Möglichkeit für Weiß. Die Dame verbessert ihre Lage und nimmt dabei Einfluss auf die Diagonale a6-f1, zugleich entfesselt sie den ♘c3.

16...♗c6 17.♖ac1 ♖e8 18.♗f4 ♗b4

Es ist eine komplizierte Stellung mit einem sehr dynamischen Charakter entstanden. Die Chancen beider Seiten sind weiter ausgeglichen. Schwarz kann nach dem Plan verfahren, b7-b5 vorzubereiten und nach Möglichkeit durchzusetzen, gefolgt von ♘a5-c4. Weiß hingegen kann auf eine Aktion am Königsflügel setzen, etwa über durch g3-g4, h2-h4 usw. laufend.

C) 10...♗f5 ist weniger sinnvoll, wenn auch grundsätzlich spielbar. Allerdings sollte der Läufer nach 11.♗g5!? ♖c8 12.♖c1 nach e6 ziehen, womit er seinen Ausflug nach f5 in Frage stellen würde. Nach abweichend beispielsweise 12...h6 13.♗xf6 ♗xf6 14.♘xd5 ♘xe5 15.dxe5 ♗xe5 16.♕a4 wäre Weiß im Vorteil.

IV. 9.♗f4 ist noch wenig erforscht, findet aber zunehmend Anhänger.

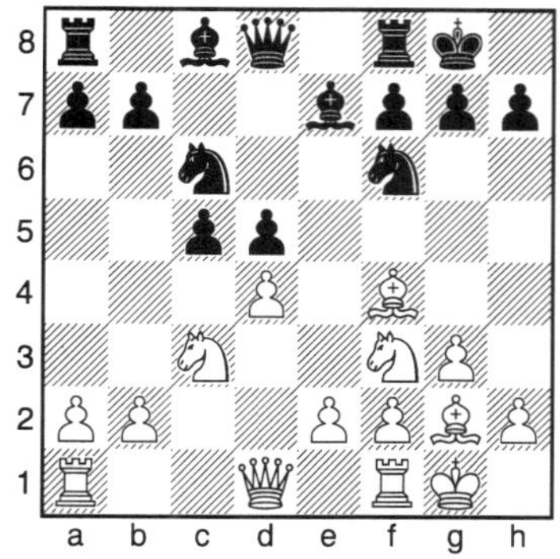

A) Nach 9...♗g4 schenkt Weiß zumeist der Fortsetzung 10.dxc5 das Vertrauen, womit auf schwarzer Seite die gewisse Schwäche eines isolierten d-Bauern entsteht.

10...♗xc5

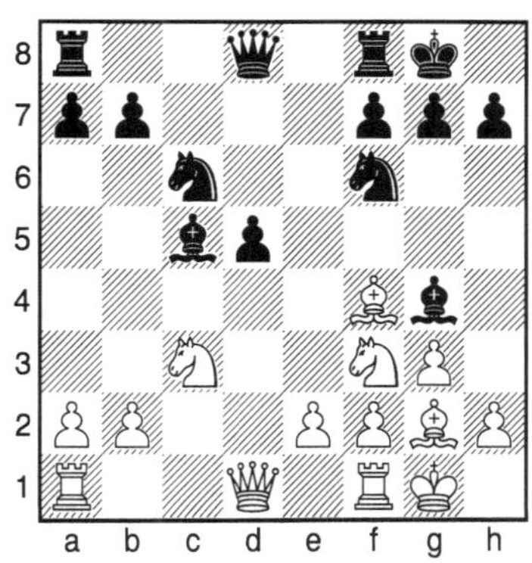

11.♖c1

(Nach 11.♘e5 holt Schwarz seinen Läufer mit 11...♗e6 zurück. Es kann sich dann beispielsweise die natürliche Entwicklung 12.♘a4 ♗b6 13.♖c1

♖c8 14.♘d3 ♘e4 ergeben, die zu einem annähernd gleichen Spiel führt.)

11...d4 12.♘a4

(Zu keinem guten Ergebnis für Weiß führt die Variante 12.♘b5 ♗b6 13.h3 ♗h5 14.♘e5 ♘xe5 15.♗xe5, denn nun kann Schwarz seinem Gegner mit 15...♕e8! zeigen, wo dessen Schwächen sind. Er ist im Vorteil.)

12...♗d6 13.♗xd6 ♕xd6 14.♘c5 b6

Schwarz hat alles unter Kontrolle. Wenn er nun auch noch seine Türme in die Mitte bringt, verfügt er über ein aussichtsreiches Spiel.

B) Die Läuferentwicklung mit 9...♗e6 ist gleichwertig. Mit 10.dxc5 stellt Weiß sicher, dass Schwarz die Partie mit einem isolierten d-Bauern führen muss.

(Auf 10.♖c1 kann Schwarz mit 10...c4 fortsetzen und nach 11.♘e5 einen soliden Aufbau über 11...♖c8 usw. erreichen.)

Nach 10...♗xc5 11.♖c1 (11.♘a4 ♗e7=) muss Schwarz aufpassen, denn der ♖c1 entwickelt einen Röntgenblick zum ungedeckten ♗c5. Interessant ist nun ein Vorgehen mit 11...h6, das auch bei Engines hoch im Kurs steht, verbunden mit einem Ausweichen des schwarzfeldrigen Läufers im Anschluss an ♘c3-a4 nach e7 statt nach b6.

(In der Praxis wird am häufigsten nach dem Prinzip „Gefahr erkannt, Gefahr gebannt!“ verfahren und sofort 11...♗b6 gespielt. Auf 12.♘a4 kann nun der d-Bauer nach vorne gerückt werden. Auf d4 ist er gut unterstützt, er beschränkt Weiß in seinen Möglichkeiten und sobald der weiße e-Bauer zieht, wird grundsätzlich ein Abtausch möglich. Nach 12...d4 kann Weiß zu 13.a3 greifen mit der Absicht, b2-b4 folgen zu lassen und im Anschluss seinen ♘a4 nach c5 zu spielen, wo er wirksam aufgestellt ist und bei Bedarf auch vor den schwarzen d-Bauern gezogen werden kann.

Mit 13...♘d5 nutzt Schwarz die Gelegenheit zur Vertreibung des Läufers, um nach 14.♗d2 seinen Turm zu aktivieren.

14...♖e8 15.b4 ♗g4 16.♘c5 ♕e7 17.♖e1 ♖ad8

Schwarz hat seine Kräfte elastisch entwickelt und der ♙d4 engt die weiße Stellung ein. Die Position ist kompliziert, räumt Schwarz aber ordentliche Gegenchancen ein.)

12.♘a4 ♗e7

Bewusst nimmt Schwarz in Kauf, dass der Läufer von e7 aus das Vorrücken des d-Bauern nicht unterstützen kann. Er plant dessen zumindest vorübergehenden Verbleib auf d5, verbunden mit einer anderen Verwendung.

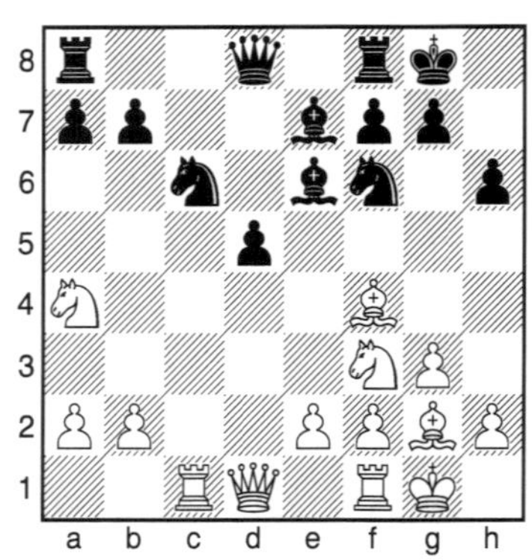

B1) Nach 13.♘d4 steht Schwarz sehr solide. Für Weiß ist es deshalb nicht leicht, Fortschritte zu erzielen.

13...♘xd4

(In der Praxis hat Schwarz bewiesen, dass er auch mit 13...♕d7 die Stellung halten kann, zum Beispiel mit der Folge 14.♘c5 ♗xc5 15.♖xc5 ♗h3 16.♘xc6 bxc6 usw.)

14.♕xd4 b6 15.♘c3 ♕d7 16.♖fd1 ♖fd8=

B2) Alternativ ist auch mit 13.♘e5 zu rechnen, was Schwarz sehr gut mit 13...♖c8 beantworten kann. Wenn Weiß nun mit 14.♘xc6 tauscht, nimmt Schwarz mit 14...♖xc6 zurück. Er ist damit bestens gegen verschiedene gegnerische Ideen zum weiteren Vorgehen präpariert. Auf 15.♕d3 beispielsweise kann er ohne Reue auf c1 schlagen und damit Weiß zumindest befristet die c–Linie überlassen. 15...♖xc1

(15...♖e8!? ist ebenfalls möglich, nur nicht ganz so einfach zu spielen wie die vorgeschlagene Variante.)

Nach 16.♖xc1 ♘e4 und der möglichen Folge 17.♗xe4 dxe4 18.♕xe4 ist die Stellung komplett ausgeglichen. Schwarz spielt nun 18...♗d5. Wenn sich die Dame nach d3 zurückzieht, holt er sich mit ♗e6xa2 seinen Bauern zurück. Bei einem Rückzug nach c2 oder b1 spielt er 19...♗c6. Das starke Läuferpaar garantiert ihm ein dynamisches Gleichgewicht.

9...cxd4

Damit schafft Schwarz Klarheit in der Frage, ob er sich für ein Spiel mit dem isolierten d–Bauern entscheiden wird. Er löst die Spannung im Zentrum auf und erhält als Gegenleistung für seinen zwielichtigen Bauern ein aktives Figurenspiel.

Eine interessante Alternative ist 9...c4 mit der Idee, mit b7-b5-b4 am Damenflügel aktiv zu werden.

10.♘e5

Wie die Erfahrung zeigt, kann Weiß ohne ein energisches Vorgehen in der Mitte nicht auf einen erkennbaren Vorteil hoffen.

10...♗e6

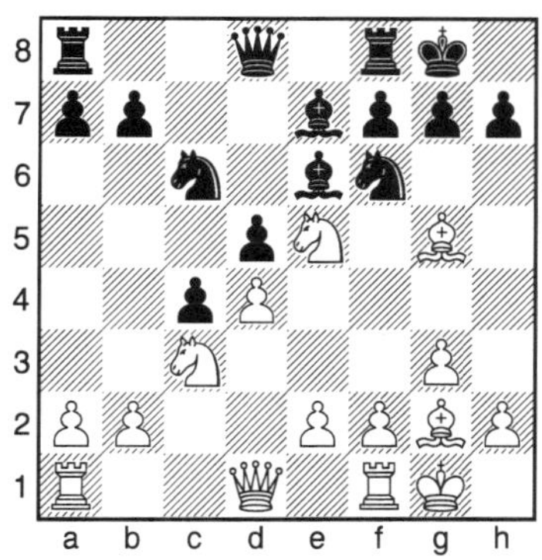

A) Hier geht Weiß zumeist mit 11.♘xc6 vor. Er will den Doppelbauern auf der c–Linie erreichen, um so das gegnerische aktive Potenzial am Damenflügel zu vermindern.

Bisweilen kommen auch 11.b3 und 11.e3 vor, zumeist aber folgt auch dann ♘e5xc6 mit gleichen oder ähnlichen Stellungsbildern wie hier.

11...bxc6 12.b3

Andere Möglichkeiten versprechen Weiß keinen Vorteil.

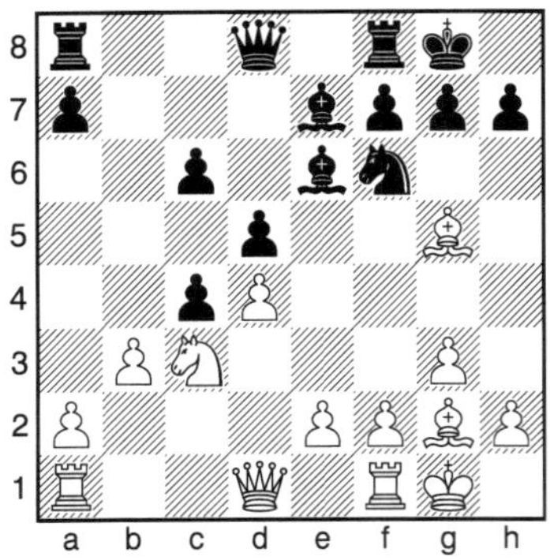

Mit 12...♕a5 sucht Schwarz seine Gegenchancen in einem aktiven Spiel.

(12...cxb3 ist weniger ratsam, was die mit einem Vorteil für Weiß endende Variante 13.axb3 ♗b4 14.♘a4 ♖e8 15.♕c2 bestätigt.)

13.♘a4 ♖fd8

Auf d8 ist der Turm gut platziert. Schwarz plant c6-c5. Auf der d-Linie entfaltet der Turm sofort Wirkung, zugleich lässt er c8 für seinen Kollegen frei.

14.e3

In Erwartung des Vormarsches des gegnerischen c-Bauern stützt der e-Bauer frühzeitig die Kontrolle über das Feld d4. Der ♗g5 soll ohnehin abgetauscht werden, so dass es keine Rolle spielt, dass ihm nun der Rückweg nach d2 oder c1 versperrt ist.

Mit 14...c5 muss Schwarz konsequent aktiv im Zentrum vorgehen, wenn er im Spiel bleiben will. Mit 15.♗xf6 erzwingt Weiß zwar die Schwächung der schwarzen Rochadestellung, aber nach 15...gxf6 bekommt Schwarz gute Gegenchancen am Damenflügel.

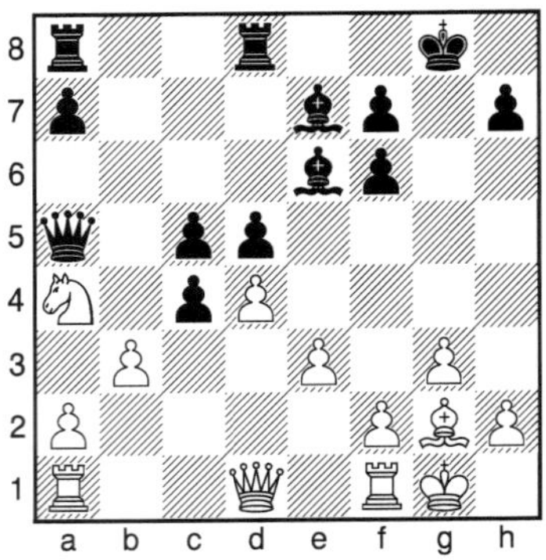

16.dxc5

(Eine komplizierte Lage entsteht nach 16.bxc4 cxd4 17.exd4 ♖ab8 usw.)

16...♗xc5 17.♕h5

(Einige Male wurde im Turnierschach 17.♘xc5 versucht. Im Ergebnis ist festzustellen, dass Schwarz den Kampf in der Konstellation Dame und Läufer gegen zwei Türme und Läufer, zu der es in der sich anschließenden Variante 17...♕xc5 18.bxc4 dxc4 19.♗xa8 ♖xd1 20.♖fxd1 kommt, nicht fürchten muss. Mit seinem Freibauern, der jetzt gleich mit 20...c3 weiter vorrückt, verfügt er über gleichwertige Gegenchancen.)

Die Stellung nach 17...♖ac8 ist kompliziert, noch ist jeder Ausgang möglich. Weiß hat weniger Schwächen und ist deshalb als leicht im Vorteil einzuschätzen. Dieses Urteil teilt auch Stockfish. Auf jeden Fall ist die schwarze Stellung verteidigungsfähig.

B) Eine andere Richtung nimmt die Partie allerdings, wenn Weiß zu 11.f4 greift. Es ist deshalb angebracht, auf diese Möglichkeit etwas genauer einzugehen. Mit dem Vorstoß des f-Bauern verstärkt Weiß den Punkt e5. Nach einem Schlagen des Springers kann er mit dem Bauern zurücknehmen.

11...♘g4

Schwarz hofft auf die Möglichkeit des Ausgleichs, indem er einen Abtausch der Springer erreicht.

(Die Alternative 11...♘xe5 12.fxe5 würde zu einer Öffnung der f–Linie führen, die Weiß für sich nutzen könnte. Nach 12...♘g4 13.♗xe7 ♕xe7 14.♕d2 wäre der Weg für ♖f1-f2 und ♖a1-f1 grundsätzlich frei. Nur müsste natürlich zunächst noch der ♘g4 vertrieben werden. Weitergehen könnte es nun beispielsweise mit 14...♖ad8 15.h3 ♘h6 16.g4 und das beschriebene Manöver kann eingeleitet werden.)

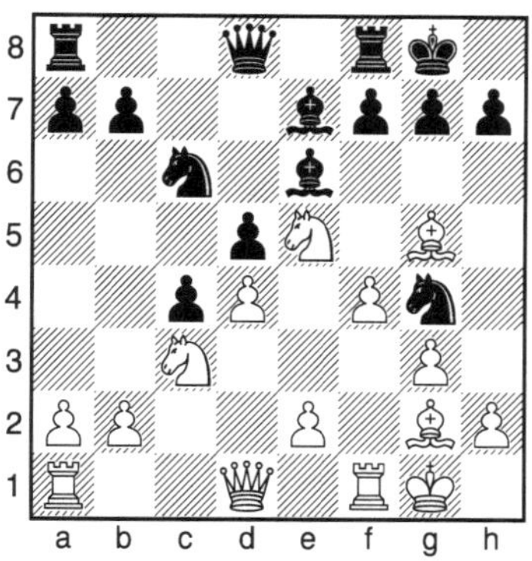

Mit 12.♘xg4 geht Weiß zumeist sofort auf den angebotenen Abtausch ein. Angesichts der inzwischen eröffneten gegnerischen Möglichkeit f7-f6 kann er seinen Springer ohnehin nicht auf e5 halten.

(12.♗xe7 verspricht keine vorteilhaftere Entwicklung. Nach 12...♘xe7 13.♕d2 drängt Schwarz mit 13...f6 zum Springerabtausch.

14.♘xg4 ♗xg4

Die schwarze Stellung ist verteidigungsfähig. Die Beispielvariante 15.b3 ♖c8 16.♖ac1 cxb3 17.axb3 ♕d7 18.e3 ♗e6 unterstreicht diese Einschätzung. Die Stellung ist ausgeglichen.)

12...♗xg4

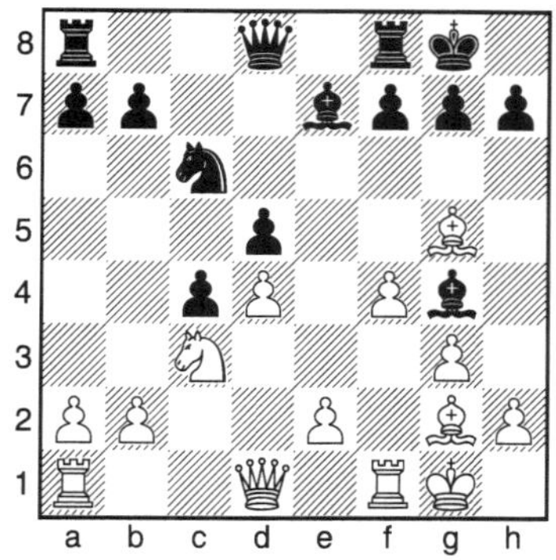

13.♗xd5

(13.♗xe7 ♘xe7 14.♕d2 ♕d7=)

13...♗xg5 14.fxg5 ♕xg5

Die Entscheidung über das Wohl und Wehe beider Kontrahenten in dieser Variante ist noch offen. Wir müssen deshalb ausnahmsweise noch etwas tiefer in die Partie gehen, um zu einer ausreichend abgesicherten Beurteilung zu kommen.

Nach 15.♖f4 ♗e6 ist gemäß unserer Einschätzung 16.♗e4 die beste Alternative für Weiß, auch wenn 16.♗g2 häufiger und mit gutem Resultat gespielt worden ist. In beiden Fällen muss Schwarz auf ein genaues Vorgehen achten, denn der Grat zwischen verteidigungsfähig und nachteilig ist schmal.

(Nach 16.♗g2 ♖ad8 ist in der Praxis auf Meisterebene bisher überwiegend

17.♔h1 mit der Idee gespielt worden, auf 17...♘e7 mit 18.♕g1 zu antworten. Die Dame entzieht sich der Fernwirkung des ♖d8, behält die Deckung des ♙d4 und macht den Weg für eine Aktivierung des ♖a1 bis hin zu f1 frei.

Mit 18...b5! hält Schwarz die Stellung im Bereich des Ausgleichs, was auch Stockfish rechnerisch bestätigt.)

Nach 16...♘e7 soll der Springer nach g6 geführt werden. Weitergehen kann es jetzt beispielsweise mit der im Fernschach überprüften Zugfolge 17.♕a4 ♘g6 18.♗xg6 hxg6 19.♖d1 ♖fd8 und Schwarz hat die Verteidigungsfähigkeit seiner Stellung behauptet.

10.♘xd4 h6

So zwingt Schwarz den weißen Läufer zu einer sofortigen Entscheidung.

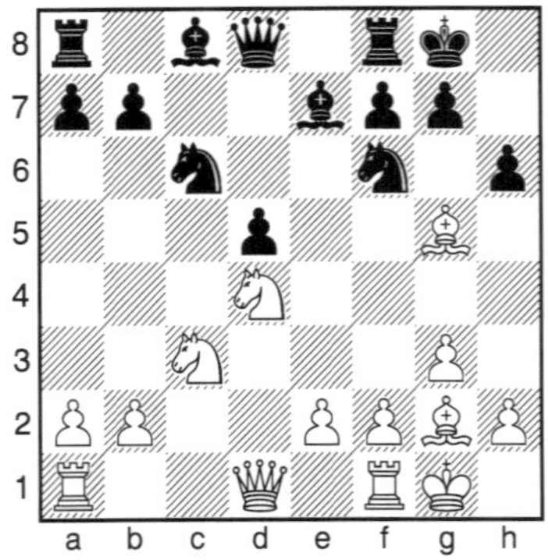

11.♗e3

Dies ist die beste Möglichkeit für Weiß. Der Läufer verstärkt die Kontrolle über das Feld d4. Alle Alternativen sind weniger logisch und deshalb auch von minderer Bedeutung. Gelegentlich greift Weiß jedoch zu 11.♗f4 oder 11.♗xf6, so dass es angebracht ist, zumindest kurz auf sie einzugehen.

I. 11.♗f4 sollte Schwarz mit 11...♗g4 beantworten.

(11...♖e8 12.♖c1 ♗g4 würde zu ähnlichen Stellungsbildern führen.)

Auf die sinnvolle Vertreibung des Läufers mittels 12.h3 zieht sich dieser mit 12...♗e6 zurück.

(Auf 12...♗h5 würde Weiß stark mit 13.g4! reagieren.)

Auf 13.♘xe6 (13.♖c1 ♖c8!) 13...fxe6 folgt nun zumeist 14.e4, woraufhin sich die Partie mit 14...d4 15.e5 dxc3 16.exf6 ♗xf6 17.bxc3 ♗xc3 entwickeln kann. Schwarz hat sich gute Chancen auf eine erfolgreiche Verteidigung bewahrt.

II. 11.♗xf6 ♗xf6 12.♘b3

(Nach 12.♘xc6 bxc6 13.♕c2 kann Schwarz mit 13...♕a5 fortsetzen und im Anschluss seinen Läufer auf a6 postieren.)

Nun hält das freche Vorrücken mit 12...d4 die Hoffnung auf eine erfolgreiche aktive Gegenwehr wach. 13.♘e4

(Auf 13.♘d5 empfiehlt sich 13...♗e5!.)

13...♗e7 14.♖c1

(In Erwägung ziehen kann Weiß auch 14.♘c1!? nebst ♘c1-d3. Auf dem Blockadefeld d3 ist der Springer sehr gut postiert.)

14...♕b6 15.♘ec5 ♖d8

Schwarz hat sich gute Gegenchancen auf dem Damenflügel erarbeitet, die er mit a7-a5 einleitend verfolgen wird.

11...♖e8

Dies ist die populärste Fortsetzung. Die Strategien beider Parteien lassen sich nun wie folgt beschreiben: Weiß will sich die Schwäche des ♙d5 zunutze machen und sein Spiel dagegen richten; Schwarz hingegen strebt eine aktive Figurenentwicklung an, um auf dieser Basis ein Gegenspiel in der Mitte und am Königsflügel aufziehen zu können.

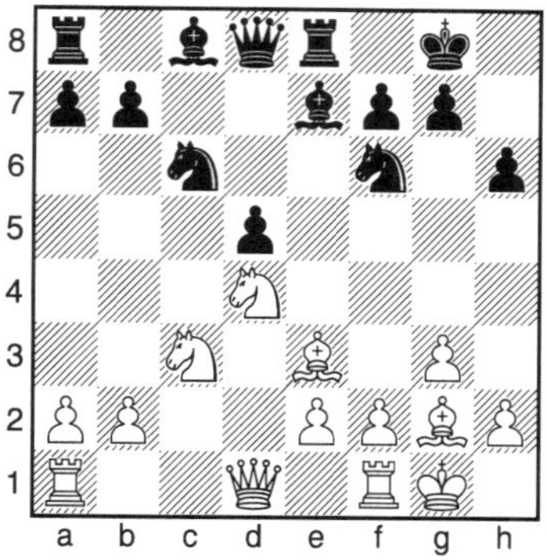

12.♖c1

Diese Turmentwicklung ist eine von mehreren Möglichkeiten für Weiß, das Bemühen um ein aktives Spiel am Damenflügel einzuleiten. Daneben sind 12.♕b3, 12.♕a4 und 12.♕c2 praxisnahe Ansätze.

I. Mit 12.♕b3 räumt Weiß das Feld d1 für seinen Turm, der sich von dort aus am Druck gegen den ♙d5 beteiligen soll.

12...♘a5

Wenn sich die Dame schon angreifbar aufstellt, kann diese Gelegenheit auch genutzt werden, zumal es nach 13.♕c2 mit 13...♘c4 eine sehr sinnvolle Anschlussidee gibt.

(Anders wäre es nach 13...♗g4, denn über 14.♘f5 ♗b4 könnte Weiß mit 15.♗d4!? eine starke Initiative entwickeln.)

Auf 14.♗c1 kann Schwarz nun 14...♗g4 folgen lassen und nach beispielsweise 15.♖d1 ♖c8 ein etwa gleiches Spiel erreichen.

II. Nach 12.♕a4 ♗d7 verstärkt Weiß mit 13.♖ad1 den Druck auf der d-Linie.

(Mit 13.♘xd5 ♘xd5 14.♗xd5 kann Weiß hier auch auf Bauerngewinn spielen. Als Kompensation kann sich Schwarz ein aktives Gegenspiel verschaffen.

14...♘a5 15.♕d1 ♗h3

Es ist zu beachten, dass nun nicht nur der ♖f1 bedroht ist, sondern auch der ♗d5 durch die Dame.

16.♗g2 ♗xg2 17.♔xg2 ♘c4 18.♘f5 ♗f6

Die Stellung befindet sich in einem dynamischen Gleichgewicht.)

Nach 13...♘b4 14.♕b3 a5 ist Weiß ist gezwungen, die Drohwirkung von a5-a4 zu entschärfen. Dies geschieht am einfachsten mit 15.a4 ♖c8 16.♘db5 Nun ist der ♙d5 akut bedroht, kann aber mit 16...♗e6 wirksam verteidigt werden. Weitergehen kann es nun beispielsweise mit 17.♗d4 ♗c5 18.♖d2 ♕e7 mit letztendlich beiderseitigen Chancen.

III. 12.♕c2

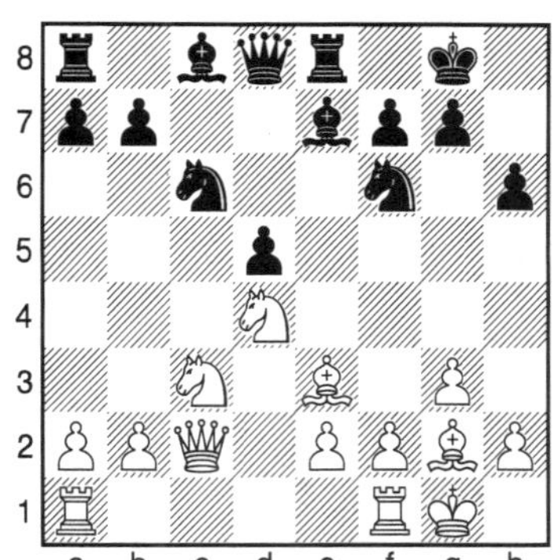

Diese Entwicklung der Dame wird in der Praxis zumeist mit 12...♗g4 beantwortet. Der Läufer kommt ins Spiel und macht das Feld c8 für den Turm frei.

13.♖fd1

In dieser Variante soll der vom Königsflügel kommende Turm auf der d-Linie den Druck gegen den ♙d5 unterstützen. Sein Kollege soll auf die offene c-Linie geführt werden.

13...♕d7

(Teilweise wird in der Praxis nach einem mit 13...♗f8!? eingeleiteten Plan verfahren, auf den wir aber nicht weiter eingehen, obwohl er mit einer guten Erfolgsstatistik verbunden ist, da wir unsere Hauptfortsetzung als gut geeignet für einen Einsatz durch den lernenden Spieler ansehen.)

Mit 14.♘b3 veranlasst Weiß den ♗g4 zum Rückzug nach e6, um den ♙d5 zu unterstützen.

(Nach 14.♖ac1 kann Schwarz sofort oder nach einem vorherigen 14...♗h3 seinen Turm von a8 nach c8 spielen. Nach beispielsweise 15.♗h1 ♖ac8 16.♘xc6 bxc6 ist die Stellung völlig ausgeglichen. Als Reaktion auf die starke weiße Fortsetzung 17.♗d4 kann er das Manöver ♘f6-h7-f8-e6 ins Auge fassen.)

Nach 14...♗e6 15.♖ac1 ♖ad8 ist der schwarze Isolani das zentrale Thema der aktuellen Auseinandersetzung.

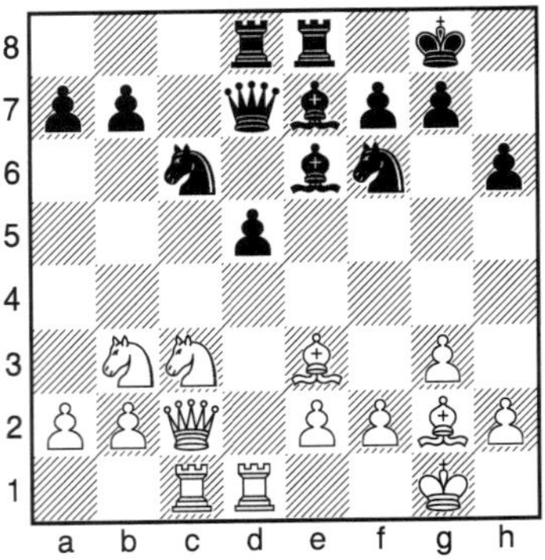

Nach 16.♘c5 droht der Springer den Verteidiger ♗e6 abzutauschen.

(Die Abwicklung 16.♗c5 ♗xc5 17.♘xc5 ♕e7 ist gut für Schwarz. Auf 18.♘xe6 folgt 18...fxe6 und ein anschließendes 19.e4 wird mit 19...d4 beantwortet. In der Folge kann er die Umsetzung der Idee e6-e5 erwägen.)

16...♗xc5 17.♗xc5 d4

Der Vormarsch des Bauern ist das häufig zur Anwendung gelangende Rezept. Der Bauer stört das weiße Spiel und kann je nach Entwicklung gelegentlich gegen den weißen e-Bauern abgetauscht werden.

18.♘b5 ♘b4

Schwarz beantwortet die weiße Drohung mit einer schärferen eigenen. Nach 19.♗xb4 ♕xb5 steht Schwarz aktiv und hat vollen Ausgleich erreicht.

12...♗f8

Das ideale Feld für den Läufer, der seinem Turm die e-Linie frei macht. Weiß muss nun aufpassen, dass der Turm sich nicht auf e3 opfert, denn nach ♘f6-g4 bekommt Schwarz einen Königsangriff.

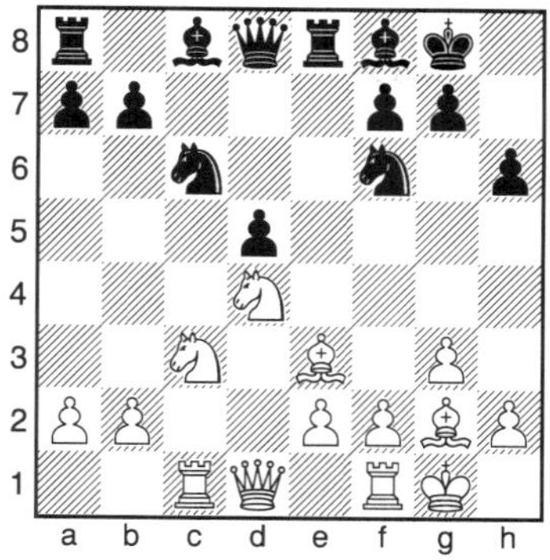

13.♘xc6

Mit diesem Tausch verursacht Weiß eine gegnerische Schwäche auf c6. Diese hofft er als Angriffsobjekt ausnutzen zu können.

13...bxc6 14.♘a4

Dieses Vorgehen ist typisch. Weiß greift den schwachen ♙c6 an und plant zugleich, das strategisch wichtige Feld c5 in seinen Besitz zu bringen.

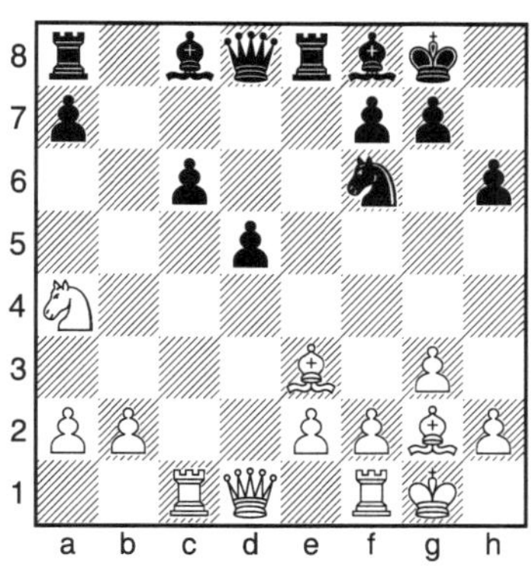

14...♗d7

Der ♙c6 muss verteidigt werden. Eine weitere interessante Idee zu diesem Zweck ist 14...♖e6!?. Sofern Schwarz ihr folgt, ist er bereit, seinen schwarzfeldrigen Läufer gegen den weißen Springer zu tauschen, wenn dieser den verteidigenden Turm aus seiner neuen Stellung vertreiben will.

15.♘c5

(15.♗h3 führt tatsächlich zur Vertreibung des Turms. Nach 15...♖e7 muss sich Weiß nun aber um das Problem der in Schlagbereitschaft zueinander stehenden Läufer kümmern.

16.♗xc8 ♖xc8

Der ♙c6 bleibt gedeckt.

17.♗c5 ♖b7 18.♗xf8 ♕xf8 19.b3 a5 und Schwarz hat keine Probleme.)

Nach 15...♗xc5 16.♗xc5 (16.♖xc5 ♕e8!) 16...♘e4 17.♗d4 und nun beispielsweise 17...♕a5 18.a3 ♗b7 steht Weiß etwas besser. Wie die Praxis zeigt, ist die schwarze Stellung aber verteidigungsfähig.

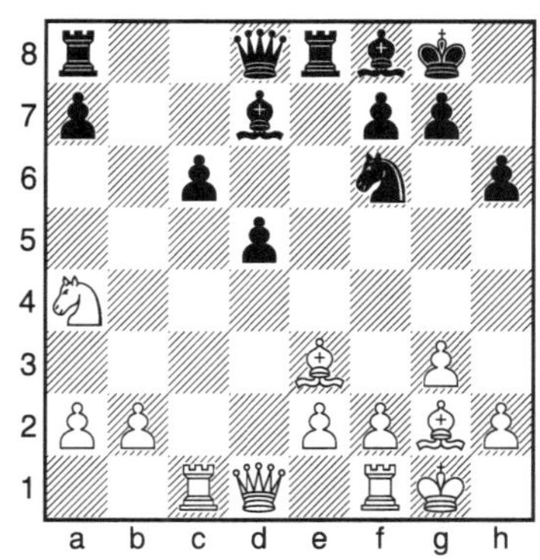

Nach 14...♗d7 in der Hauptvariante liegt es nun in der Hand von Weiß, der Partie die weitere Richtung zu geben. Die beiderseitigen Perspektiven sind in jedem Fall etwa gleichwertig. Es ist undenkbar, in einem Buch wie diesem die sich beiden Kontrahenten nun bietenden Möglichkeiten auch nur andeutungsweise erschöpfend darzu-

stellen. Um aber eine Vorstellung davon zu vermitteln und bei der Entwicklung eigener Ideen zu helfen, geben wir mehrere beispielhafte Varianten an.

– 15.♗c5 ♗xc5 16.♘xc5 ♗f5

(16...♗g4 mit Angriff auf den ♙e2 geht auch. Folgen kann beispielsweise 17.♖e1 ♕a5 18.h3 ♗f5 usw.)

17.♖e1 ♖b8 18.b3 ♕a5 19.♘a4 ♕b4 (19...♖e6!?)

Die Verteidigungsfähigkeit dieser Stellung hat Schwarz in der Praxis mehrfach bewiesen. Weiß verschafft sich mittels 20.♖xc6 einen Mehrbauern. Als Gegengewicht kann Schwarz die c-Linie erobern und ein aktives Spiel entwickeln. Dies passiert über 20.♖xc6 (20.e3 ♕a3=) 20...♖bc8 21.♖xc8 ♖xc8 usw.

– Nach 15.♗d4 ist der ♙e2 nun wieder bewegungsfähig.

15...♘e4 16.e3 ♖c8

Damit hat Schwarz seine Figuren weitgehend in aktive Positionen gebracht.

17.♗xe4

(17.♘c5 ♗f5 mit Übergang in die Variante nach 15.♘c5 usw.)

17...♖xe4 18.♘c5 ♗xc5 19.♖xc5

Der Turm und der Läufer blockieren die schwarze Stellung und sind nur schwer von ihren Feldern zu beseitigen.

19...♕g5 20.♖e1=

– 15.♘c5 ♗g4

(15...♗f5 16.♗d4 ♖c8 17.e3 ♘e4 18.♘xe4 ♗xe4 19.♗xe4 ♖xe4=)

16.♖e1 a5 17.♕c2 und nun sichert sich Schwarz sowohl mit 17...♖c8= als auch mit 17...♘d7= gute Perspektiven.

– 15.a3 ♘e4 16.b4 ♘d6 17.♖e1 ♘c4 18.♗c5 ♘xa3=

Zusammenfassung: Die Tarrasch-Verteidigung führt zu einem sehr komplizierten Spiel. In den letzten Jahren wurden für Weiß viele Verstärkungen ausgearbeitet, so dass es für Schwarz nicht einfach ist, den Ausgleich zu erreichen. Dies ist wahrscheinlich der Grund dafür, dass diese Verteidigung aktuell relativ selten in der Turnierpraxis anzutreffen ist.

!

Kapitel 8

Abtauschvariante

1.d4 d5 2.c4 e6 3.♘c3 ♘f6 4.cxd5

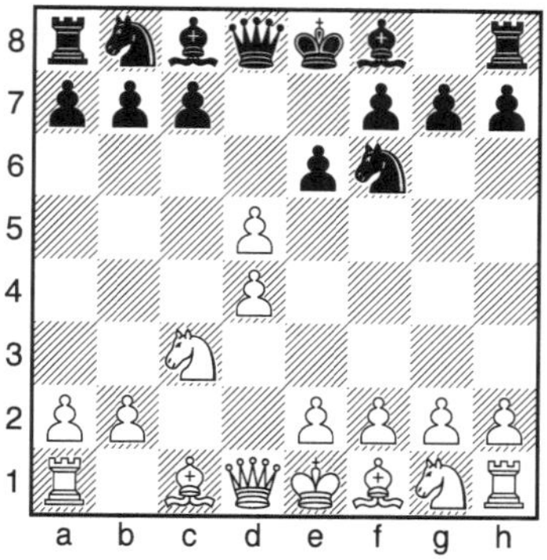

Weiß führt den Tausch seines c-Bauern gegen den gegnerischen d-Bauern herbei, was zur Namensgebung „Abtauschvariante“ geführt hat. Nun erfährt schon der Anfänger im Schach die allgemeine Regel, dass es oft von Vorteil ist, wenn man einen eigenen Bauern gegen einen zentraler stehenden Bauern des Gegners abtauschen kann. Demnach würde Weiß also ein gutes Geschäft machen. Ganz so einfach ist es hier aber nicht. Die Eröffnungsphase will Weiß nach Möglichkeit mit einem erkennbaren Stellungsvorteil abschließen. In der Abtauschvariante ist es nicht leicht für ihn, dieses Ziel zu erreichen.

Mit 4.cxd5 bewirkt Weiß die Öffnung der Diagonale c8-h3 für den schwarzen ♗c8 und stabilisiert zugleich die Lage im Zentrum. Er bestimmt danach praktisch allein, welcher Plan im Mittelspiel zum Einsatz kommt, ob er z.B. einen Durchbruch im Zentrum oder einen Minoritätsangriff am Damenflügel versucht.

Durch die Wahl der Abtauschvariante kann Weiß viele scharfe Verwicklungen vermeiden, zu denen es in anderen Systemen kommen kann. Auch vermeidet er bestimmte Bauernformationen wie einen isolierten Bauern im Zentrum oder hängende Bauern usw.

4...exd5

Eine gute Alternative zu dieser Reaktion gibt es nicht, denn nach 4...♘xd5 5.e4 ♘xc3 6.bxc3 hat Weiß ein starkes Bauernzentrum.

5.♗g5

Weiß entwickelt seinen Läufer und stellt zugleich die Drohung auf, den ♘f6 zu schlagen. Die schwarze Dame ist überlastet; sie kann nicht zugleich den ♘f6 und den ♙d5 decken.

Die Alternative 5.♗f4 behandeln wir im **Abspiel 1**.

5...c6

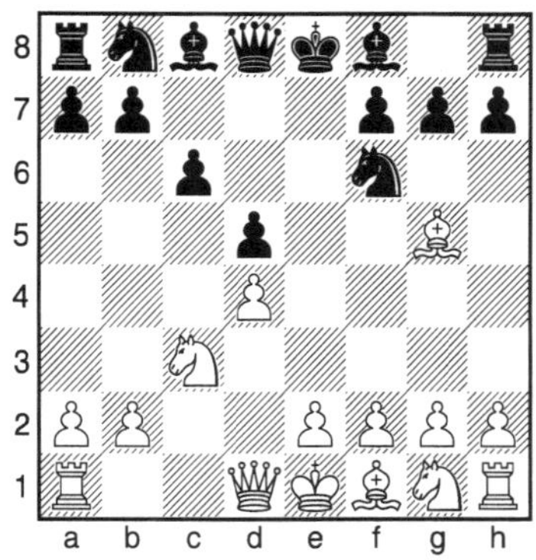

6.♕c2

Die Dame übernimmt die Kontrolle über die Diagonale b1-h7 und verhindert damit die Entwicklung des schwarzen Läufers nach f5.

Wenn Weiß sofort 6.e3 spielt und damit 6...♗f5 zulässt, kommt Schwarz zu einer schnellen und elastischen Entwicklung. Eine hierfür typische Zugfolge ist 7.♗d3 ♗xd3 8.♕xd3 ♘bd7 9.♘ge2 ♗e7 10.0-0 0-0. Er kann nun beispielsweise ♖f8-e8, ♕d8-b6 und ♖a8-d8 folgen lassen und hat dann seine Eröffnungsaufgabe gut gelöst.

6...♗e7

Der Läufer wird entwickelt, löst die Fesselung des ♘f6 auf und bereitet die 0-0 vor.

7.e3 ♘bd7 8.♗d3 0-0

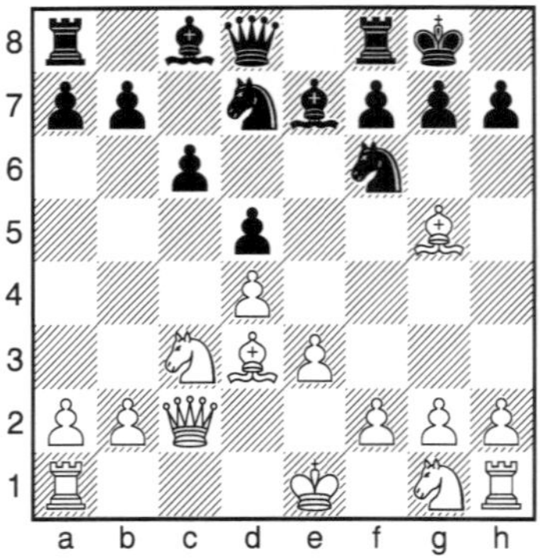

9.♘f3

Zu einem scharfen Kampf kommt es, wenn Weiß 9.♘ge2 mit der Absicht spielt, die lange Rochade folgen zu lassen. Nach diesem Plan geht Weiß in unseren Tagen sehr oft vor. Im **Abspiel 2** gehen wir vertieft auf ihn ein.

9...♖e8

Dies ist der Auftakt zu einem typischen Manöver. Der Turm räumt das Feld für seinen Springer.

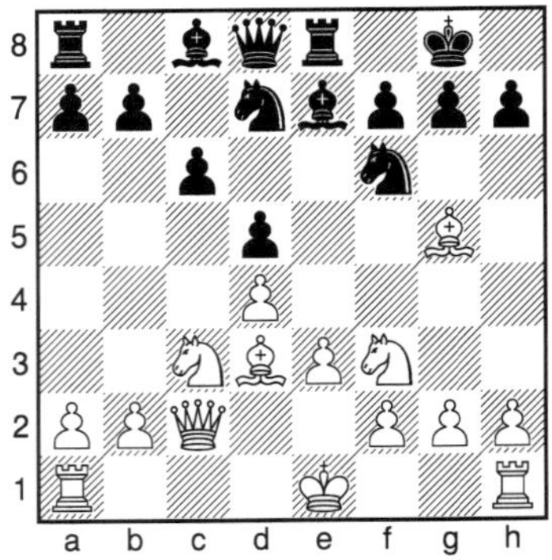

10.0-0

10.0-0-0 geht auch. Mit 10...♘f8 nutzt der Springer nun die ihm neu eingeräumte Möglichkeit und übernimmt die sichere Deckung des ♙h7. Zugleich wird der Weg für den ♗c8 wieder frei. Der Springer besitzt die Option, bei Bedarf und Gelegenheit über g6 wieder aktiver ins Spiel einzugreifen.

11.h3

Dieser Bauernzug dient in erster Linie der Vorbereitung von g2-g4.

(Recht wenig ambitioniert ist 11.♗xf6 und deshalb auch nur ein seltener Gast auf der Turnierbühne. Aus dem Bereich des Fernschachspiels sind keine Beispiele auf Meisterebene bekannt, was die sehr zurückhaltende Bewertung bestätigt.

Nach 11...♗xf6 kann Weiß auf dem Königsflügel und Schwarz auf der anderen Seite aktiv werden; z.B. 12.h3 ♗e6 13.♔b1 ♖c8 14.g4 c5 und Schwarz ist ohne besondere Probleme bereits zu Gegenspiel gekommen.)

11...♗e6

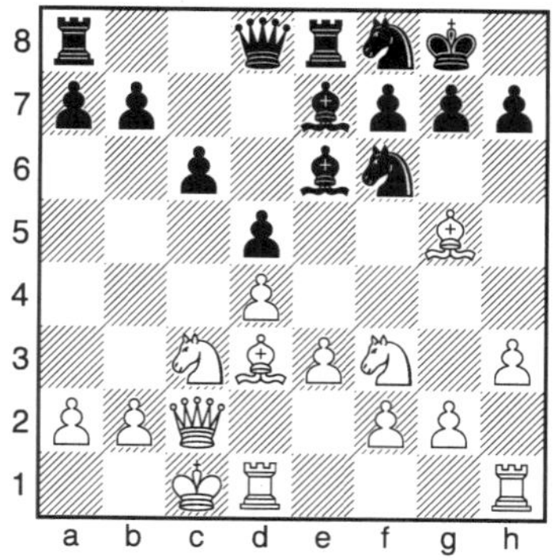

12.♔b1

Sehr oft wird der König wie hier nach der langen Rochade prophylaktisch nach b1 geführt. So geht Weiß frühzeitig nachteiligen Entwicklungen aus dem Weg, indem er den ♙a2 sichert und in Abhängigkeit vom jeweiligen Stellungstypus den König vorsichtshalber von der Diagonale c1-h6 sowie der – hier halboffenen – c-Linie bringt.

12...♕a5

Schwarz beabsichtigt ♘f6-e4. Die Dame bringt sich in Position Richtung c3, wo er den Abtausch anstrebt.

13.g4 ♘e4 14.♗xe7

(14.♗xe4 ist möglicherweise etwas stärker, führt aber nach 14...dxe4 15.♗xe7 ♖xe7 16.♘d2 ♖ae8 ebenfalls zu einer Stellung, die Schwarz in der Praxis einige Male als zu halten bewiesen hat.)

Nach 14...♘xc3+ 15.♕xc3 ♕xc3 16.bxc3 ♖xe7 lässt Schwarz c6-c5 folgen, woraufhin beide Seiten Spiel haben.

10...♘f8

Die oben in der Nebenvariante 10.0-0-0 ♘f8 zu diesem Zug angeführten Erwägungen gelten auch hier.

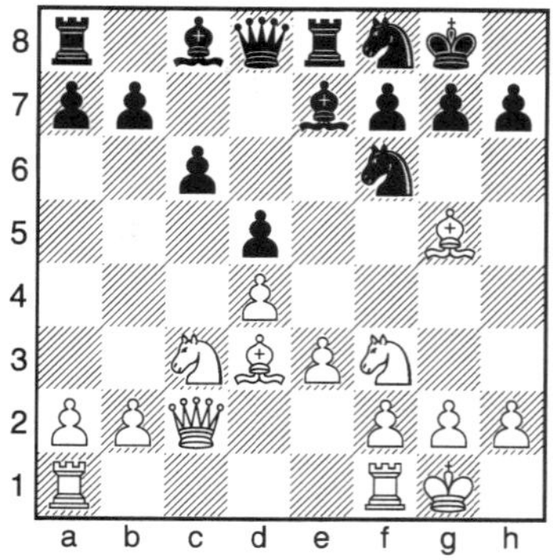

11.♖ab1

Damit folgt Weiß einem typischen Plan, der Durchführung eines Minoritätsangriffs, den wir in einer allgemeinen Form bereits in unseren das Buch einleitenden Ausführungen zu den Bauernstrukturen im Damengambit erwähnt haben. Von einem Minoritätsangriff spricht man also, wenn sich wie hier auf dem Damenflügel ungleich viele Bauern in einem Brettausschnitt gegenüberstehen und der Spieler, der weniger Bauern hat, die gegnerische Bauernmehrheit mit diesen angreift. Der Minoritätsangriff verfolgt das Ziel, die gegnerische Bauernstruktur zu schwächen oder zu zerstören, um im Anschluss die Figuren vorteilhaft einsetzen zu können. Hier will Weiß versuchen, mit a2-a4 und b2-b4-b5 vorzugehen. Nicht selten ist das Zugpaar 11.h3 ♗e6 vorgeschaltet, die sich anschließend ergebenden Stellungsbilder sind aber ähnlich.

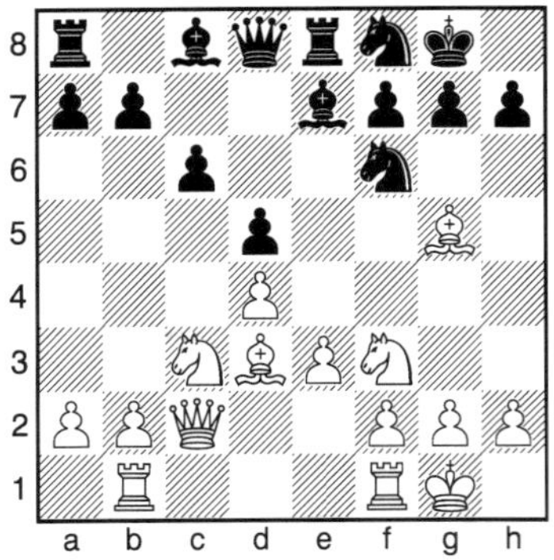

Wesentliche Alternativen für Weiß sind 11.♖ae1, 11.♘e5 und 11.♗xf6. Wir werden sie nachstehend kurz beleuchten.

I. Mit 11.♖ae1 bereitet Weiß ein Vorgehen in der Mitte vor.

11...♘e4

Schwarz blockiert e4 und spielt zugleich auf den Abtausch von Kräften, der zur Entlastung seiner Stellung führen wird.

12.♗xe7 ♕xe7 13.♗xe4 dxe4

Schwarz hält die Blockade des e-Bauern intakt, so dass Weiß weitere Energie investieren muss, wenn er an seinem Plan festhält.

14.♘d2 f5 15.f3

Nun gewinnt der weiße Einfluss auf e4 die Überhand, so dass an 15...exf3 kein Weg vorbei führt.

16.♘xf3 ♗e6 17.e4

Endlich kann Weiß sein Vorhaben durchsetzen. Allerdings ist inzwischen der schwarze f-Bauer in Position, so dass er mit 17...fxe4 für einen weißen Isolani auf der d-Linie sorgen kann.

Nach 18.♖xe4 ♖ad8= steht Weiß etwas aktiver, muss aber permanent darauf achten, dass sein d-Bauer ausreichend geschützt bleibt.

II. Mit 11.♘e5 verfolgt Weiß den Plan f2-f4 und dann ♖f1-f3, um am Königsflügel aktiv zu werden.

11...♘g4

Die aktiven weißen Kräfte sollen abgetauscht werden.

12.♗xe7 ♕xe7 13.♘xg4 ♗xg4

Damit ist viel von der bisherigen Spannung aus der Stellung gewichen. Beispielsweise mit 14.♖ae1 ♖ad8 können beide Seiten ihre Entwicklung abschließen und etwa auf Augenhöhe den weiteren Kampf in die nächste Partiephase verlegen. Schwarz muss etwas aufpassen, dass er ausreichend aktive Gegenchancen behält. Entsprechend vorbereitet kann der Vorstoß c6-c5 ein Mittel zum Zweck sein.

III. Die Logik des Zuges 11.♗xf6 erschließt sich erst auf den zweiten Blick. Weiß lenkt den ♗e7 ab, damit er die Kontrolle über das Feld b4 aufgibt und der Vorstoß b2-b4 ohne den Tempoverlust ♖a1-b1 möglich wird.

11...♗xf6 12.b4

Schwarz hat keine besonderen Probleme, seine Entwicklung fortzusetzen und ein gutes Spiel zu erlangen, beispielsweise zunächst über 12...♗g4 13.♘d2 ♖c8 gefolgt von der gut bekannten Variante 14.♗f5 ♗xf5 15.♕xf5 g6.

(Auch nach 15...♘e6 und nun beispielsweise 16.♖ab1 g6 17.♕d3 ♗g7 18.♖fc1 f5 kommt Schwarz zu guten Perspektiven. Für ihn vorteilhaft wäre es sogar, wenn Weiß mit 19.b5∓ fortsetzen würde, worauf er die Gelegenheit zu 19...c5 hätte.)

Nach 16.♕d3 ♘e6 hat Schwarz ein bequemes Spiel erlangt.

11...a5

Weiß will seinen b-Bauern laufen lassen, also versucht Schwarz dies zumindest zu erschweren. Nun kann der ♙b2 nicht schon im nächsten Zug bis b4 vorpreschen.

Der Hauptzug 11...a5 ist unsere Empfehlung, doch wollen wir nicht unterschlagen, dass es mit 11...♘e4!? eine wichtige Alternative gibt. Sie ist aber nach unserer Einschätzung für den lernenden Spieler schwerer zu spielen als unser Favorit. Wir belassen es bei einer einfachen Darstellung der Folgen von 11...♘e4 und verweisen denjenigen, der mehr über diese Möglichkeit erfahren möchte, auf die Spezialliteratur.

12.♗xe7 ♕xe7 13.b4

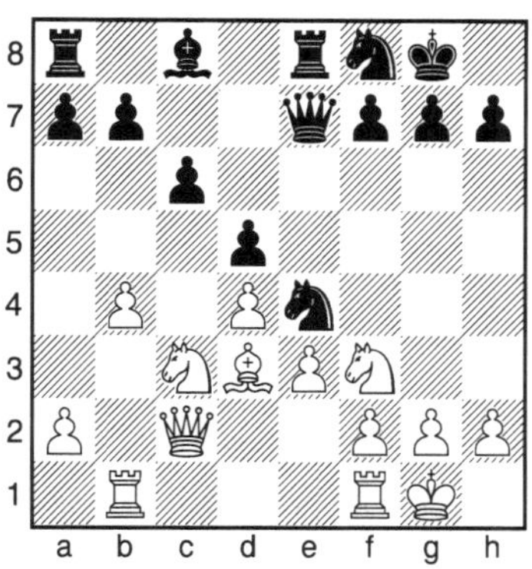

13...a6 14.a4 ♘xc3 15.♕xc3 ♗g4 16.♘e5

(Auf 16.♘d2 kann 16...♕g5! folgen.)

16...♗h5 17.♖fc1 f6 18.♘f3 ♗xf3 19.gxf3 f5 mit guten Chancen für Schwarz, der nach ♕e7-h4 und ♖e8-e6-h6 einen Königsangriff organisieren kann.

12.a3

Weiß hält an der Absicht b2-b4 fest.

12...♘g6 13.b4

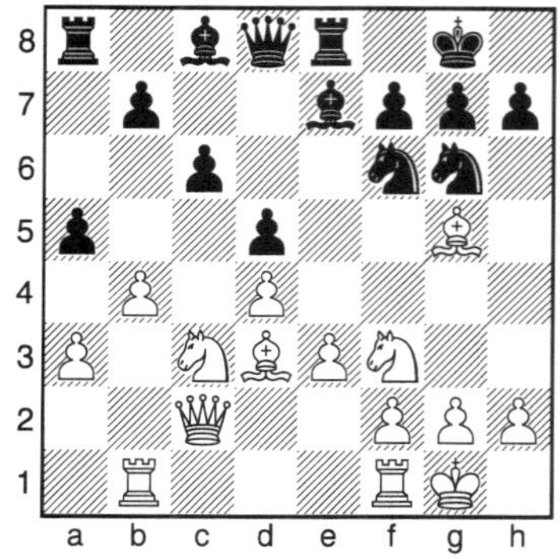

13...axb4

Damit nimmt Schwarz dem weißen Angriff die Spitze. Dies ist die beste Möglichkeit für ihn und wird tatsächlich auch mit Abstand am häufigsten gespielt.

14.axb4 ♘e4

Durch Abtausch wird das aktive weiße Potenzial nachhaltig reduziert.

15.♗xe7 ♕xe7 16.b5 ♘xc3

Schwarz liquidiert zunächst den gegnerischen Springer, denn nach 16...♗g4 würde 17.♗xe4 dxe4 18.♘d2 Weiß die besseren Perspektiven einbringen, was auch die Ergebnisse aus der Praxis bestätigen.

17.♕xc3 ♗g4 18.♘d2

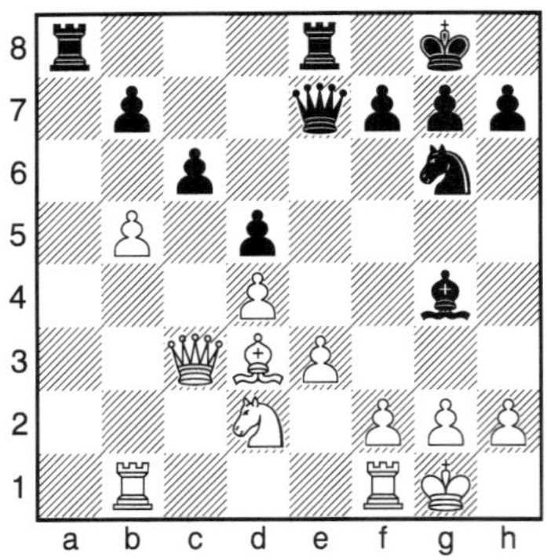

18...♖ac8

Hier kann Schwarz versuchen, einen unerfahrenen Gegner mit einem Trick aufs Kreuz zu legen. Mit 18...♘h4!? kann er ihm vorgaukeln, auf c6 einen Bauern gewinnen zu können. Nach 19.bxc6 bxc6 20.♕xc6? wäre dieser eingefahren.

(Richtig wäre es, mit 20.g3! der Versuchung zu widerstehen.)

Mit 20...♗h3! reißt Schwarz seinen Gegner aus allen Träumen im Hinblick auf 21.♕xd5 (21.gxh3 ♕g5+ 22.♔h1 ♕g2#) 21...♗xg2∓.

19.bxc6 bxc6

Die Folgen des weißen Minoritätsangriffes sind jetzt gut zu erkennen. Nach der Auflösung der schwarzen Bauernformation haben die weißen Figuren ein freies Einsatzfeld am Damenflügel, insbesondere auch die Schwerfiguren. Der ♙c6 ist schwach und eine Angriffsmarke.

20.♗xg6 hxg6 21.♖fc1 ♕g5

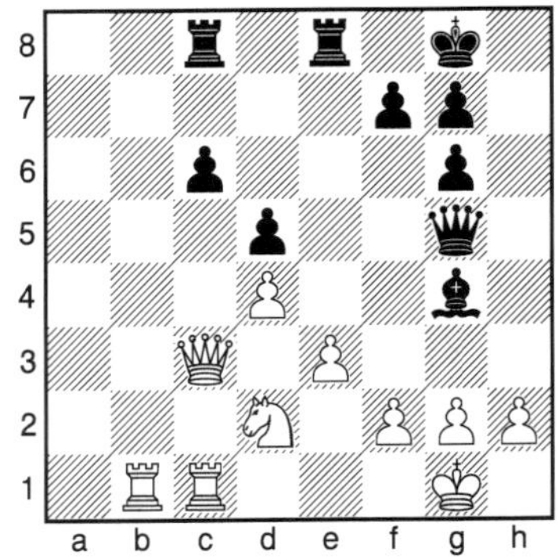

Die Stellung ist etwa ausgeglichen – eine Einschätzung, die auch die Turnierpraxis bestätigt. Seinen ♙c6 kann Schwarz mit ♗g4-e2-b5 oder sogar mit ♗g4-d7 sicher verteidigen.

Zusammenfassung: Schwarz kann sich gegen den aktiven weißen Plan am Damenflügel mit b2-b4-b5 gut behaupten. Die Hauptidee für seine Reaktion liegt im Gegenspiel am anderen Flügel. Statt kurz kann Weiß im 10. Zug auch lang rochieren. Tendenziell zeigt das Spiel in der Folge eine größere Dynamik und es kommt zu komplizierten Verwicklungen.

Abspiel 1

Fortsetzung 5.♗f4

1.d4 d5 2.c4 e6 3.♘c3 ♘f6 4.cxd5 exd5 5.♗f4 ♗e7

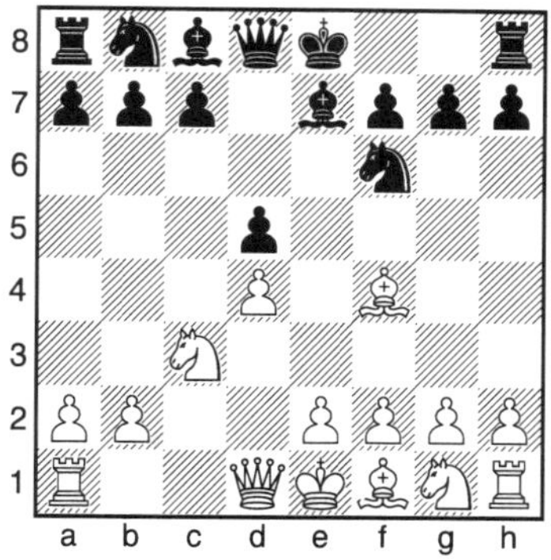

Beliebt ist auch ein Aufbau mit 5...c6, der dem Spiel aus der Slawischen Verteidigung stammende Züge vermittelt. Typisch ist daraufhin ein Ablauf, bei dem beide Seiten die eigenen Läufer ins Spiel bringen, auch um eine gegnerische Läuferdominanz zu verhindern.

Viele Partien sind bereits über die Zugfolge 6.e3 ♗f5 7.♗d3 ♗xd3 8.♕xd3 ♗d6 usw. eröffnet worden. Schwarz beabsichtigt eine schnelle Entwicklung seines Königsflügels und behält sich die Möglichkeit einer späteren Entscheidung vor, ob er seinen c-Bauern nach c6 oder c5 führen will.

6.e3

Weiß bereitet die weitere Entwicklung seiner Figuren vor, lässt seine Planung aber noch offen. Dies gilt insbesondere für seinen Königsspringer, der nun zusätzlich zu f3 auch nach e2 entwickelt werden kann.

Oft spielt Weiß auch sofort 6.♘f3, worauf wir die gebräuchliche Antwort 6...c6 empfehlen.

(– Die Alternative 6...0-0 führt zumeist nur zu einer Zugumstellung.

– Nur selten greift Schwarz in der Praxis zu 6...c5, so dass diese Fortsetzung mit Überraschungspotenzial verbunden ist. Ihre Erfolgsstatistik sieht nicht schlecht aus, basiert aber auf einer nur schmalen Datenbasis. Nach 7.dxc5 ♗xc5 oder auch 7...♘a6 8.e3 ♘xc5 muss Schwarz die Partie aber immer mit einem isolierten d-Bauern fortsetzen. Davon möchten wir nicht zuletzt dem noch wenig erfahrenen Spieler abraten, zumal es für ihn solide Wege zu guten Chancen gibt.)

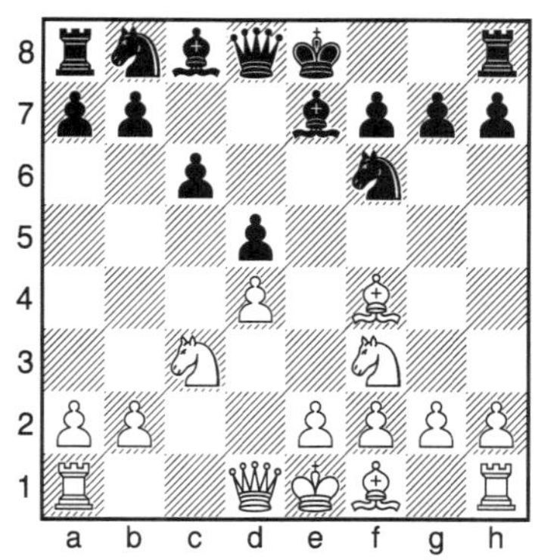

7.e3

(Eine scharfe Variante kann entstehen, wenn Weiß mit 7.♕c2 einen Aufbau einleitet, bei dem er in der Folge seinen Läufer nach d3 führt und lang rochiert. Schwarz kann sich dann nach der kurzen Rochade mit seinem Turm auf e8 und dem Manöver

♘b8-d7-f8 aufstellen. In einer beispielhaften Zugfolge sieht dies wie folgt aus: 7...♘bd7 8.e3 0-0 9.♗d3 ♖e8 10.h3 ♘f8 11.0-0-0.

Damit sind die charakteristischen Merkmale dieser Spielweise auf dem Brett. Weiß steht etwas aktiver, Schwarz aber kompakt und ohne Schwächen. Er hat die Möglichkeit, nun selbst aktiver zu werden. Die sich anschließende beispielhafte Zugfolge veranschaulicht, wie sich das Duell weiter entwickeln kann.

11...♗b4 12.♔b1 ♕e7 13.♗g5 h6 14.a3 ♗xc3 15.♗xf6 ♕xf6 16.♕xc3 ♗f5

Die Chancen der beiden Kontrahenten sind ausgeglichen.)

7...0-0 8.♗d3

Weiß besetzt die Diagonale b1-h7 und nimmt damit dem schwarzen Läufer das Entwicklungsfeld f5.

8...♗g4

Hier ist die Aktivierung des Läufers mit einer Fesselung des ♘f3 verbunden, so dass Weiß in seinen Entwicklungsbemühungen etwas behindert wird.

(Etwas weniger aktiv ist 8...♖e8, woraufhin Weiß mit 9.h3 das Feld g4 unter Kontrolle nehmen kann. Schwarz kann sich dann nach dem bekannten Muster 9...♘bd7 10.0-0 ♘f8 aufbauen, verbunden mit der Idee ♘f8-g6, ♗e7-d6 usw.)

9.h3 ♗h5 10.0-0 ♘bd7

Auch hier soll das Feld f8 für den Springer freigezogen werden. Nach beispielsweise 11.♖c1 ♖e8 12.♗e2 ♘f8 13.♕b3 ♕b6 sind die Perspektiven etwa ausgeglichen.

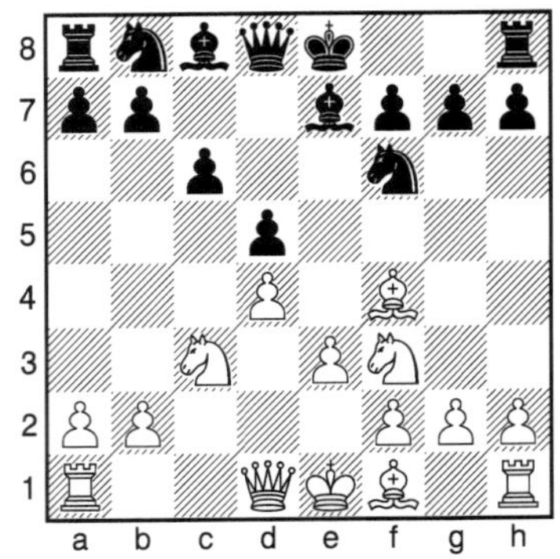

6...0-0

Es geht auch 6...♗f5, woraufhin für Weiß 7.♕b3 oder auch 7.♘ge2 Δ ♘e2-g3 usw. gute Antworten sind.

7.♘f3

Gebräuchlich ist auch 7.♗d3 mit der Absicht, den Springer im Anschluss nach e2 zu führen, oder auch nach f3, was dann aber weniger mit dem vorhergehenden Hinausspielen des Läufers zu tun hat. Mit dem konsequenten Vorstoß 7...c5 verschafft sich Schwarz gute Aussichten auf ein eigenes aktives Spiel. Nach 8.dxc5 ♗xc5 hat er sich zwar einen isolierten Bauern auf der d-Linie eingehandelt, der aber gut zu verteidigen ist und auch bei Gelegenheit vorrücken kann. Nach 9.♘ge2 ♘c6 gefolgt von ♗c8-e6 ist die Stellung in etwa ausgeglichen, was auch die Ergebnisse aus der Praxis bestätigen.

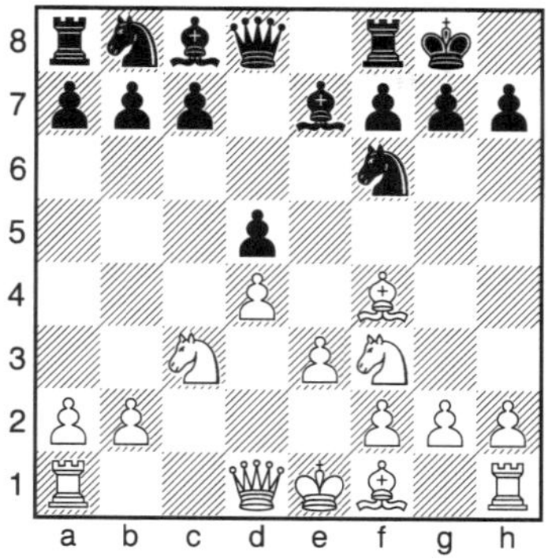

7...♗f5

Die Entwicklung nach f5 und damit auf die lukrative Diagonale b1-h7 ist auch hier wieder eine gute Wahl.

Nichts einzuwenden ist auch gegen 7...c6, wozu es in der Praxis sogar häufiger kommt. Die sich ergebenden weiteren Möglichkeiten für die Entwicklung der Partie sind facettenreich und können in einem Buch wie diesem nicht erschöpfend dargestellt werden. Die folgenden Varianten sollen aber eine grundlegende Orientierung ermöglichen. Soweit sie bereits an anderer Stelle kommentierte Aspekte beinhalten, verzichten wir auf deren Wiederholung.

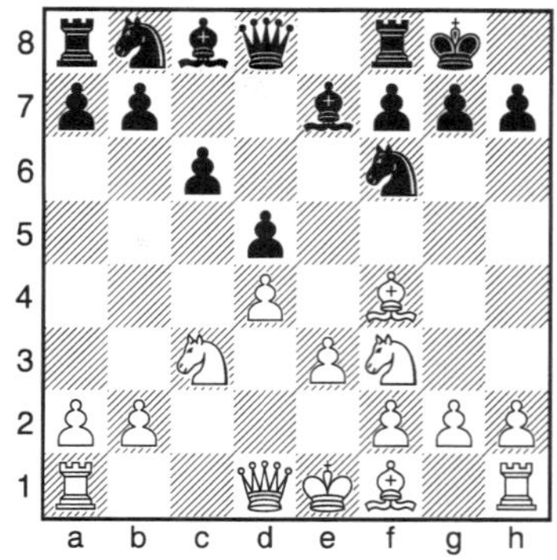

A) 8.h3 ♗f5 9.♗d3 ♗xd3 10.♕xd3 ♘a6

Eine interessante Idee – der Springer soll über das schnell durchführbare Manöver ♘b8-c7-e6 auf das gute Standfeld e6 gebracht werden.

11.a3 ♘c7 12.0-0 ♘e6 13.♗h2 ♗d6=

B) 8.♗d3 ♗g4 9.h3 ♗h5 10.0-0 ♘bd7 11.♖c1 ♖e8 12.♗e2

Der Läufer löst die Dame in ihrer Deckungsaufgabe gegenüber dem ♘f3 ab, so dass diese wieder mobil wird.

(12.a3 ♘f8 13.b4 a5)

12...♘f8 13.♕b3 ♕b6

Die Stellung ist ausgeglichen. Zu diesem Ergebnis kommt auch Stockfish.

C) 8.♗e2 ♗f5 9.0-0 ♘bd7 10.♖c1 ♖e8 11.h3

Der ♗f4 erhält mit h2 ein Rückzugsfeld.

11...♘f8 12.a3 ♘g6 13.♗h2 ♗d6 14.♗xd6 ♕xd6 und die Stellung ist ausgeglichen.

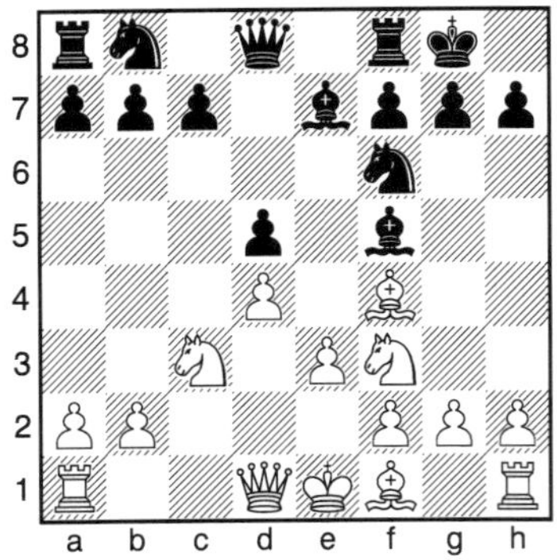

8.♕b3

Mit dieser Aktivierung der Dame zwingt Weiß den Gegner zum Schutz seines ♙b7.

8.♗d3 verspricht Weiß auch hier keinen Vorteil. Nach 8...♗xd3 9.♕xd3 c6 10.0-0 ♘bd7 ist nicht zu erkennen, womit sich eine Hoffnung von Weiß auf einen nennenswerten Eröffnungsvorteil begründen ließe. Beide Parteien können auf Augenhöhe ihre letzten Maßnahmen zur Aktivierung ihrer Kräfte treffen und die Entscheidung, ob eine Seite zu besseren Perspektiven kommen kann, weiter nach hinten verlegen.

Ein Aspekt ist noch erwähnenswert – das aktuelle Stellungsbild weist auf dem Damenflügel eine große Ähnlichkeit zu jenem auf, das Weiß in der Hauptvariante als für einen Minoritätsangriff geeignet ansieht (vgl. dort die Ausführungen nach 11.♖ab1). Auch an dieser Stelle versucht Weiß gelegentlich den Einsatz dieser Methode. Es kann dann beispielsweise zum folgenden Ablauf kommen: 11.♖ab1 a5 12.a3 ♖e8 13.b4 (13.♖fe1 a4 14.♕d1 ♘b6=) 13...axb4 14.axb4 b5 und der Angriff ist gestoppt. Nach 15.♘e5 ♘xe5 16.♗xe5 ♘d7 kann Schwarz die Stellung über das Manöver ♘d7-b6-c4 plombieren. Er verfügt über ein gutes Spiel.

8...b6

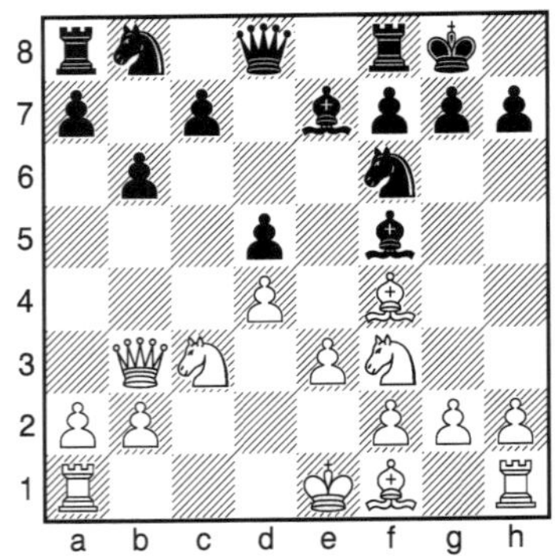

Es liegt nun in der Hand von Weiß, welche Richtung die Partie nimmt. Als Fortsetzungen stehen ihm insbesondere 9.♖c1, worüber sich unsere Hauptvariante ergibt, und 9.♗e2 zur Verfügung. Rechnen sollte Schwarz aber auch mit 9.♘e5. Als Standardantwort empfehlen wir Schwarz 9...c6. Es können sich dann jeweils beispielsweise die nachstehend skizzierten Folgen ergeben.

9.♖c1

I. 9.♗e2 setzt die Entwicklung des Königsflügels fort.

9...c6

(Als Alternative zu dieser universellen Erwiderung kann Schwarz auch über das aggressivere 9...c5 nachdenken. Nach 10.dxc5 bxc5 und nun beispielsweise 11.0-0 ♘c6 12.♖fd1 ♘b4 ist eine komplizierte und zweischneidige Stellung entstanden, die beiden Kontrahenten Rechenkunst und Stellungsgefühl abverlangt und dabei jeden Ausgang als möglich erscheinen lässt.)

Nach 10.0-0 bietet der Computer (als Engine eingesetzt wurde hier ein für Fernschach-Analysen optimiertes Stockfish-Derivat) die folgende Beispielvariante an, aus der sich Hinweise zu einer rechnerisch geeigneten Spielweise ableiten lassen: 10...♖e8 11.♖ac1 ♗d6 12.♗xd6 ♕xd6 13.♘e5 ♘bd7. Hier wirft die Maschine das Ergebnis eines minimalen Vorteils für Weiß aus.

II. Ein Motiv für die frühe Ausführung des Zuges 9.♘e5 kann seine störende Wirkung auf die schwarze Entwicklung sein.

9...c6 10.h3

Da dieser Zug mehrere beachtenswerte Konsequenzen hat, lassen sich die weißen Planungen aus ihm noch nicht sicher ablesen. Er sperrt das Feld g4 für die schwarzen Figuren, verschafft dem Läufer ein Ausweichfeld auf h2, kann aber auch den Vorstoß g2-g4 vorbereiten.

Ruhige Alternativen sind 10.♗e2 und 10.♖c1.

Nach 10.h3 kann Schwarz 10...♗d6!? erwägen, unsere Empfehlung ist aber 10...♕c8.

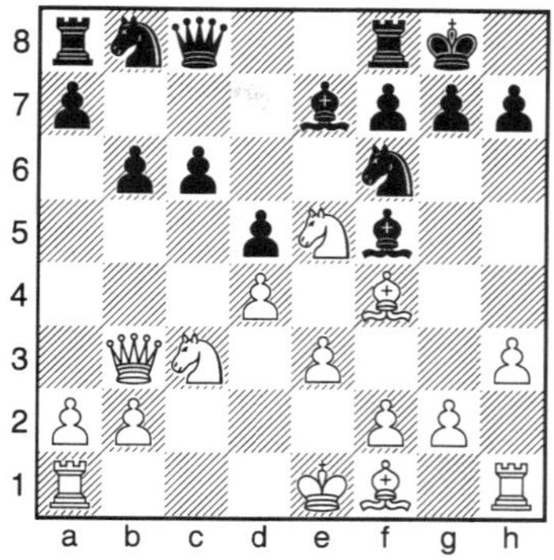

Nun kann Weiß weiterhin mit beispielsweise 11.♗e2 oder 11.♖c1 auf Entwicklung spielen, worauf Schwarz mit der gleichen Strategie zum Stellungsausgleich kommen wird.

Es bietet sich ihm aber grundsätzlich die Möglichkeit an, das Spiel schon jetzt mit 11.g4 zu forcieren. Ein solches Vorgehen hat zwei Seiten; einerseits ist es mit Chancen für ein aktives, auf Angriff abzielendes Spiel verbunden, andererseits verursacht es auch Schwächen im eigenen Lager, die nicht rückgängig gemacht werden können. Es ist also immer genau abzuwägen, ob die Vorteile die zu machenden Zugeständnisse wert sind.

11...♗e6 12.♕c2

(12.0-0-0 würde nun ein messerscharfes Spiel mit einem völlig ungewissen Ausgang entstehen lassen. Es ist für beide Seiten sehr gefährlich, bietet aber auch dem Risiko entsprechende Chancen. Auf jeden Fall ist den Spielern ein spannendes weiteres Duell garantiert. 12...a5 ist nun eine starke Antwort.)

Nach 12...♘bd7 13.♖d1 (13.0-0-0!?) 13...♘xe5 14.♗xe5 ist 14...♘d7 eine Möglichkeit unter anderen, um den

Ausgleich zu sichern. Auf 15.♗g3 kann 15...♘f6= folgen.

9...c6

Auch hier wieder kann Schwarz mit 9...c5 mehr Schärfe ins Duell bringen.

10.dxc5

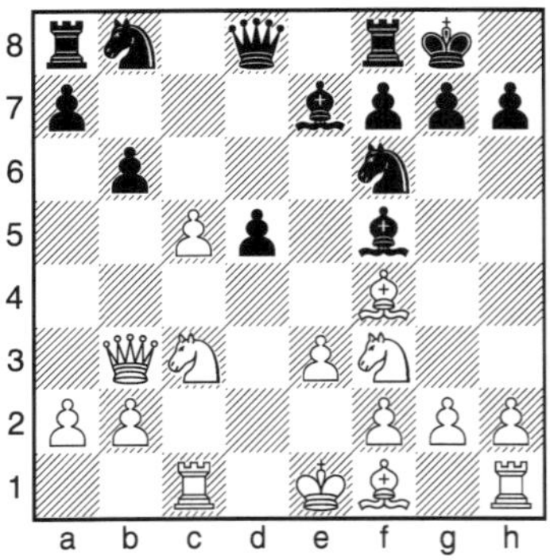

Mit 10...♗xc5 willigt Schwarz in das Entstehen eines isolierten Bauern auf der d-Linie ein, um dessen Sicherheit er sich bis auf weiteres kümmern muss. Als Gegenwert erreicht er ein aktives Figurenspiel.

(Er kann aber auch mit 10...bxc5!? zurücknehmen. Die Auseinandersetzung entwickelt dann einen ähnlichen Charakter wie in der oben behandelten Variante 9.♗e2 c5 10.dxc5 bxc5. Nach 11.♗e2 ♘c6 12.0-0 ♘b4 ist auch hier die Situation sehr kompliziert.)

Weiß stehen nun mehrere spielbare Alternativen zur Verfügung. Wir müssen es bei einer Beispielvariante bewenden lassen, um einen Eindruck davon zu vermitteln, wie es weitergehen kann.

11.♕a4 ♕e7 12.♗e2 a6 13.0-0 ♖d8 14.♖fd1 ♗d7 15.♕c2 ♗c6 16.♘d4 ♗b7 17.♗f3 ♘bd7

Schwarz kann nun das Manöver ♘d7-f8-e6 erwägen, die Verhältnisse bleiben zweischneidig.

10.♗e2 ♘bd7 11.0-0 a5

Schwarz hat sich in etwa gleichwertige Chancen gesichert.

Zusammenfassung: Die Fortsetzung 5.♗c1-f4 führt zu komplizierten Verwicklungen mit beiderseitigen Möglichkeiten. Mit 5...c6 kann Schwarz der über 5...♗e7 eingeleiteten Hauptvariante ausweichen. Es können dann ähnliche Stellungsmuster wie in der Slawischen Verteidigung entstehen.

Abspiel 2

Fortsetzung 9.♘ge2

1.d4 d5 2.c4 e6 3.♘c3 ♘f6 4.cxd5 exd5 5.♗g5 c6 6.♕c2 ♗e7 7.e3 ♘bd7 8.♗d3 0-0 9.♘ge2

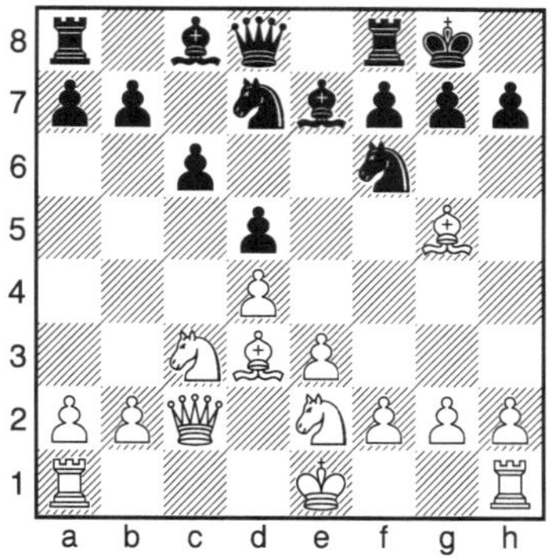

Die Entwicklung des Springers nach e2 räumt Weiß die Flexibilität ein, ihn sowohl nach f4 als auch nach g3 weiterführen zu können. Je nach Bedarf und Möglichkeit kann er von beiden Feldern aus Druck auf ein schwarzes Zentrum ausüben. Grundsätzlich will Weiß in dieser Variante mit f2-f3 und e3-e4 ein starkes Bauernzentrum bilden.

9...♖e8

Andere Fortsetzungen sind ungebräuchlich. Gelegentlich kommt es in der Praxis zu 9...h6, nach 10.♗h4 dann aber auch wieder gefolgt von 10...♖e8.

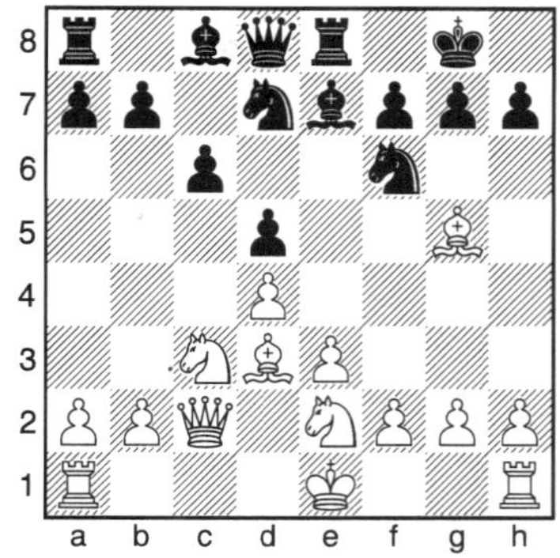

10.0-0-0

Da Schwarz bereits kurz rochiert hat, müssen beide Seiten nicht befürchten, beim Vorrücken der eigenen Bauern gegen die gegnerische Rochadestellung die eigene Königssicherheit zu gefährden.

Weiß muss nicht so spielen, sondern kann sich auch für die kurze Rochade entscheiden, ohne dass dies seine aktiven Möglichkeiten beeinträchtigt.

Nach 10.0-0 ♘f8 übernimmt der Springer die Deckung des ♙h7, so dass der ♘f6 dieser Verantwortung enthoben werden kann.

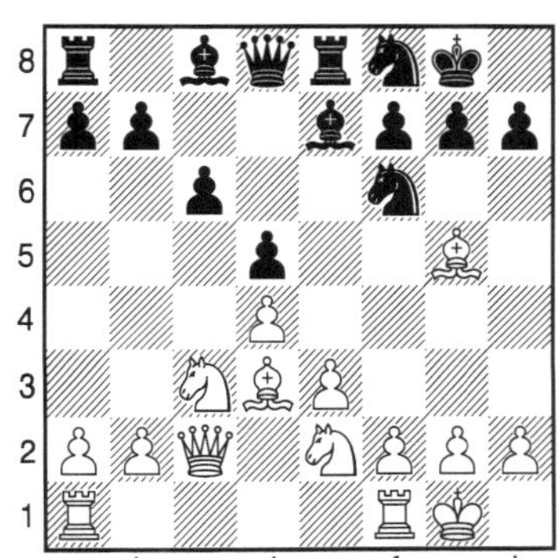

Für Weiß steht jetzt eine bedeutende Weichenstellung an. Er kann sich insbesondere zwischen 11.♖ae1, 11.♖ab1 und 11.f3 entscheiden.

A) Nach 11.♖ae1 soll der Turm auch hier den Vorstoß e3-e4 unterstützen.

11...♘h5

Schwarz strebt den Abtausch der Läufer an, da dieser seine Stellung entlastet und seine Entwicklung fördert, während Weiß an aktivem Potenzial einbüßt.

12.♗xe7 ♕xe7

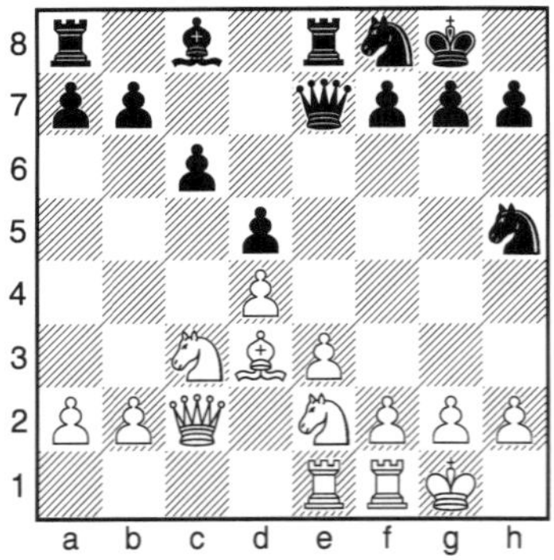

Mit 13.♘g3 verlegt Weiß seinen Springer plangemäß auf ein besseres Feld.

(Eine interessante Alternative, die den Springer schont und einen Doppelbauern auf der g-Linie vermeidet, ist 13.♘c1. Schwarz kann sich daraufhin weiter solide nach dem Muster 13...♗e6 14.f3 ♘f6 15.♕f2 ♖ad8= aufbauen und ist damit gegen den zu erwartenden gegnerischen Vorstoß e3-e4 gut gerüstet.)

13...♘xg3 14.hxg3 ♗e6 15.f3 ♖ad8

Schwarz hat seine Kräfte elastisch aktiviert und verfügt über gute Chancen. Weitergehen kann es beispielsweise mit 16.g4 ♕g5 17.♕f2 h5! mit Gegenspiel.

B) Mit 11.♖ab1 bereitet Weiß einen Bauernsturm am Damenflügel vor.

11...a5

Allzu bequem soll Weiß nicht zu b2-b4 kommen.

(Wenn Schwarz den offenkundigen Plan von Weiß ignoriert und mit beispielsweise 11...♗e6 seine Entwicklung voranbringen möchte, folgt 12.b4 und auf 12...a6 sogleich 13.a4 mit einem klassischen Minoritätsangriff. Wenn Schwarz nun 13...♖c8 versucht, antwortet Weiß mit 14.b5. Nach 14...axb5 15.axb5 usw. verfügt er über aktive Möglichkeiten auf dem Damenflügel. Schwarz steht etwas beengt, sollte sich aber behaupten können. Mit 15...c5 steht ihm für den sofortigen Einsatz ein Sprengungszug zur Verfügung.)

12.a3

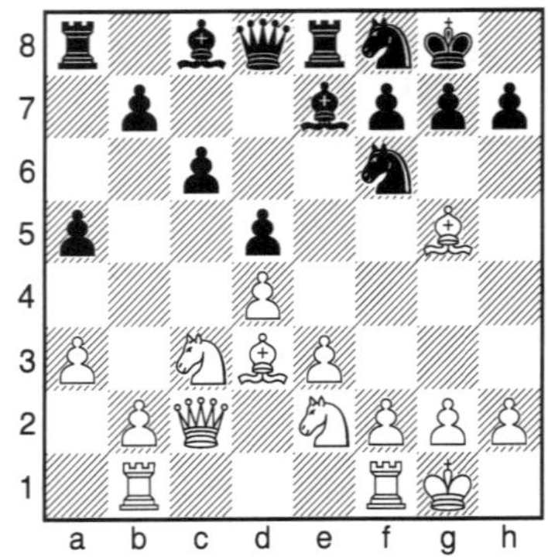

Dem Zug 12...g6 liegt eine feine Idee zugrunde. Zunächst unterbricht er natürlich den Einfluss der weißen Kräfte auf der Diagonale b1-h7 und damit die Drohung gegen den ♙h7. Zugleich qualifiziert er g7 als Transferfeld für den ♘f8, der via e6 dorthin geführt werden kann und dann einen Abtausch der Läufer auf f5 ermöglicht.

13.b4 axb4 14.axb4 ♘e6 15.♗h4 ♘g7 16.b5 ♗f5 17.♗xf5 ♘xf5 18.♗xf6 ♗xf6 19.bxc6 bxc6

Weiß kann nun beispielsweise 20.♘a4 mit Angriff auf den ♙c6 versuchen, um nach 20...♕d6 den Druck mit 21.♖fc1 zu verstärken, aber mit 21...♘e7 stützt Schwarz die Schwachstelle ab und hält die Stellung.

C) 11.f3 ist die mit großem Abstand meistgespielte Fortsetzung. Sie entspricht unmittelbar dem Grund, den Königsspringer nach e2 und nicht nach f3 zu entwickeln.

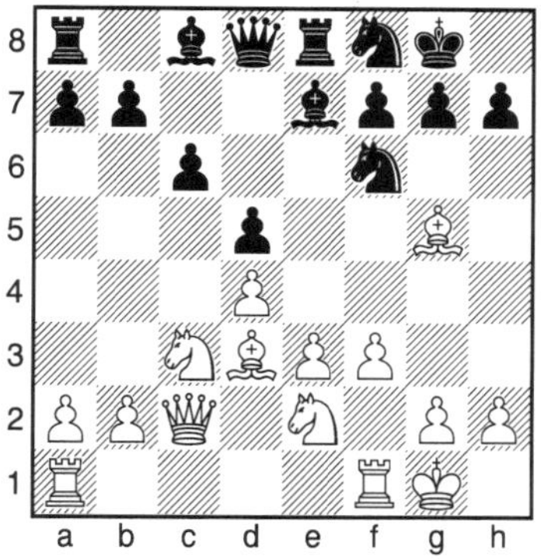

Die Motivation für 11...g6 haben wir bereits in der Variante nach 11.f3 erörtert. Sie ist an dieser Stelle vergleichbar gelagert. Die Idee eines Abtausches der Läufer auf f5 ist hier allerdings weniger bedeutend, auch weil Weiß dies verhindern kann. Die zwischenweise Postierung des Springers auf g7 lässt dessen flexiblen Einsatz je nach auftretendem Bedarf zu. Wenn sein Einfluss auf f5 nicht mehr benötigt wird, kann er auch wieder nach e6 gebracht und nach dem von Weiß angestrebten Abtausch in der Mitte sogar nach c5 weitergeführt werden.

(Es wird auch 11...♗e6 gespielt, z.B. mit der Folge 12.♖ae1 ♖c8 13.♔h1 ♘6d7 14.♗xe7 ♖xe7. Wenn Weiß nun seiner Kernidee folgend zu 15.e4 greift, antwortet Schwarz mit 15...dxe4 und auf 16.fxe4 mit 16...c5. So wird das weiße Zentrum zerrüttet oder ist nach 17.d5 ♗g4 blockiert, verbunden mit einem guten Spiel für Schwarz.)

12.♖ae1

Weiß arbeitet an der Vorbereitung von e3-e4.

12...♘e6 13.♗h4 ♘g7 14.a3

Der Aufzug des a-Bauern ist nützlich, aber nicht unverzichtbar. Er veranlasst Schwarz zu a7-a5, um b2-b4 zu verhindern, und hält b4 unter Kontrolle. Dies ist aktuell weniger wichtig, was sich aber schnell ändern kann.

(Auf 14.♗f2 oder 14.♔h1 wäre beispielsweise 14...♗e6 gut.)

14...a5 (14...♗f5 15.e4!?) 15.e4 dxe4 16.fxe4

Weiß hat sein strategisches Zwischenziel erreicht. Mit 16...♘e6 stellt Schwarz den Stellungsausgleich sicher.

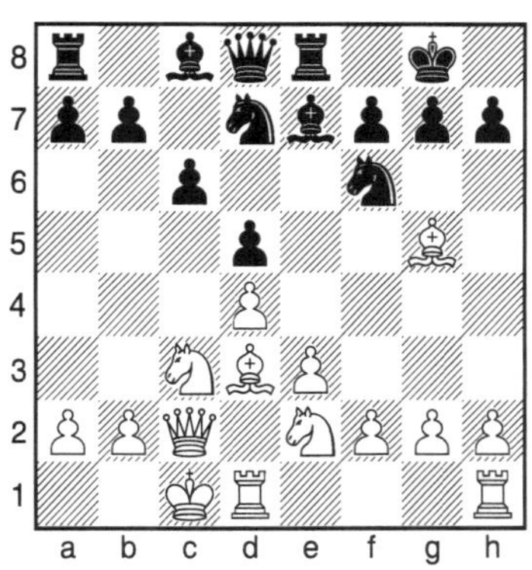

10...♕a5

Schwarz bereitet einen schnellen Gegenangriff am Damenflügel vor.

Es gibt für Schwarz auch die Möglichkeit, einen Gegenangriff auf dem Damenflügel einzuleiten, indem er seine Bauern nach vorne beordert. Wegen der entgegengesetzten Rochaden kann Weiß auf der anderen Seite ähnlich forsch vorgehen, wie in dem folgenden Beispiel gezeigt.

10...♘f8 11.h3 a5 12.g4 b5 13.♘g3 a4 14.♔b1 ♕a5

Nun wirkt die Dame im Rücken ihrer Bauern mit und beschränkt somit – anders als nach 10...♕a5 – deren Vorwärtsdrang nicht.

15.♘ce2 ♗d7 16.♘f5 ♗xf5 17.♗xf5 ♖a6 18.h4 b4

Die Stellung ist sehr kompliziert und messerscharf. Die beiderseitigen Chancen dürften aber einander in etwa entsprechen.

11.♔b1 b5 12.♘g3 h6

Ein üblicher Zug, um den Läufer zur Erklärung zu zwingen und auch den h-Bauern aus dem Schussfeld der weißen Kräfte auf der Diagonale b1-h7 zu bringen.

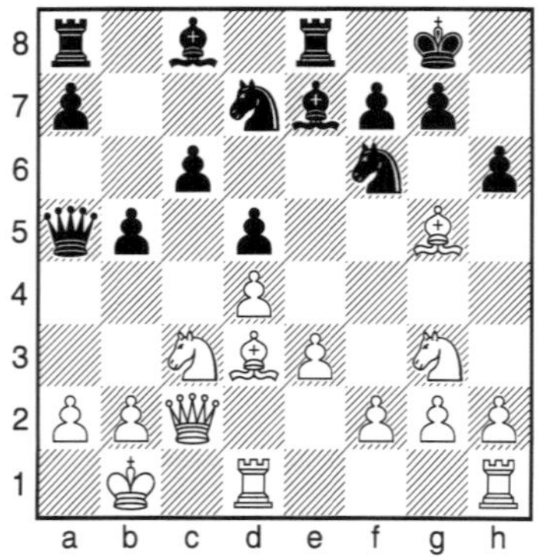

13.h4!

Diese typische Aktion sollte man kennen. Weiß ist bereit, für den Angriff seinen Läufer zu opfern.

Natürlich muss Weiß seinen Läufer nicht wie gesehen investieren. Er kann auch ruhig reagieren und auf f6 abtauschen. Die Partie kann sich dann etwa wie folgt entwickeln: 13.♗xf6 ♘xf6 und nach nun beispielsweise 14.♘ce2 ♗d7 15.♘c1 ♕b6 16.♘b3 a5 sind die Chancen der Kontrahenten als etwa gleichwertig einzuschätzen.

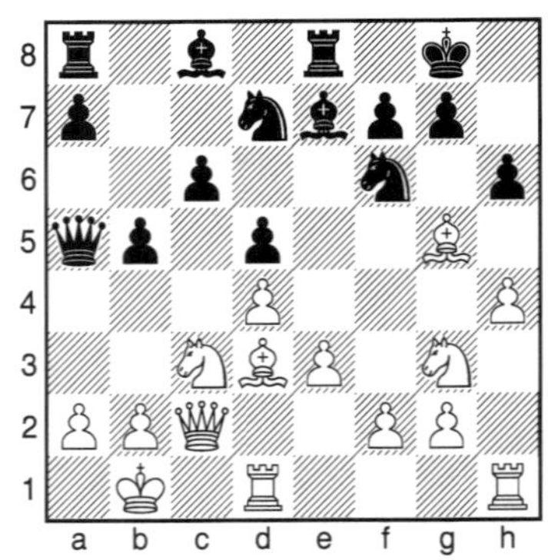

13...♘b6

Schwarz ist gut beraten, das Opfer nicht anzunehmen. Dies gilt nicht zuletzt auch für den noch unerfahrenen Spieler. Im Falle einer Annahme entwickelt Weiß einen starken Angriff, der ihm sehr gute Chancen auf den Partiegewinn einräumt.

Die folgenden Varianten sind überwiegend zwingend und ohne eine Kommentierung verständlich. Wir reduzieren deshalb unsere Erläuterungen auf ein unverzichtbares Maß. Wir raten dazu, die Varianten Zug für Zug durchzugehen und dabei genau darauf zu achten, welche konkrete Änderung jeweils eingetreten ist.

13...hxg5 14.hxg5

Die h-Linie ist geöffnet, Weiß kann sich mit der geballten Kraft seiner Figuren gegen den schwarzen König werfen.

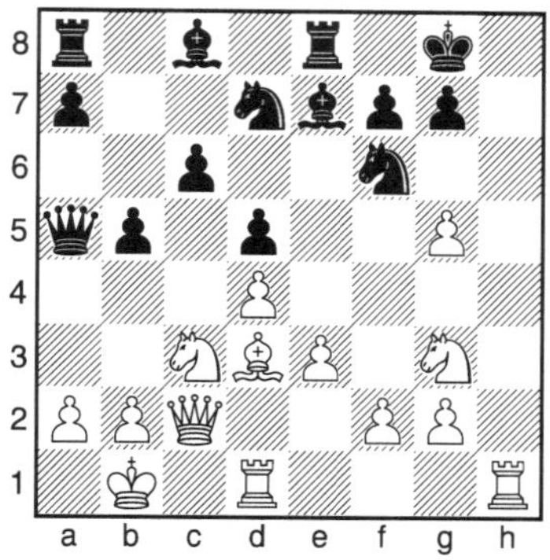

14...♘e4

(14...b4 führt zu 15.gxf6 ♘xf6 16.♘ce2 und ist bequemer für Weiß.)

15.♗xe4 dxe4 16.♕xe4 ♘f8 17.♕h4 f6

(17...♘g6 führt zu dem schönen Matt 18.♕h7+ ♔f8 19.♕h8+! ♘xh8 20.♖xh8#.)

18.♕h8+ ♔f7 19.♖h7!

Lenkt den Springer von g6 ab.

19...♘xh7 20.g6+ ♔e6

(20...♔xg6 21.♕xe8+ ♔h6 22.♕h5#)

21.♕xe8 ♗b7 22.d5+ cxd5 23.♕f7+ ♔d6 24.♘xd5 und der weiße Angriff ist entscheidend.

14.♗xf6

Auf 14.♗f4 antwortet Schwarz stark mit 14...♘c4!.

14...♗xf6

Damit sind die weißen Angriffsmotive mittels einer geöffneten h-Linie erst mal vom Tisch. Es kann dann beispielsweise mit den folgenden Zügen, die zu verteilten Chancen führen, weitergehen.

15.♘f5 ♗xf5 16.♗xf5 ♘c4

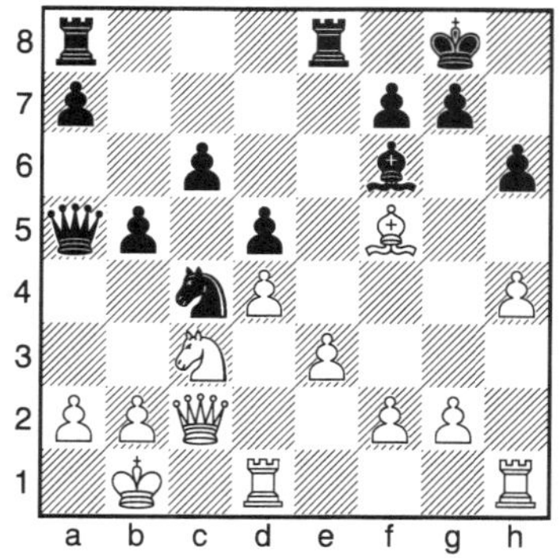

Das Spiel ist kompliziert und verspricht einen spannenden weiteren Verlauf.

Zusammenfassung: Die Entwicklung des Springers nach e2 räumt Weiß die Möglichkeit ein, entweder mit f2-f3 und e3-e4 in der Mitte aktiv zu werden oder nach einer langen Rochade auf dem Königsflügel anzugreifen. Schwarz verfügt auch in dieser Variante über gute und das Spiel ausgleichende Gegenchancen.

Kapitel 9

Variante mit 5.♗f4

1.d4 d5 2.c4 e6 3.♘c3 ♘f6 4.♘f3 ♗e7 5.♗f4

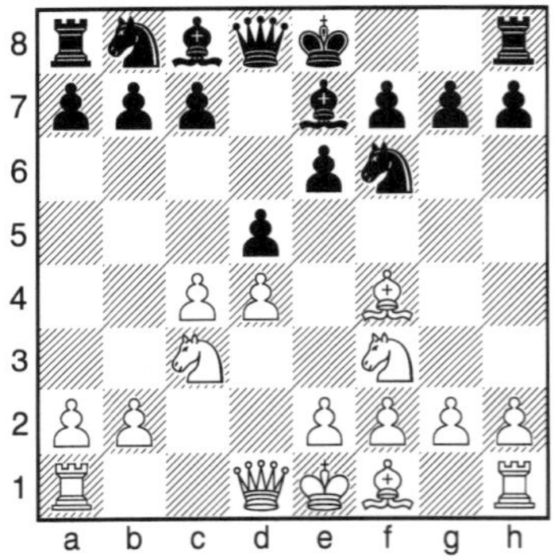

Weiß verzichtet auf die Fesselung des ♘f6 durch ♗c1-g5 und baut stattdessen auf der Diagonale b8-h2 Druck gegen die gegnerische Stellung auf. Heutzutage wird diese Variante sehr oft in der Praxis gespielt, denn Weiß kann auf einen Eröffnungsvorteil hoffen, ohne dabei nennenswerte Risiken eingehen zu müssen. Schwarz muss sehr genau vorgehen, um Gegenspiel zu erhalten.

5...0-0

Bevor Schwarz Aktivitäten im Zentrum entwickelt, bringt er seinen König in Sicherheit.

6.e3

Dies ist der Hauptzug. Die vergleichsweise selten gespielte Alternative 6.♖c1 kann Schwarz ebenfalls aktiv mit 6...c5 beantworten. Weitergehen kann es dann etwa mit 7.dxc5 ♗xc5 8.e3.

(Mit 8.cxd5 exd5 kann Weiß einen gegnerischen isolierten d-Bauern auslösen. Ob er dies für sich nutzen kann, steht aber nicht fest. Nach 9.e3 ♘c6 10.♗e2 lässt Schwarz den Bauern mit 10...d4 laufen und führt damit seinen Abtausch herbei. Nach 11.exd4 ♗xd4 12.♘xd4 ♕xd4 13.♕xd4 ♘xd4= ist die Stellung ausgeglichen.)

8...♘c6 9.♗e2 dxc4 10.0-0 ♘d5 und kurz vor dem Abschluss der Eröffnungsphase ist der Stellungsausgleich weitgehend erreicht.

6...c5

Diese energische Fortsetzung, die eine an die Tarrasch-Verteidigung (Kapitel 7) erinnernde Bauernformation bewirkt, ist mit den größten Aussichten auf Aktivität verbunden.

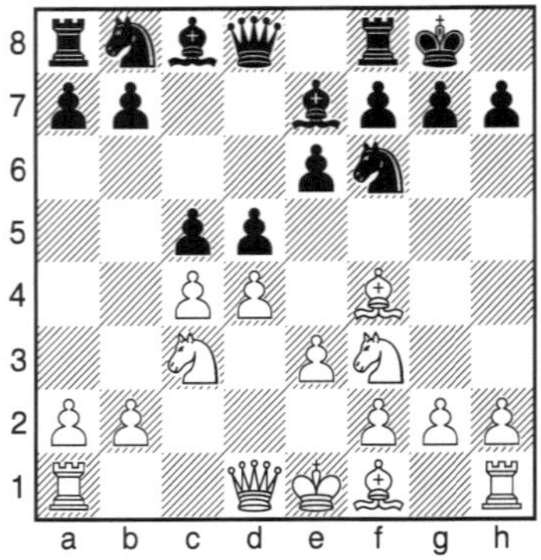

7.dxc5

Das Schlagen aus dem Zentrum hinaus ist die beste Möglichkeit. Andernfalls würde Schwarz auf d4 und c4 schlagen und zu einem problemlosen Spiel kommen.

Nicht viel verspricht Weiß das Schlagen ins Zentrum hinein, was die folgende Variante bestätigt. 7.cxd5 ♘xd5

8.♘xd5 ♕xd5 9.dxc5 ♕xc5 und nach beispielsweise 10.♗d3 ♕a5+ 11.♔e2 ♘c6 steht Schwarz gut. Der weiße König befindet sich in einer unglücklichen Situation.

7...♗xc5 8.a3

Diesem Zug liegt die Absicht zugrunde, b2-b4 anzuschließen und den Läufer mit Tempo nach b2 zu entwickeln.

Neben dem Textzug muss Schwarz mit mehreren anderen Versuchen seines Gegners rechnen. Zu diesen zählen insbesondere 8.♕c2, 8.♗e2 und 8.cxd5.

I. Nach 8.♕c2 ist 8...♘c6 der übliche schwarze Entwicklungszug.

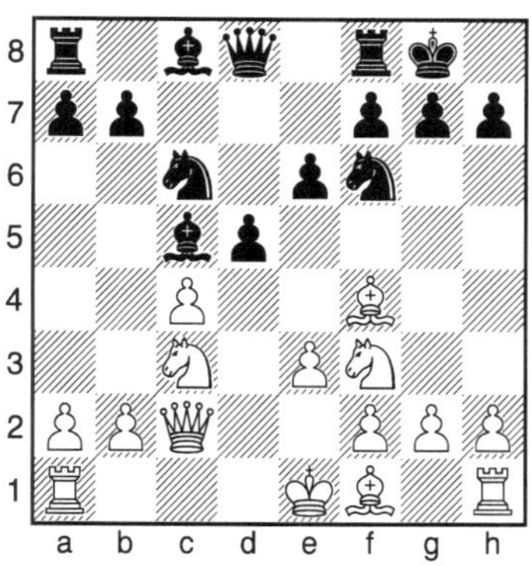

A) Nach 9.♖d1 lässt die halboffene d-Linie den Turm auf einen lukrativen Einsatzbereich hoffen. Sein Röntgenblick zur gegnerischen Dame hindert Schwarz an d5xc4.

Mit 9...♕a5 entzieht sich die Dame der Fernwirkung des Turms unter Fesselung des ♘c3 und nach 10.a3 droht b2-b4, so dass Schwarz unmittelbar reagieren muss.

10...♗e7

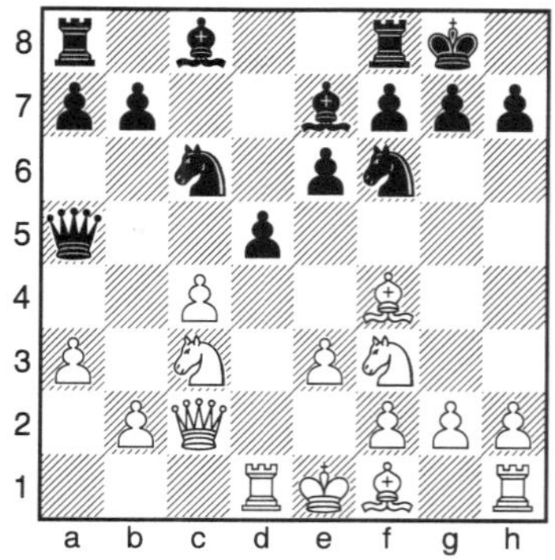

11.♘d2

(Die alternative Idee 11.♖d2 kann Schwarz stark mit 11...♘e4! beantworten. Wenn es dann mit 12.♘xe4 dxe4 13.♕xe4 weitergeht, hat Schwarz die Möglichkeit zu 13...♖d8 und der weiße Turm sitzt fest.

Nach 14.♗e2 hat Schwarz die Gelegenheit zu mehreren kräftigen Zügen in Folge und verfügt nach 14...♖xd2 15.♘xd2 e5 16.♗g3 ♗e6 17.♕c2 ♖d8 über ein ausgezeichnetes Spiel.

11...e5 12.♗g5

(Auf den Rückzug 12.♗g3 lässt Schwarz wie nach dem Ausweichen nach g5 seinen d-Bauern laufen. Im Anschluss an 12...d4! kann es zur natürlichen und ohne eine besondere Kommentierung gut nachvollziehbaren Entwicklung 13.♘b3 ♕b6 14.exd4 ♘xd4 15.♘xd4 exd4 16.♘b5 ♗g4 17.f3 ♗d7 18.♘xd4 kommen. Mit 18...♖ad8 stellt Schwarz die volle Kompensation für den geopferten Bauern sicher. Weiß hat das Problem seines Entwicklungsnachteils zu lösen. Dieser kommt besonders dadurch zum Ausdruck, dass sein König bislang noch in der Mitte hängen geblieben ist.)

12...d4

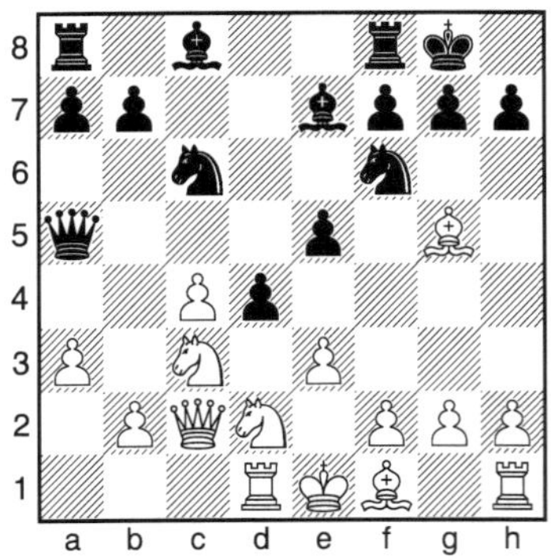

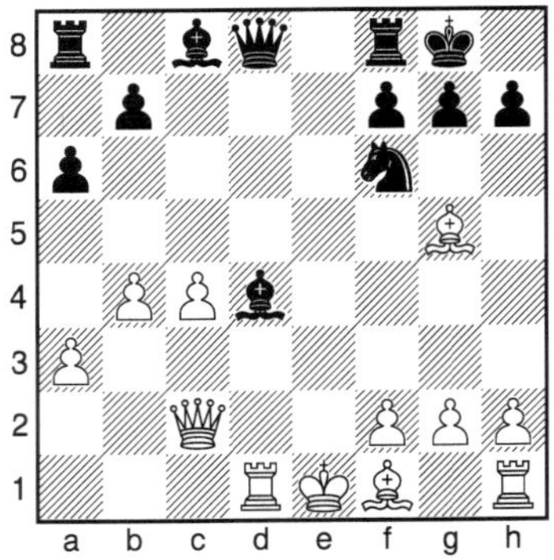

Mit 13.♘b3 sorgt Weiß für eine Verstärkung des Einflusses auf d4, ohne dass Schwarz sein Zugrecht für eine Veränderung der dortigen Situation einsetzen kann, da er zunächst seine Dame wegziehen muss.

(13.exd4? wäre ein Fehler, denn nach 13...♘xd4 usw. würde Weiß sehr in Bedrängnis geraten.)

Nach 13...♕d8 geht 14.exd4.

(Im Anschluss an 14.♗e2 kann Schwarz nach der Idee 14...a5 15.♘a4 g6 verfahren. Diese wird gekrönt von der Läuferentwicklung ♗c8-f5, die ihm ein ausreichendes Gegenspiel verspricht.)

Die weitgehend forcierte Zugfolge 14...♘xd4 15.♘xd4 exd4 16.♘b5 ♗c5 17.b4 a6 18.♘xd4 ♗xd4 lässt eine Stellung entstehen, in der Schwarz noch einmal aufpassen muss.

Der ♗d4 steht fragil und kann nicht weggezogen werden, weil der ♖d1 ihn fesselt. Mit 19.♗e3 scheint Weiß bei einem ersten kurzen Blick entscheidend Kapital aus der Lage des Läufers schlagen zu können, doch es stehen Schwarz ausreichende Ressourcen zur Rettung zur Verfügung. Er muss allerdings sehr genau spielen. Weil die abschließende Entscheidung noch nicht gefallen ist, folgen wir der Variante ausnahmsweise in eine noch größere Tiefe.

19...♖e8

Schwarz nutzt ebenfalls das Mittel der Fesselung und entschärft damit den Angriff des weißen Läufers auf den ♗d4. Mit 20.♗e2 löst Weiß diese Fesselung wieder auf, so dass der schwarze Läufer erneut akut bedroht ist. Inzwischen aber kann ihm der Turm mit 20...♖e4 zu Hilfe eilen.

Nun ermöglicht 21.♕d3 die Abwicklung über 21...♗g4 22.♗xg4 ♖xg4 23.♗xd4 ♕e8+ 24.♗e3 ♖xg2 25.♔f1 ♖g6 und Schwarz hat keine Sorgen mehr.

Wer bestens gewappnet sein will, kann sich diese lange Variante einprägen. Wir versprechen uns aber schon einen Vorteil für unseren Leser, wenn er sie konzentriert aufnimmt und damit das Verständnis für die Spielweise fördert. Fehlen lassen durften wir sie nach unserer Einschätzung nicht, da dies einer Lücke in den Informationen gleichgekommen wäre.

B) 9.a3 mit der Absicht, b2-b4 folgen zu lassen, kann Schwarz gut mit 9...♕a5 kontern, wobei die Dame sich die ungeschützte Lage des ♖a1 zunutze macht. Mit 10.♘d2 deckt der Springer den ♙c4, entfesselt seinen Kollegen auf c3 und droht seinen Weiterzug nach b3 an.

(Sehr scharf wird das Spiel nach 10.0-0-0, so dass dieser Weg besonders den Angriffsspieler und den gewieften Taktiker anspricht.

10...♗e7

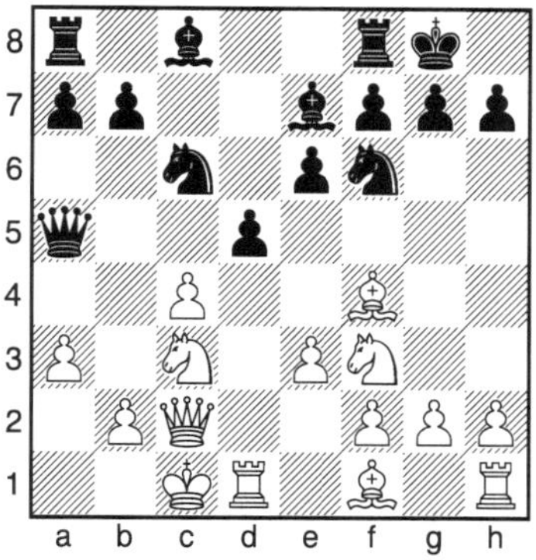

Nach beispielsweise 11.g4!? wäre das Schlagen des Bauern zu gefährlich, denn nach ♖h1-g1 würde Weiß einen starken Königsangriff erhalten. Richtig ist deshalb 11...dxc4! und nach 12.♗xc4 das Vorrücken mit 12...e5. Scharf weiter geht es dann mit 13.g5 exf4 14.gxf6 ♗xf6.

Nunmehr hat Schwarz das Gröbste überstanden. Nach beispielsweise 15.♘d5 ♘e7! 16.♘xf6+ gxf6 17.♖hg1+ ♔h8 18.♕e4 ♘g6 steht er zwar weiterhin bedrängt, aber verteidigungsfähig. Die Ergebnisse aus der Praxis bestätigen, dass Schwarz etwa auf Augenhöhe spielt, was auch Stockfish als Rechenergebnis liefert.)

10...♗e7 11.♗g3

Der Läufer begegnet der Drohung e6-e5.

11...♗d7 12.♗e2 ♖fc8 13.0-0 ♕d8

Die Chancen sind einigermaßen ausgeglichen. Weiß steht momentan etwas freier, ohne aber unmittelbar Profit daraus ziehen zu können.

II. 8.♗e2 ermöglicht Schwarz die Auflösung der Bauernspannung mit 8...dxc4 9.♗xc4.

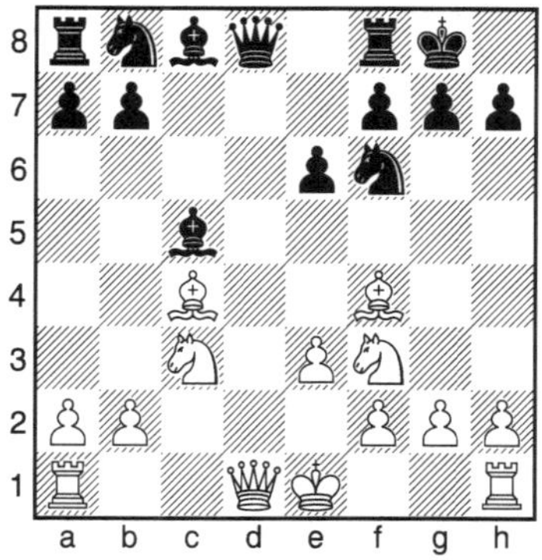

A) Mit 9...a6 kann Schwarz nun einen Aufbau einleiten, zu dem der Vorstoß b7-b5 und die Entwicklung ♗c8-b7 gehören.

10.♗d3

(Auch nach 10.♕e2 ist die Entwicklung des ♗c8 auf die Diagonale a8-h1 ein guter Plan. Schwarz realisiert ihn über 10...b5 nebst ♗c8-b7 usw.)

10...♘bd7 11.0-0 b5 12.a4

Da Schwarz a4xb5 wegen des ungedeckten ♖a8 nicht mit a6xb5 beantworten könnte, muss er reagieren.

12...b4 13.♘e4 ♗b7

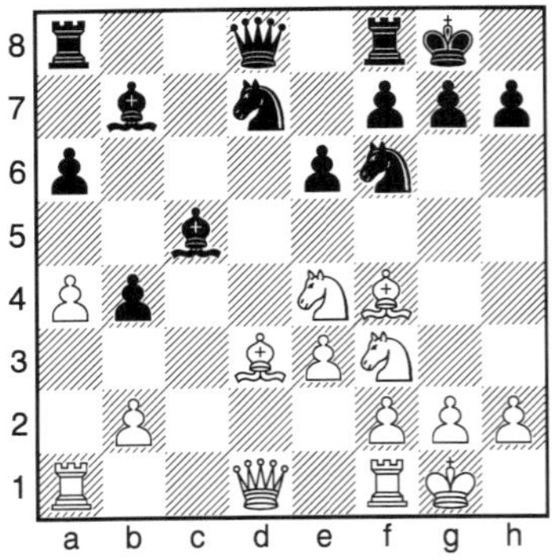

Inzwischen steht fest, dass die Parteien die Eröffnungsphase mit einer ausgeglichenen Stellung abschließen können. Die nachfolgende beispielhafte Variante veranschaulicht, welchen Weg die Partie nehmen kann.

14.♘xf6+

(Auch nach 14.♘xc5 ♘xc5 15.♗e2 ♘fe4= könnte Schwarz vollauf zufrieden sein.)

14...♘xf6 15.♕e2 ♕e7 16.♖fd1 ♖fd8=

Bei Schwarz steht nun e6-e5 auf der Agenda.

B) Die einfachste Methode, den Stellungsausgleich zu erreichen, führt über den Abtausch der Damen. Nach 9...♕xd1+ 10.♖xd1 bereitet Schwarz mit 10...b6 die Entwicklung des Springers nach b7 vor.

(Alternativ geht auch 10...a6!? mit dem Plan b7-b5 und ♗c8-b7 usw.)

11.0-0

(Mit 11.♘b5 stellt Weiß die Drohung ♘b5-c7 auf, die Schwarz mit 11...♗a6 entschärfen kann. Nach 12.♖c1 sorgt 12...♘bd7 dafür, dass dieses Motiv Weiß endgültig nicht mehr zur Verfügung steht. Folgen kann beispielsweise 13.0-0 ♘h5 14.♗e5 ♘xe5 15.♘xe5 ♘f6 mit einer ausgeglichenen Stellung.)

Nach 11...♗b7 kann es beispielsweise wie folgt weitergehen: 12.♘b5 (mit der Drohung ♘b5-c7) 12...♘c6 13.♘d6 ♗xd6 14.♗xd6 ♖fd8 15.♗a3 ♖xd1 16.♖xd1 ♖d8 und die Chancen beider Kontrahenten sind gleich.

III. Mit 8.cxd5 löst Weiß die Spannung im Zentrum auf und lässt auf der Seite seines Gegners einen isolierten d-Bauern entstehen.

8...♘xd5

(Eine Alternative besteht darin, mit 8...exd5 sofort in den Isolani einzuwilligen und dafür den Springer zu behalten. Weitergehen kann es dann beispielsweise mit 9.a3 ♘c6 10.♖c1 d4! und die Sache mit dem isolierten Bauern erledigt sich kurzfristig wieder. Die Aussichten von Schwarz sind gut.)

9.♘xd5 exd5

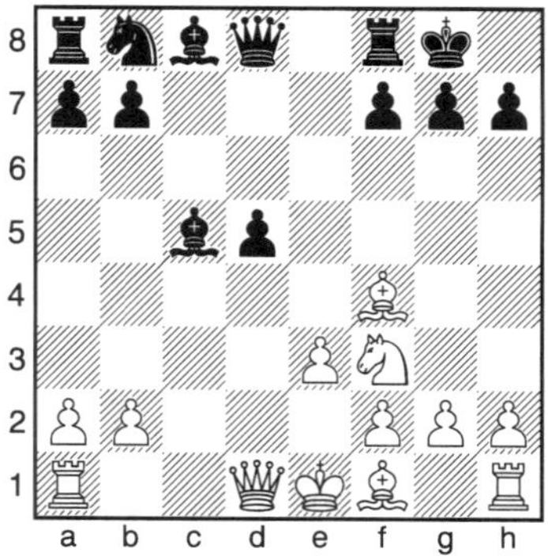

A) Mit 10.a3 sichert Weiß in erster Linie seine linke Flanke ab.

10...♘c6

Alternativen wie 10...♗d6 sind in der Praxis ohne eine bemerkenswerte Bedeutung.

11.♗d3 ♗b6

Schwarz sorgt einem Nachteil vor, der über ♕d1-c2 entstehen konnte.

12.0-0

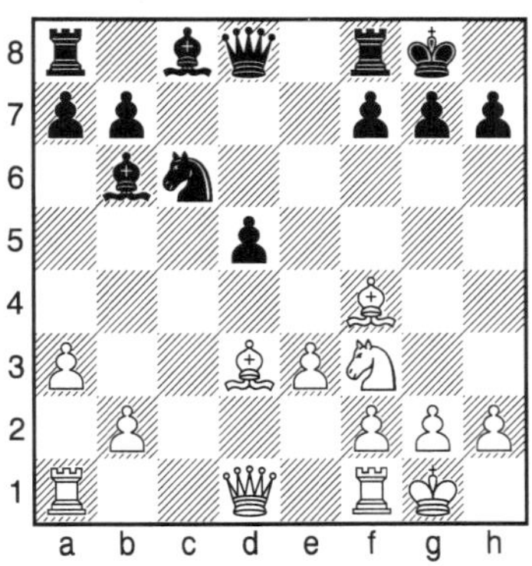

Wie so häufig, ist der Vorstoß des isolierten Bauern mit 12...d4 ein gutes Mittel. Wird er in der Folge abgetauscht, ist die mit dem Isolani zumeist verbundene Schwäche vom Tisch. Andernfalls ist er auf ein gut unterstütztes Feld gelangt und kann sogar ein weiteres Voranschreiten androhen.

13.e4 ♗g4 14.h3 ♗h5

Diese Stellung ist schon oft auf der Turnierbühne ausgespielt worden. Zumeist ging es dann mit 15.g4 ♗g6 weiter. Es kann sich dann beispielsweise die Zugfolge 16.♘d2 f6 17.♘c4 ♗c7 18.♗xc7 ♕xc7 19.f4 ♖fe8 anschließen. Das Gegenspiel von Schwarz beruht auf der offenen Stellung des weißen Königs. Die Ergebnisse aus der Praxis bestätigen Schwarz gute Erfolgsaussichten.

B) Es gibt aber auch die Idee, durch die Wahl von 10.♗d3 den Angriff 10...♗b4+ zuzulassen. Weiß kann dann zu ♘f3-d2 greifen, um das Schachgebot zu unterbrechen, was aber die Springerposition verschlechtern würde. Eine andere Möglichkeit liegt darin, mit 11.♔e2 den Verbleib des Königs in der Mitte zugunsten eines aktiveren Vorgehens vorübergehend bewusst in Kauf zu nehmen.

(Weniger logisch, aber auch in der Praxis anzutreffen ist 11.♔f1. Fürchten muss Schwarz diese Fortsetzung nicht. Mit 11...♘c6 kann er zunächst seine Entwicklung fortsetzen. Wenn Weiß dann seiner Aufbauidee entsprechend mit 12.h4 seinen h-Bauern vorstoßen lässt, macht er sich an die Begrenzung des Einflusses der gegnerischen Kräfte. Nach 12...♗d6 13.♗xd6 ♕xd6 14.h5 kann Schwarz mit 14...♕f6 seiner Dame eine aktive und einflussreiche Position verschaffen. Er hat zwar einen isolierten Bauern in der Mitte, Weiß aber muss noch das Problem um seinen ♖h1 lösen. Die Stellung befindet sich im Gleichgewicht.)

11...♘c6 12.♕c2

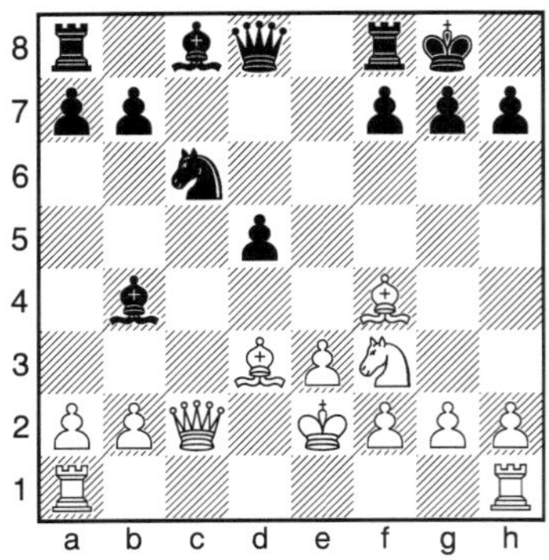

12...h6 ist der universellste Weg und auch unsere Empfehlung. Die Drohung gegen den ♙h7 ist entschärft und das Feld g5 für die weißen Figuren zunächst mal gesperrt.

(Gespielt wird auch 12...g6!?, wonach den weißen Kräften der Weg nach h7 versperrt ist und es beispielsweise mit 13.a3 ♗e7 14.h3 ♗f6 15.♖ac1 a5 16.♖hd1 ♗e6 weitergehen kann. Die Stellung hat ihre Verteidigungsfähigkeit in der Praxis bewiesen.)

13.♖hd1

(Anders als in der Variante nach 11.♔f1 kann der Turm hier schnell in die Mitte geführt werden, wo er eine aktive Rolle übernehmen und sich am Spiel gegen den schwarzen Isolani beteiligen kann. Der König kann dann nach rechts schwenken und sich bei Bedarf in die künstliche Rochadeposition begeben.)

Mit 13...♗e6 beteiligt sich der Läufer prophylaktisch an der Deckung des ♙d5 und macht den Weg für eine Aktivierung des Turms frei.

14.♔f1 ♖c8

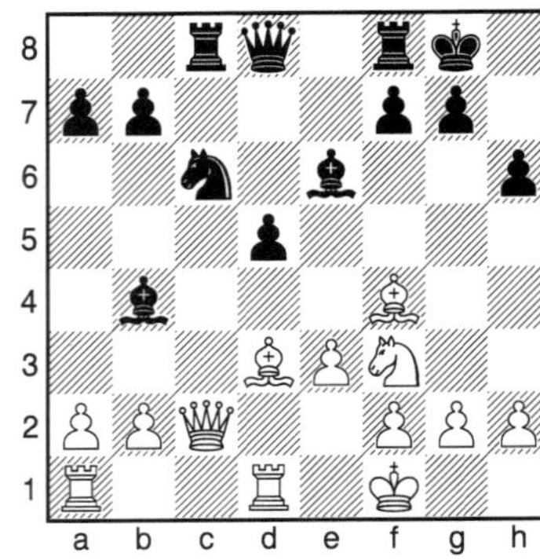

Der Turm kommt ins Spiel und sorgt dafür, dass die weiße Dame heikel steht. Sie befindet sich auf einer Linie mit dem Turm und nur der schwarze Springer auf c6 verhindert den unmittelbaren Kontakt zwischen beiden Figuren. Sobald Schwarz den Springer bewegt, muss die Dame reagieren. Eine eventuell von Schwarz gleichzeitig aufgestellte weitere Drohung kann dann möglicherweise nicht mehr abgefangen werden.

Mit 15.♕e2 bringt Weiß seine Dame aus dem Schussfeld, woraufhin Schwarz Zeit und Gelegenheit hat, mit 15...♗d6 seinem Läufer eine neue Aufgabe zu geben. Nach 16.♗xd6 ♕xd6 ist die Stellung weitgehend ausgeglichen. Die einzige Schwachstelle im schwarzen Lager ist der isolierte d-Bauer, der dauerhaft eines Schutzes bedarf. Im passenden Moment kann die Möglichkeit d5-d4 zur Lösung des Problems genutzt werden.

8...♘c6

Schwarz setzt die Entwicklung seines Damenflügels fort.

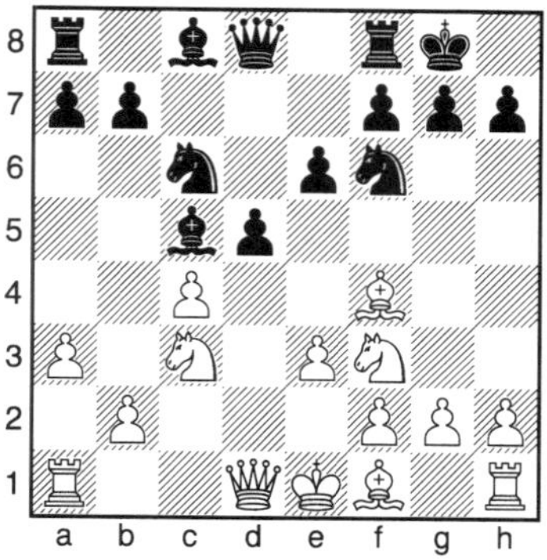

9.b4

Mit diesem konsequenten Vorgehen verfolgt Weiß den Plan, sich Raumvorteil am Damenflügel zu verschaffen.

Immer zu rechnen ist aber auch mit den Alternativen 9.♕c2, 9.♗e2 und 9.♖c1.

I. 9.♕c2

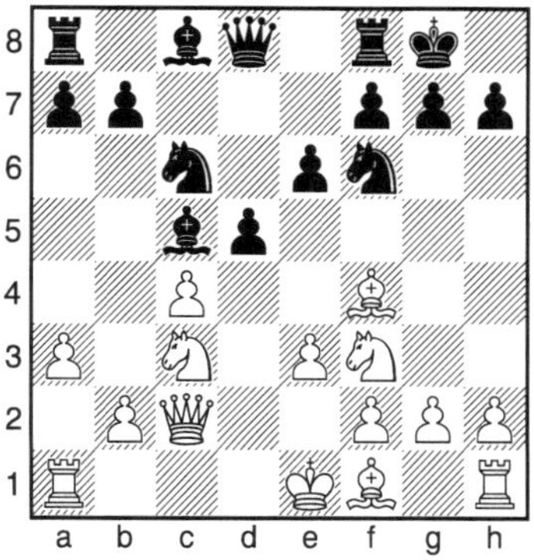

A) Normalerweise antwortet Schwarz nun mit 9...♕a5. Damit ist unter Zugumstellung eine Position erreicht, die wir weiter oben bereits behandelt haben. Sie ist in den Anmerkungen zu 8.a3 in der Hauptvariante zu finden und wird erreicht über die Zugfolge 8.♕c2 ♘c6 9.a3 ♕a5. Für weitere Informationen gehen Sie bitte dorthin zurück.

B) Wer seinen Gegner überraschen möchte oder Glück und Erfolg gerne in komplizierten bzw. scharfen Stellungen sucht, kann 9...♖e8 einsetzen. Der Turm soll den e-Bauern in dessen Streben nach vorne unterstützen. Bei dieser Wahl sollte man sich aber bewusst sein, dass der Schuss auch nach hinten losgehen kann. Nicht zuletzt die Ergebnisse aus dem Fernschach zeigen das hohe Risiko an, dass Schwarz hier eingeht. Umkämpfte und spannende Duelle sind aber garantiert.

10.0-0-0

(Mit 10.♗e2 kann Weiß seine Entscheidung zur Rochade zunächst weiter offen lassen und alternativ auch die kurze Variante vorbereiten. Schwarz hat nun die Möglichkeit, Schärfe in die Auseinandersetzung zu bringen.

Nach 10...e5 11.♗g5 d4 12.exd4 exd4 13.♘d5 ♗e6 ist für Weiß der richtige Zeitpunkt gekommen, um den König mit 14.0-0 in Sicherheit zu bringen. Der Schlagabtausch 14...♗xd5 15.cxd5 ♕xd5 16.♗xf6 gxf6 führt zu einem schwarzen Mehrbauern, aber auch zu einem Doppelbauern am Königsflügel. Die Situation ist unübersichtlich, das Spiel ist kompliziert.)

10...e5 ist die energische Konsequenz der vorangehenden Turmentwicklung.

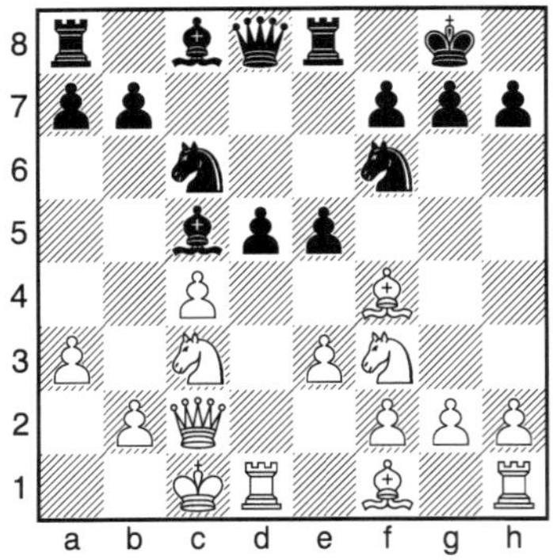

11.♗g5

(11.cxd5 exf4 12.dxc6 ♕c7 ist für Weiß eine tiefere Prüfung wert.)

11...d4 12.♘d5

Der Springer flieht nicht etwa vor dem ♙d4, denn dieser ist durch den ♖d1 gefesselt, sondern nutzt die Gelegenheit zu einem aktiven Vorgehen.

12...♗e7

Sonst droht ein Doppelbauer auf der f-Linie.

13.♘xe7+ ♕xe7 14.exd4 ♗g4

Der Läufer wird unter Fesselung des ♘f3 entwickelt. Weitergehen kann es nun beispielsweise mit 15.dxe5 ♘xe5 16.♗e2 h6 17.♗e3 ♖ac8 mit einem sehr scharfen Spiel.

II. 9.♗e2

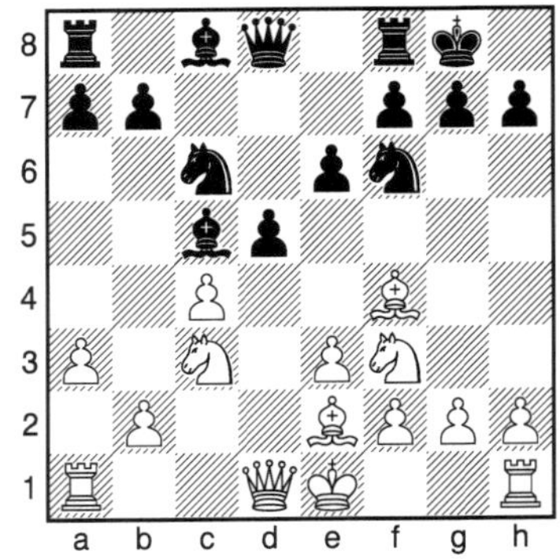

Der Entwicklungszug 9.♗e2 hat den Nachteil, dass der Läufer nach 9...dxc4 noch einmal das Zugrecht in Anspruch nimmt. Nach 10.♗xc4 dürfte 10...♘h5 der einfachste Weg zum Ausgleich sein.

(Es geht aber auch 10...♕xd1+ 11.♖xd1 b6 usw.)

11.♗g5 ♗e7

(Auch hier ist der Abtausch 11...♕xd1+ 12.♖xd1 spielbar. In der Folge kann Schwarz mit 12...h6 13.♗h4 g5 14.♗g3 ♘xg3 vorgehen, gefolgt von 15.hxg3 ♔g7=.)

Nach 12.♕xd8 ♖xd8 13.♗xe7 ♘xe7 herrscht Gleichstand. Weiß wird jetzt seinen König in der Mitte lassen und auf e2 stellen, um den ♖h1 aktivieren zu können. Schwarz entwickelt seinen Läufer und verbessert die Aufstellung seiner Springer. Hierzu kann er sie nach f6 und c6 führen.

III. 9.♖c1

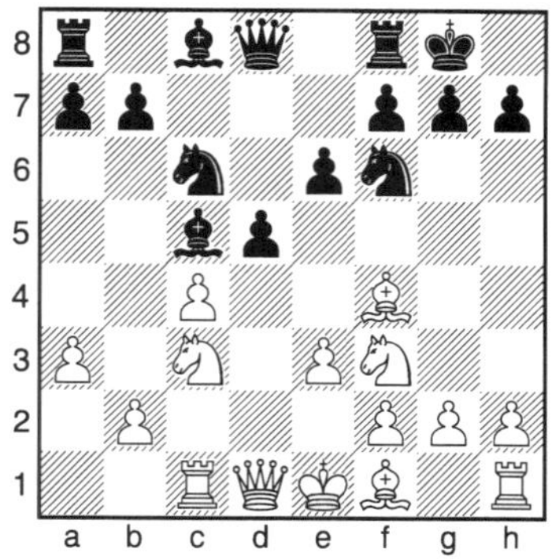

A) Aus der Warte des unerfahrenen Spielers empfehlen wir 9...dxc4 als schnellsten bzw. auch einfachsten Weg zum Gleichstand. Nach 10.♗xc4 ♘h5 11.♕xd8 ♖xd8= schlägt Stockfish 12.♗c7 vor, muss dann aber auch erkennen, dass Weiß nach 12...♖d7 nichts erreicht hat.

B) Am häufigsten gespielt wird allerdings 9...a6, woraufhin 10.cxd5 exd5 folgen kann. Um den isolierten d-Bauern wird sich Schwarz nicht lange kümmern müssen.

Nach 11.♗d3 erlangt der Läufer auf der Diagonale b1-h7 die aktivste Aufstellung, die sich ihm zurzeit bietet.Mit 11...♗a7 zieht sich der Läufer prophylaktisch zurück.

(Offensichtlich geht auch 11...♗g4!? gefolgt von d5-d4. Es kann sich beispielsweise die folgende Fortsetzung ergeben: 12.0-0 d4 13.♘e2 ♗a7 14.♘fxd4 ♗xd4 15.exd4 ♘xd4 16.f3 ♘xe2+ 17.♕xe2 ♗e6 mit gleichen Aussichten.)

Auch nach 12.0-0 rückt der Isolani mit 12...d4 möglichst frühzeitig weiter vor und leitet damit sein Ende ein.

13.exd4 ♘xd4 14.♘xd4 ♕xd4

Damit sind die Verwicklungen weitgehend aufgelöst, ohne dass Schwarz nennenswerte Schwächen verblieben wären. Die Perspektiven der Spieler sind gleich. Die Variante 15.♗e3 ♕h4 16.♗xa7 ♖xa7 veranschaulicht, welche Richtung die Partie nehmen kann. Stellungsgemäß kann Schwarz nun b7-b5 folgen lassen.

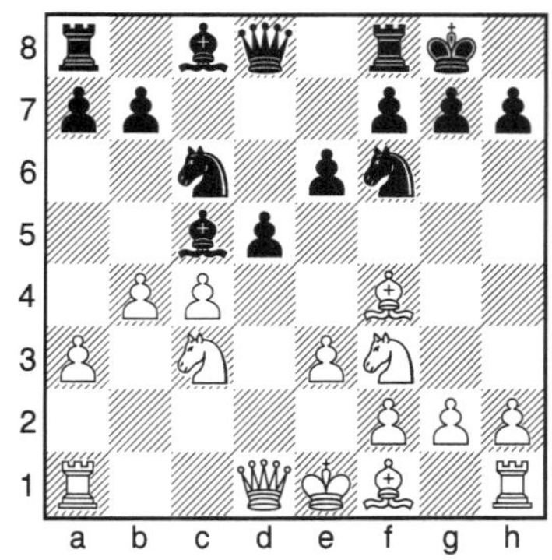

9...♗e7

Mit 9...♗d6!? steuert Schwarz ebenfalls auf den Stellungsausgleich zu, der nach beispielsweise 10.♗xd6 ♕xd6 11.cxd5 exd5 und nun 12.♗e2 ♗g4 13.0-0 ♖fd8= unter Dach und Fach ist.

10.cxd5

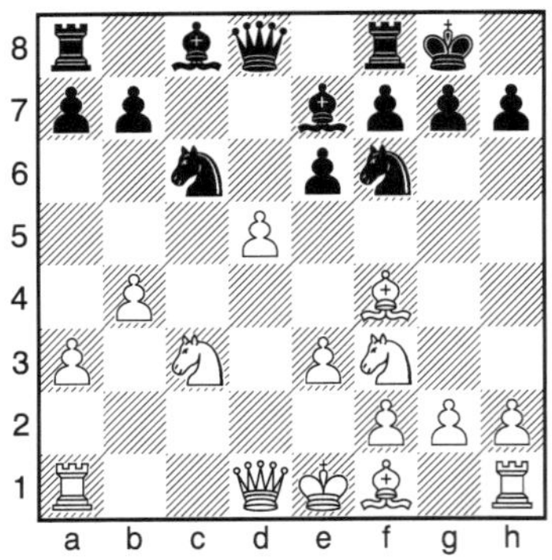

10...♘xd5

Wie die Praxis zeigt, kommt Schwarz ohne den vereinfachenden Springertausch aus, kann somit auch sogleich mit 10...exd5 fortsetzen. Wir möchten diese Möglichkeit nicht unter den Tisch fallen lassen, gehen aber nicht weiter darauf ein.

11.♘xd5 exd5

Im Folgenden streben beide Seiten den baldigen Abschluss ihrer Entwicklung an.

12.♗d3 ♗f6 13.♖c1

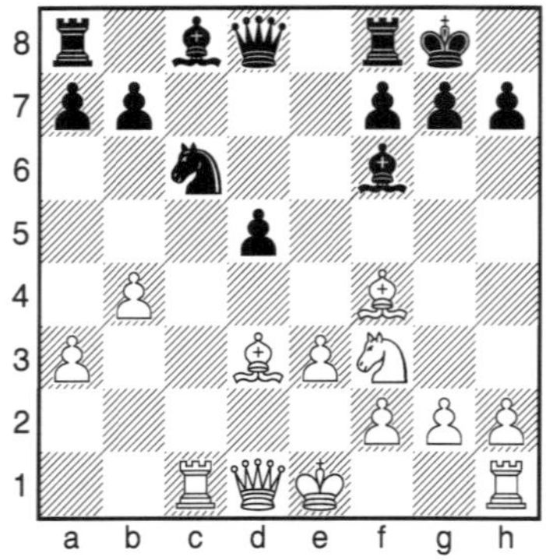

13...a6

Der Bauernzug beugt b4-b5 vor. Unbedingt notwendig ist dies nicht, hilft aber tendenziell dabei, das Spiel in einfacheren Bahnen zu halten.

Eine gute Alternative ist der Entwicklungszug 13...♗g4. Weiß antwortet dann zumeist mit 14.0-0.

(Wenn er die Entscheidung von Schwarz, auf a7-a6 zu verzichten, mit 14.b5 auszunutzen versucht, gibt der noch im Zentrum stehende weiße König die Gelegenheit zu 14...♕a5+ mit der natürlichen Abwicklung 15.♕d2 ♕xd2+ 16.♔xd2 und 16...♘a5= mit Gleichstand.)

Mit 14...♕e7 wird die Position der Dame verbessert und das Feld d8 für den Turm geräumt. Die natürliche Zugfolge 15.h3 ♗xf3 16.♕xf3 ♖fd8 17.♖fd1 g6 veranschaulicht, wie sich das Duell weiter entwickeln kann. Die aktuelle Situation ist als zweischneidig einzuschätzen.

14.0-0

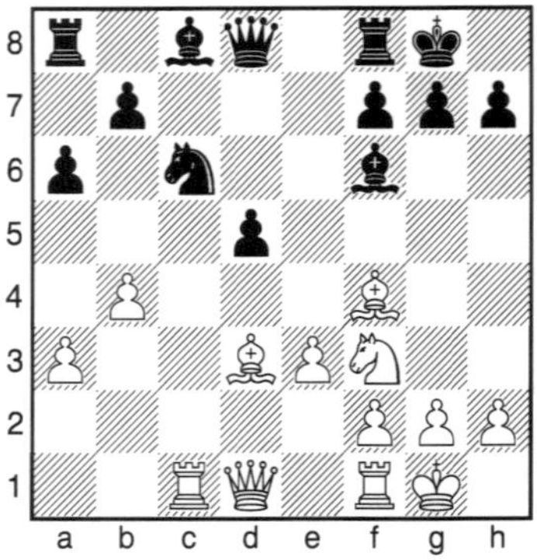

14...♖e8

Im Bereich des Übergangs von der Eröffnung ins Mittelspiel befindet sich die Stellung im Bereich des Ausgleichs. Das Hauptmotiv der schwarzen Verteidigung liegt in der Behauptung oder in der Auflösung des isolierten d-Bauern. Es ist offen, welchen weiteren Weg die Partie nimmt; mehrere Alternativen sind gut denkbar bzw. in der Praxis auch bereits ausgetestet worden. Um einen Eindruck davon zu vermitteln, wie es weitergehen kann, konzentrieren wir uns auf einen beispielhaften, aber natürlichen Fortgang.

15.♗b1

Auf d3 stand der Läufer inzwischen unglücklich. Er soll sich von a2 aus am Kampf gegen den schwarzen Isolani beteiligen.

15...g6

Der Zug dient der Sicherung der Königsstellung und insbesondere des Feldes h7.

16.♗a2 ♗e6 17.♕d3

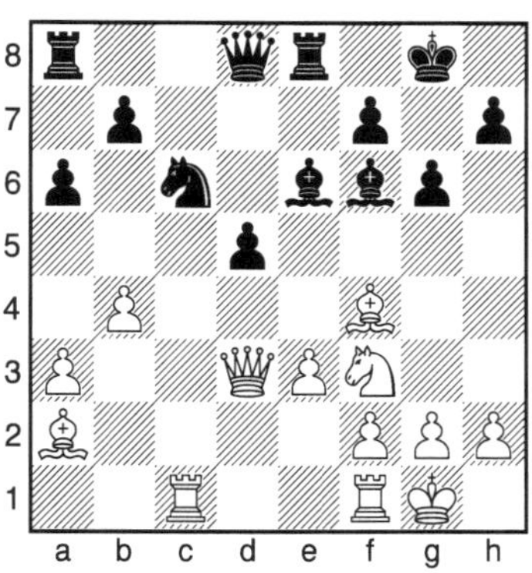

17...d4!

Der Schlüsselmoment ist gekommen, Schwarz kann sich des Problems um seinen isolierten d-Bauern entledigen.

18.♗xe6 ♖xe6

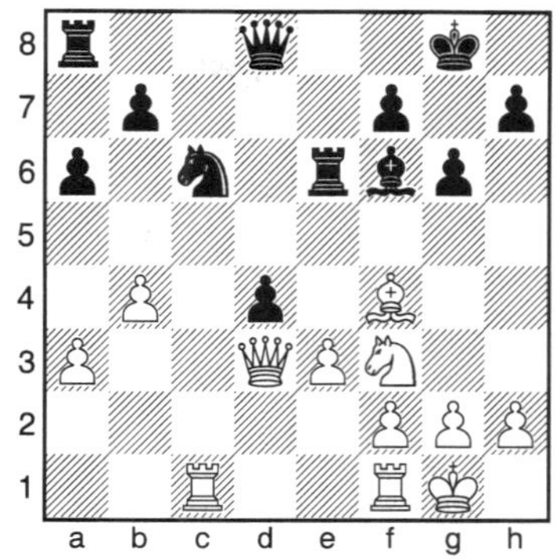

Die Stellung ist ausgeglichen. Im Wesentlichen schließen wir unsere Betrachtung an dieser Stelle ab. Mittels zweier Varianten möchten wir beiden Seiten nur noch ein paar Anhaltspunkte für ihr denkbares weiteres Vorgehen bieten.

– 19.exd4 ♘xd4 20.♘xd4 ♕xd4 21.♕xd4 ♗xd4 22.♖cd1 ♖e4=

– 19.e4 ♕e7 20.♘d2 g5 21.♗g3 ♖d8 22.♘b3 h5

Zusammenfassung: Auch gegen die beliebte Fortsetzung 5.♗f4 verfügt Schwarz über gute Ausgleichschancen. Allerdings verzeiht diese Spielweise recht ungern Fehler, so dass ein sehr genaues Spiel vonnöten ist. Die Theoriekenntnisse, die sich der lernende Spieler über unsere vorstehenden Ausführungen verschafft, sollten ihn vor bösen Überraschungen bewahren können. Für vertiefende Kenntnisse sollte Spezialliteratur herangezogen werden.

Kapitel 10

Verbesserte Tarrasch-Verteidigung

1.d4 d5 2.c4 e6 3.♘c3 ♘f6 4.♘f3 c5 5.cxd5 ♘xd5

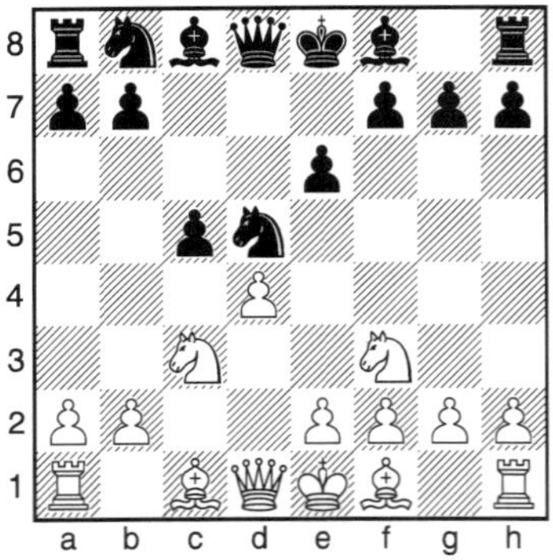

Im Unterschied zur klassischen Tarrasch-Verteidigung, der wir uns im Kapitel 7 gewidmet haben, schlägt Schwarz auf d5 mit dem Springer, um das Entstehen eines isolierten d-Bauern zu vermeiden. Die daraus resultierende Bauernstruktur wie auch die strategischen Pläne für beide Seiten ähneln jenen im angenommenen Damengambit und sogar im Panow-Angriff in der Caro-Kann-Verteidigung.

6.e3

Damit wendet sich Weiß dem üblichen Plan zu. Er will zunächst die Entwicklung seines Königsflügels abschließen, bevor er in anderer Weise aktiv wird.

Sehr oft gespielt wird alternativ 6.e4, zudem kommt 6.g3 häufiger vor. Beide Fortsetzungen schauen wir uns deshalb etwas genauer an.

I. 6.e4

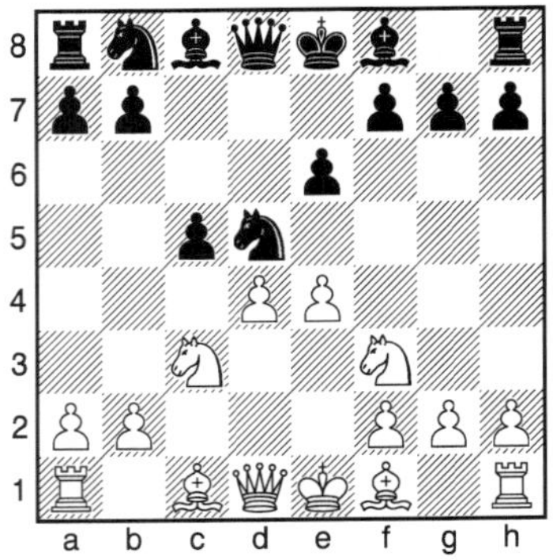

Dieser Vorstoß kennzeichnet die Strategie, das Zentrum zu besetzen. Der Springer muss reagieren und tauscht sich üblicherweise auf c3 ab. Nach 6...♘xc3 7.bxc3 cxd4 8.cxd4 entsteht die typische Konstellation in der Brettmitte. Weiß hat ein starkes Bauernduo etabliert, Schwarz einen isolierten d-Bauern vermieden.

Mit dem universellen Zug 8...♘c6 setzt Schwarz seine Entwicklung fort und wartet für sein weiteres Vorgehen ab, was Weiß macht. Dies gilt insbesondere für die Entwicklung des weißen Königsläufers.

(Zumeist greift Schwarz sofort zum ohnehin beabsichtigten Läufermanöver 8...♗b4+.

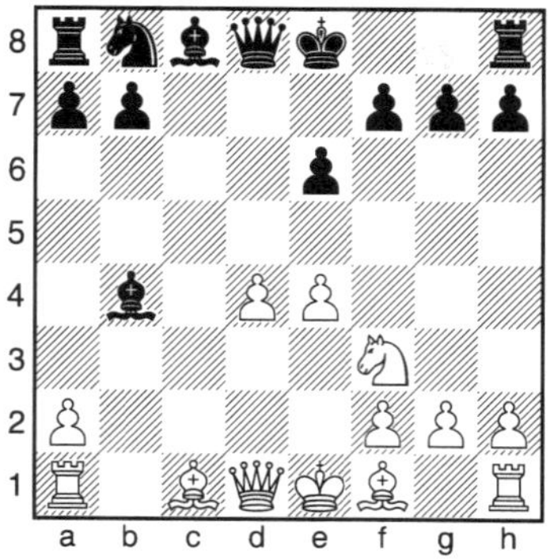

Es kann sich dann die Folge 9.♗d2 ♗xd2+ 10.♕xd2 ergeben.

Anders als in der Variante nach 8...♘c6 hat Weiß hier nicht zu berücksichtigen, dass sein Läufer nach ♗f1-c4 mit b7-b5 attackiert wird, weil die Dame die Diagonale a5-e1 gegen ein Schachgebot durch die gegnerische Dame schützt. Dies wird nach den weiteren Zügen 10...0-0 11.♗c4 abschließend deutlich.

Anschließen kann sich nun die beiderseitige natürliche Entwicklung mit 11...♘c6 12.0-0 b6 13.♖ad1 ♗b7.

Üblich ist jetzt 14.♖fe1 ♖c8 15.d5 oder auch sofort 14.d5 verbunden jeweils mit einer für Weiß sehr positiven Erfolgsstatistik. Eine zweischneidige Stellung mit Chancen für beide Seiten wird über 14...exd5 15.♗xd5 ♕e7 usw. möglich.)

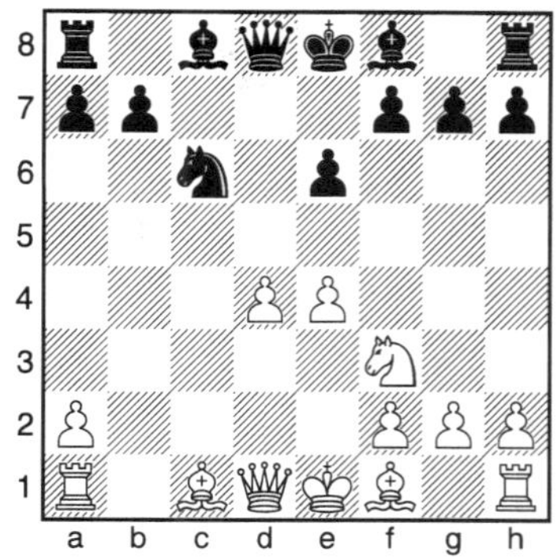

9.♗c4

(9.♗e2 ist harmlos und kann mit guten Aussichten mit 9...♗b4+ beantwortet werden.)

Nun kann der Bauer mit 9...b5!? unter Tempogewinn nach vorne beordert werden und einen Raumgewinn für Schwarz bewirken.

10.♗d3

(Der schwere Fehler 10.♗xb5?? würde Schwarz den Gewinn des Läufers über 10...♕a5+ ermöglichen.)

Mit 10...♗b4+ kommt der Läufer ohne Tempoverlust ins Spiel – und – vom Brett.

(Wenn Schwarz gierig mit 10...♘xd4?? einen Bauern gewinnen will, wird er mit 11.♘xd4 aus seinen Träumen gerissen. Nach 11...♕xd4?? 12.♗xb5+ müsste er sich von seiner Dame verabschieden und könnte aufgeben)

Nach 11.♗d2 ♗xd2+ 12.♕xd2 hat Schwarz die Zeit, seine Position am Damenflügel mit 12...a6 abzusichern.

13.0-0 0-0

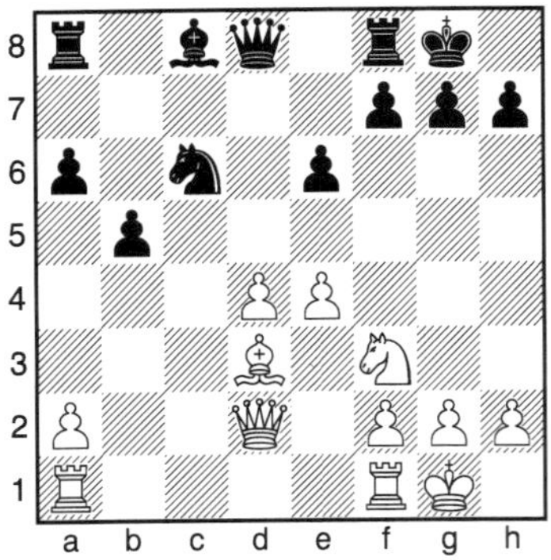

Mit 14.d5 kann Weiß versuchen, sofort Nutzen aus seiner etwas aktiveren Aufstellung zu ziehen.

(Nach 14.♕e3 kann Schwarz mit 14...♗b7 die vorbereitete Entwicklung seines Läufers umsetzen und auf 15.♖ad1 mit 15...♕b6 seine Stellung auf dem Damenflügel stärken. Zugleich hat er damit die Vorbereitung getroffen, die angestrebte elastische Aufstellung seiner Figuren mit ♖f8-d8 und ♖a8-c8 abzuschließen.)

14...♘e7 15.a4

Weiß will die schwarze Stellung am Damenflügel frühzeitig zerrütten und hofft zugleich von einer Linienöffnung profitieren zu können. Mit 15...♖b8 stellt Schwarz den Stellungsausgleich sicher.

II. 6.g3

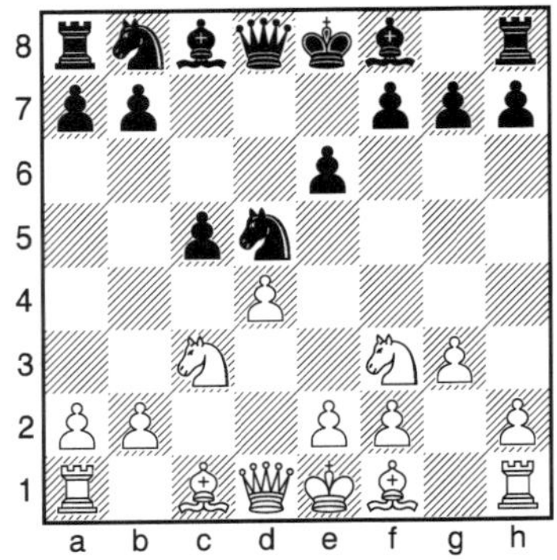

Weiß will seinen Läufer fianchettieren. Der Hauptgrund für diese Entscheidung liegt in der Hoffnung, dass dieser auf der Diagonale a8-h1 wirksamer als auf der Diagonale a6-f1 agieren kann.

6...♘c6

(Eine gute Alternative ist 6...♘xc3!? mit der weitgehend forcierten Folge 7.bxc3 cxd4 8.cxd4 ♗b4+ 9.♗d2 ♗xd2+ 10.♕xd2.

Mit 10...b6 kann Schwarz nun das Fianchetto seines Damenläufers vorbereiten, der seinem weißen Kontrahenten entsprechend entgegentreten kann. Nach 11.♗g2 ♗b7 12.0-0 0-0 hat er den Stellungsausgleich geschafft. 13.a4 kann er mit 13...a5 beantworten, verbunden mit der Idee ♘b8-a6-b4.)

Es kann sich dann eine kurze Phase der beiderseitigen Entwicklung mit 7.♗g2 ♗e7 8.0-0 0-0 anschließen.

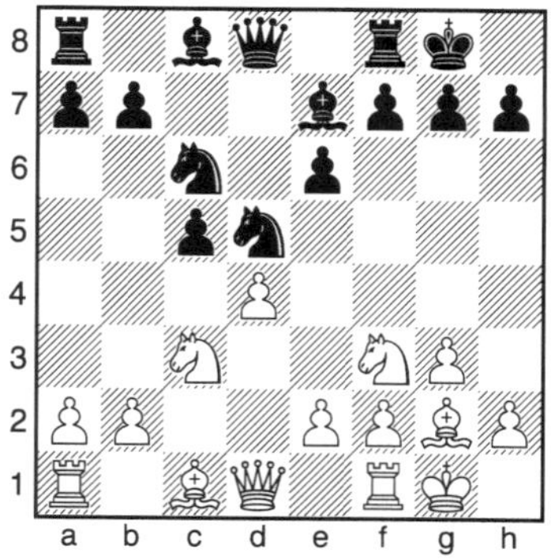

Im Anschluss daran kann Weiß mit 9.e4 stark im Zentrum vorgehen. Zumeist weicht der Springer nun mit 9...♘b6 aus.

(Es geht aber auch 9...♘db4, wonach es um einiges wilder auf dem Brett zugehen kann.

10.a3 cxd4

Schwarz hat seinen Springer im Bewusstsein nach b4 gespielt, dass er auf dessen Bedrohung mit a2–a3 mit einer Gegendrohung reagieren kann. Andernfalls wäre sein Manöver nicht sinnvoll gewesen.

11.axb4 dxc3 12.bxc3 b6 13.♗f4

Ein typischer Entwicklungszug, der den Läufer in eine wirksame Position bringt und zugleich die Schwerfiguren auf der Grundlinie verbindet und deren Beweglichkeit erhöht.

13...♗b7 14.♕e2 ♕c8

Beide Damen haben das Feld für ihren Turm geräumt, der jeweils auf der offenen d–Linie zum Einsatz kommen soll. Nach 15.♖fd1 ♖d8 ist die Stellung kompliziert und für beide Seiten mit Chancen verbunden. Mit a7-a5 kann Schwarz seine Lage weiter verbessern.)

10.d5 exd5 11.exd5

Bei einem isolierten zentralen Bauern stellt sich immer die Frage, ob dieser als stark oder schwach einzuschätzen ist. Der weiße d–Bauer wird gut von seinen Figuren unterstützt und befindet sich bereits in einer vorgerückten Position. Dies sind für seine Stärke sprechende Aspekte. Für Schwarz ist dieser Bauer ein Kristallisationspunkt für sein Gegenspiel.

11...♘b4

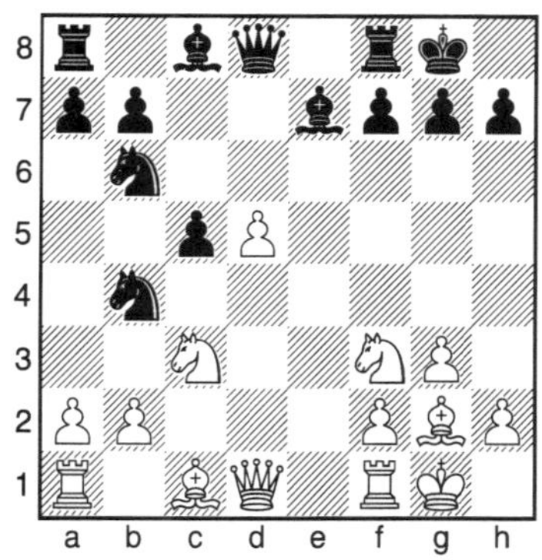

Mit 12.♘e1 macht der Springer den Weg für den ♗g2 zum ♙d5 frei und sorgt so für die notwendige Verstärkung von dessen Deckung.

12...♗f6

Mit dem ♘c3 nimmt der Läufer einen wichtigen Verteidiger aufs Korn.

13.♗e3

Der ♙d5 wird fallen, als Ersatz soll dann auch der ♙c5 vom Brett genommen werden. Nach dem die Spannungen auflösenden Schlagabtausch 13...♗xc3 14.bxc3 ♘4xd5 15.♗xc5 ♖e8 können nun beide Seiten ihre Entwicklung abschließen. Eine natürliche Zugfolge ist beispielsweise 16.♗d4 ♗e6

17.♘d3 ♕d6 18.♖c1 ♖ac8. Schwarz verfügt über gute Verteidigungsmöglichkeiten, die Stellung bewegt sich im Bereich des Ausgleichs.

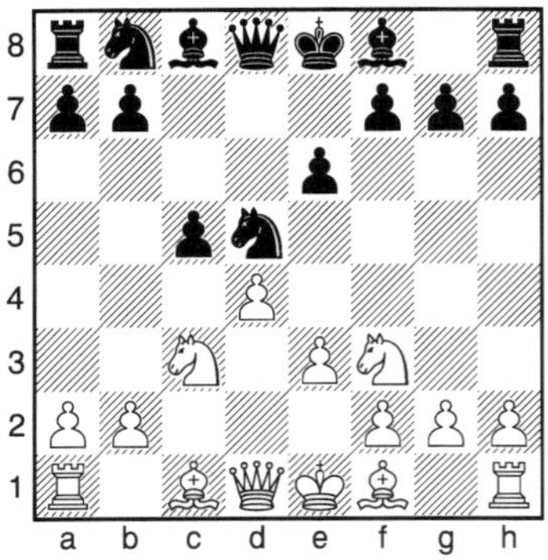

6...♘c6

Aufmerksam machen möchten wir auf einen interessanten Plan, in dessen Verlauf Schwarz sich die Springerentwicklung nach d7 vorbehält, um ihn nachfolgend nach f6 zu führen, wie das folgende Beispiel veranschaulicht.

6...cxd4 7.exd4 ♗e7 8.♗d3 0-0 9.0-0

Nach diesen Entwicklungszügen kann es zur Umsetzung der angekündigten Idee 9...♘d7 kommen.

10.♖e1

(Mit 10.♘xd5 kann Weiß auch auf schwarzer Seite einen Isolani auf der d-Linie entstehen lassen. Für den Ausbau eines Stellungsvorteils reicht dieser Plan aber nicht.

10...exd5 11.♖e1 ♘f6 12.♘e5 ♗e6 13.♗g5 ♖e8 14.♖c1

Über eine Reihe natürlicher und ohne Erläuterungen verständlicher Züge haben die Kontrahenten an der Aktivierung ihrer Kräfte gearbeitet. Schwarz kann nun mit 14...♘e4 eine Abwicklung einleiten und nach 15.♗xe7 ♖xe7 die Partie aus einer soliden Stellung heraus fortsetzen.)

Nach 10...♘7f6 11.♘e5 ♗d7 12.♗g5 ♖c8 steht Schwarz etwas beengt, die weißen Kräfte haben mehr Freiraum. Allerdings ist die schwarze Stellung solide und weist keine besonderen Schwächen auf. Die Praxis zeigt, dass Schwarz aus dieser Lage heraus erfolgreich um den Ausgleich kämpfen und sich verteidigen kann.

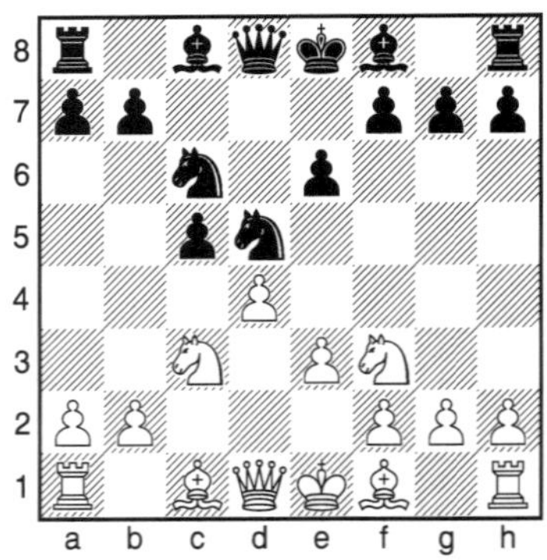

7.♗d3

Mit dieser guten Entscheidung lässt Weiß seinen Läufer die Diagonale b1-h7 unter Kontrolle nehmen, so dass er am aktiven Spiel gegen den gegnerischen König mitwirken kann.

Sehr beliebt ist auch 7.♗c4, worauf Schwarz wie in der Hauptvariante auf d4 tauschen sollte. Nach 7...cxd4 8.exd4 ♗e7 9.0-0 0-0 haben beide Parteien ihren Königsflügel entwickelt.

10.♖e1

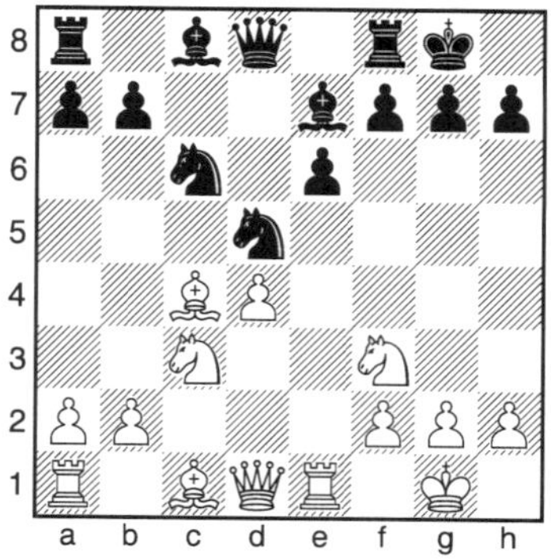

Der Springerabtausch mit 10...♘xc3 führt zu einer strukturellen Störung der weißen Bauernstellung. Sie wird in drei Teile zersplittert. Schwarz wird die halboffene c–Linie für sein Gegenspiel nutzen können.

(Ebenfalls sehr beliebt ist die Fortsetzung 10...♗f6. Sie führt regelmäßig unter Zugumstellung in die Hauptvariante zurück.)

Nach 11.bxc3 b6 soll der ♗b7 auf die lange Diagonale a8-h1 gebracht werden, wobei er zugleich für den Turm Platz macht.

12.♗d3

Der Läufer soll zusammen mit der Dame die gegnerische Königsstellung attackieren.

9. ..♗b7 13.♕c2

10. Die logische Fortsetzung nach dem Standardplan.

(Wenn Weiß den Gegner überraschen will, kann er ihn auch mit einer ganz anderen Art der Angriffsführung konfrontieren. Sie ist mit der Idee verbunden, die schwarze Königsstellung mit Dame und Turm auf der h–Linie unter Druck zu setzen. Das folgende Beispiel veranschaulicht das mögliche Vorgehen: 13.♕e2!? ♘a5 14.♘e5 ♖c8 15.♗d2 und mit ♕e2-h5 und ♖e1-e3-h3 usw. kann Weiß die Umsetzung seines Plans abschließen.)

13...g6 14.♗h6

(Wenn Weiß umdisponiert und mit 14.♕d2 gefolgt von h2-h4 usw. vorgeht, behält Schwarz über 14...♗f6 15.h4 ♘e7 16.♘g5 und 16...♘f5 alles unter Kontrolle.)

14...♖e8 15.♕d2 ♖c8

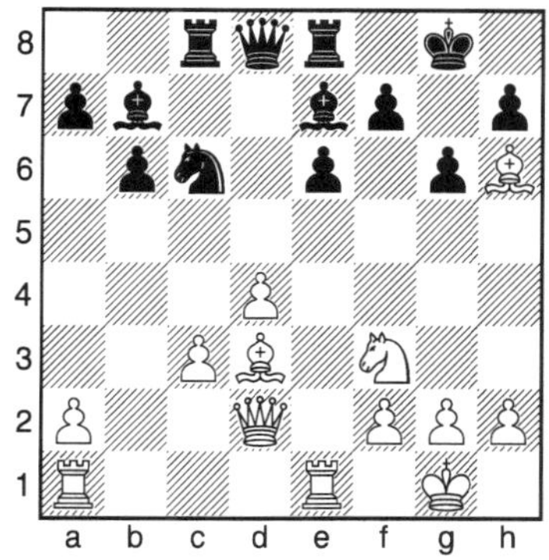

Die Perspektiven der Kontrahenten sind ausgeglichen. Diese Einschätzung bestätigen auch die Resultate aus der Praxis. Wir gehen ausnahmsweise noch etwas weiter in die Tiefe der Partie, um die Aussage zu untermauern und zugleich die Gelegenheit zu nutzen, eine interessante Angriffsidee für Weiß vorzustellen.

Der Angriffszug 16.h4!? ist zugleich mit einer Falle verbunden, in die tappt, wer mit Schwarz meint, einen Fehler von Weiß zu erkennen und einen Bauern gewinnen zu können.

16...♘a5

Dies ist die richtige Antwort.

(Schlecht wäre 16...♗xh4?, denn nach 17.♘xh4 ♕xh4 würde Weiß seinen Gegner mit 18.♗g5 schwindelig spielen. Zunächst würde die schwarze Dame in die Bredouille geraten und dann der König.

Nach der einzigen Möglichkeit 18...♕g4 und der Folge 19.♖e4 wird das Netz um die Dame immer enger.

19...♕f5 20.♖h4 ♕d5 21.♗e4 ♕d6 22.♗f6 ♕f8

Endlich hat sich die Dame Luft verschaffen können, doch geht es jetzt dem König an den Kragen. Nach 23.♕f4 ♘a5 24.♕h2 h5 25.♖xh5! schlägt der Königsangriff durch.)

17.♘g5 ♗f8 18.♗xf8 ♖xf8 19.h5 ♘c4 20.♗xc4 ♖xc4

Schwarz hat ausreichende Verteidigungsressourcen. Er kann seine Dame auf d5 stellen und mit ♖f8-c8 Druck gegen den ♙c3 ausüben.

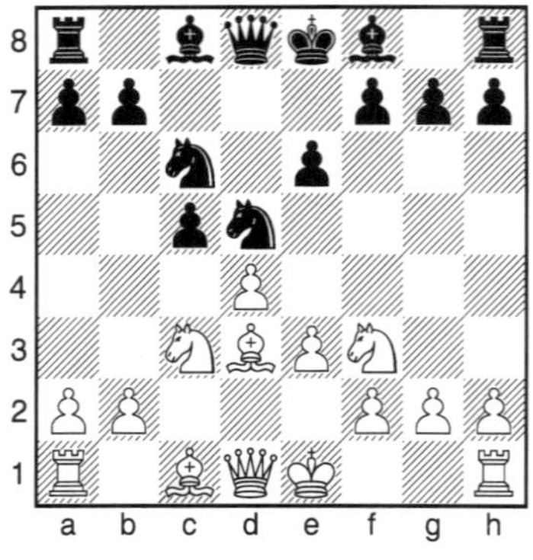

7...cxd4

Schwarz kann auch auf den Bauernabtausch verzichten und mit 7...♗e7 die Spannung im Zentrum aufrechterhalten. Unter Umständen führt das Spiel in der Folge mit Zugumstellung zur Hauptvariante zurück.

8.0-0 0-0 9.a3

Dies ist die unangefochtene Nummer 1 unter allen Fortsetzungen sowohl auf der Turnierbühne als auch im Fernschach. Entsprechend kann sich Schwarz in seiner Vorbereitung darauf konzentrieren.

(Nach 9.♗e4 kann Schwarz die Partie mit 9...cxd4 10.exd4 ♗f6 wieder in Richtung Hauptvariante lenken, die nach 11.♖e1 erreicht ist (nach 11.♗e4)).

9...♘xc3 10.bxc3 b6

A) 11.♕e2

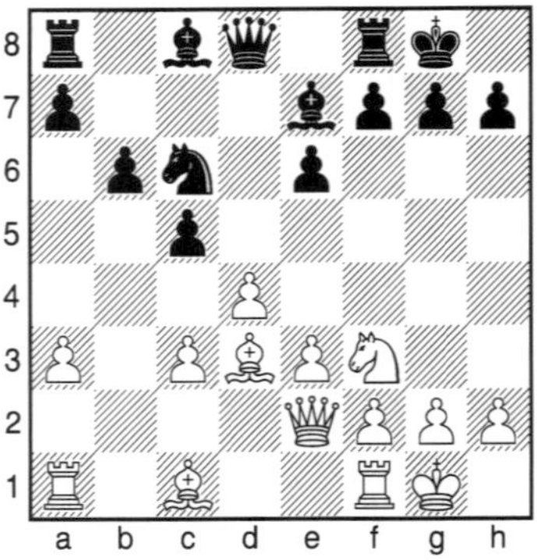

Nach 11...♗b7 gehören neben der Fianchettostellung des Läufers die Elemente ♖a8-c8 und ♘c6-a5 zum Standardplan. Die Dame und der zweite Turm werden je nach Entwicklung eingesetzt.

12.♖d1

(12.♗b2 Δ c3-c4 und d4-d5 kann Schwarz gut mit 12...♖c8 13.♖ad1 cxd4 14.cxd4 und nun 14...♗f6 abfangen. Nach beispielsweise 15.e4 ♘a5 16.♖fe1 ♖e8 kann er weiter nach dem

Plan ♖c8-c7, ♕d8-a8 und ♖e8-c8 verfahren, verbunden mit guten Aussichten.)

Mit 12...♕c7 präpariert Schwarz sich gegen d4-d5, das akut werden kann, sobald Weiß zu e3-e4 gekommen ist.

13.e4 ♘a5

Der ♗b7 wird in die Kontrolle über das Feld d5 einbezogen. Weiß muss nun etwas gegen ♘a5-b3 tun, was Schwarz die Zeit gibt, zur Verstärkung seiner Stellung einen Turm nach d8 zu führen.

14.♖b1 ♖fd8

Die Wahl fällt auf den Turm von f8, weil der andere Turm nach c8 gebracht werden soll. Wenn es gelingt, mittels c5xd4 die c–Linie zu öffnen, kann dieser für den Kampf um ein Gegenspiel genutzt werden. Nach beispielsweise 15.a4 ♗c6 16.♗b5 ♖ac8 hat das Duell eine typische Stellung erreicht. Weiß hat ein starkes Bauernzentrum aufgebaut und verfügt entsprechend über einen Raumvorteil. Seine Konterchancen vermitteln Schwarz ein in etwa gleiches Spiel. Hierzu kann er auf die Öffnung der c–Linie setzen.

B) Nach 11.♕c2 kann Schwarz die Drohung gegen h7 auf zweierlei Art abwehren.

B1) Nach 11...g6 und nun beispielsweise 12.♖d1 kann Schwarz etwa nach dem Muster 12...♕c7 13.e4 ♖d8 14.♗e3 ♘a5 und nachfolgend ♗c8-b7 sowie ♖a8-c8 die Mobilisierung seiner Kräfte erfolgreich abschließen.

B2) Nach 11...h6 erhält Weiß die Gelegenheit, eine starke Initiative zu entwickeln. Nach 12.♗b2 sind beide weißen Läufer auf zentralen Diagonalen postiert. Zwar hat der ♗b2 den Blick zum gegnerischen König noch nicht frei, aber Weiß hat es selbst in der Hand, daran etwas zu ändern.

Nach 12...♗b7 13.c4 ♖c8 leitet 14.d5! die Öffnung des Spiels ein, die den weißen Figuren zu einer Steigerung ihrer Wirksamkeit verhilft.

14...exd5 15.♖ad1 d4 16.♗f5

Zunächst drängt Weiß den schwarzen Turm in eine schlechtere Position, bevor er seinen generellen Plan weiter umsetzt.

16...♖b8 17.exd4 cxd4 18.♘xd4 ♕c7

Die Dame entzieht sich der Fernwirkung des ♖d1. Es ist der geeignete Zeitpunkt für ein Losschlagen mit 19.♗h7+ gekommen. Nach 19...♔h8 20.♘f5 f6 21.♘h4 hält Weiß alle Fäden in der Hand; die schwarze Stellung steht schwer unter Druck.

8.exd4 ♗e7

8...♗b4 9.♗d2 0-0 10.0-0 ♗e7 bringt Schwarz keinen Vorteil.

9.0-0 0-0 10.♖e1

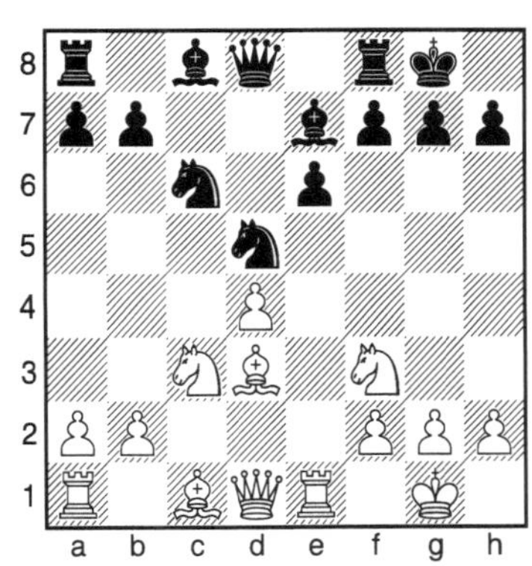

10...♗f6

Das schwarze Spiel richtet sich gegen den ♙d4.

Auch möglich ist 10...♘f6, woraufhin Weiß regelmäßig mit 11.a3 reagiert, womit er das Manöver ♘c6-b4-d5 endgültig ausschaltet. Vor dem weißen Isolani wäre der Springer ideal postiert.

11...b6

Es handelt sich hier nicht um eine schlichte Fianchettierung des Damenläufers. Vielmehr hat b7-b6 besonders auch einen prophylaktischen Charakter. Es ist bekannt, dass Weiß zu sehr guten Möglichkeiten kommt, wenn er seine Figuren nach dem Prinzip ♗d3-c2 und ♕d1-d3 umgruppieren kann. Nach dem Aufzug des b-Bauern kann Schwarz seinen Läufer nach a6 durchziehen und ihn so gegen das Feld d3 in Stellung bringen.

12.♗c2

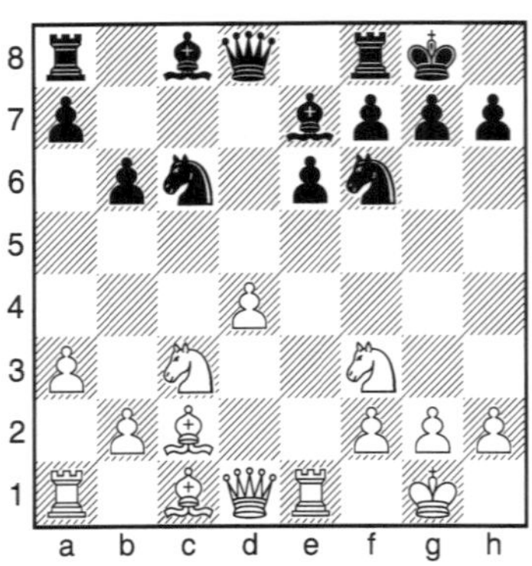

Damit startet Weiß seinen Versuch, die skizzierte und für Schwarz gefährliche Aufstellung zu erreichen.

12...♗a6

(Die oft auf der Turnierbühne gesehene Variante 12...♗b7 13.♕d3 g6 14.♗h6 ♖e8 15.♖ad1 ♖c8 16.♗b3 ♘a5 17.♗a2 veranschaulicht sehr gut, unter welchen Druck Schwarz gerät, wenn er das gegnerische Manöver zulässt.)

Die mit dem Vorstoß 13.b4 verbundene Absicht ist offensichtlich – der ♗a6 soll von d3 abgeschnitten werden.

13...♖c8

In Erwartung von b4-b5 und der damit verbundenen Bauerngabel macht sich Schwarz die ungeschützte Stellung des ♘c3 zunutze. Nun bringt 14.b5 ♘a5 15.♕d3 ♗b7 Weiß nichts mehr ein. Die Aussichten von Schwarz sind gut.

11.♗e4 ♘ce7

Damit ist der isolierte d-Bauer sicher blockiert. Den Kontrahenten stehen nun klare Pläne für ihr weiteres Vorgehen zur Verfügung. Weiß vermeidet alle Vereinfachungen und strebt auf der Basis seines Raumvorteils einen Königsangriff an. Schwarz hingegen versucht Material zu tauschen. Seine Chancen, die Schwäche des Isolanis ausnutzen, sind im Endspiel erheblich besser als davor.

Diese Stellung kann durch Zugumstellung auch in der Caro-Kann-Verteidigung entstehen: 1.e4 c6 2.d4 d5 3.exd5 cxd5 4.c4 (Panow-Angriff) 4...♘f6 5.♘c3 e6 6.♘f3 ♗e7 7.cxd5 ♘xd5 8.♗d3 ♘c6 9.0-0 0-0 10.♖e1 ♗f6 11.♗e4 ♘ce7 (Siehe „Eröffnungen – Halboffene Spiele“, Joachim Beyer Verlag 2018, Seite 111.)

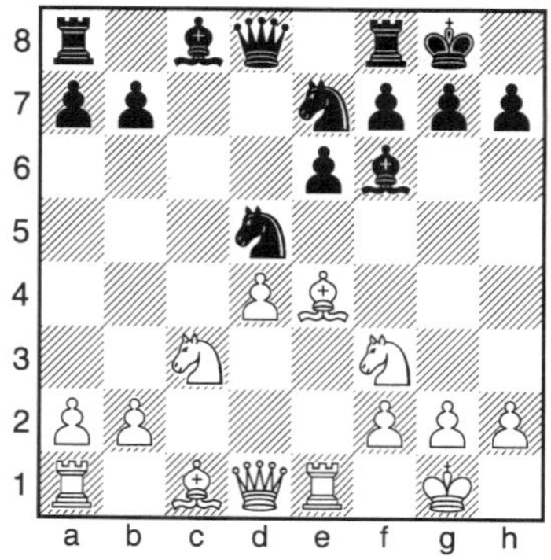

12.♕d3

Weiß verstärkt seinen Druck gegen h7.

Andere Ansätze für seine Angriffsführung bieten die Fortsetzungen 12.h4 und 12.♘e5. Auch mit diesen muss Schwarz immer rechnen.

I. Nach 12.h4 soll dieser Bauer Löcher in die schwarze Bauernformation reißen.

12...♗d7 13.♕d3 g6

Das Abschneiden der weißen Figuren von h7 ist sicherer als h7-h6.

Nach 14.♗h6 ♖e8 mag die Lage von Schwarz bedrohlich aussehen, seine Verteidigung ist aber gut aufgestellt.

15.h5 ♗c6

Der Läufer stützt die Blockadewirkung auf d5.

Nach 16.hxg6 hxg6 ist kein Allheilmittel ersichtlich, mit dem Weiß seinen Angriff entscheidend verstärken kann. Die beiderseitigen Perspektiven sind gleich. Die folgende Beispielvariante dient der Veranschaulichung, wie die Kontrahenten weiter vorgehen können: 17.♖ad1 ♖c8 18.♘e5 ♘f5!? und alle Schotten sind dicht.

(18...♘xc3 mit der Folge 19.♘xc6 ♘e2+! 20.♕xe2 bxc6 reicht ebenfalls aus. Das Feld d5 steht weiterhin als Stützpunkt für den Springer bereit.)

II. Ein Effekt der Springerentwicklung mit 12.♘e5 ist, dass der ♗f6 das schwarze Spiel gegen den ♙d4 zunächst einmal nicht mehr unterstützen kann. Auf der anderen Seite kann die Möglichkeit hilfreich sein, ihn künstlich in eine Fianchettostellung zu führen.

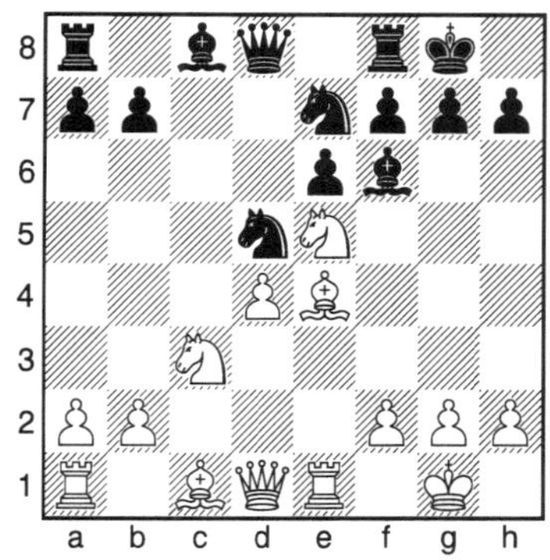

Nach 12...♗d7 nimmt auch hier die Dame mit 13.♕d3 verzögert die aktuell wirksamste Position ein und erneut ist 13...g6 die bessere Wahl zum Schutz des Bauern bzw. des Feldes h7.

14.♗h6 ♗g7

Wenn Weiß nun abtauscht, passiert dies im Sinne des allgemeinen schwarzen Strebens auf Vereinfachung.

15.♗xg7

(Mit dem aus der Praxis stammenden Versuch 15.♕h3 erreicht Weiß bei einem genauen schwarzen Spiel nichts. Schwarz bleibt am besten zunächst mit 15...♗c6 bei seiner Linie, d5 zu stützen und auf Möglichkeiten zu einer Vereinfachung zu warten. Nach beispielsweise 16.♖ad1 leitet er mit 16...♘xc3 die Reduzierung des Materials ein und steht nach 17.♘xc6 bxc6 18.bxc3 ♕a5= sehr gut da. Der weiße Angriff ist abgefangen.)

Nach 15...♔xg7 16.♗xd5 exd5 bestätigen die Ergebnisse aus der Praxis, dass Schwarz diese Stellung gut verteidigen kann. Anschließen kann sich beispielsweise 17.♖e2 ♗e6 18.♖ae1 ♘f5 mit einem leichten weißen Vorteil aufgrund seiner Initiative. Stockfish – hier eingesetzt in der Form eines für Fernschach-Analysen optimierten Derivats – plädiert nun für 19.g4 und kommt nach 19...♘d6 zum Urteil ∓.

12...h6

Es geht auch die Verteidigung mit 12...g6, die wir in verschiedenen vorhergehenden Nebenvarianten bevorzugt haben. Dem Textzug folgen wir an dieser Stelle aus drei Gründen.

1. Er weist hier die leicht besseren Erfolgsdaten auf.

2. Im Fernschach wird er mit einem deutlichen Abstand häufiger eingesetzt.

3. Zum besseren Verständnis unserer Leser sollen sich die Ausführungen zu den beiden Alternativen in den vorhergehenden Nebenvarianten und nachfolgend ergänzen.

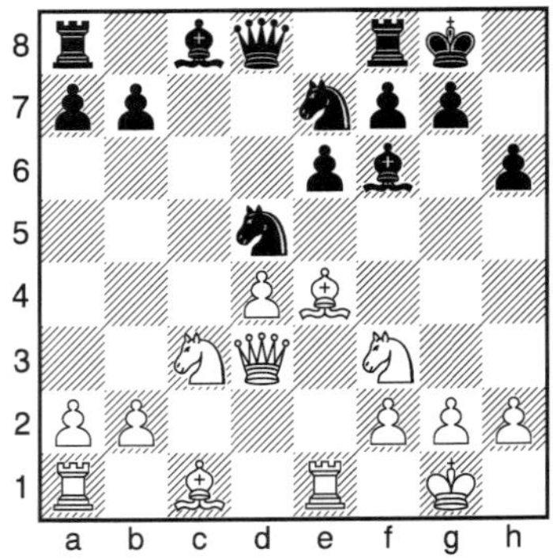

13.♘e5

Mit 13.h4!? kann Weiß versuchen, schwere Komplikationen auszulösen und ein scharfes Spiel zu erreichen.

13...♗d7 14.♘g5 g6

(14...hxg5 15.hxg5 oder 15.♗h7+ ♔h8 16.hxg5 wäre viel zu gefährlich. Weiß käme auf der Diagonale b1-h7 und der h-Linie zu einem starken Königsangriff.)

15.♘f3

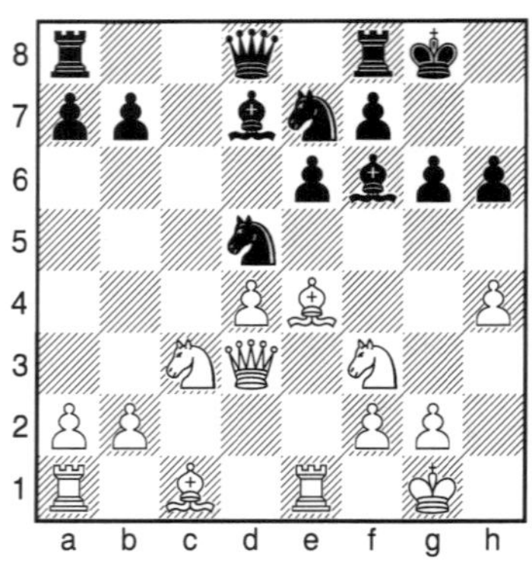

A) Aus der Warte des unerfahrenen Spielers empfehlen wir nun 15...h5, womit der weitere Vormarsch des weißen Bauern gestoppt wird. Damit lässt sich die Stellung sicher halten.

Nach 16.♗h6 ♖e8 17.♘e5 kann Schwarz mit 17...♘xc3 18.bxc3 ♗xe5 19.dxe5 die angestrebte Vereinfachung durchsetzen und erreicht nach 19...♗c6= gleichwertige Aussichten.

B) Wer sich auf das weiße Vorhaben gerne einlassen möchte, kann 15...♗g7 spielen. Neben dem Spielspaß kann dabei auch die folgende Erwägung eine Rolle spielen: Weiß wird in seine Angriffsversuche investieren müssen. Wenn er dabei überzieht oder aber mit wirksamen Verteidigungsmethoden aufgehalten werden kann, werden sich daraus möglicherweise Siegchancen für Schwarz ergeben.

16.h5 g5

Die Öffnung von Linien und Diagonalen will sich Schwarz teuer abkaufen lassen.

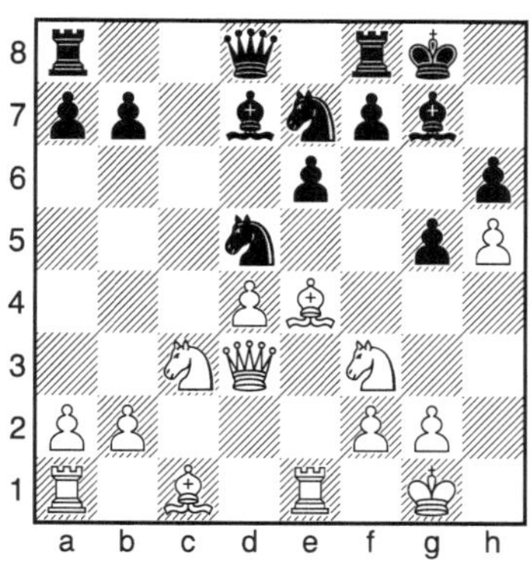

B1) 17.♘xg5

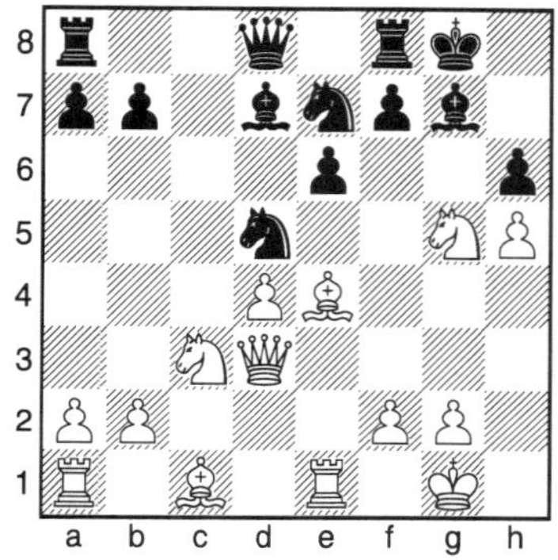

Weiß gibt eine Figur für zwei Bauern, die damit als Verteidiger beseitigt werden.

17...hxg5 18.♗xg5 f6 19.♗h7+

(In eine weiße Niederlage führt 19.♗xd5 ♘xd5 20.h6 fxg5 21.hxg7 ♖f5–+ usw.)

Nach 19...♔h8 20.h6 wird der ♗g7 fallen, aber gegen den starken weißen Bauern. Und noch hat Schwarz eine Figur mehr.

20...♘xc3 21.hxg7+ ♔xg7 22.bxc3

(Mit 22.♗h6+ überzieht Weiß die Stellung. Die Lage des Königs sieht zwar sehr brenzlig aus, aber die exakte Berechnung zeigt, dass er seine Haut rettet.

22...♔xh6 23.♖e3 ♔g7 24.♖g3+ ♔f7 25.♗g6+ ♘xg6 26.♕xg6+ ♔e7

Damit ist das Gröbste überstanden. Weiß gehen die Angreifer aus.

27.bxc3 ♗c6 28.♖e1 ♕d5–+)

Nach 22...fxg5 23.♖e5 ♘f5 kommt der Angriff zum Erliegen und nach 24.♗xf5 ♖xf5–+ besitzt Schwarz eine Mehrfigur und damit einen entscheidenden Vorteil.

B2) 17.♘xd5 bringt Weiß nichts ein und reduziert nur sein Angriffspotenzial.

17...♘xd5

Die Verteidigung ist einfacher, wenn der Springer zurücknimmt.

(Es geht aber auch 17...exd5 mit der möglichen Folge 18.♗h7+ ♔h8 19.♘e5 ♗e6 20.f4 gxf4 21.♗xf4 ♘c6=.)

18.♗xd5 exd5 19.♘e5 ♗e6

Der weiße Angriff ist gestoppt. Weiter folgen kann beispielsweise 20.♗d2 ♖c8 mit ausgeglichenen Perspektiven.

13...♘xc3 14.♕xc3

Die Alternative 14.bxc3 erlaubt eine Vereinfachung der Stellung mit 14...♗xe5 15.dxe5 ♕xd3 16.♗xd3 und ermöglicht Schwarz damit den Ausgleich der Stellung. Nach beispielsweise 16...♗d7 17.♗a3 ♖fe8 18.c4 ♘f5 ist dieser erreicht.

14...♘f5 15.♗e3 ♘xe3

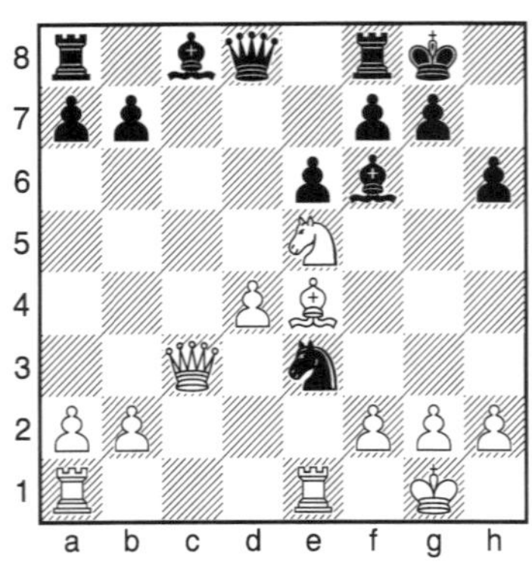

16.fxe3

Auf 16.♕xe3 kann Schwarz 16...♕b6 nebst ♖f8-d8 spielen, verbunden mit einem etwa gleichen Spiel.

16...♖b8

Die Stellung ist ausgeglichen. Weitergehen kann es nun beispielsweise mit

17.♖ac1 ♗d7 18.♘xd7 ♕xd7 19.♕c7 ♖fd8.

Mit ♗f6-e7-d6 steht Schwarz ein einfaches Manöver zur Verbesserung seiner Aufstellung zur Verfügung.

Zusammenfassung: Es herrscht die allgemeine Auffassung, dass Weiß in der verbesserten Tarrasch-Verteidigung bessere Chancen erlangt, weil er schneller zu einem aktiven Spiel im Zentrum und am Königsflügel kommt. Trotzdem sollte man die Gegenchancen von Schwarz nicht unterschätzen. Heutzutage wird diese Verteidigung nicht allzu oft gespielt. Bevorzugt wird der Läuferzug 4...♗e7 mit Übergang zu den Hauptvarianten.

Zur scharfen Idee 13.h4!? lohnen sich weitere Untersuchungen.

Kapitel 11

Ragosin–Verteidigung

1.d4 d5 2.c4 e6 3.♘c3 ♘f6 4.♘f3 ♗b4

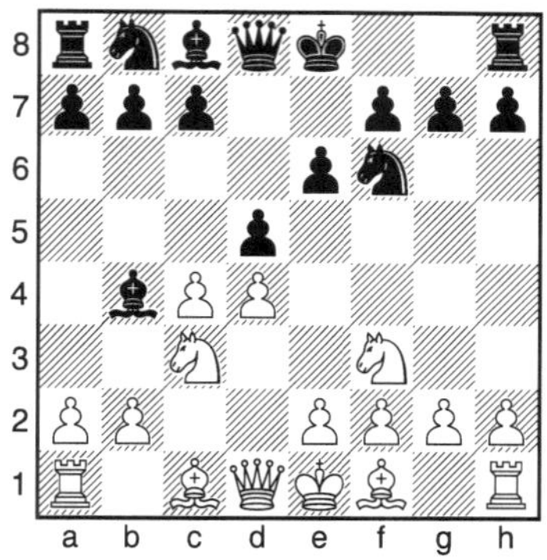

Der sowjetische Großmeister Wjatscheslaw Ragosin (1908-1962) hat diese interessante Spielweise als System entwickelt. Sie weist in mehreren Punkten eine deutliche Ähnlichkeit mit der Nimzowitsch–Indischen Verteidigung auf. Ihr liegt die folgende Hauptidee zugrunde: Schwarz verzichtet vorläufig auf das Manöver c7-c5. Er entwickelt zunächst seinen Damenspringer nach c6 und strebt den Zug e6-e5 an, verbunden mit einem aktiven Figurenspiel im Zentrum und am Königsflügel.

5.cxd5

Auf diese Weise sorgt Weiß für die sofortige Klärung der Lage im Zentrum. Zugleich schließt er die Möglichkeit e6-e5 ein für allemal aus.

5.♕a4+ und 5.♗g5 zählen zu den wichtigsten Alternativen, so dass Schwarz immer mit ihnen rechnen muss.

I. Nach 5.♕a4+ kommt natürlich nur 5...♘c6 als Antwort in Betracht, womit das Schachgebot aufgehoben und der Läufer gedeckt wird.

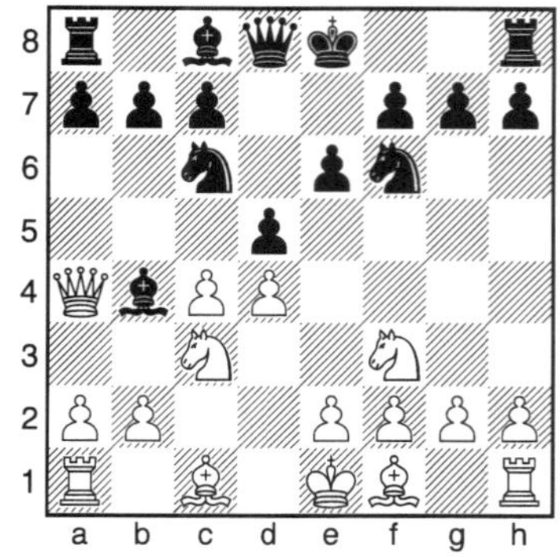

A) 6.e3 ist die übliche Antwort. Der Läufer bekommt freie Sicht und deckt den ♙c4.

6...0-0 7.♗d2 dxc4 8.♗xc4 ♗d6

Auf b4 hat der Läufer seine Schuldigkeit getan und gelangt in eine neue starke Position, zumindest solange Weiß seinen Springer nicht nach b5 führt. Von hier aus kann er den e–Bauern für ein Vorrücken nach e5 unterstützen.

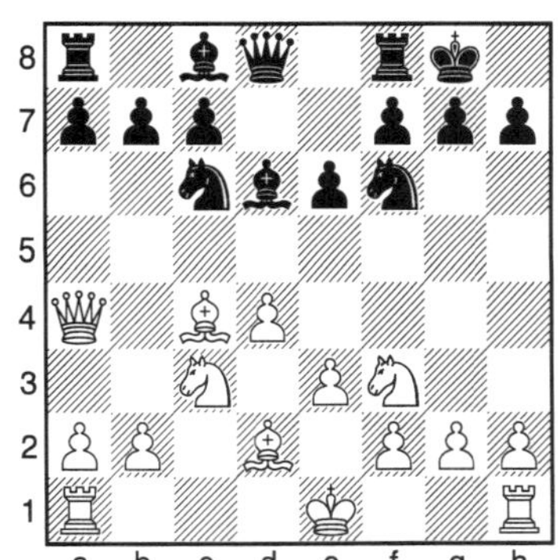

9.0-0

(Nach 9.♘b5 ist es ratsam, den Läufer zu behalten und ihn mit 9...♗e7 ausweichen zu lassen.

10.0-0 a6 11.♘c3 ♗d6

Der Springer ist vertrieben, der Läufer kann zurück. Nach 12.♕c2 b5 13.♗e2 ♗b7 14.a3 hat Schwarz nun die Möglichkeit, mit 14...e5 im Zentrum aktiv zu werden. Weiß wird die Öffnung vermeiden, die ganz im Sinne von Schwarz wäre, und mit 15.d5 antworten.

Nach 15...♘e7 16.e4 und nun 16...h6, um Weiß am Betreten von g5 zu hindern, sowie 17.♖ad1 kann Schwarz mit 17...c6 das weiße Zentrum angreifen. Dieses Vorgehen vermittelt ihm ein gleiches Spiel.)

Mit 9...e5 greift Schwarz das weiße Zentrum an und provoziert damit dessen Festlegung, denn die Öffnung der Mitte über 10.dxe5 ♘xe5 11.♘xe5 ♗xe5 wäre aus der Sicht seines Gegners nachteilig. Für den ♗c8 ist nun der Weg ins Feld frei.

10.d5 ♘e7 11.e4 ♗g4 12.♗e2

Damit vermeidet Weiß die Szenerie nach 12...♗xf3 13.gxf3, in der er mit einer geschwächten Bauern- und Königsstellung weiterspielen müsste.

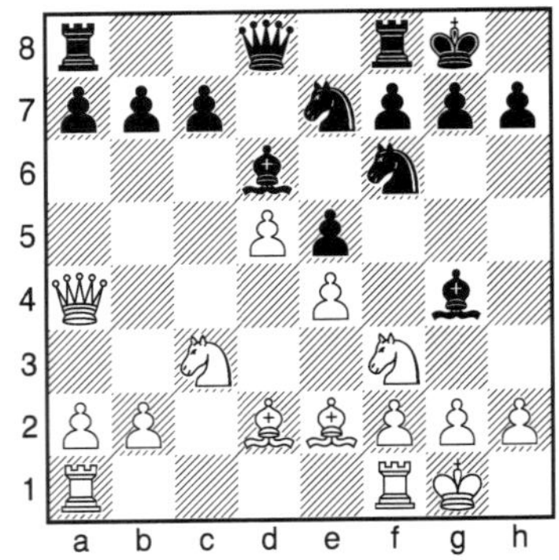

Der präventive Nutzen des Zuges 12...h6 liegt darin, dass mit ihm einer Fesselung des ♘f6 durch ♗d2-g5 vermieden wird. Beispielsweise in der Variante 12...c6 13.dxc6 ♘xc6 14.♗g5 könnte Weiß den ♘f6 fesseln und deshalb das Feld d5 erobern.

Mit 13.♗e3 verbessert der Läufer seine Position und macht zugleich die d-Linie für den Turm frei, der im Anschluss durch einen Schwenk auf d1 aktiviert werden soll. Mit dem Angriff auf das Zentrum mittels 13...c6 gleicht Schwarz das Spiel aus. Folgen kann 14.dxc6 ♘xc6 15.♖fd1 ♕e7 und im Anschluss ♖f8-d8.

B) Wenn Weiß den ♗b4 mit 6.a3 zur Erklärung zwingt, kann dieser sowohl auf c3 schlagen als auch sich zurückziehen. Die Alternativen sind gleichwertig.

6...♗xc3+

(Nach 6...♗e7 kommt es gewöhnlich auf ruhigen Bahnen zu einem ausgeglichenen Spiel. Eine typische Zugfolge ist 7.cxd5 exd5 8.♗f4 0-0 9.e3 ♗f5= usw.)

Nach 7.bxc3 ♘e4 kommt der Springer in eine gute Stellung. Und weil Weiß sich nun um den angegriffenen ♙c3 kümmern muss, gewinnt er auch noch ein Tempo.

8.♕c2 0-0 9.e3 b6

Damit droht ♗c8-a6, ggf. in Verbindung mit ♘c6-a5.

Mit 10.cxd5 löst Weiß die Spannung im Zentrum auf, beugt der Läuferpostierung auf a6 vor und entledigt sich seines Doppelbauern. Nach 10...exd5 folgt eine Phase der beiderseitigen Entwicklung, etwa wie in der Zugfolge 11.♗d3 ♖e8 12.0-0 ♘a5 13.♘e5.

Nun kann Schwarz an den bisher hinausgezögerten Vorstoß 13...c5 denken. Über beispielsweise 14.f3 ♘f6 15.♕b1 h6 entsteht eine ausgeglichene Stellung. Mit dem Manöver ♗c8-b7 und ♘a5-c6 kann Schwarz die Position des ♘e5 in Frage stellen.

II. Nach 5.♗g5 zwingt Schwarz den Läufer mit 5...h6 zur sofortigen Entscheidung.

(Spielbar ist auch 5...♘bd7 mit der möglichen Folge 6.cxd5 exd5 7.e3 0-0 und dem Plan, c7-c5 folgen zu lassen.)

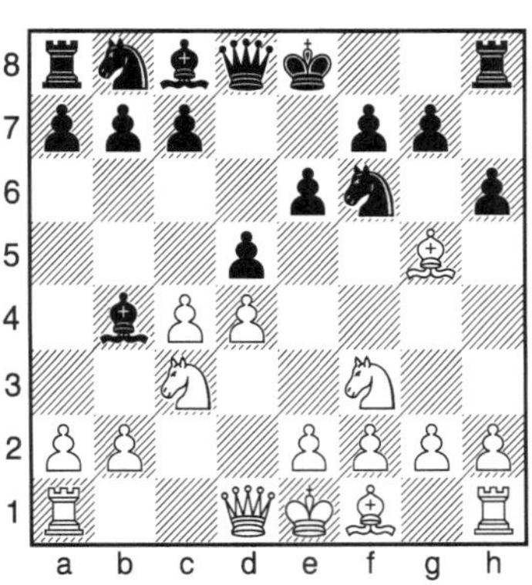

A) Zumeist entscheidet sich Weiß dazu, auf f6 abzutauschen. Nach 6.♗h4 ist die Partie unseres Erachtens aus der Warte des unerfahrenen Spielers etwas anspruchsvoller zu führen.

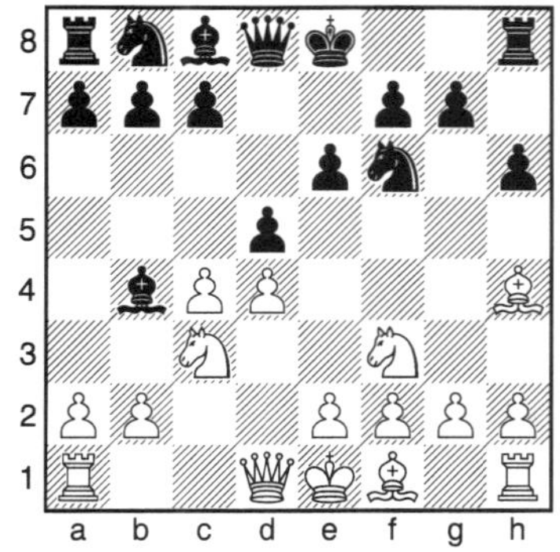

Auch hier ist der energische Vorstoß 6...c5 mit dem Ziel, das weiße Zentrum zu zerrütten, eine sehr gute Methode im Kampf um ein eigenes aktives Spiel.

(Der Versuch, nach 6...dxc4 7.e3 b5 den ♙c4 zu behaupten, führt eher zu weißen Chancen. Diese ergeben sich aus der Möglichkeit, am Damenflügel selbst aktiv zu werden.

Mit 8.a4 greift Weiß die Basis der kleinen Bauernkette an und unterminiert damit die Deckung des ♙c4. Eine Bauerndeckung ist nur durch 8...c6 zu erreichen, da der a-Bauer nach a4xb5 gefesselt wäre.

9.♘d2 ♗b7 10.axb5 kann Schwarz jetzt ohne einen deutlichen Nachteil nur mit 10...♗xc3 beantworten, worauf 11.bxc3 cxb5 12.♕b1 usw. zum aktiven Spiel für Weiß führt. Die Praxis zeigt, dass er über die besseren Chancen verfügt.)

7.cxd5

(Auf 7.e3 könnte Schwarz gut mit 7...cxd4 reagieren.)

7...exd5 8.e3 (8.dxc5 ♘bd7!?) 8...c4

Es ist Weiß bislang nicht gelungen, den Grundstein für einen Eröffnungsvorteil zu setzen. Und es sieht nicht danach aus, dass er über die Mittel verfügt, hieran kurzfristig etwas zu ändern. Die Aufgabe von Schwarz besteht nun vordringlich darin, seine Entwicklung voranzubringen. Dabei weist sein Damenflügel erkennbar einen Nachholbedarf auf, wie die folgenden Varianten zeigen.

9.♘d2

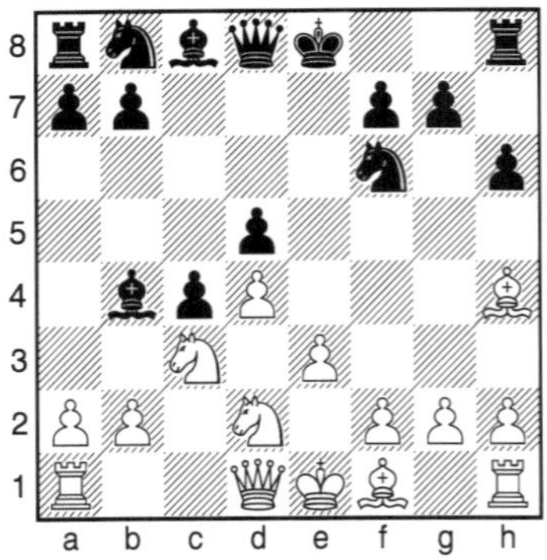

Mit 9...g5 wird der gegnerische Läufer zum Preis einer Schwächung der Bauernformation zurückgedrängt und damit die lähmende Fesselung des ♘f6 aufgehoben.

10.♗g3 ♗f5 11.♗e2

(Wenn Weiß sofort 11.h4 spielt, ist ebenfalls 11...♖g8 die angemessene und ausreichende Reaktion. Nach 12.hxg5 hxg5 13.♗e5 ist der ♙d5 bedroht, denn die Dame kann nicht zugleich ihn und den ♘f6 decken. Mit dem Abtausch 13...♗xc3 14.bxc3 wird die angreifende Figur eliminiert. Nach 14...♘bd7 ist die schwarze Stellung weiterhin verteidigungsfähig.)

Nach 11...♘c6 sind die Kontrahenten in Sachen Entwicklung nunmehr gleichauf.

12.h4 ♖g8 13.hxg5 hxg5

Auch nach den in der Praxis erzielten Resultaten sind die Aussichten von Schwarz gut. Auf 14.♖c1 hat sich 14...♔f8 als gute Antwort erwiesen. Die Stellung ist kompliziert und ohne Zweifel zweischneidig. Der Computer sieht Schwarz sogar als leicht im Vorteil an, was mit menschlichen Möglichkeiten kaum verifiziert werden kann. Wir geben uns damit zufrieden, den Stand als „unklar" zu bezeichnen.

B) Nach 6.♗xf6 ergeben sich die Schwarz angeratenen Züge zum Teil von selbst oder lassen sich auch am Brett mit einfachen Erwägungen ermitteln.

C) 6...♕xf6 7.♕a4+

(Nach 7.e3 bringt Schwarz zunächst mit 7...0-0 seinen König aus der Mitte. Weiß arbeitet nun gewöhnlich an seiner Entwicklung, wobei er seinen ♗f1 zunächst noch ausnimmt, um ihn nach dem zu erwartenden gegnerischen Vorgehen mit d5xc4 nicht ein weiteres Mal ziehen zu müssen.

8.♖c1

Es wird zur Öffnung der c-Linie kommen, so dass der Turm auf ihr wirksam aufgestellt sein wird.

Das Schlagen aus dem Zentrum hinaus mit 8...dxc4 ist der erste Schritt eines auf grundsätzlich drei Schritte angelegten Manövers.

9.♗xc4 c5

Dieser energische Vorstoß nimmt Weiß das starke Zentrum. Nach 10.0-0 cxd4 kann Weiß mit dem Springer bzw. mit dem Bauern zurückschlagen, in beiden Fällen ergibt sich eine ausgeglichene Stellung.)

7...♘c6 8.e3 0-0 9.♖c1

Auf f6 steht die Dame unvorteilhaft. Also wohin mit ihr? Am besten begibt sie sich mit 9...♕g6 auf die Diagonale b1-h7 und damit zugleich auf die g-Linie. Hier erlangt sie nicht nur in einer allgemeinen Form Macht und Einfluss, sondern stört die weitere weiße Entwicklungsarbeit empfindlich.

Weiß kann diesen Zustand nicht tolerieren, sorgt mit 10.♕c2 für Abhilfe und nach 10...♕xc2 11.♖xc2 ♖d8 hat Schwarz den Ausgleich in der Tasche. Anschließen kann sich beispielsweise die plausible Variante 12.a3 ♗f8 13.♘b5 ♖d7 14.cxd5 exd5 15.♗d3 a6 16.♘c3 ♖d8. Der leichte Raumvorteil auf weißer Seite und das Läuferpaar auf schwarzer bedingen einen zweischneidigen Charakter der weiteren Auseinandersetzung.

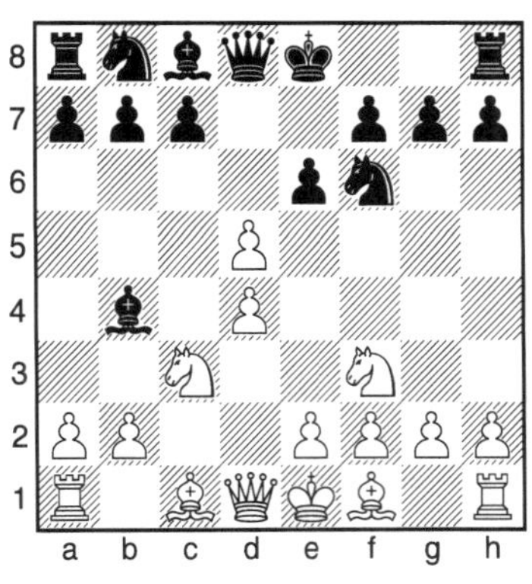

5...exd5

– Die Alternative 5...♕xd5 wäre mit einer Aufgabe des Zentrums verbunden und kommt deshalb nur selten vor. Wenn sie in der Praxis doch mal auszuspielen ist, dann ist sie eher über eine Zugumstellung entstanden. Empfehlen können wir sie nicht. Deshalb belassen wir es bei der Darstellung anhand einer einfach verzweigten und weitgehend unkommentierten Variante.

6.e3 0-0

(Oder 6...c5 7.♗d3 0-0 8.0-0 ♗xc3 9.bxc3 ♘bd7 10.♕c2 b6 11.e4 mit dem aktiveren Spiel für Weiß.)

7.♗d3 ♘c6 8.0-0 ♗xc3 9.bxc3 ♕a5 10.c4 e5 11.d5 e4 12.dxc6

Unabhängig davon, welche Möglichkeit Schwarz nun zum Schlagen nutzt, bekommt Weiß bessere Perspektiven.

– Ebenfalls abzuraten ist von 5...♘xd5, denn auch hier kommt Weiß ungehindert zu einer dominanten Stellung. Nach beispielsweise 6.♗d2 0-0 7.e4 ♘xc3 8.bxc3 hat Schwarz kaum etwas erreicht.

6.♗g5

Die Fesselung des Springers gilt als die stärkste Fortsetzung. Weiß versucht Nutzen daraus zu ziehen, dass der schwarze Läufer schon auf b4 steht.

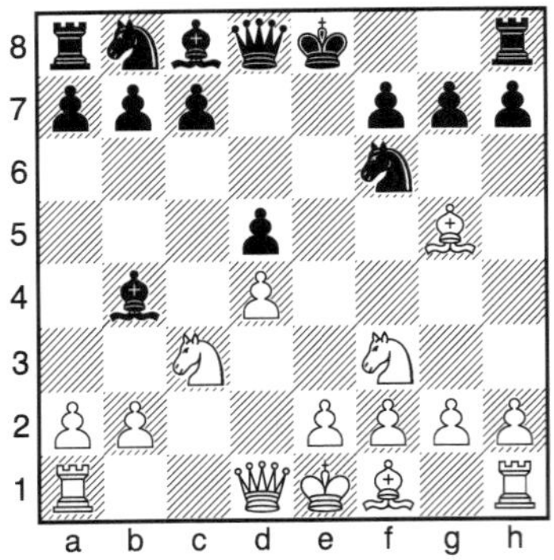

6...h6

Weiß wird zur sofortigen Entscheidung über die Zukunft seines Läufers gezwungen.

Für den unerfahrenen Spieler unter Umständen nicht ganz so leicht zu spielen wie der Textzug, ebenfalls aber gut möglich ist 6...♘bd7!?. Der Springer deckt seinen Kollegen auf f6 und kann hierdurch bei dessen Entfesselung helfen. Eine gebräuchliche weiße Antwort ist nun 7.♖c1.

(Am häufigsten greift Weiß allerdings zu 7.e3, worauf Schwarz beinahe ausnahmslos mit 7...c5 reagiert. Damit geht das Spiel in die Westphalia-Variante über, die wir im Kapitel 13 behandeln.)

Nach 7...c6 und das übliche Befragen des Läufers mit 8.a3 weist der Abtausch 8...♗xc3+ die besten Resultate für Schwarz auf. Nach 9.♖xc3 0-0 10.e3 kann Schwarz nun mit 10...♕e8 die Springerfesselung auflösen, wobei sich die Dame zugleich für einen weiteren Einsatz auf der e-Linie in Position bringt, insbesondere im Kampf um e4 oder auch auf e6.

11.♗xf6

(Mit 11.♗f4 erreicht Weiß nach 11...♘e4 12.♖c2 ♘df6= keinen Vorteil.)

11...♘xf6 12.♗e2 ♘e4 13.♖c1 a5

Damit soll dem Vorstoß des b-Bauern und dem damit verbundenen Raumgewinn entgegengewirkt werden.

14.0-0 ♗g4

Im Bereich des Übergangs von der Eröffnung ins Mittelspiel haben sich die Kontrahenten ebenbürtige Chancen erarbeitet.

7.♗h4

Wenn Weiß den Springer mit 7.♗xf6 vom Brett nimmt, revanchiert sich Schwarz mit der Dame. Nach 7...♕xf6 ist ihm ebenfalls der Ausgleich möglich. Mit 8.♕b3 nimmt Weiß sowohl den ♗b4 als auch den ♙d5 ins Visier. Mit der Bedrohung seines Bauern kann Schwarz aber gelassen umgehen. Mit dem energischen Vorstoß 8...c5 deckt Schwarz den Läufer und kompliziert die Stellung zugleich. Er stellt insbesondere den unerfahrenen Gegner auf die Probe, ob er dem möglichen Gewinn eines Bauern widerstehen kann.

(Die sowohl kurze als auch schlichte Variante 8...♕b6!? 9.a3 ♗a5= führt zu einer ausgeglichenen Stellung.)

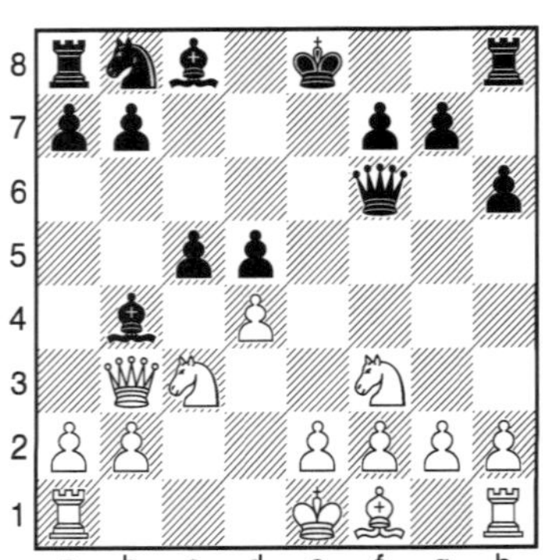

Gute Antworten sind nun 9.a3 und 9.e3, während 9.♕xd5 nicht empfehlenswert ist.

A) Mit 9.a3 sorgt Weiß für eine sofortige Entfernung des Läufers, denn es ist offensichtlich, dass die Variante 9...♗a5 10.♕b5+ ♘c6 11.♕xc5 mit einem deutlichen weißen Vorteil enden würde.

9...♗xc3+ 10.♕xc3 ♘d7

Der Springer übernimmt die Deckung des ♙c5. Nach einem – allerdings nicht ratsamen – 11.dxc5 würde Schwarz zunächst die Damen tauschen und dann mit Vorteil auf c5 zurückschlagen.

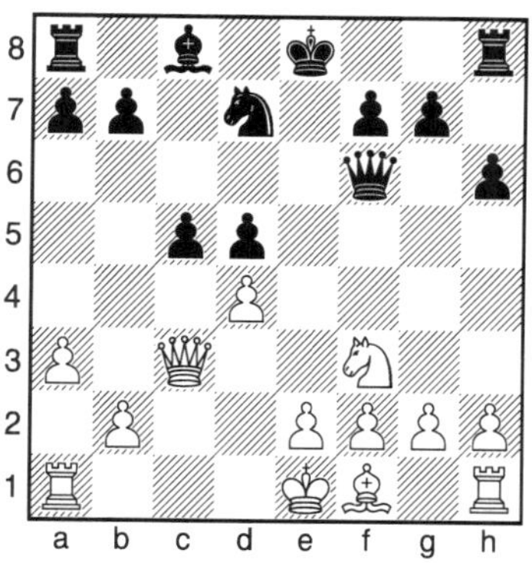

11.e3

(Zu rechnen ist auch mit 11.♕e3+, woraufhin Schwarz gut mit 11...♕e7 reagieren kann. Nach 12.♕xe7+ ♔xe7 hat er das Rochaderecht verloren, was aber keinen Nachteil bedeutet. Angesichts des sehr reduzierten Materials und fehlender aktueller Bedrohungen ist der Schutzbedarf des Königs nur noch relativ gering. Er steht auch in der Mitte ausreichend sicher und kann hier inzwischen sogar seinen Beitrag zur Verteidigung leisten.

Weiter folgen kann beispielsweise 13.dxc5 ♘xc5 14.♖c1 ♔d6 15.♘d4 ♗d7 16.f3 ♖ac8= mit einer ausgeglichenen Position.)

Nach 11...0-0 und nun beispielsweise 12.♗e2 a6 13.0-0 b6 erreicht Schwarz eine sichere Position und kann seine Entwicklung unmittelbar darauf abschließen. Es folgen ♗b8-b7 und die Aktivierung der Türme. Wenn Weiß ♖f1-c1 spielen sollte, ist ♖f8-c8 als Antwort zu erwägen. Die beiderseitigen Perspektiven sind gleich.

B) 9.e3 gibt Schwarz die Zeit für die Arbeit an seiner Entwicklung. Auf 9...0-0 lässt Weiß nun zumeist 10.dxc5 folgen. Unter anderem beugt er damit einem Schließen der Stellung durch c5-c4 vor, wozu es Schwarz begünstigend beispielsweise nach 10.♗e2 ♘c6 11.0-0 regelmäßig kommt. Er sollte sich allerdings nicht davon blenden lassen, dass er zu einem Mehrbauern kommen kann. Dieser ist mit erheblichen dynamischen Gegenchancen seines Gegners verbunden und wird je nach Ablauf ohnehin nicht auf Dauer zu behaupten sein.

10...♗xc3+

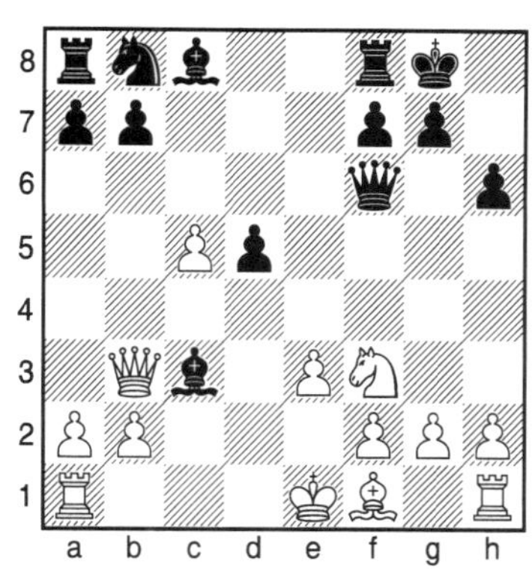

11.bxc3

(11.♕xc3 verspricht Weiß keinen Vorteil. Die Beispielvariante 11...♕xc3+ 12.bxc3 ♗e6 13.♘d4 ♖c8 14.♖b1 ♘d7= zeigt, in welche Richtung sich das Duell entwickeln kann.)

11...♗e6 12.♘d4

(Der ♙b7 ist tabu, denn nach 12.♕xb7?? ♕xc3+ könnte Weiß aufgeben.)

12...♘d7 13.♕a3

(Jetzt würde 13.♕xb7 die dynamischen Gegenchancen von Schwarz befeuern, etwa über die Zugfolge 13...♘xc5 14.♕b2 ♖ab8 15.♕c2 ♖fc8 usw.)

Nach 13...♖fc8 bekommt Schwarz seinen Bauern zurück, begleitet von einem guten Spiel.

C) Nach 9.♕xd5?! ist Weiß derjenige, der einen Nachteil befürchten muss. Er gerät enorm unter Druck, beispielsweise in der Zugfolge 9...♘c6 10.e3 ♗e6 11.♕e4 0-0-0 mit Vorteil für Schwarz. Das aktive Spiel wiegt den Minderbauern mehr als auf.

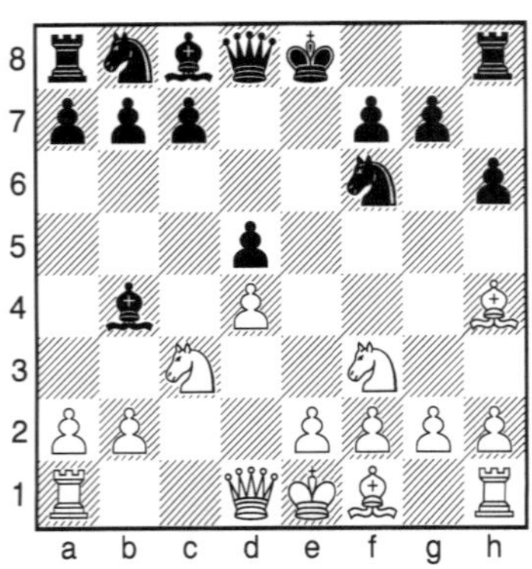

7...g5

Damit wird der Springer entfesselt. Allerdings schwächt Schwarz mit diesem Vorstoß seine Königsstellung.

Daneben ist auch hier wieder 7...c5!? eine zu beachtende Möglichkeit, in deren Folge Schwarz aber ebenfalls nicht gut ohne g7-g5 auskommt. Also kann er sich vor diesem Hintergrund auch sofort dazu entschließen. Zumeist antwortet Weiß mit 8.e3, worauf 8...c4 eine schnelle Öffnung der Stellung vermeidet. Dieses Vorgehen liefert in der Praxis die besten Resultate für Schwarz und ist auch mit deutlichem Vorsprung die Nummer 1 in der Gunst der Spieler.

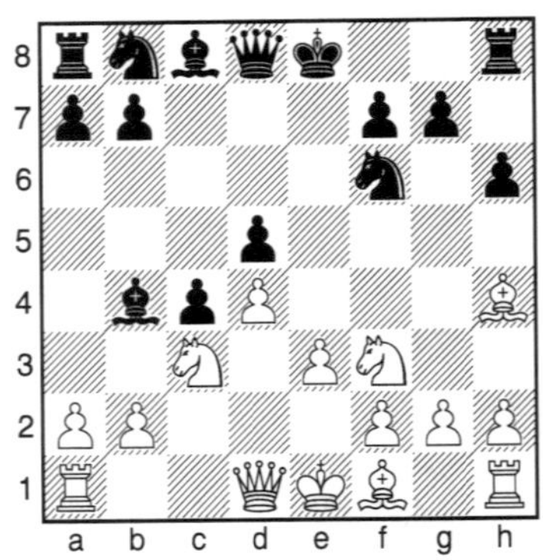

Die Fortsetzung 9.♘d2 ist sehr beliebt.

(Zu guten Resultaten kommt Schwarz, wenn Weiß seine Dame nach c2 führt, so dass sie die Kontrolle über die Diagonale b1-h7 übernimmt. Nach 9.♕c2 ♘c6 10.♗e2 kann Schwarz mit 10...g5 und nach 11.♗g3 mit 11...♘e4 aktiv werden. Die gegnerische Reaktion 12.♘d2 kann jetzt mit 12...♗f5 beantwortet werden, womit die weiße Dame ihre Kontrolle bereits wieder verliert. Nach 13.♕c1 ♘xg3 14.hxg3 ♖c8 hat

Schwarz ein gutes Gegenspiel aufgebaut.)

Im Anschluss an 9...g5 10.♗g3 ♗f5 sowie die Standardzugfolge 11.h4 ♖g8 12.hxg5 hxg5 kommt Schwarz sowohl nach 13.♗e2 ♔f8 als auch nach 13.♗e5 ♗xc3 14.bxc3 ♘bd7 zu einem ordentlichen Spiel. Der Charakter der Stellung ist jeweils zweischneidig.

8.♗g3 ♘e4

Nun muss sich Weiß entscheiden, ob er die Verteidigung des ♘c3 verstärkt oder den ♙b2 aufgibt, der nach einem Zurückschlagen auf c3 selbst keinen ausreichenden Schutz mehr hätte.

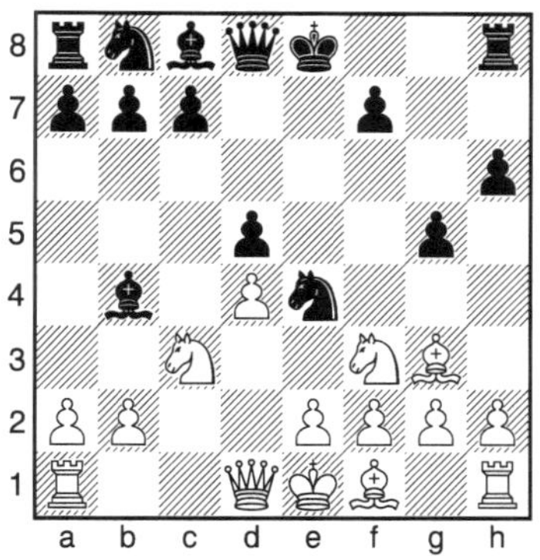

9.♘d2!?

Dieses Bauernopfer gilt als der beste Plan für Weiß im Kampf um einen Vorteil.

Mit 9.♕b3 vermeidet er das Opfer und zwingt Schwarz zur Verteidigung seines Läufers.

9...♘c6

Mit 10.e3 und 10.0-0-0 stehen Weiß nun zwei Fortsetzungen zur Verfügung, die sehr voneinander abweichende Partieverläufe auslösen. Dabei sieht es so aus, als ob 10.e3 eine eher ruhige Variante einleiten wird. Diese Einschätzung täuscht aber.

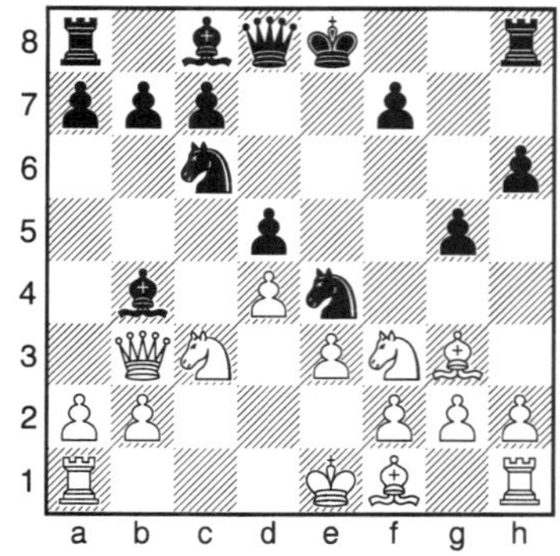

Beide Seiten haben ihre Kräfte ziemlich verpflichtend aufgestellt. Der Einfluss der gegenseitigen Abhängigkeiten lässt wenig Spielraum für ein Abweichen vom im Folgenden dargestellten Weg. Wir empfehlen dem Leser, beim Studium der Variante hierauf ein besonderes Augenmerk zu richten.

(Das scharfe Spiel, das über 10.0-0-0 ♗xc3 11.bxc3 ♘a5 eingeleitet wird, muss Schwarz nicht fürchten. Tendenziell sind dessen Folgen eher günstig für ihn. Auf dem Damenflügel steht der weiße König nicht sicher.

12.♕b4 ♘c4

Hier ist der Springer sehr wirkungsvoll aufgestellt. Weiß wird ihn in dieser Position nicht lange dulden können.

13.e3 a5 14.♕b3 ♕e7

Die Probleme im weißen Lager, insbesondere seine Schwäche auf den dunklen Feldern, sind inzwischen gut erkennbar.

15.♗xc4 dxc4 16.♕xc4 ♕a3+ 17.♔c2

Nun ist 17...♗e6! stark und kann nicht

mit 18.d5?? gekontert werden. Nach 18...♗f5–+ käme Weiß sonst auf die Verliererstraße.)

Nach 10...h5 droht 11...h4 12.♗e5 f6±.

11.♘e5 ♗xc3+

(11...h4 führt nur zu einer Zugumstellung.)

12.bxc3 h4 13.♘xc6

Das einzige Feld, das für die Flucht des Läufers in Betracht kommt, war vom Springer besetzt. Also musste dieser weichen, und zwar auf eine Weise, dass Schwarz keine Zeit für h4xg3 hat. Weil der Springer mit Schachgebot auf c6 schlägt, ist dies erreicht.

13...bxc6 14.♗e5 f6

Wieder wird es eng für den Läufer, aber Weiß hilft sich mit dem taktischen Mittel der Gegendrohung.

15.f3 ♘c5 16.dxc5 fxe5

Die Leichtfiguren haben sich erfolgreich aus der Affäre gezogen. Nach 17.e4 0-0 sind die Chancen ausgeglichen.

9...♘xc3

Schwarz nimmt das Bauernopfer an. Auch spielbar ist 9...♘xg3 10.hxg3 c6 usw.

10.bxc3 ♗xc3 11.♖c1

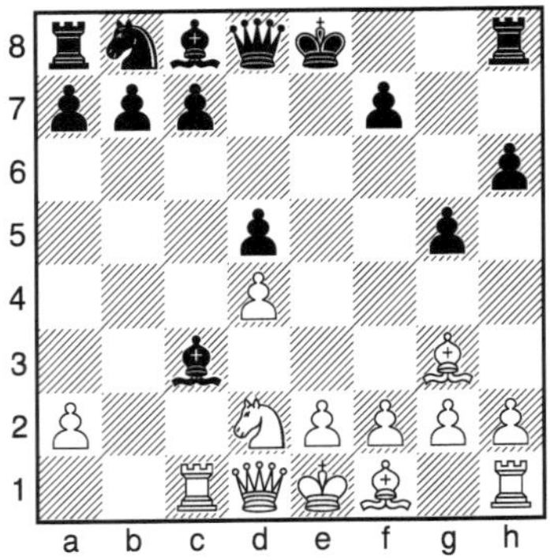

11...♗b2

So bleibt der Läufer auf der Diagonale a1-h8, um den ♙d4 zu bedrohen.

Wer den ♙c7 verteidigen will oder nach Stellungen mit scharfen Komplikationen trachtet, kann 11...♗a5!? versuchen. Allerdings kann der Schuss auch nach hinten losgehen, wie die sich anschließenden Betrachtungen zeigen mögen. Der Schritt will also gut bedacht sein.

12.e3 c6

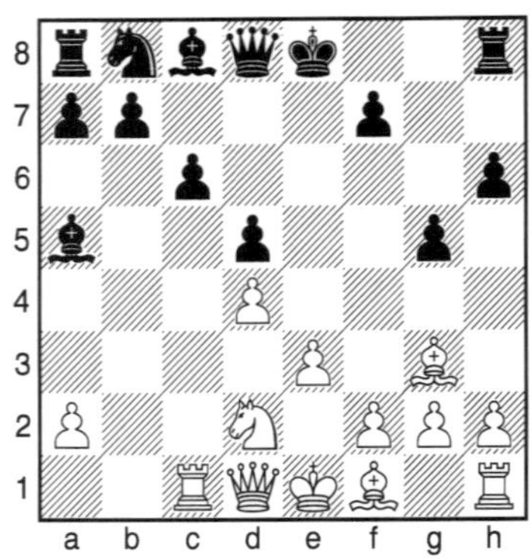

Mit der energischen Antwort 13.h4!? kann Weiß das gegnerische Streben nach Schärfe auch zu seinem eigenen machen.

(Die Praxis zeigt, dass Schwarz die Probleme gut beherrschen kann, wenn Weiß zurückhaltender mit 13.♗d3 reagiert. Er kann mit 13...♗c7 Weiß zu 14.♗xc7 veranlassen, worauf nach 14...♕xc7 die Fortsetzung mit 15.0-0 f5 möglich wird. Damit ist die Weichenstellung zum Ausgleich erfolgt. Er muss nun noch seine verbliebenen Figuren ins Spiel bringen bzw. aktiver aufstellen, bevor er umfassend zufrieden sein kann. Die beispielhafte Zugfolge 16.♘f3 0-0 17.♘e5 ♕g7 18.f4 ♘d7 19.♕c2 ♘xe5 20.fxe5 f4 skizziert die Möglichkeiten, die er hierzu hat. Die Stellung ist ausgeglichen.)

13...g4

A) 14.♗e2

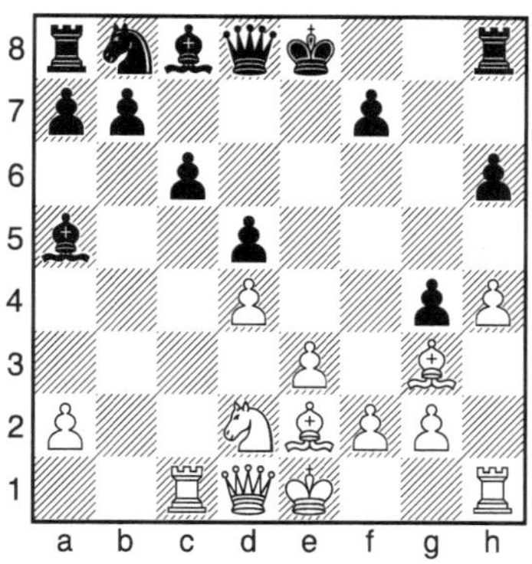

A1) Die Konsolidierung mit 14...h5 ist die beste Möglichkeit.

15.0-0 ♘d7 16.e4 ♘f6

(Nach 16...dxe4? 17.♘xe4 zerfällt das schwarze Lager. Auf beispielsweise 17...♘f6 ist Schwarz nach 18.♘d6+ ♔f8 19.♗c4+– fast schon am Ende.

Und auf die Alternative 17...♖h6 lässt Weiß 18.d5+– folgen.)

Nach 17.♗e5 0-0 ist die Stellung unklar und bietet viel Raum für eigene Untersuchungen. Sie verspricht eine spannende Auseinandersetzung, wenn sie in der Praxis ausgespielt wird.

A2) Problematisch ist 14...♗e6 wegen 15.0-0 (15.♗xg4?! ♗xd2+) mit der Auflösung der Fesselung des ♘d2.

Wenn nun 15...h5 folgt, kann Weiß 16.e4 spielen und nach beispielsweise 16...♗b6 erreicht er über 17.exd5 cxd5 18.♘b3 ♘c6 19.♕d2 ein dynamisches Spiel, das den geopferten Bauern mehr als aufwiegt. Insbesondere macht Schwarz auch die unsichere Lage seines Königs in der Mitte das Leben schwer.

B) Mit 14.♗d3 kann Weiß seinen Läufer auch zur Unterstützung des Vorstoßes e3-e4 einsetzen, zusätzlich verbunden mit der Idee, auf der Diagonale b1-h7 Druck gegen den schwarzen Königsflügel aufzubauen.

14...♘d7

Der Springer soll nach f6 gelangen, von wo aus er das Feld e4 ins Visier nimmt.

15.0-0

(15.♕xg4?! ♘e5 16.♕e2 ♘xd3+ 17.♕xd3 wäre bequem für Schwarz.)

15...♘f6 16.♕c2 0-0

Nun ist die Durchsetzung von 17.e4 mit einem Bauernopfer verbunden. Allerdings bleibt Schwarz nach 17...♘xe4 18.♘xe4 dxe4 19.♗xe4 ♕xd4 mit einer geschwächten Königsstellung zurück. Weiß verfügt damit über ausreichend Kompensation für den investierten Bauern. Das Spiel ist zweischneidig.

12.♗xc7

Im Falle von 12.♖xc7 wird die ohne besondere Kommentierung gut nachvollziehbare Variante 12...♘a6 13.♖c2 ♗xd4 14.e3 ♗g7 15.♗xa6 bxa6 16.0-0 0-0 mit Ausgleich möglich. Seinen Läufer kann Schwarz im Anschluss auf e6 postieren und den Turm von a8 nach c8 spielen.

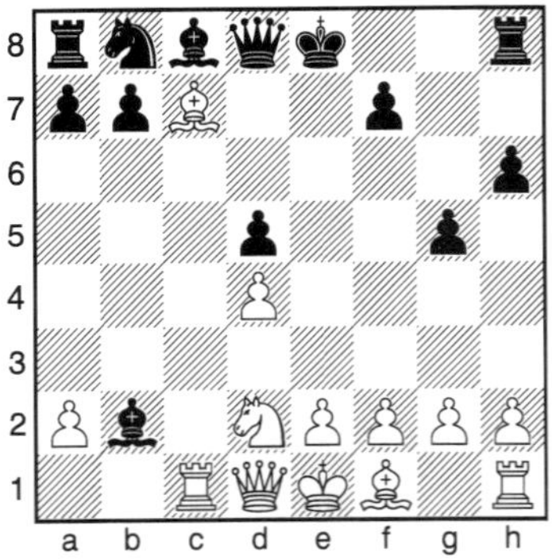

12...♕e7

Mehr Aufmerksamkeit als in der bisherigen Praxis verdient die Fortsetzung 12...♕d7!?. Da wir mit 12...♕e7 eine gute und auf der Turnierbühne bevorzugte Möglichkeit anbieten und unsere Erörterung bereits ein gutes Stück in der Partie vorangeschritten ist, beschränken wir uns auf eine ganz überwiegend variantenmäßige Darstellung.

13.♖b1 ♗c3

(13...♗xd4?? verliert wegen 14.♗xb8 ♖xb8 15.e3, denn aufgrund der zwingenden Drohung ♗f1-b5 müsste Schwarz den ♗d4 aufgeben.)

14.♗e5 0-0 15.♖b3 ♗a5 16.h4 g4 17.e3 ♘c6 18.♗f4 ♕e6 19.♗e2 ♖e8 20.h5 ♖e7

Die Stellung ist ausgeglichen, aber kompliziert. Schwarz beabsichtigt ♗a5-c7.

13.♗d6

Der Läufer ist indirekt gedeckt. Natürlich darf er nicht genommen werden, denn darauf würde 14.♖xc8+ folgen und Schwarz verlieren lassen.

13...♕e6 14.♖b1 ♗c3

Aber nicht 14...♗xd4?? wegen 15.♗xb8 ♖xb8 16.♕a4+ und Weiß gewinnt den Läufer.

15.♗a3 ♘c6

Vor dem Hintergrund der bestehenden Fesselungen kann Weiß den ♙d4 nicht halten.

16.e3 ♗xd4

Dem ♙e3 sind hinsichtlich des ♗d4 die Hände gebunden.

17.♗e2

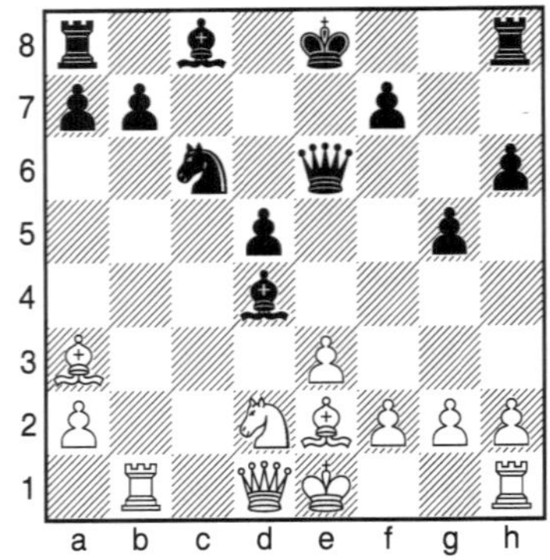

17...♗f6

Schwarz will seinen Läufer auf e7 zum Tausch anbieten. Dies ist das ihm anzuratende Vorgehen.

Nach einem Tausch auf d6 über die Zugfolge 17...♗e5 18.0-0 ♗d6 19.♗xd6 ♕xd6 steht die schwarze Dame ungünstig und ungedeckt. Dies kann

Weiß mit 20.♘e4 ausnutzen. Der ♙d5 wird fallen, wobei Weiß mit einer Springergabel auf f6 kalkuliert.

20...♕e5 21.♕xd5 ♕xd5 22.♘f6+ ♔f8 23.♘xd5

Nach beispielsweise 23...♔g7 und nun 24.♖fc1 übt Weiß einen positionellen Druck am Damenflügel aus.

18.0-0 ♗e7 19.♗xe7 ♕xe7 20.♕b3 0-0

Die Stellung ist ausgeglichen. Weiß holt sich den Bauern nun natürlich nicht mit 21.♕xd5?? zurück, denn nach 21...♖d8−+ könnte er aufgeben, sondern auf andere Weise.

21.♗f3 ♗e6 22.♕xb7 ♕xb7 23.♖xb7 ♖ab8

Und es ist weiter alles offen.

!

Zusammenfassung: Die Ragosin-Verteidigung ist eine zuverlässige kämpferische Spielweise, die Schwarz anhaltend gute Chancen einbringt. Im Anschluss an 6...h6 kann Weiß das Bauernopfer 9.♘d2!? spielen. In dessen Folge erlangt er eine ausreichende Kompensation über dynamische Gegenwerte. Ernsthaft zu denken ist auch an den Plan, den Damenspringer mit 6...♘bd7!? zu entwickeln. Er verspricht Schwarz gute Ausgleichschancen.

Zu beachten ist auch 7...c5!? (statt 7...g5) mit einem aussichtsreichen Spiel.

Gegenwärtig hat die Ragosin-Verteidigung viele Anhänger. Sie ist eng mit der Westphalia-Variante verknüpft (siehe Kapitel 13).

Kapitel 12

Cambridge-Springs-Variante

1.d4 d5 2.c4 e6 3.♘c3 ♘f6 4.♗g5 ♘bd7 5.e3 c6 6.♘f3 ♕a5

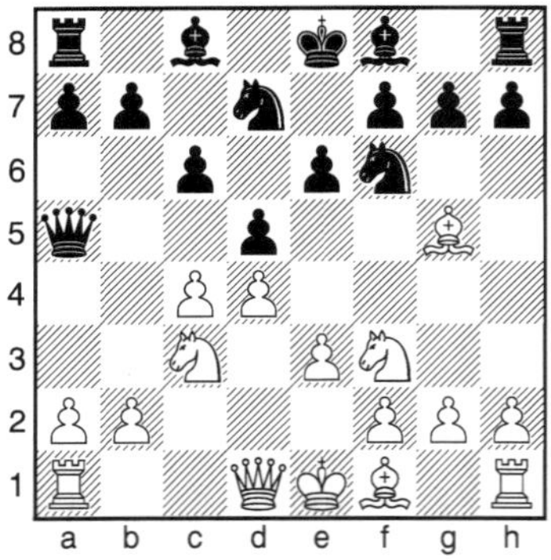

Diese Spielweise wird als Cambrigde-Springs-Variante bezeichnet. Ihren Namen erhielt sie nach einem Turnier in dem gleichnamigen US-Kurstädchen im Jahre 1904. In die Turnierpraxis eingeführt wurde sie vom amerikanischen Meister Harry N. Pillsbury (1872-1906). Eine besondere Aufmerksamkeit wurde dieser Verteidigung zuteil, als im Weltmeisterschaftskampf 1927 der Herausforderer Alexander Aljechin gegen den amtierenden Weltmeister José Raúl Capablanca häufig auf sie setzte.

Die Cambridge-Springs-Variante basiert auf dem Plan einer Fesselung des ♘c3, um im Anschluss mit ♗f8-b4 und ♘f6-e4 Druck auf ihn auszuüben.

7.♘d2

Weiß will die schwarze Dame mit ♘d2-b3 vertreiben.

Von den Alternativen sind besonders 7.cxd5 und 7.♗xf6 zu beachten.

I. Mit 7.cxd5 will Weiß die Möglichkeit, dass Schwarz auf c4 schlägt und damit der Blick der Dame auf den ♗g5 frei wird, komplett aus der Welt schaffen.

7...♘xd5

(7...exd5!? ist von geringerer Bedeutung, aber auch spielbar.

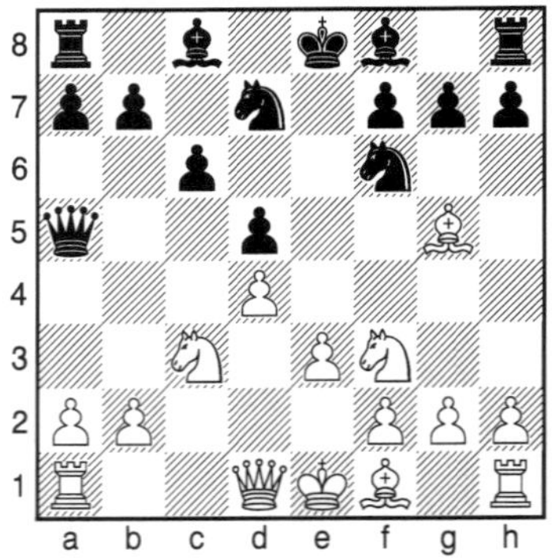

Weitergehen kann es dann, wie in den folgenden Beispielvarianten gezeigt.

8.♗d3

Weiß will sobald wie möglich rochieren und damit auch die Fesselung des ♘c3 auflösen.

8...♘e4 9.0-0 ♘xg5 10.♘xg5 ♘f6 11.h3

Der Bauer macht das Feld g4 für den schwarzen Läufer unzugänglich, so dass dieser den weißen Springer nach einer Rückkehr nach f3 nicht fesseln kann.

Nach 11...♗e7 12.♕c2 h6 13.♘f3 0-0 ist die Stellung etwa ausgeglichen. Schwarz hat seine Kräfte gut entwickelt.)

Nach der Hauptfortsetzung 7...♘xd5

kommen insbesondere die Alternativen 8.♕d2 und 8.♖c1 als Erwiderung in Betracht. Der weitere Verlauf ist dann nicht vorgezeichnet, sondern in seinen Möglichkeiten facettenreich. Es ist auch möglich, dass beide Züge in einer Variante vorkommen, so dass die Wahl an dieser Stelle nur in eine Zugumstellung führt. Wir haben unsere beispielhaften Zugfolgen so ausgewählt, dass sie einen möglichst universellen Einblick gewähren.

A) 8.♕d2

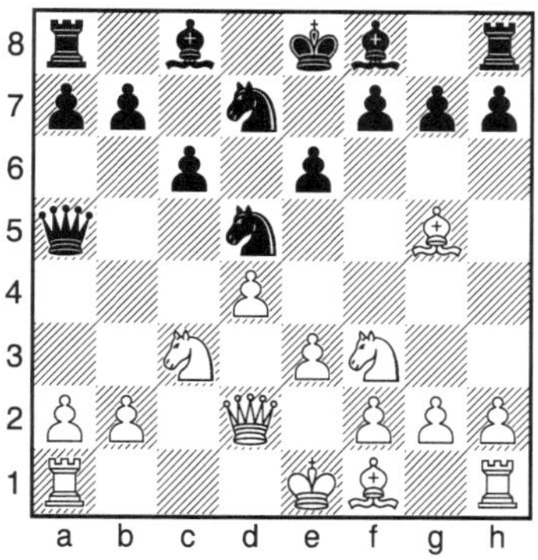

A1) Nach 8...♗b4 9.♖c1 h6 10.♗h4 ist der richtige Zeitpunkt gekommen, um mit 10...c5 die weiße Zentralstellung zu attackieren. Schwarz verfügt über ordentliche Gegenchancen. Ein aussichtsreicher Plan zur Fortsetzung seines Spiels baut auf b7-b6 mit ♗c8-a6 in der Folge.

A2) 8...♘7b6!? ist die Nummer 2 in der Gunst der Spieler, allerdings mit einem deutlichen Abstand zu 8...♗b4. Weiß reagiert dann zumeist mit dem die Rochade vorbereitenden Entwicklungszug 9.♗d3.

(Die Variante 9.♘xd5 ♕xd2+ 10.♘xd2 exd5 führt zum Ausgleich. Für den möglichen weiteren Verlauf ist die Zugfolge 11.♗d3 ♗d6 12.0-0 0-0 typisch.)

Nach 9...♘xc3 10.bxc3 ♘d5 ist der ♙c3 nicht zu verteidigen, weil Schwarz die Drohung ♗f8-b4 in der Hinterhand hat.

11.0-0 ♕xc3 12.♕e2

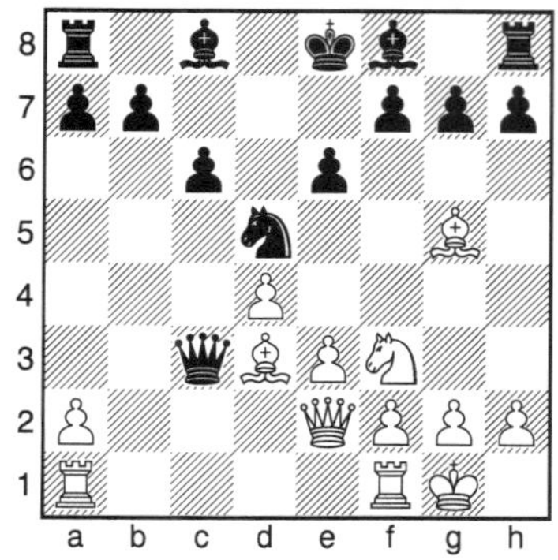

Schwarz ist um einen Bauern reicher. Allerdings hängt er in der Entwicklung deutlich zurück. In der Praxis hatte Schwarz auf Meisterebene von dieser Stellung ausgehend bisher einen insgesamt schweren Stand. Die Stellung ist aber zu verteidigen.

12...♗d6

Auf der Diagonale b8-h2 erreicht der Läufer die ihm aktuell höchstmögliche Wirksamkeit. Er richtet sich gegen den weißen Plan e3-e4, den er nun mit ♘d5-f4 kontern könnte.

13.♘d2

Nun droht auf e4 eine Springergabel. Nach 13...♕a5 muss Weiß beachten, dass sein ♗g5 ungedeckt steht und nach einem Wegzug des ♘d5 von der Dame angegriffen wird.

14.♘c4 ♕c7 15.♘xd6+ ♕xd6 16.♗h4

Der Läufer soll das Feld g3 aufsuchen

können. Schwarz kann mit 16...0-0 fortfahren oder auch mit 16...b7-b6, gefolgt von ♗c8-b7 und 0-0. In beiden Fällen behält er alles im Griff. Seinem Mehrbauern stehen das weiße Läuferpaar und das insgesamt bessere weiße Spiel gegenüber.

B) Auf die Deckung des Bauern mit 8.♖c1 antwortet Schwarz zumeist mit 8...♘xc3.

(Vergleichbar gebräuchlich ist allerdings 8...♗b4. Für diesen Fall bieten unsere Ausführungen zu 8.♕d2 Anhaltspunkte für ein geeignetes weißes Vorgehen.)

9.bxc3 ♗a3

(Wenn Schwarz den ♙a2 schlägt, so macht er dies zum Preis einer weißen Initiative, wie die folgenden Abspiele zeigen.

9...♕xa2 10.♗d3

Der Läufer entwickelt sich unter einer Verstärkung der Kontrolle über e4 und macht damit auch den Weg für die Rochade frei.

10...♗d6 11.0-0 ♕a5 12.e4

Das starke Zentrum und der damit verbundene Raumvorteil sowie das aktive weiße Figurenspiel wiegen den Minderbauern mehr als auf.)

10.♖c2

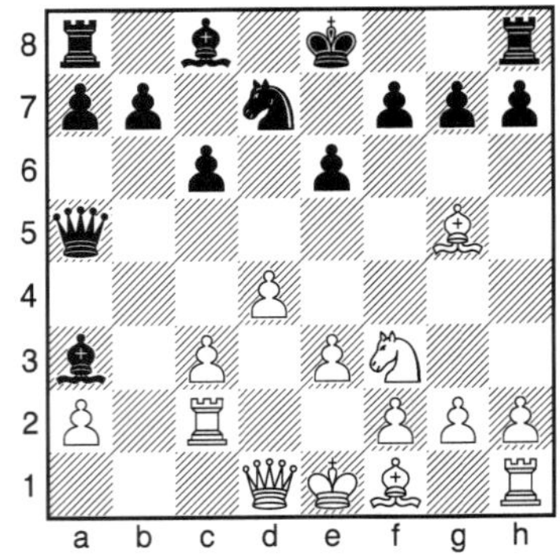

Statt der zumeist gewählten Fortsetzungen 10...b6, 10...e5 und 10...0-0 sprechen wir uns nun zugunsten von 10...c5 aus. Der Zug ist energisch, birgt aufgrund seiner bisher nur spärlichen Verbreitung Überraschungspotenzial und passt aus systematischen Gründen insgesamt gut zu unseren Empfehlungen in diesem Buch. Die statistischen Erfolgswerte, die sich nach den genannten Alternativen für Weiß ergeben, sprechen ebenfalls für die Suche nach anderen Möglichkeiten.

11.♗d3 cxd4 12.exd4 0-0

Als Zwischenerfolg lässt sich aus schwarzer Sicht festhalten, dass das weiße Zentrum geschwächt werden konnte, die weißen Bauern in drei Gruppen zergliedert sind und Schwarz zur Rochade gekommen ist.

13.♗f4 ♗e7 14.0-0 b6 15.♕e2 ♗b7

Gegen Ende der Eröffnungsphase hat Schwarz seine Kräfte bereits recht elastisch aufgestellt. Die beispielhafte Zugfolge 16.♘d2 ♘f6 17.♖b1 ♕d5 18.f3 ♖ac8= veranschaulicht, wie er seine Stellung kurzfristig weiter optimieren kann.

II. Die Vereinfachung mit 7.♗xf6 bringt Weiß keine konkreten Vorteile ein. Nach 7...♘xf6 8.♘d2 nimmt der Springer zugunsten der kritischen Felder c4 und e4 eine starke Stellung ein.

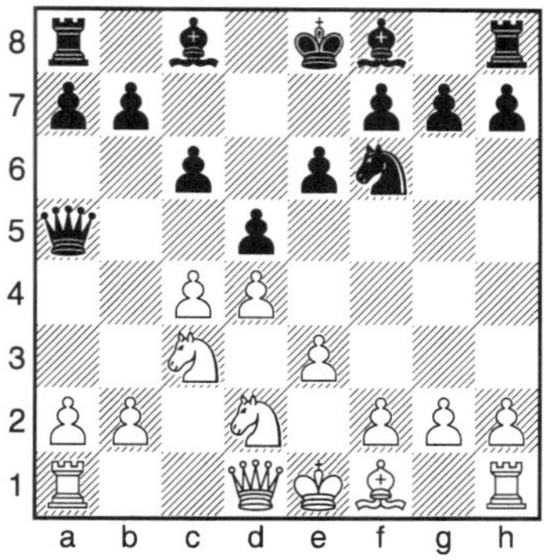

A) Es sind zwei Gründe, die uns nun 8...♗e7 der Alternative 8...♗b4 vorziehen lassen. Einerseits ist dies die bessere Performance in der Ergebnisstatistik, andererseits aber besonders auch unsere Einschätzung, dass sich die Partie nach ihm aus der Warte des unerfahrenen Spielers leichter führen lässt.

Mit 9.♗d3 0-0 10.0-0 ♖d8 können beide Parteien Fortschritte in ihrer Entwicklung erzielen.

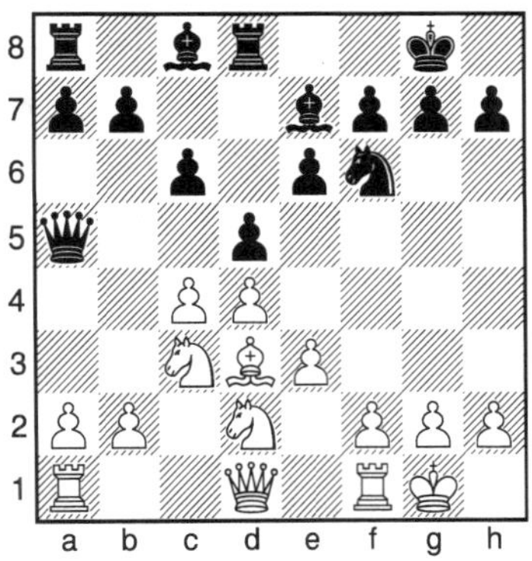

(Wenn Schwarz sich für die Alternative 10...dxc4 entscheidet, sind die Folgen dieser Wahl für Weiß bequemer als für ihn selbst. Dies lässt sich auch aus den in der Praxis erzielten Ergebnissen ableiten. Natürlich nimmt Weiß die Einladung an und nimmt den Bauern mit 11.♘xc4 zurück, worauf die Dame weichen muss. Zu beachten ist aber auch, dass das Feld c4 für den Springer zugleich ein Sprungbrett nach e5 sein kann.

Nach 11...♕c7 kann nun beispielsweise 12.♖c1 ♖d8 13.♕e2 ♗d7 14.♘e5 ♗e8 folgen. Die Durchsetzung von c6-c5 verschafft Schwarz spielbare Verhältnisse.)

11.♕c2 a6

Der Bauer wird prophylaktisch zur Kontrolle über das Feld b5 eingesetzt. Die ihm damit übertragene Rolle wird spätestens zum Tragen kommen, wenn Schwarz wie geplant zu c6-c5 kommt.

Nach 12.a3 ♕c7 kann es nun beispielsweise mit 13.♘f3 dxc4 14.♗xc4 c5 weitergehen und Schwarz kann zufrieden sein. Sein größtes aktuell noch bestehendes Problem ist die Entwicklung des ♗c8. Zu lösen ist es mit b7-b6, woraufhin ♗c8-b7 möglich wird. Auf der Diagonale a8-h1 ist er wirksam postiert.

B) Wer es sich zutraut, kann seinen Gegner allerdings nach 8...♗b4 9.♕c2 mit 9...b6 überraschen, denn diese Fortsetzung ist noch nicht allzu verbreitet. Es kommt dann zu Verwicklungen sowie zu einer chancenreichen, zugleich aber recht verbindlichen Aufstellung der schwarzen Kräfte am

Damenflügel, die zur schnellen Bestrafung eines Versehens führen kann.

(Die Entwicklung mit 9...0-0 10.♗d3 ♖e8 11.0-0 e5 12.cxd5 cxd5 13.dxe5 ♖xe5 14.♘b3 ♕d8 geht auch.)

Nach 10.♘b3 ♕a4 11.a3 muss Weiß 11...♗xc3+ mit 12.♕xc3 beantworten, denn der Fehler 12.bxc3? würde ihn wegen 12...dxc4 Material kosten.

Nach 12...♘e4 13.♕c2 ♗a6 hat Schwarz das Spiel ausgeglichen.

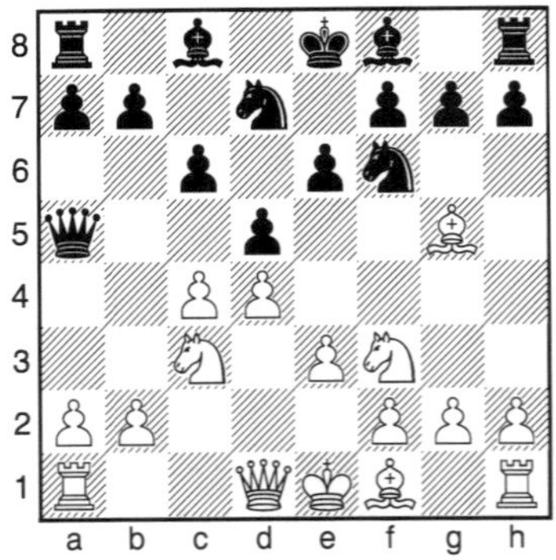

7...♗b4

Der Läufer verstärkt den Druck auf c3.

Spielbar ist auch die Auflösung der Bauernspannung mit 7...dxc4. Allerdings hat es Schwarz in der Folge etwas schwerer, zu einem freien Spiel zu kommen. Weiß darf nun nicht übersehen, dass der schlagende Bauer den Weg der gegnerischen Dame zum ♗g5 frei gemacht hat, so dass er sofort reagieren muss.

8.♗xf6 ♘xf6 9.♘xc4

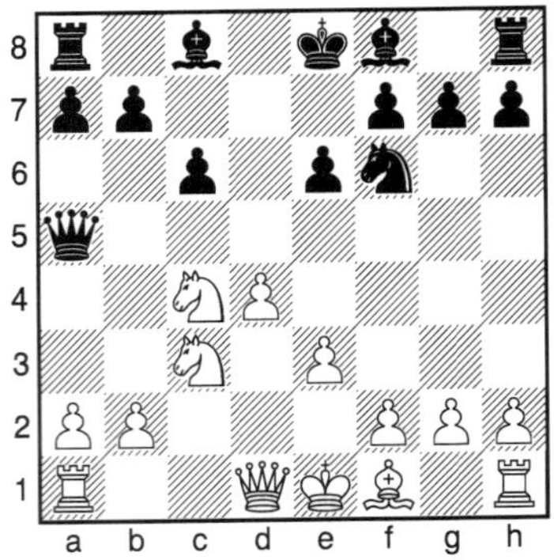

Indem Weiß mit dem Springer zurücknimmt, vertreibt er nicht nur die Dame, sondern verhilft dem Springer zu einer besseren Position als nach einem eventuellen ♘d2-b3. Von c4 aus kann er das Feld e5 erreichen.

(9.♗xc4 führt zu einer bequemeren Lage für Schwarz. Nach 9...♗e7 10.0-0 kann er nun bereits 10...e5 spielen, womit er eine Schwächung der weißen Stellung im Zentrum einleitet und zu einer Befreiung seines eigenen Spiels kommt. Mit einem gegnerischen Springer auf c4 wäre dies nicht möglich.

Ein weiterer Punkt ist wichtig zu ergänzen: Wenn der ♘d2 seine ihm ursprünglich zugedachte Aufgabe erfüllt und mit 11.♘b3 die Dame vertreibt, bleibt der ♙e5 nach 11...♕c7 gedeckt.

Nach 12.dxe5 ♕xe5 kann sich 13.♕d4 ♕xd4 14.♘xd4 0-0= mit Gleichstand anschließen.)

Nach 9...♕c7 haben die Kontrahenten Zeit für die Erfüllung ihrer Entwicklungsaufgaben, etwa über die ruhige Zugfolge 10.♗e2 ♗e7 11.0-0 0-0 12.♖c1 ♖d8. Nach beispielsweise 13.♕c2 ♗d7 14.♘e5 ♗e8 hat Schwarz eine beengte, aber auch feste Stellung.

8.♕c2 0-0

So wird zumeist gespielt. Schwarz sichert zunächst den König, bevor er seinem Gegner zeigt, nach welchem Plan er weiter verfahren wird.

Auch hier steht wieder die Alternative 8...dxc4 im Raum. Beim Studium der nachfolgenden Darstellung sollte immer auch ein Vergleich zur Situation nach 7...dxc4 als Abweichung vom Hauptzug 7...♗b4 stattfinden. So werden Parallelen und Unterschiede erkennbar, die zum Verständnis beitragen können.

9.♗xf6 ♘xf6

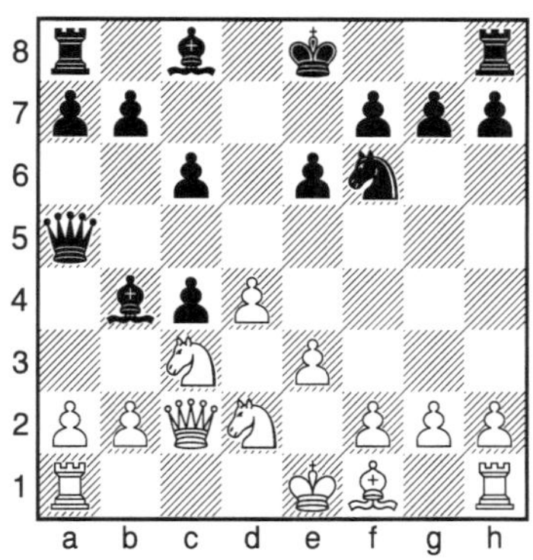

10.♘xc4

(Nach 10.♗xc4 ist sofort 10...e5 möglich, auch wenn 10...0-0 11.0-0 e5 der häufigste Ablauf ist.

Nach 11.♕b3 ist Schwarz zum Schutz von f7 verpflichtet. Mit 11...0-0 hat er die Bedrohung wirksam abgefangen und zugleich etwas für seine Entwicklung getan.

12.dxe5 ♗xc3 13.♕xc3 ♕xc3 14.bxc3 ♘g4 15.♘f3 ♖e8

Die Stellung ist ausgeglichen. Seinen Mehrbauern kann Weiß nicht halten. Die schwarze Bauernstellung ist strukturell besser. Weiß steht ein Plan mit ♖ad1, ♔e1-e2 und Zentralisierung seines ♖h1 zur Verfügung.

Schwarz kann seinen König nach f8 führen, womit auch die Fesselungswirkung des ♗c4 aufgelöst wird. Für sein Gegenspiel bietet sich der Damenflügel an, an dem sich ein Plan mit b7-b5, a7-a5 etc. realisieren lassen kann. In diesem Fall lässt er seinen ♖a8 am besten auf dem Damenflügel, eventuell postiert er ihn auf b8.)

Nach 10...♕c7 sollten beide Seiten die vollständige Aktivierung ihrer Kräfte erreichen, was beispielsweise wie folgt geschehen kann: 11.♗e2 0-0 12.0-0 ♖d8 13.♖ac1 ♗d7 und nach 14.a3 ♗e7 15.e4 ♗e8 steht Schwarz vor der Durchsetzung von c6-c5. Diese Stellung wurde in der Turnierpraxis mehrfach und mit einer guten Bilanz für Schwarz ausgespielt.

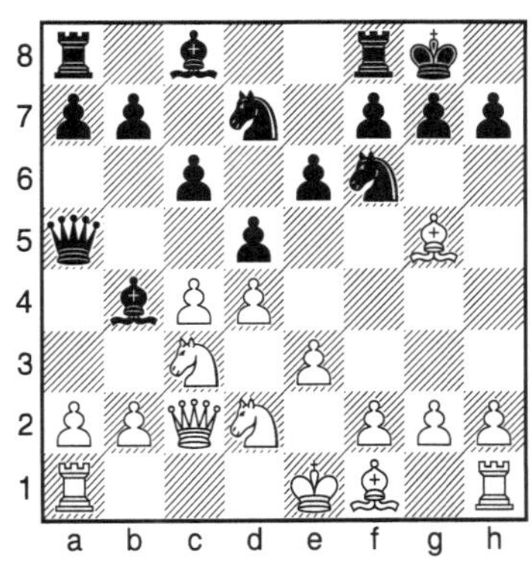

9.♗e2

Der Läuferzug ist maßgeblich von dem Wunsch beeinflusst, möglichst bald zur Rochade zu kommen.

Mit 9.♗xf6 und 9.a3 stehen Weiß zwei Alternativen zur Verfügung, auf die man sich mit den schwarzen Steinen einstellen und eben vorbereiten sollte.

I. Mit 9.♗xf6 wird einem Angriff durch die gegnerische Dame nach d5xc4 vorgebeugt. Zur Vermeidung eines Doppelbauern wird Schwarz mit 9...♘xf6 zurücknehmen, so dass der Springer nicht mehr zur Unterstützung von e6-e5 oder c6-c5 zur Verfügung steht.

10.♗d3 ♖e8

Es stellt sich oft die Frage: „Wohin mit den Türmen?“ – Hier hat Schwarz die Absicht e6-e5 und setzt den Turm zu deren Unterstützung ein.

11.0-0 e5 12.cxd5

Weiß sucht seinen Nutzen darin, dass der ♙d5 seinen Schutz durch den e-Bauern verloren hat.

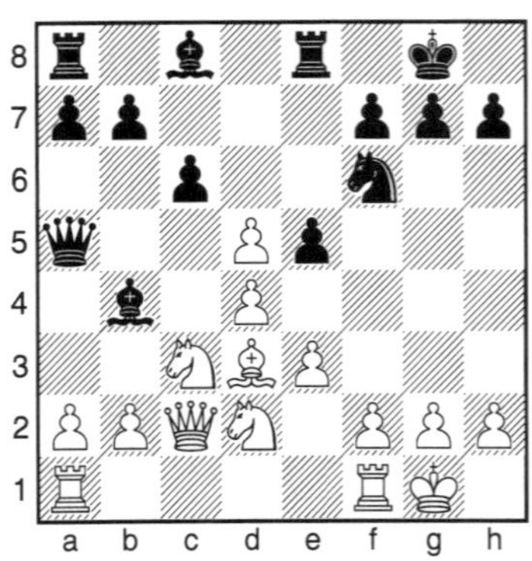

A) Mit 12...♗xc3 wird der wichtige Verteidiger ♘c3 eliminiert. Eine Folge ist, dass Schwarz das Entstehen eines isolierten d-Bauern vermeidet.

13.♘c4 ♕d8

(Möglich ist auch 13...♕xd5!? 14.bxc3 e4 15.♗e2 ♕g5 mit annähernd gleichwertigen Perspektiven.)

Nach 14.bxc3 geht 14...e4 15.♗e2 cxd5 und Schwarz kann mit seiner Stellung zufrieden sein. Das Ausweichen des Springers mit 16.♘e5 fängt er mit 16...♘d7 ab.

B) Nach 12...cxd5 13.dxe5 hat Schwarz mit einem Isolani weiterzuspielen.

C) Nach 12...exd4 13.♘b3 ♕d8 14.♘xd4 vermeidet Schwarz den Isolani nur wieder mit 14...♗xc3, denn 14...♘xd5? scheitert an 15.♗xh7+.

II. 9.a3

A) Am einfachsten ist jetzt 9...dxc4 mit Angriff der Dame auf den ♗g5.

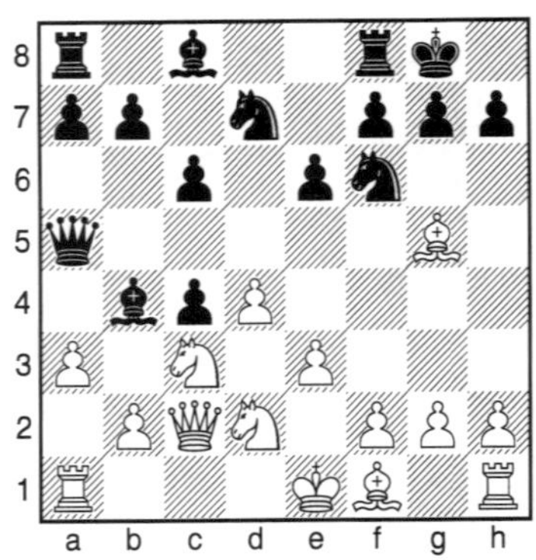

In der sich anschließenden typischen Folge 10.♗xf6 ♘xf6 11.♘xc4 ♗xc3+ 12.bxc3 ♕c7 gibt es für Weiß keine echte Möglichkeit zu einer Abweichung. Schwarz setzt im Anschluss c6-c5 um, was nach 13.♗d3 sofort passiert, und hat ein gleiches Spiel erreicht.

B) Mit 9...♘e4 sorgt Schwarz für Verwicklungen, was insbesondere gegen einen unerfahrenen Gegner ein probates Mittel sein kann. In der Praxis kann dieser leicht etwas übersehen oder sich schlicht verrechnen.

10.♘cxe4

(10.♘dxe4 geht auch. Nach 10...dxe4 kann Weiß zur Rettung seines Läufers 11.♗f4 spielen, der dann sofort mit 11...e5 erneut angegriffen werden kann. Auf 12.dxe5 wickelt Schwarz auf c3 ab.

Nach 12...♗xc3+ 13.♕xc3 ♕xc3+ 14.bxc3 sichert die Fortsetzung mit 14...♖e8 gefolgt von c6-c5 ihm ein gleiches Spiel. Den Minderbauern holt er sich unmittelbar im Anschluss auf e5 zurück.)

10...dxe4 11.♗h4 e5!?

(Eine weitere erwägenswerte Möglichkeit ist 11...♖e8. Und wie auch nach dem Textzug kann Weiß hier mit einer überraschenden Idee auftreten – nämlich 12.0-0-0!?.

Nach 12...♗xd2+ 13.♖xd2 erhält sich Schwarz mittels 13...♕f5 mit der typischen Absicht e6-e5 seine Chancen auf Ausgleich. Erreicht ist dieser noch nicht, denn das aktivere Figurenspiel inklusive des Läuferpaars sprechen für Weiß.)

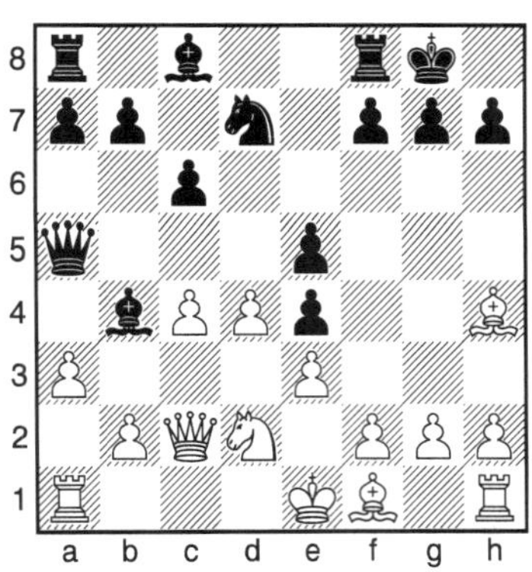

Hier ist es Weiß, der dem einen oder anderen Gegner mit 12.0-0-0 ein Stirnrunzeln der Überraschung wird ins Gesicht zaubern können.

(In den üblichen Bahnen bleibt das Duell in der beispielhaften Fortsetzung 12.♖d1 ♗xd2+ 13.♕xd2 ♕xd2+ usw.)

Hingegen ergibt sich nach der langen Rochade eine radikale Änderung und es entstehen völlig neue Stellungsbilder. Weitergehen kann es beispielsweise mit 12...♗xd2+ 13.♖xd2 exd4 14.♖xd4 ♖e8=.

9...e5

Damit setzt Schwarz auf den typischen Durchbruch in der Mitte.

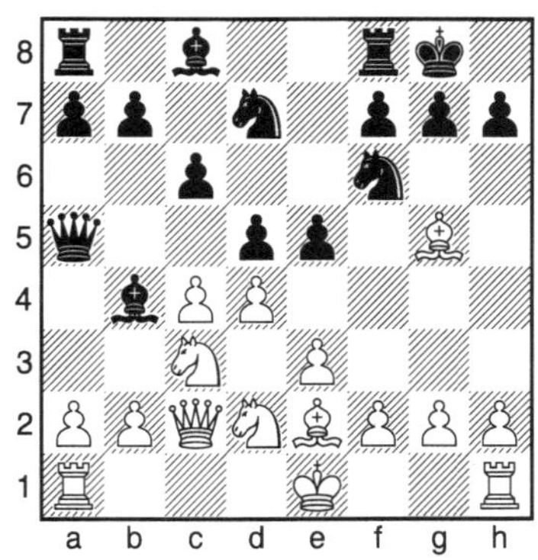

10.dxe5

Komplizierter wird es nach 10.0-0 exd4 11.♘b3 ♕b6. Weiß hat nun die Wahl, ob er mit dem Bauern oder dem Springer auf d4 zurücknimmt.

12.exd4

(Die Variante 12.♘xd4 ♗xc3 13.bxc3 dxc4 14.♗xc4 ♕c5= führt in den Stellungsausgleich.)

12...dxc4 13.♗xc4 a5

Mit 14.♘e4 kann Weiß den ♘f6 unter Druck setzen, den Schwarz aber sofort mit 14...♗e7 ausgleicht. Anschließen kann sich 15.♘g3 a4 16.♘d2 ♘d5 17.♗xe7 ♘xe7 und die Situation bleibt kompliziert. Die Chancen stehen ungefähr gleich. Schwarz muss noch seine Entwicklung abschließen. Das Manöver ♘d7-f6-d5 unterstützt ihn dabei und sorgt zugleich für die Blockade des weißen isolierten d-Bauern.

10...♘e4

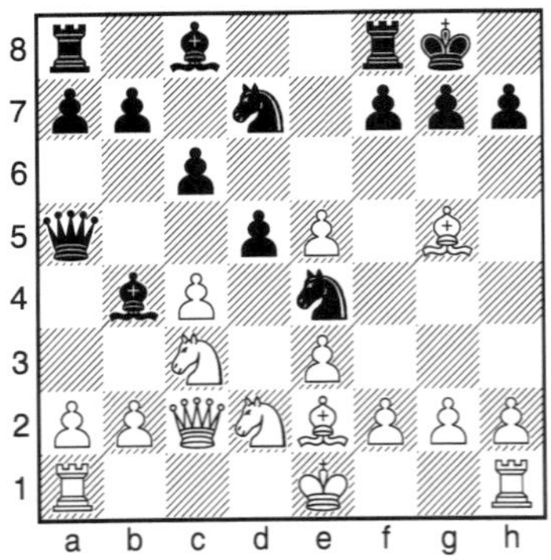

11.♘dxe4

Eine Alternative ist 11.♘cxe4!?. In manchen Werken zur Eröffnungstheorie wird die Meinung vertreten, dass Weiß mit dieser Wahl mehr herausholen kann.

11...dxe4 12.♖d1

A) Anschließen kann sich nun 12...♘xe5 13.0-0 ♗xd2 14.♕xd2.

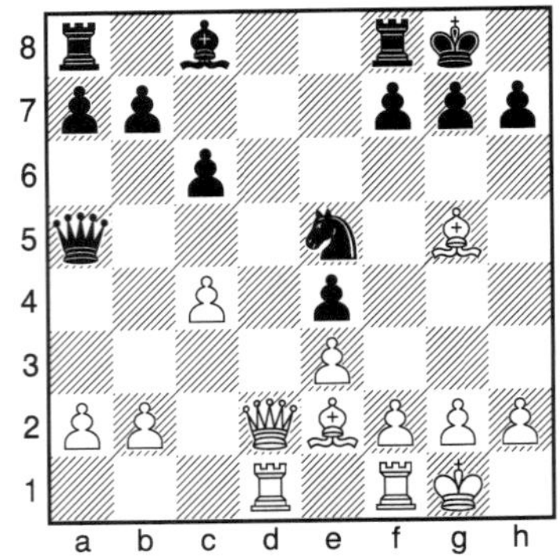

14...♕xd2

(Natürlich geht 14...♕xa2?? nicht, denn nach 15.♕c3! verliert Schwarz Material.)

Nach 15.♖xd2 ♗e6 befindet sich die Stellung im Bereich des Ausgleichs. Eine Leitidee für das schwarze Spiel ist f7-f6, um den gegnerischen Läufer vom Feld d8 abzuschneiden und es so wieder für seine Türme verfügbar zu bekommen. Aus der Fernschachpraxis ergibt sich, dass sich eine Vorbereitung von f7-f6 mittels ♘e5-g6 lohnen kann. Wenn Weiß die Zeit nutzt, um auf der d-Linie zu einer Turmverdoppelung zu kommen, erhält Schwarz Gegenchancen auf der e-Linie.

B) Nach 12.♖d1 könnte Schwarz auch auf die Idee kommen, dass der ♙e5 ohnehin fallen wird, so dass zunächst mit 12...♕xa2 der ♙a2 genommen werden kann. Dieses Vorgehen ist aber nicht zu empfehlen, denn nach 13.0-0 muss Schwarz bereits aufpassen, um das Wohl seiner Dame nicht zu gefährden.

13...♕a5 (13...♗xd2 14.♖a1+-) 14.♘xe4

B1) 14...♕xe5 15.♗f4 und Weiß steht viel aktiver.

B2) 14...♘xe5 erlaubt 15.♗f4 mit der plausiblen Folge 15...♘g6 (15...♗f5 16.♖a1±) 16.♗d6 ♗xd6 17.♘xd6±.

11...dxe4 12.0-0

Weiß hat die Fesselung überwunden. Es ist ein guter Zeitpunkt für einen Abtausch auf c3 gekommen, der zu einem schwachen weißen Doppelbauern führen wird.

12...♗xc3

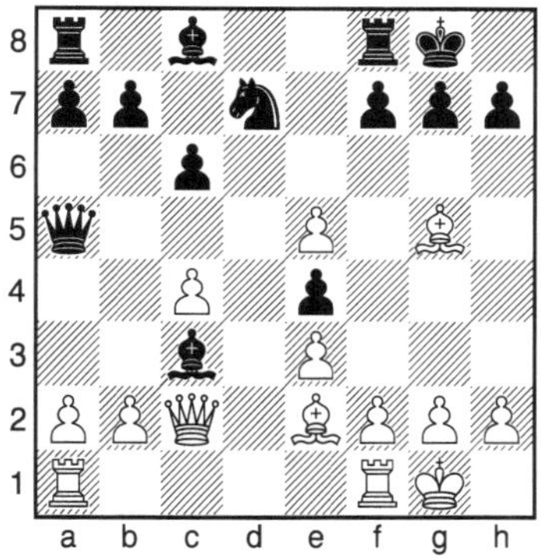

13.bxc3

Zum Ausgleich und einem weißen Doppelbauern führt auch 13.♕xc3 ♕xc3.

(Allerdings hat es Schwarz in der Hand, mit 13...♕xe5 abzuweichen. Die Fortsetzung 14.♕xe5 ♘xe5 lässt die weiße Bauernformation intakt, hält dabei aber auch das materielle Gleichgewicht aufrecht. Weitergehen kann es mit 15.c5 f6 16.♗f4 ♗e6 17.♖fd1 ♖fd8= und es wird deutlich, dass auch diese Variante in eine ausgeglichene Stellung führt.)

14.bxc3 ♘xe5

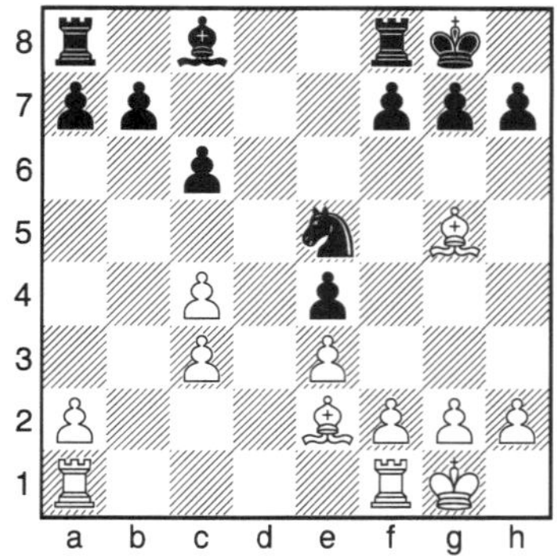

Nun kann Weiß 15.c5 versuchen, zumal er mit anderen Möglichkeiten in der Praxis bisher keine Bäume ausreißen konnte. Der ♙c5 schafft auf d6 einen Ankerplatz für seinen Läufer.

(15.♖fd1 kann Schwarz mit 15...♗e6 kontern, so dass ebenfalls 16.c5 folgen wird. Nach 16...♘d7 17.♗e7 ♖fe8 18.♗d6 kommt auch hier das Duo aus ♙c5 und ♗d6 zustande, das dann sofort mit 18...b6= und Gleichstand erschüttert wird.)

Nach 15...b6 agieren die beiden Kontrahenten auf Augenhöhe, was auch mit den weiteren natürlichen Zügen 16.♖fd1 ♗e6 17.♖d4 f5= deutlich wird.

13...♘xe5

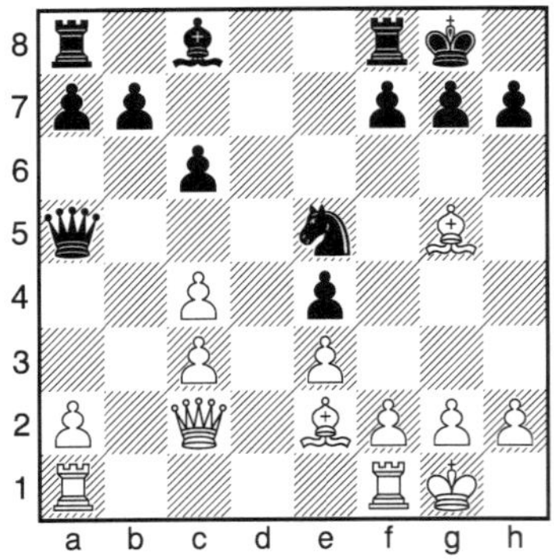

14.♕xe4

Mit dem Manöver 14.♗e7 ♖e8 15.♗b4 kann Weiß die gegnerische Aufstellung nicht nachhaltig beeinträchtigen. Es folgt 15...♕c7 und auf 16.♕xe4 kommt Schwarz zu 16...c5, worauf Weiß zu 17.♗a3 gezwungen ist. Mit 17...♗d7 kann Schwarz seinen Läufer flexibel aufstellen und den Abschluss seiner Entwicklung vorbereiten. Sein Minderbauer ist vollständig kompensiert. Der isolierte weiße Doppelbauer ist schwach und beide gegnerischen Läufer sind passiv. Die Stellung ist mehrfach mit für Schwarz guten Resultaten in der Praxis ausgespielt worden.

14...♘g6 15.♗f4

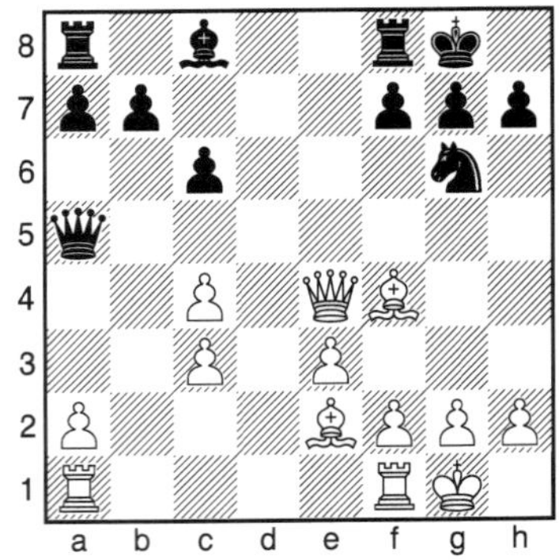

15...♘xf4

Dies ist der einfachste Weg zum Ausgleich. Es wäre unangenehm, wenn Weiß zur Realisierung der Drohung ♗f4-d6 und c4-c5 käme.

Auf 15...♗f5 kann Weiß sowohl mit einem Ausweichen als auch mit einem Gegenangriff reagieren.

A) Nach 16.♕d4 ♘xf4 17.♕xf4 kann Schwarz über 17...♖ad8 sein Gegenspiel organisieren und nach beispielsweise 18.♖fc1 energisch 18...♖d2 folgen lassen.

B) Nach 16.♗c7 muss Schwarz sich entscheiden, ob die Damen vom Brett sollen und die Partie mit verschiedenfarbigen Läufern weitergespielt wird oder statt der Damen die Läufer verschwinden sollen.

16...♗xe4

(16...♕xc7 17.♕xf5 usw. ist unklar. Der geringe weiße Materialvorteil reduziert sich auf einen isolierten Doppelbauern.)

17.♗xa5 b6 18.♗b4 c5 19.♗a3

Nun hat der schwarzfeldrige Läufer seine Aktivität eingebüßt. Seinem weißfeldrigen Kollegen mangelt es schon länger an Effizienz. Mit 19...♖ad8 verschafft sich Schwarz genügend Konterchancen.

16.♕xf4

Die meisten Spannungen sind inzwischen aus der Stellung gewichen.

16...♗e6 17.♖fd1 ♕xc3 18.♕c7 ♖ab8=

Zusammenfassung: Der Plan zu einem Gegenangriff über ♕d8-a5 und ♗f8-b4 oder ♘f6-e4 verschafft Schwarz gute Perspektiven auf ein vollwertiges Spiel. Deshalb hat die Cambrigde-Springs-Variante auch im aktuellen Turniergeschehen noch viele Anhänger.

Kapitel 13

Westphalia-Variante

1.d4 d5 2.c4 e6 3.♘c3 ♘f6 4.♗g5 ♘bd7 5.♘f3 ♗b4

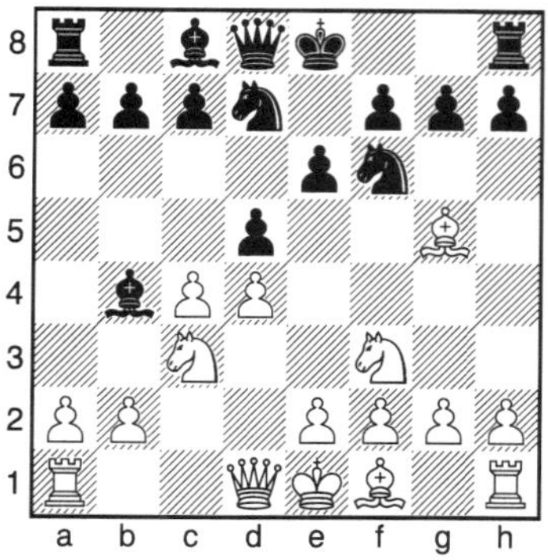

Der etwas eigenwillig klingende Name „Westphalia-Variante“ für diese Spielweise hat einen außergewöhnlichen Ursprung. Sie wurde von den Großmeistern Vidmar (1885–1962) und Spielmann (1884–1942) auf der Überfahrt nach New York zu einem großen internationalen Turnier analysiert. Und dieser Passagierdampfer hieß „Westphalia“. In einigen Publikationen wird die Bezeichnung „Manhattan-Variante“ verwendet, insbesondere im englischsprachigen Raum.

6.cxd5

Weiß klärt die Situation in der Mitte auf radikale Weise.

Bisweilen entscheidet sich Weiß zunächst zu 6.e3, was aber regelmäßig nur eine Zugumstellung auslöst.

6...exd5

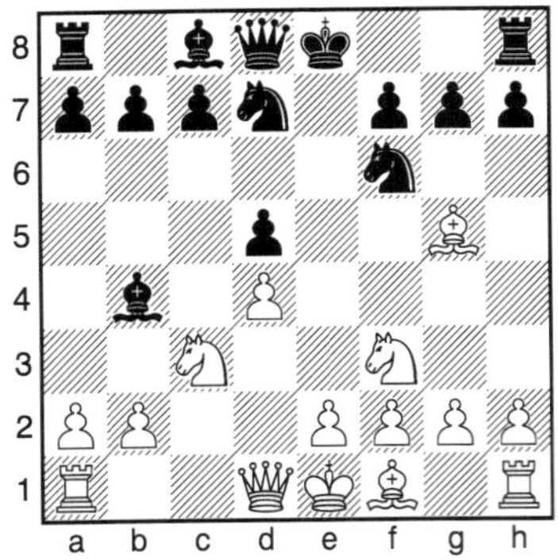

7.e3

Diese Fortsetzung bringt Weiß die besten Aussichten ein. Er möchte möglichst schnell seinen Königsflügel entwickeln.

Daneben sind 7.♕c2, 7.♖c1 und 7.♕b3 von einer gewissen praktischen Bedeutung. Auf diese Möglichkeiten gehen wir deshalb nachfolgend etwas genauer ein.

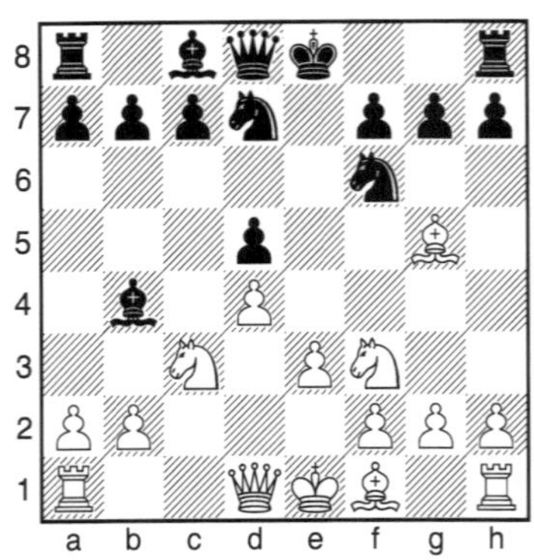

I. Der Grund für die Fortsetzung 7.♕c2 ist von recht einfacher Natur. Wenn Schwarz auf c3 nimmt, muss Weiß nicht mit dem b-Bauern zurückschlagen. Es bleibt dann die c-Linie halboffen und Schwarz kann die Stellung nicht schließen, indem er seinen c-Bauern bis c4 laufen lässt.

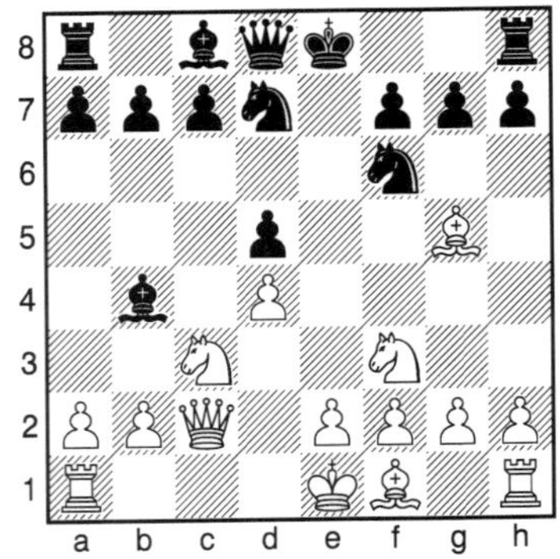

7...0-0

(Spielbar ist auch 7...c5!? mit Übergang zur Hauptvariante.)

Nach 8.a3 muss Schwarz über die Zukunft des Läufers entscheiden. Zumeist tauscht er ihn auf c3 ab, aber auch die Rückführung nach e7 kommt vor, die allerdings ziemlich passiv und deshalb auch nicht sonderlich empfehlenswert ist. Im Fernschach wird der Rückzug nach e7 so gut wie nicht gespielt.)

8...♗xc3+ 9.♕xc3

(Die Alternative 9.bxc3 macht nach der Weichenstellung ♕d1-c2 keinen Sinn. Schwarz kann darauf stark mit 9...c5 antworten. Nach 10.e3 zur weiteren Entwicklung des Königsflügels kann Schwarz mit 10...♕a5 seine Dame ins Spiel führen und Weiß seine Schwäche auf c3 vor Augen führen.

Nach 11.♗d3 c4 12.♗f5 ist 12...♖e8 mit der Idee möglich, ♘f6-e4 folgen zu lassen. Damit entsteht in der Mitte eine stabile Lage mit gleichen Chancen.)

9...h6 10.♗h4 c5

Der Zeitpunkt für diesen energischen

Zug ist gut gewählt. Unabhängig davon, ob der weiße Bauer auf c5 schlägt, kommt Schwarz zu einem guten Spiel.

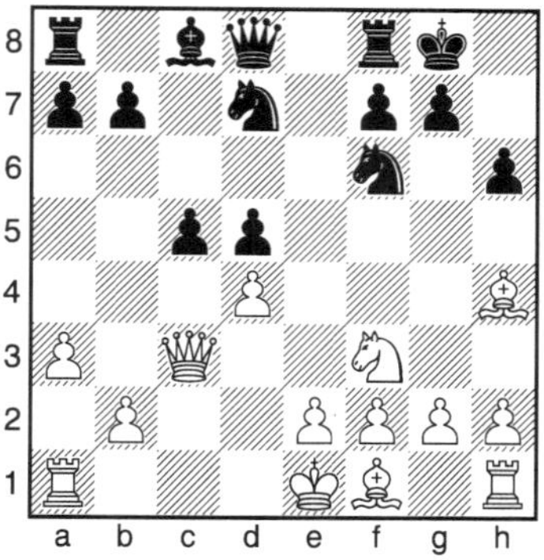

Das Springermanöver 11.♘d2 dient dem Spiel um das Feld e4.

(Im Verlauf der Variante 11.dxc5 g5 12.♗g3 ♘e4 13.♕d4 ♘dxc5 14.♖d1 ♗e6 15.b4 ♘a4 16.e3 ♕b6 bekommt Schwarz – trotz eines Isolani d5 – ein problemloses Spiel.)

Nach 11...c4 ist die Zentrumslage stabilisiert und kann in der Folge mittels b7-b5 fixiert werden.

12.e3

Es ist nicht leicht für Weiß, seinem Königsläufer Bewegungsfreiheit und Einfluss zu verschaffen sowie insgesamt die Entwicklung seines Königsflügels abzuschließen. Weitergehen kann es jetzt beispielsweise mit 12...♕e8. Dies ist nur der erste Schritt, um die Dame ins Spiel zu bringen. Sie soll bald ihren Platz auf e6 einnehmen, der aktuell beinahe ideal für sie ist.

13.♕c2 b5 14.♗e2 ♕e6 15.0-0 ♗b7 16.♗f3 a5

Die Chancen beider Seiten sind ausgeglichen. Es steht ihnen ein spannender Kampf bevor, in dem Schwarz eine große Hoffnung auf sein Gegenspiel am Damenflügel setzen kann.

II. 7.♖c1 c6

(Ein mit 7...c5 eingeleitetes Szenario wäre vorteilhaft für Weiß. Nach 8.dxc5 ♕a5 kann er mit 9.♗d2 den Druck gegen c3 und den König aufheben. Folgen kann 9...♗xc5 10.e3 und jetzt muss Schwarz den Drohungen begegnen, die sich mit dem Angriff des ♗d2 auf die Dame beim Abzug des ♘c3 verbinden.

10...♕d8 11.♕b3

Der isolierte ♙d5 ist schwach und Weiß ist besser entwickelt. Auch die Praxis bestätigt den deutlichen weißen Vorteil.)

8.a3

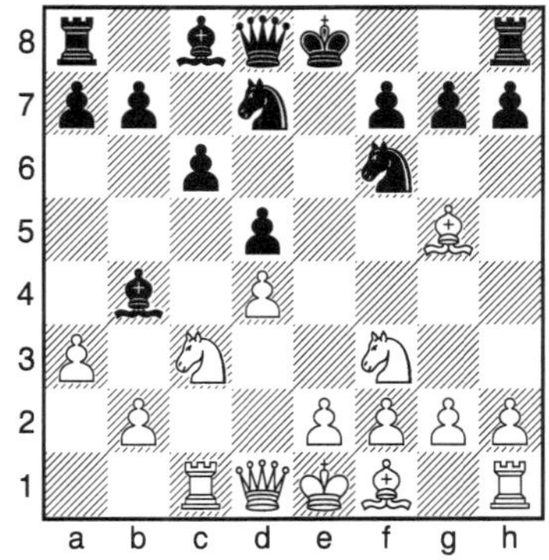

A) Nach 8...♗xc3+ 9.♖xc3 kann es beispielsweise mit 9...0-0 10.e3 ♕e8 weitergehen.

Die Dame hebt die Fesselung des ♘f6 auf, so dass dieser mobil wird. Es geht um das wichtige Feld e4, das nun auch im Einflussbereich der Dame liegt.

Nach 11.♘d2 ♘e4 12.♘xe4 ♕xe4 13.f3 ♕g6 14.♗f4 ♖e8 zeigt die plausible Fortsetzung 15.♔f2 ♘f8 16.h4 h5 17.♗d3 ♗f5, dass beide Seiten in dieser Stellung über gleichwertige Chancen verfügen.

B) Schwarz kann sich auch gut behaupten, wenn er nicht auf c3 abtauscht. Mit 8...♗d6!? schont er seinen Läufer und wählt dabei mit d6 ein Feld für ihn aus, auf dem er wirksam steht und die weitere Entwicklung nicht behindert.

Danach ist 9.e3 die meistgespielte Antwort von Weiß. Der Läufer wird aktiviert und die abschließende Entwicklung des Königsflügels vorbereitet.

(Wenn Weiß auf die Idee kommt, seinen Königsläufer zu fianchettieren und dies mit 9.g3 vorbereitet, kann Schwarz schlicht mit 9...0-0 antworten. Er bringt seinen König aus der Mitte und – nicht zu unterschätzen – seinen Turm in Wartestellung, um eine aktive Aufgabe zu übernehmen.

10.♗g2 h6 11.♗xf6 ♘xf6 12.0-0 ♖e8

Schwarz hat die Kontrolle über das Feld e4 übernommen.)

9...♘f8

Das Feld f8 ist nur ein Transferplatz für den Springer.

10.♗d3 ♘g6 11.♕c2 0-0

Damit hat Schwarz den Grundstein für einen soliden Aufbau gelegt. Wie es konkret weitergehen sollte, hängt nun nicht zuletzt davon ab, zu welchem weiteren Vorgehen sich Weiß entscheidet. Je nach Lage kommen die Züge h7-h6 und ♖f8-e8 in Betracht. Ein Beispiel dazu: 12.0-0 h6 13.♗xf6 ♕xf6 und die beiderseitigen Perspektiven halten sich die Waage.

III. 7.♕b3

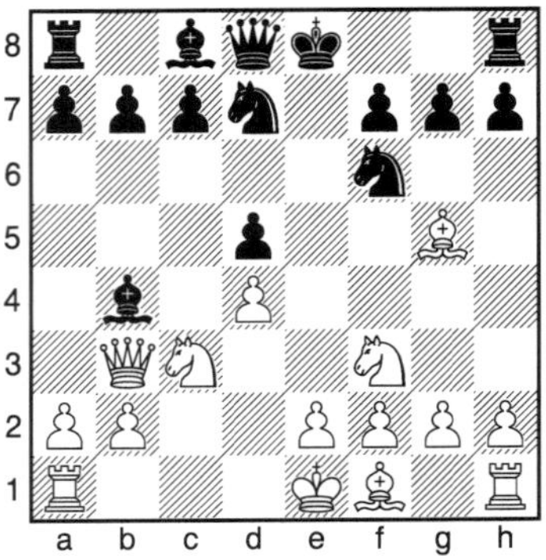

Nach 7...c5 8.a3 kann Schwarz sowohl auf c3 schlagen als auch die ungedeckte Position des ♖a1 ausnutzend seine Dame nach a5 spielen.

Etwas häufiger kommt in der Praxis der Abtausch 8...♗xc3+ vor.

(Nach 8...♕a5 kann Weiß mit 9.♗d2 die Fesselung aufheben. Schwarz hat dann Zeit, um mit 9...0-0 seinen König aus der Mitte zu bringen. Die aus der Praxis bekannte Variante 10.dxc5 ♗xc5 11.e3 ♕b6 12.♕xb6 ♘xb6 13.♖c1 ♗e7= endet mit einer ausgeglichenen Stellung.)

9.♕xc3

(Nach 9.bxc3 kann Schwarz sowohl seinen Bauern nach c4 ziehen als auch 9...♕a5 spielen; z.B. 10.♗d2 ♘e4 mit als ausgeglichen einzuschätzender Stellung, auch wenn Stockfish hier sogar auf einen leichten Vorteil für Schwarz erkennt.)

Nach 9...c4 kann Weiß seinem Gegner mit 10.♘d2 die Kontrolle über das Feld e4 versagen, worauf dieser mit

10...0-0 seine Entwicklung um einen wichtigen Schritt voranbringt.

11.e3 h6

Damit hat Schwarz in Sachen Stellungsausgleich den Fuß in der Tür.

– Auf 12.♗h4 wäre nun beispielsweise 12...♕e8 gut, womit die Fesselung des ♘f6 aufgehoben würde. Die Dame kann dann bei Gelegenheit nach e6 gebracht werden.

– Und auf 12.♗f4 ist 12...♘b6 eine aussichtsreiche Möglichkeit. Anschließen kann sich beispielsweise 13.a4 a5 14.♗e2 ♗e6 15.0-0 ♕d7 und Schwarz hat eine feste Stellung, die sich im Bereich des Ausgleichs bewegt.

7...c5

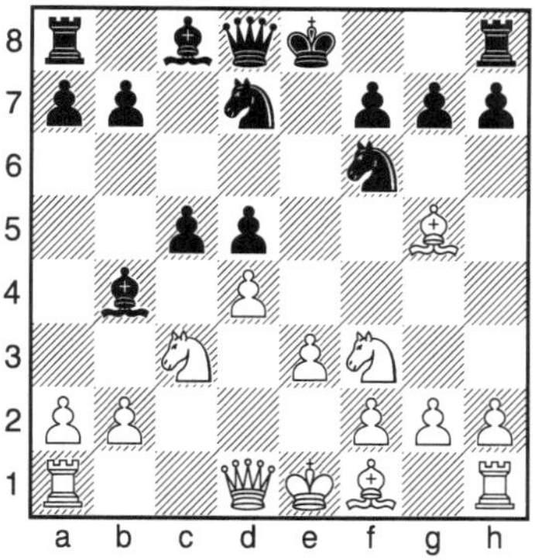

Diese aktive Fortsetzung unterscheidet die Westphalia-Variante vom Cambridge-Springs-System, das wir im Kapitel 12 besprochen haben und in dem Schwarz bescheiden c7-c6 spielt.

8.♗d3

Dies ist die stärkste Entwicklungsmöglichkeit.

Die Alternative 8.♗e2 kontert Schwarz wie auch den Hauptzug 8. ♗d3 am besten mit 8...♕a5, worauf die Variante 9.0-0 ♗xc3 10.bxc3 c4 (10...♕xc3? 11.♖c1 ♕a5 12.dxc5+-) 11.♕c2 ♘e4 12.♖ac1 b5 mit einem Ausgleich der Chancen entstehen kann.

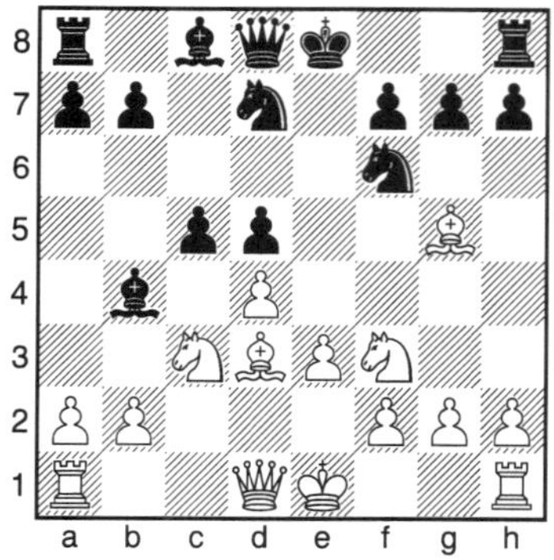

8...♕a5

Damit hält Schwarz die Spannung im Zentrum erst mal weiter aufrecht.

Die – allerdings eng mit dem Hauptzug verbundene – Alternative ist 8...c4. Die mehr oder weniger obligatorische Fortsetzung 9.♗f5 ♕a5 10.♕c2 lässt die Partie in die Hauptvariante zurückkehren.

9.♕c2

Auch die Auflösung der Fesselung mit 9.0-0 stellt Schwarz kaum vor Probleme; z.B. hält 9...c4 10.♗f5 ♗xc3 11.bxc3 0-0 usw. die Stellung in der Waage.

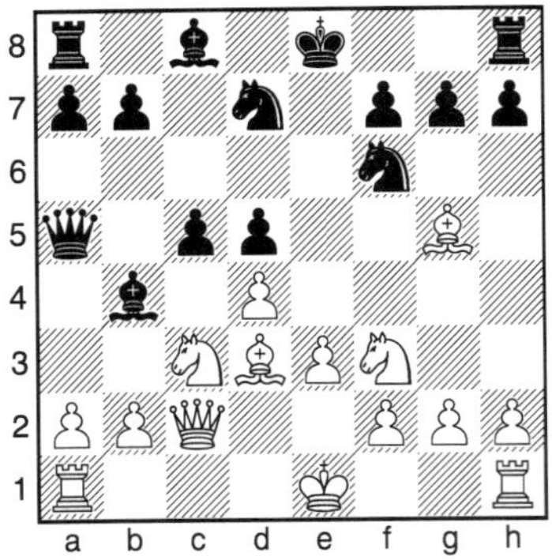

9...c4

Dieses den Gegner zugleich einengende und verpflichtende Vorgehen ist die kalkulierte Konsequenz des schwarzen Plans.

10.♗f5 0-0 11.0-0 ♖e8

Schwarz muss die Kontrolle über das Feld e4 im Auge behalten und den Durchbruch e3-e4 erschweren.

12.♘d2

Damit nimmt Weiß das wichtige Feld e4 ins Visier.

12...g6

Hinter diesem Zug steckt die Absicht, ♗b4xc3 zu spielen und dann weiter mittels ♘f6-e4 das Feld e4 zu besetzen.

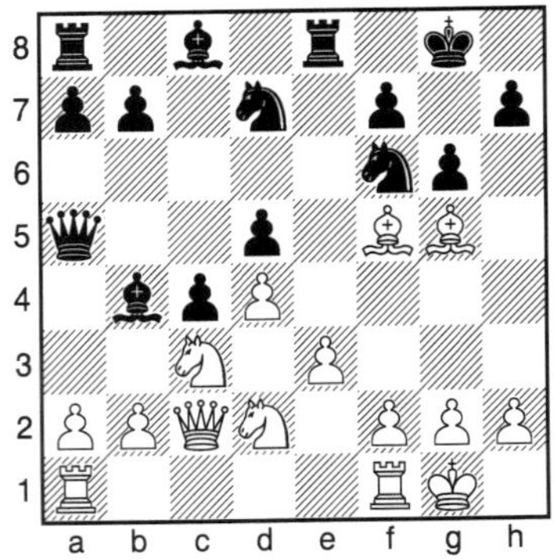

Dem Läufer stellen sich hier nur zwei Möglichkeiten – ein sofortiges Schlagen auf d7 oder Rückzug nach h3.

13.♗h3

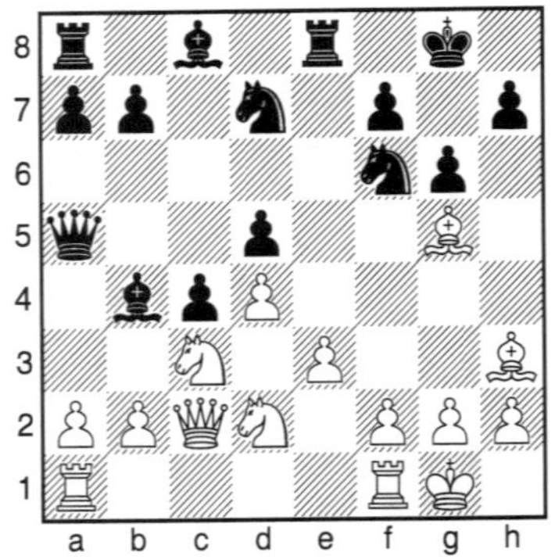

Indem Weiß den Abtausch auf d7 zurückstellt und die Spannung zunächst mal noch aufrechterhält, nimmt er eine Abwarteposition ein. So kann er sich erst einmal von seinem Gegner zeigen lassen, was er weiter vorhat.

13.♗xd7

Wenn man sich auf die Ergebnisse auf Meisterebene konzentriert, ist die Erfolgsstatistik für Weiß nach der Wahl dieser Alternative etwas besser. Aber auch hier verfügt Schwarz über sehr gute Verteidigungsmöglichkeiten.

13...♘xd7

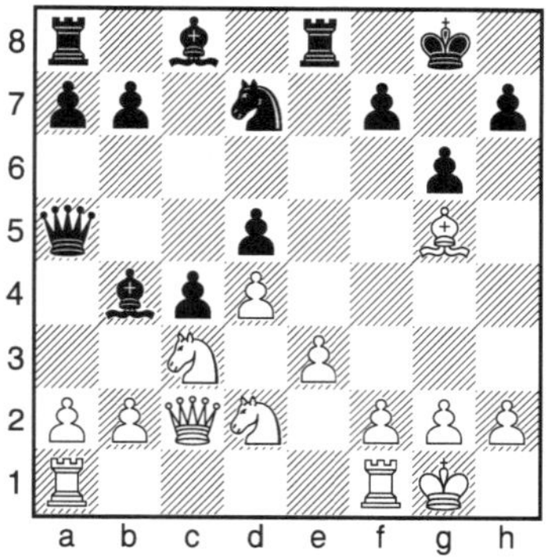

An dieser Stelle verdienen gleich fünf Fortsetzungsmöglichkeiten für Weiß eine genauere Betrachtung.

A) Mit 14.a3 erzwingt Weiß die sofortige Klärung am Damenflügel.

14...♗xc3 15.bxc3

(15.♕xc3 ♕xc3 16.bxc3 ♘b6 17.a4 a5=)

Der Aufbau mit 15...♘b6 und nachfolgend dem Läufer auf d7 ist typisch. Er ist Element eines aussichtsreichen Vorgehens am Damenflügel und kommt deshalb in verschiedenen Varianten nach 13.♗xd7 ♘xd7 vor. Je nach Bedarf können beide Leichtfiguren das Feld a4 einnehmen.

16.f3 ist der rote Faden im weißen Streben beim Spiel um e3-e4.

Nach 16...♗d7 17.♖fe1 ♗a4 18.♕c1 ♗c6 kann Schwarz nun noch ♖e8-e6 und ♖a8-e8 folgen lassen. Seine Chancen sind gleichwertig.

B) Mit 14.♖ae1 wird der Turm zur frühzeitigen Unterstützung von e3-e4 auf die e-Linie geführt. Darauf ist die Springerentwicklung 14...♘b6 Bestandteil des Manövers ♘d7-b6-a4 mit der einbezogenen Läuferentwicklung nach d7.

(Beachtenswert ist 14...b5!? mit der Entscheidung, den Springer erst im Anschluss nach b6 zu beordern. Weiß kann dies allerdings als Gelegenheit nutzen, recht unbehelligt e3-e4 durchzusetzen. Nach 15.f3 ♘b6 16.e4 ♗e6 ist eine komplizierte Stellung entstanden.)

15.f3 ♗d7

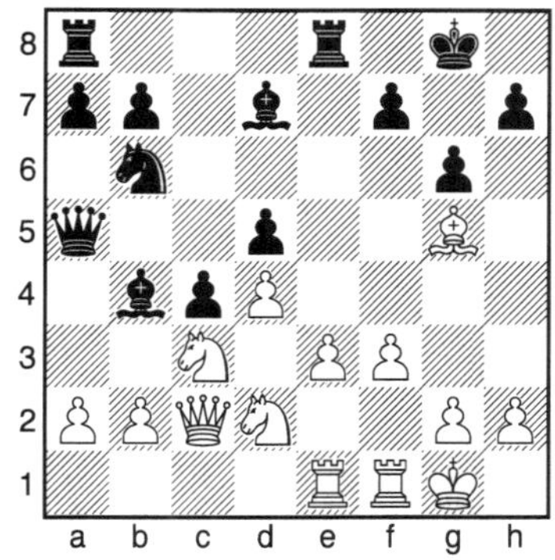

16.♗h4

Mit einem ungedeckten Läufer auf g5 und der schwarzen Dame auf a5, die nach d5xe4 ein freies Schussfeld auf den Läufer bekommen würde, kann Weiß nicht an e3-e4 denken.

Mit 16...♗xc3 leitet Schwarz die Umsetzung seines zentralen Plans ein.

17.bxc3

(Die schwache Antwort 17.♕xc3? würde nach 17...♕xc3 18.bxc3 ♘a4 zu einem umgehenden schwarzen Vorteil führen.)

17...♘a4 18.♘b1 f5

Mit diesem energischen Vorstoß verstärkt Schwarz seinen Einfluss in der

Mitte und erschwert seinem Gegner das Vorgehen auf der e–Linie. Nach 19.♗g3 ♗c6= sorgen die insgesamt solide Stellung und das Spiel auf dem Damenflügel dafür, dass Schwarz über ebenbürtige Chancen verfügt.

C) Mit 14.f3 will Weiß ohne Umschweife e3-e4 durchsetzen.

14...♘b6 15.e4

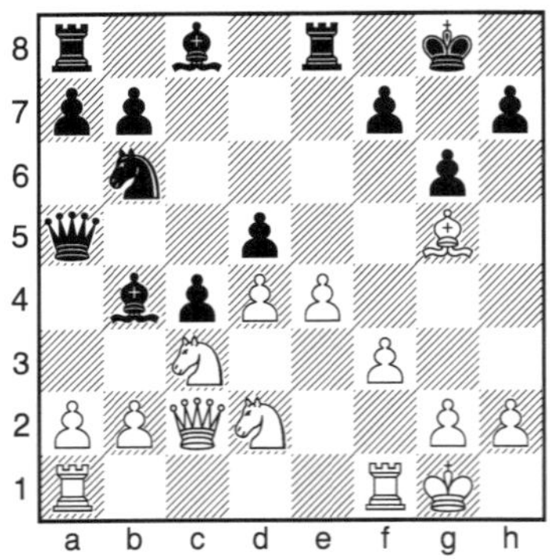

15...♗xc3

(Hier kann der ungedeckte ♗g5 kein Motiv für 15...dxe4 sein, denn nach 16.♘dxe4 wäre sein Schutz sichergestellt, verbunden mit einem klaren Vorteil für Weiß.)

16.♕xc3

(16.bxc3? wäre ein schwerer Fehler, denn nach 16...dxe4 17.♘xe4 deckt Schwarz mit 17...♖xe4! die Schwäche im weißen Lager auf und verschafft sich nach 18.fxe4 mit 18...♕xg5∓ einen deutlichen Vorteil.)

Nach 16...♕xc3 17.bxc3 ♗d7= ist die Stellung komplex, aber ausgeglichen. Für sein Gegenspiel bietet sich Schwarz besonders der Damenflügel an.

D) Die Konsequenzen von 14.♖fe1 sind mit jenen von 14.♖ae1 vergleichbar. Soweit sich in unseren Erläuterungen Wiederholungen ergeben würden, verzichten wir unter Hinweis auf die genannte Variante hier darauf.

14...♘b6

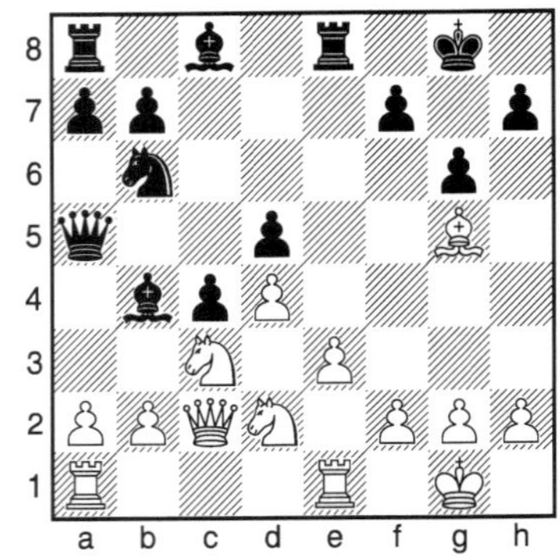

15.f3

(Wenn Weiß ungeduldig 15.e4 spielt, kann es zu einer Variante kommen, in der viel Material vom Brett verschwindet, er aber keinen Vorteil erreicht. Nach 15...dxe4 16.♘cxe4 ♖xe4 17.♘xe4 ♗xe1 18.♕e2 ♗b4 bleibt ihm nichts Besseres als Schwarz mit 19.♘f6+ ♔g7 20.♘e8+ zum Dauerschach einzuladen. Allerdings kann Schwarz die Einladung mit 20...♔h8 ablehnen, was ihm nach 21.♗e7 aber nichts einbringt.)

Die Stellung nach 15...♗d7 ist im Turnierschach noch nicht oft ausgespielt worden. Zumeist hat Weiß nun zu 16.a3 gegriffen. Diese Fortsetzung schlägt auch Stockfish vor. Nach 16...♗xc3 17.bxc3 ♘a4 18.♖ac1 kann Schwarz sich mit 18...♖e6 gefolgt von ♖a8-e8 und b7-b5 aufstellen. Die starke Stellung seiner Türme und das Konterspiel auf dem Damenflügel vermitteln ihm gute Perspektiven.

E) 14.h4

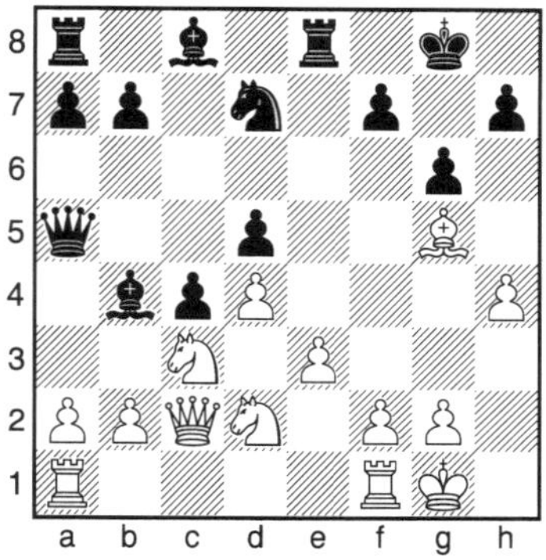

Diesen gegnerischen Vorstoß kann Schwarz gut mit 14...f6 beantworten, woraufhin dem Läufer hier die Rückzugsmöglichkeit nach h4 genommen ist.

15.♗f4

(Auf 15.♗h6 kann Schwarz nach der schon behandelten Idee 15...♗xc3 16.bxc3 ♘b6 17.f3 ♗d7 usw. verfahren.)

Nach 15...♗xc3 16.bxc3 ♘b6 und der Folge 17.f3 ♕a4 18.♕c1 ♗f5 sind die Chancen verteilt.

13...♗xc3

Vor allem aus systematischen Gründen ist das Schlagen auf c3 unsere Empfehlung.

Es geht aber auch 13...♔g7, womit der König die Deckung des ♘f6 übernimmt und der ♘d7 entlastet wird. Folgen kann dann beispielsweise 14.♗h4 ♘b6 15.♗xc8 ♖axc8 16.a4 ♖c6 17.♖fe1 ♖ce6 mit Ausgleich.

14.bxc3

Die Alternative 14.♕xc3 führt zur Vereinfachung über 14...♕xc3 15.bxc3 ♘e4 16.♘xe4 dxe4 und verspricht Weiß keinen Vorteil. So etwa kann Schwarz beispielsweise einen Versuch, auf dem Damenflügel zu einem aktiven Spiel zu kommen, sicher parieren.

17.♖fb1 ♘b6 18.♗xc8 ♖axc8 19.a4 ♖c7 20.♖b5 (20.a5 ♘d5!) 20...♖d7 21.a5 ♘d5

Schwarz hat die gegnerische Aktion abgefangen und sich ein ausreichendes Gegenspiel erarbeitet.

14...♘e4 15.♘xe4 dxe4

Der ♙e4 ist aus strategischer Sicht ein Stachel im Fleisch des Anziehenden.

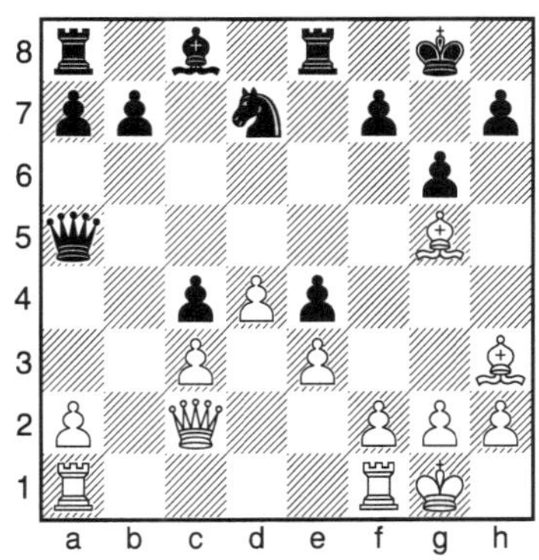

16.♗xd7

In dem einen oder anderen Werk zur Eröffnungstheorie ist auch der Vorschlag 16.♗h6 zu finden. Diese Fortsetzung ist aber nicht zu empfehlen, weil Schwarz sehr gut mit 16...♘f6! antworten kann. Nach dem Abtausch 17.♗xc8 ♖axc8 und dann 18.f3 verdoppelt Schwarz die Türme, etwa in der Zugfolge 18...♖e7 19.♖ac1 ♖ce8, und stellt im Anschluss seine Dame auf d5. In dieser idealen Position beherrscht sie die Lage im Zentrum.

16...♗xd7 17.♗f4

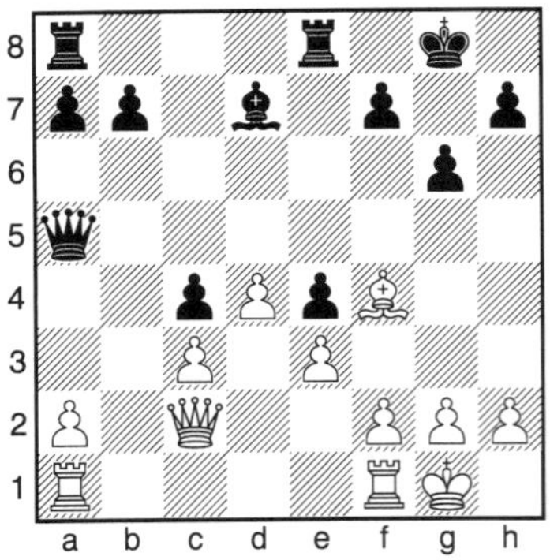

17...♕d5

Wie in der vorhergehenden Nebenvariante kontrolliert die Dame auch hier das Zentrum.

Eine starke Alternative ist 17...♗a4. Die Dame weicht dann am besten mit 18.♕b2 aus.

(Nach 18.♕d2 ♕d5 19.f3 ♖e6 hat Schwarz alles unter Kontrolle.)

Nach 18...♗c6 ist die Stellung völlig ausgeglichen.

18.a4

Auch nach 18.f3 ♗c6 ist die Lage von Schwarz in Ordnung.

18...♖e6 19.♖fb1 b6

Die Stellung befindet sich in der Waage.

Zusammenfassung:

Die Westphalia-Variante ist in der aktuellen Turnierpraxis nur selten anzutreffen. Den Chancen auf ein gleiches Spiel, die Schwarz sich bei ihrer Wahl verschafft, wird dies nicht gerecht. Für Weiß ist es nicht einfach, der gegnerischen Verteidigung beizukommen.

Kapitel 14

Lasker–Verteidigung

(klassische Form)

1.d4 d5 2.c4 e6 3.♘c3 ♘f6 4.♗g5 ♗e7 5.e3 0-0 6.♘f3 ♘e4

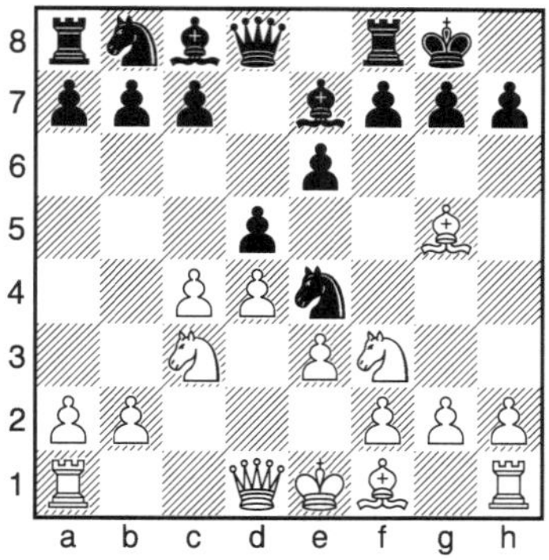

Diese Spielweise hat der frühere Weltmeister Emanuel Lasker (1868-1941) in die Praxis eingeführt. Sie wird deshalb als Lasker–Verteidigung bezeichnet. Mit ihrer Wahl verfolgt Schwarz das Ziel, die Stellung zu vereinfachen, um eine feste Verteidigungsposition zu erreichen. Ihr Nachteil liegt darin, dass Schwarz viel Zeit durch Springerzüge verliert und in der Entwicklung zurückbleibt. Aus diesem Grund wird Laskers Idee in dieser klassischen Form nur selten in der Praxis gewählt.

Die moderne Version der Verteidigung, die durch die Erweiterung um den Zug h7-h6 gekennzeichnet ist, behandeln wir im **Kapitel 15.**

7.♗xe7

Dies ist die übliche Reaktion.

Wenn sich der Läufer mit 7.♗f4 zurückzieht, kommt Schwarz mit einer Mischung aus Vereinfachung und natürlicher Entwicklung in eine gute Position.

7...♘xc3 8.bxc3 ♘d7

Da es auch für Weiß nichts anderweitig Vordringliches zu erledigen gibt, widmet er seine ganze Energie der Aktivierung seiner Kräfte.

Nach 9.♗d3 ♘f6 10.0-0 gefolgt von 10...dxc4 11.♗xc4 ist durch die Aufhebung der Bauernspannung eine weitere Vereinfachung eingetreten, so dass Schwarz nun sein Augenmerk auf die Entwicklung seines weißfeldrigen Läufers richten sollte. Auf der Diagonale c8-h3 versperrt ihm der ♙e6 den Weg nach draußen. Also wählt Schwarz den Weg ins Fianchetto.

11...b6 12.♕c2

Auf der Diagonale b1-h7 will Schwarz mit Dame und Läufer Druck gegen die schwarze Königsstellung aufbauen.

Nach 12...♗b7 13.♗d3 ist die schwarze Stellung inzwischen gut für den Vorstoß 13...c5 vorbereitet, der Schwarz genügend Gegenchancen einbringt.

7...♕xe7

Schwarz muss aufpassen, denn hier wäre 7...♘xc3?? mit dem Ziel der Vereinfachung ein schwerer Fehler, der bereits die Partie kosten kann. Nach 8.♗xd8 ♘xd1 9.♗e7 ♖e8 10.♗a3 ist der Springer verloren und Weiß bleibt eine Mehrfigur.

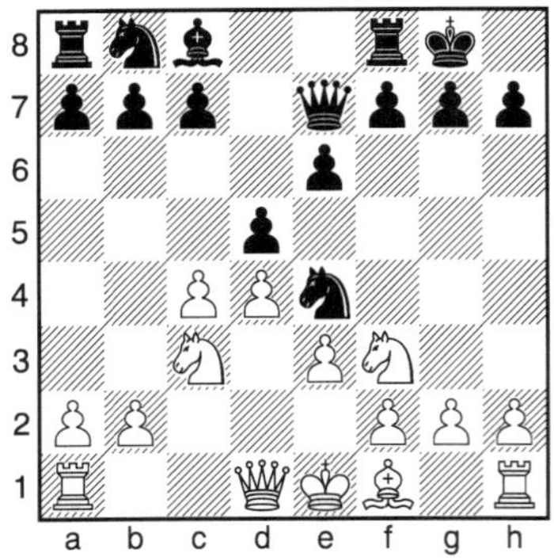

8.♕c2

Neben dem Textzug muss Schwarz insbesondere mit den Fortsetzungen 8.cxd5, 8.♖c1 und 8.♗d3 rechnen.

Nach 8.cxd5 hat der Springer seine Deckung verloren und reagiert mit dem Abtausch 8...♘xc3 9.bxc3 darauf. Nach 9...exd5 zeigt Weiß mit 10.♗d3 an, dass er ♕d1-c2 zum Aufbau einer starken Position auf der Diagonale b1-h7 folgen lassen will.

(Nach 10.♕b3 kann Schwarz den bedrohten Bauern mit 10...♖d8 decken und 11.♗d3 energisch mit 11...c5! beantworten.)

Schwarz kann hier zwischen mehreren gleichwertigen Fortsetzungen wählen. Wir schlagen 10...b6 vor, einen Zug, der relativ selten zum Einsatz kommt und deshalb einiges Überraschungspotenzial mitbringt. Er passt sich gut in unsere systematischen Ansätze ein und mit seiner Wahl lässt sich einiges an Vorbereitungsaufwand vermeiden.

11.♕c2 h6 12.0-0

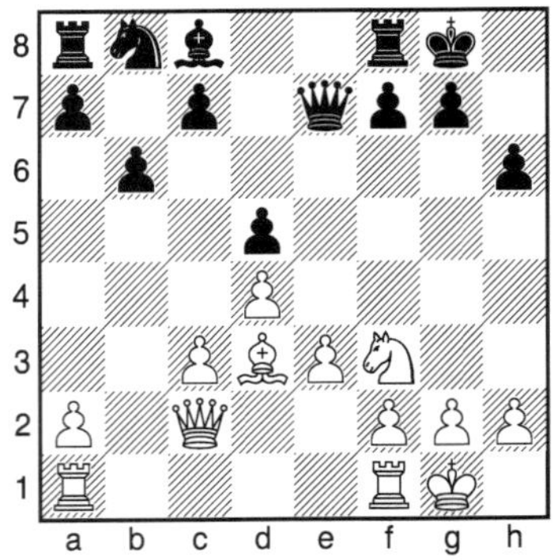

Nach 12...♗b7 beißt der Läufer noch auf Granit in der Form seines eigenen Bauern auf d5. Weiß wird aber nicht ohne ein weiteres Voranschreiten seines e-Bauern oder auch seines c-Bauern auskommen, so dass es dann zu einer deutlichen Änderung in seiner Situation kommen kann.

13.♖fe1

Der Turm soll e3-e4 unterstützen.

13...♘d7

Damit ist die Grundidee des schwarzen Aufbaus umgesetzt und der Hebelzug c7-c5 vorbereitet. Zur Veranschaulichung, wie es weitergehen kann, gehen wir anhand einer beispielhaften, aber typischen Zugfolge etwas weiter in die Partie hinein: 14.e4 dxe4 15.♗xe4 ♗xe4 16.♖xe4 ♕a3 17.♖ae1 ♘f6 nebst ♖f8-e8 und Schwarz hat ein gutes Spiel.

II. Nach 8.♖c1 will Weiß auf ♘e4xc3 mit dem Turm zurücknehmen.

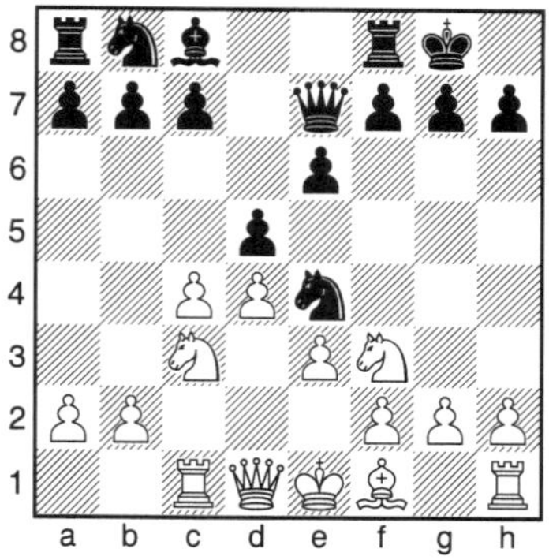

8...c6

(Die hier vorgestellte Variante kommt auch oft mit der Zugumstellung 8...♘xc3 9.♖xc3 c6 10.♗d3 usw. vor. Der c-Bauer stützt nicht nur d5, sondern setzt frühzeitig auch dem Einfluss des weißen Turms Grenzen.)

9.♗d3 ♘xc3

(Kompliziert wird das Spiel, wenn Schwarz im Geiste der „Stonewall-Struktur" mit 9...f5 fortsetzt. Wir denken, dass 9...♘xc3 für den lernenden und unerfahrenen Spieler der geeignetere Weg ist und gehen auf diese Variante nicht weiter ein.)

10.♖xc3 dxc4 11.♖xc4

(Auch nach 11.♗xc4 macht Schwarz am besten mit 11...♘d7 und nach 12.0-0 mit 12...e5 weiter.)

Nun ist es gut, dass der c-Bauer bereits vorangeschritten ist, denn dadurch wird 11...♘d7 möglich. Damit ist der beabsichtigte befreiende Schritt e6-e5 gut vorbereitet.

12.0-0 e5 13.♕c2

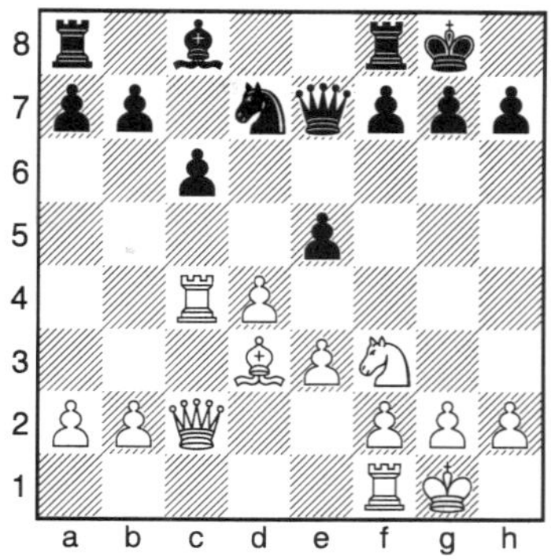

Es lässt sich nicht genau sagen, ob Schwarz seinen ♙h7 am besten mit g7-g6 oder mit h7-h6 verteidigen kann. Wir geben beide Alternativen deshalb gleichrangig an.

13...g6

(Nach 13...h6 ist die natürliche Zugfolge 14.dxe5 ♘xe5 15.♘xe5 ♕xe5 16.♖e4 ♕g5= aus der Praxis als zum Ausgleich führende Variante bekannt.)

Weil Weiß nach 14.♖e1 ♘b6 damit beschäftigt wird, seinen Turm zu retten, kann er nicht auf e5 schlagen. Nach 15.♖c5 exd4 16.exd4 ♕d6 verbleibt ihm der Isolani d4. Schwarz verfügt über ein gutes Spiel.

III. 8.♗d3 ♘xc3

(Die Alternative 8...f5 ist zu Recht von einer deutlich geringeren praktischen Bedeutung, da sie zu einer für Weiß günstigen Aufstellung führt. Wie die Zugfolge 9.cxd5 ♘xc3 10.bxc3 exd5 11.0-0 bestätigt, liegt es vollständig in weißer Hand, ob diese Entwicklung eintritt, denn ein Abweichen ohne Nachteil ist Schwarz nicht möglich. Weiß kann nach c3-c4 seine Türme auf der b- und der c-Linie postieren und Druck am Damenflügel ausüben.)

9.bxc3

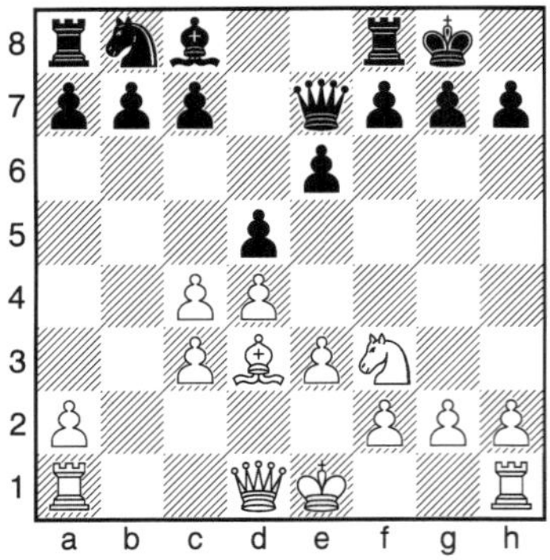

9...♘d7

(In einigen Partien hat Schwarz seine Stellung auch mit 9...dxc4 10.♗xc4 ♘d7 und dann 11.0-0 e5 gut verteidigt bekommen. Er sollte jedoch im Anschluss nicht zu schnell e5-e4 ziehen, denn sonst kann Weiß nach f2-f3 die Stellung in der Mitte für sich günstig öffnen. Schwarz muss also geduldig bleiben und beispielsweise zunächst c7-c6 ziehen und danach sogar auf d4 schlagen. Dieses Vorgehen führt zu einem zweischneidigen Spiel.)

Nach 10.0-0 ist 10...c6 jetzt eine sichere Wahl. Nach beispielsweise 11.cxd5 exd5 12.♕c2 ♘f6 ist die schwarze Stellung solide und ohne besondere Schwächen aufgebaut. Das Spiel kann sich beispielsweise mit 13.♘e5 g6 weiterentwickeln.

Der ♘e5 soll mit ♘f6-g4 vertrieben werden. Hierzu muss zunächst der ♙h7 gesichert werden.

14.c4 ♘g4

(Eine Prüfung wert ist 14...c5!?)

15.♘xg4 ♗xg4 16.h3 dxc4 17.♗xc4 ♗f5 und die Chancen sind ausgeglichen. Naheliegend ist nun eine weitere Vereinfachung mit 18.♗d3 ♗xd3 19.♕xd3=.

8...♘xc3

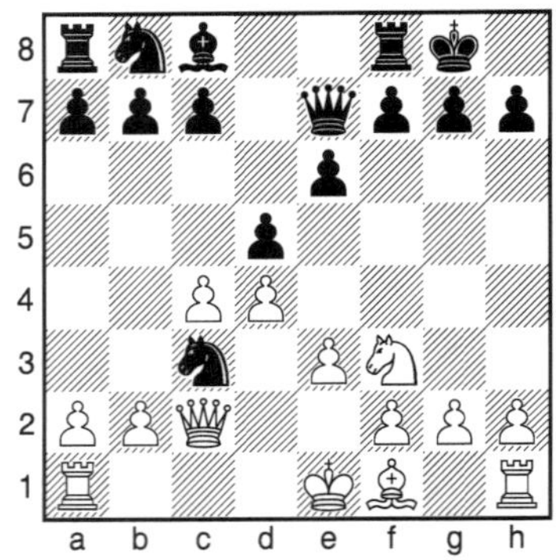

9.♕xc3

Auf 9.bxc3 kann Schwarz mit 9...♘d7 sowohl seine Entwicklung verbessern als auch abwarten, wie Weiß sich weiter verhält. Dieser kann unter gleichzeitiger Bedrohung des ♙h7 mit 10.♗d3 seinen Läufer ins Spiel bringen, was Schwarz zu 10...h6 veranlasst. Nach 11.0-0 führt die Auflösung der Zentrumsspannung mit 11...dxc4 gefolgt von c7-c5 zu guten praktischen Chancen.

Ein weiterer Vorteil dieses Vorgehens liegt darin, dass Schwarz auf diese Weise dem weiteren Verlauf der Partie entscheidend die Richtung vorgeben kann. In der Konsequenz reduziert er damit die entsprechenden Einflussmöglichkeiten auf gegnerischer Seite und damit seinen eigenen Vorbereitungsaufwand.

(Mit dem sofortigen Aufzug 11...c5 steht Schwarz eine gleichwertige Alternative zur Verfügung. Wenn er zu ihr greift, kann die Partie unter Zugumstellung zwar einen gleichen Verlauf nehmen, Weiß hat aber Abweichungsmöglichkeiten.

– Nur eine Zugumstellung wäre beispielsweise 12.♖fe1 dxc4 13.♗xc4 b6.

– Mit 12.cxd5 exd5 entsteht eine erheblich andere Situation. Rechnen muss Schwarz nun insbesondere mit ♖f1-e1 oder auch mit ♕c2-b2 mit der Idee, nach b7-b6 mit a2-a4 am Damenflügel vorzugehen. Die beiderseitigen Chancen sind jeweils gleich.)

12.♗xc4 c5

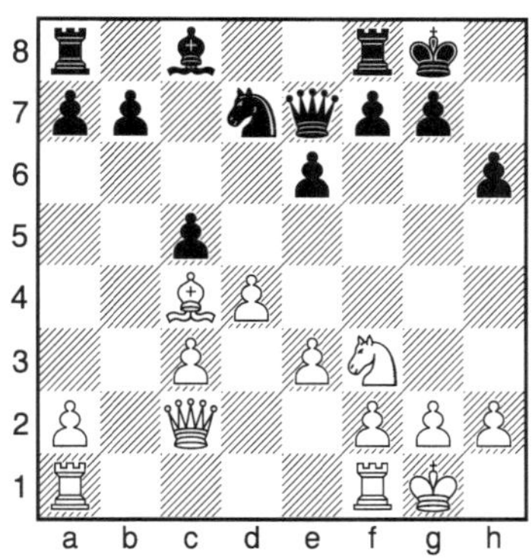

Die Stellung ist ausgeglichen. Sobald Schwarz seinen Läufer entwickelt und seine Türme durch eine bessere Postierung in der Mitte aktiviert hat, verfügt er über ein volles Spiel. Für die Erledigung dieser Aufgaben hat er genügend Zeit, da Weiß noch ähnliche Vorbereitungen treffen muss. Die mögliche Zugfolge 13.♖fe1 b6 14.d5 exd5 15.♗xd5 ♖b8 16.e4 ♖d8= dient der beispielhaften Veranschaulichung, wie sich die Partie weiterentwickeln kann.

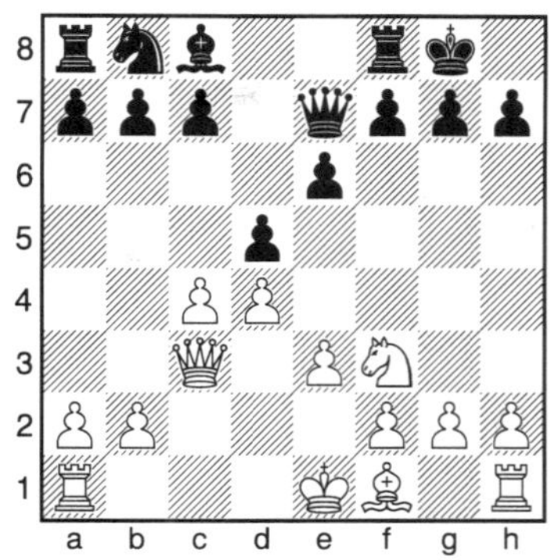

9...c6

Mit dieser soliden Fortsetzung befestigt Schwarz das Zentrum.

Mit guten Ergebnissen wird in der Praxis auch 9...dxc4!? gespielt.

10.♗xc4 b6 11.0-0 ♗b7 12.♗e2

Der Läufer hatte auf c4 ohnehin keine Zukunft. Von e2 aus beugt er dem Entstehen eines Doppelbauern nach einem möglichen ♗b7xf3 vor.

(Auch in der Variante nach 12.♖ac1 ist der Kampf um c7-c5 die geborene Leitidee für die Organisation des schwarzen Gegenspiels; z.B. 12...♘d7 13.♗e2 ♖fc8 14.♖fd1 c5=.)

Mit 12...♖c8 plant Schwarz zur Befreiung seines Spiels den Vorstoß c7-c5. Damit ist der Kern der Auseinandersetzung für die nächsten Züge vorgezeichnet. Weiß wird das gegnerische Vorhaben zu unterbinden oder zu erschweren versuchen.

13.b4 (13.♖ac1 ♘a6!?)

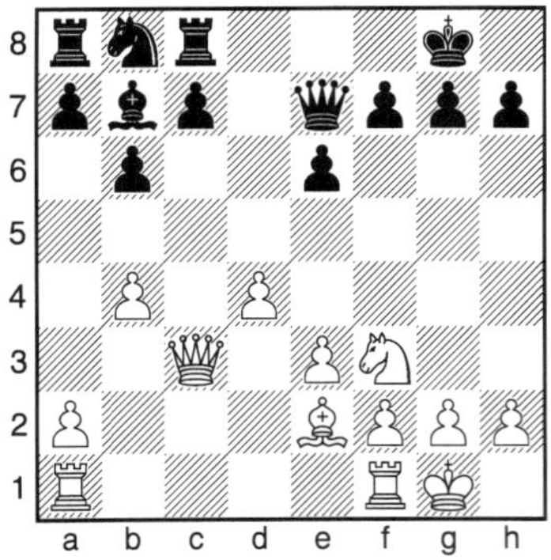

Mit 13...a5 wird der ♙b4 attackiert, der c5 kontrollieren soll.

Nach 14.a3 ♘d7 15.♖fc1 axb4 16.axb4 ist der Zeitpunkt für 16...c5 gekommen und nach 17.dxc5 bxc5 18.♖xa8 ♗xa8 ist die Stellung weitgehend ausgeglichen.

10.♗d3 ♘d7 11.0-0

Die Festlegung des Zentrums mit 11.c5 würde Schwarz begünstigen und ist in der Praxis deshalb auch bedeutungslos. Mit beispielsweise 11...f6 beginnend könnte er die weiße Zentralstellung aufzurollen versuchen.

11...dxc4 12.♗xc4 b6

Schwarz setzt seine Anstrengungen mit dem Ziel, den c-Bauern nach c5 zu bringen, fort. Indem für seinen Läufer jetzt der Weg nach b7 frei geworden ist, leistet der b-Bauer auch einen Beitrag zur Entwicklung allgemein.

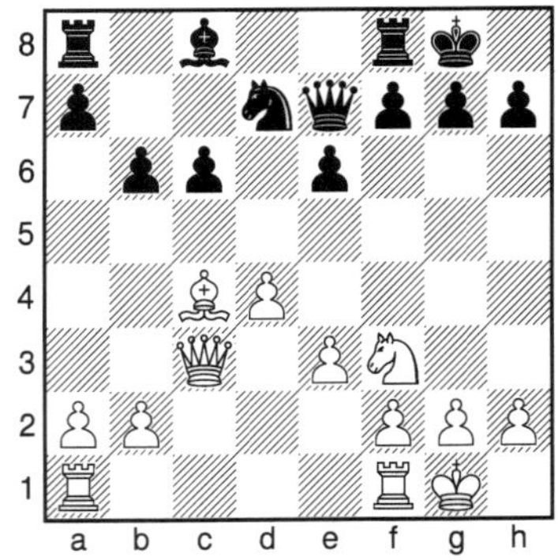

13.b4

Damit versucht Weiß c6-c5 zu verhindern.

Die Strategie, das schwarze Vorhaben zuzulassen, um dann im Zentrum zu kontern, ist für Weiß eine bedenkenswerte Alternative. In dieses Fahrwasser kann die Partie über 13.e4 ♗b7 14.♖ad1 c5 15.d5 kommen. Nach 15...exd5 16.♗xd5 (16.exd5 ♕d6) 16...♗xd5 17.♖xd5 ♘f6 ergibt sich eine ausgeglichene Stellung. Auf 18.♖e5 kann die Dame gut mit 18...♕b7 ausweichen.

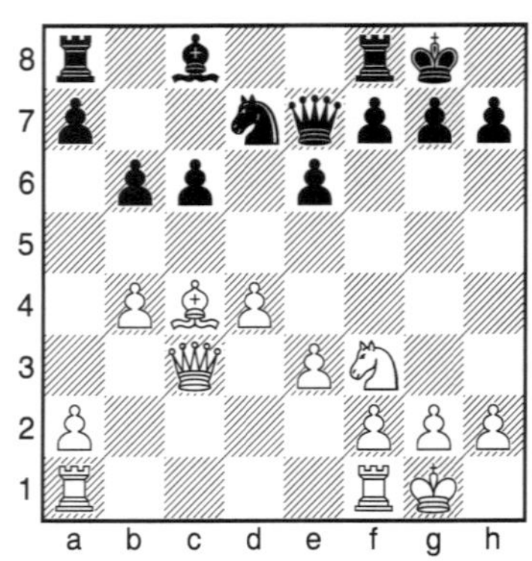

13...♗b7

Als Alternative zur kontinuierlichen weiteren Entwicklung seines Damenflügels steht Schwarz auch die Möglichkeit offen, mittels 13...a5!? sofort ein Gegenspiel zu organisieren.

14.bxa5

(Wenn Weiß das Schlagen verweigert und seinen b-Bauern durch 14.a3 stützt, verspricht die Rückbesinnung auf den Standardplan mittels des Manövers ♗c8-b7, ♖f8-c8 und c6-c5 gute Konterchancen.)

Nach 14...♖xa5 und nun beispielsweise 15.♖ab1 c5 sind die Chancen der Kontrahenten gleichwertig.

14.♗e2

14.♗d3 mit der Absicht e3-e4 ist nicht gefährlich für Schwarz. Nach 14...♖ac8 15.e4 spielt er 15...c5 und steht gut.

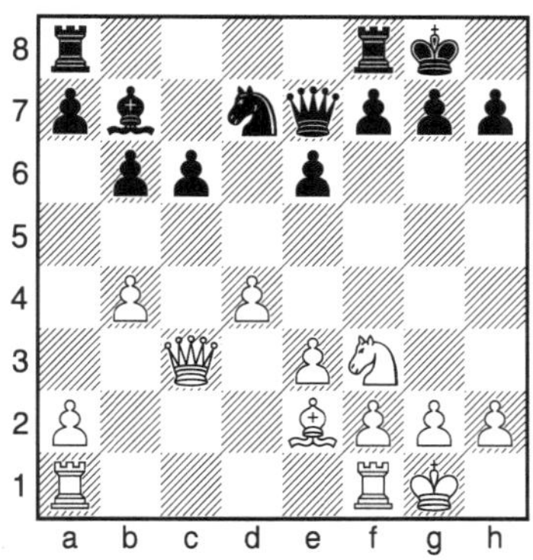

14...a5

Wer ungeduldig ist, kann 14...c5!? jetzt auch sofort versuchen. Nach 15.bxc5 (15.dxc5 bxc5 16.b5 ♖fc8 17.a4 a6=) 15... bxc5 nutzt Weiß mit 16.♕a3 die Fesselung des ♙c5 aus, um seine Dame besser zu postieren und seinen Turm nach c1 zu schaffen; z.B. 16...♖fc8 17.♖fc1 ♔f8 mit verteiltem Spiel.

15.a3 axb4 16.axb4 c5 17.dxc5 bxc5

Die nun folgenden Verläufe gleichen jenen voranstehender Nebenvarianten.

18.b5 ♘b6 19.♘e5 ♘d5

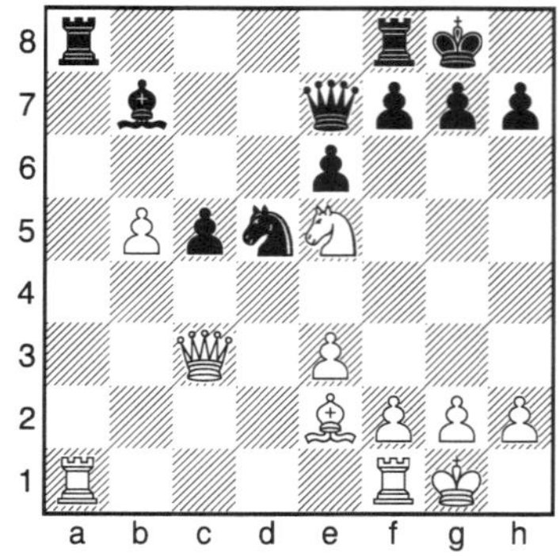

Die schwarze Stellung ist verteidigungsfähig, die Spieler agieren annähernd auf Augenhöhe. Wie das Abschlussdiagramm zeigt, muss sich Weiß um die Bedrohung seiner Dame kümmern. Diese Zeit kann Schwarz nutzen, um beispielsweise mit einer Verbesserung der Stellung seiner Dame zu reagieren.

Zusammenfassung: In ihrer klassischen Form führt die Lasker-Verteidigung für Schwarz zu einem etwas passiven Spiel, das aber dennoch mit der Aussicht auf gleichwertige Chancen verbunden ist. Da die Möglichkeiten für Schwarz, auf einen Sieg spielen zu können, recht limitiert sind, kommt die Lasker-Verteidigung im modernen Turnierspiel nur selten vor.

Kapitel 15

Lasker–Verteidigung

(moderne Form)

1.d4 d5 2.c4 e6 3.♘c3 ♘f6 4.♗g5 ♗e7 5.e3 0-0 6.♘f3 h6 7.♗h4 ♘e4

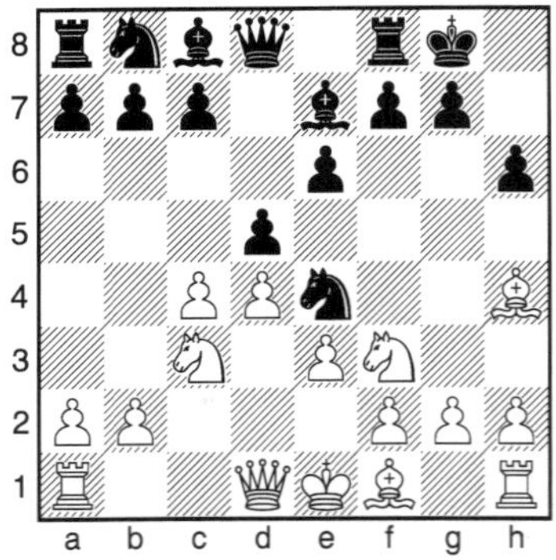

Diese moderne Form der Lasker–Verteidigung ist populärer als die klassische, die wir in **Kapitel 14** vorgestellt haben. Die Fortsetzung 6...h6 bewahrt den ♙h7 vor einem Angriff mit ♕d1-c2 und ♗f1-d3. Zugleich verschafft sie dem König das Luftloch h7, was in vielen Varianten von großer Bedeutung ist. Lasker selbst wendete seine Idee ♘f6-e4 an, ohne den Läufer nach h4 zu verdrängen.

8.♗xe7

Das Ausweichen mit 8.♗g3 ist in der Praxis weitgehend bedeutungslos. Aus der Warte von Schwarz ist es deshalb kein großes Risiko, sich auf das Nötigste reduziert auf diese Möglichkeit vorzubereiten. Entsprechend kurz halten wir unsere Ausführungen dazu.

8...♗b4

(Die Alternative 8...c5 ist in der Praxis etwas häufiger zum Zuge gekommen, zeigt aber aus schwarzer Sicht eine schlechtere Performance in der Partienstatistik. Mit einem Hinweis auf die Möglichkeit, Spezialliteratur beizuziehen, verzichten wir auf eine Erörterung.)

Mit 9.♖c1 sorgt der Turm für die notwendige Verstärkung des Springerschutzes und verbessert sich dabei zugleich auf die für ihn lukrativere c-Linie.

(Wenn Weiß die zusätzliche Deckung über 9.♕c2 herbeiführt, kann Schwarz mit 9...c5 reagieren. Dieser Vorstoß kann als Standardzug bezeichnet werden. Mit 10.♗d3 verfolgt Weiß nicht nur seine Entwicklung, sondern will auch etwas gegen die lästige Wirkung der gegnerischen Figuren einleiten.

Nach dem Abtausch 10...♘xg3 11.hxg3 löst Schwarz mit 11...cxd4 12.exd4 dxc4 13.♗xc4 die Bauernspannung im Zentrum vollständig auf. Weiß behält eine geschwächte Bauernstellung zurück. Nach 13...♘c6 und dann beispielsweise 14.♖d1 ♗d7 nebst ♖a8-c8 sind die schwarzen Gegenchancen gut.)

Nach 9...c5 ist zu beachten, dass dieser Bauer nicht nur das Zentrum attackiert, sondern auch c7 räumt, so dass die Dame nach a5 gelangen kann.

10.cxd5

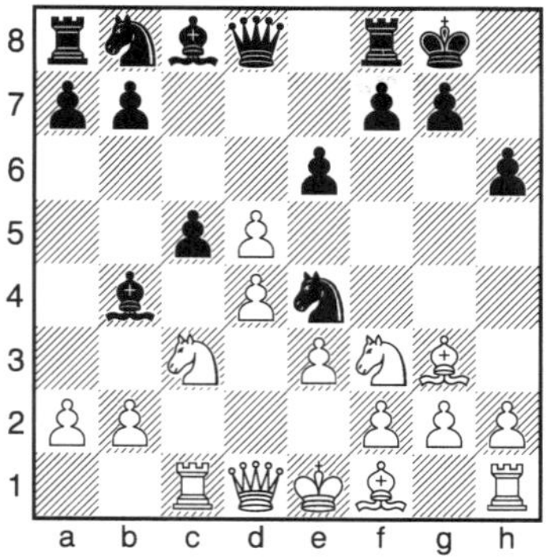

A) Nach 10...♕a5 11.♕c2 kann Schwarz mit 11...cxd4 12.♘xd4 ♗xc3+ 13.bxc3 ♘xg3 14.hxg3 ♕xd5 zu einer für ihn guten Stellung vereinfachen. Er sollte nun schnell seine Entwicklung vorantreiben. Im Gegensatz zum Gegner verfügt er über eine intakte Bauernstellung, die ihm die weitere Partieführung erleichtern sollte.

B) Es geht auch 10...exd5 mit der möglichen Folge 11.♗d3 (11.dxc5 ♕a5!?) 11...♘c6 12.0-0 ♗xc3 13.bxc3 ♗g4=.

8...♕xe7

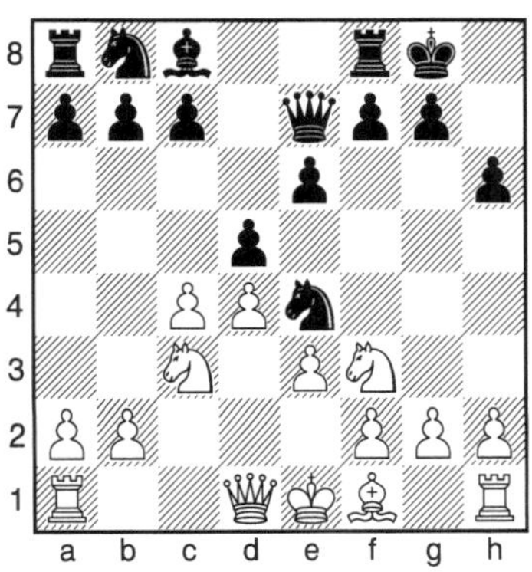

9.♕c2

Dieser Fortsetzung vertraut Weiß am häufigsten. Auf c2 steht die Dame aktiv, hinsichtlich der Aufstellung seines ♖a1 hat er sich seine Flexibilität erhalten.

Andere Möglichkeiten sind insbesondere 9.♗d3, 9.♖c1, 9.cxd5 und 9.♘xe4. Auf die sich daraus jeweils ergebenden Folgen gehen wir nachfolgend etwas genauer ein.

I. 9.♗d3

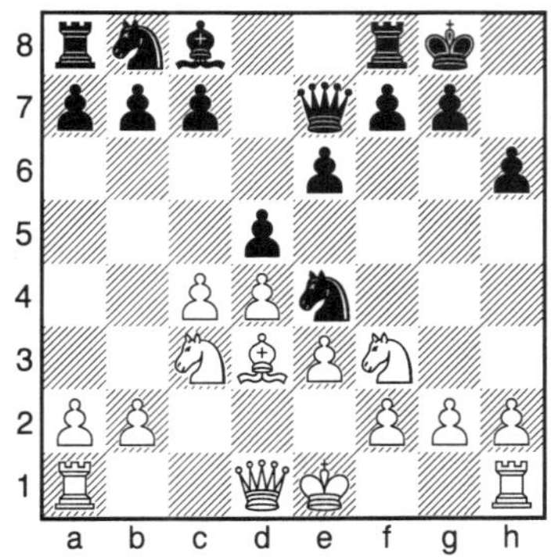

Zum Schutz seines nun zweifach angegriffenen Springers muss Schwarz sofort handeln. Die schlichte Reaktion mit 9...♘xc3 führt aber bereits zu völlig befriedigenden Ergebnissen.

Nach 10.bxc3 klärt Schwarz mit 10...dxc4 die Lage im Zentrum und lockt den Läufer in eine für ihn wenig aussichtsreiche Position.

(Es geht auch 10...♘d7 mit der Absicht, das Voranschreiten des e–Bauern zu unterstützen. Nach 11.0-0 e5 muss Weiß die Bauerngabel nach e5-e4 vermeiden. Dies kann er mit 12.♘xe5 erreichen. Nun kann Schwarz über die starke Vereinfachung 12...♘xe5 13.dxe5 dxc4 14.♗xc4 ♕xe5= den Ausgleich herbeiführen.)

Nach 11.♗xc4 kann sich nun eine Phase anschließen, in der beide Sei–

ten auf natürliche Weise ihre Entwicklung fortsetzen, beispielsweise über die Zugfolge 11...b6 12.0-0 ♗b7 13.♕e2 ♘d7.

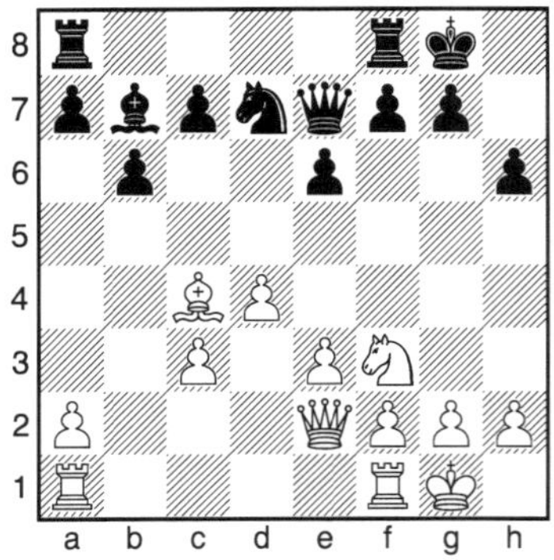

Mit 14.e4 und 14...c5 können sie jeweils ihre Trümpfe im Streben nach Kontrolle über das Zentrum ausspielen. Das Spiel ist ausgeglichen. Weiß kann nun nach dem Plan ♖a1-d1, ♖f1-e1 und ♗c4-d3 verfahren, wobei die Reihenfolge der Züge natürlich auch vom gegnerischen Vorgehen abhängt. Für Schwarz bietet sich ein Aufbau mit ♘f6 und den Türmen auf c8 und d8 an.

II. Auf 9.♖c1 wird zumeist die solide Fortsetzung 9...c6 gespielt. Teilweise stellt Schwarz ♘e4xc3 voran, was ihm aber keinen vorteilhafteren Verlauf verspricht.

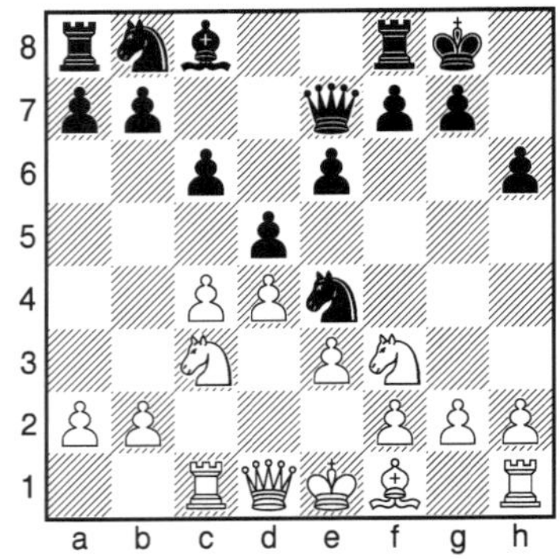

10.♗d3

(Bisweilen versucht Weiß dem Duell über einen Bauernsturm am Königsflügel mehr Schärfe zu verleihen. Beunruhigen lassen sollte Schwarz sich davon nicht. Er kann sein Streben nach Gegenspiel und die erforderliche Verteidigung gegen den gegnerischen Versuch gut miteinander kombinieren. Nach beispielsweise 10.h4!? ♖d8 11.g4 c5 12.g5 h5 hat er die Kontrolle über den Königsflügel behalten und genügend eigene aktive Möglichkeiten.)

10...♘xc3 11.♖xc3 dxc4 12.♖xc4

(12.♗xc4 hat auch hier den Nachteil, dass der Läufer jetzt unvorteilhaft steht und deshalb wohl bald noch einmal bewegt werden muss. Zwar ist c4 auch für den Turm mit einer fragilen Position verbunden, er kann sie aber besser verwerten.

Nach 12...♘d7 13.0-0 b6 haben Springer und Bauer den Aufzug c6-c5 gut vorbereitet. Der Rückzug 14.♗d3 sorgt dafür, dass der ♖c3 den ♙c6 angreift. So kann man in 14...c5 sowohl einen angreifenden wie auch einen verteidigenden Zug sehen. Nach 15.♗e4 ♖b8= ist die Stellung ausgeglichen.)

Mit 12...♘d7 unterstützt Schwarz die beiden Hebelzüge c6-c5 und e6-e5, die ihm grundsätzlich zur Verfügung stehen, um das weiße Zentrum zu attackieren.

13.0-0

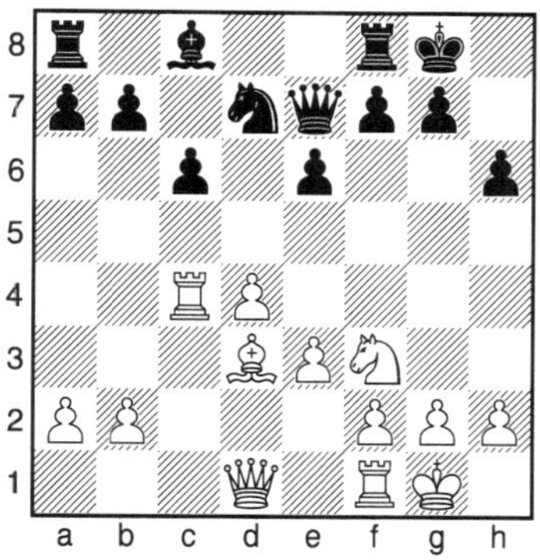

13...e5

(Hier wäre 13...c5 mit der Folge 14.dxc5 ♘xc5 15.♗b1 nachteilig für Schwarz, denn er käme in eine passive Lage. Weiß verfügt über mehrere Optionen, zum Beispiel b2-b4, ♕d1-d3/c2 und ♘f3-e5, die er in Abhängigkeit von der Reaktion von Schwarz einsetzen könnte.)

14.dxe5 ♘xe5 15.♖e4

Auf diese Weise nutzt der Turm die weiter oben schon angesprochene Möglichkeit, die Zwischenstation auf c4 gut zu verwerten. Der nun doppelt angegriffene ♘e5 ist zugleich gefesselt. Wenn er mit f7-f6 gedeckt werden müsste und dann mit ♘f3xe5 geschlagen würde, wäre dies schlecht für Schwarz, denn Weiß würde f2-f4 folgen lassen und einen klaren Vorteil erreichen.

Er hat aber die Möglichkeit, sich mit 15...♘xf3+ und Schachgebot abzutauschen, so dass der ♖e4 nicht zum Schlagen der Dame kommt.

Nach 16.♕xf3 kann Schwarz seine Stellung mit 16...♗e6 und auf 17.♗c4 mit 17...♖ad8 konsolidieren und seine Entwicklung weitgehend abschließen. Wenn es mit 18.♗xe6 fxe6 19.♕g4 ♖d6 weitergeht, erreicht die Partie schon eine Nähe zum Endspiel, in dem die Chancen der Kontrahenten etwa gleichwertig sind.

III. 9.cxd5

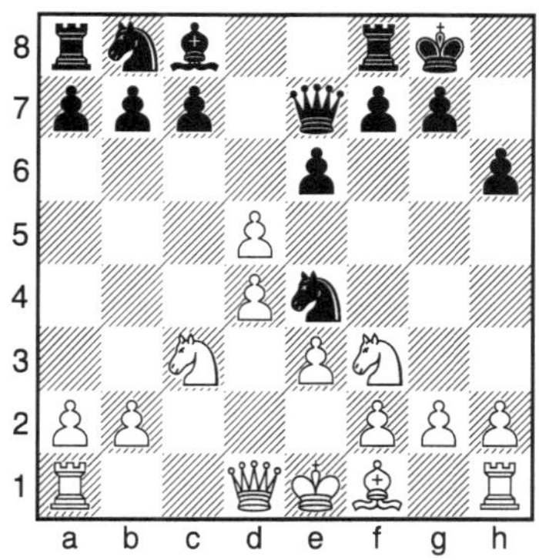

Nach 9...♘xc3 10.bxc3 exd5 bietet Weiß am ehesten die Fortsetzung 11.♕b3 eine realistische Chance auf einen Vorteil. Entsprechend kommt sie in der Praxis auch zumeist auf das Brett. Die Dame greift den bisher noch ungedeckten ♙d5 an, so dass Schwarz reagieren muss. Zugleich ist sie wegen der Bedrohung des ♙b7 etwas lästig, weil der ♗c8 deshalb nicht frei bewegt werden kann.

Nach 11...♖d8 Weiß strebt mit 12.c4 ein starkes Zentrum an, und wenn Schwarz dies zulässt, kann er auch ein Spiel auf der Diagonale a2-g8 entwickeln. Nach 12...dxc4 13.♗xc4 ♘c6 aber ist dem ein Riegel vorgeschoben, da Schwarz die Möglichkeit zu ♘c6-a5 hat.

14.♗e2

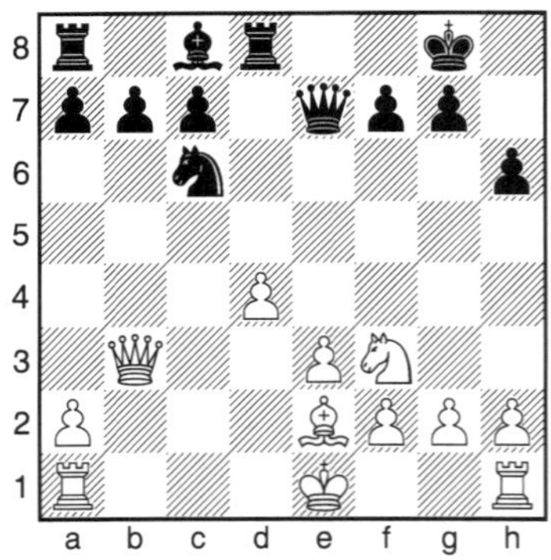

In der Gunst der Spieler liegen an dieser Stelle die beiden Fortsetzungen 14...♖d6 und 14...b6 etwa gleichauf. Die etwas besseren Resultate aus schwarzer Sicht liefert im Fernschach der Turmzug, für das allgemeine Turnierschach ergibt sich ein solcher Unterschied nicht.

Mit 14...♖d6 kommt der Turm besser ins Spiel und macht zugleich das Feld für seinen Kollegen frei, ohne dass dem ♗c8 der Weg versperrt wird.

(Mit 14...b6 wird der weißen Dame der Blick nach b7 genommen und das Fianchetto eingeleitet. Nach den üblichen Entwicklungszügen 15.0-0 ♗b7 16.♖ac1 kann Schwarz mit 16...♘a5 den Springer mit Tempogewinn die c-Linie räumen lassen, um nach 17.♕b2 mit 17...♖ac8 den Vorstoß des c-Bauern vorzubereiten, der das weiße Zentrum schwächen soll. Nach einem beispielhaften Fortgang über 18.h3 c5 19.dxc5 ♖xc5 20.♖xc5 ♕xc5 21.♖c1 ♕d6= ist die Stellung ausgeglichen.)

15.0-0 ♗e6

Der Läufer kann mit Tempogewinn aktiviert werden, weil die Dame ausweichen muss und nicht auf b7 schlagen kann. Auf 16.♕xb7?? würde nämlich 16...♖b8 17.♕a6 und dann 17...♘xd4–+ folgen. Und nach 16.♕b2 ♗d5 17.♖fc1 ♖ad8 nebst b7-b6 steht Schwarz gut.

IV. Nach 9.♘xe4 hat Schwarz die Chance auf ein schnelles aktives Gegenspiel.

9...dxe4 10.♘d2 f5

In rund zwei Drittel aller Fälle setzt Schwarz auf diese Fortsetzung.

(Der Rest entfällt nennenswert nur auf 10...e5!?. Auch die damit erzielten Resultate sind gut, so dass sich eine Prüfung für den eigenen Einsatz lohnen kann. Wir konzentrieren uns allerdings auf den Textzug.)

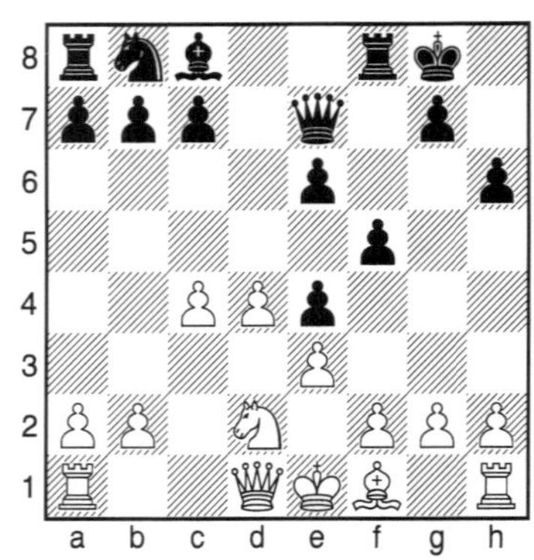

Mit 11.♗e2 will Weiß zunächst so schnell wie möglich die Entwicklung

seines Königsflügels abschließen, bevor er sich anderen Interessen widmet.

(Rechnen muss Schwarz auch mit 11.♕c2, worauf er energisch mit 11...c5 reagieren kann. Nach 12.dxc5 hat er die Zeit, zunächst seinen Springer mit 12...♘d7 in Stellung zu bringen und ihn, etwa nach 13.♗e2 auf c5 schlagen zu lassen. Nach 13...♘xc5 14.0-0 a5= sind die Aussichten beider Parteien gleich.)

11...b6

Auf der Diagonale c8-h3 kann der Läufer bis auf weiteres keine Ambitionen entwickeln. Entsprechend folgerichtig ist die Vorbereitung seiner Fianchettierung.

Nach 12.0-0 ♗b7 gefolgt von 13.♕c2 ♘d7 14.♖ad1 a5 mit der Absicht c7-c5 hat Schwarz gute Perspektiven.

9...♘xc3 10.♕xc3 dxc4 11.♗xc4 b6

Mit ♗c8-b7 strebt Schwarz eine natürliche Aktivierung des Läufers an. Die lange Diagonale a8-h1 verspricht ihm genügend Wirksamkeit.

Mit Ausnahme des Fernschachspiels hat Schwarz früher auch häufiger auf 11...c5 gesetzt. Obwohl die damit gemachten Erfahrungen nicht schlecht waren, ist der Zug etwas in den Hintergrund getreten. Er ist aber interessant genug, um auch im modernen Turnierschach mit ihm zu experimentieren. Er ist eine energische Möglichkeit, Aktivität zu entwickeln.

Weitergehen kann es beispielsweise mit 12.0-0 ♘c6 13.♖fd1 cxd4 14.♘xd4 ♗d7. Damit hat Schwarz den Grundstein für einen soliden Aufbau gesetzt und nach der möglichen Folge 15.♘b5 ♖fd8 16.♘d6 ♗e8 sind die Chancen etwa gleich. Weiß wird den Springer gegen den Läufer abtauschen und zu beweisen versuchen, dass seine Kräfte in der Konstellation Läufer gegen Springer überlegen sind. Die Praxis zeigt, dass Schwarz gut bestehen kann.

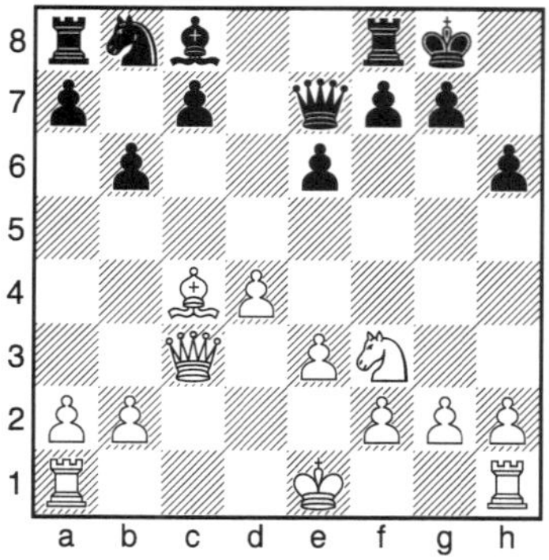

12.0-0

Mit diesem natürlichen Zug beendet Weiß seine Entwicklung. Anzutreffen sind auch 12.♖c1 und 12.d5, worauf sich die im Folgenden dargestellten Entwicklungen ergeben können.

I. Mit 12.♖c1 will Weiß Druck auf der c-Linie aufbauen und ein beabsichtigtes c7-c5 erschweren.

12...♗b7

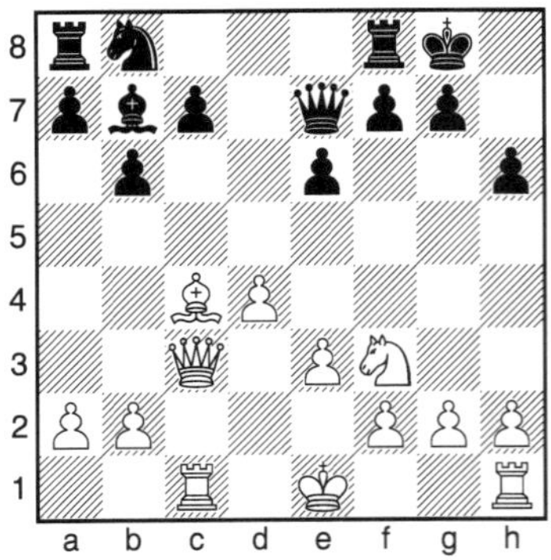

13.♗e2

(Die Alternative 13.0-0 ♘d7 14.♖fd1 c5 würde den Absichten von Schwarz entgegenkommen. Wenn dieser statt mit 13...♘d7 mit 13...♗xf3 fortsetzen würde, wäre dies nach positionellen Erwägungen die schlechtere Wahl. Für den unerfahrenen Spieler ist der Umgang mit einem Doppelbauern und das Spiel mit einer lädierten Königsstellung allerdings nicht selten unangenehm, was zusätzlich in die situativen Erwägungen während der eigenen Partie einbezogen werden kann.)

Die beiden folgenden schwarzen Züge 13...♖c8 und nach 14.0-0 ♘d7 können grundsätzlich auch in anderer Reihenfolge gespielt werden.

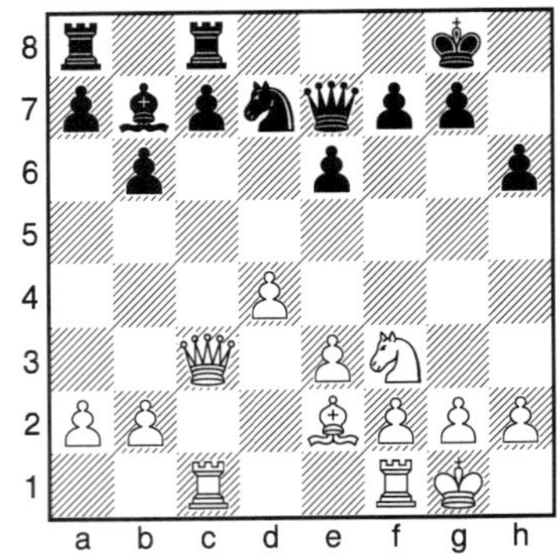

15.♖fd1

(Auf 15.b4 folgt ebenfalls 15...c5!.)

Nach dem typischen Schlag gegen das weiße Zentrum 15...c5 verlässt die Dame mit 16.♕a3 ihre ungünstige Position im Wirkbereich des schwarzen Turms und nutzt dabei die Möglichkeit, sich durch die Fesselung des ♙c5 ein eigenes Nehmen auf diesem Feld vorzubehalten.

16...♔f8 17.dxc5 ♖xc5

(Möglich ist auch 17...♘xc5 18.♘d4 a5 usw.)

Nach 18.♖xc5 ♘xc5 hat Schwarz eine sichere Stellung.

II. Nach 12.d5 liegt es in der Hand von Schwarz, über die weitgehend forcierte Variante 12...exd5 13.♗xd5 c6 14.♗c4 ♗a6 15.♗xa6 ♘xa6 den Ausgleich herzustellen.

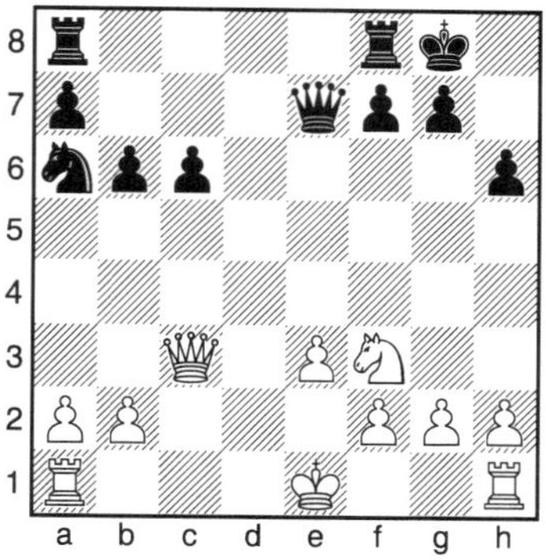

Wenn Weiß mit 16.♕xc6 einen materiellen Vorteil erreichen zu können meint, macht er mit der flexiblen Kraft des schwarzen Springers Bekanntschaft.

(Auf 16.0-0 kann 16...c5 folgen und auf 17.♖fd1 die Gegenüberstellung der Türme mit 17...♖fd8=.)

Nach 16...♘b4 17.♕a4 ♘d3+ 18.♔e2 ♖fd8 und der weiteren Folge 19.♖hd1 ♘xb2 20.♖xd8+ ♖xd8 21.♕b3 ♘d3 22.♖d1 ♘c5= ist der Springer sicher zurückgekehrt und das bevorstehende Endspiel ausgeglichen.

12...♗b7 13.♗e2

Nun kann Schwarz mit ...

13...c5

...aktiv werden, denn nach...

14.dxc5

...sorgt...

14...♖c8

...für die Fixierung des ♙c5 durch Fesselung unter einer gleichzeitigen Verstärkung des Angriffs auf ihn.

15.b4

Oder 15.♘d4 ♖xc5 16.♕a3 ♘c6=.

15...bxc5

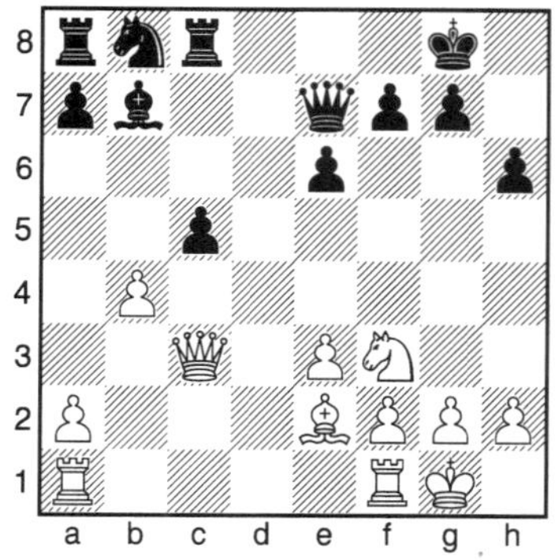

16.b5!?

Dies ist die einzige Möglichkeit für Weiß, wenn er sich die Chance auf einen Vorteil erhalten will.

Wenn er die Bauernspannung mit 16.bxc5 aufgibt, kommt Schwarz beinahe automatisch zu einem guten Spiel.

16...♘d7

(Ohne Probleme geht auch 16...♖xc5 17.♕a3 ♕c7=.)

17.♖fd1 ♘xc5

(17...♕xc5 18.♕xc5 ♘xc5=)

18.♕a3 ♕f6 19.♖ac1 ♘e4 20.♖xc8+ ♖xc8=

Hier ist es sogar Weiß, der Gefahr läuft, sich durch ein unvorsichtiges Vorgehen in Schwierigkeiten zu bringen. So wäre 21.♕xa7? in der trügerischen Hoffnung auf einen Bauerngewinn schlecht wegen 21...♕b2! usw.

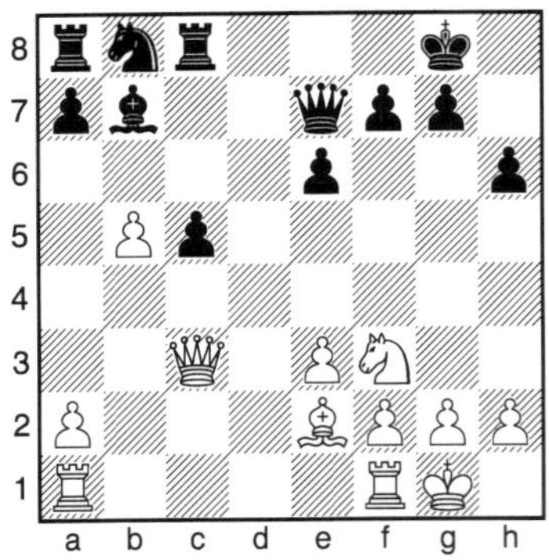

16...a6

Der Bauer wird sofort unter Druck gesetzt.

Zu beachten ist auch die Idee, mit 16...♘d7!? zunächst den Damenspringer zu entwickeln und erst danach die a-Linie zu öffnen. Die folgende Variante zeigt den prinzipiellen Ablauf. Zusammen mit den nachfolgenden Ausführungen zur Hauptvariante sollte sie ausreichen, um den Kern der Idee zu veranschaulichen.

17.a4 a6 18.♖fc1 axb5 19.axb5 ♖xa1 20.♖xa1 c4 21.♖a7 (21.♘d4 ♕c5!) 21...♖c7

Nun kann Schwarz mit ♘d7-b6 und ♕e7-c5 weiter verfahren, er verfügt über ein aktives Spiel.

17.a4

Der Bauer soll auf b5 zurückschlagen, sofern Schwarz den Abtausch vornimmt. So würde die Antwort ♗e2xb5 vermieden.

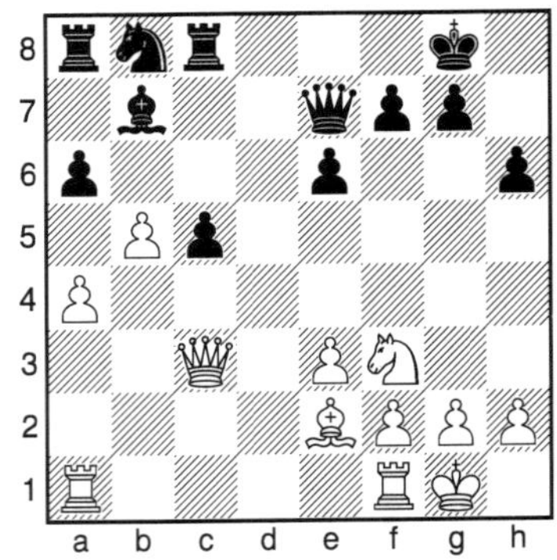

17...♘d7

Genauso gut ist 17...axb5 18.axb5 und erst jetzt 18...♘d7 mit der Absicht, den Springer stark vor dem ♙b5 zu platzieren. Schwarz behält die volle Kontrolle über das Spiel, wie die plausible Beispielvariante 19.♖fc1 ♘b6 20.♘d2 c4 21.♖xa8 ♗xa8= beweist.

18.♖fc1

Mit 18.bxa6 ♗xa6 19.♗xa6 ♖xa6 erreicht Weiß nichts. Nach 20.a5 ♖ca8 21.♖fd1 kann Schwarz beispielsweise an 21...♘b8 mit der Idee eines Weiterziehens nach c6 denken, am einfachsten aber mit 21...♕f6 den Ausgleich halten.

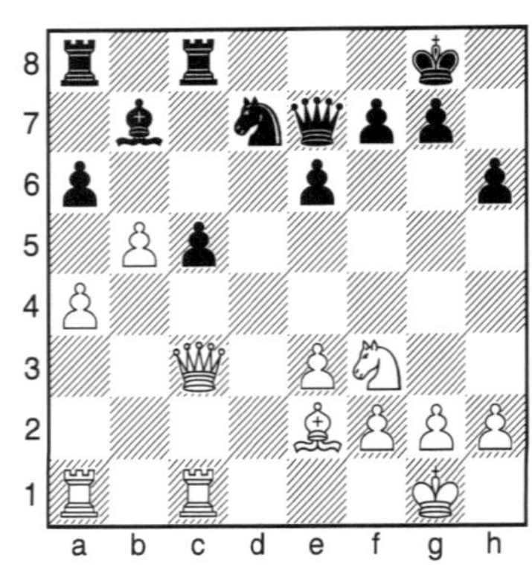

18...axb5

Einfach und völlig ausreichend.

In der Praxis wurde auch die Variante 18...c4 19.bxa6 ♗xa6 20.♘d2 ♘b6 21.e4 ♕d7 auf ihre Tauglichkeit getestet. Bei ihrer Wahl wird die a–Linie nicht vollständig geöffnet und es unterbleibt der Abtausch von zwei Türmen. Dies führt zur Erweiterung der Möglichkeiten im Figurenspiel, aber für beide Seiten. So bleiben die Chancen etwa in der Waage.

19.axb5 c4 20.♖xa8 ♗xa8

Schwarz kann seine Stellung problemlos verteidigen.

Zusammenfassung: Ähnlich wie in der klassischen Variante reicht das schwarze Spiel in der Lasker–Verteidigung mit h7-h6 aus, um das Gleichgewicht aufrechtzuerhalten. Auch bei ihrer Wahl ist es allerdings schwierig, um die Initiative zu kämpfen. Somit zählt die Lasker-Verteidigung mit h7-h6 zu den soliden Systemen, in denen Schwarz den Ausgleich halten, aber nur schwer auf mehr als ein Remis spielen kann.

Kapitel 16

Tartakower–Verteidigung

1.d4 d5 2.c4 e6 3.♘c3 ♘f6 4.♗g5 ♗e7 5.e3 0-0 6.♘f3 h6 7.♗h4 b6

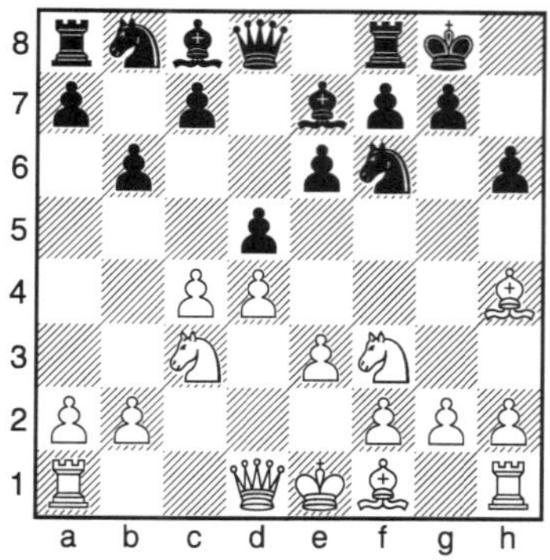

Diese Zugfolge mit 6...h6 und 7...b6 wurde von dem polnisch–französischen Großmeister Savielly Tartakower (1887-1956) ausgebaut und popularisiert. Im Turnierschach wendete er sie erstmals in London 1922 an. Schwarz will seinen weißfeldrigen Läufer auf der langen Diagonale a8-h1 postieren, auf der er sehr aktiv wirken kann. So eingesetzt bietet sich ihm die Aussicht, nach der Öffnung der Stellung mit d5xc4 am Königsangriff teilzunehmen.

8.♗e2

Dieser Entwicklungszug ist elastisch, indem er sich in viele mögliche zukünftige Abläufe einbinden lässt. Er wird aktuell sehr häufig gespielt. Bei seiner Wahl stellt Weiß sicher, dass zunächst der König in eine sichere Lage kommt, bevor er seine weitere Planung erkennbar macht. Für Schwarz ergibt sich an dieser Stelle eine besondere Herausforderung. Er muss damit rechnen, dass er anstelle unseres Textzuges mit sieben ernst zu nehmenden Alternativen konfrontiert wird, für die er sich zumindest grundlegend präparieren muss. Auf diese gehen wir nachfolgend in einer aus unserer Sicht nicht weiter begrenzbaren Tiefe ein.

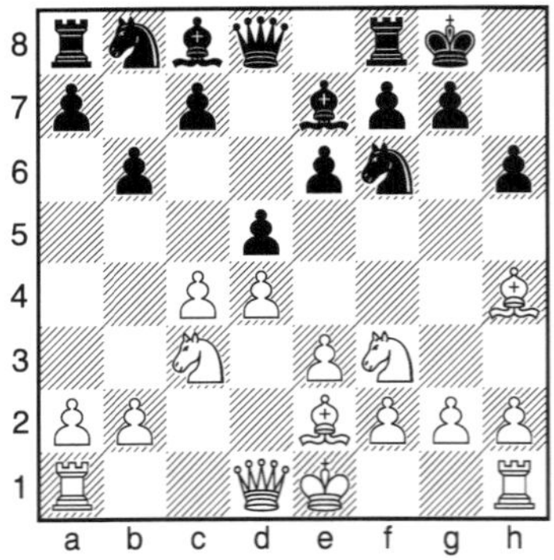

I. Nach 8.♖c1 ist der Turm grundsätzlich gut postiert, weil er den Druck in der c-Linie verstärkt. Zudem kann er auf c3 zurückschlagen, wenn Schwarz im Anschluss an ♘f6-e4 die Springer tauscht.

8...♗b7

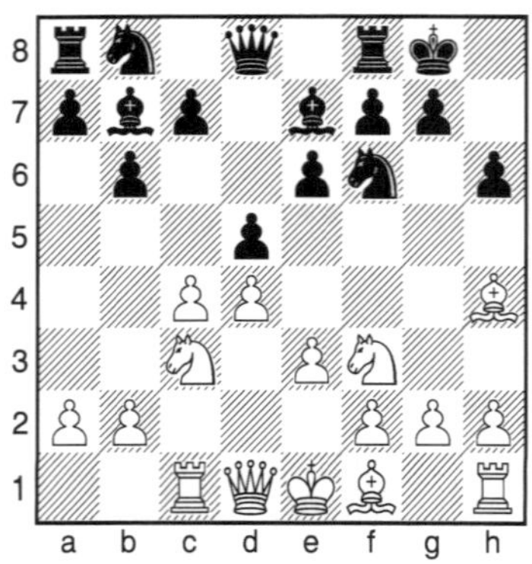

A) 9.♗xf6 ist die am häufigsten zum Einsatz kommende Fortsetzung. Sie sorgt dafür, dass der schwarze e-Bauer auf das Feld d5 gerät und dort die Wirksamkeit seines ♗b7 einschränkt. Diese Entwicklung kann grundsätzlich auch über andere einleitende Züge und dann eine Zugumstellung eintreten.

9...♗xf6 10.cxd5 exd5

(Es wird auch 10...♗xd5 gespielt, was aber mit der Idee eines starken Läufers auf der langen Diagonale bricht. Nach dem Abtausch 11.♘xd5 exd5 und nun beispielsweise 12.♗d3 kann Schwarz mit 12...♕d6 und dem Plan ♘b8-d7 gefolgt von c7-c5 fortsetzen.)

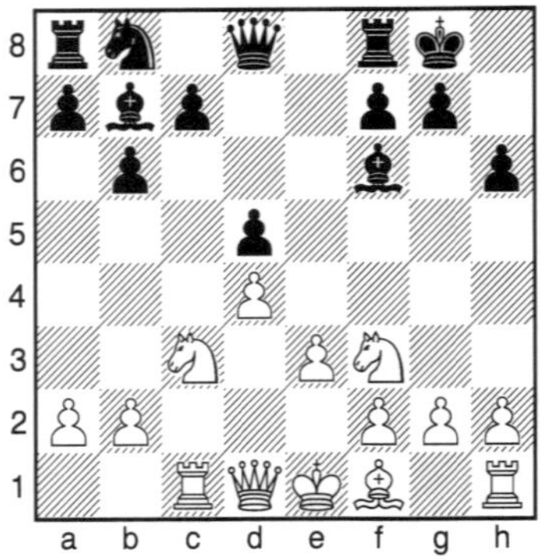

Mit 11.b4 will Weiß den Vorstoß c7-c5 nicht so einfach zulassen.

(Im Falle von 11.♗e2 steht Schwarz der typische Entwicklungsplan 11...♕e7 12.0-0 ♖d8 13.♕b3 c5 usw. zur Verfügung.)

11...c6

(Als für den unerfahrenen Spieler zu kompliziert sehen wir das Spiel an, das sich hier nach 11...c5 ergibt. Wir gehen deshalb nicht im Detail darauf ein und beschränken uns auf die Abbildung einer Beispielvariante.

12.bxc5 bxc5 13.dxc5 ♘d7 14.c6 ♗xc6 15.♘d4 ♗b7 16.♗e2 ♘c5

Schwarz besitzt das Läuferpaar, muss sich aber auch mit seinem isolierten d-Bauern auseinandersetzen.)

Mit 12.♗d3 ♕d6 13.♕b3 ♘d7 14.0-0 kann sich nun eine Phase anschließen, während der beide Seiten über mehrere Entwicklungszüge ihre Position zu verbessern versuchen, bevor Schwarz mit 14...a5 sein Gegenspiel am Damenflügel forciert. Er kann nun auf die Durchsetzung von c6-c5 spielen, um seinen ♗b7 zu aktivieren.

B) Zu einem deutlich abweichenden Fortgang kommt es nach 9.♗e2, wenn Schwarz die Gelegenheit nutzt, mit 9...dxc4 die Diagonale a8-h1 zu räumen.

Nach 10.♗xc4 kann Schwarz mit 10...♘bd7 den Vorstoß seines c-Bauern vorbereiten und diesen nach beispielsweise 11.0-0 mit 11...c5 ausführen.

Der Bauer attackiert das weiße Zentrum und sorgt für eine Befreiung des schwarzen Spiels. Wenn es zur Öffnung der c-Linie kommen sollte, kann dies grundsätzlich für beide Seiten von Nutzen sein.

12.♕e2

(Der Abtausch 12.dxc5 ♘xc5 erleichtert Schwarz die Entwicklung.

13.♕e2 a6

Der Bauer macht das Feld b5 für die weißen Leichtfiguren unzugänglich. Dies stellt sicher, dass Schwarz nach ♖f1-d1 mit ♕d8-e8 reagieren kann, wobei die Dame auch die Deckung des ♗e7 aufrechterhält, ohne mit ♗c4-b5 angegriffen werden zu können.

14.♖fd1 ♕e8 15.a3

Der Bauer verschafft dem ♗c4 ein Fluchtfeld, so dass die Möglichkeit b6-b5 entschärft ist. Nun kann Schwarz mit 15...♘fe4 die Abtauschkette 16.♘xe4 ♘xe4 17.♗xe7 ♕xe7= einleiten und das Spiel ausgleichen.)

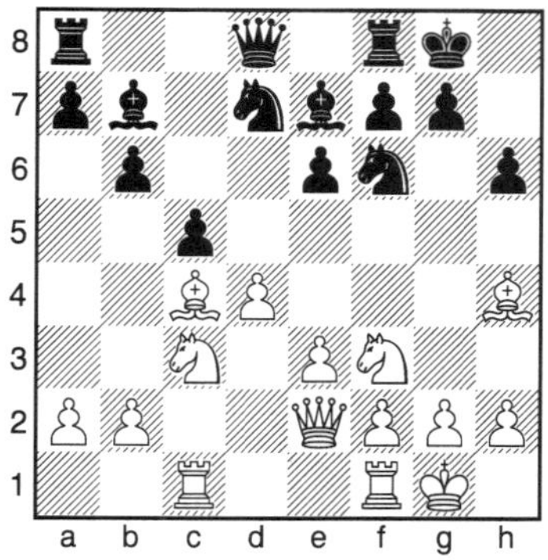

12...a6 13.a4

Der Bauer soll b6-b5 verhindern, worüber Schwarz zu einer dominanten Stellung am Damenflügel käme.

13...cxd4 14.exd4

(Nach 14.♘xd4 ♘c5 sowie 15.f3 mit Sperrung des Feldes e4 kann Schwarz mit 15...♕e8 die fragile gegnerische Position am Damenflügel aufs Korn nehmen oder auch 15...♘d5 spielen.)

Schwarz möchte die schwarzfeldrigen Läufer abtauschen und damit ein Etappenziel zur Befreiung seines Spiels erreichen. Mit 14...♘h5 wird ihm dies möglich, ohne dass das Feld h4 als Notnagel zu bezeichnen wäre.

Nach 15.♗xe7 ♕xe7 und nun beispielsweise 16.d5 nutzt der Springer h5 als Sprungbrett für 16...♘f4, womit er unter Angriff auf die Dame eine starke Position erreicht. Und nach 17.♕e3 sorgt 17...♕f6 für die notwendige Deckung.

18.♘e4

(Die Folgen von 18.dxe6 fxe6 sind wegen der offenen f-Linie günstig für Schwarz.)

Mit 18...♕f5 hält die Dame den Kontakt zum Springer aufrecht und lässt sich auch nicht mit 19.♘g3 vertreiben, sondern hält mit 19...♕f6 ihre Funktion gleichwertig aufrecht. Die Perspektiven der Parteien sind ausgeglichen.

II. Mit 8.cxd5 will Weiß die Diagonale a8-h1 sperren, da Schwarz seinen Läufer auf b7 postieren möchte.

A) Mit 8...♘xd5 hält Schwarz die Möglichkeit, eine offene Diagonale nutzen zu können, aufrecht.

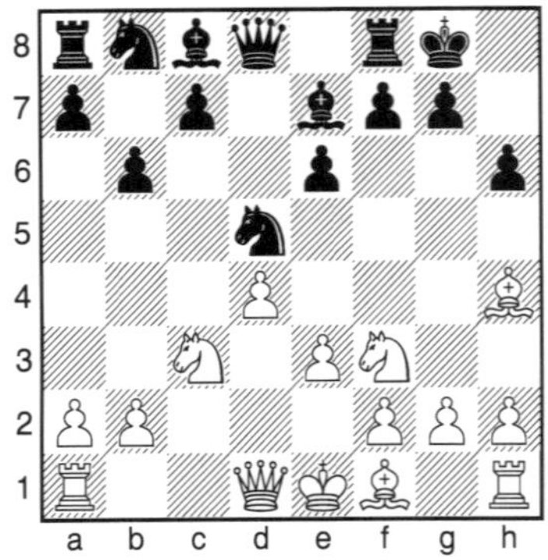

9.♘xd5

(Oft läuft die Partie auch über die geänderte Zugreihenfolge 9.♗xe7 ♕xe7 und erst dann 10.♘xd5 exd5. Allerdings ist Weiß natürlich nicht gezwungen, auf diese Weise vorzugehen.

Zu den häufiger gewählten Alternativen zählt 10.♗d3. Schwarz kann dann kontinuierlich seine Entwicklung fortsetzen und auf die Durchsetzung von c7-c5 spielen. Als Beispiel für ein solches Vorgehen kann die Variante 10...♗b7 11.0-0 ♘d7 12.♘xd5 ♗xd5 13.♖c1 c5= dienen.)

Nach 9...exd5 10.♗xe7 ♕xe7 sind beide Seiten gehalten, ihre Entwicklung abzuschließen. Schwarz sollte diese so ausrichten, dass er zugleich c7-c5 vorbereitet, um sich hierüber sein Gegenspiel zu sichern.

11.♖c1 ♗e6 12.♕a4

Weiß präpariert sich für den Vormarsch des c-Bauern und bringt seine Dame zu einem typischen Manöver in Stellung. Mit diesem reagiert er, sobald der Bauer c5 erreicht hat.

12...c5

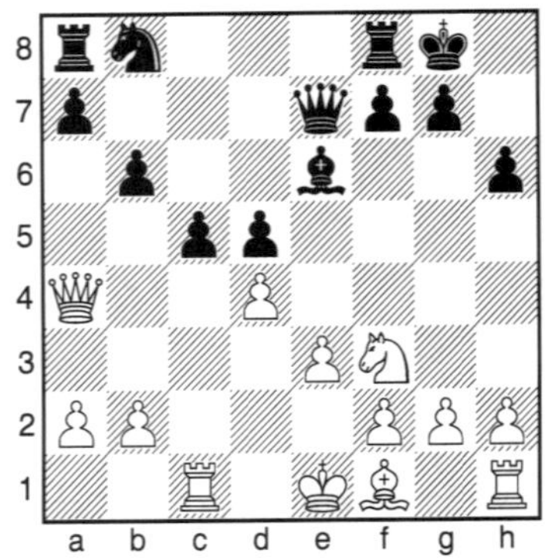

Nun wird der ♙c5 mittels 13.♕a3 unter Druck gesetzt und durch die Fesselung zugleich auf seinem Standfeld fixiert.

13...♖c8 14.♗e2

(Auf 14.♗b5 ist 14...♕b7 nicht die einzige, aber die wohl interessanteste Alternative für eine Antwort. Sie bietet Weiß den Gewinn eines Bauern an, aber nicht ohne Gegenleistung.

Nach 15.dxc5 bxc5 16.♖xc5 ♖xc5 17.♕xc5 ist der Bauer zwar eingefahren, aber über 17...♘a6 18.♗xa6 ♕xa6 19.♕a3 ♕c4 kommt Schwarz zu ausreichenden dynamischen Gegenwerten als Ersatz für den geringen materiellen Nachteil.)

14...a5

(Es bietet sich auch 14...♕b7 nebst ♘b8-d7 an, womit Schwarz zu einer harmonischen Entwicklung seiner Kräfte kommt. Die Beispielvariante 15.dxc5 bxc5 16.0-0 ♕b6 17.♖c3 ♘d7 18.♖fc1 a5 zeigt auf, dass Schwarz auf diesem Weg gute Aussichten auf ein gleiches Spiel hat; z.B. 19.♖b3 ♕a7 20.♗b5 ♘f6 usw.)

15.0-0

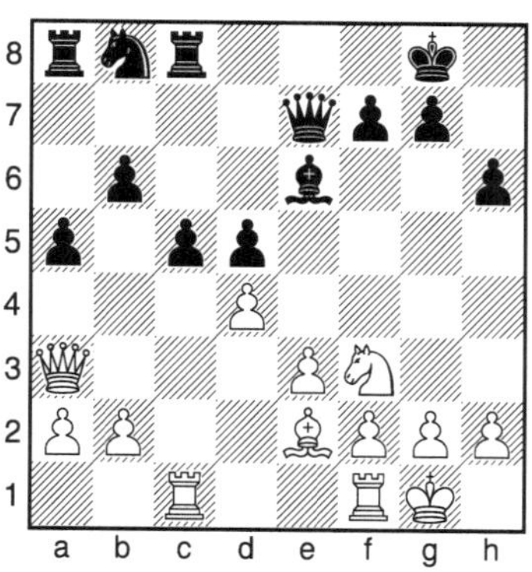

Den Kniff 15...♔f8 sollte man sich merken, denn er ist charakteristisch für das System. Schwarz entfesselt den ♙c5 und nähert seinen König dem Zentrum an. Dies kann von Vorteil sein, sobald einiges an Material durch Abtausch vom Brett verschwunden ist.

Nach 16.dxc5 bxc5 ist die Stellung völlig ausgeglichen. Aus der Praxis ist nun der Versuch bekannt, mit 17.♖c3 und nachfolgend ♖f1-c1 Druck in der c-Linie aufzubauen und vielleicht eine Initiative entwickeln zu können. Mit 17...♘d7 und nach 18.♖fc1 mit 18...♖cb8 oder auch 18...c4!? kann Schwarz kontern und den Ausgleich halten.

B) Mit der Antwort 8...exd5 gibt Schwarz seinen Widerstand gegen das Schließen der Diagonale auf. Nach 9.♗e2 sorgt 9...♘bd7 für ein Vorankommen in der Entwicklung und ist zugleich der typische Vorbereitungszug für c7-c5.

(Teilweise arrangiert sich Schwarz auch durch 9...♗e6 mit der neuen Situation, um erst im Anschluss auf die Durchsetzung eines Vorstoßes des c-Bauern zu spielen. Die Chancen beider Seiten nach der für dieses Vorgehen beispielhaften Zugfolge 10.0-0 ♘bd7 11.♖c1 c5∞ lassen sich schwer abschätzen. Nach Stockfish allerdings, das als Engine kein „unklar" kennt, verfügt Weiß über einen Vorteil.)

Nach 10.0-0 bleibt Schwarz mit 10...♗b7 11.♖c1 c5 bei seiner Aufbauidee.

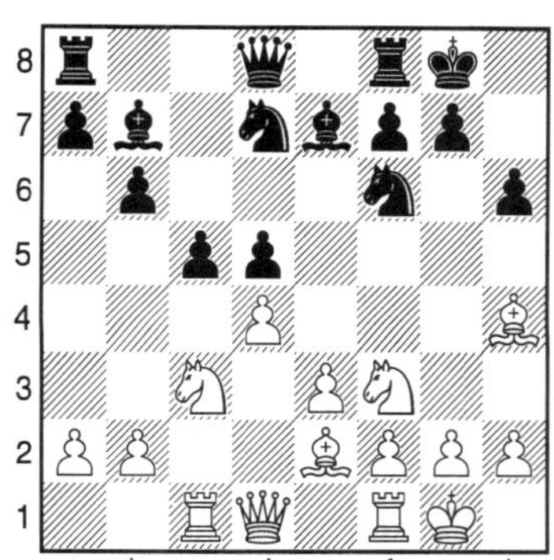

12.dxc5

(Bisweilen setzt Weiß zunächst mit 12.♕a4 fort, bevor er auf c5 schlägt. Mit 12...a6 hält Schwarz daraufhin seine Stellung dicht.)

Den Bauernabtausch 12...bxc5 lässt Schwarz regelmäßig seinen Gegner vornehmen, damit er mit dem b-Bauern zurücknehmen kann. So erreicht er ein von seinen Figuren unterstütztes Bauernduo in der Mitte, während er einen Isolani auf der d-Linie erhalten würde, wenn er selbst mittels c5xd4 aktiv würde.

Nach 13.♕b3 kann Schwarz seinen angegriffenen Läufer effektiv mit 13...♕b6 verteidigen. Er muss kaum befürchten, dass Weiß die Damen abtauschen wird, denn dies würde Schwarz positionell begünstigen.

Nach 14.♖fd1 ♖fd8 haben die Kontrahenten ihre Entwicklung mit etwa gleich guten Aussichten abgeschlossen.

III. Wenn Weiß mit 8.♗xf6 vorgeht, kann er einem ausgeklügelten Plan folgen. Dieser sieht das anschließende Schlagen c4xd5 vor, so dass es zur Antwort e6xd5 kommt. In der Folge soll der Königsläufer fianchettiert werden, so dass der ♙d5 auch von diesem unter Beschuss genommen werden kann.

8...♗xf6 9.cxd5 exd5

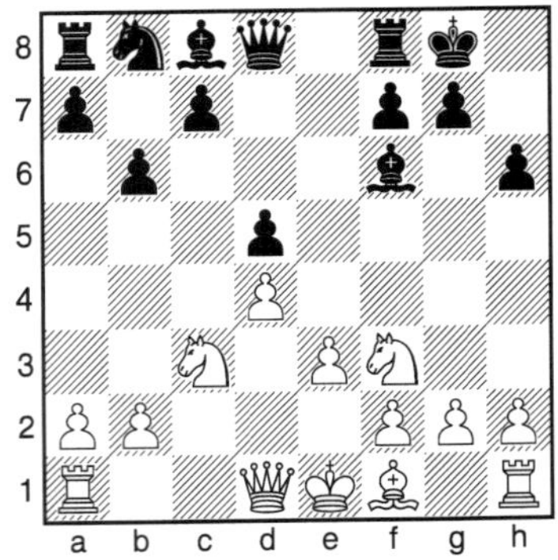

Mit 10.♕d2 verfolgt Weiß das Ziel, mittels ♖a1-d1 so viel Druck in der d-Linie auszuüben, dass der Gegenschlag c7-c5 verhindert wird.

(10.♗e2 stellt Schwarz vor keine besonderen Herausforderungen. Über 10...♗e6 und beispielsweise 11.0-0 c5 12.♖c1 ♘d7 kommt er weitgehend ungehindert zu einem guten Spiel. Eine Idee für den weiteren Aufbau seiner Kräfte beinhaltet die Schritte ♖a8-c8, ♕d8-e7 und ♖f8-d8.)

10...♗e6 11.♖d1 ♕e7

Auf e7 ist die Dame gut postiert. Sie kontrolliert die Diagonalen a3-f8 und, zusammen mit dem Läufer, d8-h4. Mit ihrem Wegzug hat sie das Feld d8 für den Turm frei gemacht.

Mit 12.g3 leitet Weiß das Fianchetto seines Läufers als abschließenden Schritt seines Plans ein.

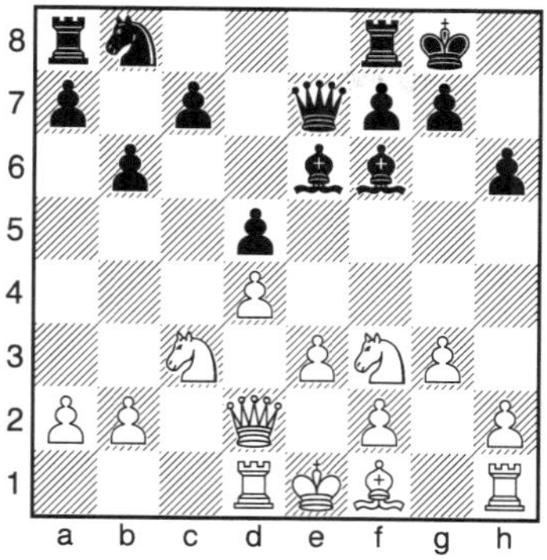

A) 12...♖d8 13.♗g2 c5 14.0-0 ♘c6 15.dxc5

(Gutes Spiel erhält Schwarz nach 15.♘e2 ♗f5 16.♖c1 ♗e4 usw.)

Nach 15...bxc5 16.♖c1 ♖ac8∓ verfügt Schwarz über einen Raumvorteil wie auch über das Läuferpaar. Seine Kräfte sind wirksam und elastisch aufgestellt.

B) Es geht auch sofort 12...c5. Weiß ist dann gut beraten, sich zunächst auf seine Entwicklung zu konzentrieren, insbesondere auch seinen König aus der Mitte zu bringen. Vor allem sollte er von 13.dxc5 die Finger lassen.

(Richtig ist das weitere Vorgehen nach Plan mit 13.♗g2 ♘c6 14.0-0 ♖fd8 und nach ♖a8-c8 kann Schwarz seinen Anspruch auf gleiches Spiel unterstreichen.)

Die folgende Variante stammt in ihren Grundzügen aus der Turnierpraxis. Sie zeigt auf, wie gefährlich es für Weiß wird, wenn er zu sorglos oder unzureichend vorsichtig agiert. Zugleich demonstriert sie die schwarzen Möglichkeiten zur Ausnutzung dieses Fehlers. Wir gehen mit ihr ausnahmsweise tiefer in die Partie vor, weil ein abschließendes Urteil erst spät ausgesprochen werden kann. Zudem werden nur so alle Feinheiten dieser taktisch geprägten Fortsetzung erkennbar.

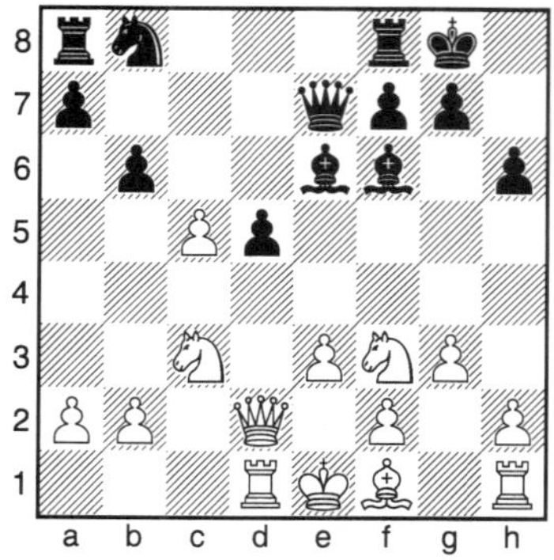

Nach 13...♖d8 sollte der Röntgenblick des Turms auf die Dame Weiß zur Vorsicht mahnen. Die Absicht, mit 14.cxb6 auf Materialgewinn zu spielen, markiert Schwarz mit 14...d4! als fehlerhaft.

Nun sieht es bei einem nur oberflächlichen Blick so aus, als ob Weiß mit 15.♗g2 und nach 15...♘c6 mit 16.♘xd4 die Probleme noch gelöst bekommt.

16...♘xd4 droht allerdings mit dem Verlust der Dame, indem der Springer mit einem Schachgebot weiterzieht und im Anschluss der Turm auf d2 schlägt.

Nach 17.exd4 bringt Schwarz die gegnerische Stellung mit 17...♗h3+ vollends an den Rand des Zusammenbruchs.

18.♔f1 ♖xd4 19.♕e3 ♕b7

Mit dieser hübschen Kreuzfesselung wird der ♗g2 völlig gelähmt und 20.♖g1 ist der einzige Weg, um den sofortigen Zusammenbruch abzuwenden.

(20.f3 kostet den weißen König den Kopf, wie die zwingende Variante 20...♖xd1+ 21.♘xd1 ♕a6+ 22.♔g1 ♖d8 23.♘f2 ♗d4–+ belegt.)

20...♖xd1+ 21.♘xd1 ♖d8 22.♕e2

(Nach 22.♘c3 ♗xg2+ 23.♖xg2 ♗xc3 24.bxc3 ♕a6+ 25.♔e1 ♕xa2–+ ist Weiß verloren.)

22...♗xg2+ 23.♖xg2 ♕xb6∓

IV. In der Praxis wird der Läufer häufig mit 8.♗d3 ins Spiel gebracht. Die Rochade soll bald folgen, womit dann die Entwicklung des Königsflügels abgeschlossen wird.

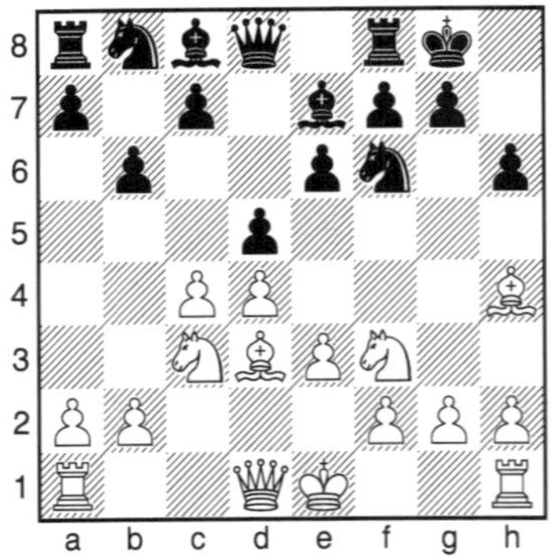

A) Das Vorgehen mit 8...dxc4 ist unsere Empfehlung für den unerfahrenen Spieler, weil es besonders gut zu den strategischen Grundüberlegungen des Systems passt, eine vergleichsweise wenig aufwändige Vorbereitung erlaubt und einfacher als die Hauptalternative zu spielen ist. Schwarz zieht die Diagonale zugunsten seines Damenläufers frei, der gleich im Anschluss nach b7 geführt werden soll, wobei er den weißen Läufer zum nochmaligen Ziehen zwingt.

Nach 9.♗xc4 ♗b7 10.0-0 haben beide Spieler strategische Teilziele erreicht. Weiß hat bereits einen guten Entwicklungsstand erreicht, Schwarz hat seinen Läufer auf der langen Diagonale a8-h1 wirksam in Position gebracht.

Nach 10...♘bd7 steht der Springer für den flexiblen weiteren Einsatz in Abhängigkeit vom kommenden gegnerischen Vorgehen bereit, vor allem für eine Überführung auf den Königsflügel oder zur Unterstützung von c7-c5.

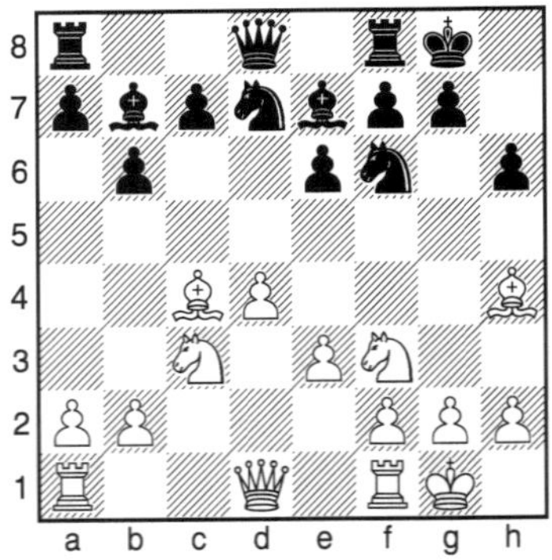

11.♕e2 Diese Aktivierung der Dame gibt Weiß u.a. die Möglichkeit zu ♖f1-d1 und ♗c4-a6.

(Zum Gleichstand führt 11.♗g3 a6 12.a4 ♗d6= usw.)

11...♘e4 Der Springerzug erzwingt einen Materialabtausch und ist für dieses System typisch.

12.♗g3

(Eine bekannte und in der Praxis schon häufig ausgeführte Remisvariante ist 12.♗xe7 ♕xe7 13.♗a6 ♘xc3 14.bxc3 ♗xa6 15.♕xa6 c5=.)

12...♘xc3

(Eine andere Möglichkeit ist 12...♘xg3 13.hxg3 c5 usw. Anhaltspunkte für eine gute weitere Spielführung sind den in ähnlichen Verhältnissen bereits oben ♘e4xg3 gewidmeten Ausführungen zu entnehmen.)

Nach 13.bxc3 ♘f6 14.♖fd1 ♘e4 hat Schwarz sich den vollen Ausgleich der Chancen erarbeitet.

B) Am häufigsten greift Schwarz zur Fortsetzung 8...♗b7, die regelmäßig zu komplexen und damit auch komplizierten Stellungen führt.

9.0-0 ♘bd7

Hier kann die Feststellung, dass Schwarz für sein Gegenspiel beinahe durchgängig auf den Vorstoß c7-c5 setzt, als hilfreiche Merkregel fungieren. Die Springerentwicklung nach d7 ist allerdings weniger vor diesem Hintergrund zu sehen. Vielmehr nimmt der Springer hier eine flexible Position ein, von der aus er schnell jeweils dorthin geführt werden kann, wo er gebraucht wird. Nicht selten ersetzt er seinen Kollegen auf f6, wenn dieser nach e4 oder auch d5 gezogen wird.)

10.♕e2

(Auch 10.♗g3 kann mit dem sofortigen 10...c5 beantwortet werden. Hier kann Weiß aus einer breiten Auswahl von Möglichkeiten seine Fortsetzung auswählen, ohne dass ihm eine davon einen Vorteil versprechen könnte. Am gebräuchlichsten ist 11.cxd5, worauf es über 11...♘xd5 12.♘xd5 ♗xd5 zu einer Reduzierung der Zentrumsspannung kommt. Nach 13.♖c1 verbessert sich der Springer mit 13...♘f6 und über 14.dxc5 ♗xc5= kann sich auch noch die restliche Spannung auflösen.)

10...c5

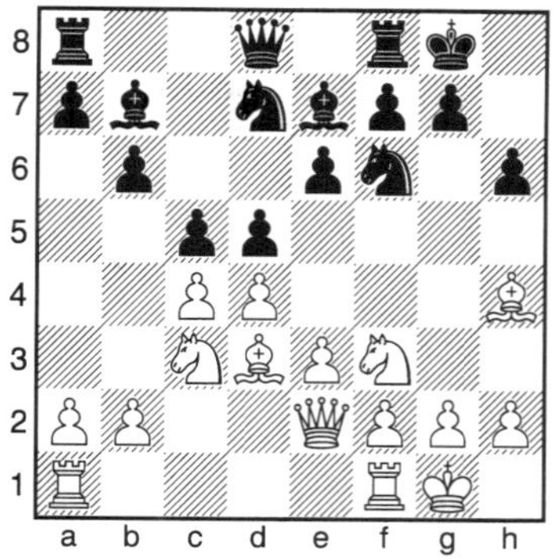

B1) 11.♗g3

Der Standardzug für den weiteren Ausbau seiner Stellung ist ♘f6-e4 für Schwarz. Spätestens dann muss Weiß sich ohnehin entscheiden, was mit seinem Läufer passieren soll. Und diese Entscheidung fällt zumeist zugunsten des Wegzuges nach g3 aus. Also kann diese Entwicklung auch stattfinden, bevor Schwarz den Anlass gibt, zumal nichts Dringenderes zu erledigen ist.

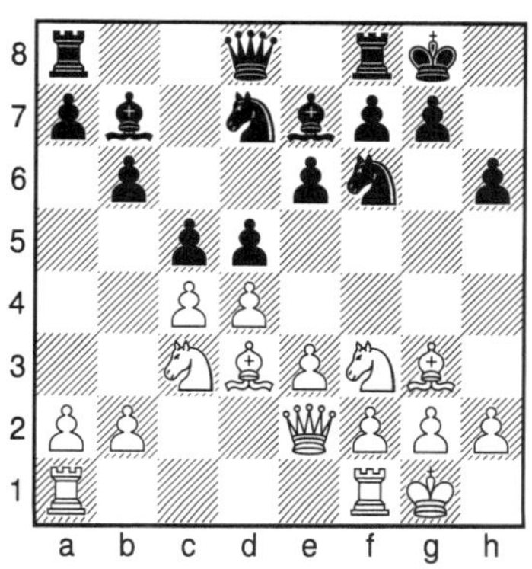

Mit 11...♘e4 erreicht die Spannung im Zentrum ihren Höchststand. Weiß kann den Springer nicht so einfach beseitigen, denn nach 12.♗xe4 dxe4 13.♘e5 cxd4 14.exd4 f5 steht Schwarz

sehr gut. Zu seinen Trumpfkarten zählt der weißfeldrige Läufer, dem sich ein gutes Spiel, aktuell den Stachel ♙e4 ausgezeichnet unterstützend, auf der langen Diagonale eröffnet.

Nun ist 12.cxd5 das übliche Vorgehen. Auf andere Weise kommt Weiß nicht weiter.

(Wenn Weiß zunächst mit 12.♖fd1 weiter auf Entwicklung spielt, schlägt Schwarz im Zentrum los. Nach 12...cxd4 13.exd4 ♘xg3 14.hxg3 ♘f6 gefolgt von ♖a8-c8 hat er sich ein gleiches Spiel gesichert.)

12...exd5

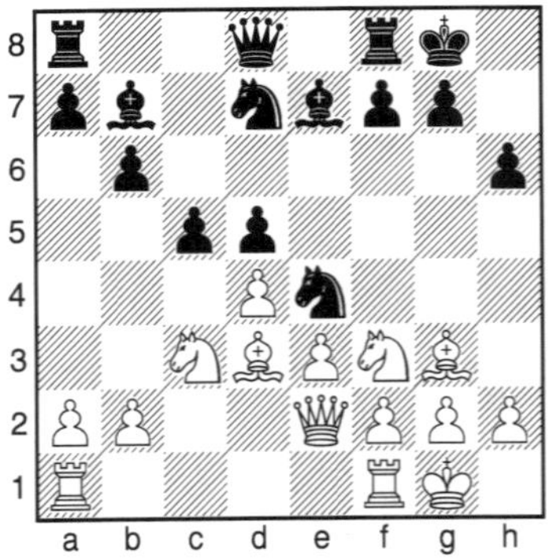

Natürlich ist Weiß an dieser Stelle nicht auf einen bestimmten Zug festgelegt, am häufigsten aber vertraut er auf 13.♖ad1. Diese Entscheidung ist mit Fantasie auf der d-Linie verbunden, insbesondere nach einem Herausschlagen aus dem Zentrum mit d4xc5.

Mit 13...♘xg3 kann Schwarz den größten Einfluss auf das Geschehen nehmen. Zugleich sichert er sich das Läuferpaar und fügt der weißen Bauernstellung eine Schwächung zu.

14.hxg3 c4

Indem Schwarz die Stellung geschlossen hält, bekommt er relativ freie Hand für den Ausbau seines Spiels am Damenflügel. Wenn Weiß in der Folge seinen Hebelzug e3-e4 einsetzen sollte, kommt der ♗b7 nach d5xe4 besser zur Geltung.

(Möglich ist aber auch 14...a6, denn nach 15.dxc5 bxc5 und 16.♗b1 mit Bedrohung des ♙d5 behält Schwarz mit 16...♘b6 alles unter Kontrolle und hat die Chance zu einem aktiven Spiel am Damenflügel.)

Nach 15.♗b1 kommt Schwarz mit 15...a6 nebst b6-b5 usw. zu Raumgewinn und Gegenchancen am Damenflügel.

B2) Nach 11.♖fd1 ♘e4 antwortet Weiß, wie zuvor bereits erwähnt, zumeist mit 12.♗g3.

(In der Ergebnisstatistik schneidet die Alternative 12.♗xe7 klar schlechter ab. Allerdings muss Schwarz damit rechnen, dass er doch mal diese Alternative von seinem Gegner vorgesetzt bekommt. Nach 12...♕xe7 kommt er aber problemlos zu einem guten Spiel. Die beispielhafte, aber natürliche Fortsetzung 13.cxd5 exd5 14.♖ac1 ♖ac8 15.dxc5 bxc5= veranschaulicht den möglichen Weg dahin.)

Nun kann Schwarz mit 12...cxd4 die Abwicklung 13.exd4 ♘xg3 14.hxg3 einleiten. Nach 14...♘f6 und beispielsweise 15.♘e5 ♖c8= verfügt er über ein volles Spiel mit mindestens ebenbürtigen Chancen.

V. Die Entwicklung mit 8.♕c2 gehört zu dem Plan, lang zu rochieren und anschließend einen Bauernsturm auf die schwarze Königsstellung durchzuführen.

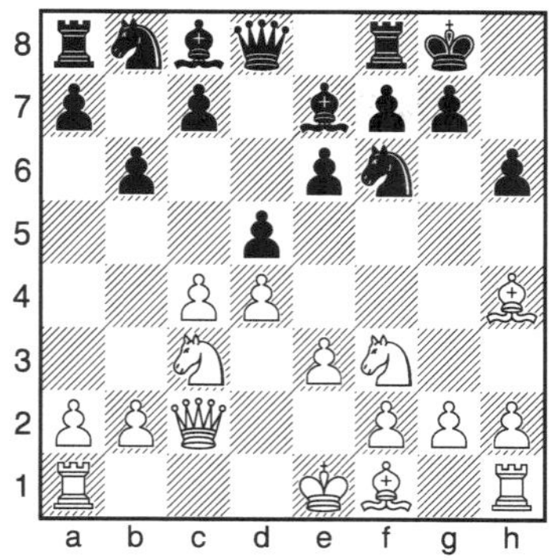

A) Mit 8...♗b7 hält sich Schwarz im besonderen Maße an die Grundideen des Systems. Er verspricht eine gesunde Aufstellung und ausreichende Gegenchancen bei einem begrenzten Risiko. Entsprechend wird er in der absoluten Mehrzahl aller Fälle ausgeführt. Er ist unsere klare Empfehlung insbesondere auch für den unerfahrenen Spieler.

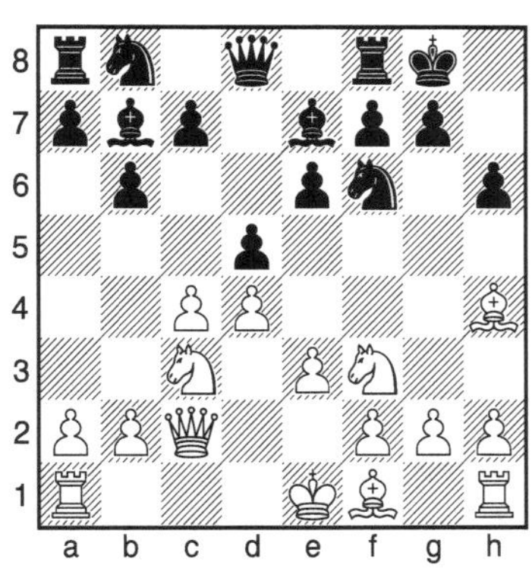

9.0-0-0

Bei der Auswertung der Partienstatistik kommt diese frühe Ausführung der langen Rochade auf den für Weiß besten Erfolgswert.

(Mit Abstand am häufigsten aber spielt er darauf, zunächst die offene Frage zur Zukunft seines schwarzfeldrigen Läufers zu klären und in Verbindung damit die Zentrumsspannung aufzulösen. Es kommt dann erst nach 9.♗xf6 ♗xf6 10.cxd5 exd5 zu 11.0-0-0.

In der Konsequenz behält Schwarz das Läuferpaar, so dass der schwarzfeldrige Läufer bei Bedarf auch zur Verteidigung der Königsstellung eingesetzt werden kann. Sein weißfeldriger Kollege bekommt demgegenüber allerdings bis auf weiteres etwas weniger Einfluss. Insgesamt dürfte diese Variante für Schwarz einen Deut einfacher zu spielen sein, insbesondere aus der Sicht des unerfahrenen Spielers.

Weitergehen kann es beispielsweise mit 11...♘c6 12.a3 ♘e7, wonach Weiß mit 13.h4 seinen Bauernsturm starten und Schwarz mit 13...c5 auf der anderen Seite aktiv werden kann. Nach 14.g4 g6 15.g5 hxg5 16.hxg5 ♗g7 ist eine dynamische Stellung entstanden, die beiden Seiten Möglichkeiten bietet.)

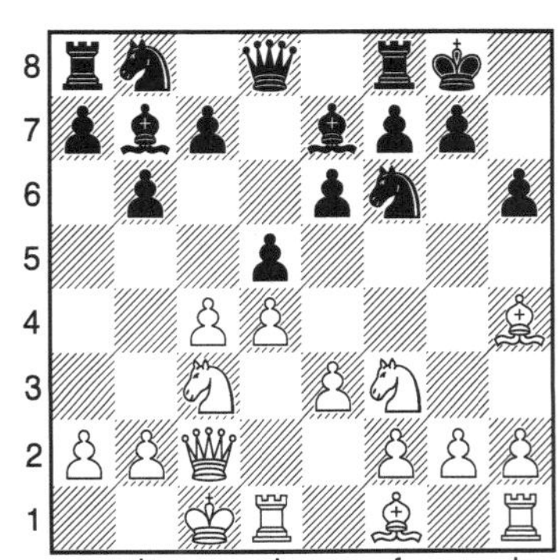

9...♘bd7 10.♖g1

Weiß plant g2-g4.

Bei 10...♘e4 rechnet Schwarz mit 11.♗xe7 ♕xe7 12.♘xe4 dxe4 13.♘d2, worauf ihm mit 13...f5 ein aktiver Gegenzug zur Verfügung steht. Wenn Weiß mit 14.g4 seinem Plan folgt, will er mit 14...c5 antworten. Nach 15.gxf5 exf5 16.d5 ♘e5 sind die Chancen völlig ausgeglichen.

B) Experimentiert wurde und wird auf der Turnierbühne auch mit 8...c5, womit Schwarz eine Verschärfung des Spiels erreicht. Im Fernschach allerdings ist dieser Zug bedeutungslos. Hierfür mag aber auch ursächlich sein, dass anders als beim Spiel von Angesicht zu Angesicht im Fernschach das Überraschungsmoment nur eine untergeordnete Rolle spielt. Hier hat der durch Berechnung erbrachte Nachweis Gewicht, dass ein Zug erkennbar besser ist als ein anderer. Mit den nachfolgenden weniger intensiv kommentierten Ausführungen möchten wir also insbesondere dem experimentierfreudigen Turnierspieler eine Möglichkeit für eine Abweichung mit Überraschungspotenzial aufzeigen.

Mit 9.0-0-0 hält Weiß sich strikt an seinen Plan.

(Zu einer starken Vereinfachung führt die Zugfolge 9.cxd5 ♘xd5 10.♗xe7 ♕xe7 11.♘xd5 exd5 12.dxc5 bxc5. Eine natürliche Fortsetzung ist nun 13.♖c1, so dass der ♙c5 bedroht wird. Wenn Schwarz diesen mit 13...♘a6 verteidigt, sollte Weiß nicht der Versuchung erliegen, einen Bauern gewinnen zu wollen, sondern einfach mit 14.♗e2 seine Entwicklung fortsetzen. Über die Variante 14.♗xa6 ♗xa6 15.♕xc5 ♕b7 bekäme Schwarz für den Bauern eine gefährliche Initiative.)

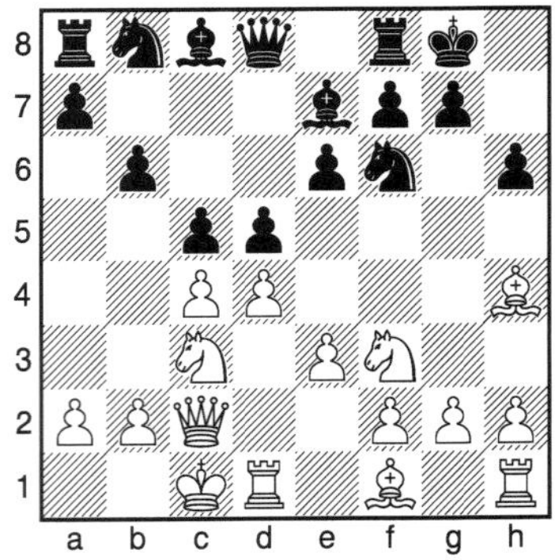

Nach 9...cxd4 10.♘xd4 ♗b7 forciert Weiß am besten die Abtauschfolge 11.♗xf6 ♗xf6 12.cxd5 exd5, womit es zu einem zweischneidigen Spiel kommt. Für Schwarz kommt nun beispielsweise ein Plan mit ♘b8-d7, a7-a6 und b6-b5 in Betracht.

VI. Mit 8.♕b3 verstärkt Weiß den Druck gegen den ♙d5 und erschwert den schwarzen Konter c7-c5.

A) 8...♗b7

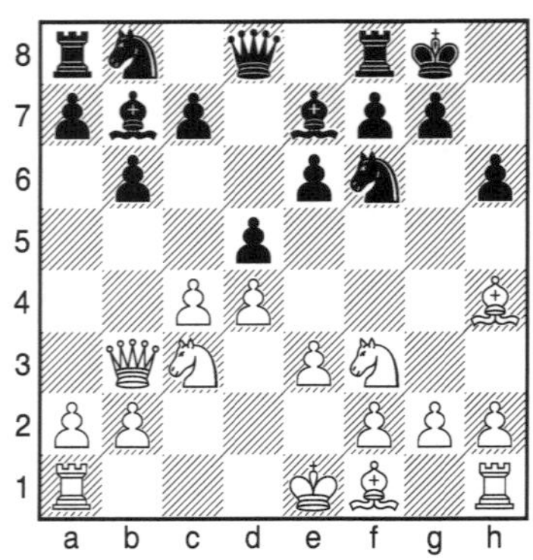

9.♗xf6 wird beinahe ausnahmslos gespielt. Weiß will auf d5 schlagen, ohne dass der ♘f6 zurücknehmen kann.

9...♗xf6 10.cxd5 exd5 11.♖d1

Weiß stellt sich auf c7-c5 ein. Nach

d4xc5 kommt der Turm auf der d-Linie wirkungsvoll zum Einsatz.

11...♖e8 12.♗d3

(Die Variante 12.♗e2 c6 13.0-0 ♘d7 14.♖fe1 ♘f8= Δ ♘f8-e6 führt zum Ausgleich.)

Mit 12...c5 bietet Schwarz ein Bauernopfer an, denn wegen der Fesselung des ♙b6 verfügt der c-Bauer über keine echte Deckung.

13.dxc5 ♘d7

Weiß muss aufpassen, denn neben dem Kampf um das Feld c5 geht es auch darum, seine Königssicherheit zu verbessern. Wegen der Fesselung des ♙e3 kann d5-d4 zu einer echten Bedrohung werden.

Nun ist 14.c6 die beste Möglichkeit, um die eigene Position abzusichern und Zeit für die Rochade zu gewinnen.

(Wenn Weiß das Bauernopfer mit 14.cxb6 annimmt, kommt Schwarz mit 14...♘c5 zu guten Angriffschancen.)

Nach 14...♗xc6 15.0-0 ♘c5 besitzt Schwarz das Läuferpaar und hat sich ein aktives Spiel erarbeitet. Die Aussichten sind für beide Parteien gleich, was die mögliche Fortsetzung 16.♕c2 ♖c8 17.♗h7+ (17.♗b5 ♘e4=) 17...♔h8 18.♗f5 ♘e6= bestätigt.

B) Es geht auch 8...dxc4, so dass eine Aufnahme dieser Antwort ins Repertoire für mehr Flexibilität sorgt.

9.♗xc4 ♗b7

Einer zentralen Idee der Tartakower-Verteidigung entsprechend kommt der Läufer auf der langen Diagonale a8-h1 wirksam zum Einsatz.

Nach 10.0-0 ♘c6 droht ♘c6-a5, so dass Weiß seinen Läufer, der auf c4 ohnehin bis auf weiteres keine Perspektiven mehr hat, umpostieren sollte.

11.♗e2 ♘a5 12.♕c2 ♘d5 13.♗g3

(Nach 13.♗xe7 ♕xe7 14.♘xd5 ♗xd5 15.e4 ♗b7 kann Weiß mit 16.♖ac1 seinen Anspruch auf die c-Linie geltend machen und Schwarz diesen Versuch mit 16...♖ac8 sofort neutralisieren. c7-c5 mit Ausgleich soll folgen.)

Nun kann Schwarz mit 13...c5 das gegnerische Zentrum angreifen und eine zentrale Linienöffnung herbeiführen. Nach 14.dxc5 ♗xc5 15.♖fd1 ♕e7 mit der Absicht ♖a8-c8 und ♖f8-d8 sind die Chancen verteilt.

VII. Mit dem energischen und kompromisslosen Vorstoß 8.g4!? setzt Weiß auf einen schnellen Angriff auf den gegnerischen König. Wenn Schwarz den Bauern schlagen sollte, führt dies zu einer starken weißen Initiative am Königsflügel. Weiß sollte ihn deshalb unangetastet lassen und sich an zwei „alte Bekannte" erinnern, die ihm eine solide Fortsetzung der Partie versprechen. Sowohl mit 8...♘e4 als auch mit 8...♘bd7 kann er viel Dampf aus dem weißen Kessel entweichen lassen.

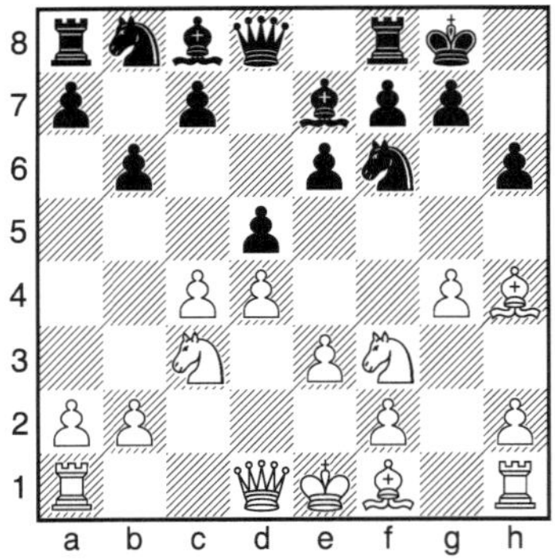

A) 8...♘e4 9.♗xe7

Alle Alternativen sind – zum Teil deutlich – schlechter, so dass Weiß an diesem Abtausch nicht vorbeikommt.

9...♕xe7 10.cxd5

(Von 10.h4 sollte Schwarz sich nicht nervös machen lassen. Das Bauernduo sieht bedrohlicher aus als es ist. Aktuell muss er nichts dagegen unternehmen. Er kann sich vielmehr auf seine Absichten, ein aktives Gegenspiel zu erlangen, konzentrieren.

Nach 10...♗b7 11.g5 ♘xc3 12.bxc3 verhindert er mit 12...h5 die Linienöffnung, und wenn Weiß mit 13.g6 fortsetzt, behält er mit 13...♘d7 alles unter Kontrolle. Mit c7-c5 hat er den Schlüssel für sein Gegenspiel in der Hand.)

Nach 10...exd5 ist nicht ersichtlich, womit Weiß hier in Vorteil kommen könnte, wenn Schwarz korrekt spielt. Aus der Praxis ist der Versuch 11.♘xd5 bekannt. Mit 11...♕d6 kann Schwarz den Kampf in die Richtung 12.♘c3 ♘xc3 13.bxc3 ♗xg4 14.♖g1 ♗h5 dirigieren. Nach beispielsweise 15.♗e2 ♘d7 steht er ausgezeichnet. In Abhängigkeit von den gegnerischen Weichenstellungen bringt er seine Türme weiter in die Mitte, z.B. mittels ♖a8-c8 nach einem vorherigen c7-c5 oder mit ♖a8-d8 und ♖f8-e8, verbunden mit guten Aussichten.

B) 8...♘bd7 9.♖g1

B1) Nun ist 9...♘e4 die einfachste Möglichkeit, um Weiß einen Strich durch seine Angriffsplanungen zu machen.

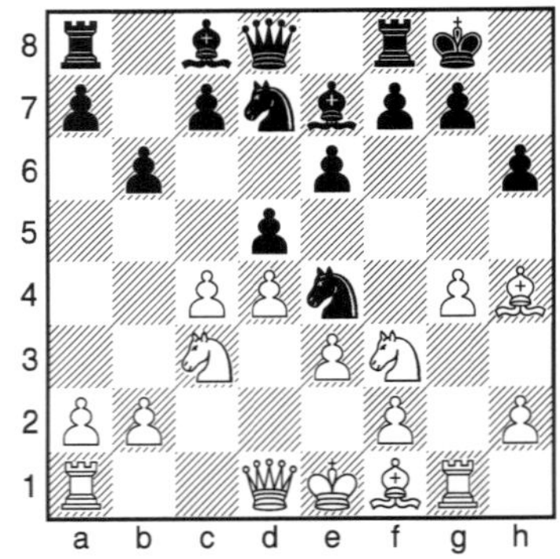

Die sich über die Variante 10.♗xe7 ♕xe7 11.cxd5 ♘xc3 12.bxc3 exd5 13.h4 ergebende Stellung ist mit sehr guten Resultaten für Schwarz im Fernschach mehrfach ausgespielt worden. Mit 13...c5 kann er zunächst sein Gegenspiel intensivieren, bevor er sich wieder der Verteidigung auf dem Königsflügel zuwendet. Auf 14.g5 verweigert er mit 14...h5 die Linienöffnung, die Weiß für seinen Angriff erreichen will. Nach 15.g6 fxg6 16.♖xg6 ♘f6 kommt der weiße Angriff zum Stehen, Schwarz steht besser.

B2) Es geht zwar auch 9...♗b7!?, dennoch möchten wir dem unerfahrenen Spieler diesen Weg nicht empfehlen. Er führt zu Komplikationen, die Fehler provozieren können. Um die Alternative nicht ganz unter den Tisch fallen zu lassen, gehen wir mit einer Beispielvariante darauf ein.

10.g5 ♘e4 11.cxd5

(Die Hoffnung, mit 11.gxh6? zu einem durchschlagenden Angriff zu kommen, ist unbegründet. Nach 11...♗xh4 12.♖xg7+ ♔h8 ist Weiß ohne Kompensation für den materiellen Nachteil. Sein Angriff fällt in sich zusammen.)

Nach 11...exd5 12.♗h3 erreicht Schwarz mit 12...hxg5 13.♘xg5 ♘xg5 14.♗xd7 ♕xd7 durch die Reduzierung des Materials eine erhebliche Entlastung. Nach der möglichen Fortsetzung 15.♗xg5 f6 16.♗h6 ♖f7 ist es ihm endgültig gelungen, seine Stellung ausreichend zu sichern. Weiß kann versuchen, mit 17.♕h5 und nach 17...♗f8 mit 18.0-0-0 weitere Kräfte in den Angriff einzubinden bzw. deren Einbindung vorzubereiten, doch dies kostet Zeit. Schwarz bietet sich inzwischen die Gelegenheit, 18...♖d8 mit der Absicht c7-c5 zu spielen, was ihm gute Konterchancen einräumt.

8...♗b7

Die Züge ♘b8-d7 und im Anschluss c7-c5 sind die nächsten Schritte des mit der Läuferentwicklung eingeleiteten Manövers.

Eine starke Alternative ist das sofortige Hinausspielen des Springers mit 8...♘bd7!?, wonach es beispielsweise mit 9.cxd5 exd5 10.0-0 ♗b7 weitergehen kann.

A) 11.♕b3

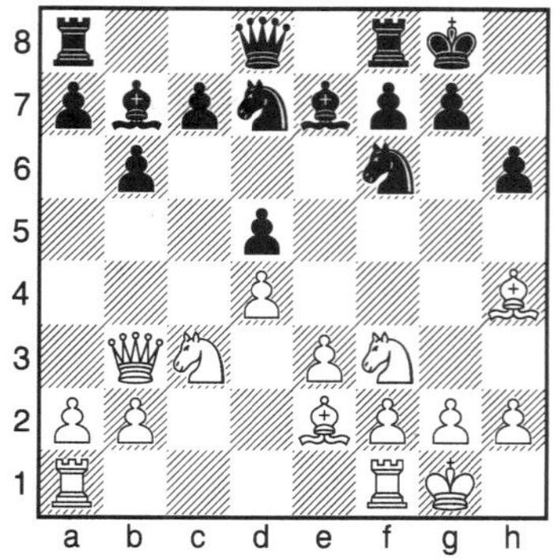

Diese Fortsetzung ist in den vergangenen Jahren insbesondere über das Fernschachspiel als Alternative zu 11.♖c1 in den Fokus gerückt. Die Dame beteiligt sich am Druck gegen den ♙d5 und macht ihr Ausgangsfeld frei, damit es von einem Turm eingenommen werden kann. Mit dem Ziel eines möglichst aktiven Vorgehens ist auch hier der typische Gegenschlag 11...c5 die am besten geeignete Wahl.

(Wer das Duell mehr im Bereich eines ruhigen Positionsspiels halten möchte, kann dies mit 11...c6 erreichen. Es kann sich dann die natürliche und in der Praxis erprobte Variante 12.♖ac1 ♘e4 13.♗xe7 ♕xe7 14.♖fd1 ♖ac8 15.♗d3 ergeben. Mit 15...f5 kann Schwarz seine solide Position absichern und auf ein wirksames Gegenspiel hinwirken.)

12.♗xf6

(Auch nach 12.dxc5 ♘xc5 13.♕d1 ♘ce4 14.♘b5 ♗c5 kann Schwarz mit seiner Stellung zufrieden sein.)

Nach 12...♘xf6 13.dxc5 ♗xc5 14.♖fd1 ♕e7 ist die Stellung weitgehend ausgeglichen. Schwarz hat zwar einen unterstützungsbedürftigen isolierten d-Bauern, aber das Läuferpaar. Er kann nun ♖a8-d8 folgen lassen.

B) Die in der Praxis unangefochtene Nummer 1 in der Spielergunst ist aber 11.♖c1, worauf Schwarz sofort mit 11...c5 kontern kann.

Weiß sind nun mehrere Antworten möglich, von denen 12.♕a4 nach den Ergebnissen aus der Fernschachpraxis die besten Aussichten vermittelt. Auch auf der herkömmlichen Turnierbühne steht die Fortsetzung hoch im Kurs, nicht zuletzt bei den Spitzenspielern. Die Dame hat das Feld d1 für ihren ♖f1 geräumt. Auf a4 übernimmt sie die Kontrolle über die weißen Felder am Damenflügel, so dass beispielsweise die Möglichkeit ♗e2-a6 am Horizont erscheint.

(– Nach 12.dxc5 bxc5 und nun 13.♕b3 oder 13.♕a4 wäre 13...♕b6 gut – und nach 13.♕c2 wäre 13...♖c8 eine gute Alternative.

– Auf 12.♕c2 oder 12.♕b3 könnte Schwarz ebenfalls gut 12...♖c8 spielen.)

12...a6 13.dxc5 bxc5 14.♖fd1 ♕b6

Nun muss Weiß mit ♗b7-c6 rechnen.

15.♕c2

(Auf 15.♕b3 empfiehlt sich 15...♕a7!?.)

15...♖ac8 und Schwarz steht gut.

9.♗xf6

Indem Weiß den ♘f6 eliminiert, verhindert er die Variante 9.cxd5 ♘xd5! 10.♘xd5 ♗xd5 11.♗xe7 ♕xe7 12.0-0 ♘d7 nebst c7-c5 und gutem Spiel für Schwarz.

9...♗xf6 10.cxd5 exd5

Dies ist die richtige Reaktion, weil Schwarz (anders als nach 10...♗xd5 11.♘xd5) seinen weißfeldrigen Läufer auf der Diagonale a8-h1 behält.

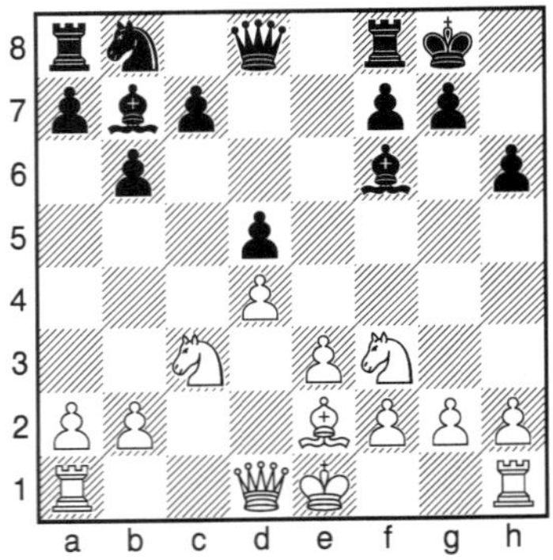

11.b4

Weiß spielt diesen Zug mit der Idee, das schwarze Spiel am Damenflügel einzuschränken. Zu diesem Zweck will er b4-b5 folgen lassen, wenn Schwarz ihn lässt.

Für den Fall, dass Weiß zunächst 11.0-0 spielt, ist die Zeit vorhanden, mit 11...♕e7 die Vorbereitung zu ♖f8-d8 zu treffen. So kommt Schwarz zu einem guten Aufbau, wenn Weiß Druck gegen den ♙d5 aufbauen und den Gegenstoß c7-c5 erschweren will.

Nach 12.♕b3 ♖d8 13.♖ad1 c6 hat Schwarz den Grundstein für eine sehr solide Aufstellung gesetzt, und nach beispielsweise 14.♖d2 ♘d7 15.♖c1 ♕e6 Δ ♖a8-c8 und c6-c5 kann er den Abschluss seiner Entwicklung mit guten Aussichten einläuten.

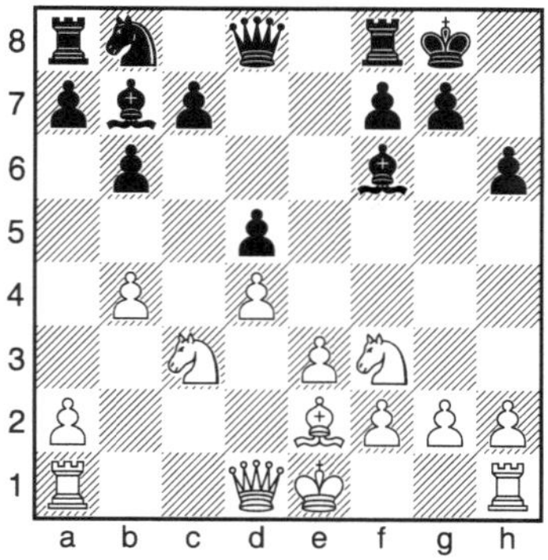

11...c6

Schwarz will mit a7-a5 auf dem Damenflügel aktiv werden. Dieser Plan steht in Konkurrenz zum Standardvorgehen mit c7-c5.

Nach 11...c5 12.bxc5 bxc5 kann Weiß natürlich nicht mit d4xc5 fortsetzen, weil damit der ♗f6 den Zugriff auf c3 bekäme und die weiße Stellung aufgabereif würde. Mit 13.♖b1 steht ihm aber eine starke Antwort zur Verfügung.

(13.0-0 gibt Schwarz die Gelegenheit zu 13...♘c6, um nach 14.♖b1 cxd4 15.exd4 den Läufer mittels 15...♗c8 in Position für eine Überführung nach f5 oder e6 zu bringen.)

Nach 13...♗c6 14.0-0 ♘d7 kann es beispielsweise mit 15.♗b5 ♕c7 16.♕d3 ♖fc8 17.♖fc1 ♖ab8 weitergehen. Die Chancen der Kontrahenten sind als etwa gleichwertig einzuschätzen.

12.0-0

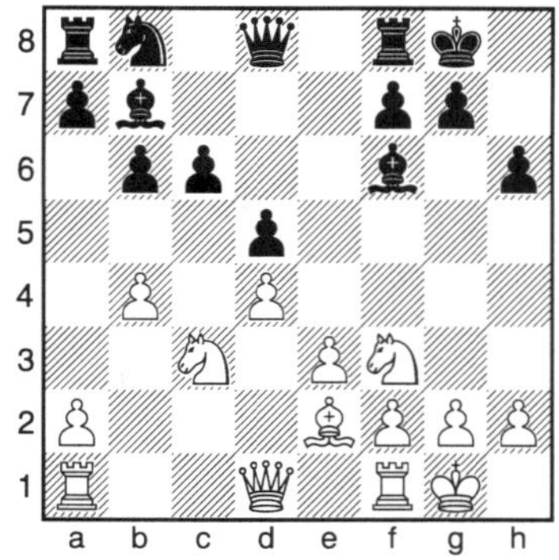

12...♖e8

Schwarz verhindert ♘f3-e5, was auch der Absicherung einer weiteren Entwicklung des Damenflügels dient.

Eine Alternative, die sich gut in die von uns in diesem Buch vorgestellten Spielweisen einpasst, ist 12...♘d7. Sie kommt auch immer wieder mal in der Praxis zum Einsatz. Nach 13.♕b3 ♖e8 oder auch 13...a5 14.a3 b5 kommt es jeweils zu einem zweischneidigen Spiel.

13.♕b3 a5

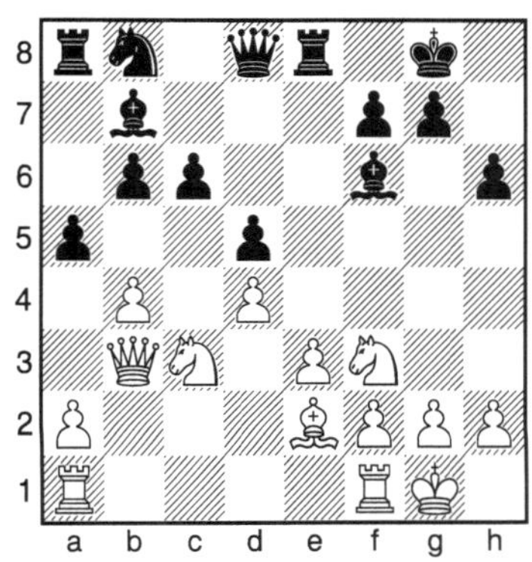

14.bxa5

Die Alternativen 14.a3 und 14.b5 sind bekannt ungefährlich für Schwarz und kommen deshalb in der Praxis nur selten vor. Zur Vorbereitung auf eventuelle Ausnahmesituationen am Brett sollten die folgenden kurzen Varianten reichen.

I. Nach 14.a3 ♘d7 15.b5 c5 nimmt die Fortsetzung 16.♘xd5 dem ♗e2 die einzige Deckung, so dass Schwarz den ♙e3 als gefesselt ansehen und mit 16...♗xd4 antworten kann.

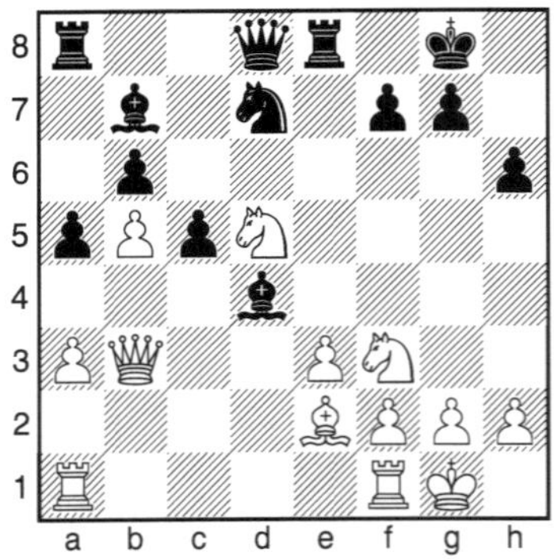

17.♖ad1

(Wenn Weiß bereit ist, den ♗e2 herzugeben, kann es zu 17.exd4 ♖xe2 kommen. Die mögliche Fortsetzung 18.♖fe1 a4 19.♕c4 ♖xe1+ 20.♖xe1 ♗xd5 21.♕xd5 ♖c8= zeigt einen etwas „wilden“ Charakter und führt zum Gleichstand.)

Nach 17...♘e5 18.♘xe5 ♗xd5 19.♘c4 droht Schwarz mit 19...♕g5 ein Matt auf g2 an und verfügt nach 20.g3 ♕f5 über ein aktives Spiel.

II. 14.b5 c5 15.dxc5 bxc5 16.♖ad1 ♗xc3 17.♕xc3 ♘d7

Damit sind die akuten Handlungsbedarfe gedeckt. Nach beispielsweise 18.♗d3 ♕b6 nebst ♘d7-f6 hat Schwarz keine Probleme.

14...♖xa5 15.a4 ♘d7

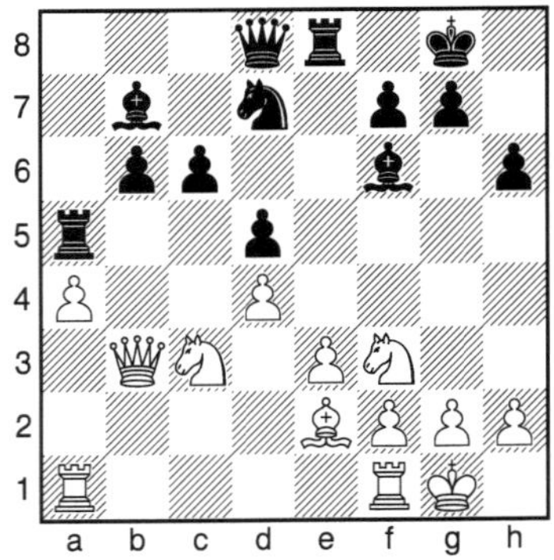

Die Stellung ist kompliziert und bietet beiden Seiten vergleichbar gute Möglichkeiten für ihr weiteres Spiel.

Um Anhaltspunkte dafür zu geben, wie es jeweils organisiert werden kann, ergänzen wir unsere Ausführungen um die folgende Beispielvariante: 16.♖fe1 g6 17.♖ad1 ♗g7 18.e4 ♘f8 19.exd5 cxd5 20.♖b1 ♘e6 21.♗b5 ♖e7=.

Zusammenfassung: Die Tartakower-Verteidigung gilt als inhaltsreiches System mit vielfältigen Möglichkeiten, das mit guten Aussichten für Schwarz verbunden ist. Es erfreut sich deshalb einer großen Beliebtheit bei den Spielern aller Klassen. Selbst bei verschiedenen Weltmeisterschaften wurde sie als zentrale Spielweise gegen 1.d4 eingesetzt.

Kapitel 17

Anti–Tartakower–Variante

1.d4 d5 2.c4 e6 3.♘c3 ♘f6 4.♗g5 ♗e7 5.e3 0-0 6.♘f3 h6

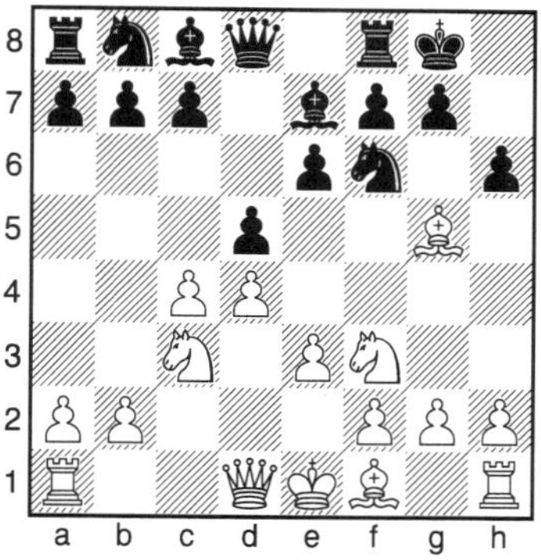

Nun würde 7.♗h4 die Partie zur Tartakower–Verteidigung führen, die wir im **Kapitel 16** behandelt haben. Wenn Weiß seinen Läufer nicht zurückweichen und stattdessen auf f6 schlagen lässt, kommt es zu einer Spielweise, die gemeinhin als „Anti–Tartakower-System" oder kurz auch nur als „Anti–Tartakower" bezeichnet wird.

7.♗xf6

Indem er auf f6 schlägt, will Weiß ohne Tempoverlust zu einem schnellen Abschluss seiner Entwicklung kommen. Im Vordergrund steht dabei zumeist die Absicht, der soliden Tartakower-Verteidigung aus dem Weg zu gehen. Der Preis für dieses Vorgehen ist die Aufgabe des Läuferpaars. Schwarz erlangt bei korrektem Spiel gute Gegenchancen.

7...♗xf6 8.♖c1

Dies ist die Hauptfortsetzung. Daneben kommen insbesondere 8.♕d2, 8.♕c2, 8.♕b3 und 8.cxd5 vor.

I. Die zentrale Idee der Entwicklung mit 8.♕d2 liegt darin, in der Folge lang zu rochieren und dann einen Bauernsturm am Königsflügel zu starten. Festgelegt ist Weiß darauf natürlich nicht, so dass Schwarz auch mit einem abweichenden gegnerischen Vorgehen rechnen muss.

8...c6

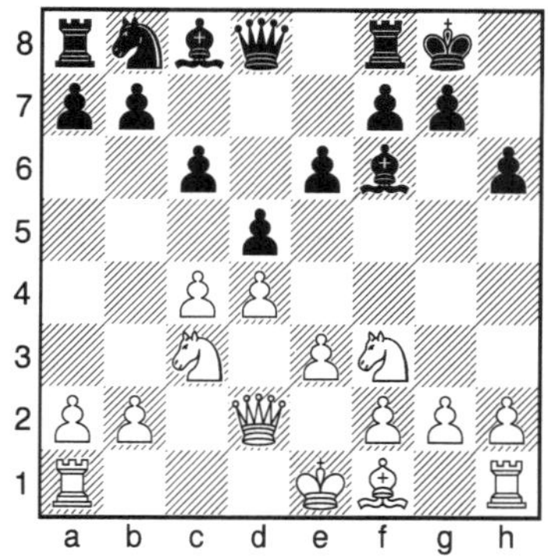

A) 9.h4

(Zumeist deckt Weiß in der Praxis hier schon seinen Plan auf und spielt 9.0-0-0. Das nachstehend erörterte Manöver kommt dann in einer anderen Zugfolge vor, beispielsweise über 9...♘d7 10.h4 g6 11.g4 ♗g7 12.g5 hxg5 13.hxg5 usw.)

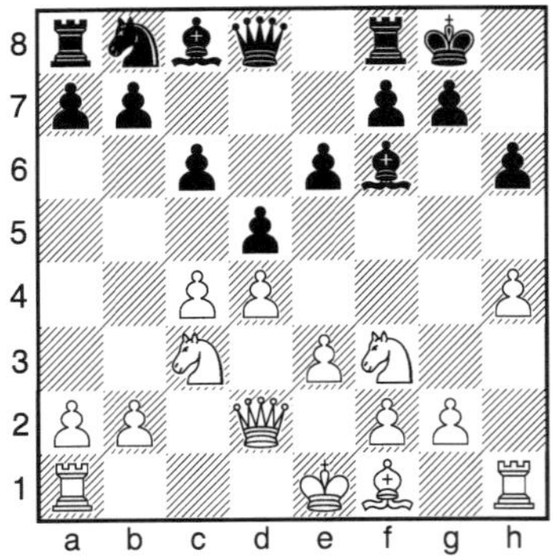

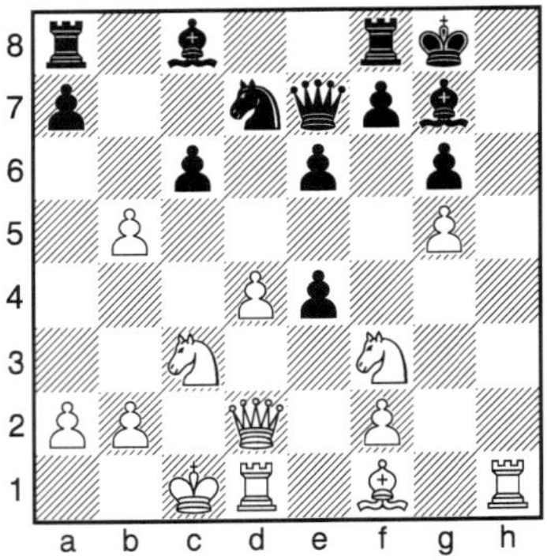

Die Springerentwicklung mit 9...♘d7 ist flexibel und gibt Schwarz die Möglichkeit, die nächsten gegnerischen Schritte abzuwarten, bevor er größere Weichenstellungen vornimmt.

10.g4

Der Angriff mit dem g- und dem h-Bauern soll zur Schwächung der schwarzen Königsstellung führen und den Weg für die Figuren frei machen.

10...g6 11.g5 hxg5 12.hxg5 ♗g7 13.0-0-0

Schwarz stellt sich die Aufgabe, Fortschritte in seiner Entwicklung zu erzielen und zugleich an seinem Gegenspiel zu basteln, ohne die weiteren weißen Angriffsmöglichkeiten aus den Augen zu verlieren. Die folgenden Abspiele zeigen, wie dies beispielsweise passieren kann.

13...♕e7 14.e4 b5

Schwarz investiert einen Bauern, um Gegenspiel zu erlangen.

15.cxb5 dxe4

16.♘xe4

(Auf 16.♘h2 mit der Absicht, den Springer weiter nach g4 zu spielen, gelangt der Läufer mit 16...♗b7 in eine aussichtsreiche Position und ermöglicht im Anschluss an 17.♘g4 die Turmaktivierung 17...♖fc8 mit scharfem Spiel.)

Nach 16...cxb5 sichert sich Weiß mit 17.♗xb5 endgültig den vom Gegner angebotenen Mehrbauern, muss Schwarz aber nach 17...♗b7 18.♗d3 ♗d5 ein starkes Gegenspiel einräumen. Dieses reicht als Kompensation für den Materialnachteil völlig aus. Schwarz kann gegen den weißen Aufbau mit der langen Rochade gut bestehen. Er muss darauf achten, dass er zu einem funktionierenden Gegenspiel kommt und darf sich nicht nur auf Verteidigungshandlungen gegen das aggressive weiße Vorgehen konzentrieren.

B) Wenn Weiß in der Praxis auf die Umsetzung des Plans mit der langen Rochade verzichtet, geschieht dies regelmäßig zugunsten der Fortsetzung 9.♗d3. Das Kampfgeschehen verlagert sich dann üblicherweise in Richtung Zentrum und bzw. oder Damenflügel.

9...♘d7

Wie in vielen Bereichen des Damengambits ist auch hier die Möglichkeit, den Springer in der Folge flexibel einsetzen zu können, ein mit diesem Entwicklungszug verbundener großer Vorteil. Da der ♗c8 grundsätzlich nach b7 geführt werden soll, muss sich Schwarz keine Sorgen wegen einer eventuellen Behinderung der Läuferaktivierung machen.

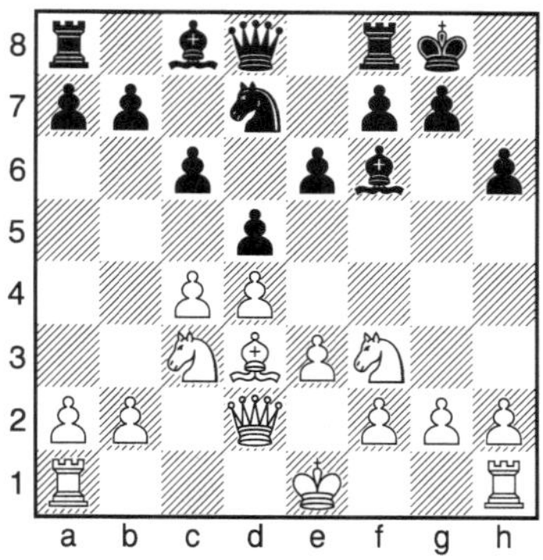

Mit 10.♖d1 wirkt Weiß frühen Aufzügen der zentralen schwarzen Bauern entgegen. Wenn die d-Linie zukünftig halb oder ganz geöffnet wird, beteiligt der Turm sich am Druck auf das schwarze Lager.

(Eine hier von Weiß platzierte kurze Rochade kann Schwarz zum Anlass nehmen, sofort im Zentrum aktiv zu werden. Die Fortsetzung 10.0-0 dxc4 11.♗xc4 e5= führt bereits zum Ausgleich.)

10...b6 11.0-0 ♗b7

Schwarz hat sich elastisch aufgestellt und kann ohne Probleme angemessen auf alle gegnerischen Fortsetzungen reagieren. In den wenigen Partien des Turnierschachs, die mit dieser Stellung ausgespielt worden sind, war die Fortsetzung mit 12.cxd5 am häufigsten zu sehen. Nach 12...exd5 13.b4 hat Schwarz den sofortigen Konter 13...a5 zur Verfügung.

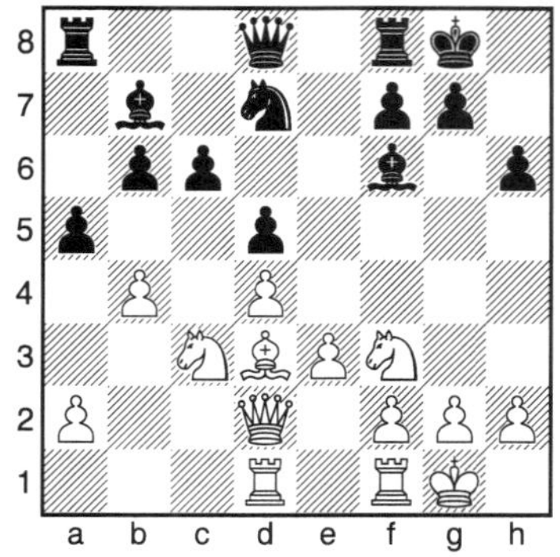

Weiß muss sich nun zur Zukunft seines Bauern entscheiden.

14.a3

(– Die Alternative 14.bxa5 ♖xa5 würde Schwarz in eine komfortable Situation bringen.

– Und nach 14.b5 c5 gefolgt von 15.dxc5 kommt es unabhängig davon, ob Schwarz mit dem Springer oder dem Bauern zurücknimmt, zu einem Spiel mit beiderseitigen Chancen.)

Nach 14...axb4 15.axb4 b5 kann Schwarz die Idee ♘d7-b6-c4 usw. in seine Planungen einbauen.

II. Auch mit 8.♕c2 verbindet Weiß zumeist die Absicht zur langen Rochade. Nach der herrschenden Auffassung zur Theorie wie auch den Ergebnissen aus der Praxis verschafft sich Schwarz die besten Aussichten, wenn er seinen c-Bauern mit 8...c5 opponieren lässt.

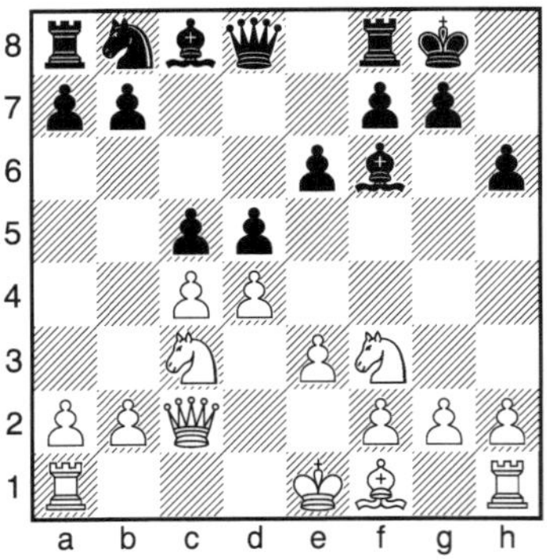

A) Wenn Weiß sich auf den Aufbau mit der langen Rochade festgelegt hat, ist deren sofortige Umsetzung mit 9.0-0-0 angebracht.

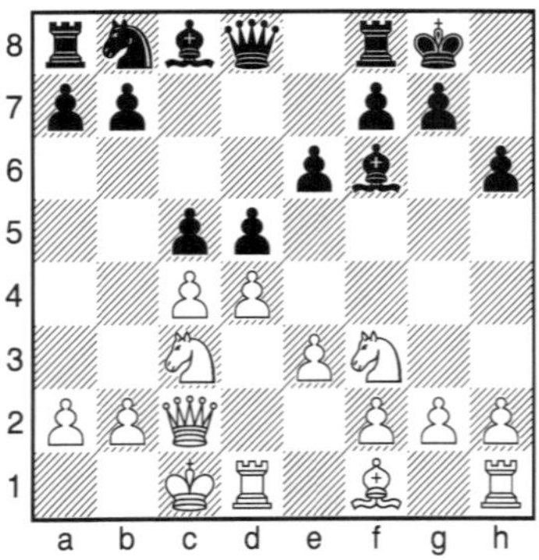

9...cxd4 10.exd4

(Wenn Weiß mit 10.♘xd4 zurücknimmt, ist 10...♘c6! die sehr starke Riposte. Keinen guten Weg würde der Springer im Falle von 11.♘db5 einschlagen, denn nach 11...a6 gibt es keine gute Lösung mehr für ihn. Denkbar schlecht wäre die Idee, mit 12.cxd5 und in Erwartung von 12...exd5 mit 13.♖xd5? zu kalkulieren. Mit 13...♕e7! könnte Schwarz die Fehlerhaftigkeit dieser Überlegung beweisen, denn Weiß verliert Material. 14.♘a3 beispielsweise würde 14...♘b4 folgen lassen.)

Nach 10...♘c6 kann Weiß mit 11.h4 sein zum System gehörendes Vorgehen am Königsflügel einleiten.

11...♕c7

Ideal steht die Dame hier nicht, weil sie leicht angerempelt werden kann. Dennoch ist diese Entwicklung empfehlenswert, weil sie das Feld für den ♖f8 räumt und von ihrer neuen Position aus bei Bedarf gut in eine andere überführt werden kann.

12.♔b1

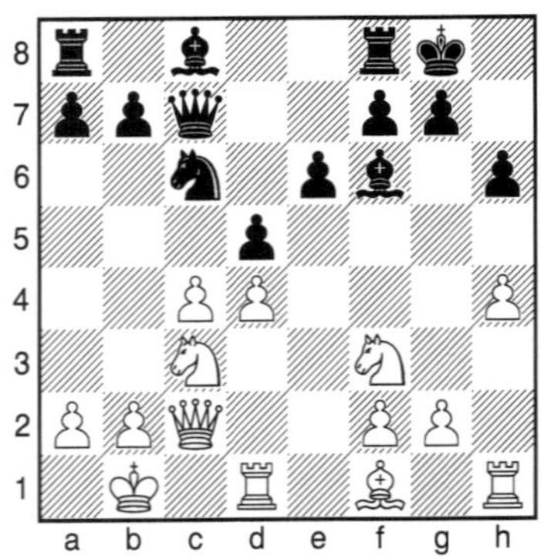

Nach 12...♖d8 droht d5xc4, was Weiß mit 13.c5 verhindern kann, allerdings zum Preis eines schwarzen Gegenspiels nach 13...b6!.

Weiß ist von der Realisierung des angestrebten kraftvollen Angriffs weit entfernt. Schwarz steht kompakt und ist bereit, sofort aktiv zu werden. Zu beachten ist auch, dass er das Läuferpaar besitzt. Er ist klar im Vorteil, was auch Stockfish rechnerisch bestätigt.

Wenn Weiß nun eine vorteilhafte Gelegenheit darin sieht, seinen Springer auf d6 zu platzieren, wo er wie ein Stachel im Fleisch des Gegners wirken könnte, kann er ein entsprechendes Manöver mit 14.♘b5 einleiten. Nach 14...♕b8 15.♘d6 bxc5 16.dxc5 hätte er die erhoffte Lage erreicht. Die Situation rechtfertigt aber das Qualitätsopfer mit 16...♖xd6!. Nach 17.cxd6 ♕xd6 steht es bereits kritisch um Weiß, was die Beispielvariante 18.g4 ♖b8 19.b3 ♕a3 eindrucksvoll beweist.

B) Am häufigsten wird in der Praxis 9.dxc5 gespielt. Nach 9...dxc4 ist die d-Linie offen und die Rochade aktuell nicht möglich.

(Einer großen Beliebtheit erfreut sich die Alternative 9...♕a5, die allerdings eine für Weiß deutlich bessere Erfolgsstatistik als der Textzug aufweist. Die Fortsetzung 10.cxd5 exd5 führt zu einem schwarzen isolierten d-Bauern und ermöglicht 11.0-0-0, so dass die weiße Aufbauidee mit Verzögerung doch noch realisiert wird.

11...♗xc3 12.♕xc3 lässt nun eine komplizierte Stellung entstehen, in der Schwarz auf c3 schlagen und die weiße Bauernstellung demolieren oder sich alternativ auf a2 bedienen kann, jeweils verbunden mit einem zweischneidigen Spiel.)

Nach 10.♗xc4 ♕a5 kann Weiß die Zerstörung seiner Bauernstellung wegen der Fesselung des ♘c3 nicht verhindern.

11.0-0

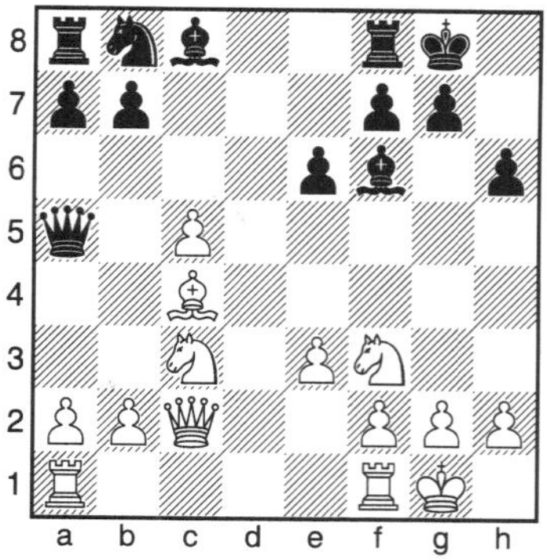

11...♗xc3 (11...♕xc5 12.♘e4!?) 12.♕xc3 ♕xc3 13.bxc3

Der Stellungsausgleich ist nahe, der ♙c5 ist nicht zu verteidigen und wird fallen. Allein die Umstände seines Endes kann er noch beeinflussen.

13...♘d7 14.c6

So kann er Schwarz eine bessere Stellung, wie sie nach ♘d7xc5 möglich würde, noch verwehren. Nach 14...bxc6= kann es beispielsweise mit 15.♖ab1 ♘b6 16.♗e2 c5 usw. weitergehen.

III. 8.♕b3

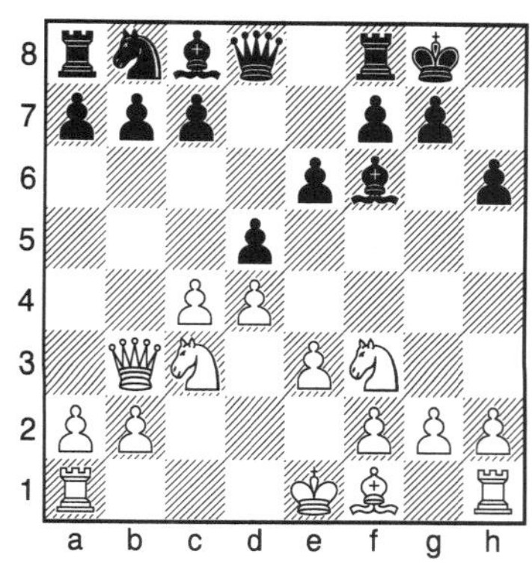

8...c5

Neben dieser Antwort sind auch

8...c7-c6 und 8...d5xc4 gebräuchlich. Die Erfolgsstatistik ist für diese drei Fortsetzungen annähernd gleich. Wir sehen drei gute Gründe dafür, uns auf den Doppelschritt mit dem c–Bauern zu konzentrieren.

1. Bei dieser Wahl kann der Leser viel Eröffnungstheorie aus dem Weg gehen.

2. Die Fortsetzung passt sich systematisch gut in die Gesamtheit der Empfehlungen in diesem Buch ein. So hat der Leser die Möglichkeit, sich an ähnlichen strategischen Ansätzen zu orientieren und auch an anderer Stelle zu findende Ausführungen ergänzend zu Rate zu ziehen.

3. Da der Vorstoß c7-c5 nicht die Standardantwort ist, ist er mit einem gewissen Überraschungspotenzial für den Gegner verbunden.

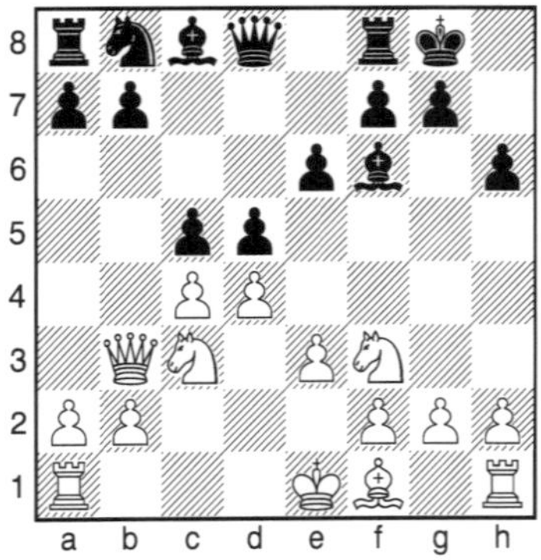

9.cxd5

(Auf 9.dxc5 ist erneut die „Allzweckwaffe“ 9...♘d7 eine empfehlenswerte Entscheidung.

Daneben ist auch 9...♘a6!? eine genauere Prüfung wert.

In der Praxis setzt Weiß nach 9...♘d7 in der Regel mit 10.cxd5 fort, worauf der gerade erst in Stellung gebrachte Springer mit 10...♘xc5 weit ins Feld geführt werden und die Dame vertreiben kann.

11.♕a3 ♕b6

Die Dame sorgt für die notwendige Deckung des ♘c5 und ebnet dem ♖f8 den Weg nach d8. Nun hat Weiß „schwebend“ einen Bauern mehr und könnte sich diesen mit 12.dxe6 auf Dauer sichern. Allerdings würde dies eine für ihn kritische Situation herbeiführen, denn nach 12...♗xe6 bekäme Schwarz ein gefährliches Spiel.

Besser ist stattdessen 12.♗e2, um so schnell wie möglich die Entwicklung abzuschließen und auch den König in die sichere Rochadestellung zu bringen. Nach 12...♖d8 13.0-0 exd5 kann nun 14.♖fd1 ♗e6 nebst ♖a8-c8 folgen. Schwarz hat seine Kräfte aktiv postiert und steht gut.)

9...cxd4 10.♘xd4

(Wenn Weiß mit 10.exd4 schlägt, erringt er einen Mehrbauern. Nach 10...exd5 11.♕xd5 ist dieser unter Dach und Fach. Schwarz erhält aber ausreichend Kompensation. Nach 11...♘c6 12.0-0-0 ♗d7 nebst ♖a8-c8 kommt er zu einer aktiven Aufstellung seiner Figuren, zudem hat er das Läuferpaar. Mit dem ♙d4 steht ihm eine gute Angriffsmarke zur Verfügung.)

10...exd5

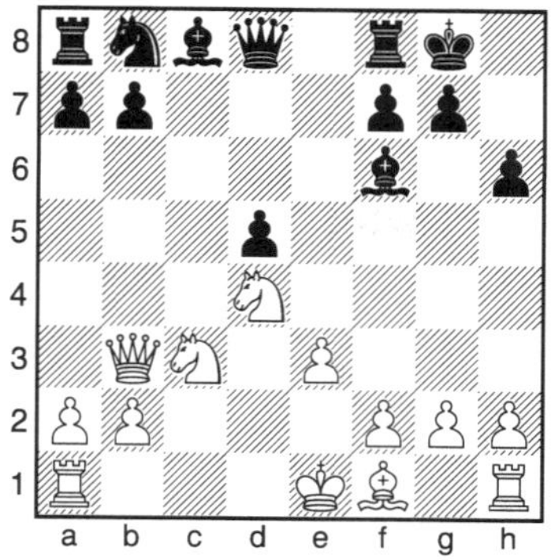

Nach 11.♕xd5 (11.♘xd5? ♗xd4 12.exd4 ♗e6∓) 11...♕b6 12.♕b5 stellt Schwarz mit 12...♗xd4 den materiellen Ausgleich wieder her.

13.exd4 ♕xd4

Beide Seiten sind nun gehalten, möglichst bald ihre Entwicklung zu vollenden. Für Weiß bedeutet dies auch, dass er sich beeilen sollte, seinen König in die Rochadestellung zu bringen. Mit 14.♖d1 kann er sich einen leichten Vorsprung verschaffen, weil Schwarz sein Zugrecht für den Wegzug der Dame einsetzen muss.

Nach 14...♕h4 15.♗e2 ♘c6 16.0-0 (16.g3 ♕b4=) ist für Weiß ein wichtiges Etappenziel erreicht. Mit dem taktischen Kniff der Springergabel 16...♘d4 zieht Schwarz gleich. Nach 17.♕c5 ♘xe2+ 18.♘xe2 b6 und nun beispielsweise 19.♕d4 ♕xd4 20.♘xd4 ♗b7 ist der Stellungsausgleich gesichert. Das freie Feld ist für den schwarzen Läufer ideal.

IV. Die Auflösung der Bauernspannung mit 8.cxd5 verspricht Weiß keinen Vorteil. So ist es nachvollziehbar, dass diese Spielweise in der Praxis nicht die erste Geige spielt.

8...exd5

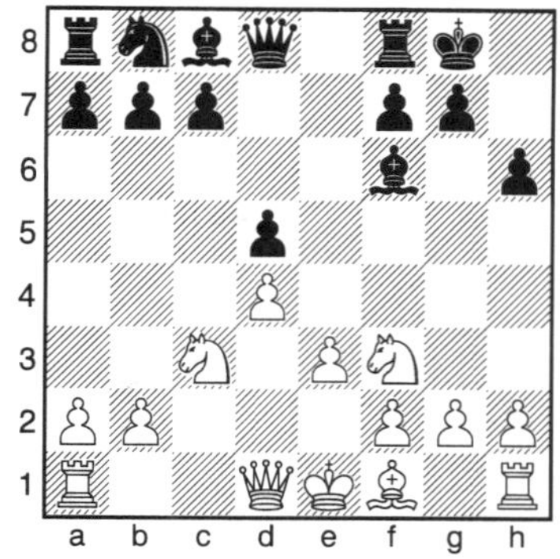

Die Hauptantworten sind nun 9.♗d3 und 9.♗e2. Wenn Weiß mit 9.b4 fortsetzt, ist dies zumeist nur eine Zugumstellung zur mit 9.♗e2 eingeleiteten Linie.

A) 9.♗d3

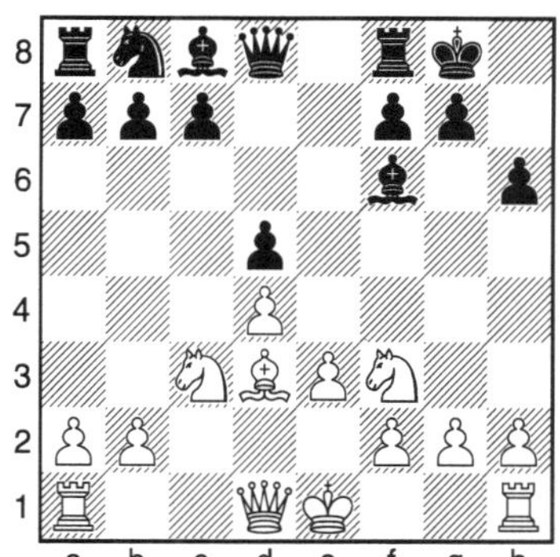

Nach 9...c6 führt der typische weitere Verlauf über 10.0-0 ♗g4, woraufhin Weiß die lästige Fesselung des Springers mit 11.h3 und nach 11...♗h5 mit 12.g4 auflöst. Nach der weiteren Flucht des Läufers mit 12...♗g6 kann er Profit aus der Aufstellung seines eigenen Läufers auf d3 ziehen, indem er Schwarz mit 13.♗xg6 fxg6 einen Doppelbauern auf der g-Linie beibringt und dessen Stellung auf diese Weise

schwächt. Weitergehen kann es beispielsweise mit 14.♕b3 ♕b6 womit die Chancengleichheit erhalten bleibt.

B) 9.♗e2 c6

(Daneben wird auch 9...♗e6 häufiger gespielt, allerdings mit für Weiß besseren Werten aus der Partienstatistik. Aus der Warte des unerfahrenen Spielers und mit einer Erwägung zur Logik des Aufbaus favorisieren wir den Zug mit dem c–Bauern. Der Läufer kann dann auf ein Feld entwickelt werden, das ihm eine größere Wirksamkeit verspricht.

Wir wollen die Möglichkeit zu einem alternativen Vorgehen aber nicht ganz unter den Tisch fallen lassen. Bei ihrer Darstellung beschränken wir uns aber auf nur eine Beispielvariante.

10.0-0 ♘d7 11.b4 c6

Nun ist es auch hier zum Aufzug des c–Bauern gekommen. Nach 12.♖c1 a6 13.a4 ♗e7 14.♕b3 ♘f6 15.♘e5 kann Schwarz seine Dame mit 15...♕d6 aktivieren und Weiß zugleich veranlassen, eine Maßnahme zum Schutz seines ♙b4 zu treffen. Die Stellung ist kompliziert und zeigt einen dynamischen Charakter. Die beiderseitigen Chancen sind als annähernd gleich einzuschätzen.)

10.0-0 ♗f5

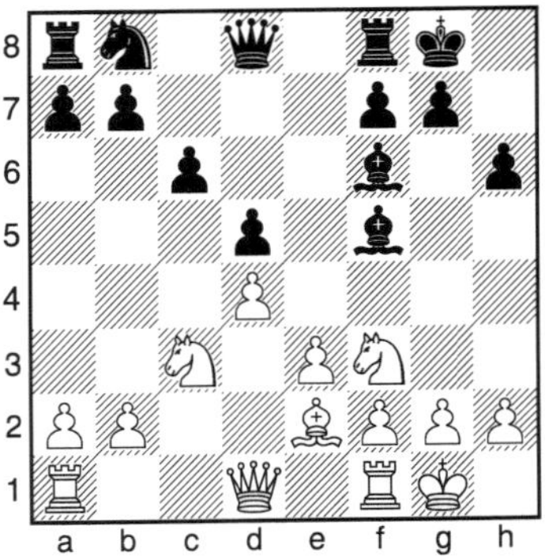

An dieser Stelle kann Weiß aus mehreren Möglichkeiten seine Wahl zum weiteren Vorgehen treffen. Mit dem Ziel, einen Eröffnungsvorteil zu erreichen, bietet 11.b4 interessante Perspektiven.

(Vor 11.♗d3, was nach 11...♗xd3 12.♕xd3 zu einem schnellen Ausgleich führt, kommt der Doppelschritt des b–Bauern in der Praxis auch tatsächlich am häufigsten zur Ausführung.)

Mit 11...a6 verhindert Schwarz b4-b5. Nach 12.♕b3 soll a2-a4 und, wenn möglich, auch b4-b5 folgen.

12...♘d7 13.a4 b5

Damit durchkreuzt Schwarz das gegnerische Vorhaben.

14.a5

(Auf 14.♖ac1 folgt stark 14...♘b6!.)

14...♗e7 15.♖ac1 ♗d6

Auch hier ist eine komplizierte und zweischneidige Stellung entstanden. Die Chancen sind verteilt.

8...c6

Ein interessanter Nebenweg eröffnet sich in Form der Alternative 8...a6. Sie verbindet sich mit der Idee, mit

♘b8-c6 und d5xc4 auf eine Öffnung des Zentrums mittels e6-e5 zu spielen.

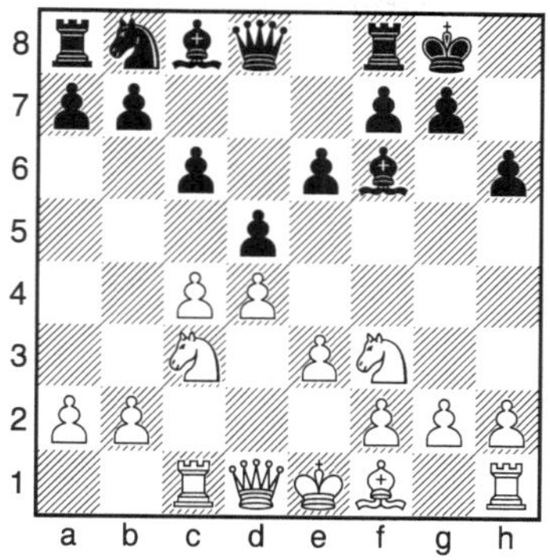

9.♗d3

Weiß will schnellstmöglich die Entwicklung seines Königsflügels abschließen.

Nach 9.♗e2 kann Schwarz seine Kräfte nach dem Muster entwickeln, das aus der beispielhaften Zugfolge 9...♘d7 10.0-0 dxc4 11.♗xc4 e5 usw. erkennbar wird.

9...♘d7

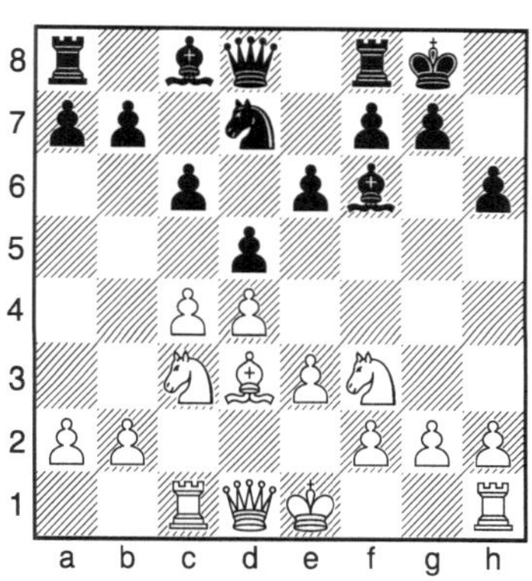

10.0-0

Zumeist schlägt Weiß den Weg zu einer weiteren ruhigen Entwicklung mit der Rochade ein.

Mehr als eine Ausnahme ist aber auch die Fortsetzung mit 10.cxd5, mit der er sich kämpferischer gibt. Der diesem Vorgehen zugrundeliegende Plan schließt die Absicht ein, einen Minoritätsangriff am Damenflügel zu führen. Einen typischen Verlauf und zugleich den roten Faden für die schwarze Gegenstrategie demonstriert die Variante 10...exd5 11.b4 a6 12.a4 ♖e8 13.0-0 ♘f8.

Der Springer verlässt seine störende Position und löst damit zugleich sein eigenes Entwicklungsproblem, indem er sich die Aussicht auf e6 als Standplatz verschafft.

14.b5 axb5 15.axb5 ♗g4

Schwarz verfügt über gleich gute Aussichten, was auch die Ergebnisse aus der Praxis bestätigen.

10...dxc4 11.♗xc4 e5

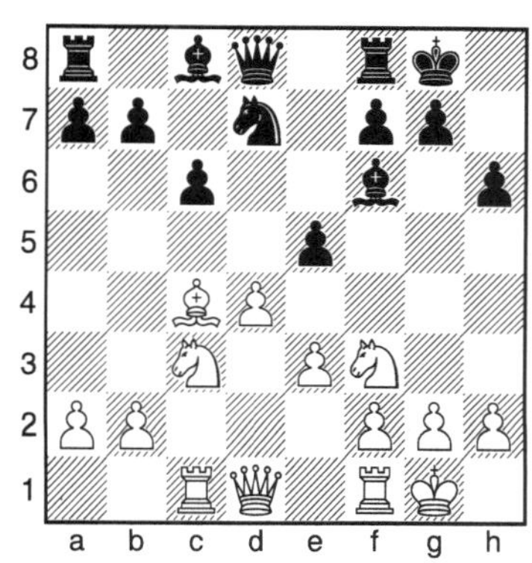

12.h3

Dies ist heutzutage die populärste Erwiderung. Weiß vermeidet eine eventuelle Fesselung durch den Läufer auf g4. In einigen Fällen kann er aktiv g2-g4 spielen.

Zu rechnen ist aber auch mit 12.♘e4 und auf 12...exd4 mit 13.♘xf6+. Schwarz kann sich nun aussuchen, ob er mit dem Springer oder der Dame zurückschlägt.

13...♘xf6

(Nach 13...♕xf6 kann er im Falle von 14.♕xd4 einfach den Damentausch 14...♕xd4 15.♘xd4 folgen lassen. Mit drei kraftvollen Zügen in der natürlichen Fortsetzung 15...♘b6 16.♗b3 ♖d8 17.♖fd1 ♔f8 hält er das Duell in der Waage. Angesichts des bereits stark reduzierten Materials steht ihm nun ein weiteres Vorgehen mit ♔f8-e7 und ♗c8-e6 offen, ohne dass dies für seinen König zu einer Beeinträchtigung der Sicherheit führen würde.)

14.♕xd4

(Nach 14.♘xd4 ♕e7 kommt Schwarz auf recht einfache Weise zum weiteren Ausbau seiner Stellung, indem er seinen Läufer fianchettiert und dann einen Turm auf die offene d-Linie bringt. Eine plausible Variante dazu: 15.♕b3 c5 16.♘e2 b6 17.♘f4 ♗b7 18.♖fd1 ♖fd8=.)

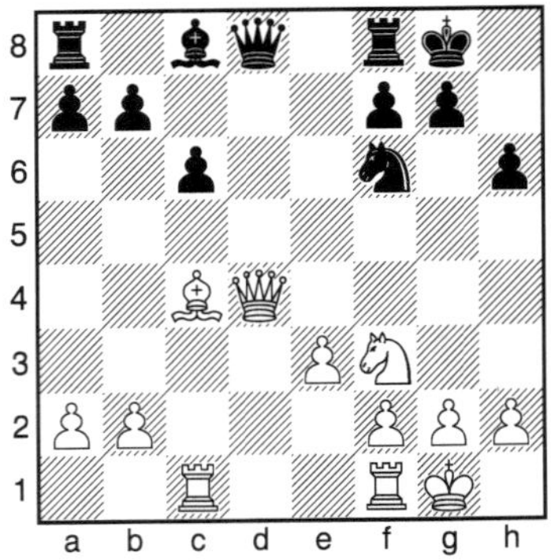

14...♕xd4

(Wenn Schwarz die Damen lieber weiter auf dem Brett behalten möchte, kann er mit 14...♕e7 ausweichen. Auf 15.♖fd1 ist dann 15...♗g4 gut spielbar.)

Nach 15.♘xd4 stehen beide Seiten vor der Aufgabe, möglichst effektiv die letzten noch offenen Maßnahmen zur Aktivierung ihrer Kräfte zu treffen. Nach den aktuell erreichten Verhältnissen wird dies ruhig und unspektakulär wie in der folgenden Beispielvariante geschehen können.

15...♗d7 16.♖fd1 ♖ad8 17.h3

Der Bauer soll ♗d7-g4 verhindern.

17...♗c8 18.♘f3 ♖xd1+ 19.♖xd1 ♖e8

Der Ausgang ist völlig offen. Schwarz kann seine weiteren Planungen auf das Manöver ♔g8-e7-e7 und ♗c8-b7 stützen.

12...exd4 13.exd4 ♘b6 14.♗b3

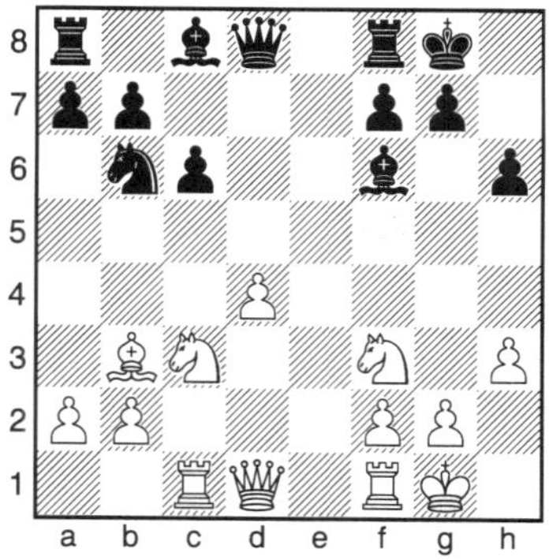

14...♗f5

Zum Ausgleich führt auch die ebenfalls häufig gespielte Alternative 14...♖e8. Hier lässt Schwarz die Läuferentwicklung erst nach der regelmäßigen weißen Erwiderung mit 15.♖e1 folgen. Wir erkennen keinen wesentlichen Vorteil für Schwarz, wenn er diesen Weg beschreitet. Wer dieser Möglichkeit nähertreten möchte, kann die folgenden und von uns weitgehend unkommentiert gelassenen Varianten zum Einstieg nutzen.

15...♗f5 16.g4

(16.♖xe8+ ♕xe8 17.♕d2 ♕d7 18.♖e1 ♖d8 19.♕f4 ♗g6 20.♘e4 ♗xe4 21.♕xe4 ♘d5 22.♘e5 ♕d6=)

16...♗e6

(Auf 16...♗g6 würde 17.♘e5! folgen.)

17.♗xe6 ♖xe6 18.♖xe6 fxe6 19.♕e2 ♕e7 20.♖e1 ♖e8=

15.♖e1

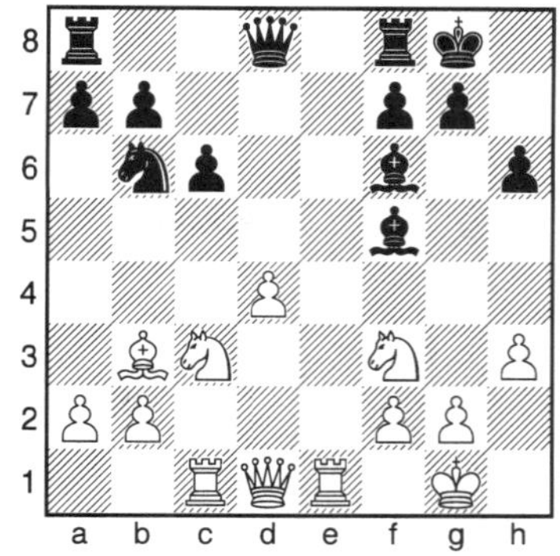

15...a5

15...♖e8 geht auch und kann unter einer Zugumstellung zur Hauptvariante führen.

16.a3

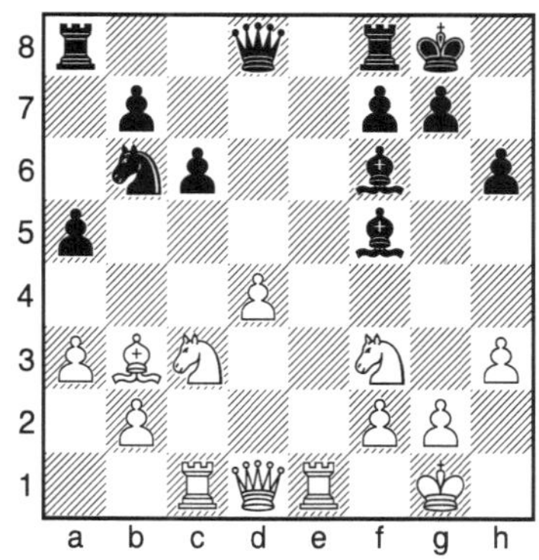

16...♕d6!?

Mit diesem ehrgeizigen Zug kann Schwarz die Dynamik des Spiels erhalten.

Die Alternative 16...♖e8 führt zur Vereinfachung. Nach 17.♖xe8+ ♕xe8 18.♕d2 ♕d7 19.♖e1 ♖e8 sind die Chancen völlig ausgeglichen. Diese Stellung ist in der Praxis schon häufig ausgespielt worden. Die Statistik weist für beide Seiten beinahe identische Erfolgswerte auf.

17.♘e5 ♗xe5

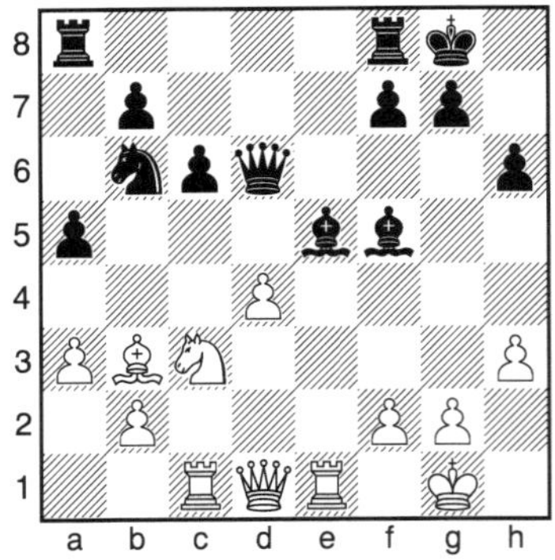

18.♖xe5

Auch über die Zugfolge 18.dxe5 ♕xd1 19.♖cxd1 ♖ad8 entsteht eine ausgeglichene Position.

18...♗g6 19.♕g4 ♘d7 20.♖e3 ♖ae8

Die Stellung ist ausgeglichen. Weiß muss auf seinen schwachen d-Bauern aufpassen, was sich im Endspiel als Nachteil erweisen kann.

Zusammenfassung: In dieser Variante, mit der Weiß der Tartakower-Verteidigung ausweicht, kann Schwarz grundsätzlich gut bestehen, ohne dass er massive Probleme zu lösen hätte. Wir empfehlen im fortgeschrittenen Stadium 16...♕d6!? anstelle von 16...♖e8. Damit wird eine Vereinfachung vermieden und der Raum für eine weiterhin dynamische Auseinandersetzung bewahrt.

Kapitel 18

Capablanca-System

1.d4 d5 2.c4 e6 3.♘c3 ♘f6 4.♗g5 ♗e7 5.e3 0-0 6.♘f3 ♘bd7 7.♖c1 c6 8.♗d3 dxc4 9.♗xc4 ♘d5

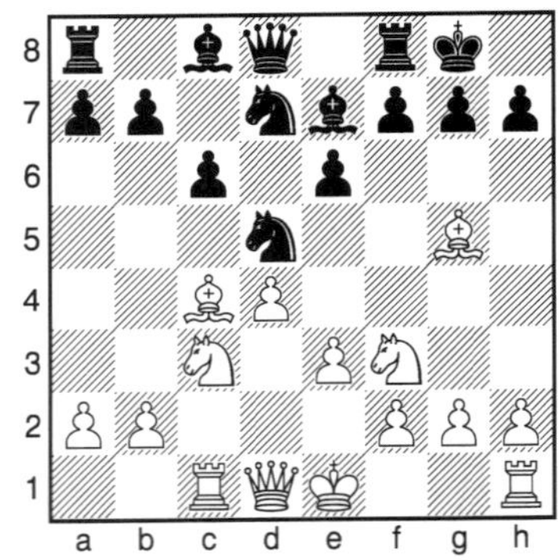

Diese Spielweise wird als „Capablancas Entlastungsmanöver" bezeichnet. Sie trägt damit den Namen des dritten Weltmeisters José Raùl Capablanca (1888–1942) aus Kuba, der diese Idee popularisierte. Schwarz strebt Vereinfachungen an und plant, seinem ♗c8 mittels e6-e5 Luft zu verschaffen.

10.♗xe7 ♕xe7 11.0-0

Capablancas Nachfolger auf dem Weltmeister-Thron, Alexander Aljechin (1892-1946), brachte die Idee 11.♘e4 in die Diskussion ein. Sie stellt allerdings kein Problem für Schwarz dar. Er kann sich gut dagegen verteidigen. Mit 11...♘5f6 zwingt er Weiß sofort zu einer Entscheidung über die Zukunft des Springers. Dieser weicht dann zumeist mit 12.♘g3 aus.

(Wenn Weiß mit 12.♘xf6+ schlägt,

nimmt Schwarz mit der Dame zurück. Der Springer wird zur Unterstützung des beabsichtigten Vorstoßes e6-e5 auf d7 gebraucht.

12...♕xf6 13.0-0 e5

Üblich und gut ist jetzt 14.e4, worauf über 14...exd4 15.♕xd4 ♕xd4 16.♘xd4 weiteres Material vom Brett verschwindet. Nach 16...♘e5 17.♗b3 ♖d8 18.♖fd1 ♗d7 19.♖c5 ♘g6= ist der Gleichstand gewahrt.)

Mit 12...e5 kann Schwarz nun ein zentrales Element des Entlastungsmanövers durchsetzen.

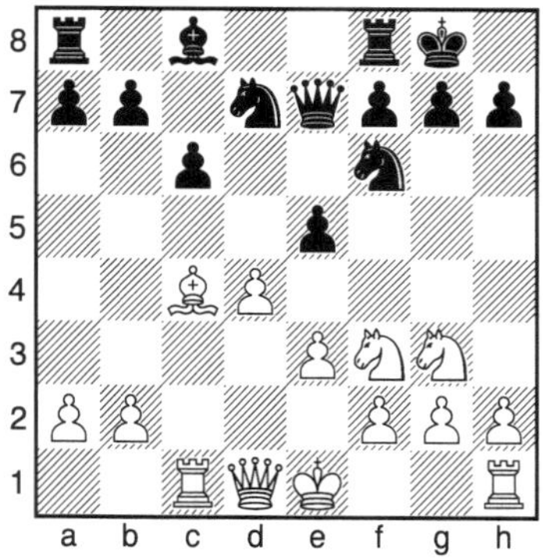

13.0-0

(13.dxe5 ♘xe5 14.♘xe5 ♕xe5= bringt Weiß nichts ein.)

13...exd4 14.♘f5 ♕d8 15.♘5xd4

Für den Augenblick mag es so aussehen, als ob Weiß eine dominierende Rolle einnehmen könne. Schwarz hat aber die Möglichkeit, mit mehreren kraftvollen Zügen in Folge dieses Bild zurechtzurücken. Nach 15...♘b6 16.♗d3 ♕e7 17.♕c2 ♗g4 18.a3 ♖ad8 ist der ohnehin zu keinem Zeitpunkt verlassene Ausgleich auch optisch wieder erkennbar.

11...♘xc3 12.♖xc3

Auf 12.bxc3 folgt 12...c5 nebst b7-b6 und ♗c8-b7 mit gutem Spiel für Schwarz.

12...e5

Dieser Befreiungszug ist das Leitmotiv der schwarzen Verteidigung.

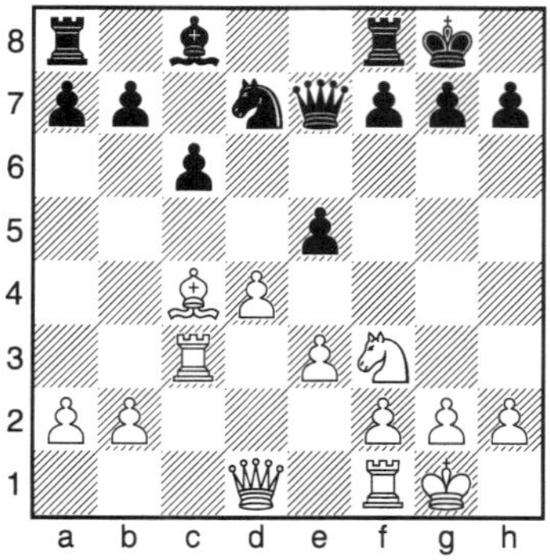

13.♕c2

Neben diesem Zug mit der Dame stehen Weiß mehrere spielbare Alternativen zur Auswahl. Von diesen haben 13.dxe5 und 13.♗b3 eine erhebliche praktische Bedeutung. 13.♕b1, 13.a3, 13.e4 sowie 13.d5 kommen weniger oft bis selten vor. Hinsichtlich des Umfangs unserer Erläuterungen stellen wir uns auf diese Unterschiede ein. Damit wollen wir erreichen, dass der Leser auf alle realitätsnahen weißen Möglichkeiten eine Antwort erhält, seinen Studienaufwand aber in einer sachgerechten Weise begrenzen kann.

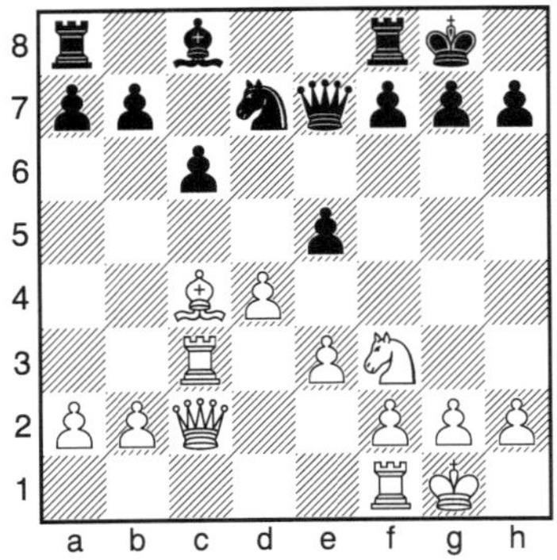

I. Mit 13.dxe5 leitet Weiß den Versuch ein, Nutzen aus seinem Bauernübergewicht im Zentrum zu ziehen.

13...♘xe5 14.♘xe5 ♕xe5 15.f4

Ganz nach Plan verstärkt Weiß seine Kontrolle über das Zentrum. Durch den Angriff auf die Dame, den Schwarz sofort abwehren muss, behält er weiter die Zügel in der Hand.

Wir nehmen dieses Vorgehen zum Anlass für eine allgemeine Anmerkung: Grundsätzlich sind Bauernzüge wie hier f2-f4 mit einer Schwächung im eigenen Lager verbunden. Es muss deshalb sorgfältig abgewogen werden, ob sie im Einzelfall angebracht sind. Hier sind durch den Aufzug des f-Bauern unter anderem die Felder e4 und g4 geschwächt worden. Zugleich ist die Schutzwirkung der Bauern in der Rochadestellung nun gemindert. Weiß vertraut aber darauf, dass die erlangten Gegenwerte diesen Einsatz rechtfertigen.

A) 15...♕e4

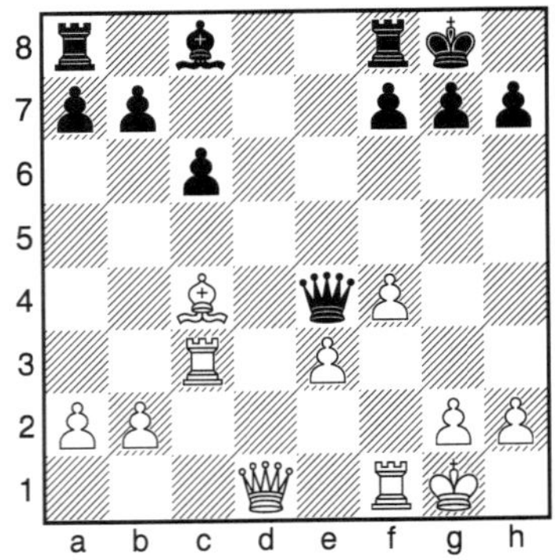

A1) 16.♕e2 ♗f5

(Spielbar ist auch 16...♖e8!?. Wenn Weiß die lästige Wirkung der schwarzen Dame mit 17.♗b3 und anschließender Überführung auf die Diagonale b1-a7 loszuwerden versucht, kann Schwarz zunächst mit 17...♗e6 seinen Läufer aktivieren und auf 18.♗c2 mit 18...♕b4 reagieren. Nach 19.a3 schlägt er natürlich nicht auf b2, weil sonst nach ♗c2xh7+ die Dame verloren ginge. Mit 19...♕b6 kann er ausweichen und sich gleichwertige Aussichten bewahren.)

17.♗d3

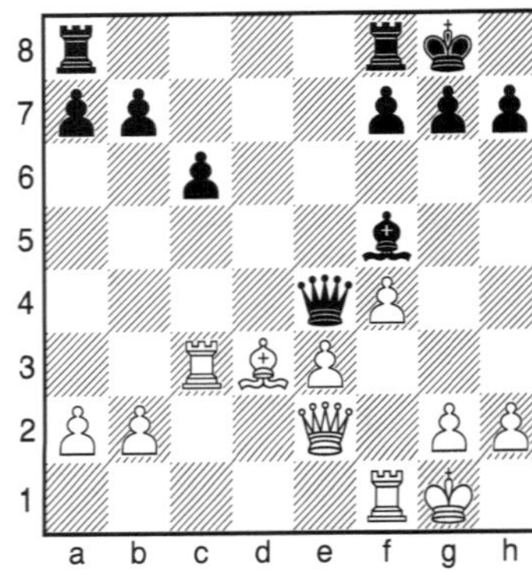

Nun kann sich die Dame mit 17...♕d5 der Attacke entziehen, da auf die Bauerngabel 18.e4 die Ressource 18...♕d4+ zur Verfügung steht. Nach 19.♕f2 ♕xf2+ 20.♔xf2 ♗d7 hat Weiß seine Zentrumsstrategie umgesetzt. Mit einem nennenswerten Vorteil ist dies für ihn aber nicht verbunden, die Stellung befindet sich im Bereich des Ausgleichs. In der Praxis hat die Partie mehrfach den plausiblen Fortgang 21.♖d1 ♖fd8 22.♗c4 ♗e8 23.♖cd3 ♖xd3 24.♖xd3 ♔f8 genommen und dabei das Urteil des Stellungsausgleichs bestätigt.

A2) Wenn Weiß 16.♗b3 spielt, kann dies auf verschiedenen Überlegungen basieren. Die Absicht, den Läufer weiter nach c2 zu ziehen, kann Schwarz gut mit 16...♗f5 abfangen, um auf 17.♗c2 mit 17...♕e6 zu reagieren. Weiß hat dann nichts erreicht.

In der Praxis wurde häufiger 17.♕h5 probiert. Nach 17...g6 18.♕h6 ♖ad8 19.♗c2 ♕d5= ist die Fantasie aus dem weißen Angriffsversuch entwichen, Schwarz hat alles im Griff.

B) Gut spielbar ist auch 15...♕f6, worauf Weiß zumeist mit 16.f5 antwortet, wodurch er weiteren Raum gewinnt und Schwarz in der Entwicklung zu stören versucht. Natürlich ist der Bauer für den ♗c8 tabu, denn wenn er schlagen würde, käme er zugleich in die Fesselung durch den ♖f1 und ginge nach e3-e4 verloren. Die Ergebnisse aus der Praxis bestätigen, dass Schwarz mit 16...b5 eine eigene Strategie des Raumgewinns am Damenflügel verfolgen kann.

17.♗b3

(Das Ausweichen mit 17.♗d3 kann Schwarz mit einem Nachsetzen seines Bauern beantworten.

17...b4 18.♖c5 ♖e8 19.♕c1 ♗b7=

Weiß drückt in der c-Linie, Schwarz hat Aussichten auf der d- und der e-Linie. Er kann ♖a8-d8 folgen lassen und verfügt über ein volles Spiel.)

17...♗b7

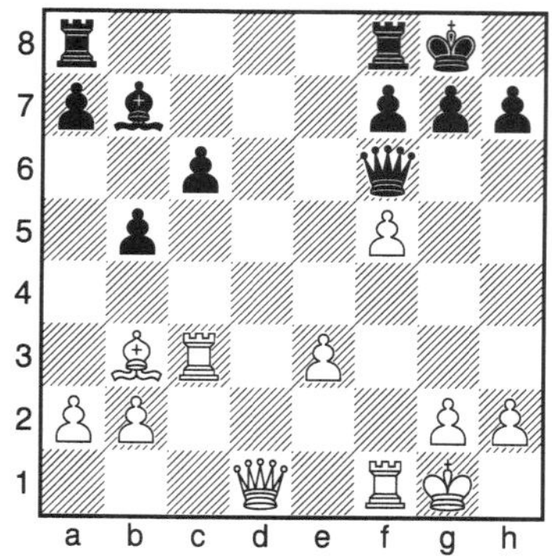

Die Stellung ist völlig ausgeglichen. Weiß hat es nun in der Hand, der Partie die Richtung zu geben. Er kann mit 18.♕d4 den Damentausch anbieten, auf den Schwarz ohne Bedenken eingehen kann.

Auf 18.♕d7 antwortet er mit 18...♖ab8, um erst im Anschluss seine Türme weiter in der Mitte zu postieren.

In der Praxis wurde auch schon die interessante Idee 18.♕h5 verfolgt, worauf Schwarz beispielsweise über 18...♖ae8 19.♖f4 ♖e5 eine starke Position aufbauen kann.

II. Mit 13.♗b3 will Weiß einem gegnerischen Tempogewinn durch b7-b5 bzw. ♘d7-b6 zuvorkommen.

13...♖d8

Der Turm wird aktiviert und entfaltet dabei durch die Gegenüberstellung zur weißen Dame eine erste Drohwirkung.

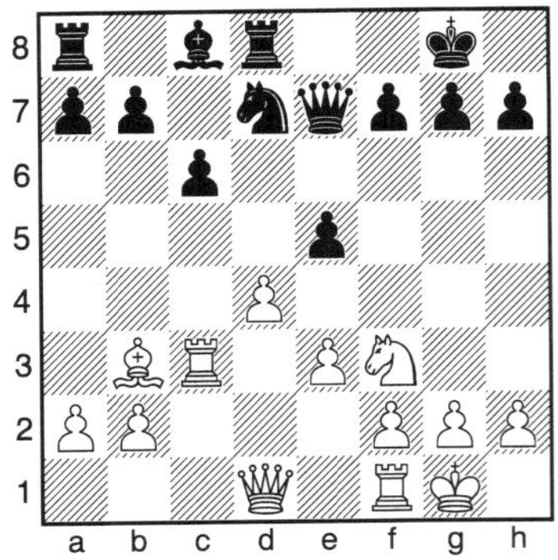

A) 14.♕c2 exd4 15.exd4 (15.♘xd4 ♘f6=) 15...♘f8

Auf f8 ist der Springer richtig postiert. Von hier aus deckt er den Läufer, der im Anschluss nach e6 geführt werden soll.

(Wenn Schwarz unbedacht mit 15...♘f6 fortsetzt, kommt er in Nachteil. Nach beispielsweise 16.♖e1 ♗e6 17.♗xe6 fxe6 18.♖ce3± hat Weiß eine Druckstellung aufgebaut und entwickelt eine Initiative.)

16.♖e1 ♗e6

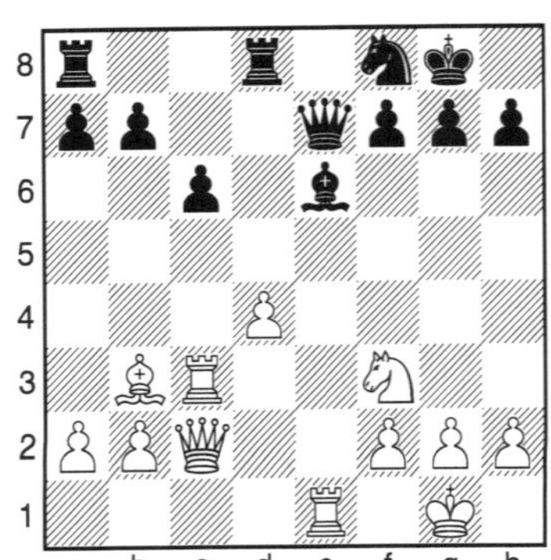

Damit ist die Stellung ausgeglichen. Weiß hat etwas mehr Raum und eine leicht aktivere Aufstellung erreicht, muss sich dafür aber auch um seinen isolierten d-Bauern kümmern. Mit einem interessanten Manöver kann er versuchen, einen unerfahrenen Spieler zu einem Fehler zu verleiten bzw. seinem Isolani wieder zu einer Bindungsmöglichkeit zu verhelfen.

Nach 17.♕f5 sollte Schwarz mit 17...♕c7 die Fesselung des ♗e6 auflösen, so dass Weiß zur Rettung seiner Dame gezwungen ist. Weitergehen kann es beispielsweise mit 18.♕e5 ♕xe5 19.dxe5 ♖d7 nebst ♖a8-d8, worauf sich die Stellung weiterhin in der Waage befindet.

B) Mit 14.♖e1 kann sich Weiß dem gegnerischen Abtausch mit e5xd4 entgegenstellen. Nach 14...e4 bleibt das Zentrum bis auf weiteres geschlossen. Der Bauer muss dann noch für eine kurze Zeit vor einem Schlagen geschützt werden, was Schwarz aber keine Probleme macht.

(Hier wurde auch schon mit Erfolg 14...g6!? und erst danach e5-e4 gespielt. Mit Ausnahme der Flexibilität, die sich Schwarz bei der Aufnahme dieser Alternative in sein Repertoire verschafft, sehen wir keinen Vorteil für ihn bei dieser Wahl. Für den unerfahrenen Spieler ist dieser Weg unseres Erachtens auch etwas schwieriger zu spielen. Um die Möglichkeit nicht ganz außer Acht zu lassen, nehmen wir sie in der Form der nachstehenden schlichten Variante auf.

15.♕c1 e4 16.♘d2 ♘f6 17.♕b1 ♗f5 18.♘f1 ♗e6 19.♗xe6 ♕xe6 20.b4 ♘d5 21.♖c5 f5 und Schwarz hat eine feste Stellung.)

15.♘d2 ♘f6 16.♕c2 ♗f5 17.♖c5 ♗g6 mit Ausgleich.

III. Mit 13.♕b1 soll die Dame den geplanten Vorstoß b2-b4 unterstützen. Diese Strategie verfolgt Weiß in deutlich unter zehn Prozent aller möglichen Anwendungsfälle.

13...exd4

(Wenn Schwarz die Stellung mit 13...e4 geschlossen hält, eröffnet dies Weiß nach 14.♘d2 ♘f6 15.b4 die Möglichkeit, über a2-a4 und b4-b5 erfolgreich einen Minoritätsangriff zu führen. Er verschafft sich damit die besseren Chancen.)

14.exd4

(Im Fall von 14.♘xd4 ♘f6 gerät Schwarz über die beispielhafte, aber natürliche Zugfolge 15.♖d1 ♖d8 16.♖cd3 ♗d7 in eine leicht passive Grundstellung, die aber voll verteidigungsfähig ist.)

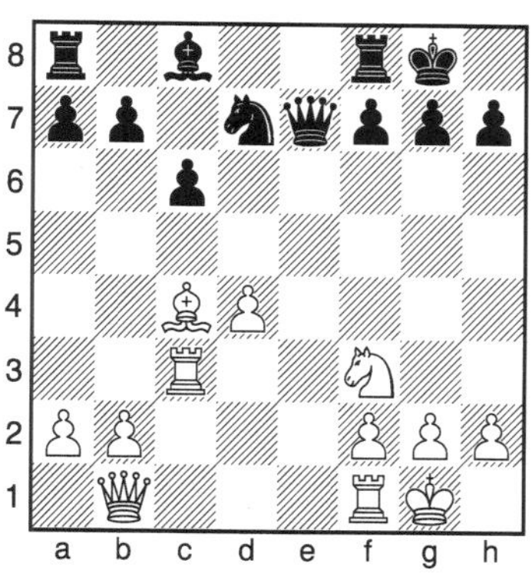

14...♘f6

Die Betrachtung aus der Warte des unerfahrenen Spielers lässt uns diese Fortsetzung gegenüber der Alternative 14...♘b6 vorziehen. Damit geht f6 als Ausweichfeld für die Dame zwar verloren, d6 aber eröffnet eine gute Ersatzlösung. Im Ergebnis erreicht Schwarz eine Aufstellung, die harmonischer ist und weniger Schwächen aufweist.

(Im Anschluss an 14...♘b6, womit Schwarz ein Tempo gewinnt, und 15.♗b3 kann die Dame in Erwartung des auf e1 erscheinenden Turms nach f6 geführt werden. Nach 15...♕f6 16.♖e1 ♗e6 17.♗xe6 fxe6 18.♖ce3 ♖ae8 19.♕c2 ♘d5 20.♖e5 h6 steht Weiß etwas aktiver, aber Schwarz hat ausreichende Verteidigungsmöglichkeiten, denn für den Stützpunkt e5 hat er seinerseits auf d5 einen guten Platz für seinen Springer.)

15.♖e1 ♕d6

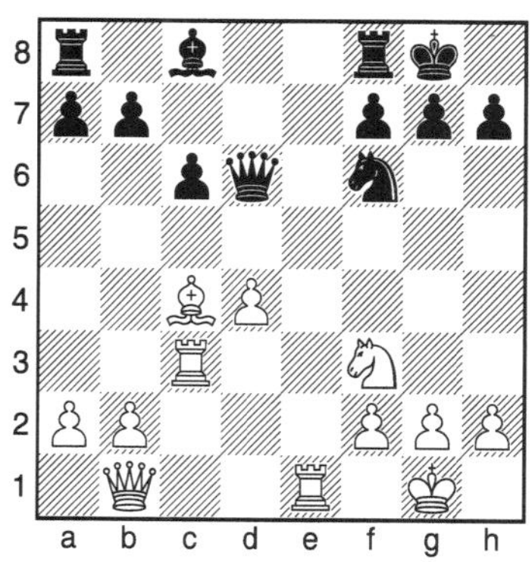

Damit steht Schwarz unmittelbar vor dem Abschluss seiner Entwicklung. Über die noch zu erledigenden Restaufgaben kann er in Abhängigkeit vom gegnerischen Vorgehen entscheiden. Die generelle Linie wird so aussehen, dass Weiß auf die Eroberung bzw. Absicherung der Herrschaft über die e-Linie spielt und Schwarz mit ♗c8-d7 und ♖a8-e8 dagegenhält. Weitergehen kann es beispielsweise mit

16.h3.

(16.♖ce3 ♗d7 17.♗b3 ♖ae8

Damit steckt der Schlüssel zum Ausgleich im Schloss.

18.♖xe8 ♖xe8 19.♘g5 ♖xe1+ 20.♕xe1 ♗e8=)

Nach 16...♗d7 17.♖ce3 ♖ae8 steht fest, dass Schwarz seinem Gegner auf der e-Linie genügend Gegenwehr leisten kann.

18.♖e5 h6

Weiß steht aktiver, aber mit einem isolierten d-Bauern. Schwarz hat eine solide Aufstellung erreicht, die ihm genügend Möglichkeiten eröffnet, sich gut zu verteidigen und Maßnahmen zur Initiierung eines Gegenspiels zu treffen.

IV. 13.a3 ist in der Praxis nur sehr selten anzutreffen und wird mit der Absicht b2-b4 gespielt. Die aktuelle Stellung ist bei einer Auswertung der Turnierpartien, die mit Capablancas Entlastungsmanöver ausgetragen worden sind, in einer Größenordnung von etwas über drei Prozent zu finden. In der großen Mehrzahl aller Fälle aber wurde sie auf einem anderen Weg und mit der Folge erreicht, dass das Zugrecht hier bei Weiß liegt. Diese Partien sind an dieser Stelle entsprechend bedeutungslos.

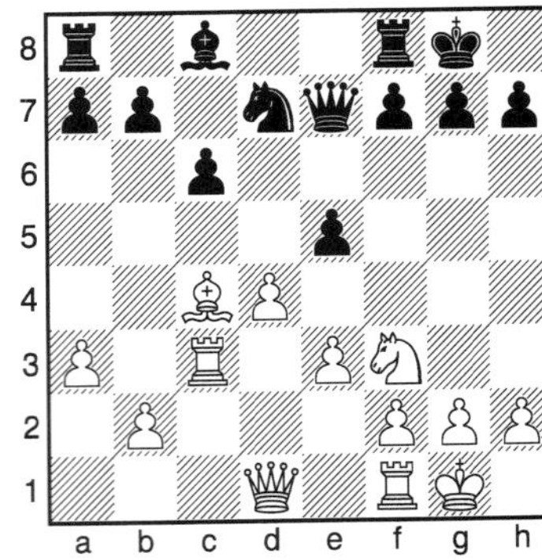

A) Nach 3...e4 bleibt das Zentrum geschlossen.

14.♘d2 ♘f6

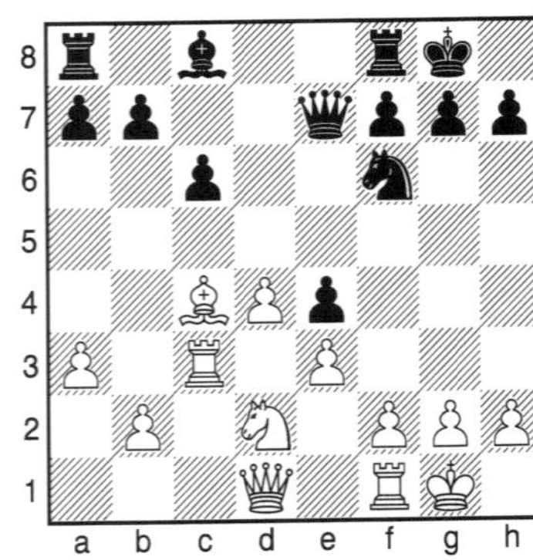

15.♕c2

(Im Falle von 15.♗b3 kann sich Schwarz in Ruhe nach dem Muster 15...♖e8 16.♕c2 ♗g4 17.♖e1 ♖ad8 aufbauen.)

Nach 15...♗f5 hat Schwarz sein Eröffnungsziel im Wesentlichen bereits erreicht. Er kann sich nun entscheiden, wie er seine Türme aktivieren und sein Gegenspiel organisieren will. Eine Möglichkeit ist beispielsweise ♖a8-c8 gefolgt von h7-h5, während Weiß am Damenflügel mit b2-b4 sein Spiel forciert. Aber auch ♖f8-d8 kann als Basis für eine solide Aufstellung fungieren.

B) Es geht auch 13...exd4 mit der natürlichen Folge 14.exd4 (14.♘xd4 ♖d8=) 14...♘b6 15.♖e1 ♕f6 16.♗a2 ♗e6 17.♗xe6 fxe6.

Allerdings kann Weiß auf der e-Linie gegen den ♙e6 drücken. Nach 18.♖ce3 ♖ae8 19.♖e5 ♘d5 verfügt er über einen Raumvorteil, dem aber ein starker schwarzer Springer auf d5 gegenübersteht.

V. 13.e4 ist ebenfalls ein seltener Gast auf der Turnierbühne. Er kommt nur in etwa drei Prozent aller relevanten Partien vor. Mit ihm will Weiß seine Bauernmehrheit im Zentrum nutzen.

13...exd4

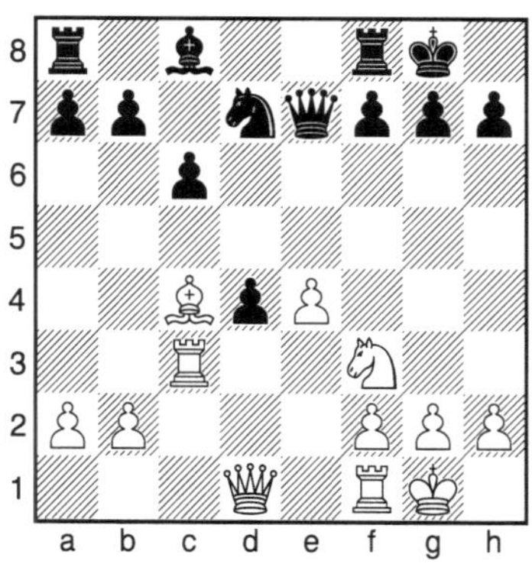

14.♕xd4

(Auf 14.♘xd4 sollte Schwarz nicht mit 14...♕xe4 antworten, worauf Weiß über 15.♖e1 usw. zu einem Entwicklungsvorsprung und einer Initiative für den Bauern käme.

Wenn er stattdessen mit 14...♘e5 reagiert, kann er nach 15.♗b3 mit 15...♖d8 seinen Turm ins Spiel bringen und Weiß bereits etwas unter Druck setzen. Es kann sich dann die etwas wilde Fortsetzung 16.f4 c5 17.fxe5 ♖xd4 anschließen und nach 18.♕h5 ♗e6 hat Schwarz ein vollwertiges Spiel erreicht.)

14...♘b6

(Eine interessante Alternative ist 14...b5!? gefolgt von c6-c5.)

15.e5

(15.♗b3 ♗e6 16.♗xe6 ♕xe6=)

Mit 15...♖d8 beginnend kann Schwarz nun eine Abwicklung initiieren, die ihm ein gutes Spiel sichert.

16.♕f4 ♘xc4 17.♖xc4 ♗e6

Auf 18.♖c3 ♖d5 kann Schwarz ♖a8-d8 folgen lassen. Das freie Spiel, die Herrschaft über die d-Linie und perspektivisch sein Läufer geben ihm die etwas besseren Chancen.

VI. Das frühe Vorgehen im Zentrum mit 13.d5 ist als ungefährlich für Schwarz bekannt. Entsprechend selten wird es von Weiß eingesetzt. Seine Häufigkeit liegt bei unter fünf Prozent aller Turnierpartien, die zum Thema dieses Buchkapitels ausgetragen worden sind. Zu den besten Chancen kommt Schwarz mit 13...e4 und auf 14.♘d4 mit 14...c5.

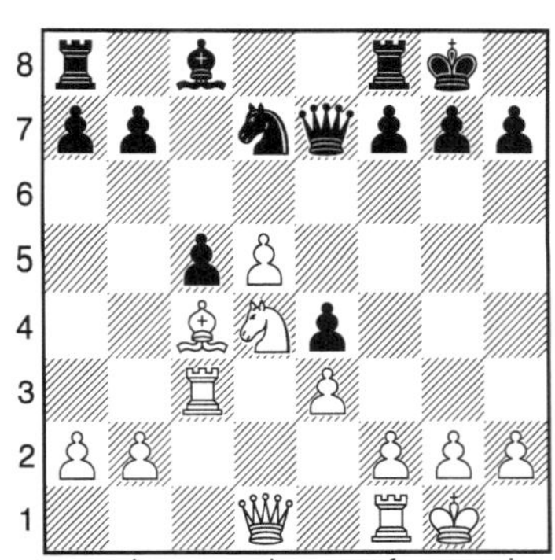

Weiß bieten sich nun vor allem die Möglichkeiten 15.♘f5 und 15.♘b5 an. Mit der Wahl verbinden sich deutlich voneinander abweichende Pläne.

A) Nach 15.♘f5 ist 15...♛e5 die beste Wahl für Schwarz. Die Dame entfernt sich aus der bedrohten Position und greift ihrerseits den Springer an. Nach 16.♘g3 ♘f6 ist nicht ersichtlich, womit Weiß einen Anspruch auf einen Vorteil begründen könnte. Aus der Praxis ist der Versuch 17.f4 bekannt, aber nach 17...exf3 18.♕xf3 ♝d7 nebst ♖a8-e8 verfügt Schwarz über ein gutes Spiel.

B) 15.♘b5 zielt auf die Durchsetzung von d5-d6 ab. Nach 15...♘f6 sollte Weiß nicht zögern und seinen d-Bauern sofort vorrücken lassen.

B1) Nach 16.d6 ♛e5 behält Schwarz alles im Griff. Seinen Läufer wird er voraussichtlich nach d7 entwickeln können, um dann zu entscheiden, wie er seine Türme einsetzen will. Ebenfalls voraussichtlich wird der ♖a8 auf d8 gut platziert werden können.

Aus der Praxis im Fernschach ist für Weiß an dieser Stelle der Versuch 17.f4 bekannt, um das Spiel zu verschärfen und vielleicht doch noch einen Vorteil für Weiß nachweisen zu können. Nach 17...exf3 18.♕xf3 ♝d7 muss sich Weiß entscheiden, ob er die Einladung zum Bauernraub auf b7 annehmen soll.

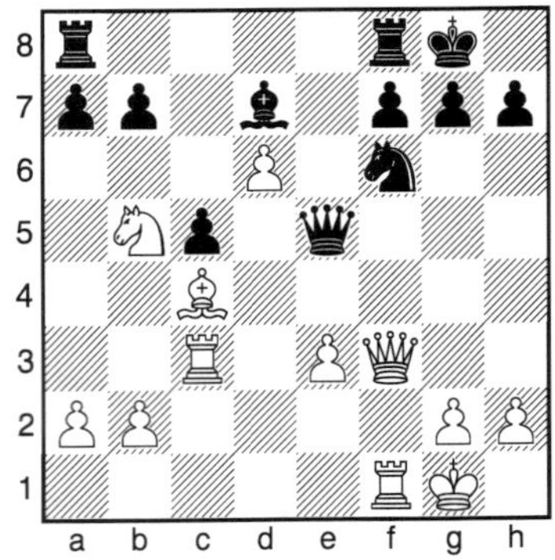

Neben dem Computervorschlag 19.♕f4, der Schwarz jedoch nach 19...♕xf4 keine Probleme bereiten sollte, ist 19.♘c7 eine spielbare Möglichkeit.

(19.♕xb7? ist zu gefährlich, was die ohne eine weitere Kommentierung gut verständliche Variante 19...♖ab8 20.♕a6 ♘g4 21.g3 ♕h5 22.h4 ♘e5 belegt. Weiß hat Probleme.)

Nach 19...♖ad8 20.♕f4 ♕xf4 21.♖xf4 und nun 21...♝c6 22.♖d3 ♖d7 muss sich Weiß Sorgen um seinen ♙d6 machen und mit einem gegnerischen ♖f8-d8 rechnen.

B2) 16.♕b3? gibt Schwarz die Zeit für 16...a6!, woraufhin Weiß forciert in einen schweren Nachteil gerät.

(Mit 16...♕e5 verschafft sich Schwarz ebenfalls einen Vorteil, der aber nicht gleichermaßen deutlich ist. Weiß kommt zu 17.♗e2 und deckt damit das wichtige Feld g4 ab; z.B. 17...b6 18.♖d1 ♖d8∓.)

Nach 17.d6 ♕e5 muss sich Weiß um seinen Springer kümmern und hat keine Gelegenheit für die Absicherung seines Königsflügels. Dies kann Schwarz brutal ausnutzen, indem er nach 18.♘c7 mit 18...♘g4 einen heftigen Angriff startet und sogleich eine Mattdrohung auf h2 ausspricht. Weitergehen kann es mit 19.g3 ♕h5 20.h4 ♘e5–+ und Weiß findet keine ausreichenden Mittel mehr, um den Angriff ohne schweren Schaden zu parieren.

13...exd4

Die Auflösung der Bauernspannung im Zentrum ist die Empfehlung der Theorie.

Die Praxis zeigt, dass auch 13...e4 spielbar ist. Nach 14.♘d2 ♘f6 sind zwei Hauptantworten für Weiß herausgearbeitet worden. Er kann mit 15.♗b3 den Ausblick seines Turms verlängern und diesen in der Folge ggf. nutzen, oder aber auf ein Voranschreiten seiner Bauern am Damenflügel setzen, wofür das Feld b3 jedoch frei bleiben sollte.

A) 15.♗b3

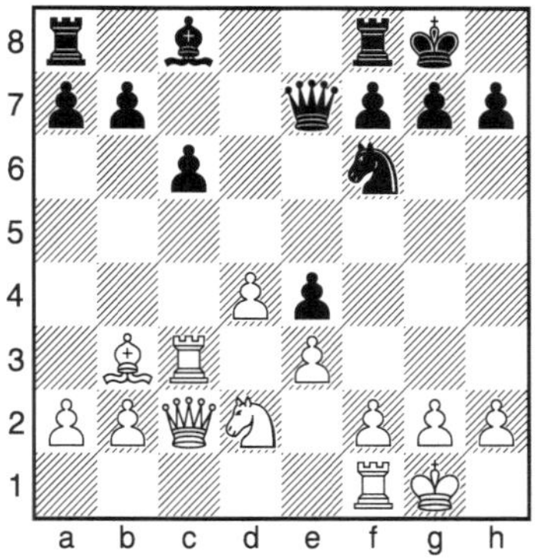

Nach 15...♗g4 könnte ♗g4-e2 unangenehm werden.

(Nach 15...♗f5 kann Weiß den Läufer mit 16.♖c5 angreifen, der dann aber mit 16...♗g6 ausweichen kann. Es kann sich dann 17.♖c1 ♖ad8 anschließen, womit Schwarz ausreichend Zugriff auf das Spiel erhält, Weiß aber mehr Freiheit für dessen Entwicklung einräumt.)

Nach 16.♖e1 ♖ad8 ist die Entwicklungsphase abgeschlossen, die Chancen der Kontrahenten sind weitgehend ausgeglichen. Im Falle von beispielsweise 17.♖c5 ♖fe8 18.♖e5 behält Schwarz mit 18...♕c7 usw. alles unter Kontrolle.

B) Mit 15.♖c1 erhält sich Weiß die Möglichkeit zum Manöver a2-a3 gefolgt von b2-b4.

15...♗f5

Der Läufer entwickelt sich und macht zugleich den Weg für den ♖a8 frei.

(Es geht auch 15...♖e8 mit der möglichen Folge 16.♗b3 ♗f5 17.f4 g6 18.h3 h5 usw. mit einer komplizierten, aber weitgehend ausgeglichenen Lage.)

Nach 16.a3 ♖ad8 17.b4 h5 bekommt Schwarz ein ausreichendes Gegenspiel, beispielsweise in der Zugfolge 18.f4 g6 19.♕b3 ♖d7 20.b5 c5 usw.

14.exd4

Wenn der Springer zurücknimmt, macht er sich zum Angriffsobjekt, an dem Schwarz seine forcierte Entwicklung festmachen kann. Nach 14.♘xd4 ♘f6 und nun beispielsweise 15.a3 zeigt die Variante 15...c5 16.♘e2 b6 17.♘g3 ♗b7 18.♖d1 ♖ad8 das Muster auf, über das er mit nur wenigen hierfür benötigten Zügen zu einer guten Aufstellung und einem gleichen Spiel kommt.

14...♘b6

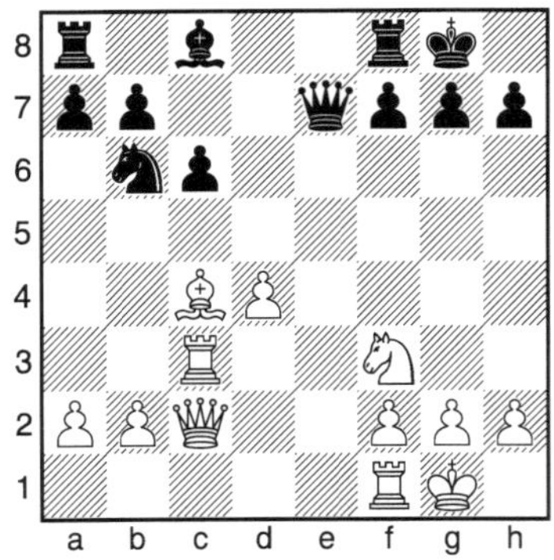

15.♖e1

Weiß nutzt die Gelegenheit, seinen Turm durch den Angriff auf die Dame forciert ins Spiel zu bringen, bevor er sich um die Rettung seines Läufers kümmert.

Zu rechnen ist auch mit 15.♖e3, worauf Schwarz ebenfalls mit 15...♕d8 usw. reagieren kann. Nach 16.♗b3 ♘d5 hat Weiß im herkömmlichen Turnierspiel regelmäßig der Fortsetzung 17.♖e5 vertraut.

(17.♗xd5 ist insbesondere im Fernschach mehrfach getestet worden. Diese Alternative ist hier wie in der Hauptvariante nach 15.♖e1 mit ähnlichen Konsequenzen spielbar.)

Nach 17...f6 18.♗xd5+ cxd5 19.♖e3 ♗g4 ist das Spiel völlig ausgeglichen.

15...♕d8

Dies ist die Empfehlung der Theorie.

Häufig versucht wurde auch 15...♕f6, worauf Weiß allerdings ein bequemeres Spiel erreichen kann. Dies spiegelt sich auch in der Auswertung der Partiendatenbank wider. Wir gehen deshalb nicht weiter auf diese Möglichkeit ein und beschränken uns zur Veranschaulichung auf eine unkommentierte Variante: 16.♗b3 ♗f5 17.♕e2 ♖ad8 18.♕e7 ♕xe7 19.♖xe7 ♖d7 20.♖ce3 ♘c8 21.♖xd7 ♗xd7 22.♘e5.

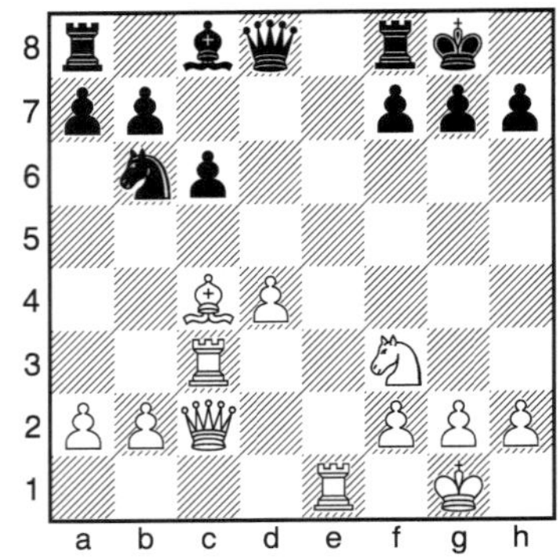

16.♗b3

Den Rückzug 16.♗d3 sollte Schwarz am besten mit 16...g6 beantworten.

16...♘d5 17.♗xd5 ♕xd5

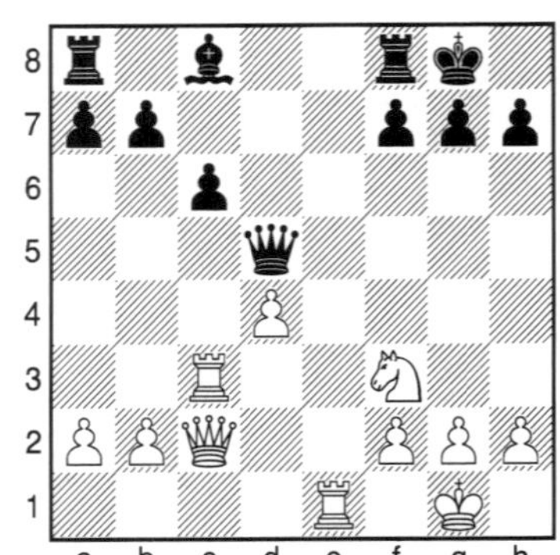

18.♖e5

Auch mit 18.♖c5 kann Weiß nicht auf einen Vorteil hoffen. Nach dem Ausweichen der Dame mit 18...♕d6 behält er alles im Griff, wie die kurzen Varianten 19.♕e4 h6 20.♕e7 ♕xe7 21.♖xe7 ♖d8= bzw. 19.♘g5 g6 20.♕c3 ♗f5 21.♖ce5 ♖ad8= bestätigen.

18...♕d6 19.♖ce3

Dem möglichen Plan von Weiß, die e-Linie mit 19.♕e4 zu erobern, kann Schwarz den Erfolg verwehren.

19...f6 20.♖e7

Die Zeit, die Weiß nun braucht, um seinen zweiten Turm auf die e-Linie und die Dame in den Rücken der Türme zu bringen, kann Schwarz nutzen, um rechtzeitig den Ausbau seiner Gegenkräfte zu erreichen. Nach 20...♗d7 21.♕e2 ♖fe8 22.♖ce3 ♔f8 usw. ist der weiße Versuch abgewiesen.

19...h6 20.♕c3

Nach 20.♖e7 hält Schwarz die Stellung mit 20...♖b8 und im Anschluss ♗c8-e6 im Gleichgewicht.

20...♗e6 21.h3 ♖ad8

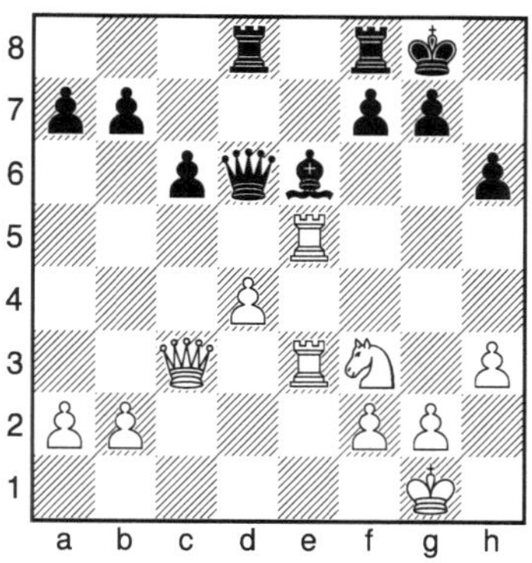

Schwarz hat den Stellungsausgleich gehalten.

Zusammenfassung: Capablancas Entlassungsmanöver führt dazu, dass Schwarz eine etwas beengte Stellung erhält, aus der heraus er aber solide spielen kann. In der modernen Turnierpraxis wird das Manöver nicht allzu häufig eingesetzt, weil heutzutage solche Systeme mehr gefragt sind, die auch mit Schwarz ein Spielen auf Sieg unterstützen. Diese Spielweise aber hält das Duell tendenziell mehr im ausgeglichenen Bereich.

Quellenverzeichnis

Aagaard, J./Ntirlis, N.: Grandmaster Repertoire: The Tarrasch Defence, Quality Chess 2011

Awruch, B.: 1.d4 – The Queen´s Gambit 1B, Quality Chess 2016

Barsky, V.: The Ragozin Complex, New In Chess 2011

Delchev, A./Semkov, S.: Understanding The Queen's Gambit Accepted, Chess Stars 2015

Dreev, A.: Bf4 in the Queen's Gambit and the Exchange Slav, Chess Stars 2016

Dreev, A.: The Moscow & Anti-Moscow Variations, Chess Stars 2010

Flear, G.: Starting out: Slav and Semi-Slav, Everyman Chess 2005

Kohlmeyer, D./Konikowski, J.: Von Schachgiganten lernen, Joachim Beyer Verlag 2011

Konikowski, J.: Schnellkurs der Schacheröffnungen, Praxis, Joachim Beyer Verlag 2006

Konikowski, J./Kohlmeyer, D.: Der erfolgreiche Königsangriff (Tipps und Tricks für eine bessere Strategie), Joachim Beyer Verlag 2015

Konikowski, J.: Schnellkurs der Schacheröffnungen, Theorie, Joachim Beyer Verlag 2020 (7. Auflage)

Konikowski, J.: Damengambit – richtig gespielt, Joachim Beyer Verlag 2015 (3. Auflage)

Konikowski, J.: Eröffnungen – richtig gespielt, Joachim Beyer Verlag 2020 (6. Auflage)

Konikowski, J./Bekemann, U.: 1.d4 siegt! (Ein Repertoire für Weiß), Joachim Beyer Verlag 2020 (2. überarbeitete Auflage)

Lalic, B.: Queen's Gambit Declined: Bg5 Systems, Everyman Chess 2000

Paulsen, B.: Semi-Slav 5 Bg5, Everyman Chess 2013

Sadler, M.: Queen's Gambit Declined, Everyman Chess 2002

Schandorff, L.: Playing 1.d4 – The Queen's Gambit, Quality Chess 2012

Schandorff, L.: The Semi-Slav, Quality Chess 2015

Scherbakov, R.: The Triangle System, Everyman Chess 2012

Datenbanken und elektronische Bücher:

Mega Database 2020: ChessBase 15
Corr Database 2020: ChessBase 15
Fernschach-CD (Herbert Bellmann)
Eröffnungslexikon 2020: ChessBase 15

Periodika:

Sahovski Informator
New in Chess Magazin
ChessBase Magazin
Fernschachpost
Schach
Rochade Europa
Schach-Magazin 64
Panorama Szachowa

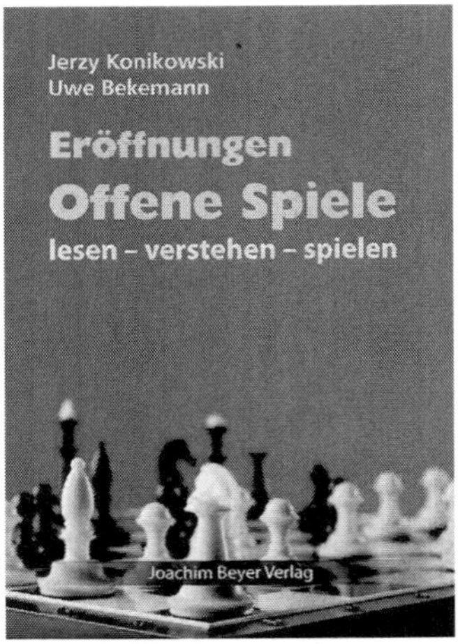

Jerzy Konikowski/Uwe Bekemann

Eröffnungen –
Offene Spiele

lesen – verstehen – spielen

168 Seiten, kartoniert

Was braucht der Schachspieler, wenn er die Spielregeln beherrscht, aber in zu vielen Partien bereits in der Eröffnungsphase in Schwierigkeiten gerät? Diese Frage stand im Mittelpunkt, als unsere Autoren das Material für dieses Buch zusammengestellt und ihre Arbeit begonnen haben. Herausgekommen ist ein Buch, das für den Bereich der mit 1.e4 e5 beginnenden Spiele Erklärungen und Anleitungen gibt und nicht auf ein Studium von Varianten setzt.

Mit diesem Buch erhält der Schachfreund ein Werk, das einen auf ihn zugeschnittenen leichten Einstieg in das schwierige und umfassende Umfeld der Eröffnungstheorie ermöglicht. Dabei ist es ohne Bedeutung, ob er sich wenig oder noch gar nicht mit der Eröffnungstheorie des Schachspiels befasst hat.

Die hinter den einzelnen Eröffnungen und Spielweisen stehenden Ideen und Pläne werden ausführlich erklärt. Der Leser soll die Chance erhalten, die jeweilige Eröffnung richtig zu verstehen und diese nicht nur mit auswendig gelernten Zugfolgen abzuspulen. Selbst der einzelne Zug wird nach Sinn und Zweck erläutert, wenn diese nicht ganz offensichtlich ist.

Mit den Kenntnissen, die sich sicher der Leser mit diesem Buch verschafft, wird es ihm ein Leichtes gut in seine praktische Partie zu kommen und ein interessantes, unterhaltsames wie auch den Erfolg versprechendes Schach spielen zu können.

Das zugleich vorgestellte Repertoire deckt die anerkannten bzw. als spielbar geltenden Eröffnungen im Bereich der „Offenen Spiele“ ab.

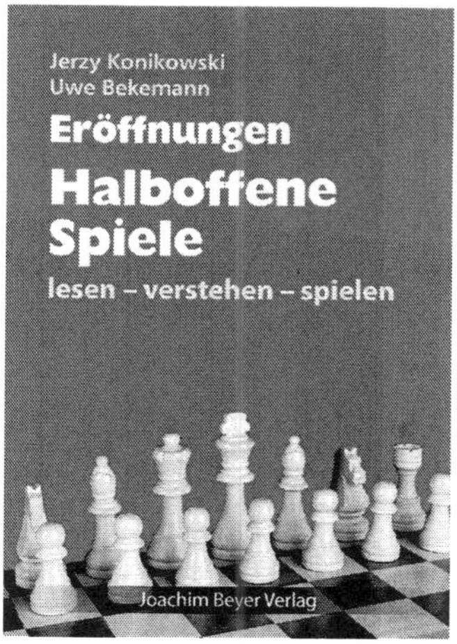

Jerzy Konikowski/Uwe Bekemann

Eröffnungen –
Halboffene Spiele

lesen – verstehen – spielen

258 Seiten, kartoniert

Was braucht der Schachspieler, wenn er die Spielregeln beherrscht, aber in zu vielen Partien bereits in der Eröffnungsphase in Schwierigkeiten gerät? Diese Frage stand im Mittelpunkt, als unsere Autoren das Material für dieses Buch zusammengestellt und ihre Arbeit begonnen haben. Herausgekommen ist ein Buch, das für den Bereich der Halboffenen Spiele wie beispielsweise die Französische Verteidigung und die Caro-Kann-Verteidigung Erklärungen und Anleitungen gibt und nicht auf ein Studium von Varianten setzt.

Mit diesem Buch erhält der Schachfreund ein Werk, das einen auf ihn zugeschnittenen leichten Einstieg in das schwierige und umfassende Umfeld der Eröffnungstheorie ermöglicht. Dabei ist es ohne Bedeutung, ob er sich wenig oder noch gar nicht mit der Eröffnungstheorie des Schachspiels befasst hat.

Die hinter den einzelnen Eröffnungen und Spielweisen stehenden Ideen und Pläne werden ausführlich erklärt. Der Leser soll die Chance erhalten, die jeweilige Eröffnung richtig zu verstehen und diese nicht nur mit auswendig gelernten Zugfolgen abzuspulen. Selbst der einzelne Zug wird nach Sinn und Zweck erläutert, soweit er für das Verständnis wichtig ist.

Das zugleich vorgestellte Repertoire deckt die anerkannten bzw. als spielbar geltenden Eröffnungen im Bereich der „Halboffenen Spiele" (ohne die Sizilianische Verteidigung, die in einem eigenen Band behandelt wird) ab und bietet zugleich die eine oder andere neue Idee an, die auch einen erfahrenen Spielpartner überraschen kann.

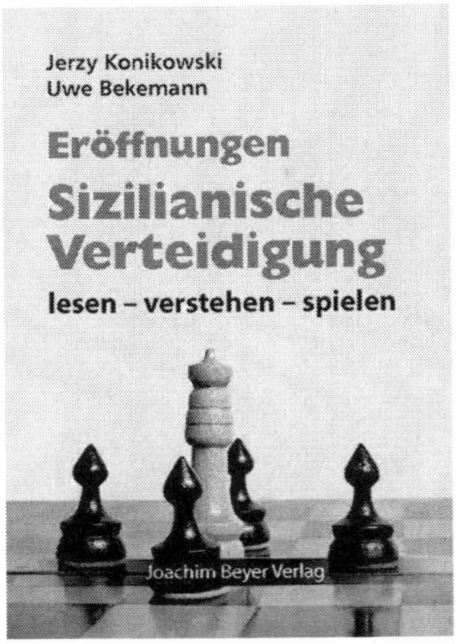

Jerzy Konikowski / Uwe Bekemann

Eröffnungen – Sizilianische Verteidigung

lesen – verstehen – spielen

160 Seiten, gebunden, Leseband

Was braucht der Schachspieler, wenn er die Spielregeln beherrscht, aber in zu vielen Partien bereits in der Eröffnungsphase in Schwierigkeiten gerät? Diese Frage stand im Mittelpunkt, als unsere Autoren das Material für dieses Buch zusammengestellt und ihre Arbeit begonnen haben. Herausgekommen ist ein Buch, das für den Bereich der mit 1.e4 c5 beginnenden Sizilianischen Verteidigung Erklärungen und Anleitungen gibt und nicht auf ein Studium von Varianten setzt.

Mit diesem Buch erhält der Schachfreund ein Werk, das einen auf ihn zugeschnittenen leichten Einstieg in das schwierige und umfassende Umfeld der Eröffnungstheorie ermöglicht. Dabei ist es ohne Bedeutung, ob er sich wenig oder noch gar nicht mit der Eröffnungstheorie des Schachspiels befasst hat.

Die hinter den einzelnen Systemen der Sizilianischen Verteidigung stehenden Ideen und Pläne werden ausführlich erklärt. Der Leser soll die Chance erhalten, die jeweilige Spielweise richtig zu verstehen und diese nicht nur mit auswendig gelernten Zugfolgen abzuspulen. Selbst der einzelne Zug wird nach Sinn und Zweck erläutert, soweit dies nicht ganz offensichtlich ist.

Mit den Kenntnissen, die sich der Leser mit diesem Buch verschafft, wird es ihm leichtfallen, gut in seine praktische Partie zu kommen und ein interessantes, unterhaltsames wie auch den Erfolg versprechendes Schach zu spielen.

Zugleich geben die Autoren dem Leser ein Grundrepertoire für Weiß und für Schwarz an die Hand, das die wichtigsten Linien der Sizilianischen Verteidigung enthält.

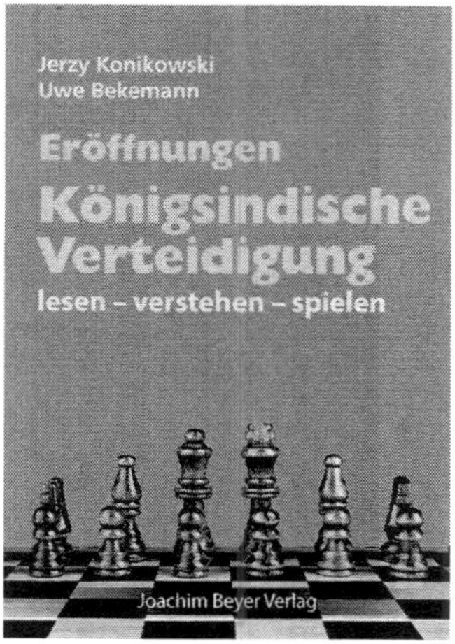

Jerzy Konikowski/Uwe Bekemann

Eröffnungen – Königsindische Verteidigung

lesen – verstehen – spielen

280 Seiten, gebunden, Leseband

Was braucht der Schachspieler, wenn er die Spielregeln beherrscht, aber in zu vielen Partien bereits in der Eröffnungsphase in Schwierigkeiten gerät? Diese Frage stand im Mittelpunkt, als unsere Autoren das Material für dieses Buch zusammengestellt und ihre Arbeit begonnen haben. Herausgekommen ist ein Werk, das die Königsindische Verteidigung von Grund auf erklärt. Diese Eröffnung wird von vielen Schachfreunden als „Perle der geschlossenen Spiele" bezeichnet. Unsere Autoren leiten den Leser an, diese anspruchsvolle Verteidigung gut und erfolgreich zu spielen, ohne dass er in ein tiefes Studium der Varianten eintreten müsste.

Mit diesem Buch erhält der Schachfreund eine Grundlage, die einen auf ihn zugeschnittenen leichten Einstieg in das schwierige und umfassende Umfeld der Eröffnungstheorie ermöglicht. Dabei ist es ohne Bedeutung, ob er sich wenig oder noch gar nicht mit der Eröffnungstheorie des Schachspiels befasst hat.

Die hinter den einzelnen Systemen der Königsindischen Verteidigung stehenden Ideen und Pläne werden ausführlich erklärt. Der Leser soll die Chance erhalten, die jeweilige Spielweise richtig zu verstehen und diese nicht nur mit auswendig gelernten Zugfolgen abzuspulen. Selbst einzelne Züge werden nach Sinn und Zweck erläutert, soweit diese nicht ganz offensichtlich sind.

Zugleich geben die Autoren dem Leser ein Grundrepertoire für Weiß und für Schwarz an die Hand, das die wichtigsten Systeme und Varianten der Königsindischen Verteidigung enthält.

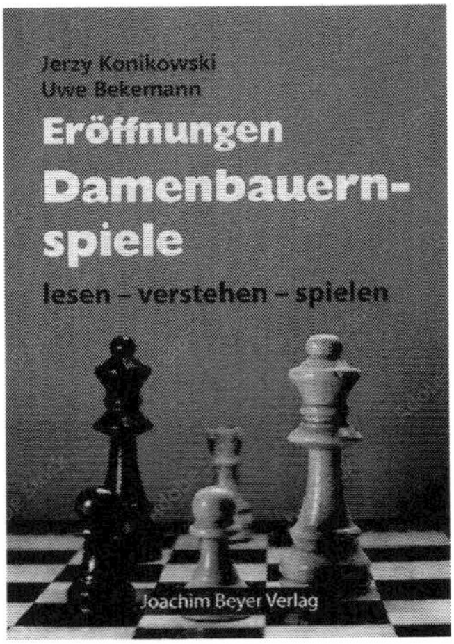

Jerzy Konikowski/Uwe Bekemann

Eröffnungen – Damenbauernspiele

lesen – verstehen – spielen

352 Seiten, gebunden, Leseband

Was braucht der Schachspieler, wenn er die Spielregeln beherrscht, aber in zu vielen Partien bereits in der Eröffnungsphase in Schwierigkeiten gerät? Diese Frage stand im Mittelpunkt, als unsere Autoren das Material für dieses Buch zusammengestellt und ihre Arbeit begonnen haben. Herausgekommen ist ein Buch, das für den Bereich der Damenbauernspiele Erklärungen und Anleitungen gibt und nicht auf ein Studium von Varianten setzt.

Mit diesem Werk verschafft sich der Leser den Zugang zu heutzutage sehr populären Systemen wie u.a. dem Trompowsky-Angriff und dem Londoner System, zu Überraschungswaffen wie beispielsweise der Weressow-Eröffnung und auch zu Spielweisen wie dem Blackmar-Diemer-Gambit, die aufgrund einer langjährigen treuen Anhängerschaft eine ganz eigene Aura umgibt.

Die Hauptsysteme werden jeweils in einem der 11 Kapitel im Buch vorgestellt.

Die Eröffnungen werden ausführlich erläutert, wobei die Autoren einen besonderen Wert auf die Darstellung der Ideen und Pläne gelegt haben, denen sie folgen. Der Leser soll die Chance erhalten, die jeweilige Eröffnung richtig zu verstehen und diese nicht nur mit auswendig gelernten Zugfolgen in einer eigenen Partie abzuspulen. Selbst der einzelne Zug wird nach Sinn und Zweck erläutert, soweit er für das Verständnis wichtig ist.

Mit den Kenntnissen, die sich der Leser mit diesem Buch verschafft, wird es ihm ein Leichtes sein, die behandelten Damenbauernspiele mit den weißen wie mit den schwarzen Steinen sinnvoll anzuwenden.

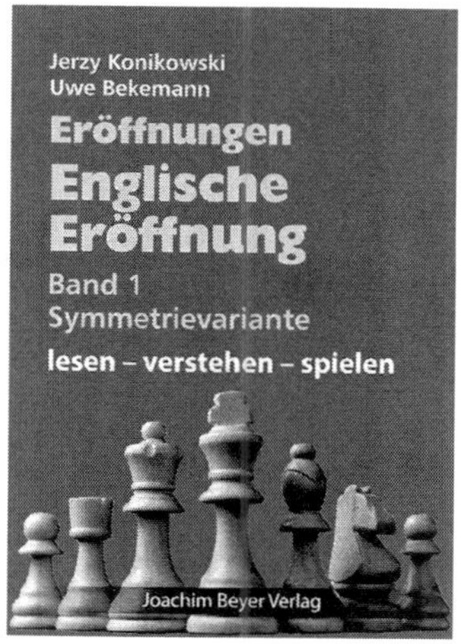

Jerzy Konikowski/Uwe Bekemann

Eröffnungen – Englische Eröffnung Band 1 – Symmetrievariante

lesen – verstehen – spielen

192 Seiten, gebunden, Leseband

Was braucht der Schachspieler, wenn er die Spielregeln beherrscht, aber in zu vielen Partien bereits in der Eröffnungsphase in Schwierigkeiten gerät? Diese Frage stand im Mittelpunkt, als unsere Autoren das Material für ein Buch zur „Englischen Eröffnung“ zusammenzustellen begonnen haben. Mit Voranschreiten ihrer Arbeit stellten sie fest, dass so viel aufzunehmen und zu erläutern war, dass nicht alles in einem einzigen Werk unterzubringen war. Deshalb entschieden sie sich zu einer Aufteilung auf zwei Bände.

Dieser Band 1 widmet sich der „Symmetrievariante", die von dem Zugpaar c2-c4 und c7-c5 gekennzeichnet wird. Diese wird in einer Einleitung und sechs sich anschließenden Kapiteln vorgestellt, die getreu dem Leitfaden dieser Buchreihe „lesen – verstehen – spielen" gestaltet sind. Die jeweiligen Eröffnungswege werden ausführlich erläutert, wobei die Autoren einen besonderen Wert auf die Darstellung der Ideen und Pläne gelegt haben, denen sie folgen. Der Leser soll die Chance erhalten, die jeweilige Eröffnung richtig zu verstehen und diese nicht nur mit auswendig gelernten Zugfolgen in einer eigenen Partie abzuspulen. Selbst der einzelne Zug wird nach Sinn und Zweck erläutert, soweit er für das Verständnis wichtig ist.

Mit den Kenntnissen, die sich der Leser mit diesem Buch verschafft, wird es ihm ein Leichtes sein, die Symmetrievariante mit den weißen wie mit den schwarzen Steinen sinnvoll anzuwenden.